行政救濟法

행정구제법

박창석 저

ADMINISTRATIVE REMEDY LAW

백산출판사

머리말

행정구제법은 행정작용으로 인해 자신의 권리나 이익이 침해되거나 침해가 우려되는 국민이 구제를 받을 수 있도록 해주는 법이다. 행정법 강의 첫 시간에 행정법이 무엇인지 이야기를 한다. 이때 처음 해주는 말은 '행정법은 국가의 조직 및 작용에 관한 법'이라는 것이다. 그러나 곧바로 정정한다. '행정법은 국가의 조직 및 작용 그리고 국민의 권리구제에 관한 법'임을 기억하라고. 이는 '국가의 조직 및 작용에 관한 법'이 전통적인 행정법의 내용이었다면 현대에는 '국민의 권리구제'가 행정법의 핵심임을 강조하기 위하여 학생들에게 이렇게 설명하는 것이다. 국가의 작용에 법적 근거를 부여하고 결국 국가의 자의적인 작용을 통제하려는 목적을 가지고 출발한 행정법은 이렇듯 오늘날에 와서는 국민의 권리구제가 가장 중요한 부분이 되었다. 본서는 행정법의 기본이론을 바탕으로 행정구제와 관련한 내용을 심화하여 공부하려는 목적으로 쓴 책이다.

책을 쓴다는 건 무척이나 어렵고 망설여지는 일이다. 책을 쓰는 과정 자체가 흔히 산고에 비유되곤 할 정도로 힘이 들고 어려운 일이라고들 한다. 이번에 작업을 하면서 과연 그렇다는 걸 느끼게 되었다. 그런데 책을 쓰는 과정만 힘이 드는 게 아니라 진짜 어려움은 지금부터라고 생각한다. 세상에 책 한 권을 내어놓는다는 것은 자식을 낳는 것과 똑같다. 자식은 낳기만 하고서 끝이 나는 게 아니고, 잘 키워내야 하는 의무가 생기듯이 책도 마찬가지로 앞으로도 계속 다듬고 보완해 나가야 하기 때문이다. 더구나 다른 학문과는 달리 법서는 법률의 개정, 판례의 변경을 계속 반영해서 개정을 해야 한다. 매년 반복되어야 하는 이 작업이 자신이 없어서 교과서를 집필하지 않으려 했었으나, 이미 내 손으로 세상에 태어나게 한 이상 앞으로 계속 다듬고 보완해 나갈 것이다.

애초 교과서를 집필한다는 것이 내 능력 범위를 벗어나는 일이라 생각했음에도 불구하고 이 책을 쓰게 된 가장 큰 이유는 학생들에게 행정구제법을 쉽게 알려주고 싶은 욕심 때문이다. 기존의 행정법 교과서는 이해하기에 너무 어렵게 저술되어 있다. 법에 대해 차근차근 단계를 밟아 온 학생들에게는 어떨지 모르지만, 행정학을 기반으로 공부를 해 온 경찰학과 학생들이나 독학자들에게는 기존의 교과서들이 너무 어렵다는 게 저자가 오랫동안 해온 생각이다. 어떻게든 이를 해결하고 쉽게 쓰기 위해서 노력하였지만, 결과물을 보니 그저 욕심에 그친 게 아니었던가 하는 생각이 든다. 그럼에도 불구하고 이 책을 보는 학생들은 이 책을 읽고 내용이해가 어렵더라도 교수의 설명을 듣고는 여러 번 반복해서 읽어주기를 부탁한다.

이 책을 내놓으면서 가장 안타까운 점은 구체적인 판례내용을 소개하지 못하는 부분이다.

요즘 각종 시험의 경향은 구체적인 판례의 내용을 물어보는바, 개별 판례의 내용은 목표로 하는 시험준비의 마지막 단계에서 다른 교재로 보완해주기 바란다.

이 책은 여러 번 읽어서 이론적 뼈대를 잡는 용도로 활용해야 할 것이다. 이론적 토대를 잡아나가는 단계에서는 개별판례까지 신경 쓰는 것이 집중에 방해될 수 있으니, 이 책을 읽을 때는 철저히 내용이해에 전념하길 바란다.

사실 고백하건대 책에 판례를 적어주지 못한 진짜 이유는 다른 데 있다. 필자는 몇 년 전 발병한 병으로 아직까지 몸의 왼편을 전혀 움직이지 못하는 상태이고, 그런 이유로 한 손만으로 타자작업을 해야 한다. 이 상태에서 본문 내용은 간신히 완성하였지만, 판례를 적지 못하였다. 판례의 보완은 개정작업을 할 때 하는 것으로 하기로 한다.

부족한 이 책의 출판을 허락해 주신 백산출판사 진욱상 대표님과 진성원 상무님 이하 백산출판사 임직원 여러분께 진심으로 감사를 드린다.

2021년 한여름에

가톨릭관동대학교 경찰행정학과 교수
박창석

차 례

제2편 행정상 손해전보론 71

제1편
행정구제법의 서설

제1장 행정작용에 의해 침해된 권익의 구제제도

제1절 행정구제의 의의

제2절 현행법상의 행정구제제도

제1절 행정구제의 의의

Ⅰ. 행정구제의 개념

행정구제라 함은 행정기관의 행정작용으로 인하여 자기의 권리·이익이 침해되었거나 침해될 것으로 주장하는 자가, 행정기관이나 법원 등에게 원상회복·손해전보 또는 당해 행정작용의 취소·변경을 청구하거나 그 밖에 피해구제 또는 예방을 청구하고, 이에 대하여 행정기관 또는 법원 등이 이를 심리하여 권리·이익의 보호에 관한 판정을 하는 것을 말한다. 이에 관한 법이 행정구제법이고, 이와 관련된 제도가 행정구제제도이다.

Ⅱ. 행정구제의 제도적 의의

헌법가치로서의 법치국가주의가 실현되려면 법의 양면적 구속성이 확보되어야 한다. 즉 한편으로 국민이 법을 지켜야 하고 법을 위반한 경우에는 행정강제·행정벌 등과 같이 이를 확보하는 수단이 있어야 하며, 다른 한편으로는 행정을 집행·운영하는 국가기관이 법을 잘 준수하여야 함은 물론 국가기관의 작용이 위법·부당함으로 인하여 국민의 권익이 침해된 경우에는 이를 구제하는 제도적 장치가 필요한 바, 그 구제수단이 행정구제이다.

오늘날의 행정작용은 과거에 비하여 양적·질적으로 확대·발전되어 국민생활의 거의 모든 분야를 그 적용영역으로 하게 되었으며, 이에 따라 당연히 행정작용으로 인한 국민의 권익을 침해할 가능성도 또한 증대되고 있다. 그런데 국민의 권리·이익을 침해하는 행정작용은 반드시 위법 또는 부당한 행위에 한정되는 것은 아니고, 그 자체로서는 법률에 의거한 적법한 행정작용이라 하더라도 그로 인하여 특정인에게 특별한 손실이 발생한 경우에도 그 구제를 위한 제도가 마련되어야 할 의의가 있는 것이다. 이러한 행정작용으로 인한 침해로부터 국민의 권리·이익을 보호하기 위한 행정구제제도는 헌법상 국민의 기본권 보장과 실질적 법치주의의 관점에서 볼 때에는 필요불가결한 의미가 있다고 본다. 따라서 행정작용으로부터 국민의 자유와 재산을 보호하기 위하여 행정구제제도를 철저하게 입법화하는 것은 헌법이 지향하는 기본권보장과 실질적 의미의 법치행정의 원리를 핵심으로 하는 실질적 법치국가주의를 뒷받침하는 절대불가결의 전제가 됨은 물론이다.

그런데 일반적으로 국민의 권리 · 이익의 구제는 직접구제와 사전구제를 이상으로 하고, 공무원의 징계 · 처벌 등 간접구제나 손해전보 · 행정쟁송 · 헌법소원 등의 사후구제는 보충적인 의미밖에 가지지 않는 것이다. 그리고 정당방위 · 행정절차 · 직권시정 · 청원 등이나, 스웨덴을 비롯한 여러 나라에서 채택되고 있는 옴부즈만(Ombudsman)제도 같은 것은 직접구제 혹은 사전구제로서의 의미도 가진다고 할 수 있다.[1] 그러나 현실적으로는 사후구제제도로서의 행정상 손해전보나 행정쟁송이 행정구제제도 중에서 가장 실효적인 역할을 수행하고 있는 의의를 부인할 수 없다

Ⅲ. 행정구제제도의 체계화

행정구제의 체계는 기본권 보장, 법치행정의 원리, 행정통제, 구제방법 및 구제수단과 밀접한 관련이 있는데, 어느 것에 중점을 두는가에 따라 그 체계가 달라지게 된다.[2]

1. 행정구제와 법치행정의 원리

행정구제는 기본권 보장의 원칙에 의거하여 국민의 침해된 권익의 구제에 중점을 둔 제도이지만, 행정법의 기본원칙인 법치행정의 원리도 고려하지 않을 수 없다.

법치행정의 원리에 의하면 권익을 침해한 행위가 위법한 행위인가, 적법한 행위인가를 구분하여 취급을 달리 할 수밖에 없다. 위법한 행정작용에 의하여 침해된 권익의 구제제도로는 행정심판 · 행정소송 등 행정쟁송, 헌법소원, 국가배상청구, 공법상 결과제거청구, 고충민원처리제도 등이 있다. 그리고 적법한 공권력 행사에 의해 가해진 손실에 대한 구제제도로서는 행정상 손실보상이 있다.

2. 행정구제와 행정통제

위법 · 부당한 행정은 법치행정원리의 관점에서 보아 시정되어야 하는데, 그 방식으로 행정통제를 고려할 수 있다.

행정통제는 행정내적 통제와 행정외적 통제로 구분된다. 행정내적 통제는 행정권의 자율적 작용에 의하여 적정한 행정운영을 확보하려는 것으로서, 이러한 통제에는 상급행정청이 행정감독의

1) 김도창, 「일반행정법론(상)」, 청운사, 1993, 597면.
2) 박균성, 「행정법론(상)」, 박영사, 2012, 649-652면 참조.

일환으로 행하는 행정통제와 행정절차에 의한 행정통제 및 국민권익위원회에 의한 고충민원처리 등이 있다. 그리고 행정외적 통제에는 국회 또는 지방의회에 의한 통제, 감사원에 의한 통제, 법원에 의한 통제 및 헌법재판소에 의한 통제 등이 있다.

오늘날은 행정통제제도의 하나로 외국에서 채택하고 있는 옴부즈만(Ombudsman) 제도도 들 수 있다. 또한 정보공개제도도 단순히 국민 · 주민의 알 권리를 충족시키는 기능에 그치는 것이 아니라, 정보의 원활한 유통을 통하여 행정을 통제하고 행정작용의 적정성을 확보하는 기능을 행하고 있다.[3)]

3. 행정구제의 방법

행정구제의 방법에는 원상회복적인 것과 금전에 의한 보상이 있다. 전자로는 행정쟁송, 헌법소원과 공법상 결과제거청구가 있고, 후자로서는 행정상 손해배상과 행정상 손실보상 등과 같은 행정상 손해전보가 이에 해당된다.

권익구제의 관점에서 보면 원상회복이 손해전보보다 더욱 실효성 있는 구제방법이다. 독일의 경우에는 원상회복적 성격을 갖는 취소소송을 국가배상청구소송보다 우선적인 구제제도로 보고 취소소송으로 구제가 가능한 경우에는 과실상계의 이론 등을 적용하며 손해전보를 인정하지 않거나 제한하는 경향이 있지만 우리나라에서는 그러한 제한은 없다.

행정작용으로 인하여 국민의 권익이 침해된 경우에 원상회복이 불가능한 경우에는 취소의 이익이 부정되므로 행정상 손해전보만이 가능하다. 또한 원상회복적 효과를 갖는 행정쟁송이나 공법상 결과제거청구로 구제가 충분하지 않은 경우에는 이와 같은 구제수단과 함께 행정상 손해배상의 청구도 할 수 있다.

4. 행정구제의 수단

1) 공권력행사 자체에 대한 다툼과 결과에 대한 구제

구제수단에는 위법 · 부당한 행정작용 자체를 다투어 그에 존재하는 위법 · 부당을 시정하고 그를 통하여 국민의 권익을 구제하는 제도와 공권력행사의 결과에 대한 구제제도가 있다.

공권력 행사의 위법 · 부당을 시정하는 구제제도로는 행정쟁송이 가장 대표적인 수단이다. 이 외에 헌법소원, 감사원에 대한 심사청구 등이 있다. 그리고 공권력 행사의 결과에 대한 구제제도로는 공권력 행사의 결과인 위법한 상태의 제거를 목적으로 하는 공법상 결과제거청구와 손해의 전보를 목적으로 하는 행정상 손해배상과 행정상 손실보상이 있다. 다만, 현행법령이나 판례는

3) 김철용, 「행정법 I」, 박영사, 2005, 423면.

아직 공법상 결과제거청구는 원칙적으로 인정하지 않는다.

2) 재판적 구제수단과 비재판적 구제수단

일반적인 행정구제제도는 법원을 통한 구제수단이다. 행정소송, 즉 항고소송과 공법상 당사자소송은 대표적인 재판적 구제수단이다. 행정심판은 심판기관이 행정기관이지만, 현행 행정심판법에 의한 행정심판은 준사법적인 구제수단이라고 볼 수 있다. 그리고 헌법소원에 대한 심판기관으로서의 헌법재판소는 사법기관의 성격을 가지고 있는 것이다.

그런데 위와 같은 재판적 구제수단에 의한 행정구제와 행정통제만으로는 불충분한 점이 있기 때문에 행정절차, 청원, 국민고충민원처리제도, 대체적 분쟁해결수단(ADR, 분쟁조정제도) 등 비재판적 구제수단도 도입되고 있다.

3) 사전구제제도와 사후구제제도

행정구제라 함은 보통 사후구제를 의미한다. 그런데 행정작용에 의하여 일단 국민의 권익이 침해되면 그 구제에는 시간이 오랫동안 지나야 되고 경비가 많이 소요되는 등의 어려움이 있고, 사후구제가 가능한 경우에도 대개 충분한 구제를 받지 못하게 된다. 따라서 국민의 권익이 침해받은 후에 그 침해된 권익을 구제해주는 것보다는 국민의 권익이 침해되는 것을 미리 방지하는 수단을 강구한다면 국민의 권익보장을 위하여 훨씬 더 바람직할 것이다. 그런데 행정절차는 행정처분이 행하여지기 전에 이해관계인의 의견진술을 듣도록 하는 등의 절차를 통하여 국민의 권익에 대한 부당한 침해를 사전에 방지하는 기능이 있기 때문에 행정절차를 중요한 사전구제제도로서 본다.

그러나 행정구제는 통상 권익의 침해를 전제로 하는 것이므로 행정구제제도는 보통 사후구제제도만을 지칭하고 있다. 다만, 공권력 행사로 인한 권익의 침해를 사전에 막는 것을 내용으로 하는 제도인 예방적 부작위(금지)청구소송의 도입을 주장하고 있기도 한다.

과거 대륙법계국가에서의 행정구제는 사후구제제도를 주축으로 하였다. 이는 행정주체의 개인에 대한 우월성의 관념을 기반으로 전개되었으므로 사전에 국민이 행정법규의 적용에 참여하는 제도가 인정되지 않았다. 그러나 사후구제제도는 권익이 이미 침해된 후에 행하여지는 것이기 때문에 처음부터 권익의 침해가 없었던 것과 같은 의미에서의 권리구제는 기대할 수 없다는 결함을 지니고 있다. 그리하여 오늘날은 사후구제제도를 개선함은 물론이고, 위법 · 부당한 행정작용을 예방하는 데 중점을 둔 사전적 구제제도를 채택함으로써 사후구제제도와 사전구제제도의 상호보완적 작업을 활발하게 실행하고 있는 추세이다.

제2절 현행법상의 행정구제제도

Ⅰ. 행정구제제도의 유형

위의 행정구제제도의 체계화부문에서는 현재 존재하는 행정구제제도의 다양한 형태를 있는대로 언급하면서 그의 체계화를 모색하였지만 어디까지나 학문적 필요에 의한 시도의 정도에 그친 느낌이다. 여기에서는 현행법에서 인정되고 있는 여러 가지 종류의 행정구제제도를 유형화하여 검토함으로써 행정구제의 문제를 이해하는 데 도움을 주고자 한다.

행정구제는 구체적 시점을 기준으로 하여, 사전적 행정구제와 사후적 행정구제로 그 유형을 구분할 수 있다.

종래의 형식적 법치국가에서는 행정구제를 행정기관에 의한 행정작용이 행해진 이후에 그 작용이 원인이 되어 발생한 국민의 권익침해를 사후적인 쟁송절차에 의거하여 구제하거나 재산상의 손해나 손실을 사후적으로 전보해 주는 것을 내용으로 하는 절차로 이해하였다. 따라서 형식적 법치국가에서의 행정구제는 사후적 행정구제를 의미했다. 그런데 사후적 행정구제수단은 처음부터 권익침해가 없었던 것과 같은 원상회복적 효과의 권익구제를 기대할 수 없는 한계가 있어 그 구제수단에 의거하여 실효적인 권익구제를 실현하기 어렵다는 문제점이 있다.

오늘날의 실질적 법치국가에서의 행정구제는 사후적 행정구제를 당연한 전제로 하면서도 행정작용에 의한 권익침해가 행하여지기 이전의 단계에서 그 권익침해를 극소화하거나 예방하고자 하는 사전절차를 포함시켜 이해하고 있다. 이와 같이 행정구제에 있어 사전구제를 포함시키게 된 것은 행정법관계에 있어서 국민의 지위가 격상됨에 따른 것이다. 즉 종래의 형식적 법치국가에서는 국민의 지위는 단순한 행정객체로서만 취급되어 행정주체와 국민 사이에 대등한 위치가 인정되지 않았으나, 오늘날에는 국민의 지위를 '성년의 주민'(mündiger Bürger)으로 인식하여 행정주체와 국민은 대등한 지위에 있는 것으로 보고 있다.

사후구제제도는 위법 · 부당한 행정작용이 행해진 이후에 그의 위법성을 이유로 하여 행정의 합법성을 보장하거나 행정작용으로 인한 재산상의 손해나 손실에 대하여 전보하는 데 그치기 때문에 처음부터 권익침해가 없었던 것과 같은 의미에서의 권익구제를 기대할 수 없는 결함을 지니고 있다. 그런데 오늘날에는 계획행정의 영역에서 확정된 행정계획에 의한 국민의 권익침해에서 보듯이 사후의 구제수단으로는 권익구제를 받을 수 없게 되거나 구제가 가능한 경우에도 구제의 효과성을 담보할 수 없게 되는 경우가 있다. 그리하여 사후에 있게 될 권익침해를 사전에 방지함으로써 권익침해가 없는 상태를 확보하는 것이 효과적 권익구제가 될 것이며, 이는 사전구제제도의 활용을 통해서만 가능하게 될 것이다. 따라서 행정구제의 개념도 사전적 · 사후적 구제를 포섭하는 것으로 이해하여야 할 것이다. 즉 넓은 의미에서의 행정구제라 함은 행정작용으로 인하여 권익을 침해당한 자가 행정기관이나 법원 등에 대하여 원상회복 · 손해전보 또는 행정작용의 시정을 구하는 절차와 위법 · 부당한 행정작용을 예방하기 위하여 행하는 행정작용에 대한 절차적 규제를 말한다.[4]

행정구제의 사전구제제도의 유형으로는 ① 행정절차, ② 청원, ③ 옴부즈만제도 및 고충민원처리제도 등이 있고, 사후구제제도의 유형으로서는 ① 행정상 손해전보(행정상 손해배상 · 행정상 손실보상), ② 행정쟁송(행정심판 · 행정소송) 등이 있다.

Ⅱ. 본서의 고찰대상으로서의 행정구제제도

이 책에서는 넓은 의미에서의 행정구제의 개념을 취하는 관점에서 고찰하기로 한다. 즉 행정구제제도의 가장 대표적인 행정심판 · 행정소송 등의 행정쟁송과 행정상 손해배상 · 행정상 손실보상 등과 같은 행정상 손해전보를 주된 고찰대상으로 한다.

먼저 행정권 행사의 결과에 대한 구제제도로서의 행정상 손해전보제도를 고찰하고, 다음으로 위법 · 부당한 행정권 행사 자체를 다투는 행정쟁송제도를 검토하고자 한다. 그리고 이와 함께 손해전보를 위한 그 밖의 제도, 즉 행정상의 결과제거청구권, 공법상의 위험책임 등도 설명하겠다.

그런데 이 곳에서는 소개한 행정구제제도 중에서 사전구제의 유형에 속하는 행정절차와 청원, 옴부즈만제도 및 고충민원처리 등에 대하여 살펴보고자 한다.[5] 또한 행정상 손해전보(행정상 손해배상 · 행정상 손실보상)와 행정쟁송(행정심판 · 행정소송)은 별도의 편, 장을 설정하여 각각 해당된 부분에서 비교적 상세히 고찰하도록 할 것이다.

---

4) 석종현, 「일반행정법(상)」, 삼영사, 2005, 543-544면.

5) 박평준 · 박창석, 「행정법강론 I」, 백산출판사, 2013, 335-352면, 489-500면.

제2장 사전적 행정구제제도

제1절 청원제도

Ⅰ. 청원의 의의

청원이란 국민이 국가에 대하여 불만 또는 희망을 개진하고 시정을 요구하는 기본권의 하나로서 모든 국민에게 보장되어 있는 권리이다. 즉 헌법은 「모든 국민은 법률이 정하는 바에 의하여 국가기관에 문서로 청원할 권리를 가진다」고 규정하여 청원권을 보장하고 있다(헌법 제26조 제1항). 또한 헌법은 「국가는 청원에 대하여 심사할 의무를 진다」고 규정하고 있다(헌법 동조 제2항). 그리고 헌법은 「정부에 제출 또는 회부된 정부의 정책에 관계되는 청원의 심사」는 국무회의의 심의를 거치도록 하고 있다(헌법 제89조 제15호). 청원에 관한 일반법으로는 「청원법」이 있고, 특별법으로는 국회법의 규정(동법 제116조~제119조)과 지방자치법의 규정(동법 제65조~제68조) 등이 있다.

헌법은 청원에 대한 국가의 수리 · 심사의무만을 규정하고 있을 뿐이고, 심사결과의 통지나 어떠한 처분을 할 의무까지는 부여하고 있지 않기 때문에 그 한도 안에서 행정구제의 실효성이 없는 것처럼 보인다. 그러나 청원법은 「청원을 수리한 기관은 성실하고 공정하게 청원을 심사 · 처리하여야 하고, 그 처리결과를 청원인에게 통지하여야 한다」고 규정하여(동법 제9조 제1항, 제2항) 국가의 '처리 · 통지의무'까지 인정함으로써 그만큼 청원이 가지는 행정구제적 의의는 강화되었다.

이러한 청원은 주로 다음과 같은 점에서 행정상 손해전보제도나 행정쟁송제도와 차이가 있다.

Ⅱ. 청원사항

청원법에 의하면, ① 피해의 구제, ② 공무원의 위법 · 부당한 행위에 대한 시정이나 징계의 요구, ③ 법률 · 명령 · 조례 · 규칙 등의 제정 · 개정 또는 폐지, ④ 공공의 제도 또는 시설의 운영, ⑤ 그 밖에 국가기관 등의 권한에 속하는 사항을 청원의 대상으로 규정하고 있다(동법 제4조). 그러나 이 규정은 예시적인 것이므로 공공기관의 권한에 속하는 사항이면 그 모두가 청원의 대상

이 될 수 있다.[1)]

다만, ① 감사 · 수사 · 재판 · 행정심판 · 조정 · 중재 등 다른 법령에 의한 조사 · 불복 또는 구제 절차가 진행 중인 때, ② 허위의 사실로 타인으로 하여금 형사처분 또는 징계처분을 받게 하거나 국가기관 등을 중상모략하는 사항인 때, ③ 사인간의 권리관계 또는 개인의 사생활에 관한 사항인 때, ④ 청원인의 성명 · 주소 등이 불분명하거나 청원내용이 불명확한 때에는 청원을 수리하지 아니한다(동법 제5조). ⑤ 또한 타인을 모해(謀害)할 목적으로 허위의 사실을 적시한 청원을 하여서는 아니된다(동법 제11조).

Ⅲ. 청원절차

1. 청원인

청원인은 자기의 권리 · 이익을 침해당한 자는 물론이고, 그 외에 국가에 대하여 불만 또는 희망을 개진하고 시정을 요구하고자 하는 자는 누구나 청원을 할 수 있다.

2. 청원기간

청원기간에는 제한이 없다. 행정심판의 청구기간이나 행정소송의 제소기간이 경과되면 불가쟁력이 발생되어 쟁송을 제기할 수 없지만, 불가쟁력이 발생한 처분에 대하여도 청원할 수 있다.

3. 청원세출기관

청원을 제출할 수 있는 기관은 ① 국가기관(국회 · 법원 · 중앙행정기관 등), ② 지방자치단체와 그 소속기관, ③ 법령에 의하여 행정권한을 가지고 있거나 행정권한을 위임 또는 위탁받은 법인 · 단체 또는 그 기관이나 개인으로 명확히 규정하고 있다(동법 제3조).

4. 청원방법과 절차

청원은 청원인의 성명과 주소 또는 거소를 기재하고 서명한 문서로 하여야 한다. 다수인이 공동으로 청원을 하는 때에는 그 처리결과를 통지받을 3인 이하의 대표자를 선임하여 이를 청원서에 표시하여야 한다. 청원서에는 청원의 이유와 취지를 밝히고 필요한 경우에는 참고자료를 첨부

---

1) 권영성, 「헌법학원론」, 법문사, 2009, 600면.

할 수 있다(동법 제6조).

청원서는 청원사항을 관장하는 기관에 제출하여야 한다. 청원서를 접수한 기관은 청원사항이 그 기관이 관장하는 사항이 아니라고 인정되는 때에는 그 청원사항을 관장하는 기관에 청원서를 이송하고 이를 청원인에게 통지하여야 한다(동법 제7조).

5. 청원의 심사 · 처리 및 통지

헌법 제26조 제2항은 「국가는 청원에 대하여 심사할 의무를 진다」고 하여 수리와 심사의 의무만을 규정하고 있지만, 청원법 제9조는 「청원수리기관은 일정한 기간 이내에 성실하고 공정하게 청원을 심사 · 처리하여 처리결과를 청원인에게 통지할 의무」까지 규정하고 있다(청원의 적극적 효과). 또한 청원법 제12조는 「누구든지 청원을 하였다는 이유로 차별대우를 받거나 불이익을 강요당하지 아니한다」고 하고 있다(청원의 소극적 효과). 청원법 제12조에 의하여 누구든지 청원을 하였다는 이유로 차별대우를 받거나 불이익을 강요당하지 아니하며(동법 제12조), 이 규정을 위반한 자는 5년 이하의 징역 또는 1천만원 이하의 벌금에 처한다(동법 제13조).

Ⅳ. 청원의 제한과 그 한계

청원도 헌법 제37조 제2항에 따라 제한할 수 있으나(예 : 청원 금지사항, 반복청원 · 이중청원금지, 모해청원금지 등), 그 본질적 내용을 침해하거나 과잉금지의 원칙에 위반할 수 없다. 즉 동일인이 동일한 내용의 청원서를 동일한 기관에 2건 이상 제출하거나 둘 이상의 기관에 제출한 때에는 나중에 접수된 청원서는 이를 반려할 수 있다(동법 제8조). 또한 타인을 모해할 목적으로 허위의 사실을 적시한 청원을 하여서는 아니 된다(동법 제11조). 그리고 청원금지사항으로 규정하고 있는 어느 하나에 해당하는 때에는 이를 수리하지 아니한다(동법 제5조).

제2절 옴부즈만제도

Ⅰ. 옴부즈만의 의의

옴부즈만제도란 의회에서 임명된 옴부즈만(Ombudsman)을 통하여 주로 행정기관의 위헌 내지 부정한 행정활동을 감시하고 위법적인 행정작용을 적발하여 의회에 보고함으로써 비사법적인 수단으로 국민의 권익보호에 기여하는 제도를 말한다. 그런데 이 제도는 앞에서 지적한 것 이외에 특수한 행정구제제도로서, 중요한 것은 옴부즈만의 임명권자는 본래 의회라는 점이다.

옴부즈만제도는 1809년 스웨덴 헌법에서 최초로 창설하였고, 1919년 핀란드 헌법에서 이를 채택하였으며, 이 제도는 1950년 후반기 이후에 외국의 여러 나라에서 본격적으로 취하기에 이르렀다. 즉 1953년 덴마크 헌법에서 채택하였고, 1962년에 노르웨이는 일반행정 옴부즈만을 설치하였다. 1962년 뉴질랜드는 법률로, 1967년 영국의 법률로, 1973년 프랑스 법률로, 1976년 오스트리아 법률로, 그리고 1977년에는 오스트레일리아 법률로 이 제도를 창설하였으며, 1978년 스페인 헌법에 이 제도가 규정되어 제도화되었다.

Ombudsman은 스웨덴의 말인데, 대리인(agent) · 대표자(representative attorney) · 민정관(grievance man) · 호민관(citizen's defender, citizen's protector)이라는 개념으로도 사용되고 있으나, 여기에서는 '옴부즈만'이라는 용어를 그대로 사용하고자 한다. 여기에서의 '옴부즈만'이란 한정적인 관념으로서, 공공기관(행정기관 · 검찰 · 법원 등)이 법령상의 책무를 적정하게 수행하고 있는지의 여부를 국민을 대신하여 감시하기 위하여 의회에 의하여 그 대리인으로 선출된 자를 말한다.

이러한 옴부즈만은 그 구체적 권한이나 기능에 있어서는 국가에 따라 차이가 있으나, 일반적 유형에 있어서는 행정기능의 확대나 작용형식의 다양화 등으로 인한 전통적인 행정구제제도의 결함을 보완하여, '부적정한 행정'(maladministration)에 대하여 국민의 권익을 보다 실효적으로 보호하려는 데에 그 기본적인 존재의의가 있는 것이라 할 수 있다.[2)]

2) 김동희, 「행정법Ⅰ」, 박영사, 2012, 528면.

Ⅱ. 옴부즈만제도의 특징

옴부즈만제도는 원래 스웨덴의 제도를 모델로 하여 오늘날 여러 나라에서 채택하고 있으나 각국의 사정에 따라 약간 상이한 형태로 나타나고 있지만, 다음의 사항을 거의 공통적 특징으로 하고 있다고 볼 수 있다.[3)]

1. 의회와의 긴밀한 관계의 유지

옴부즈만제도의 가장 두드러진 특색은 옴부즈만은 의회에 의존한다는 사실이다. 그 선출절차에 있어서 의회의 직접 또는 간접선거에 의해 임명되고, 의회에 의해서만 해임될 수 있으며, 그의 활동결과를 의회에 보고서로 제출하도록 하고 있다. 따라서 옴부즈만은 의회에 의하여 그 신분이 보장되고 있으므로 이를 통하여 행정부에 대한 객관적인 감시활동을 할 수 있게 되는 것이다.

2. 직권조사권의 인정

옴부즈만제도는 행정작용을 감시하여 종국적으로는 국민의 권익구제에 기여하는 제도로서의 특징을 갖고 있지만, 다른 구제제도와는 달리 직권에 의해서도 조사를 개시할 수 있다는 점에서 그 특징을 발견할 수 있다. 따라서 사적인 보고, 신문(訊問), 개인적 감찰행위의 결과로서 행정부 내의 위법행위나 비리를 알았을 때에는 조사가 개시된다. 이로 인하여 직권조사는 정치적으로 중요한 사건의 경우에 흔히 사용된다.

3. 일정한 사후조치권의 행사

옴부즈만은 조사 후에 그 결과를 바탕으로 하여 일정한 조치를 할 권한이 인정되고 있다. 개별적인 권한의 내용은 각국의 사정에 따라 차이가 있지만, 법원에의 소송제기, 징계절차에의 회부, 이의제기, 의회 또는 정부에의 법률 기타 법령의 제정과 변경에 대한 신청, 언론기관에의 보고 등이 이에 해당된다.

Ⅲ. 옴부즈만제도의 평가

현대국가에 있어서는 행정기능의 확대 · 강화에 따라 거기에서 파생되는 부적정한 행정작용으

---

3) 류지태, 「행정법신론」, 신영사, 2008, 372-373면.

로부터 침해된 개인의 권익을 보호하여야 한다. 그런데 종래 존재하는 전통적인 행정구제제도만으로는 구제받을 수 없는 권익보호의 사각지대(死角地帶)가 있기 때문에 이에 대한 대책의 강구가 필요하다는 발상에 의한 것이 옴부즈만제도이다. 따라서 옴부즈만제도는 국민의 대표기관으로서의 의회의 대리인이라고 할 수 있는 옴부즈만을 통하여 모든 행정기관이나 사법기관의 준법 여부를 감시하여야 한다는 취지에서 발전된 제도라 할 것이다. 그 기능이 시민보호에서부터 점차 '보다 나은 공공행정의 촉진'(promotion of better public administration)으로 중점을 옮겨 가고 있다.

다음에는, 이러한 옴부즈만제도가 지니고 있는 장점과 단점을 지적하고자 한다.[4)]

1. 옴부즈만제도의 장점

옴부즈만제도의 장점으로는 다음과 같은 점이 지적된다. 즉 ① 다른 구제방법에 비하여 시민의 접근이 용이하고, ② 적은 비용으로 문제해결이 가능할 수 있으며, ③ 고도의 융통성과 적응성이 있는 것이 특색이고, ④ 특히 대민행정량과 인구가 적은 사회에서 큰 효용을 보일 수 있다.

2. 옴부즈만제도의 단점

옴부즈만제도의 단점으로 지적되는 사항은 다음과 같다. 즉 ① 옴부즈만의 기능이 국회의원의 직무와 중복된다는 비판이 있다.[5)] 다만, 이에 대하여는 그것이 의원직의 연장이 아니라 보완이라는 반론이 있다. ② 기존의 다른 기관(감사기구 · 법원 · 해당 행정기관 감사관 등) 또는 다른 제도(청원 · 진정 등)와 기능이 중복된다는 점이 있다는 것이다. ③ 행정의 책임성과 비밀성이 침해될 우려가 있다. ④ 무엇보다도 옴부즈만제도는 직접 행정이나 재판에 관한 시정권을 가지고 있지 않고 권고권만 가지고 있다는 점이 지적된다. 다만, 이에 대한 대책으로서 옴부즈만의 주무기가 부정의 공개에 있어야 한다는 반박이 있다.

Ⅳ. 우리나라와 옴부즈만제도

우리나라의 경우에는 아직까지 의회에 의존하는 형태의 본래의 옴부즈만제도는 존재하지 않지만, 그 실질적인 기능면에서는 유사한 역할을 하는 제도가 있다. 즉 감사원 · 대통령실 · 국무총리비서실 · 국민권익위원회 등에서는 현재 옴부즈만의 기능을 비록 일부이기는 하지만 실질적으로 수행하고 있다고 할 것이다. 그런데 이러한 제도만으로는 국민의 권익구제에 미흡한 점이 없지 않으므로 우리나라에서도 앞으로 옴부즈만제도의 창설을 진지하게 검토해 볼 가치는 있다고 하겠다.

4) 김도창, 「일반행정법론(상)」, 청운사, 1993, 601-602면; 박윤흔 · 정형근, 「최신행정법강의(상)」, 박영사, 2009, 583-584면.
5) Gellhorn, when Americans Complain, p.57.

제3절 고충민원처리제도

Ⅰ. 고충민원의 의의

「부패방지 및 국민권익위원회의 설치와 운영에 관한 법률」에 따라 설치된 국민권익위원회는 고충민원사무의 처리와 그에 따른 국민의 권익구제에 있어 매우 중요한 기능을 수행한다. 이 위원회 이외에 감사원 · 대통령실 · 국무총리비서실 기타 행정기관 등[6]도 그에 제출된 민원사항을 처리함으로써 국민의 권익구제제도로서 일정한 한도의 역할을 담당하는 것은 사실이지만, 가장 중요한 기능을 수행하는 기관은 국민권익위원회라 할 것이다.

여기의 "고충민원"이란 행정기관 등의 위법 · 부당하거나 소극적인 처분(사실행위 및 부작위를 포함한다) 및 불합리한 행정제도로 인하여 국민의 권리를 침해하거나 국민에게 불편 또는 부담을 주는 사항에 관한 민원(현역장병 및 군 관련 의무복무자의 고충민원을 포함한다)을 말한다(동법 제2조 제5호).

그런데 국민권익위원회는 고충민원의 처리와 이에 관련된 불합리한 행정제도를 개선하고, 부패의 발생을 예방하며 부패행위를 효율적으로 규제하도록 하기 위함을 목적으로 하며, 국무총리 소속으로 되어 있다(동법 제11조). 동 위원회는 국회에 의하여 임명되는 것이 아닌 점에서 이른바 고전형 옴부즈만은 아니지만, 외국의 옴부즈만제도에 상응하는 제도로서 설치된 것이다. 한편, 국민권익위원회와는 별도로 지방자치단체 및 그 소속 기관에 관한 고충민원의 처리와 행정제도의 개선 등을 위하여 각 지방자치단체에 시민고충처리위원회를 둘 수 있다(동법 제32조).

Ⅱ. 고충민원의 처리기관

고충민원의 처리기관은 국민권익위원회이다. 국민권익위원회의 기능에 관하여는 21개 항목에

6) "행정기관 등"이란 중앙행정기관, 지방자치단체, 「공공기관의 운영에 관한 법률」 제4조에 따른 기관 및 법령에 따라 행정기관의 권한을 가지고 있거나 그 권한을 위임 · 위탁받은 법인 · 단체 또는 그 기관이나 개인을 말한다(동법 제2조 제2호).

걸쳐 위원회의 업무를 규정하고 있는데, 그 중에서 고충민원처리와 관련된 것으로서는, ① 국민의 권리보호 · 권익구제 및 부패방지를 위한 정책의 수립 및 시행, ② 고충민원의 조사와 처리 및 이와 관련된 시정권고 또는 의견표명, ③ 고충민원을 유발하는 관련 행정제도 및 그 제도의 운영에 개선이 필요하다고 판단되는 경우 이에 대한 권고 또는 의견표명, ④ 위원회가 처리한 고충민원의 결과 및 행정제도의 개선에 관한 실태조사 및 평가, ⑤ 민원사항에 관한 안내 · 상담 및 민원사항 처리실태 확인 · 지도, ⑥ 온라인 국민참여포털의 통합 운영과 정부민원안내 콜센터의 설치 · 운영, ⑦ 시민고충처리위원회의 활동과 관련한 협력 · 지원 및 교육 등을 들 수 있다(동법 제12조).

Ⅲ. 고충민원의 처리절차

국민권익위원회의 업무 중에서 고충민원의 처리절차와 관련된 내용은 다음과 같다.

1. 신청권자

누구든지(국내에 거주하는 외국인 포함) 국민권익위원회 또는 시민고충처리 위원회(이하 "권익위원회"라 한다)에 고충민원을 신청할 수 있다(동법 제39조 제1항).

2. 신청방법

권익위원회에 고충민원을 신청하고자 하는 자는, ① 신청인의 이름과 주소, ② 신청의 취지 · 이유와 고충민원신청의 원인이 된 사실내용, ③ 그 밖에 관계 행정기관의 명칭 등 대통령령으로 정하는 사항을 기재하여 문서(전자문서 포함)로 이를 신청하여야 한다. 다만, 문서에 의할 수 없는 특별한 사정이 있는 경우에는 구술로 신청할 수 있다(동법 제39조 제3항).

3. 고충민원의 접수

권익위원회는 고충민원의 신청이 있는 경우에는 다른 법령에 특별한 규정이 있는 경우를 제외하고는 그 접수를 보류하거나 거부할 수 없으며, 접수된 고충민원서류를 부당하게 되돌려 보내서는 아니 된다. 다만, 권익위원회가 고충민원서류를 보류 · 거부 또는 반려하는 경우에는 지체 없이 그 사유를 신청인에게 통보하여야 한다(동법 제39조 제4항).

4. 고충민원의 이첩

권익위원회는 접수된 고충민원 중 관계 행정기관 등에서 처리하는 것이 타당하다고 인정되는 사항은 이를 관계 행정기관 등에 이첩할 수 있다. 이 경우 지체없이 그 사유를 명시하여 신청인에게 통보하야야 하며, 또한 이첩받은 관계 행정기관 등의 장은 권익위원회의 요청이 있는 때에는 그 처리결과를 권익위원회에 통보하여야 한다. 반대로, 권익위원회는 관계 행정기관 등의 장이 권익위원회에서 처리하는 것이 타당하다고 인정하여 권익위원회에 이첩한 고충민원을 처리할 수 있다(동법 제40조).

5. 고충민원의 각하 · 이송

권익위원회는 접수된 고충민원이 동법 제43조 제1항에 규정한 각 호의 어느 하나에 해당하는 경우에는 그 고충민원을 각하하거나 관계기관에 이송할 수 있다. 이 경우 지체없이 그 사유를 명시하여 신청인에게 통보하여야 하며, 필요하다고 인정되는 때에는 신청인에게 권리의 구제에 필요한 절차와 조치에 관하여 안내할 수 있다(동법 제43조).

6. 고충민원의 조사

권익위원회는 고충민원을 접수한 경우에는 지체없이 그 내용에 관하여 필요한 조사를 하여야 한다. 다만, 그것이 각하사유에 해당하는 사항, 고충민원의 내용이 거짓이거나 정당한 사유가 없다고 인정되는 사항, 그 밖에 고충민원에 해당하지 아니하는 경우 등 권익위원회가 조사하는 것이 적절하지 아니하다고 인정하는 사항에 대하여는 조사를 아니할 수 있다(동법 제41조 제1항).

권익위원회는 조사를 함에 있어서 필요하다고 인정하는 경우에는 ① 관계 행정기관 등에 대한 설명요구 또는 관련 자료 · 서류 등의 제출요구, ② 관계 행정기관 등의 직원 · 신청인 · 이해관계인이나 참고인의 출석 및 의견진술 등의 요구, ③ 조사사항과 관계있다고 인정되는 장소 · 시설 등에 대한 실지조사, ④ 감정의 의뢰 등의 조치를 할 수 있다(동법 제42조). 정당한 사유 없이 동법 제42조의 규정에 따른 업무수행을 방해 · 거부 또는 기피하거나 고의로 지연시킨 자는 500만원 이하의 과태료에 처할 수 있다(동법 제91조).

7. 고충민원의 해결

1) 합의권고 및 조정

권익위원회는 조사 중이거나 조사가 끝난 고충민원에 대한 공정한 해결을 위하여 필요한 조치를 당사자에게 제시하고 합의를 권고할 수 있다(동법 제44조).

또한 권익위원회는 다수인이 관련되거나 사회적 파급효과가 크다고 인정되는 고충민원의 신속하고 공정한 해결을 위하여 필요하다고 인정하는 경우에는 당사자의 신청 또는 직권에 의하여 조정을 할 수 있다(동법 제45조).

2) 시정권고 및 의견표명

권익위원회는 고충민원에 대한 조사결과 처분 등이 위법·부당하다고 인정할 만한 상당한 이유가 있는 경우에는 관계 행정기관 등의 장에게 적절한 시정을 권고할 수 있으며, 신청인의 주장이 상당한 이유가 있다고 인정되는 사안에 대하여는 관계 행정기관 등의 장에게 의견을 표명할 수 있다(동법 제46조).

3) 제도개선권고 및 의견표명

권익위원회는 고충민원을 조사·처리하는 과정에서 법령 그 밖의 제도나 정책 등의 개선이 필요하다고 인정되는 경우에는 관계 행정기관 등의 장에게 이에 대한 합리적인 개선을 권고하거나 의견을 표명할 수 있다(동법 제47조).

4) 의견 제출기회의 부여

권익위원회는 위의 관계 행정기관의 장에 대한 시정 또는 제도개선의 권고를 하기 전에 그 행정기관 등과 신청인 또는 이해관계인에게 미리 의견을 제출할 기회를 주어야 한다(동법 제48조 제1항).

8. 고충민원의 처리결과에 대한 조치

1) 결정통지

권익위원회는 고충민원의 결정내용을 지체 없이 신청인 및 관계 행정기관 등의 장에게 통지하여야 한다(동법 제49조).

2) 처리결과의 통보

권익위원회로부터 위의 시정권고 또는 제도개선의 권고 또는 의견을 받은 관계 행정기관 등의 장은 이를 존중하여야 하며, 그 권고 또는 의견을 받은 날부터 30일 이내에 그 처리결과를 권익위원회에 통보하여야 한다. 권고를 받은 관계 행정기관의 장이 그 권고내용을 이행하지 아니한 경우에는 그 이유를 권익위원회에 문서로 통보하여야 한다. 권익위원회는 관계 행정기관 등의 장으로부터 통보를 받은 경우에는 신청인에게 그 내용을 지체 없이 통보하여야 한다(동법 제50조).

3) 감사의뢰

고충민원의 조사 · 처리과정에서 관계 행정기관 등의 직원이 고의 또는 중대한 과실로 위법 · 부당하게 업무를 처리한 사실을 발견한 경우 국민권익위원회는 감사원에, 서민고충처리위원회는 당해 지방자치단체에 감사를 의뢰할 수 있다(동법 제51조).

4) 이행실태의 확인 · 점검

권익위원회는 동법 제46조 및 제47조의 규정에 따른 권고 또는 의견의 이행실태를 확인 · 점검할 수 있다(동법 제52조).

5) 공표

권익위원회는 ① 위의 시정권고 또는 제도개선에 관한 의견표명의 내용, ② 이러한 시정권고 · 개선공고에 대한 행정기관의 장의 처리결과 및 ③ 시정권고의 불이행시의 그 불이행사유를 공표할 수 있다(동법 제53조).

Ⅳ. 고충민원처리제도의 평가

위에서는 국민권익위원회에 의한 고충민원처리제도에 관하여 살펴보았다. 다음에서는 그 검토 내용을 토대로 하여 이 제도를 평가하면 아래와 같다.[7)]

고충민원처리제도의 가장 긍정적인 측면은 그 적용대상이 매우 광범하고, 또한 그 신청자격의 제한이 없다는 점을 들 수 있다. 즉 이 법률에 의한 고충민원은 위법 · 부당한 처분뿐만 아니라 사실행위 및 부작위를 포함하는 것으로서의 소극적인 처분 및 불합리한 행정제도로 인하여 국민의 권리가 침해되거나 국민에게 불편 또는 부담을 주는 사항에 관한 민원이 그 대상이 되기 때문이다. 다른 한편, 이 법률에 의한 고충민원은 국내에 거주하는 외국인을 포함하여 누구든지 이를 신청할 수 있도록 되어 있으므로 국민의 권익보호제도로서는 매우 긍정적인 기능인 것임은 물론이다.

그러나 이 제도는 정식적 구제제도로서의 행정심판이나 행정소송 등에 대하여 비공식적 또는 그 보완적 제도라는 점에서 기본적으로 한계가 있다. 그에 따르면 국민권익위원회에 의한 고충민원의 조사결과 처분 등이 위법 · 부당하다고 인정할 만한 상당한 이유가 있다고 인정되는 경우에도 국민권익위원회는 관계 행정기관의 장에게 적절한 시정을 권고할 수 있는 데 그친다.

---

7) 김동희, 전게서, 536-537면.

이러한 위원회의 시정권고는 관계 행정기관의 장에 대한 법적 구속력은 없는 것이기 때문에 시정권고를 받은 행정기관의 장이 그 권고내용을 이행하지 아니한 경우에는 다만 그 이유를 권익위원회에 통보할 수 있는 데 불과하다. 이 경우 국민권익위원회는 시정권고와 관계 행정기관의 장이 이를 불이행하는 경우에 불이행사유를 공표할 수 있는 수단에 그친다. 즉 권익위원회의 시정권고의 실효성을 확보하기 위한 현행제도는 시정권고와 그 불이행사실 및 불이행사유의 공표를 통하여 궁극적으로는 여론에 의한 비판과 감시를 받게 된다고 할 수 있다.

제4절 행정절차

Ⅰ. 행정절차의 의의

1. 개 념

행정절차라 함은 행정청이 행정처분을 하는 데 있어서 거쳐야 되는 절차를 말한다고 할 수 있다. 그런데 행정절차의 의미와 범위는 다양하며, 그 개념은 넓은 의미와 좁은 의미로 파악하는 입장에 따라 다르다.

넓은 의미의 행정절차는 입법권의 작용인 입법절차와 사법권의 작용인 사법절차에 대응하는 개념으로서, 행정청이 행정처분을 행하는 데 있어서 거치는 모든 절차를 총칭한다. 이러한 행정절차에는 다음과 같은 좁은 의미의 행정절차 중 제1차적 행정처분을 하기 전에 거쳐야 하는 모든 사전절차(일반 행정절차라고 한다), 행정처분의 실효성을 확보하기 위한 수단으로 강제력을 발동함으로써 행정목적을 실현하기 위한 집행절차(행정강제 · 행정벌 및 행정조사), 사후절차인 행정불복절차(행정심판), 기타 행정권과 관련이 있는 모든 절차가 포함된다.

이에 대하여 좁은 의미의 행정절차는 제1차적 행정절차만을 말한다. 따라서 여기에서의 행정절차는 행정청이 공권력을 행사하여 행정에 관한 제1차적 행정처분 등을 행하는 데 있어서 요구되는 외부와의 교섭과정, 즉 종국적 행정처분 등의 형성과정에 이루어지는 사전적 행정절차를 말한다.

우리나라에서는 행정절차의 개념을 좁은 의미로 보는 견해가 일반적이다.[8] 광의의 행정절차에 포함되는 것으로 취급하는 행정강제, 행정벌, 행정조사나 행정심판 등은 이 행정절차와는 별도의 항목에서 행정법학상 중요하게 다루고 있기 때문에 이 곳의 행정절차는 협의의 개념이 타당하다.

8) 김남진 · 김연태, 「행정법 Ⅰ」, 법문사, 411-412면; 김도창, 전게서, 531면; 김동희, 상게서, 368면; 김성수, 전게서, 517면; 류지태, 전게서, 351면; 박윤흔 · 정형근, 전게서, 406면; 석종현, 「일반행정법(상)」, 삼영사, 2005, 549면; 이상규, 「신행정법론(상)」, 법문사, 1997, 265-266면; 홍정선, 「행정법원론(상)」, 박영사, 2012, 515면.

2. 행정절차의 제도적 의의

행정절차는 다음과 같은 필요성에 기인하여 여러 가지 행정상의 기능을 발휘한다는 점에 제도적 의의가 있다.

1) 행정의 법치주의의 구현화

헌법은 법치주의를 이념으로 지향하고 있으며, 행정에는 법치행정의 원칙이 적용되는데, 행정절차는 행정에 있어서의 법치주의를 구현하는 데 기여하고 있다. 우리나라 행정절차법은 제1조에서 「이 법은 …… 행정의 공정성 · 투명성 및 신뢰성을 확보하고 국민의 권익을 보호함을 목적으로 한다」고 규정함은 행정절차가 법치주의를 구현하는 제도라는 것을 제대로 표현하고 있다고 할 수 있다. 행정절차의 법제화는 행정의 공정성 · 투명성 및 신뢰성을 확보하고 국민의 권익을 보호하며, 행정권 발동의 남용을 억제하는 기능을 담당하고 있음을 감안하면, 행정절차는 법치주의의 이념에 부합되고 이를 실천하는 역할을 한다.

2) 행정의 민주화

행정에 대한 국민의 참여는 행정에서의 민주주의의 실질적 실현을 현실화하기 위하여 필요로 하고 있으며, 행정절차는 행정에 대한 국민의 참여를 보장하여 주는 수단이 되고 있다. 우리 행정절차법 제1조에는 「이 법은 행정절차에 관한 공통적인 사항을 규정하여 국민의 행정참여를 도모함으로써 …」라고 규정하고 있는데, 이러한 규정은 행정절차가 민주주의와 직결되는 제도라는 점을 잘 지적하여 주고 있다고 볼 수 있다. 이와 같이 행정절차는 '국민의 행정에의 참여'의 길을 개방하여 주는 것이므로 민주주의의 이념에 합치되면서 민주주의를 실현하는 과정으로서의 기능을 맡고 있다.

3) 행정의 적정화

행정행위를 하고자 하는 데 있어서 이해관계인에게 그 뜻을 통지하고 그에 대한 의견이나 참고자료를 제출하도록 하는 행정과정은 자의적인 행정권의 행사를 방지하고 공정한 행정을 실현할 뿐만 아니라 행정청의 사실인정과 법령의 해석을 적정화(適正化)함으로써 행정의 적법 · 타당성을 담보하는 기능을 한다. 특히 행정활동 중에는 공익과 사익이 충돌하는 경우가 많기 때문에 이러한 공 · 사익의 갈등을 조정하거나 최소화하기 위하여 이해관계인의 참여를 절차적으로 보장하는 것은 행정운영의 원활화와 적정화를 성취하려는 역할을 기대할 수 있다.

4) 행정의 능률화

과도한 행정절차는 행정의 지체로 비능률적일 수 있다. 그러나 행정권이 일방적으로 행하여진 후에 그에 대하여 이의가 제기됨으로써 일이 진척되지 못하는 것보다는 사전에 일정한 행정을 예고하고 이해관계인의 의견을 반영할 절차를 거쳐 행정을 한다면, 행정에 대한 국민의 수용과 협력을 증대시킬 수 있게 되어 행정의 원활한 집행으로 인하여 행정의 능률화에 크게 기여할 수 있을 것이다.

5) 사법구제제도의 보완화

행정에 대한 실체법적 통제만으로는 행정에 대한 통제가 실효성을 가지지 못하는 경우가 확대되고 있다. 따라서 국민의 권익이 침해된 경우에 그 권익을 구제하는 것보다는 권익의 침해를 미리 방지하는 것이 국민의 권익보호를 위하여 더욱 바람직하다. 현행의 손해전보제도, 행정쟁송제도 등과 같은 사후적 구제만으로는 위법 · 부당한 행정작용으로 인하여 침해된 권익의 구제에 한계가 있는 경우가 있고, 사후적 구제가 인정되는 경우에도 권익침해가 없었던 상태로 복귀하는 것이 어려운 경우가 많기 때문이다.

행정에 대한 사전구제제도로서의 행정절차제도가 정비되어 있지 아니하면, 국민은 최종적으로 법원에 소를 제기함으로써 침해된 권익의 구제를 기대하는 방법 이외에는 없게 된다. 그러나 재판을 통한 구제에는 많은 경비와 시간이 소요되고 헤아릴 수 없는 노력과 고통이 수반될 수밖에 없다. 행정절차는 재판보다 간편히, 그리고 사법권이 미치지 않는 영역에서 국민의 권익구제에 이바지 할 수 있는 점에서 재판적 통제를 통한 사법구제제도의 미비한 문제점을 보완하는 기능을 가진다고 말할 수 있다. 그리하여 행정절차를 '사전적 권리구제제도'로 보기도 한다.

Ⅱ. 행정절차의 법적 근거

1. 헌법적 근거

1) 행정절차의 헌법상 근거의 요부

오늘날 행정에 있어서는 행정절차의 마련이 필요하다는 데 대하여는 이론(異論)이 없다. 그러나 이 행정절차의 헌법상 근거의 요부(要否), 즉 헌법상의 근거를 갖는 것으로 볼 것인가 또는 단순히 법률로 규율할 수 있는 입법의 문제로 볼 수 있는 것인가에 대하여는 견해가 대립되고 있다. 통설은 헌법상의 근거를 갖고 있다고 본다.

2) 적법절차조항 근거설

이 견해는 행정절차의 헌법적 근거를 헌법 제12조 제1항의 적법절차조항에서 찾는 입장이다.

헌법 제12조 제1항 후단은 「모든 국민은 … 법률과 적법한 절차에 의하지 아니하고는 처벌 · 보안처분 또는 강제노역을 받지 아니한다」고 규정하고 있는데, 동 조항의 적법절차조항이 형사사법절차에만 적용되는가, 아니면 행정절차에도 적용되는가 하는 문제가 제기된다. 이 학설에 의하면 현대국가의 행정에서는 행정권에 의한 기본권의 침해가능성이 증대되고 있으므로 행정절차에 대하여도 헌법 제12조의 적법절차원리가 적용된다고 본다.[9]

3) 헌법원리 근거설

이 견해는 우리 헌법 제12조의 '적법한 절차'라는 규정이 직접적으로는 형사사법권의 발동에 관한 조항이고 행정절차의 근거규정은 아니지만, 그 취지는 행정절차에도 유추적용될 수 있다고 보고, 이러한 해석은 민주국가원리 · 법치국가원리와 같은 헌법원리 또는 헌법 제10조(기본적 인권의 불가침)와 제37조(기본권의 포괄성 · 법률유보의 한계)에 의하여 뒷받침되고 있다고 보고 있다.[10]

4) 판 례

이 문제를 일반적으로 다룬 대법원 판례는 찾아보기 어렵고, 헌법재판소의 결정은 헌법 제12조상의 적법절차원리가 행정절차에도 적용되는 헌법적 원리임을 천명하였다.[11]

5) 결 어

헌법 제12조는 적법절차원리의 일반조항에 해당하는 것으로서, 형사절차상의 영역에 한정되지 않고 입법 · 행정 등 국가의 모든 공권력의 작용에는 절차상의 적법성이 있어야 한다는 적법절차의 원칙을 헌법의 기본원리로 명시한 것으로 보아 행정절차의 헌법적 근거로서는 헌법원리근거설이 타당하다고 생각한다.

2. 법률적 근거

행정절차에 관한 사항이 각 개별법률에 진술기회부여 · 청문 · 의견청취 · 협의 등 특별규정을 두는 경우도 적지 않다.

행정절차에 관한 일반법으로 행정절차법이 있다. 한편, 민원사무와 관련된 일반법으로는 「민원사무처리에 관한 법률」이 있다. 그런데 일반법으로서의 행정절차법, 민원사무에 관한 일반법으로

9) 권영성, 전게서, 424면; 김철수, 「헌법학개론」, 박영사, 2003, 509면; 허영, 「한국헌법론」, 박영사, 2005, 352면; 이상규, 전게서, 272-273면; 홍정선, 전게서, 518면.

10) 김남진 · 김연태, 전게서, 421면; 김도창, 전게서, 537면; 박윤흔 · 정형근, 전게서, 410-411면.

11) 김동희, 전게서, 375면; 헌재결 1992.12.24, 92헌마78; 헌재결 1993.7.29, 90헌바35.

서의 「민원사무처리에 관한 법률」과 각 개별 법률은 상호 일반법과 특별법의 관계에 있어 특별법이 우선 적용된다.

Ⅲ. 행정절차법의 내용

행정절차법은 「행정절차에 관한 공통적인 사항을 규정하여 국민의 행정참여를 도모함으로써 행정의 공정성 · 투명성 및 신뢰성을 확보하고 국민의 권익을 보호함을 목적으로」 제정된 것으로서(동법 제1조), 행정절차에 관한 일반법이다.

행정절차법이 행정절차에 관한 일반법이지만, 그 적용범위는 모든 행정작용에 적용되는 것은 아니며, 「처분, 신고, 행정상 입법예고, 행정예고 및 행정지도의 절차에 관하여」 다른 법률에 특별한 규정이 없는 경우에 적용된다(법 제3조 제1항). 이 중에서 중심적인 역할을 하는 절차는 처분절차이다. 또한 일정한 사항에 대하여는 행정절차법의 적용대상으로부터 제외되고 있다(법 제3조 제2항).

다음에서는 행정절차법의 주요 내용을 처분절차 · 신고절차 · 행정상 입법예고절차 · 행정예고절차 및 행정지도절차의 순서로 살펴보고자 한다.[12]

1. 처분절차

'처분'이라 함은 행정청이 행하는 구체적 사실에 관한 법집행으로서의 공권력의 행사 또는 그 거부와 그 밖에 이에 준하는 행정작용을 말한다(법 제2조 제2호).

1) 처분의 신청

행정청에 대하여 처분을 구하는 신청은 원칙적으로 문서로써 하여야 한다. 다만, 다른 법령 등에 특별한 규정이 있는 경우와 행정청이 미리 다른 방법을 정하여 공시한 경우에는 그러하지 아니한다(법 제17조 제1항). 처분을 신청할 때 전자문서로 하는 경우에는 행정청의 컴퓨터 등에 입력한 때에 신청한 것으로 본다(동조 제2항). 이러한 신청이 있는 때에 행정청은 다른 법령 등에 특별한 규정이 있는 경우를 제외하고는 그 접수를 보류 또는 거부하거나 부당하게 되돌려 보내서는 아니되며, 신청을 접수한 경우에는 원칙적으로 신청인에게 접수증을 주어야 한다(동조 제4항).

행정청은 신청에 구비서류의 미비 등 흠이 있는 경우에는 보완에 필요한 상당한 기간을 정하여 지체 없이 신청인에게 보완을 요구하여야 하며(동조 제5항), 이 기간 내에 보완을 하지 아니하였

12) 류지태, 전게서, 357-367면; 박평준 · 박창석, 「보상행정법」. 리북스, 2012, 247면.

을 때에는 그 이유를 구체적으로 밝혀 접수된 신청을 되돌려 보낼 수 있다(동조 제6항).

또한 행정청은 신청인의 편의를 위하여 다른 행정청에 신청을 접수하도록 할 수 있으며(동조 제7항), 신청인은 처분이 있기 전에는 다른 법령 등에 특별한 규정이 있거나 당해 신청의 성질상 보완 · 변경 또는 취하할 수 없는 경우를 제외하고는 신청의 내용을 보완 · 변경하거나 취하할 수 있다(동조 제8항).

행정청은 다수의 행정청이 관여하는 처분을 구하는 신청을 접수한 경우에는 관계 행정청과의 신속한 협조를 통하여 그 처분이 지연되지 아니하도록 하여야 한다(법 제18조).

2) 처리기간의 설정 · 공표

행정청은 신청인이 편의를 위하여 처분의 처리기간을 종류별로 미리 정하여 공표하여야 한다(법 제19조 제1항). 한편, 행정청은 부득이한 사유로 처리기간 내에 처분을 처리하기 곤란한 경우에는 해당 처분의 처리기간의 범위에서 한 번만 그 기간을 연장할 수 있다(동조 제2항). 행정청은 처리기간을 연장할 때에는 처리기간의 연장사유와 처리 예정기한을 지체없이 신청인에게 통지하여야 한다(동조 제3항). 행정청이 적당한 처리기간 내에 처리하지 아니하였을 때에는 신청인은 해당 행정청 또는 그 감독 행정청에 신속한 처리를 요청할 수 있다(동조 제5항).

3) 처분기준의 설정 · 공표

(1) 의 의

행정청이 처분을 하는 데 있어서 적용하게 될 객관적이고 구체적인 기준을 미리 설정하고 이를 외부에 공표(公表)하는 것을 말한다. 이는 행정결정과정의 투명성을 보장함으로써 공정한 행정작용을 확보하기 위한 것이다. 입법례로서는 일본의 행정수속법 제12조를 볼 수 있다.

(2) 우리나라의 실정법규정

행정절차법은 행정의 자의적인 권한행사를 방지하고 관련 처분에 대한 상대방의 예측가능성을 부여하기 위한 목적에서 처분기준의 설정 · 공표의무를 규정하고 있다.

행정청은 필요한 처분기준을 해당 처분의 성질에 비추어 되도록 구체적으로 정하여 공표하여야 한다(법 제20조 제1항). 그러나 처분기준을 공표하는 것이 해당 처분의 성질상 현저히 곤란하거나 공공의 안전 또는 복리를 현저히 해치는 것으로 인정될 만한 상당한 이유가 있는 경우에는 처분기준을 공표하지 아니할 수 있다(동조 제2항).

한편, 당사자등은 공표된 처분기준이 명확하지 아니한 경우에는 해당 행정청에 그 해석 또는 설명을 요구할 수 있으며, 이 경우 해당 행정청은 특별한 사정이 없으면 그 요청에 따라야 한다(동조 제3항).

4) 행정처분의 사전통지

행정청은 당사자에게 의무를 부과하거나 권익을 제한하는 처분, 즉 침익적 행정행위를 하는 경우에는 미리 ① 처분의 제목, ② 당사자의 성명 또는 명칭과 주소, ③ 처분하려는 원인이 되는 사실과 처분의 내용 및 법적 근거와 이에 대하여 의견을 제출할 수 있다는 뜻과 의견을 제출하지 아니하는 경우의 처리방법, ④ 의견제출기관의 명칭과 주소, ⑤ 의견제출기한, ⑥ 그 밖에 필요한 사항을 당자자등에게 통지하여야 한다(법 제21조 제1항). 이러한 사전통지에 대하여는 당사자에게 의견제출권이 인정되므로 이는 침익적 행정행위에 대한 사전적 권리보호수단과 공정한 행정작용을 확보하는 수단으로써의 의미를 갖게 된다.

그러나 ① 공공의 안전 또는 복리를 위하여 긴급히 처분을 할 필요가 있는 경우, ② 법령 등에서 요구된 자격이 없거나 없어지게 되면 반드시 일정한 처분을 하여야 하는 경우에 그 자격이 없거나 없어지게 된 사실이 법원의 재판 등에 의하여 객관적으로 증명된 경우, ③ 해당 처분의 성질상 의견청취가 현저히 곤란하거나 명백히 불필요하다고 인정될 만한 상당한 여유가 있는 경우에는 사전통지를 하지 아니할 수 있다(동조 제4항).

5) 청 문

(1) 의 의

'청문'이라 함은 행정청이 어떠한 처분을 하기 전에 당사자등의 의견을 직접 듣고 증거를 조사하는 절차를 말한다(법 제2조 제5호).

청문(聽聞)은 행정절차에서 오늘날 가장 보편화되어 있으며 가장 중요하다. 이는 행정작용의 당사자인 시민이 당해 행정작용에 대하여 통지를 받고, 이에 대해서 자신이 증거를 제출하고 진술할 권리를 갖는 것을 말한다. 청문 그 본래의 이념은 행정작용과 관련되는 양 당사자로부터 의견을 들어 공정한 결정을 하도록 하는 것이다.

(2) 유 형

청문의 유형으로는 약식청문과 정식청문을 들 수 있다. 전자는 일정한 방식에 의하지 않고 당해 예정된 처분에 대한 의견이나 참고자료를 제출하는 것으로서, 현행 각 개별법에 규정되어 있는 청문과 행정절차법 제27조가 규정하고 있는 의견제출이 이에 해당한다고 볼 수 있다.

후자는 청문주재자가 있어서 가능한 범위 내에서 대심구조를 형성하여 이루어지는 청문이며, 청문주재자가 당사자에 대한 청문의 결과를 최종적으로 조서의 형식으로 행정기관에 제출하고, 행정기관은 이를 참작하여 행정결정을 하게 된다. 행정절차법에서 규정하고 있는 청문은 원칙적으로 이에 해당한다고 볼 수 있다.

(3) 청문의 절차

(가) 청문의 실시사유

행정청이 처분을 함에 있어서 ① 다른 법령 등에서 청문을 실시하도록 규정하고 있는 경우, ② 행정청이 필요하다고 인정하는 경우에 한하여 청문을 실시한다(법 제22조 제1항). 따라서 현행법은 청문의 사유로서 당사자가 신청 또는 요구하는 경우를 제외함으로써, 그 사유가 매우 제약되고 있는 문제점이 있다.

그러나 ① 공공의 안전 또는 복리를 위하여 긴급히 처분을 할 필요가 있는 경우, ② 법령 등에서 요구된 자격이 없거나 없어지게 되면 반드시 일정한 처분을 하여야 하는 경우에 그 자격이 없거나 없어지게 된 사실이 법원의 재판 등에 의하여 객관적으로 증명된 경우, ③ 해당 처분의 성질상 의견청취가 현저히 곤란하거나 명백히 불필요하다고 인정될 만한 상당한 이유가 있는 경우(동조 제4항, 법 제21조 제4항)와, ④ 당사자가 의견진술의 기회를 포기한다는 뜻을 명백히 표시한 경우에는 청문을 실시하지 아니할 수 있다(법 제22조 제4항).

(나) 청문의 진행절차

행정청은 청문을 실시하고자 하는 경우에 청문이 시작되는 날부터 10일전까지 ① 처분의 제목, ② 당사자의 성명 또는 명칭과 주소, ③ 처분하려는 원인이 되는 사실과 처분의 내용 및 법적 근거와, 이에 대하여 의견을 제출할 수 있다는 뜻과 의견을 제출하지 아니하는 경우의 처리방법, ④ 의견제출기관의 명칭과 주소, ⑤ 의견제출기한, ⑥ 그 밖에 필요한 사항을 당사자 등에게 통지하여야 한다(법 제21조 제1항). 청문은 중립적 위치에 있는 주재자에 의하여 일정한 절차를 거쳐 진행된다.

① 청문주재자 : 현행법은 청문주재자를 행정청의 소속직원 또는 대통령령이 정하는 자격을 가진 자 중에서 선정하는 자가 되도록 규정하고 있다(법 제28조 제1항). 그러나 이러한 자격만으로는 청문주재자가 중립적 지위를 확보하기 어려운 문제점이 있다. 따라서 선정된 청문주재자의 직무수행의 공정성을 담보하기 위하여, 청문주재자는 독립하여 공정하게 직무를 수행하고 그 직무수행상의 이유로 본인의 의사에 반하여 신분상 어떠한 불이익도 받지 아니하며(동조 제2항), 형법이나 그 밖의 다른 법률에 따른 벌칙을 적용할 때에는 공무원으로 보고(동조 제3항), 일정한 사유에 의하여 제척 · 기피 · 회피된다(법 제29조)고 규정하고 있다.

② 청문절차의 공개문제 : 청문은 당사자의 공개신청이 있거나 청문주재자가 필요하다고 인정하는 경우에는 이를 공개할 수 있다. 다만, 공익 또는 제3자의 정당한 이익을 현저히 해칠 우려가 있는 경우에는 공개하여서는 아니 된다(법 제30조).

③ 청문절차의 진행 : 청문주재자가 청문을 시작할 때에는 먼저 예정된 처분의 내용, 그 원인이 되는 사실 및 법적 근거 등을 설명하여야 한다(법 제31조 제1항). 당사자 등은 직접 청문절차에

출석하여 의견을 진술하고 증거를 제출할 수 있으며, 참고인이나 감정인 등에게 질문할 수 있다(동조 제2항). 이 경우에 당사자 등이 출석하지 않고 의견서를 제출한 경우에는 그 내용을 출석하여 진술한 것으로 본다(동조 제3항). 청문을 계속할 경우에는 행정청은 당사자 등에게 다음 청문의 일시 및 장소를 서면으로 통지하여야 하며, 당사자 등이 동의하는 경우에는 전자문서로 통지할 수 있다. 다만, 청문에 출석한 당사자등에게는 그 청문일에 청문주재자가 말로 통지할 수 있다(동조 제5항). 그리고 청문주재자는 신청 또는 직권에 의하여 필요한 조사를 할 수 있으며, 당사자 등이 주장하지 아니한 사실에 대하여도 조사할 수 있다(법 제33조 제1항).

청문절차의 결과는 청문조서의 작성으로 나타나게 된다. 이러한 청문조서에는 당사자 등의 진술요지 및 제출된 증거, 청문의 공개 여부 및 공개 또는 비공개한 이유, 증거조사를 한 경우에는 그 요지 및 첨부된 증거 등이 기재된 청문조서를 작성하여야 한다(법 제34조 제1항). 당사자 등은 청문조서의 기재내용을 열람 · 확인할 수 있으며, 이의가 있을 때에는 그 정정을 요구할 수 있다(동조 제2항). 청문주재자는 일정한 사항이 기재된 청문주재자의 의견서를 작성하여야 한다(법 제34조의2).

④ 청문의 종결 : 청문주재자는 해당 사안에 대하여 당사자 등의 의견진술, 증거조사가 충분히 이루어졌다고 인정하는 경우에는 청문을 마칠 수 있다(법 제35조 제1항). 또한 당사자 등의 전부 또는 일부가 정당한 사유 없이 청문기일에 출석하지 아니하거나 의견서를 제출하지 아니한 경우에는 이들에게 다시 의견진술 및 증거제출의 기회를 주지 아니하고 청문을 마칠 수 있다(동조 제2항, 제3항). 청문주재자는 청문을 미쳤을 때에는 청문조서, 청문주재자의 의견서, 그 밖의 관계서류 등을 행정청에 지체 없이 제출하여야 한다(동조 제4항). 그리고 행정청은 처분을 할 때에는 제출받은 청문조서, 청문주재자의 의견서, 그 밖의 관계서류 등을 충분히 검토하고 상당한 이유가 있다고 인정하는 경우에는 청문결과를 반영하여야 한다(법 제35조의2). 이러한 청문절차를 거치지 않는 행정작용은 하자있는 행위로서 위법성이 인정되는 문제가 생겨 취소사유가 된다.[13)]

6) 의견제출

(1) 의 의

'의견제출'이라 함은 행정청이 어떠한 행정작용을 하기 전에 당사자 등이 의견을 제시하는 절차로서 청문이나 공청회에 해당하지 아니하는 절차를 말한다(법 제2조 제7호). 행정절차법은 제27조에서 약식절차의 청문으로서의 성질을 갖는 의견제출절차를 규정하고 있다.[14)]

이는 행정청이 당사자에게 불이익한 내용이 되는 처분을 하는 경우에 이행해야 할 처분의 사전

13) 대판 2001.4.13, 2000두3337.

14) 행정절차법은 '의견제출'의 개념정의 규정에서 의견제출이 청문에 해당하지 아니함을 규정하고 있으나(법 제2조 제7호), 이는 정식절차로서 규정되고 있는 행정절차법상의 청문에 해당하지 아니한다는 의미로 이해되어야 할 것이다.

통지의무에 상응하는 당사자의 권리로서 이해될 수 있다(법 제21조 제1항 참조). 따라서 당사자 등은 처분 전에 그 처분의 관할 행정청에 서면 · 구술로 또는 정보통신망을 이용하여 의견제출을 할 수 있으며(법 제27조 제1항), 이 때에는 그 주장을 입증하기 위한 증거자료 등을 첨부할 수 있다(동조 제2항). 그리고 당사자 등이 정당한 이유 없이 의견제출 기한 내에 의견제출을 하지 아니한 경우에는 의견이 없는 것으로 본다(동조 제4항).

우리나라의 경우에 의견제출은 각 개별법에서 이미 청문의 이름으로 가장 중요한 행정절차로서 규정되고 있다.

(2) 의견제출의 사유

의견제출의 실시사유는 청문이나 공청회와는 달리 일반적인 형태로서 인정되고 있다. 즉 행정청이 당사자에게 의무를 부과하거나 권익을 제한하는 처분을 할 때에는 반드시 의견제출의 기회를 주어야 한다(법 제22조 제3항).

(3) 의견제출의 배제사유

의견제출절차도 일정한 경우에는 배제될 수 있으며, 이러한 사유는 청문절차의 배제사유와 같다(법 제22조 제4항, 제21조 제4항 참조). 이러한 배제사유에 해당하지 않는 경우에 의견제출을 생략하면 하자있는 행정작용이 되며, 취소사유가 된다.[15]

7) 공청회

(1) 의 의

'공청회'라 함은 행정청이 공개적인 토론을 통하여 어떠한 행정작용에 대하여 당사자 등, 전문지식과 경험을 가진 사람, 그 밖의 기타 일반인으로부터 의견을 널리 수렴하는 절차를 말한다(법 제2조 제6호). 즉 공청회(公聽會)는 특정사항에 대하여 발표자와 이해관계인들이 서로 질문과 답변을 통하여 행정결정을 위해 필요한 의사를 형성하는 절차이다. 이는 청문과는 달리 공청사항에 대하여 이해관계가 없는 사람도 참가가 가능하다는 특색이 있으며, 그 사항으로는 중요한 국가시책, 국토계획, 입법안 등 대상이 광범위하다. 이러한 공청회를 통하여 다수의 의견을 수렴하여 사전적으로 이해관계를 조정하고자 하는 데 그 제도적 의의가 있다.

(2) 행정절차법의 규정

현행법상 공청회 절차를 규정한 법률은 개별법으로서 「국토의 계획 및 이용에 관한 법률」 제14조 · 제20조, 사회보장기본법 제21조, 행정규제기본법 제9조 등이 있으며, 행정절차법은 공청회의

15) 대판 2003.2.14, 2001두7015.

개최에 관한 일반법으로서 작용한다.

동법에 의하면, 행정청은 공청회를 개최하려는 경우에는 공청회 개최 14일 전까지 일정한 사항을 당사자 등에게 통지하고, 관보 · 공보 · 인터넷 홈페이지 또는 일간 신문 등에 공고하는 등의 방법으로 널리 알려야 한다(법 제38조). 행정청은 위에 따른 공청회와 병행하여서만 정보통신망을 이용한 '전자공청회'를 실시할 수 있다(법 제38조의2).

(가) 공청회의 개최사유

행정청이 처분을 할 때 ① 다른 법령 등에서 공청회를 개최하도록 규정하고 있는 경우, ② 해당 처분의 영향이 광범위하여 널리 의견을 수렴할 필요가 있다고 행정청이 인정하는 경우에 공청회를 개최한다(법 제22조 제2항). 현행법은 청문의 경우와 마찬가지로 당사자 등의 신청이 있는 경우를 그 사유에서 배제함으로써 공청회의 개최를 사실상 어렵게 하고 있다.

(나) 공청회의 주재자 및 발표자의 선정

공청회의 주재자는 해당 공청회의 사안과 관련된 분야에 전문적 지식이 있거나 그 분야에 종사한 경험이 있는 사람 중에서 행정청이 지명하거나 위촉하는 사람으로 한다(법 제38조의3 제1항).

공청회의 발표자는 발표를 신청한 사람 중에서 행정청이 선정한다. 다만, 발표를 신청한 사람이 없거나 공청회의 공정성을 확보하기 위하여 필요하다고 인정하는 경우에는 ① 해당 공청회의 사안과 관련된 당사자 등, ② 해당 공청회의 사안과 관련된 분야에 전문적 지식이 있는 사람, ③ 해당 공청회의 사안과 관련된 분야에 종사한 경험이 있는 사람 중에서 지명하거나 위촉할 수 있다(동조 제2항, 제3항)

(다) 공청회의 진행

공청회의 주재자는 공청회를 공정하게 진행하여야 하며, 공청회의 원활한 진행을 위하여 발표내용을 제한할 수 있고, 질서유지를 위하여 발언 중지 및 퇴장명령 등 행정안전부장관이 정하는 필요한 조치를 할 수 있다(법 제39조 제1항). 발표자는 공청회의 내용과 직접 관련된 사항에 대하여만 발표하여야 한다(동조 제2항). 공청회의 주재자는 발표자의 발표가 끝난 후에는 발표자 상호간에 질의 및 답변을 할 수 있도록 하여야 하며, 방청인에게도 의견을 제시할 기회를 주어야 한다(동조 제3항).

(라) 공청회 결과의 반영

행정청은 처분을 할 때에 공청회, 전자공청회 및 정보통신망 등을 통하여 제시된 사실 및 의견이 상당한 이유가 있다고 인정하는 경우에는 이를 반영하여야 한다(법 제39조의2).

8) 행정처분의 이유부기

(1) 의 의

이는 행정처분의 근거가 된 법적 · 사실적 이유를 처분 당시에 부기(附記)하도록 하는 것이다. 이유부기는 기능적 측면에서 볼 때 ① 행정의 자기통제기능, ② 권리구제기능, ③ 당사자로 하여금 이유를 검토하여 해당 행정결정을 받아들이게 하는 당사자만족기능, ④ 해당 행정결정을 명확하게 하는 기능 등이 인정되고 있다. 특히 이유부기는 현실적으로 재량행위에서 큰 의미를 갖는데, 기속행위와는 달리 재량행위에서는 그 사실적 이유가 제시되지 않고서는 당사자나 법원에 의한 통제가 불가능하게 되기 때문이다.

(2) 청문과의 관계

행정절차로서의 이유부기는 청문과 관계를 갖는다. 즉 청문은 단순히 당사자의 의견을 듣는데 그치는 것이 아니라, 청문을 통하여 진술된 당사자의 의견이나 자료에 대하여 행정기관이 이유부기의 내용을 통하여 구체적인 평가를 행하여야 한다. 따라서 이유부기는 청문의 기능을 실질적으로 보장하는 역할을 한다고 볼 수 있다.

(3) 실정법의 규정

현행법으로서 이를 규정하고 있는 법률로는 「민원사무처리에 관한 법률」을 들 수 있다. 이에 따르면 행정기관은 민원인의 신청을 거부하는 경우에는 거부이유와 구제절차를 함께 통지하여야 한다(동법 제15조 제2항).

(4) 행정절차법의 규정

행정절차법은 처분의 이유부기의무를 원칙적으로 인정하고 있다(법 제23조 제1항).

그러나 ① 신청내용을 모두 그대로 인정하는 처분이거나, ② 단순 · 반복적인 처분 또는 경미한 처분으로서 당사자가 그 이유를 명백히 알 수 있는 경우, ③ 또는 긴급히 처분을 할 필요가 있는 경우에는 이유부기의무를 배제하고 있다(동조 제1항). 이때에 동법 제23조 제1항 제2호 및 제3호의 경우에 처분 후 당사자가 요청하는 경우에는 그 근거와 이유를 제시하여야 한다(동조 제2항).

2. 신고절차

1) 의 의

법령 등에서 사인을 대상으로 행정청에 대하여 일정한 사항을 통지하도록 하는 신고의무를 규정하고 있는 경우에, 신고의무의 이행과 관련된 절차를 규정하고 있는 것이 행정절차법상의 신고절차이다.

신고는 행정법적으로는 행정기관의 업무수행을 위하여 당사자에게 부과되는 것으로서, 그 의무위반이 있어도 행정작용의 효력에 영향을 주는 것은 아니며 원활한 행정수행이 다소 지장을 받게 되는 것을 말한다.

2) 행정절차법의 내용

현행 행정절차법상의 규정은 일본 행정수속법의 내용을 참고한 것이다.

행정청은 당사자가 신고의무를 효율적으로 이행하도록 하기 위하여, 신고에 필요한 구비서류와 접수기관, 그 밖에 법령 등에 따른 신고에 필요한 사항을 게시(인터넷 등을 통한 게시를 포함한다)하거나 이에 대한 편람을 갖추어 두고 누구나 열람할 수 있도록 하여야 한다(법 제40조 제1항).

신고는 일정한 형식적 요건을 갖춘 경우에는 신고서가 접수기관에 도달된 때에 신고의무가 이행된 것으로 본다. 이러한 요건으로는 ① 신고서의 기재사항에 흠이 없을 것, ② 필요한 구비서류가 첨부되어 있을 것, ③ 그 밖에 법령 등에 규정된 형식상의 요건에 적합할 것 등이다(동조 제2항).

행정청은 이러한 요건을 갖추지 못한 신고서가 제출된 경우에는 지체 없이 상당한 기간을 정하여 신고인에게 보완을 요구하여야 하며(동조 제3항), 신고인이 이 기간 내에 보완을 하지 아니하였을 때에는 그 이유를 구체적으로 밝혀 해당 신고서를 되돌려 보내야 한다(동조 제4항).

3. 입법예고절차

1) 의 의

입법예고절차란 국민의 일상생활과 밀접하게 관련되는 법령안의 내용(즉 법률 · 법규명령 · 조례 · 규칙 등의 제정, 개정 또는 폐지)을 구체적인 행위에 앞서 국민들에게 예고함으로써 국민들의 참여기회를 보장하여 입법과정의 민주화를 확보하고 법령의 실효성을 높여 정책수행의 효율화를 도모하기 위한 절차이다.

2) 행정절차법의 내용

현행법상으로 행정절차법의 규정과 그 세부적 사항을 규정하고 있는 법제업무운영규정(대통령령)이 있다.

(1) 입법예고의무

입법예고의무는 법령 등의 제정 · 개정 또는 폐지의 경우에 해당된다. 그러나 예외적으로 입법내용이 ① 신속한 국민의 권리보호 또는 예측 곤란한 특별한 사정의 발생 등으로 입법이 긴급을 요하는 경우, ② 상위 법령 등의 단순한 집행을 위한 경우, ③ 입법내용이 국민의 권리 · 의무 또는 일상생활과 관련이 없는 경우, ④ 단순한 표현 · 자구를 변경하는 경우 등 입법내용의 성질상 예고의 필요가 없거나 곤란하다고 판단되는 경우, ⑤ 예고함이 공공의 안전 또는 복리를 현저히 해칠 우려가 있는 경우 등에는 입법예고를 아니할 수 있다(법 제41조 제1항).

그러나 법제처장이 입법예고를 하지 아니한 법령안의 심사요청을 받은 경우에 입법예고를 하는 것이 적당하다고 판단할 때에는 해당 행정청에 입법예고를 권고하거나 직접 예고할 수 있다(동조 제3항). 입법안을 마련한 행정청은 입법예고 후 예고내용에 국민생활과 직접 관련된 내용이 추가되는 등 대통령령으로 정하는 중요한 변경이 발생한 경우에는 해당 부분에 대한 입법예고를 다시 하여야 한다. 다만, 제1항 각 호의 어느 하나에 해당하는 경우에는 예고를 하지 아니할 수 있다(동조 제4항).

(2) 예고방법

행정청은 입법안의 취지, 주요 내용 또는 전문(全文)을 관보 · 공보나 인터넷 · 신문 · 방송 등을 통하여 널리 공고하여야 한다(법 제42조 제1항). 행정청은 예고된 입법안에 대하여 전자공청회 등을 통하여 널리 의견을 수렴할 수 있으며(동조 제4항), 입법예고를 할 경우에는 대통령령을 국회 소관 상임위원회에 제출하여야 한다(동조 제2항). 또한 행정청은 입법예고를 할 때에 입법안과 관련이 있다고 인정되는 중앙행정기관, 지방자치단체, 그 밖의 단체 등이 예고사항을 알 수 있도록 예고사항을 통지하거나 그 밖의 방법으로 알려야 한다(동조 제3항). 아울러 행정청은 예고된 입법안의 전문(全文)에 대한 열람 또는 복사를 요청받았을 때에는 특별한 사유가 없으면 그 요청에 따라야 한다(동조 제5항).

(3) 예고기간

입법예고기간은 예고할 때 정하되, 특별한 사정이 없으면 40일(자치법규는 20일) 이상으로 한다(법 제43조).

(4) 의견제출 및 공청회

누구든지 예고된 입법안에 대하여 의견을 제출할 수 있으며(법 제44조 제1항), 행정청은 이러한 의견을 제출한 자에게 그 제출된 의견의 처리결과를 통지하여야 한다(동조 제4항). 행정청은 입법안에 관하여 필요에 따라 공청회를 개최할 수 있다(법 제45조).

4. 행정예고절차

1) 의 의

행정작용이 국민의 법적 생활에 중요한 의미를 갖는 경우에는 이를 시행 또는 변경하기에 앞서서 예고할 필요가 있는데, 이는 행정작용에 대한 당사자의 법적 안정성을 확보하기 위한 것이다. 이에 따라 행정절차법은 입법예고절차에 준하여 이에 관한 사항을 규정하고 있다.

2) 행정절차법의 규정내용

예고의 대상이 되는 행정작용은 ① 국민의 생활에 매우 큰 영향을 주는 사항, ② 많은 국민의 이해가 상충되는 사항, ③ 많은 국민에게 불편이나 부담을 주는 사항, ④ 그 밖에 널리 국민의 의견을 수렴할 필요가 있는 사항 중의 하나에 해당하는 것으로 하고 있다(동법 제46조 제1항). 또한 법령 등의 입법을 포함하는 행정예고는 입법예고로 갈음할 수 있다(동조 제2항).

행정예고기간은 예고내용의 성격 등을 고려하여 정하되, 특별한 사정이 없으면 20일 이상으로 한다(동조 제3항). 그 밖에 행정예고의 방법, 의견제출 및 처리, 공청회 및 전자공청회에 관하여는 입법예고의 규정을 준용한다(법 제47조).

5. 행정지도절차

1) 의 의

'행정지도'란 행정기관이 그 소관 사무의 범위 안에서 일정한 행정목적을 실현하기 위하여 특정인에게 일정한 행위를 하거나 하지 아니하도록 지도, 권고, 조언 등을 하는 행정작용을 말한다(법 제2조 제3호). 이는 비권력적 행정작용인 행정지도가 우리나라의 행정실무에서 차지하는 현실적인 중요성에 비추어 그 주요한 사항에 대하여 절차법의 규율에 맡기는 것이다.

2) 행정절차법의 규정내용

(1) 행정지도의 원칙

행정지도는 그 목적달성에 필요한 최소한도에 그쳐야 하며, 행정지도의 상대방의 의사에 반하여 부당하게 강요하여서는 아니 된다(법 제48조 제1항). 또한 행정기관은 행정지도의 상대방이 행정지도에 따르지 아니하였다는 것을 이유로 불이익한 조치를 하여서는 아니 된다(동조 제2항).

(2) 행정지도의 방식

행정지도를 하는 자는 그 상대방에게 그 행정지도의 취지 및 내용과 신분을 밝혀야 한다(법 제49조 제1항). 행정지도가 말로 이루어지는 경우에 상대방이 이러한 사항을 적은 서면의 교부를 요구하면 그 행정지도를 하는 자는 직무수행에 특별한 지장이 없으면 이를 교부하여야 한다(동조 제2항). 행정기관이 같은 행정목적을 실현하기 위하여 많은 상대방에게 행정지도를 하려는 경우에는 특별한 사정이 없으면 행정지도에 공통적인 내용이 되는 사항을 공표하여야 한다(법 제51조).

(3) 의견제출

행정지도의 상대방은 해당 행정지도의 방식 · 내용 등에 관하여 행정기관에 의견제출을 할 수 있다(법 제50조).

6. 특별절차

행정절차에는 일반법인 행정절차법에서 규정하는 일반적인 절차 외에 각 개별 법률에서 규정하는 특별한 절차도 있다. 특별한 절차의 예로 「공공기관의 정보공개에 관한 법률」에서 규정하는 정보공개절차, 「민원사무처리에 관한 법률」에서 규정하는 민원사무처리절차, 「부패방지 및 국민권익위원회의 설치 및 운영에 관한 법률」에서 규정하는 국민고충민원처리와 「행정규제기본법」에서 규정하는 행정규제심사절차 등이 있다.

Ⅳ. 행정절차의 하자와 치유

1. 행정절차의 하자

행정절차는 관계인들의 권리보호를 우선적인 목적으로 하는 것이므로 법률에 의해 요구되는 절차의 흠결은 그 효과에 관한 실정법규정의 유무에 관계없이 해당 행정행위를 위법한 것으로 되도록 한다. 따라서 행정절차의 하자는 그 자체로서 독자적인 위법성의 사유를 구성하게 된다.

이 경우의 위법효과의 내용이 무효인가 또는 취소인가에 대하여 학설은 나누어져 있는데, 중대명백설에 따라 판단하여야 한다고 본다. 우리 판례는 일정하지 않은 태도를 보이고 있으나 취소사유로 보는 경우가 많다.[16)]

2. 행정절차의 하자의 치유문제

행정절차의 하자로 인하여 바로 무효의 효과가 인정되지 않는 경우에는 하자의 치유문제가 제기된다. 행정절차의 하자의 치유문제는 행정기관이 법령에 의하여 요구되는 절차를 빠뜨리고 이행하지 아니한 경우, 사후에 이러한 절차행위를 이행함으로써 절차흠결의 하자치유를 인정할 것인가에 관련된 문제이다.

---

16) 대판 1984.5.9, 84누116; 대판 1991.7.9, 91누971; 대판 2007.3.15, 2006두15806; 대판 2007.9.21, 2006두20631.

1) 학 설

이에 대하여는 부정하는 견해와 긍정하는 견해가 대립되고 있다.[17]

(1) 부정설

이 견해는 행정절차의 독자적인 의미를 강조하여 하자의 치유를 부정하고자 한다. 이에 따르면 하자의 치유를 인정하게 되면 해당 절차가 가지는 절차법적 의의가 정당하게 평가되지 못하게 된다고 본다.[18]

(2) 긍정설

이에 반하여 하자의 치유를 인정하려는 견해는 독일 연방행정절차법의 예를 참조하여 인정하고자 한다. 독일 연방행정절차법 제46조에 의하면 해당 사안에 있어서 행정결정내용에 실체적으로 영향을 미치지 않았다고 생각되는 경우에는, 절차나 형식에 관한 규정을 위반한 것만으로 해당 행정행위의 취소를 청구할 수 없도록 하고 있다. 이에 따라 절차나 형식의 사후충족의 방법으로 하자가 치유될 수 있다고 본다. 따라서 일정한 제한 아래 긍정하는 것이며, 긍정설이 통설이다.[19]

2) 판 례

판례는 행정절차의 하자에 대하여 비교적 엄격한 태도를 취하고 있다. 즉 행정절차의 독자적 중요성을 강조하여 실체적 행정작용의 위법성과 독립된 위법성 사유를 인정하고 있다. 이때의 위법성의 정도는 무효보다는 취소사유로 보고 있다. 판례에서 논의되고 있는 주요 대상은 청문절차,[20] 공람 · 공고절차,[21] 이유부기절차의 하자[22] 등이다.

그리고 하자치유에 대하여는 구체적인 상황을 검토하여 판단하는 개별적 태도를 취하고 있으나, 행정절차가 갖는 기능을 수행할 수 있는 시점까지는 허용하는 태도를 취하고 있다고 볼 수 있다.[23]

---

17) 류지태, 전게서, 369면; 박평준 · 박창석, 전게서, 258면.

18) 서원우, "이유부기와 하자의 치유", 「월간고시」. 1985, 1월, 151면; 서원우, "행정상의 절차적 하자의 법적 효과", 서울대학교 「법학」. 1986, 9월, 50면.

19) 김남진 · 김연태, 전게서, 444-445면; 김동희, 전게서, 405면; 박윤흔 · 정형근, 전게서, 428면; 석종현, 전게서, 590면; 홍정선, 전게서, 562면.

20) 대판 1990.11.9, 90누4129; 대판 2001.4.13, 2000두3337.

21) 대판 2000.3.23, 98두2768.

22) 대판 1984.5.9, 84누116; 대판 1985.2.8, 84누84.

23) 대판 1992.10.23, 92누2844.

3) 결 어

절차하자의 치유를 부정하는 견해는 행정절차가 가지는 절차법적 의미만 지나치게 강조하고 있으며 실체법적 관련성을 도외시하는 문제점을 갖고 있다. 행정절차에서는 권리보호의 이념과 행정능률실현의 이념이 서로 조화되어야 한다. 이는 행정절차가 흠결된 경우에 그 흠결된 행정절차의 사후보완을 무조건적으로 불허하기보다는 사후에 흠결된 절차를 이행하는 것을 허용하더라도 당사자의 권리보호에 문제를 야기하지 않고, 오히려 행정작용의 능률적 수행을 가능하게 할 수 있는 상황도 존재하게 될 것이다. 따라서 행정절차에서는 권리보호이념과 동시에 무시할 수 없는 이념인 행정의 능률적 수행도 고려하여 하자의 치유를 인정하되 일정한 제한을 가하여 한정적으로 인정하는 것이 타당하다고 생각한다.[24]

24) 류지태, 전게서, 370-371면.

제2편
행정상 손해전보론

제1장 행정상의 손해배상

제1절 행정작용으로 인한 권익침해와 그 전보

제2절 공무원의 직무상 불법행위로 인한 손해배상

제3절 영조물의 설치 · 관리상의 하자로 인한 손해배상

제4절 행정상 손해배상의 청구절차

제5절 기타 행정상 손해배상제도와 관련된 문제

제1절 행정작용으로 인한 권익침해와 그 전보

Ⅰ. 행정상의 손해전보제도의 유형

행정상의 손해전보라 함은, 행정작용에 의하여 국민의 권리 · 이익을 침해한 경우에 그로 인하여 개인이 입게 된 손해 또는 손실을 전보(塡補)하여 주는 제도를 말한다. 그런데 우리나라의 행정상 손해전보제도의 유형으로는 종래 행정상의 손해배상과 행정상의 손실보상의 2종류가 인정되고 있다.

행정상의 손해배상과 행정상의 손실보상의 구별은 손해 또는 손실의 발생원인행위의 성질의 차이에 의거하여, 전자는 위법한 불법행위로 인하여 입은 손해를 갚아 주는 것이고, 후자는 적법행위로 인하여 침해받은 개인의 특별한 손실을 전보하여 주는 제도이다. 행정작용에 의하여 개인에게 손해가 발생하였고 피해자가 그 손해를 감수하여야 할 귀책사유가 없는 경우에는, 행정주체가 그 손해 또는 손실을 전보하여 주는 것이 사유재산제도를 채택하고 있는 법제도에서는 정의와 공평(Recht und Billigkeit)의 원칙에 합치하는 것이다.

Ⅱ. 행정상의 손해전보제도의 근거

행정주체가 행정작용으로 인한 손해를 전보해 주어야 할 책임을 지는 행정상 손해전보의 근거를 살펴보면, 프랑스에서는 보통 1789년의 인권선언 제13조의 '공적 부담 앞의 평등원칙'에서 구하고 있다. 국가책임의 근거를 이와 같이 이해한다면 그것을 과실책임에 국한할 이유는 없고 무과실책임 또는 위험책임이 일반적으로 인정될 가능성도 있는 것이지만, 아직도 무과실책임은 제한적으로만 인정되고 있다. 우리나라에서는 이러한 '공적 부담 앞의 평등원칙'은 헌법 제11조의 평등원칙의 일부를 이루는 것으로 볼 수 있다. 따라서 우리나라에서도 행정상의 손해배상과 행정상의 손실보상을 구분하지 않고 양자를 통일적으로 파악할 수도 있을 것이다. 그러나 무과실책임이나 위험책임의 원칙이 전면적으로 실현될 수 없는 것은 어떠한 논리적 근거보다도 국가의 재정적 이유라는 실제적 이유에 비중을 둘 수밖에 없게 된다.

Ⅲ. 행정상의 손해배상과 행정상의 손실보상의 일원화

행정상의 손해배상과 행정상의 손실보상의 제도는 종래 각각 성질이 다른 것으로 이해하고 있었다. 즉 행정상 손해배상은 개인주의적 · 보상적 정의에 입각하여 행위자의 주관적 책임과 행위의 객관적 위법성을 그 성립요건으로 하는 데 반하여, 행정상 손실보상은 단체주의적 · 배분적 정의에 입각하여 그 성립에 있어 행위자의 주관적 책임은 문제시하지 않고, 다만 개인에게 부과된 불평등한 부담을 전보하여 주는 제도라는 점에서 양자는 구별되어 온 것이다.

그러나 오늘날에 있어서는 위의 두 제도는 그 이념적 측면에 있어서의 대립은 점차 해소되어 가고 있는데, 이는 주로 불법행위 배상책임과 적법행위 보상책임의 중간영역으로서의 '위험책임'의 등장에 의하여 촉구된 것이다. 위험책임의 이론에서 보면, 과실의 유무가 문제되지 않고 또한 행위의 위법 · 적법의 구별도 특별한 문제가 되지 않기 때문이다. 즉 오늘날 기업의 대형화와 그 생산활동의 고도화, 행정활동의 증대 및 내용의 다양화에 따라, 과실책임주의를 엄격히 적용하는 경우 피해자가 구제받지 못하게 되는 불공평한 경우가 발생하게 되므로 "위험 있는 곳에 책임 있다"고 하는 위험책임의 법리에 의하여 피해자구제를 도모할 필요성이 증가하고 있다. 그리하여 행정상 손해배상에 있어서도 주관적 · 도의적 책임의 문제보다는 "객관적으로 누구에게 전보책임을 부담시키는 것이 공평할 것인가"라는 손해부담의 배분적 정의를 주된 기준으로 함으로써 과실의 객관화 또는 입증책임의 전환의 법리 등을 통하여 점차 과실책임이 무과실책임으로 접근하는 경향을 나타내고 있다.

따라서 그 연구방법에 있어서도, 오히려 양자를 단일개념으로 융합시켜 사회적 공평부담의 견지에서의 '행정상 손해전보'(국가배상 · 공법상배상 · 공법상보상 등으로 부르기도 한다)로서 통일적으로 고찰하는 경향이 있다. 다만, 우리나라의 실정법상 행정상의 손해전보제도는 일응 행정상의 손해배상제도와 행정상의 손실보상제도로 구분되어 있으므로, 여기에서도 양자를 구별하여 검토하기도 한다.[1] 그러나 그 중에서도 이 장에서는 행정상의 손해배상제도를 중심으로 설명하는 것으로 한정하려고 한다.[2]

Ⅳ. 행정상의 손해배상제도의 기능

1. 손해배상제도의 목적

손해배상제도는 일반적으로 피해자를 구제하는 데 일차적 목적 내지 기능을 두고 있다. 그러나

1) 김도창, 「일반행정법론(상)」. 청운사, 1993, 606-607면; 김동희, 「행정법Ⅰ」. 박영사, 2012, 539면.
2) 박평준 · 박창석, 「행정법강론Ⅰ」. 백산출판사, 2013, 504-573면.

모든 배상책임을 오로지 가해자의 책임으로만 돌릴 경우 가해자가 파탄에 빠지는가 하면, 가해자에게 배상능력이 없음으로 인하여 피해자가 충분한 구제를 받지 못하는 결과를 가져올 수도 있다.

그에 따라 배상제도와 관련하여 그 배상책임을 분산하는 여러 가지 방안이 강구되고 있는데, 보험도 그 중의 하나이다. 그리고 공무원의 직무상 불법행위로 인한 손해배상의 책임을 전적으로 공무원의 책임으로만 돌리지 않고, 국가가 부담하는 제도인 국가배상제도가 탄생하게 된 연유도 그러한 점에 기인한다고 할 수 있다.

그 밖에도 손해배상제도의 기능에는 제재기능 내지 위법행위억제기능도 있는데, 그것은 국가배상제도로서 대위책임을 취하는가, 아니면 국가(공공단체를 포함한다)의 자기책임 또는 그 밖의 유형을 취하는가에 따라 의미를 달리한다고 할 수 있다.[3)]

2. 피해자구제기능

국가배상제도의 주된 기능은 피해자구제에 있다. 그런데 공무원의 직무상 불법행위로 인하여 개인이 손해를 입은 경우에 누가 그 손해를 부담하며 책임을 지는가에 관한 문제는 세 가지 유형으로 나누어 볼 수 있다. 즉 ① 피해자가 입은 손해를 방치하는 무책임형, ② 공무원 개인이 부담하는 공무원책임형, ③ 국가나 공공단체가 책임을 지는 국가책임형의 3종류가 있다. 이러한 형태 중에서 무책임형은 모순이며 극복되어야 함은 당연한 과제이다. 그것을 어떠한 방법으로 해결할 것인가는 여러 방법이 있을 수 있다.

외국에서는 가해자인 공무원이 책임을 지는 제도가 일찍부터 발전하였다. 즉 독일에서는 군주의 위임에 반하여 행동한 신복은 위임이론에 의하여 개인으로서 불법행위책임을 지도록 되어 있었고, 영국에서는 공무원일지라도 사인과 마찬가지로 손해배상소송의 피고가 되도록 하여 공무원이 책임을 지는 제도를 취하였다. 그러나 공무원이 개인적으로 손해배상책임을 지는 제도는 피해자구제기능이라는 점에서 극히 불충분하다고 하지 않을 수 없다. 가해공무원에게 지급능력이 없는 경우에는 불법행위의 요건이 충족되는 경우에도 구제를 받을 수 없기 때문이다.

이와 같은 공무원책임형에는 다음과 같은 문제점이 있다. 즉 공무원은 손해배상책임을 질 것에 대한 우려 때문에 직무에 소극적인 자세로 임하게 됨으로써 복지부동을 초래하게 될 것이다. 그러한 경우 그에 따른 손실은 헤아릴 수 없을 정도로 큰 것이 된다. 또한 공적 부문에서의 인재확보에도 대단한 지장을 가져올 수도 있다.

따라서 공무원책임형 제도를 취하는 경우에는 공무원이 짊어지게 되는 가혹한 부담을 덜어주기 위한 제한조치가 프랑스, 독일 등에서 채택하는 경향이 있는데, 그러한 조치가 피해자에게 불리한 결과가 됨은 말할 것도 없다. 그리하여 피해자를 구제해 주면서도 공무원의 가혹한 부담을

3) 김남진 · 김연태, 「행정법 I」. 법문사, 2012, 557면.

경감해 주는 방법이 모색되어야 할 필요가 있는 바, 국가(공공단체를 포함한다)의 배상책임제도는 그러한 배경을 가지고 창안되었다고 할 수 있다.

3. 손해분산기능

가해자인 공무원이 피해자가 입은 손해를 배상한다는 것은 일응 당연한 것으로 여겨질 수 있다. 그러나 그러한 경우 '공무원의 생활의 파탄'이라는 또다른 부작용이 일어나는 문제를 간과할 수 없다. 각국에서 공무원의 책임을 축소하고 국가의 책임을 확대하려는 노력을 기울이게 된 것은 피해자를 구제하는 동시에 공무원에게 집중되는 배상책임을 감소하려는 데 있음을 알 수 있다.

독일이 헌법을 통해 공무원책임의 면책적 채무인수로서의 국가의 배상책임을 규정하게 된 것(기본법 제34조)은 이 때문이다. 특히 1981년에 제정되었다가 연방에게 입법권이 없다는 이유로 위헌판결을 받은 국가책임법(Staatshaftungsrecht)이 국가의 자기책임을 널리 인정하였음은 잘 알려진 사실이다. 그것은 이론적인 이유에도 기인한 것이었지만, 다른 한편으로는 공무원에게 집중되는 비용부담을 줄여 주는 의미도 가졌었던 것으로 보인다.

한편, 미국의 경우 국가의 배상제도를 채택한 연방불법행위청구법(The Federal Tort Claims Act, 1946)이 제정된 이후에 있어서도 공무원책임이 병존하였으나, 공무원에게 넓은 면책이 인정되고 또한 공무원에게 지급능력이 없는 등의 사정으로 피해자구제기능은 거의 전적으로 국가(정부)의 부담으로 돌아갔다. 그럼에도 불구하고 제도상으로 공무원의 책임이 존속된 것은, 다음에 보는 공무원에 대한 제재기능, 위법행위의 억제기능을 위한 것으로 새겨진다.

4. 제재기능 · 위법행위억제기능

국가배상제도에 제재기능 및 위법행위억제기능이 있다는 점도 일반적으로 인정되고 있다. 제재기능 · 위법행위억제기능을 강조하게 되면, 당연히 가해자인 공무원의 책임을 강조하게 된다. 그러나 공무원에게만 배상책임을 지우는 경우에도 여러 가지 문제점이 있음은 이미 지적한 바 있다.

Ⅴ. 우리나라의 국가배상제도

1. 국가배상의 의의

행정상의 손해배상이란 국가 등 행정기관의 행정작용으로 인하여 타인에게 손해를 가한 경우에 국가 등의 행정주체가 피해자에게 손해를 배상해 주는 제도를 말한다. 이러한 행정상의 손해배상은 '국가배상'이라고도 한다.

국가배상제도는 법치국가에서 기본권을 존중하고 보장하기 위한 제도이다. 국가 등 행정주체가 공적 임무를 수행하는 과정에서 개인의 재산권 등에 가한 위법한 침해를 방치한다면 재산권 등 기본권보장에 위배되기 때문에 발생된 손해를 국가가 배상하여 피해자를 구제한다는 것은 오늘날의 법치국가에서는 당연한 것이다. 한편, 국가배상제도, 즉 행정상 손해배상제도는 위법한 침해로 인한 재산이나 생명 · 신체에 대한 피해의 전보를 내용으로 한다는 점에서, 적법한 침해로 인한 재산상 피해에 대한 보상제도인 행정상 손실보상제도와 다르고, 적법한 침해로 인한 생명 · 신체의 피해에 대한 보상제도인 희생보상제도와도 성질을 달리 한다.

국가배상제도는 헌법 제29조 제1항에 의하여 기본권으로 인정되고 있으며, 「국가배상법」은 '헌법의 구체화된 행정법'으로서의 동법에 그 구체적인 절차와 내용이 규정되어 있다. 헌법상의 기본권으로서의 국가배상청구권은 그 자체로서의 독자적인 의미보다는 다른 기본권의 실효적 보장을 위한 청구권적 기본권으로서의 지위를 갖는 것으로 이해함이 옳다. 또한 위법한 국가작용으로 인한 국민의 재산권 침해행위에 대하여 사후적으로 그 손해의 배상청구권을 담보함으로써 법치국가원리를 최종적으로 담보하는 수단으로써의 의미를 갖는다.

2. 국가배상제도의 근거

1) 국가배상책임의 헌법적 근거

(1) 근거규정

우리 헌법은 국가배상제도에 관하여는 규정내용에 다소의 차이가 있으나 제헌헌법 이래 한결같이 이 제도를 규정하여, 이를 국민의 기본권의 하나로서 보장하고 있다. 현행헌법도 국가배상책임주의의 원칙을 선언하고(헌법 제29조 제1항), 동시에 군인 · 군무원 · 경찰공무원 등 일정한 공무원이 피해자인 경우에는 이중배상의 배제를 규정하고 있다(헌법 제29조 제2항).

(2) 관련문제

(가) 입법방침규정설과 직접효력규정설

헌법 제29조의 규정이 입법방침규정인가, 직접효력규정인가에 대하여는 학설의 대립이 있다.

입법방침규정설에 의하면, 헌법 제29조가 「법률이 정하는 바에 의하여」라는 법률유보가 있기 때문에 헌법에 의해서는 추상적인 권리만이 발생하고 구체적인 권리는 법률에 의하여 비로소 생기는 것이므로 헌법의 이 규정은 단순한 입법방침규정에 지나지 않는다고 한다.[4] 이에 반하여, 직접효력규정설은 헌법 제29조는 구체적인 권리를 규정하고 있는 직접적 효력규정으로서 「법률이 정하는 바에 의하여」의 표현은 국가배상청구권의 행사절차 내지는 구체적인 기준이나 방법을

4) 구병삭, 「신헌법원론」. 박영사, 1988, 629면; 김도창, 전게서, 617면.

법률이 규정한다는 의미로 이해한다.[5] 생각건대, 이 때의 「법률이 정하는 바에 의하여」의 의미의 해석과 관련한 이와 같은 견해대립의 실익은 이러한 법률이 존재하지 않는 경우에 당사자는 어떠한 근거규범에 의하여 청구권을 주장할 수 있는가에 있다고 볼 수 있다. 전자의 입장은 이러한 경우에 헌법규정을 그 근거로 주장하지 못하는 데 반하여, 후자의 경우에는 헌법규정이 근거규범이 될 수 있게 된다. 후자의 견해가 당사자의 권리구제를 위하여 타당함은 당연한 것이며,[6] 이것이 다수설이다. 그리고 이미 헌법규정을 구체화한 국가배상법이 제정, 시행되고 있는 현재에는 그 문제를 논의할 실익이 많지 않은 것으로 보인다.[7]

(나) 배상책임의 주체

국가배상책임의 주체의 범위가 문제된다. 헌법은 국가와 공공단체를 배상책임의 주체로서 규정하고 있는데, 국가배상법은 이와는 달리 공공단체 중에서 지방자치단체만을 배상주체로서 규정하고 있다(동법 제2조 제1항 본문). 이러한 규정과 관련하여 헌법에 저촉된다고 보는 견해가 있을 수도 있다. 그러나 독일의 경우와는 달리, 우리나라에서는 공공단체(공법인)의 직원이 공무원의 신분을 보유하고 있지 아니하며, 지방자치단체 이외의 공공단체도 민법에 의하여 배상책임을 지고 있음으로 보아 국가배상법의 관련규정이 위헌이라고 보기는 어렵지 않을까 하는 생각이다.

(다) 배상청구권의 주체

헌법은 국가 등에 대한 배상청구권의 주체를 국민으로서 규정하고 있다(헌법 제29조 제1항). 따라서 국가배상청구권은 원칙적으로 한국국민만이 그 주체가 되며, 한국국민이면 자연인 · 법인을 가리지 아니한다. 그러나 헌법 제29조 제2항의 규정에 의하면, 군인 · 군무원 · 경찰공무원 기타 법률이 정하는 자에게는 법정보상만을 인정하고 국가배상청구권을 부인하고 있다.

우리나라에 주둔하고 있는 미합중국군대의 구성원 · 고용원 · 한국증원부대구성원(카투사)의 공무집행 중의 행위로 피해를 받은 자도 국가배상법에 따라 한국정부에 배상을 청구할 수 있다(한 · 미행정협정 제23조 제5항). 외국인에 대하여는 국가배상법 제7조의 상호보증주의에 따라 한국국민에 대하여 국가배상책임을 인정하고 있는 국가의 국민에게만 국가배상청구권이 인정된다.

2) 국가배상법

(1) 국가배상법의 지위

헌법 제29조에 근거하여 「국가배상법」이 제정되어 있는데, 이 국가배상법은 국가배상에 관한

5) 김철수, 「헌법학개론」. 박영사, 2003, 873면; 문홍주, 「한국헌법」. 해암사, 1987, 346면; 허영, 「한국헌법론」. 박영사, 2005, 574면.

6) 류지태, 「행정법신론」. 신영사, 2008, 383면.

7) 김남진 · 김연태, 전게서, 564면.

일반법으로서의 지위에 있다. 즉 국가배상법 제8조는「국가나 지방자치단체의 손해배상 책임에 관하여는 이 법에 규정된 사항 외에는 민법이 따른다. 다만, 민법 외의 법률에 다른 규정이 있을 때에는 그 규정에 따른다」고 규정함으로써 국가배상법이 국가 또는 지방자치단체의 불법행위책임에 관한 일반법이라는 것을 명시하고 있다. 따라서 ① 특별법이 있으면 그 규정에 의하고,[8] ② 그러한 특별법이 없으면 국가배상법이 적용되며, ③ 국가배상법에 특별한 규정이 없는 사항은 민법의 규정에 의한다.

(2) 국가배상법의 성격

국가배상법의 법적 성격에 관하여는 종래부터 공법설과 사법설이 대립되고 있는데, 이는 국가배상책임의 성질이 공법상의 배상책임인지, 아니면 사법상의 배상책임인지의 문제와 관련된다. 따라서 국가배상법을 공법으로 보는 입장에서는 국가배상법에 의한 손해배상청구권을 공권으로, 사법으로 생각하는 관점에서는 사권으로 보아 각각 행정소송 또는 민사소송의 방법으로 그 권리를 실현한다.

(가) 사법설(사권설)

사법설은 국가의 특권적 지위, 즉 국가무책임의 원칙을 포기하고 국가나 지방자치단체 등도 사인과 같은 지위에서 책임을 지겠다는 헌법가치를 전제로 하여, 국가배상책임은 공법에 특유한 책임이론이 아니라 사법상의 일반불법행위책임과 성격을 같이 하는 한 종류에 지나지 않는 것이어서 국가배상법은 민법의 특별법으로서 사법의 성질을 갖는다는 견해이다. 또한 국가배상법 자체도 동법 제8조가 민법이 보충적으로 적용됨을 규정하고 있는 것도 동법이 민법의 특별법적 성격을 가진다는 점을 명문으로 나타내고 있는 것으로 보아도 국가배상법이 사법적 성질을 가진다고 주장한다.[9]

이러한 견해에 의하면 국가배상소송의 형태는 민사소송이며, 민사법원의 관할사항이 된다.

(나) 공법설(공권설)

공법설은 공법적 원인으로 인한 국가배상책임을 규율하는 국가배상법은 사경제적 작용을 규율하는 민법과는 본질적으로 성격을 달리 하기 때문에 민법과 국가배상법 사이에는 일반법과 특별법의 관계가 성립될 수 없다고 본다. 즉 공법과 사법의 이원적 법체계를 채택하고 있는 한, 공법적 원인에 의하여 발생한 손해에 대한 배상을 규율하는 국가배상법은 공법의 성질을 가진다는 것이다. 우리나라의 다수설이다.[10]

---

8) 예컨대, 자동차손해배상보장법 제3조, 산업재해보상보호법 제5조, 원자력손해배상보장법 제3조, 공무원연금법 제35조 · 제51조, 우편법 제5장 등이다.

9) 변재옥,「행정법강의(Ⅰ)」. 박영사, 1989, 499면; 이상규,「신행정법론(상)」. 법문사, 1997, 590-591면.

10) 김도창, 전게서, 616면; 김동희, 전게서, 545면; 류지태, 전게서, 384면; 박균성,「행정법론(상)」. 박영사, 2012, 668-

이에 의하면 국가배상소송의 형태는 행정소송 중 당사자소송이며, 행정법원의 관할사항이다.

(다) 판 례

판례는 "공무원의 직무상 불법행위로 손해를 받은 국민이 국가 또는 공공단체에 배상을 청구하는 경우 또는 공공단체에 대하여 그의 불법행위를 이유로 손해배상을 구함은 국가배상법이 정한 바에 따른다 하여도 이 역시 민사상의 손해배상책임을 특별법인 국가배상법이 정한 데 불과하다"라고 판시한 바 있다.[11] 이러한 판례는 국가배상책임을 민사상 손해배상책임의 일종으로 보고, 국가배상법을 민법의 특별법으로 보고 있다.

(라) 결 어

국가배상법은 공법적 원인에 의하여 발생한 손해에 대한 국가 등의 배상책임을 규정한 법으로서 공법으로 보아야 할 것이다. 따라서 국가배상에 관한 소송은 공법상의 당사자소송으로서 행정소송법이 적용되어야 한다고 본다.[12]

그러나 종래 우리의 소송실무에서는 국가배상청구소송을 민사소송으로 다루고 있다. 앞으로 현행법의 운영에 있어서는 행정소송으로 전환함이 논리적으로 옳다고 판단되며, 정부가 국회에 제출한 바 있는 행정소송법개정안은 행정행위를 원인으로 하는 손해에 대한 국가배상청구소송을 당사자소송의 하나의 유형으로 예시하고 있다.

(3) 국가배상법 제2조 제1항 단서의 위헌논의

국가배상법 제2조 제1항 단서에는 「군인 · 군무원 · 경찰공무원..... 등이 다른 법령에 따라 보상을 지급받을 수 있을 때에는 국가배상법 및 민법에 따른 손해배상을 청구할 수 없다」라는 이중배상배제에 관한 특례규정을 두고 있다. 이와 같은 특례규정에 대하여는 위헌논의가 그치지 않았으며,[13] 법원은 위의 단서규정에도 불구하고 군인 등에 대하여 국가배상청구권을 인정하였고,[14] 대법원도 드디어 이 단서조항을 위헌으로 판시하기에 이르렀다.[15]

이와 같이 군인 · 경찰공무원 등에 대한 배상청구권을 제한한 헌법 제29조 제2항의 규정은 이른바 유신헌법으로 불리는 1972년 11월 24일의 개정헌법에 의하여 헌법에 신설되어 오늘에 이르고

669면; 박윤흔 · 정형근, 「최신행정법강의(상)」, 박영사, 2009, 592면; 서원우, 「현대행정법론(상)」, 박영사, 1983, 679면; 석종현, 「일반행정법(상)」, 삼영사, 2005, 606-607면; 홍정선, 「행정법원론(상)」, 박영사, 2012, 686면.

11) 대판 1971.4.6, 70다2955; 대판 1972.10.10, 69다701.

12) 김남진 · 김연태, 전게서, 568면.

13) 이상규, "새 행정상 손해배상제도의 특색과 문제점", 「법정」, 1967.7.; 윤세창, "국가배상법의 문제점", 「사법행정」, 1971.1.등 참조.

14) 서울민사지법판 1968.5.30, 67가12829; 서울고법판 1970.3.11, 69나1631.

15) 대판 1971.6.22, 70다1010.

있다. 위헌판결을 받은 국가배상법의 동 조항을 개정하는 대신에, 위헌시비를 차단하기 위한 방법으로 개헌을 통하여 헌법에 이를 삽입하였던 것이다. 이로써 동 조항이 형식적으로는 합헌적인 것이 되었지만 기본권 내재적 가치체계에 비추어 실질적 위헌론이 주장되고 있다.[16] 현재 이 독소조항의 개정이 필요하다는 데 대체로 의견의 일치를 보고 있는 것 같다.[17]

3. 국가배상책임과 민법상 불법행위책임의 차이

국가배상법에 의한 국가배상책임과 민법상의 불법행위책임은 각 법률에서 다음과 같이 달리 규정하고 있다.[18]

국가배상법은 민법상의 불법행위책임에 비하여 국가배상책임을, 그 차이는 실제에 있어 그렇게 크지 않지만, 법규정상으로는 다소 엄격히 규정하고 있다. 즉 국가배상법 제2조의 공무원의 불법행위로 인한 국가배상책임에 대응하는 것이 민법 제756조의 사용자책임인데, 민법 제756조 제1항 단서는 사용자에게 피용자의 선임감독에 상당한 주의를 한 때 또는 상당한 주의를 하여도 손해가 있을 경우에는 사용자의 면책사유로 규정하고 있으나, 국가배상책임에는 이러한 규정이 없다.

국가배상법 제5조의 영조물의 설치 또는 관리상의 하자로 인한 국가배상책임에 대응하는 것은 민법 제758조의 공작물 등의 점유자 및 소유자의 책임인데, 민법 제758조 제1항의 단서는 점유자가 손해의 방지에 필요한 주의를 게을리하지 아니한 때에는 점유자의 책임이 면책되는 것으로 규정하고 있지만, 국가배상책임에는 이에 상응하는 규정이 없다.

4. 국가배상제도의 유형

행정상의 손해배상제도에 관하여, 헌법은 공무원의 직무상 불법행위로 인한 손해배상책임만을 규정하고 있으나(헌법 제29조), 국가배상법은 국가배상책임의 유형으로 ① 공무원의 직무상 불법행위로 인한 손해배상책임과(동법 제2조), ② 영조물의 설치 · 관리상의 하자로 인한 손해배상책임(동법 제5조)의 2가지 유형을 규정하고 있다. ③ 국가배상법에 명문의 규정은 없지만 행정상의 결과제거청구권, 공법상의 위험책임 등도 여기에서 논의할 가치가 있는 유형이다. ④ 국가배상법은 국가나 지방자치단체가 사인의 지위에서 행하는 사경제작용으로 인하여 야기되는 배상책임에 관하여는 규정한 바가 없다. 따라서 이러한 경우에는 국가배상법 제8조에 의하여 사법이 정하는 바에 따른다.[19]

---

16) 이상철, "국가배상법 제2조 제1항 단서의 위헌성", 「안암법학」, 창간호, 1993.9, 274면 이하 참조.

17) 김남진 · 김연태, 전게서, 566면.

18) 박균성, 전게서, 669-670면.

19) 대판 1999.6.22, 99다7008.

제2절 공무원의 직무상 불법행위로 인한 손해배상

Ⅰ. 손해배상의 의의

공무원의 직무집행으로 인한 손해배상이란 공무원의 위법한 직무집행으로 인하여 타인에게 손해를 입힌 경우에 국가나 지방자치단체가 손해전보의 차원에서 그 손해를 배상하는 책임을 말한다. 이는 개인주의적 · 도의적 책임주의를 기초원리로 하는 제도로서, 사유재산제를 보장하는 근대 입헌국가에서 정의와 공평의 원리를 실현하는 구제수단이다.

「국가배상법」 제2조 제1항은 헌법 제29의 규정을 받아 「국가나 지방자치단체도 공무원 또는 공무를 위탁받은 사인[20](이하 “공무원”이라 한다)이 직무를 집행하면서 고의 또는 과실로 법령을 위반하여 타인에게 손해를 입히거나, 「자동차손해배상보장법」에 따라 손해배상의 책임이 있을 때에는 이 법에 따라 그 손해를 배상하여야 한다. 다만, 군인 · 군무원 · 경찰공무원 또는 향토예비군대원이 전투 · 훈련 등 직무집행과 관련하여 전사 · 순직하거나 공상(公傷)을 입은 경우에 본인이나 그 유족이 다른 법령에 따라 재해보상금 · 유족연금 · 상이연금 등의 보상을 지급받을 수 있을 때에는 이 법 및 「민법」에 따른 손해배상을 청구할 수 없다」고 명문으로 규정하여 ‘공무원의 위법한 직무집행으로 인한 손해배상책임’을 제도화하고 있다. 또한 국가배상법 제2조 제2항에서는 헌법 제29조 제1항 단서의 취지대로 「공무원에게 고의 또는 중대한 과실이 있으면 국가나 지방자치단체는 그 공무원에게 구상(求償)할 수 있다」고 규정함으로써 ‘공무원의 구상책임’을 인정하고 있다. 따라서 국가배상법 제2조에 의하여 배상책임을 지는 경우는 공무원이 그 직무를 집행함에 있어서 고의 또는 과실로 법령을 위반하여 타인에게 손해를 가하거나, 자동차손해배상보장법의 규정에 의하여 배상책임이 있는 경우 등이다.

---

20) 2009년 10월 21일 국가배상법 개정에서 ‘공무를 위탁받은 사인’을 국가배상법 제2조 제1항 소정의 공무원이라고 명문으로 규정하였는데, 이는 종전에 공무를 위탁받은 사인에 대해서는 규정하고 있지 않았지만 종래의 학설과 판례에서는 공무를 위탁받은 사인도 여기의 공무원에 포함시킨 입장을 최근 명문화한 것이다.

Ⅱ. 손해배상책임의 요건

헌법 제29조 제1항에 근거하여 국가배상법 제2조 제1항의 본문은 공무원의 위법한 직무집행행위로 인한 손해배상책임을 규정하고 있다. 동조항의 규정에 따라 국가의 손해배상책임이 성립하기 위한 요건으로는 ① 공무원의 행위일 것, ② 직무집행의 행위일 것, ③ 직무상의 불법행위일 것, ④ 타인에게 손해가 발생할 것 등을 들 수 있는데, 다음에서는 위와 같은 요건에 관하여 구체적으로 검토하기로 한다. 다만, 자동차손해배상보장법의 규정에 의하여 국가나 지방자치단체가 손해배상의 책임이 있는 경우에 관하여는 뒤에서 살펴보기로 하겠다.

1. 공무원의 행위

국가 등의 손해배상책임이 성립하기 위해서는 공무원 또는 공무를 위탁받은 사인(이하에서는 양자를 포함하는 개념으로 "공무원"이라 부른다)이 타인에게 손해를 가했어야 한다. 여기에서의 공무원은 광의로 파악하여, 국가공무원법 · 지방공무원법상의 공무원뿐만 아니라, 공무수탁사인 등 널리 공무를 위탁받아 실질적으로 공무에 종사하는 모든 자를 포함한다고 해석함으로써 공무수탁사인 등의 위법행위로 인한 손해에 대하여도 국가 등의 배상책임을 인정해 왔던 입장이 통설이고,[21] 판례이다.[22] 이러한 논의를 반영하여 최근 국가배상법개정에서는 '공무를 위탁받은 사인'을 명시적으로 규정하였다.

여기에서의 공무원이 특정되어야만 하는가는 문제된다. 이에 대하여는 반드시 특정될 필요는 없다고 보는 것이 일반적 견해이다. 이러한 입장에 따라 판례는 시위대에 대한 전투경찰들의 과도한 최루탄 사용 기타 과도한 시위진압으로 인하여 시위자가 사망 또는 상해를 입은 사건에서 관계 공무원을 특정하지 아니한 채 국가의 배상책임을 인정한 바 있다.[23]

판례는 소집중인 향토예비군,[24] 미군부대의 카투사(KATUSA),[25] 시의 청소차운전수,[26] 집행관,[27] 통장[28] 등을 공무원에 포함시켰지만, 의용소방대원[29]은 공무원에서 제외시킨 바 있다. 그러나 의용소방대원도 '공무를 위탁받은 자'에 해당하므로 여기의 공무원에 포함시켜야 한다고 새

21) 김동희, 전게서, 548-549면.
22) 대판 2001.1.5, 98다 39060.
23) 대판 1995.11.10, 95다23897.
24) 대판 1970.5.26, 70다471.
25) 대판 1969.2.18, 68다2346.
26) 대판 1980.9.24, 80다1051.
27) 대판 1966.7.26, 66다854.
28) 대판 1991.7.9, 91다5570.
29) 대판 1978.7.11, 78다584.

겨진다.[30)]

따라서 국가배상법상의 공무원은 최광의의 공무원개념에 해당한다. 그리하여 공무원이란 행정부 및 지방자치단체의 소속 공무원뿐만 아니라 입법부 및 사법부 소속의 공무원도 포함한다. 입법부소속의 공무원 중 국회의원도 공무원에 해당하고, 검사와 판사, 헌법재판소의 재판관도 포함된다.

한편, 한·미상호방위조약 제4조 및 그에 근거한 한·미행정협정 제23조 제5항에 의거, 미합중국군대의 구성원·고용원 또는 한국증원부대구성원도 여기의 공무원에 준한다고 보아야 한다. 한·미행정협정의 시행에 관한 민사특별법에 의하면, 미군이 직무수행 중에 손해를 가한 때에만 국가배상법의 규정에 의하여 이를 배상하도록 규정하고 있다.[31)]

2. 직무집행의 행위

1) 직무행위의 범위

국가작용에는 권력작용, 비권력적 공행정작용(관리작용), 사경제적 작용이 있는데, 이러한 작용 중에서 국가배상법 제2조의 직무행위에는 어느 범위까지 포함시킬 것인가에 관하여는 견해가 대립되고 있다.

(1) 협의설

이 견해는 국가배상법 제2조 제1항의 '직무'는 권력작용만을 의미하는 것으로 본다.[32)] 이 설은 종래 국가는 비권력작용에 대해서는 불법행위책임을 지면서도 국가의 권력작용으로 인한 배상책임을 부인하여 왔으나, 헌법과 국가배상법이 국가배상책임을 인정하는 것은 종래에 부인되어 왔던 권력작용으로 인한 국가의 배상책임을 인정하기 위하여 국가배상법 제2조에 특별히 권력작용으로 인한 손해에 대한 국가배상책임을 명시한 것으로 보는 주장이다. 그러나 현재 이러한 입장을 취하는 학설은 찾아보기 어렵다.

(2) 광의설

이 견해는 국가배상법 제2조 제1항의 '직무'에는 권력작용 외에 단순공행정작용(관리작용)도 포함된다고 보며, 널리 행정작용 중에서 영조물의 설치·관리작용과 사경제적 장용을 제외한 모든 공행정작용을 의미한다고 본다. 광의설은 사경제적 작용의 경우는 민법에 의하고, 국가배상법은 공행정작용에 적용할 취지의 법으로 이해하며, 또한 국가배상법의 법적 성질을 공법으로 보는 입장이다.

---

30) 김남진·김연태, 전게서, 570면; 홍정선, 전게서, 688면.

31) 홍정선, 상게서, 688-689면.

32) 이종극, 「신행정법(상)」, 보문각, 1961, 516면.

국가배상법이 국가의 배상책임에 관하여 민법과 별도로 규정한 것은 사인간의 행위와는 다른 공행정작용이면 권력작용이든 관리작용이든 모두 국가배상법 제2조의 직무에 포함되지만, 국가가 사인과 동일한 지위에서 행하는 사경제적 작용은 "동일한 관계에는 동일한 법이 적용되어야 한다"는 원리에 따라 민법의 적용대상이 되어야 한다는 것을 그 논거로 한다. 우리나라의 다수설이다.[33]

(3) 최광의설

이 견해는 국가배상법 제2조 제1항의 '직무'를 공행정작용인 권력작용과 관리작용뿐만 아니라, 사경제적 작용까지도 포함된 모든 행정작용이라고 본다.[34] 이러한 학설은 주로 국가배상법의 법적 성질을 사법으로 보는 학자의 입장이다. 헌법 제29조는 행정작용의 성질을 불문하고 국가의 배상책임을 일반적으로 규정하여 인정하고 있으며, 만일 사경제적 작용을 직무행위에서 제외하여 민법의 적용대상으로 하면 국가는 공무원의 선임 · 감독상의 주의의무의 이행을 입증함으로써 면책되기 때문에(민법 제756조 제1항 단서 면책규정 있음), 이는 국가의 제1차적 배상책임주의 및 대위책임인 국가배상책임의 성질에 어긋난다는 것이 그 근거이다.

(4) 판 례

판례는 과거에 최광의설을 취한 적도 있으나,[35] 오늘날에는 "국가배상법이 정한 손해배상청구의 요건인 '공무원의 직무'에는 국가나 지방자치단체의 권력적 작용뿐만 아니라 비권력적 작용도 포함되지만 단순한 사경제의 주체로서 하는 작용은 포함되지 않는다"고 판시하여,[36] 광의설을 취하고 있다.

(5) 결 어

생각건대, ① 사경제적 행정작용으로 인한 손해에 대해서는 종래부터 민사상의 책임이 인정되어 왔으나, 공행정작용 특히 권력작용에 대하여는 국가책임이 부인되어 왔지만 헌법 제29조 및 국가배상법은 이러한 공행정작용으로 인한 손해에 대한 국가책임을 인정한 점에 그 의의가 있는 것이고, ② 사경제적 행정작용으로 인한 배상책임을 민법에 의하는 경우에 국가는 주의의무를 입증함으로써 면책될 수 있어 피해자에게 불리한 것이라 보았으나, 민법 제756조의 사용자책임은 피해자 보호를 위한 무과실책임 · 위험책임 · 보상책임의 성질을 가진 것으로서 동조의 사용자의

33) 김남진 · 김연태, 전게서, 571면; 김도창, 전게서, 624-625면; 류지태, 전게서, 386면; 박윤흔 · 정형근, 전게서, 596면; 박균성, 전게서, 680-681면; 서원우, 전게서, 682면; 석종현, 전게서, 609면; 홍정선, 전게서, 689-690면.

34) 변재옥, 전게서, 502면; 이상규, 전게서, 596면.

35) 대판 1957.6.15, 57다118; 대판 1974.11.12, 74다997.

36) 대판 1980.9.24, 80다1051; 대판 1999.11.26, 98다47245; 대판 2001.1.5, 98다39060; 대판 2004.4.9, 2002다10691.

면책규정이 거의 적용될 여지가 없으며, ③ 동일한 법률관계에는 동일한 법에 의하여 규율되어야 하는 것이므로 사법에 의하여 규율되는 사경제적 행정작용의 경우에는 그로 인한 손해도 사법인 민법규정에 의하여 규율되어야 한다고 본다. 따라서 광의설이 가장 타당하다.[37]

2) 직무행위의 내용

국가배상법 제2조의 '직무행위'의 내용에는 위에서 살펴본 바와 같이 권력작용과 단순공행정작용이 포함되지만 권력작용이 그 중심을 이룬다. 이러한 행정작용에는 법률행위적 행정행위, 준법률행위적 행정행위와 같은 법적 행위는 물론이고, 사실행위 · 부작위(거부행위를 포함한다) 등도 포함된다고 본다. 한편, 입법작용과 사법작용도 국가의 공권력 행사로서 여기에 포함된 것으로 보게 된다. 그러나 직무행위의 내용과 관련하여 권한의 불행사(부작위) 및 입법작용과 사법작용으로 인한 손해에 대하여 국가의 배상책임을 인정하는 데에는 문제점이 적지 않으므로 이에 대하여는 다음과 같이 특별한 고찰을 필요로 한다.[38]

(1) 행정권한의 불행사(부작위)로 인한 손해

공무원의 행정권한의 불행사(부작위)로 인한 손해와 관련하여 다음의 몇 가지 문제는 특별한 검토를 필요로 한다. 즉 권한의 불행사(부작위)로 인하여 상대방이 법률상 이익을 침해받았는가 혹은 단순히 반사적 이익을 침해받았는가의 여부, 권한의 불행사(부작위)가 재량행위인지의 여부 등이 특별한 의미를 가진다.

(가) 이른바 법적 보호이익설의 적용 여부의 문제

국가배상법에 의한 국가 등의 배상책임의 인정에 있어서도 법적으로 보호되는 이익과 반사적 이익의 구별이 적용되는지의 여부가 문제된다.

국가배상법 제2조는 단순히 '법령에 위반하여'라고만 규정하고 있기 때문에 행정기관에 의한 위법한 공권력행사 또는 불행사에 의하여 개인의 권익이 침해된 경우에는 국가 등의 배상책임이 인정되는 것이고, 행정청이 피해자와의 관계에서 그러한 손해를 방지하여야 할 직접적 의무를 부담하는지의 여부는 배상책임의 인정과는 무관한 문제라고 보는 것이 동조의 자연스러운 해석인 것으로 보인다.

그러나 우리나라 판례는 국가배상법에 있어서도 보호이익과 반사적 이익의 구별은 적용된다고 보고 있다[39] 그에 따라 공무원에 부과된 의무가 공익일반을 위한 것인 때에는 그러한 의무를 위

37) 김동희, 전게서, 550면.

38) 김동희, 상게서, 550-555면.

39) 대판 1993.3.12, 91다43466; 대판 2008.4.10, 2005다48994.

반하여 개인에게 손해가 발생한 경우에도 그 손해배상책임의 문제는 제기되지 않게 된다. 그러나 불익처분의 상대방의 경우에는 당해 처분에 관한 권한행사에 있어 법령상 부과되어 있는 제한의 준수의무는 상대방에 대하여 행정청이 부담하는 의무이기는 한 것이므로, 이 경우에는 위의 구별이 적용될 여지는 없다고 할 것이다.

이에 대하여, 행정청의 권한의 불행사로 인하여 침해되는 이익의 경우에 있어서는, 당해 이익은 권한행사에 의하여 보호되는 이익이 될 것이므로 이 경우는 법적 보호이익과 반사적 이익의 구별이 적용되게 되는 것이다.

(나) 권한행사의 재량성의 문제

법령상 행정청에게 관계권한의 행사에 있어 재량권이 부여되어 있는 경우에는, 행정청은 그 권한의 행사 여부에 대한 독자적 판단권을 가지므로 이를 행사하지 않아도 그것은 위법한 것으로 되지 않는다.

그러나 이 경우에도 구체적 사안과 관련하여 재량권이 영(零)으로 수축되어 당해 권한의 행사만이 의무에 합당한 행사로 판단되는 경우, 그 불행사는 위법한 것이 되어 그로 인하여 손해를 받은 자는 국가 등에 대하여 배상을 청구할 수 있음이 가능하다.[40)]

(다) 개괄적 위험배제의무의 인정

판례는 예외적 사태에 있어서는 법령상의 근거가 없는 경우에도 국가의 위해방지의무를 인정하고 있다. 즉 "국민의 생명 · 신체 · 재산 등에 대하여 절박하고 중대한 위험상태가 발생하였거나 발생할 우려가 있어서 국민의 생명 · 신체 · 재산 등을 보호하는 것을 본래적 사명으로 하는 국가가 초법규적 · 일차적으로 그 위험배제에 나서지 아니하면 국민의 생명 · 신체 · 재산 등을 보호할 수 없는 경우에는 형식적 의미의 법령에 근거가 없더라도 국가나 관련 공무원에 대하여 그러한 위험을 배제할 작위의무를 인정할 수 있다"고 판시하였다.[41)]

(2) 입법작용으로 인한 손해

이 문제는 (적극적) 입법작용으로 인한 손해와 입법부작위로 인한 손해의 배상의 경우로 구분된다.

(가) 입법작용에 의한 손해

구체적으로는 위헌으로 판정된 법률에 의하여 개인의 권리 · 이익이 침해된 경우에는, 그 피해자가 국가배상법에 의거하여 배상을 청구할 수 있겠는가의 문제로서 다음의 두 경우로 나누어 본다.

---

40) 대판 2001.3.9, 99다64278; 대판 2010.4.22, 2008다38288.

41) 대판 1998.10.13, 98다18520; 대판 2005.6.10, 2002다53995; 대판 2010.1.28, 2008다75768.

① 법률에 의거한 행정청의 구체적 처분에 의하여 개인의 권익이 침해된 경우: 법률은 원칙적으로 일반성 · 추상성을 그 속성으로 하는 것이므로 이 경우는 당해 처분을 중심으로 하여 배상책임의 발생요건의 구비 여부가 판단되어야 할 것이며, 이것이 통상적인 경우일 것이다.

먼저, 행위의 위법요건을 보면 처분의 근거없이 위헌 · 무효로 판정되었다면, 당해 처분은 법률상의 근거가 없는 것으로 되기 때문에 그 위법성을 인정하는 데에는 문제가 없을 것이다. 그러나 행위자의 과실요건에 관하여는 과실의 주관적 관념으로 파악하는 한, 이 요건은 충족되지 않는다고 본다. 왜냐하면 공무원에게는 법률의 위헌 여부를 심사할 권한은 없기 때문에 당해 처분이 결과적으로는 위법한 처분이 되더라도 그에 이르는 과정에 있어서는 공무원의 과실은 없다고 보아야 한다.

② 법률에 의하여 직접적으로 개인의 권익이 침해된 경우: 이른바 '처분법규'(Massnahmegesetz)에 의한 침해의 경우이다. 이 경우에 당해 처분법규는 위헌이므로 그 위법성의 인정에는 문제가 없으나, 이러한 처분법규의 입법과정상의 과실을 인정하는 데는 여러 가지 어려운 점이 있다고 본다.

이 문제에 대하여 대법원은 "우리 헌법이 채택하고 있는 의회민주주의하에서 국회는 다원적 의견이나 갖가지 이익을 반영시킨 토론과정을 거쳐 다수결의 원리에 따라 통일적인 국가의사를 형성하는 역할을 담당하는 국가기관으로서 그 과정에 참여한 국회의원은 입법에 관하여 원칙적으로 국민 전체에 대한 관계에서 정치적 책임을 질 뿐 국민의 개개인의 권리에 대응하여 법적의무를 지는 것은 아니므로 국회의원의 입법행위는 그 입법내용이 헌법의 문언에 명백히 위반됨에도 불구하고 국회가 굳이 당해 입법을 한 것과 같은 특수한 경우가 아닌 한 국가배상법 제2조 제1항 소정의 위법행위에 해당된다고 볼 수 없다"고 판시하였다.[42] 이러한 판결은 국가배상법상의 위법성에 대하여 일단 앞에서 설명한 보호이익설에 입각하고 있는 것으로 보인다.

(나) 입법부작위에 의한 손해

원칙적으로 국민의 국가에 대한 법률제정청구권은 없다. 그리하여 문제가 되는 것은 행정입법의 부작위로 인한 손해에 관한 것이다.

입법부가 행정부에 특정한 사항을 행정입법으로 규율하도록 위임한 경우에는, 정당한 사유가 없는 한 행정부가 이를 이행하지 않는다고 하면 그것은 법치국가 내지 법치행정의 원칙에 위배되는 것으로서, 위법 내지 위헌적인 것이 되는 것이다.

(3) 사법작용으로 인한 손해

사법작용도 공권력행사에 해당한다고 볼 수 있으므로 이를 제외하는 명문의 규정이 없는 한,

42) 대판 1997.6.13, 96다56115.

국가배상법 제2조의 직무행위에 당연히 포함된다. 따라서 법관이 판결을 함에 있어 고의 또는 과실로 법령에 위반하여 타인에게 손해를 가하였다면, 원칙적으로 국가에 대하여 배상을 청구할 수 있을 것이다.

재판은 확정력 있는 판결을 통한 분쟁의 종국적 결정을 의미하는데, 판결에 대한 배상책임은 이와 같은 판결의 본질에 모순된다고 할 수 있다. 즉 재판에 패소한 자가 그 판결의 위법을 이유로 한 손해배상청구소송에서 승소한다면, 이는 선행판결의 무위를 가져오게 되고 결과적으로 판결의 확정력은 그 의미를 상실하게 된다고 볼 수 있다.

그런데 판결이 상소 또는 재심에 의하여 번복되는 경우에, 관계법관의 행위가 당연히 위법한 것이라고 할 수 있는가에 대하여는 의문이 제기될 수 있다. 법관의 행위가 위법한 경우로 되는 경우는, 사실인정에 있어 경험칙과 채증법칙을 현저히 일탈하거나, 그 양식이 의심스러운 정도의 과오를 범한 경우로 한정된다고 보는 것이 합리적인 것으로 본다.[43] 그러나 위법한 판결로 인하여 타인이 손해를 받는 경우를 완전히 배제할 수는 없다. 적어도 우리나라 및 독일 등에 있어서와 같이 헌법 및 법률이 공무원의 직무상 불법행위로 인한 국가책임을 규정하고 있는 이상, 판결의 위법을 이유로 한 국가배상의 청구는 일단 그 문이 열려 있다고 보지 않으면 안 된다.[44]

3) 직무행위의 판단기준

국가배상법 제2조 제1항의 '직무를 집행하면서'란 직무행위 자체는 물론이고, 객관적으로 보아 직무의 범위에 속한다고 판단되는 행위 및 직무와 밀접히 관련된 행위를 말한다.

직무행위인지의 여부는 당해 행위가 현실적으로 적당한 권한 내의 행위인지, 또는 행위자인 공무원이 주관적으로 직무집행의 의사를 가지고 있었는지의 여부와는 관계없이 객관적으로 직무행위의 외형을 갖추고 있는지의 여부에 따라 판단되어야 한다고 보는 것이 타당하다(외형설). 이러한 기준으로 직무행위의 여부를 판단한다는 견해가 통설이고,[45] 판례이다.[46]

3. 직무상의 불법행위

국가배상법 제2조 제1항에 의한 국가 등의 배상책임이 성립하기 위하여는, 공무원이 직무를 집행하면서 고의 또는 과실로 법령을 위반한 '직무상 불법행위'가 있어야 한다. 불법행위가 성립하려면 고의 또는 과실이 있어야 하고, 법령을 위반한 위법성을 띤 행위이어야 하는데, 다음에서

---

43) 대판 2001.10.12, 2001다47290; 대판 2003.7.11, 99다24218.

44) 김남진 · 김연태, 전게서, 574면.

45) 김남진 · 김연태, 상게서, 578면; 김도창, 전게서, 626면; 김동희, 전게서, 556면; 류지태, 전게서, 388면; 박윤흔 · 정형근, 전게서, 600면; 서원우, 전게서, 683면; 석종현, 전게서, 614면; 홍정선, 전게서, 676면.

46) 대판 1966.6.28, 66다781; 대판 1994.5.27, 94다6741; 대판 1995.4.21, 93다14240; 대판 2001.1.5, 98다39060; 대판 2005.1.14, 2004다26805.

이를 검토하려고 한다.

1) 고의 · 과실

(1) 고의 · 과실의 의의

국가배상법에 의하여 국가배상책임을 지려면, 당해 공무원의 고의 · 과실을 요건으로 하고 있기 때문에 동법은 원칙적으로 '과실책임주의'에 입각하고 있다.

여기에서 '고의'란 어떠한 위법행위의 결과의 발생가능성을 알면서 이를 행하는 심리적 상태를 말하며, '과실'이란 앞으로 위법한 결과가 발생한다는 것을 알고 있어야 함에도 불구하고 부주의로 인하여 그것을 알지 못하였음을 의미한다. '공무원의 직무집행상의 과실'이라 함은 공무원이 그 직무를 수행함에 있어 당해 직무를 담당하는 평균인이 통상 갖추어야 할 주의의무를 게을리한 것을 말한다.[47] 과실은 그 정도에 따라 중과실과 경과실로 나누어진다(국배법 제2조 제2항, 제1항).

(2) 대위책임설 · 자기책임설에 따른 고의 · 과실의 해석상 차이

고의 · 과실의 해석에 있어서는 국가의 배상책임을 대위책임으로 보는가 또는 자기책임으로 보는가에 따라 그 의미가 다르게 된다.[48] 대위책임설과 자기책임설에 관하여는 다음 국가배상책임의 성질에서 자세히 소개할 것이다.

(가) 대위책임설에 의한 고의 · 과실

대위책임설에 의하면, 공무원의 고의 · 과실은 당해 공무원의 불법행위책임의 주관적 요건이며, 공무원의 주관적 인식 유무를 기준으로 판단하게 된다. 따라서 공무원이 심신상실 중에 한 행위에는 고의 · 과실이 인정되지 않는다.

(나) 자기책임설에 의한 고의 · 과실

자기책임설에 의하면, 고의 · 과실에 대하여 위법한 국가작용의 발생원인을 주관적으로 관찰하지 않고 객관적으로 평가하는 것이 보통이다. 따라서 공무원이 심신상실 중에 한 행위인 경우에도 객관적으로 보아 통상 공무원에 대하여 요구되는 주의력을 결했기 때문에 행해진 행위라고 인정될 때에는 과실의 존재를 인정하게 된다.

(3) 과실의 객관화

국가배상법이 원칙적으로 과실책임주의를 취하고 있지만, 국가의 배상책임이 공무원의 책임능

---

47) 대판 1997.7.11, 97다7608.

48) 석종현, 전게서, 615-616면.

력 등의 주관적 요소에 의하여 좌우되는 것은 피해자구제의 관점에서 보면 결코 바람직한 것은 아니다. 이러한 점을 고려하여 최근에는 과실관념을 객관화하여 가능하면 피해자에 대한 구제의 폭을 확대하려는 경향이 있다.

과실의 객관화를 위한 시도에는 다음과 같은 것이 있다.

(가) 주의의무의 고도화

과실을 주관적 심리상태로 보지 않고 고도화된 객관적 주의의무 위반으로 파악하는 입장이다. 즉 과실을 주관적인 심리상태로서보다는 객관적인 주의의무위반으로 파악하여 주의의무의 내용을 고도화하는 것이다. 이에 의하면 당해 공무원의 주의력이 아닌 동일 직종의 평균적 공무원의 주의력이 과실의 판단기준이 되며, 그에 따라 직종에 따라서는 보다 높은 주의의무가 과해지게 된다.

(나) 가해공무원의 특정의 불필요

과실의 객관화의 견지에서 가해공무원의 특정은 반드시 필요한 것은 아니라고 하는 견해가 있다. 이에 의하면 어느 공무원의 행위인지가 판명되지 않은 경우라고 하더라도 공무원의 행위에 의한 것인 한 국가는 배상책임을 진다고 본다. 이러한 생각은 독일의 조직과실(Organisationsverschulden) 및 프랑스에 있어서의 공역무과실(faute de service public) 등에 접근하고 있는 과실관념이다.[49)]

(다) 위법성 · 과실의 통합화

위법성과 과실을 통합하여 일원적 관념으로 보려고 하는 견해가 있다. 이러한 입장은 민법의 불법행위론에서 먼저 주장된 것으로서, 이 이론에 의하면 위법성과 과실 중의 어느 하나가 입증되면 다른 요건은 당연히 인정된다고 보는 것이다. 민법상의 불법행위법에 있어서는 위법성과 과실을 대치시키는 이원설이 통설이나, 위와 같은 위법성 · 과실의 통합설은 비교법적 고찰을 배경으로 주장되고 있다.

그러나 국가배상법의 과실관념은 민법상의 과실과 같은 관념으로 파악하여야 할 필연적 이유는 없다고 본다. 국가배상책임은 조직체로서의 국가기관의 작용으로 인하여 사인에게 발생한 손해에 대한 책임인 바, 이 경우는 기관의 작용이 문제된다는 점에서 보면 그 책임이 과실책임이라고 하더라도 그 과실관념은 자연인의 행위에 있어서와 같이 주관적 · 도의적 책임요건으로 파악할 것이 아니고, 오히려 객관적 관념으로 파악하는 것이 합리적이라고 본다.[50)]

---

49) 데모 진압 중 최루탄투척 등으로 데모가담자에게 발생한 손해의 국가배상사건에서 가해공무원의 특정을 의도하지 않은 하급심판례는 이른바 조직과실을 인정한 판례로 볼 수 있다(광주지법판 1988.1.7, 87가합909; 서울지법판 1988.9.21, 88가합2327.).

50) 김동희, 전게서, 562면.

(4) 과실의 입증책임

고의 · 과실의 입증책임은 원고인 피해자에게 있다고 하는 것이 일반론이다. 그러나 국가배상책임의 성립을 용이하게 하려는 시도는 과실의 객관화는 논의에만 그치지 않고, 과실의 객관화의 추세에 발맞추어 입증책임도 완화되어야 한다는 데 이르고 있다. 즉 고의 · 과실의 입증책임은 원고인 피해자에게 있지만, 과실의 객관화의 경향과 함께 민법상의 '일응의 추정(prima facie)의 법리'를 원용함으로써 입증책임을 완화하여야 한다는 것이다.

이러한 견해에 의하면 피해자측이 공무원의 위법한 직무행위에 의하여 손해가 발생하였음을 입증하게 되면, 공무원에게 과실이 있는 것을 일응 추정하여 국가가 입증을 통해 그 추정을 번복하지 못하는 한 배상책임을 져야 한다는 것이다.

2) 법령을 위반한 행위

(1) 국가배상법상 위법의 개념

국가배상법상의 국가배상책임이 성립하려면, 공무원의 직무상 행위가 법령을 위반한 위법성을 띤 행위이어야 한다. 국가배상법상 '법령의 위반', 즉 위법의 개념을 어떻게 이해할 것인가에 대하여는 손해배상의 성질과 관련하여 검토하면, 결과불법설 · 상대적 위법성설 · 행위위법설 · 직무의무위반설 등이 주장되고 있다.[51]

(가) 결과불법설

이 견해는 손해배상소송이 손해전보를 목적으로 하는 전제로, 국민이 받은 손해가 결과적으로 시민법상의 원리로부터 수인될 수 있는지의 여부를 기준으로 하여 위법성 여부를 판단한다.

(나) 상대적 위법성성

이 견해는 행위 자체의 위법 · 적법 뿐만 아니라 피침해이익의 성격과 침해의 정도, 가해행위의 형태 등을 종합적으로 고려하여 위법성 여부를 판단하여 행위가 객관적으로 정당성을 결한 경우를 의미한다.

(다) 행위위법설

이 견해는 법률에 의한 행정의 원리 또는 국가배상소송의 행정통제기능을 고려하여, 가해행위가 객관적인 법규범에 합치되는지의 여부를 기준을 위법성 여부를 판단한다.

(라) 직무의무위반설

이 견해는 국가배상법상의 위법을 법에 부합하지 않는 당해 행정처분으로 인하여 법익을 침해

---

51) 홍정선, 전게서, 699-700면 참조.

한 공무원의 직무의무의 위반을 보는 입장으로 취소소송의 위법성은 행정작용의 측면에서만 위법 여부를 판단하지만, 국가배상책임에서의 위법성은 행적작용과 행정작용을 한 자와의 유기적 관련 속에서 위법 여부를 판단한다. 즉 전자가 처분의 전체 법질서에 대한 객관적 적합성을 무게중심으로 하는 반면, 후자는 불법한 처분의 주관적 책임귀속을 무게중심으로 한다고 한다.

(마) 판 례

판례의 주류는 행위위법설을 따르고 있다. 즉 시위자들의 화염병으로 인한 약국화재에 대한 국가배상책임이 문제된 사건에서 결과불법설을 명시적으로 배제하고, 행위위법설을 취하고 있다[52] 다만, 위법한 개간허가취소로 인한 손해배상청구사건에서 객관적 정당성을 상실하였는지의 여부는 제반 사정을 종합하여 판단한다고 하여 상대적 위법성설을 취한 것으로 평가되는 판결도 있다.[53]

(바) 결 어

위법행위의 결과에 대한 손해전보수단인 국가배상은 적법행위의 결과로 발생된 손해에 대한 전보수단인 전통적 의미의 손실보상과 구별되어야 하며, 위법이란 법질서에 반한다는 단일한 가치판단으로 보아야 할 것이므로 행위위법설이 타당하다. 이와 같은 견해에 의하면, 국가배상법상의 위법은 반드시 엄격한 의미의 법령위반뿐만 아니라 명문의 규정이 없더라도 인권존중 · 권리남용금지 · 신의성실 · 사회질서 등의 원칙의 위반도 포함된다고 보게 된다. 이러한 행위위법설이 우리나라의 통설이다.

(2) 법령위반의 의의

(가) 법 령

① 협의설 : 협의설(일원설)에 의하면, 법령이란 법률과 명령, 즉 법규를 의미하는데, 여기에는 널리 성문법 외에 불문법과 행정법의 일반원칙도 포함된다고 본다. 그러나 행정규칙은 원칙적으로 법규성을 결여하므로 법령에 해당되지 않는다고 한다.

② 광의설 : 광의설(이원설)에 의하면, 법령에 성문의 법규 외에 인권존중 · 권리남용금지 · 신의성실원칙 · 사회질서 등도 포함시킨다. 종래의 통설이다. 그러나 이러한 학설이 주장하는 인권존중 · 권리남용금지 · 신의성실원칙도 오늘날에는 성문법상 또는 해석상 행정법의 일반원칙으로서 수용되고 있으므로 협의설과 광의설의 사이에 실제상 큰 차이는 없다.

52) 대판 1997.7.25, 94다2480; 대판 2000.11.10, 2000다26807.26814.
53) 대판 2000.5.12, 99다70600.

(나) 위 반

'위반'이란 법령에 위배되는 것을 의미한다. 위반의 유형에는 적극적인 작위에 의한 위반과 소극적인 부작위에 의한 위반이 있다. 그런데 부작위의 경우에는 당연히 작위의무가 있어야 한다. 기속행위의 경우에는 일반적으로 작위의무가 있으나, 재량행위는 재량권이 영으로 수축되는 경우에 작위의무가 있다.

(3) 법령위반에 해당하는지의 여부가 문제되는 행위

(가) 행정규칙의 위반

행정규칙의 위반이 국가배상법 제2조의 법령위반에 해당하는 것인지의 여부가 문제된다. 행정규칙의 법규성을 인정하는 경우에는, 그 위반이 본조의 법령위반에 해당될 것이다. 그러나 행정규칙의 법규성을 인정하지 않더라도 국가배상법상 위법의 개념을 넓게 이해하는 광의설의 입장(통설)에서는, 행정규칙의 위반을 '법령위반'에 해당하는 것으로 본다.[54] 이에 대하여 행정규칙의 법규성을 부인하며, 국가배상법상의 위법을 엄격한 의미의 법령위반으로 보는 입장에서는 행정규칙의 위반은 여기에 포함되지 않는 것으로 본다. 다만, 이러한 입장에서도 행정규칙, 특히 재량준칙의 위반이 평등원칙 등을 위반하여 위법으로 되는 경우가 있음을 인정한다.

(나) 재량위반

재량처분도 재량권의 일탈 · 남용 등 그 한계를 벗어난 '위법한 재량처분'은 국가배상법 제2조의 법령위반에 해당하는 것은 확실하다. 그러나 재량권의 한계 내에서 단순히 재량을 그르친 데에 불과한 '부당한 재량처분'은 본조의 위법한 처분이라고 할 수는 없다고 본다.

(다) 선결문제로서의 행정행위의 위법성

법원이 국가배상사건을 심리하는 데 있어서 행정행위의 위법(법령위반) 여부가 재판의 전제가 된 경우에, 그 배상사건의 수소법원이 행정행위의 위법 여부를 스스로 심판할 수 있는가 하는 문제가 제기되고 있다. 행정행위의 공정력을 이유로 그것을 부정하는 입장도 있으나, 공정력은 절차적 효력에 불과하고 행위를 실질적으로 적법하게 하는 것은 아니기 때문에 행정행위의 효력을 부정(취소)하지 않는 한도에서 위법성을 판단하는 것은 무방하다.[55]

(라) 공공의 이익과 위법성

공무원의 행위로 인하여 비록 국민의 권리가 침해된 경우에도 그것이 공공의 이해에 관한 사항으로서 그 목적이 오로지 공공의 이익을 위한 것인 때에는 진실한 사실이라는 증명이 있으면 그

54) 김남진 · 김연태, 전게서, 583-584면; 김동희, 전게서, 559면.
55) 김남진 · 김연태, 상게서, 584면.

행위에 위법성이 없고, 또한 증명이 없더라도 행위자가 그것이 진실이라고 믿을 만한 상당한 이유가 있는 경우에는 위법성이 없다고 보아야 한다.[56)]

(마) 위법성의 증명책임

공무원의 직무행위의 위법성에 대한 증명책임은 원칙적으로 피해자인 원고에게 있다고 본다. 한편, 이에 대하여는 피해자는 가해행위를 증명하면 충분하고 그 위법성을 증명할 필요까지는 없다는 견해도 있다.

(바) 공무원의 법령위법성의 심사

공무원은 법령의 준수의무를 지고 있으나(국가공무원법 제56조, 지방공무원법 제48조), 그렇다고 하여 명백히 위법한 법령까지 준수해야 할 의무가 있는 것은 아니다. 이와 관련하여 공무원은 어느 범위에서 '법령의 위법성'을 심사하고 그의 적용을 배제할 수 있는지가 의문이다. 여기에서는 일반론적으로 재판에 임하고 있는 법관을 제외한 공무원은 법령에 대한 심사권은 있지만, 적용의 배제권은 없다는 점만 지적하는 데 그치고, 다음 공무원법에서 구체적으로 짚어보고자 한다.

(사) 국가배상법 제2조의 법령위반과 취소소송의 위법성의 문제

국가배상법상의 법령위반과 행정소송법상 취소소송에서의 위법성은 어떠한 관계에 있는가가 다음과 같이 문제된다.

① 동일위법성설 : 동위위법성설은 취소소송에 있어서의 처분의 위법성과 국가배상소송에 있어서의 처분의 위법성은 일반적으로 동일하다고 보는 견해이다.[57)] 이는 위법성 일원설이라고도 한다.

② 상대적 위법성설 : 이에 대하여 상대적 위법성설은 국가배상소송상의 위법성은 취소소송에 있어서의 위법성의 관념보다 넓어 취소소송에서 처분이 위법하지 아니하는 경우에도 국가배상청구소송에서 처분이 위법할 수 있다는 견해이다. 이 견해가 종래의 통설이다.

위 문제는 처분의 취소를 구하는 취소소송이 제기되어 판결이 확정된 후에 국가배상청구소송이 제기된 경우 취소소송판결의 기판력이 후소(後訴)인 국가배상청구소송에 미치는가의 문제로 논의되는 것이 보통이다.

① 기판력부정설 : 이 견해에 의하면, 전소인 취소소송판결의 기판력은 후소인 국가배상청구소송에 미치지 아니한다. 이 설은 취소소송에서의 위법성과 국가배상소송에서의 위법성은 그 범위가 다르며, 후자의 범위가 전자의 범위보다 넓다는 것이 그 이유이다. 우리나라 판례가 취하고

56) 박윤흔 · 정형근, 전게서, 608면.

57) 김철용, "취소소송판결의 기판력과 국가배상소송", 「고시계」, 1985.7, 147면.

있는 입장이다.[58)]

② 일부기판력긍정설 : 이 견해에 의하면, 국가배상법상의 위법성이 취소소송에 있어서의 위법성의 관념보다는 넓은 것이라는 입장에서, 전소인 취소소송판결이 청구인용판결인 경우를 제외하고는 전소인 취소소송의 청구기각판결이 확정된 경우의 기판력은 후소인 국가배상청구소송에 미치지 아니한다. 이 학설도 취소소송에서의 위법성과 국가배상청구소송에서의 위법성이 다르다는 데에서 출발하고 있는 입장이다.[59)]

③ 전부기판력긍정설 : 이 견해에 의하면, 행정청의 처분의 취소를 구하는 취소소송이 제기되어 판결이 확정된 후 국가배상청구소송이 제기된 경우, 그에서의 위법성은 동일 행위규범에 대한 위반 여부의 평가에 관한 것으로서, 전소인 취소소송판결의 기판력이 후소인 국가배상청구소송에 미치며, 그것이 취소소송판결이 청구인용판결인가 청구기각판결인가에 따라 다르지 않다고 보는 입장이다.[60)]

(아) 기타의 다른 행위

위에서 지적한 행위 외에도 여기의 법령위반에 해당하는지의 여부가 문제되는 그 밖의 행위가 있다. 즉 ① 통치행위는 당연무효가 아닌 한 재판으로부터 자유로운 행위이므로 법령의 위반과는 거리가 멀다. ② 수익적 행정처분의 경우에도 위법이 문제될 수 있다.[61)] ③ 입법상 불법이나,[62)] 사법상 불법의 경우에[63)] 위법성을 인정하는 것은 쉽지 아니할 것이다.

4. 타인에 대한 손해의 발생

국가배상법 제2조 제1항에 의하여 국가의 배상책임이 발생하기 위하여는 공무원의 직무상 불법행위로 인하여 '타인에게 손해가 발생'하여야 한다.

1) 타 인

'타인'이란 가해자인 공무원과 그의 위법한 직무행위에 가담한 자를 제외한 모든 사람(자연인과 법인이 포함된다)을 의미한다. 피해자가 가해자인 공무원과 동일 또는 동종의 기관에 근무하는지의 여부는 관계가 없다.[64)] 따라서 공무원은 가해자의 입장에 있을 때에는 타인이 아니지만, 다른

58) 대판 2003.11.27, 2001다33789.33796.33802.33819.
59) 서원우, "국가의 부작위와 국가배상책임", 「고시연구」, 1979.3, 17-18면.
60) 김철용, 전게논문, 147면 이하.
61) 대판 2001.5.29, 99다37047.
62) 대판 1997.6.13, 96다56115.
63) 대판 2001.10.12, 2001다47290.
64) 대판 1966.12.23, 66다1905; 대판 1998.11.19, 97다36873.

공무원의 가해행위로 인하여 손해가 발생하게 되면 여기의 타인에 해당한다고 할 것이다. 그리고 가해자가 국가인 경우에는 지방자치단체, 가해자가 지방지치단체인 경우에는 국가도 타인에 해당한다.

「다만, 군인 · 군무원 · 경찰공무원 또는 향토예비군이 전투 · 훈련 등 직무집행과 관련하여 전사 · 순직하거나 공상을 입은 경우에 본인이나 그 유족이 다른 법령에 따라 재해보상금 · 유족연금 · 상이연금 등의 보상을 지급받을 수 있을 때에는 국가배상법 및 민법에 따른 손해배상을 청구할 수 없다」고 규정하여(국배법 제2조 제1항 단서), 국가의 배상책임을 부인하는 특례규정이 있는 데에 주목할 필요가 있다.

2) 손 해

'손해'라 함은 법익침해에 의한 불이익을 말하며, 반사적 이익의 침해에 의한 불이익이나 공공일반의 이익침해 등은 여기에 포함되지 않는다. 이러한 손해는 재산적 손해이든지 비재산적 손해(생명 · 신체적 손해 · 정신적 손해 등)이든지, 혹은 적극적 손해이든지 소극적 손해(정당한 기대이익의 상실)이든지 불문하고 이들은 모두 포함한 것으로 본다.

3) 직무상 불법행위와 손해발생과의 인과관계

공무원의 가해행위와 손해의 발생 간에 상당인과관계가 있어야 한다.[65] '상당인과관계'란 객관적으로 보아 어떠한 선행사실로부터 보통 일반적으로 초래되는 후행사실이 발생하는 범위 안에서만 법률이 요구하는 인과관계를 인정하는 것을 말한다.

공무원이 그와 같은 직무상 의무를 위반함으로 인하여 피해자가 입은 손실에 대하여는 상당인과관계가 인정되는 범위 내에서 국가나 지방자치단체가 손해배상책임을 지는 것이고, 이때 상당인과관계의 유무를 판단함에 있어서는 일반적인 결과발생의 개연성은 물론, 직무상의 의무를 부과하는 법령 기타 행동규범의 목적, 그 수행하는 직무 목적 내지 기능으로부터 예견가능한 행위 후의 사정 및 가해행위의 태양이나 피해의 정도 등을 종합적으로 고려하여야 한다.[66]

Ⅲ. 손해배상책임의 내용

위에서 검토한 손해배상책임의 요건이 갖추어지면 국가 또는 지방자치단체는 배상책임을 지게

65) 대판 1994.12.27, 94다36285; 대판 2003.2.14, 2002다62678; 대판 2007.12.27, 2005다62747; 대판 2008.4.10, 2005다48994; 대판 2009.7.23, 2006다87798; 대판 2010.9.9, 2008다77795.

66) 대판 2007.12.27, 2005다62747.

되는 바, 여기에서는 이와 관련된 문제를 고찰하고자 한다.

1. 배상책임의 성질

국가배상법 제2조에 의한 국가 또는 지방자치단체의 배상책임의 성질에 관하여는 대위책임설 · 자기책임설 · 중간설 및 절충설 등의 견해가 대립하고 있다. 배상책임의 성질에 관한 논의의 실익은 공무원 개념, 과실개념, 공무원의 피해자에 대한 개인책임의 범위, 배상의 선택적 청구권의 가부 및 국가 등에 대한 구상책임의 성격과 밀접한 관련이 있다.

1) 대위책임설

대위책임설이란 공무원의 위법한 직무행위로 인하여 발생한 손해배상책임은 원칙적으로 공무원 개인이 부담하여야 하지만, 국가 또는 지방자치단체가 공무원을 대신하여 배상책임을 진다는 견해이다.[67] 그 논거로 ① 국가배상법이 과실책임주의를 채택하여 국가 등의 책임은 공무원의 불법행위의 성립을 전제로 하여 성립한다는 점(동법 제2조 제1항 본문), ② 국가가 공무원을 대신하여 배상하였으므로 국가는 공무원에게 구상할 수 있게 된다는 점(동법 제2조 제2항), ③ 배상능력이 충분한 국가 등을 배상책임자로 하는 것이 피해자에게도 유리하다는 점 등이 제시되고 있다. 입법례로서는 독일의 현행 국가배상법제가 대위책임형을 취하고 있다. 이 설은 종래 우리나라의 통설이었으나, 자기책임설의 입장으로 제도적 전환이 이루어져야 할 것이다.[68]

2) 자기책임설

자기책임설이란 국가 또는 지방자치단체가 부담하는 배상책임은 공무원의 책임을 대신하여 지는 것이 아니라, 그의 기관인 공무원의 행위라는 형식을 통하여 국가 등이 직접 부담하는 자기책임으로서, 민법상 법인의 불법행위책임에 해당한다고 보는 견해이다.[69] 이러한 주장의 논리적 근거로서는, ① 국가 등의 손해배상책임은 위법하게 행사될 가능성이 있는 권한을 수권한 결과에 대하여 지는 위험책임이라는 점, ② 우리나라의 설정법규정(헌법 제29조 제1항, 국배법 제2조 등)이 대위책임제를 취하고 있는 독일의 제도와는 다르다는 점, ③ 국가 등의 공무원에 대한 구상권의 인정문제는 정책적 측면에서 인정되는 것이므로 이를 근거로 배상책임의 성질을 논하는 것은 옳지 않다는 점 등을 들고 있다. 입법례로는 프랑스의 책임법의 영향을 받은 것이라 할 수 있겠다. 이 설이 현재 우리나라의 다수설이다.

---

67) 김도창, 전게서, 635-636면; 박윤흔 · 정형근, 전게서, 594면; 변재옥, 전게서, 509면; 홍정선, 전게서, 718면.

68) 김도창, 상게서, 636면.

69) 김남진 · 김연태, 전게서, 594-595면; 김철용, 「행정법 I」, 박영사, 2005, 450면; 류지태, 전게서, 392면; 서원우, 전게서, 701면; 석종현, 전게서, 628면; 한견우, 「현대행정법강의」, 신영사, 2007, 802면.

3) 중간설(중간책임설)

중간책임설이란 공무원의 위법한 행위로 인한 손해발생에 대한 책임을 국가 또는 지방자치단체가 부담하기는 하지만, 공무원의 고의 또는 중과실과 경과실로 인한 위법행위를 구별하여 배상책임을 논하는 견해이다. 따라서 공무원의 고의 또는 중과실에 의한 위법행위는 국가 또는 지방자치단체의 기관으로서 행한 행위로 볼 수 없는 것이므로 그에 의한 국가 등의 배상책임은 공무원을 대신하여 책임을 지는 대위책임인 것이나, 공무원의 경과실에 의한 위법행위는 기관행위로서의 성질을 인정하지 아니할 수 없는 것이므로 그 경우에는 국가 등이 자기책임으로서의 배상책임을 진다고 한다.[70]

4) 절충설

절충설은 공무원의 행위가 경과실에 기인한 경우는 국가기관의 행위로 볼 수 있어 국가의 자기책임으로 본다는 점에서 중간책임설과 같다. 그러나 공무원의 위법행위가 고의 · 중과실에 따른 행위는 국가기관의 행위로 볼 수 없어 원칙적으로 공무원 개인이 배상책임을 지고 국가 등은 책임이 없지만, 당해 공무원의 불법행위가 직무와 무관하지 않는 한 직무행위로서의 외형을 갖추게 되는 것이므로 피해자와의 관계에서는 피해자의 구제를 위하여 당해 공무원의 행위도 국가기관의 행위로 인정하여 국가 등도 일종의 자기책임으로서 배상책임을 진다는 견해이다.[71] 공무원 개인과 국가 등 양자에 대한 피해자의 선택적 청구권이 인정된다는 점에서 중간책임설과 차이가 있다. 이러한 절충설은 최근 주장된 이론이므로 '신자기책임설'이라 부를 수도 있고, 타당하다는 입장이 있다.[72]

5) 판 례

판례는 국가배상책임의 성질에 대하여 명시적인 입장을 표명하지 아니함으로써 일관된 견해를 나타내지 못하고 있었다. 즉 이에 관한 대법원의 판례에는 공무원의 직무상 불법행위로 국민에게 손해를 가한 경우에 그 귀책사유의 정도에 관계없이 공무원 개인도 손해배상책임을 진다고 하는 판결례도 있었으나,[73] 이 판결과 반대의 입장에서 공무원의 귀책사유의 정도에 관계없이 공무원 개인은 손해배상책임을 지지 않는다는 판결례가 존재했는데,[74] 이러한 판례의 혼돈양상은 합리적이지 아니한 것임은 물론이다. 따라서 대법원은 전원합의체판결에 의하여, 종래의 상치된 판례

70) 이상규, 전게서, 612-613면.
71) 김동희, 전게서, 571-572면.
72) 박균성, 전게서, 675-676면.
73) 대판 1972.10.10, 69다701.
74) 대판 1994.4.12, 93다11807.

를 정리하여 공무원이 직무수행 중 불법행위로 타인에게 손해를 입힌 경우, 공무원에게 경과실만이 인정되는 경우에는 국가 또는 지방자치단체가 그 손해배상책임을 부담하나, 고의 · 중과실이 있는 경우에는 국가 등의 손해배상책임을 부담하는 외에 공무원 개인도 또한 배상책임을 진다고 판시하였다.[75)]

위 판례의 요지를 살펴보면, "국가배상법의 입법취지는 국가 등에게 선임 · 감독상의 과실 여부에 불구하고 손해배상책임을 부담시켜 국민의 재산권을 보장하되, 공무원이 직무를 수행함에 있어 경과실로 타인에게 손해를 입힌 경우에는 그 직무수행상 통상 예기할 수 있는 흠이 있는 것에 불과하므로 이러한 공무원의 행위는 여전히 국가 등의 행위로 보아 그로 인하여 발생한 손해에 대한 배상책임도 전적으로 국가 등에만 귀속시키고 공무원 개인에게 그로 인한 책임을 부담시키지 아니하고, 반면에 공무원의 위법행위가 고의 · 중과실에 기한 경우에는 비록 그 행위가 그의 직무와 관련된 것이라고 하더라도 위와 같은 행위는 그 본질에 있어 기관행위로서의 품격을 상실하여 국가 등에게 그 책임을 귀속시킬 수 없으므로 공무원 개인에게 불법행위로 인한 손해배상책임을 부담시키되, 다만 이러한 경우에도 그 행위의 외관을 객관적으로 관찰하여 공무원의 직무수행으로 보여질 때에는 피해자인 국민을 두텁게 보호하기 위하여 국가 등이 공무원 개인과 중첩적으로 배상책임을 부담하되, 국가 등이 배상책임을 지는 경우에는 공무원 개인에게 구상할 수 있도록 함으로써 궁극적으로 그 책임이 공무원에게 귀속되도록 하려는 것이라고 봄이 합당할 것이다"라고 판시하고 있는 점에 비추어 보아 현행의 국가배상법이 절충설을 취하고 있는 것으로 해석할 수 있다.[76)]

6) 결 어

위에서는 배상책임의 성질에 관한 여러 견해를 살펴보았는데, 대위책임설은 연혁적으로 보면 국가무책임사상이나 국가면책특권에 근원적 근거를 둔 것이지만, 우리 헌법규정이나 국가배상법의 규정에 비추어 볼 때 타당하지 못하다. 그리고 중간책임설은 경과실의 경우 구상권의 부인을 자기책임의 근거로 들어 구상권의 여부와 관련시켜 논리구성을 하고 있으나 구상권의 문제는 공무원의 근무의욕이나 사기저하 등을 고려한 정책적인 측면에서 결정된 것이므로 이를 기준으로 국가배상책임을 논함은 적절하지 않다. 그런데 절충설의 경우 중간책임설과 동일한 비판이 가해질 수 있음은 물론 공무원 개인에게 불필요한 압박을 가함으로써 행정의 위축을 초해할 수 있다는 점에서 손해배상의 역사적 흐름을 역행하는 것이라는 비판을 면할 수 없다.

생각건대, 공무원의 위법한 직무행위로 인하여 발생한 손해에 대하여 국가 등이 피해자에 대해 배상책임을 지는 것이 그 가해공무원을 갈음하는 것인가(대위책임설), 아니면 자기 행위에 대해

75) 대판 1996.2.15, 95다38677.

76) 김남진 · 김연태, 전게서, 595면; 김동희, 전게서, 571-572면; 박균성, 전게서, 675-676면.

스스로 책임을 지는 것인가(자기책임설)의 문제는 궁극적으로 국가 또는 지방자치단체의 배상책임의 본질에서 찾아야 할 것이다. 현실적으로 국가는 공무원을 통해서 활동하므로 공무원의 가해행위로 인하여 발생한 손해에 대한 책임도 국가 또는 지방자치단체가 직접 지는 것으로 보는 자기책임설이 타당하다고 판단된다.

공무원 자신의 책임에 관한 헌법의 규정(헌법 제29조 제1항), 공무원에 대한 구상권의 제한에 관한 국가배상법의 규정(국배법 제2조 제2항)은 국가의 배상책임의 성질과는 직접적으로 무관하다고 해석된다. 그러한 의미에서 국가배상법(제2조 제2항)이 공무원에게 고의나 중과실이 있는 경우에는 국가가 구상할 수 있고, 경과실이 있는 경우에는 구상을 배제하고 있는 것을 근거로 하여 현행의 국가배상법이 절충설을 취하고 있는 것으로 새긴다는 것은 속단인 것으로 여겨진다. 앞의 '국가배상제도의 기능'에서 살펴본 바와 같이 공무원의 직무상 불법행위로 인하여 발생된 배상의 부담을 어떻게 규정, 분산시키느냐의 문제는 '책임의 본질'과는 관계없이 입법정책으로 결정할 과제이다.[77]

2. 배상책임자

1) 국가 또는 지방자치단체

국가배상법상 배상책임자는 위법한 직무행위를 한 공무원이 소속된 국가 또는 지방자치단체이다(국배법 제2조 제1항). 헌법은 국가 또는 공공단체로 규정하고 있으나(헌법 제29조 제1항), 국가배상법은 국가 또는 지방자치단체로 규정하여 공공단체를 지방지치단체로 한정하고 있다. 따라서 지방자치단체 이외의 공공단체(공공조합 · 영조물법인)의 배상책임은 다른 특별규정이 없는 한 민법규정에 의한다.

2) 사무의 귀속주체

국가배상법 제2조 제1항에서 국가 또는 지방자치단체가 배상책임을 진다고 하는 것은 당해 사무의 귀속주체에 따라서 국가사무의 경우에는 국가가 배상책임을 지고, 자치사무의 경우에는 당해 지방지치단체가 배상책임을 진다는 것을 의미한다. 따라서 기관위임사무의 경우에는 위임기관이 속한 행정주체가 사무의 귀속주체로서 배상책임을 진다.[78]

3) 공무원의 선임 · 감독자와 비용부담자

가해행위를 한 공무원의 선임 · 감독자와 비용부담자가 동일하지 아니하는 경우에는 그 비용을

77) 김남진 · 김연태, 상게서, 595면.

78) 대판 1996.11.8, 96다21331.

부담하는 자도 배상책임을 진다(국배법 제6조 제1항). 국영공비사업 또는 지방공무원이 국가사무를 처리하는 경우 등이 그것이다. 이러한 경우 배상책임자가 누구인가에 대하여는 종전에는 견해가 나누어져 있었지만, 국가배상법은 피해자의 구제라는 관점에서, 피해자가 양자 중에서 선택하여 배상청구를 할 수 있도록 규정하고 있다. 이 경우에 손해를 배상한 자는 내부관계에서 그 손해를 배상할 책임이 있는 자에게 구상할 수 있다(동조 제2항). 여기에서 '내부관계에서 손해를 배상할 책임이 있는 자'란 공무원의 선임·감독자를 의미한다는 것이 통설이다.[79)]

공무원의 선임·감독을 맡은 자와 비용을 부담하는 자가 동일하지 아니할 경우에 누가 궁극적인 배상책임자인가는 문제되는데, 이에 관하여는 관리주체설, 비용부담주체설 외에 기여도설이 있다. 관리주체설의 논거는 ① 손해를 방지할 수 있는 위치에 있는 자가 공무원의 선임·감독을 맡은 자이므로 책임의 원칙에 비추어 보아 공무원의 선임·감독을 맡은 자가 궁극적인 배상책임자일 수밖에 없다는 점, ② 국가배상법 제6조 제1항이 「그 비용을 부담하는 자도 손해를 배상하여야 한다」고 규정하고 있는 규정형식으로 보아 공무원의 선임·감독을 맡은 자가 궁극적인 배상책임자를 전제로 하고 있다는 점 등이며, 비용부담주체설의 논거는 국가배상법 제6조 제1항의 「공무원의 봉급·급여, 그 밖의 비용」 속에는 인건비 외에 널리 사무의 집행에 요하는 비용까지도 포함된다는 점 등이다.[80)] 우리나라 통설은 관리주체설이다.[81)] 국가배상법 제6조 제1항의 규정하고 있는 문언의 의미를 새겨 보아도 관리주체설이 타당하다고 본다.

4) 헌법과 국가배상법의 규정상 차이문제

헌법이 배상책임자를 '국가 또는 공공단체'로 규정하고 있는 데 대하여, 국가배상법은 '국가 또는 지방자치단체'만을 배상책임자로 규정함으로써 그 밖의 공공단체의 배상책임을 민법에 맡기고 있다. 헌법과 국가배상법의 배상책임자에 관한 규정의 이와 같은 차이점과 관련하여 해석상 문제가 된다. 즉, ① 그 밖의 공공단체의 배상책임에 대하여 민법에 맡긴 것은 헌법 제29조의 취지에 어긋난다는 견해(위헌설), ② 국가·지방지치단체 뿐만 아니라 기타 공공조합·영조물법인 등의 공공단체가 포함되는 예시적 의미로 확대해석하여야 한다는 견해(합헌설), ③ 헌법의 취지는 모든 공공단체에 대하여 동일 법률에 따라 배상하여야 한다는 것을 정한 것은 아니므로 헌법상 문제가 없다는 견해(헌법무관설) 등이 나누어져 있는 상태이다.[82)] 논리적으로는 ①의 견해가 타당하나,[83)] 더 깊이 고찰할 필요가 있는 문제이다.

---

79) 김남진·김연태, 전게서, 597면; 김도창, 전게서, 635면; 김동희, 전게서, 564면.

80) 서원우, 전게서, 686-687면.

81) 김도창, 전게서, 635면; 김철용, 전게서, 454면; 박윤흔·정형근, 전게서, 613면; 이상규, 전게서, 610면.

82) 김남진·김연태, 전게서, 593면.

83) 홍정선, 전게서, 710면.

5) 국가 등의 무과실책임

국가 또는 지방자치단체가 공무원의 직무상 불법행위에 대하여 배상책임을 지는 경우에, 그 공무원의 선임·감독에 있어서의 과실의 유무는 불문한다. 이 점에서 과실책임주의를 취하고 있는 민법상의 사용자책임(민법 제756조)과 국가배상법상의 공무원의 선임·감독책임이 다른 셈이다. 따라서 국가배상책임은 민법상 사용자로서 배상책임을 지는 것이 아니므로 선임·감독에 과실이 없다는 이유만으로써는 국가배상법상의 책임을 면할 수 없다.[84]

3. 손해배상액

배상액은 정당한 배상이어야 하며(헌법 제29조 제1항), 당해 불법행위와 상당인과관계에 있는 모든 손해가 배상되어야 한다. 국가배상법 제3조는 배상기준을 규정하고 있는데, 이 기준 규정의 법적 성질에 관하여는 견해가 대립되고 있다. 그러나 이 기준에 의한 배상은 민법상의 경우보다 불리하면 안 된다.

1) 배상기준

국가배상법이 규정하고 있는 배상의 기준은 다음과 같다(동법 제3조).

(1) 타인을 사망하게 한 경우

타인을 사망하게 한 경우(타인의 신체에 해를 입혀 그로 인하여 사망하게 한 경우를 포함한다) 피해자의 상속인(이하 "유족"이라 한다)에게 다음 각 호의 기준에 따라 배상한다(동조 제1항).

① 사망 당시(신체에 해를 입고 그로 인하여 사망한 경우에는 신체에 해를 입은 당시를 말한다)의 월급액이나 월실수입액 또는 평균임금에 장래의 취업가능기간을 곱한 금액의 유족배상

② 대통령령으로 정하는 장례비(시행령 제3조의 규정에 의한 남자 평균임금의 100일분)

(2) 타인의 신체에 해를 입힌 경우

타인의 신체에 해를 입힌 경우에는 피해자에게 다음 각 호의 기준에 따라 배상한다(동조 제2항).

① 필요한 요양을 하거나 이를 대신할 요양비

② 제1호의 요양으로 인하여 월급액이나 월실수입액 또는 평균임금의 수입에 손실이 있는 경우에는 요양기간 중 그 손실액의 휴업배상

③ 피해자가 완치 후 신체에 장해가 있는 경우에는 그 장해로 인한 노동력 상실 정도에 따라 피해를 입은 당시의 월급액이나 월실수입액 또는 평균임금에 장래의 취업가능기간을 곱한 금액

84) 대판 1970.6.30, 70다727.

의 장해배상

(3) 타인의 물건을 멸실 · 훼손한 경우

타인의 물건을 멸실 · 훼손한 경우에는 피해자에게 다음 각 호의 기준에 따라 배상한다(동조 제3항).

① 피해를 입은 당시의 그 물건의 교환가액 또는 필요한 수리를 하거나 이를 대신할 수리비

② 제1호의 수리로 인하여 수입에 손실이 있는 경우에는 수리기간 중 그 손실액의 휴업배상

2) 배상기준의 성질

국가배상법이 규정한 배상기준이 오로지 하나의 기준만을 정한 것인가, 아니면 그 기준을 초과할 수 없는 배상액의 상한을 설정한 것인가에 대하여는 견해가 나누어져 있다.

(1) 단순기준액설

이 견해에 의하면, 국가배상법 제3조의 배상기준은 단순한 기준에 불과하고 구체적 사안에 따라서는 배상액을 증감하는 것도 가능하다고 본다. 이러한 입장이 다수설이고,[85] 판례이다.[86]

(2) 한정액설

이 견해는 국가배상법 제3조의 배상기준에 관한 규정은 배상액의 상한을 규정한 제한규정이라고 본다. 그 논거로서는, ① 동조의 배상기준은 배상의 범위를 객관적으로 명백히 하여 당사자 사이의 분쟁의 여지를 없애고, ② 배상의 범위를 법정화한 것은 곧 그에 의한 배상액의 산정을 요구한 것이라고 할 수 있기 때문에 제한규정으로 보는 것이 타당하다는 입장이다.[87]

(3) 결 어

국가배상법이 배상기준을 정하고 있는 취지는 배상액을 한정하여 국고지출을 줄이려는 데에 의도가 있었다고 볼 수 있다. 그러나 이 기준을 한정적인 것으로 보는 경우에는, 민법상의 불법행위책임에 따른 배상에 비하여 피해자에게 불리한 결과로 되어 형평을 잃게 되며, 그것은 또한 '정당한 배상'을 규정한 헌법 제29조에도 반하는 것이라 할 수 있다. 따라서 기준액설이 타당하다고 보인다.[88]

---

85) 김남진 · 김연태, 전게서, 588면; 김동희, 전게서, 566면; 김철용, 전게서, 448면; 박윤흔 · 정형근, 전게서, 614면; 류지태, 전게서, 396면; 서원우, 전게서, 685면; 석종현, 전게서, 626면; 홍정선, 전게서, 705면.

86) 대판 1970.1.29, 69다1203; 대판 1980.12.9, 80다1820.

87) 이상규, 전게서, 608-609면.

88) 김동희, 전게서, 566면.

3) 이익 등의 공제

국가배상법 제2조 제1항을 적용할 때 피해자가 손해를 입은 동시에 이익을 얻은 경우에는 손해배상액에서 그 이익에 상당하는 금액을 빼야 한다(동법 제3조의2 제1항). 동법 제3조 제1항의 유족배상과 같은 조 제2항의 장해배상 및 장래에 필요한 요양비 등을 한꺼번에 신청하는 경우에는 중간이자를 빼야 한다(동조 제2항). 위 제2항의 중간이자를 빼는 방식은 대통령령으로 정하는데(동조 제3항), 국가배상법 시행령은 '호프만'방식을 규정하고 있다(동법시행령 제6조 제3항).

4. 배상청구권의 양도 · 압류금지

생명 · 신체의 침해로 인한 국가배상을 받을 권리는 양도하거나 압류하지 못한다(국배법 제4조). 배상청구권은 재산권적 성질을 갖는 것이므로 양도나 압류가 금지된다고는 볼 수 없지만, 피해자 또는 유족의 보호를 위하여 사회보장적 차원에서 금지시킨 것이라 할 수 있다.

5. 배상청구권의 소멸시효

국가나 지방자치단체의 손해배상책임에 관하여는 이 법에 규정된 사항 외에는 민법에 따른다. 다만, 민법 외의 법률에 다른 규정이 있을 때에는 그 규정에 따른다(국배법 제8조). 국가배상청구권의 소멸시효에 대하여는 국가배상법에 특별한 규정이 없으므로 국가배상법 제8조의 규정에 의거하여 민법 제766조의 단기소멸시효가 적용된다. 따라서 시효기간은 민법 이외의 법률에 다른 규정이 없는 한 손해 및 가해자를 안 날로부터 3년, 불법행위를 한 날로부터 10년이 된다.

판례는 '가해자를 안다는 것'을 피해자나 그 법정대리인이 가해 공무원이 국가 또는 지방자치단체와 공법상 근무관계가 있다는 사실을 알고, 또한 일반인이 당해 공무원의 불법행위가 국가 또는 지방자치단체의 직무를 집행함에 있어서 행해진 것이라고 판단하기에 족한 사실까지 인식하는 것으로 이해하고 있다.[89] 한편, 헌법재판소는 국가배상청구사건의 소멸시효기간에 민법 제766조를 적용토록 한 것은 위헌이 아니라는 입장이다.[90]

6. 배상청구의 주체

1) 배상청구권자

공무원이 그 직무를 집행하면서 고의 또는 과실로 법령을 위반하여 타인에게 손해를 가하면, 손해를 입은 자는 누구나 손해배상금의 지급을 청구할 수 있다.

89) 대판 2008.5.29, 2004다33469.

90) 헌재결 1997.2.20, 96헌바24.

2) 군인 등에 대한 특례규정에 의한 이중배상의 배제

(1) 의 의

국가배상법 제2조 제1항의 단서는 군인 · 군무원 · 경찰공무원 등 특별한 신분을 가진 공무원에 대한 이중배상의 가능성을 배제한 특례규정을 두고 있다.

헌법 제29조 제2항 및 국가배상법 제2조 제1항 단서규정의 취지에 과하여, 판례는 "국가 또는 공공단체가 위험한 직무를 수행하는 군인 · 군무원 · 경찰공무원 등에 대한 피해보상제도를 운영하여 간편하고 확실한 피해보상을 받을 수 있도록 보장하는 대신에, 그들이 국가 등에 대하여 공무원의 직무상 불법행위로 인한 손해배상을 청구할 수 없도록 함으로써 과도한 재정지출과 피해 군인 사이의 불균형을 방지하고, 가해자인 군인 등과 피해자인 군인 등 사이의 쟁송이 가져올 폐해를 예방하는 데 그 취지가 있다"고 판시하고 있다.[91]

(2) 이중배상배제의 적용요건

군인 등에 대한 이중배상배제의 적용요건(국배법 제2조 제1항의 단서)은 다음과 같다.[92]

(가) 적용대상자

이중배상이 배제되는 자는 군인 · 군무원 · 경찰공무원 또는 향토예비군대원이다. 판례는 전투경찰대설치법에 따른 전투경찰순경은 여기의 경찰공무원으로 보았으나,[93] 공익근무요원은 이중배상이 배제되는 자에 속하지 않는다고 했다.[94] 한편, 군인 · 군무원 · 경찰공무원은 헌법상으로도 이중배상배제가 예정되어 있지만(헌법 제29조 제2항), 향토예비군대원은 국가배상법에서 비로소 규정된 자이다. 이와 관련하여 국가배상법이 향토예비군을 이중배상배제의 대상자로 규정한 것이 위헌인가의 여부는 논의되고 있으나, 헌법재판소는 이를 합헌이라고 판단하였다.[95] 이중배상배제 그 자체가 헌법위반이라고 보는 입장에서는 이중배상배제의 예를 확대해석하는 헌법재판소의 판단은 정당하지 못한 것으로 보게 된다.

(나) 군인 · 군무원 · 경찰공무원 등이 전투 · 훈련과 관련하는 등으로 손해를 받았을 것

군인 · 군무원 · 경찰공무원 등이 받은 모든 손해에 대하여 손해배상이 배제되는 것은 아니다. 군인 · 군무원 · 경찰공무원 또는 향토예비군대원이 전투 · 훈련 등 직무집행과 관련하여 전사 · 순직 또는 공상을 입은 경우의 손해만이 배제된다.

91) 대판 2001.2.25, 96다42420; 대판 2002.5.10, 2000다39735.
92) 홍정선, 전게서, 706-709면.
93) 헌재결, 1996.6.13, 94헌마118.93헌바39(병합).
94) 대판 1997.3.28, 97다4036.
95) 헌재결 1996.6.13, 94헌바20.

(다) 본인 또는 유족이 다른 법령의 규정에 의하여 보상을 지급받을 수 있을 것

본인 또는 유족이 다른 법령의 규정에 의하여 보상을 지급받을 수 있어야 이중배상이 배제되므로, 이러한 자들이 다른 법령의 규정에 의하여 재해보상금 · 유족연금 · 상이연금 등의 보상을 지급받을 수 없을 때에는 국가배상법에 따라 배상을 청구할 수 있다.[96]

(3) 이중배상배제 제도의 문제점

종전 이중배상금지 제도는 헌법상의 근거 없이 국가배상법에 규정하고 있었는데, 대법원은 이러한 이중배상금지의 규정은 위헌이라고 판결하였다.[97] 이와 같은 위헌의 논란을 차단하는 방안으로 이른바 유신헌법에서 이중배상금지를 명문화하였고, 현행헌법에 이르기까지 그대로 있다. 이에 관하여 "위험성이 높은 직무에 종사하는 자에 대하여는 사회보장적 위험부담으로서의 국가보상제도를 별도로 마련함으로써, 그것과 경합되는 국가배상청구를 배제하려는 취지이다."라고 하여 군인 등의 이중배상배제를 긍정적으로 보는 듯한 견해도 있다.[98]

그러나 논리적인 관점에서 보면, 국가배상법에 의한 배상은 '불법에 대한 배상'이며, 다른 법령에 의한 보상은 '국가에 바친 헌신에 대한 보상'이어서 양자는 목적을 달리하므로 이중배상을 금지하는 헌법과 국가배상법의 관련규정은 평등원칙에 반하는 것으로 판단되므로 삭제하는 것이 바람직하다고 본다. 헌법재판소는 "국가배상법 제2조 제1항 단서가 헌법상 보장되는 국가배상청구권을 헌법 내재적으로 제한하는 헌법 제29조 제2항에 직접근거하고, 실질적으로 내용을 하는 것이므로 헌법에 위반되지 아니한다"고 하여 합헌결정을 하였다.[99]

(4) 공동불법행위와 구상권의 문제

국가배상법 제2조 제1항 단서의 이중배상배제의 규정이 국가와 공동불법행위책임이 있는 일반국민이 피해자인 군인 · 군무원 · 경찰공무원 등이나 유족에게 손해배상을 한 경우, 일반국민의 국가에 대한 구상권까지 배제하는 취지인가의 여부가 문제가 된다.

이 문제에 대하여는, ① 종래 대법원은 이중배상의 배제를 이유로 국가와 공동불법행위책임이 있는 자의 국가에 대한 구상권행사를 부인하였다.[100] ② 이에 대하여 헌법재판소는 국가배상법 제2조 제1항 단서부분은 공동불법행위자인 일반국민이 군인 등의 피해자에게 공동의 불법행위로 인한 손해를 배상한 다음 다른 공동불법행위자인 군인의 부담부분에 관하여 국가에 대하여 구상권을 행사하는 것이 허용되지 아니한다고 해석하는 한, 헌법에 위반된다고 하여 한정위헌을 선고

96) 대판 1996.2.14, 96다28066.
97) 대판 1971.6.22, 70다1010.
98) 김도창, 전게서, 634면.
99) 헌재결, 2001.2.22, 2000헌바38.
100) 대판 1983.6.28, 83다카500.

하였다.[101] ③ 그 후 대법원 전원합의체판결의 다수의견은 민간인이 공동불법행위자로 부담하는 책임은 공동불법행위의 일반적인 경우와 달리 모든 손해에 대한 것이 아니라 귀책비율에 따른 부분으로 한정된다고 하고, 따라서 민간인은 국가에 대해서는 구상을 청구할 수 없다고 하였다.[102] 이러한 입장은 국가배상법 제2조 제1항 단서의 취지를 살리면서 동시에 공동불법행위자인 민간인의 재산권의 보호를 위한 것으로 이해되는 바, 타당한 논리라고 본다.[103]

Ⅳ. 공무원의 배상책임

1. 공무원의 구상책임

국가배상법 제2조 제2항에 의하면, 공무원의 직무상 불법행위로 인하여 타인에게 손해를 가하여 그 손해를 배상한 경우에 공무원에게 고의 또는 중대한 과실이 있는 때에는 국가나 지방자치단체는 그 공무원에게 구상(求償)할 수 있다. 이에 따라 국가 등이 구상권을 가지는 경우에 가해자인 공무원이 소속한 행정기관의 장은 구상권 행사를 위한 조치를 할 수 있으며, 법무부장관 등은 관계기관의 장에게 구상을 위한 조치를 취할 것을 요청할 수 있다(동법시행령 제25조). 국가 등의 구상권은 의무적으로 반드시 행사하여야만 하는 것은 아니고, 구상권을 행사하는 경우에도 제반 사정을 참작하여 손해의 공평한 분담이라는 견지에서 신의칙상 상당하다고 인정되는 한도 내에서만 당해 공무원에 대하여 구상권을 행사할 수 있다.[104]

국가 등의 배상책임의 성질에 관한 대위책임설에 의하면, 본래의 배상책임자인 당해 공무원에게 구상하는 것은 당연하다고 할 것이다. 그러나 자기책임설에 의할 경우에도 구상권 행사가 반드시 배제되는 것은 아니다. 왜냐하면 공무원은 그 근무관계에서 여러 가지 의무를 부담하고 있는데, 이에 위반하여 국가 등에 대하여 재산상 손해를 주면 그 손해에 대하여 배상책임을 지는 것은 당연하기 때문이다. 그리고 국가배상책임의 기능에는 '제재적 기능' 내지 '위법행위억제기능'도 있는 점과 관련시켜 생각해 볼 필요가 있다.

한편, 경과실의 경우에는 구상을 인정하지 아니한 것은 공무원이 배상에 대한 우려를 잊고 소신껏 직무에 종사할 수 있도록 하려는 정책적 배려의 산물이라는 점은 전술한 국가배상제도의 기능에서도 지적한 바 있다.

---

101) 헌재결 1994.12.29, 93헌바21.
102) 대판 2001.2.15, 96다42420.
103) 홍정선, 전게서, 707-708면.
104) 대판 1991.5.10, 91다6764.

2. 공무원의 선임 · 감독자와 비용부담의 구상책임

공무원의 선임 · 감독자와 비용부담자는 양자가 모두 피해자에게 배상책임을 지며, 이 경우에 손해를 배상한 자는 내부관계에서 그 손해를 배상할 책임이 있는 자에게 구상할 수 있다(국배법 제6조 제2항). 여기에서 '내부관계에서 손해를 배상할 책임이 있는 자'란 공무원의 선임 · 감독자를 의미한다고 보는 것이 통설적 견해이다.[105]

3. 공무원의 직접적 배상책임 여부의 문제

피해자는 반드시 국가 또는 지방자치단체에 손해배상을 청구하여야 하는가, 아니면 피해자의 선택에 따라 국가나 지방자치단체와 가해행위를 한 공무원 중 어느 쪽에나 손해배상을 청구할 수도 있는가 하는 '선택적 청구'의 문제가 제기된다. 이 문제에 관하여는 학설이 나누어져 있으며, 판례는 일관되지 않고 변천을 계속하고 있다.[106]

1) 긍정설(선택적 청구권설)

국가 등의 배상책임과 공무원 개인의 배상책임은 관계가 없기 때문에, 피해자는 그의 선택에 따라 국가나 지방자치단체 또는 공무원 개인에 대하여 손해배상을 청구할 수 있다는 입장이다. 즉 선택적 청구를 전면적을 긍정하는 견해이다.

그 논거로는 ① 헌법이 「공무원 자신의 책임은 면제되지 아니한다」고 규정하고 있는 점(헌법 제29조 제1항의 단서), ② 자기책임설에 의한 경우 국가 등의 책임과 공무원 개인의 책임은 관계가 없으므로 양자가 양립할 수 있다는 점, ③ 공무원의 직접책임을 부인하면 그 책임의식을 박약하게 만든다는 점 등을 든다.[107]

2) 부인설(대국가적 청구권설)

본래 공무원이 져야 하는 배상책임을 국가 등이 그에 대신하여 지는 것으로 보는 대위책임설을 취하는 입장에서는, 피해자는 국가 등에 대해서만 배상을 청구할 수 있고 가해자인 공무원에 대하여는 직접 배상을 청구할 수 없다고 본다. 즉 선택적 청구를 부정하는 견해이다.

그 논거로서는, ① 헌법 제29조 제1항의 단서의 의미는 국가 등의 구상에 응하는 책임이라고 하는 점, ② 공무원 개인이 직접적으로 배상책임을 지게 되면 고의 · 중과실의 경우에만 구상권을 인정하는 것과 균형이 맞지 않는다는 점, ③ 선택적 청구를 인정하면 공무원의 직무집행을 위축

---

105) 김남진 · 김연태, 전게서, 597면.

106) 김남진 · 김연태, 상게서, 597-600면 참조.

107) 김철수, 전게서, 881면; 이종극, 전게서, 158-159면.

시킬 우려가 있다는 점 등을 들고 있다.[108]

3) 절충설

공무원은 국가기관의 지위에서 행위하는 것이므로 그 효과는 국가에 귀속된다. 그러므로 공무원의 직무수행 행위에 통상 예기할 수 있는 흠결이 있고, 그러한 행위로 인하여 개인이 손해를 입은 경우에는 그것은 기관의 행위로서 그 행위의 효과는 국가에 귀속되어 국가가 배상책임을 지게 될 것이다.

그러나 그 흠결의 정도가 중대하거나 순전히 사적 이익의 추구 등에 기인한 것인 때에는, 당해 행위는 이미 기관행위로서의 지위를 상실한 것이라 할 수 있다. 따라서 공무원의 위법행위가 고의·중과실에 기인한 것인 때에도 공무원 개인의 책임만이 문제되는 것이다. 그런데 이러한 행위의 외관상 공무원의 직무행위로 보여질 때에는 피해자를 보호하기 위하여 피해자는 국가 또는 공무원에 대하여 선택적으로 배상을 청구할 수 있다고 보는 견해이다.[109]

4) 판 례

판례는 처음에 선택적 청구가 가능하다는 입장을 취하였으나,[110] 다음에는 선택적 청구가 불가능하다는 입장으로 선회하였으며,[111] 최근에는 대법원 전원합의체판결을 통하여 고의나 중대한 과실이 있는 경우에는 선택적 청구가 가능하지만, 경과실이 있는 경우에는 선택적 청구를 할 수 없다고 입장을 변경하였다.[112]

5) 결 어

자기책임설의 입장에 서면서도 대외적으로 국가책임만 인정하는 견해가 있는 반면, 대위책임설의 입장에 서면서도 피해구제의 신속·확실성을 기한다는 취지에서 선택적 청구가 허용되어야 한다는 주장이 제기된다는 점을 감안해 보면, 국가배상책임의 성질과 선택적 청구의 인정 여부는 논리적 연관성이 없는 입법정책의 문제로 보아야 한다.

공무원의 직접적 배상책임의 인정문제는 헌법 제29조 제1항 단서의 해석과 관련되어 해결하여야 할 것이다. 헌법은 공무원의 직무상 불법행위에 대한 국가(공공단체를 포함한다)의 배상책임

---

108) 김도창, 전게서, 638면; 박윤흔·정형근, 전게서, 617면; 석종현, 전게서, 629면; 이상규, 전게서, 611면; 홍정선, 전게서, 720면.

109) 김동희, 전게서, 571-572면.

110) 대판 1972.10.10, 69다701.

111) 대판 1994.4.12, 93다11807.

112) 대판 1996.2.15, 95다38677.

을 정하고 있으면서도 「이 경우 공무원 자신의 책임은 면제되지 아니한다」고 규정하고 있다(헌법 제29조 제1항 단서). 이러한 헌법규정상의 '공무원의 책임'의 내용이 불명확한 가운데, 헌법 제29조의 내용을 집행하며 구체화하고 있는 국가배상법은 다시 한 번 국가 또는 지방자치단체의 공무원의 불법행위에 대한 배상책임을 인정하고(동법 제2조 제1항), 「공무원이 고의 또는 중대한 과실이 있는 때에는 국가 또는 지방자치단체는 그 공무원에게 구상할 수 있다」고 규정하고 있다(동조 제2항). 이는 '헌법에 있어서의 공무원의 책임'을 구체화하고 있는 규정으로서, 공무원은 국가 등에 의한 '구상'의 형태로만 책임질 뿐이고, 직접 피해자에 대하여 책임을 지지 않음을 명확히 하고 있다고 새길 수 있다.

다른 한편, 헌법규정상의 '공무원의 책임'의 내용을 구체화하고 있는 규정으로 국가배상법 제2조 제1항 및 제2항뿐만 아니라 민법 제750조도 포함되는 것으로 해석할 수 있다. 이러한 해석에 의하면 국가배상법 소정의 조항에서는 국가 등의 배상책임과 공무원의 내부적 책임만을 규정하고 있을 뿐 가해공무원의 외부적 책임에 대하여는 규정한 바가 없으므로 가해공무원은 민법 제750조에 따라 외부적 책임을 지게 된다고 하겠다.[113)]

Ⅴ. 국가 등의 자동차손해배상책임

1. 자동차손해배상책임의 의의

국가배상법은 국가 또는 지방자치단체가 자동차손해배상보장법(이하 "자손배법"이라 한다)의 규정에 의하여 손해배상의 책임이 있을 때에는 국가배상법에 따라 그 손해를 배상하여야 한다고 규정하고 있다(국배법 제2조 제1항 본문 후단). 이러한 규정에 따라 공무원의 차량사고로 인한 국가배상과 관련하여, 자손배법상의 배상책임의 성립요건을 갖추면 국가배상법이 정하는 바에 의하여 국가 등이 지는 배상책임을 국가 등의 자동차손해배상책임이라 한다.

2. 자동차손해배상책임의 법적 근거

국가배상법은 「국가나 지방자치단체는... 자동차손해배상보장법에 따라 손해배상의 책임이 있을 때에는 이 법에 따라 그 손해를 배상하여야 한다」고 규정하고 있고(국배법 제2조 제1항 본문 후단), 자동차손해배상보장법은 「자기를 위하여 자동차를 운행하는 자는 그 운행으로 다른 사람을 사망하게 하거나 부상하게 한 경우에는 그 손해를 배상할 책임을 진다」고 규정하고 있다(자손

113) 김남진 · 김연태, 전게서, 600면.

배법 제3조 본문).

국가배상법 제2조 제1항과 동법 제8조의 규정을 종합하여 보면, 공무원의 차량사고로 인한 국가배상과 관련하여서는 국가 등이 자동차손해배상보장법상의 책임성립요건을 갖추면, 손해배상책임의 범위와 절차는 국가배상법이 정한 바에 의하여 배상책임을 진다고 해석된다. 공무원의 차량사고로 인한 국가배상의 경우 자동차손해배상보장법상의 책임성립요건은 후술하는 바와 같이 국가 등의 '운행자성'만 인정되면 되므로 일반적인 국가배상책임의 성립보다 용이하고, 그 배상책임의 내용은 국가배상법에 의하므로 자동차사고로 인한 피해자의 구제에 있어서 더 효과적이라는 데에 그 제도적 의의가 있다.

3. 국가배상책임

1) 자동차손해배상보장법에 의한 국가배상책임

(1) 법규정 내용

자동차손해배상보장법 제3조는 다음과 같이 규정하고 있다. 즉「자기를 위하여 자동차를 운행하는 자는 그 운행으로 다른 사람을 사망하게 하거나 부상하게 한 경우에는 그 손해를 배상할 책임을 진다. 다만, 다음 각 호의 어느 하나에 해당하면 그러하지 아니한다. ① 승객이 아닌 자가 사망하거나 부상한 경우에 자기와 운전자가 자동차의 운행에 주의를 게을리하지 아니하였고, 피해자 또는 자기 및 운전자 외의 제3자에게 고의 또는 과실이 있으며, 자동차의 구조상의 결함이나 기능상의 장해가 없었다는 것을 증명한 경우, ② 승객의 고의나 자살행위로 사망하거나 부상한 경우」라고 하여 자손배법상의 배상책임을 규정하고 있다.

그러므로 공무원의 차량사고로 인한 손해발생이 경우 국가 등이 자손배법상의 책임성립요건을 갖추면, 국가배상법에 의하여 손해배상책임을 진다. 즉 책임성립요건은 자손배법이 우선 적용된다. 따라서 자손배법 제3조에 의한 책임성립요건으로서는 국가 등의 '운행자성'과 그 밖의 다른 요건을 갖추어야 한다.[114]

(2) 국가 등의 운행자성의 구비

(가) '운행자성'의 요건

자손배법상의 책임은 '자기를 위하여 자동차를 운행하는 자'(운행자성)에게 성립된다. 따라서 국가 또는 지방자치단체가, 자손배법상의 '운행자성'을 갖추어야 한다. 여기의 '자기를 위하여 자동차를 운행하는 자'란 사회통념상 당해 자동차에 대한 운행을 지배하여 그 이익을 향수하는 책임주체로서의 지위에 있다고 할 수 있는 자를 말하고, 이 경우 운행의 지배는 현실적인 지배에 한하

114) 홍정선, 전게서, 723-724면.

지 아니하고 사회통념상 간접지배 내지는 지배가능성이 있다고 볼 수 있는 경우도 포함한다.[115) 즉 운행자성은 '운행이익'과 '운행지배'를 요소로 한다.

운행자[116)]는 자동차보유자[117)]와 구별된다. 무단운전자, 절도운전자도 운행자에 포함되므로 운행자가 보유자보다 넓은 개념이다. 한편, 운행자는 운전자[118)]와도 구별된다. 따라서 운전자는 운행자와는 달리 피해자에 대한 관계에서 민법상의 책임은 별론으로 하고, 적어도 자손배법상의 책임은 지지 않는다.

(나) 국가 등의 운행자성의 구체적 판단

① 공무원이 공무를 위해 관용차를 운행하는 경우 : 공무원이 공무를 위하여 관용차를 운행한 경우, 국가 등이 운행자로서 국가배상법 제2조 제1항 본문 후단의 손해배상책임을 진다.[119)] 그러나 관용차를 무단으로 사용한 경우라 할지라도 국가 등에게 운행지배나 운행이익을 인정할 사정이 있는 경우는 국가 등이 운행자의 손해배상책임을 지게 된다.[120)]

② 공무원이 공무수행을 위하여 자신 소유의 자동차를 이용한 경우 : 공무원이 직무수행을 위하여 자기 소유의 자동차를 운행하던 중 사고가 난 경우, 국가 또는 지방자치단체의 운행자성을 부인하는 것이 판례이다. 따라서 이 경우에는 공무원이 자손배법상의 책임을 지게 된다. 그러나 이 경우에 외형이론상 국가나 지방자치단체에 배상책임을 인정하는 것이 타당하다. 다만, 이 경우 국가 등은 운행자책임(국배법 제2조 제1항 본문 후단)이 부정된다고 하더라도 국가배상책임의 성립요건을 갖춘다면 국가배상책임(국배법 제2조 제1항 본문 전단)은 성립될 수 있다.[121)]

(다) 기타의 요건

자손배법상의 손해배상책임은 인적 손해에 한하여 손해를 전보하는 것이므로, 자동차 사고로 인적 손해가 발생하여야 하고 자손배법상의 면책요건이 없어야 한다(자손배법 제3조 참조). 예컨대, 승객이 고의나 자살행위로 사망하거나 부상한 경우가 아닐 것 등이다.

---

115) 대판 2009.10.15, 2009다42703.42710.

116) '운행자'란 사람 또는 물건의 운송 여부와 관계없이 자동차를 그 용법에 따라 사용하거나 관리하는 자를 말한다(자손배법 제2조 제2호 참조).

117) '자동차보유자'란 자동차의 소유자나 자동차를 사용할 권리가 있는 자로서 자기를 위하여 자동차를 운행하는 자를 말한다(자손배법 제2조 제3호).

118) '운전자'란 다른 사람을 위하여 자동차를 운전하거나 운전을 보조하는 일에 종사하는 자를 말한다(자손배법 제2조 제4호).

119) 대판 1992.2.25, 91다12356; 대판 1994.12.27, 94다31860.

120) 대판 1988.1.19, 87다카2202.

121) 대판 1994.5.27, 94다6741.

(3) 국가 등의 배상책임의 범위와 절차

국가나 지방자치단체는 자손배법에 따라 손해배상의 책임이 있을 때에는 국가배상법에 따라 그 손해를 배상하여야 한다(국배법 제2조 제1항 후문). 배상책임의 성립요건은 자손배법에 의하면서 배상책임의 범위와 절차를 국가배상법에 의하도록 한 것은 배상책임의 범위와 절차에 특례를 인정한 셈이다. 배상책임의 내용은 자손배법의 규정에 의하여 손해배상책임이 있는 때에도 국가배상법 제2조 제1항 단서의 이중배상금지의 규정이 적용되고, 피해자는 배상심의회에 배상신청을 할 수 있다.

2) 국가배상법에 의한 국가배상책임

공무원이 공무수행을 위하여 차량을 운전 중 사고로 타인에게 손해를 발생시킨 경우 자손배법이 적용되는 경우가 아닌 때에는 그 성립요건 및 국가배상청구 등에 있어서 자손배법이 적용되지 않고 국가배상법이 적용된다.[122)]

① 국가나 지방자치단체가 자동차에 대한 운행이익과 운행지배를 가지지 않는 경우에는 구가배상법이 적용된다.

예를 들면, 공무원이 직무를 집행하기 위하여 자기소유의 자동차를 운행하던 중 사고가 난 경우에는 국가 등이 동 자동차의 운행자가 아니므로 자손배법이 적용되지 않고, 국가 등은 구가배상법에 따라 배상책임을 진다.

그런데 공무원이 통상적으로 근무하는 근무지로 출근하기 위하여 자기소유의 자동차를 운행하다가 과실로 교통사고를 일으킨 경우에는, '직무를 집행함에 당하여' 불법행위를 한 것이 아니므로 국가나 지방자치단체가 국가배상법상의 손해배상책임을 지지 않는다.[123)]

② 자동차사고로 물적 피해만이 난 경우에는 국가배상법이 적용된다.

4. 공무원배상책임

공무원의 배상책임은 국가 등의 자동차손해배상보장법상의 책임이 인정되는 경우와 책임이 부정되는 경우로 나누어 보면 다음과 같은 차이가 있다.[124)]

1) 국가 등의 자동차손해배상보장법상의 책임이 인정되는 경우

국가 또는 지방자치단체의 '운행자성'이 인정되는 경우에는, 공무원에게 자손배법상의 책임은

122) 박균성, 전게서, 785-786면.
123) 대판 1996.5.31., 94다15271.
124) 홍정선, 전게서, 725면.

없게 된다. 그리고 그 배상책임의 내용은 국가배상법에 의하므로 공무원의 대외적 책임, 즉 민사상 책임도 국가배상법의 이론이 그대로 적용된다. 따라서 판례에 의하면 고의 또는 중과실이 있는 경우에 민사상 책임을 지게 될 것이다.

2) 국가 등의 자동차손해배상보장법상의 책임이 부정되는 경우

국가 또는 지방자치단체의 '운행자성'이 부정되는 경우, 공무원이 자손배법상의 운행자성이 인정되면 공무원의 민사책임에 관하여도 자손배법이 국가배상법에 우선하여 적용된다(무과실책임). 따라서 판례에 의하면 일반적으로 직무상의 불법행위로 인한 공무원의 대외적 책임이 공무원의 고의 또는 중과실의 경우에만 인정되지만, 공무원의 운행자성이 인정되어 자손배법상의 책임이 성립되는 경우에는 민법과 국가배상법의 규정과 해석에 따르지 않는다. 즉 이 사고가 자동차를 운전한 공무원의 경과실에 의한 것인지, 중과실 또는 고의에 의한 것인지를 가리지 않고 자손배법상의 손해배상책임을 부담한다고 한다.[125)]

5. 국가배상법 제5조와의 관계

자동차도 국가배상법 제5조의 공물에 해당한다. 따라서 자동차사고의 경우에는 국가배상법 제2조와 제5조와의 경합이 문제된다. 생각건대, 자동차사고와 관련하는 한, 국가배상법 제2조 제1항 본문 후단이 자손배법의 특례로 규정되어 있다고 보여지므로 국가배상법 제5조의 적용은 없다고 할 것이다.

Ⅵ. 미합중국군대의 구성원 등의 행위로 인한 국가배상

미합중군대 등의 구성원이 그 직무를 행함에 당하여 대한민국정부 이외의 제3자에게 손해를 가한 때에는 그 손해를 국가가 배상하여야 한다.[126)]

즉 미합중국군대의 구성원 · 고용원 또는 한국증원군대의 구성원이 그 직무를 행함에 당하여 대한민국 안에서 대한민국정부 이외의 제3자에게 손해를 가한 때 및 합중국군대 또는 한국증원군대가 점유 · 소유 또는 관리하는 토지의 공작물과 기타 시설 또는 물건의 설치나 관리의 하자로 인하여 대한민국정부 이외의 제3자에게 손해를 가한 때에는 대한민국이 국가배상법의 규정에 의하여 그 손해를 배상하여야 한다(아메리카합중국 간의 상호방위조약 제4조에 의한 시설과 구역

---

125) 대판 1996.3.8., 94다23876.

126) 박균성, 전게서, 786-787면.

및 대한민국에서의 합중국군대의 지위에 관한 협정의 시행에 관한 민사특별법 제2조).

피해자가 협정 제1조의 규정에 의한 합중국군대의 구성원 · 군속 또는 그들의 가족인 때에는 제2조를 적용하지 아니한다(동법 제3조).

국가배상비용은 양 당사국이 다음과 같이 이를 분담한다.

① 합중국만이 책임이 있는 경우에는 대한민국이 그의 25퍼센트를, 합중국이 그의 75퍼센트를 부담하는 비율로 이를 분담한다.

② 대한민국과 합중국이 손해에 대하여 책임이 있는 경우에는 양 당사국이 균등히 이를 분담한다(SOFA 제23조).

제3절 영조물의 설치·관리상의 하자로 인한 손해배상

Ⅰ. 손해배상의 의의

영조물의 설치·관리상의 하자로 인한 손해배상이란, 국가 또는 지방자치단체의 공공의 영조물의 설치 또는 관리의 하자로 인하여 타인에게 재산상의 손해를 발생하게 한 경우에 국가나 지방자치단체가 그 손해를 배상하는 것을 말한다. 이는 개인주의적, 도의적 책임주의의 기초원리를 바탕으로 성립한 것이라는 점에서, 공무원의 불법행위로 인한 국가의 손해배상책임과 같다. 공무원의 불법행위책임은 국가의 자기 책임이며 과실책임주의에 입각하고 있으나, 영조물의 설치·관리의 하자로 인한 손해배상 책임은 무과실 책임주의에 입각하고 있는 점에서 차이가 있다.

국가배상법 제5조 제1항의 「도로·하천, 그 밖의 공공의 영조물의 설치나 관리에 하자가 있기 때문에 타인에게 손해를 발생하게 하였을 때에는 국가나 지방자치단체는 그 손해를 배상하여야 한다. 이 경우 제2조 제1항 단서, 제3조 및 제3조의2를 준용한다」고 규정하여 '영조물의 설치·관리의 하자로 인한 손해배상책임'을 명시화하고 있다. 또한 동법 제5조 제2항에서는 「제1항을 적용할 때 손해의 원인에 대하여 책임을 질 자가 따로 있으면 국가나 지방자치단체는 그 자에게 구상할 수 있다」고 규정함으로써 '손해원인의 책임자에 대한 구상권'을 인정하고 있다.

위 조항은 공작물 등의 점유의 배상책임에 관한 민법 제758조에 상응하는 것이나, 점유자의 면책규정을 두고 있지 않고, 그 대상이 공작물에 한정되지 아니하여 민법상의 공작물보다 넓은 개념이라는 점 등에 차이가 있다. 또한 본조는 제2조와는 달리 과실을 배상책임의 요건으로 하고 있지 않다는 점에서 통설은 이를 무과실 책임으로 보고 있다. 그러나 설치·관리상의 하자를 요한다는 점에서, 본조의 책임을 엄격한 의미의 또는 절대적인 무과실 책임으로 볼 수는 없을 것이다.[127)]

Ⅱ. 손해배상책임의 요건

국가배상법 제5조 제1항에 의하면 국가 등의 손해배상 책임이 성립하기 위해서는 도로·하천,

127) 김동희, 전게서, 573면.

그 밖의 공공의 영조물의 설치 또는 관리에 하자가 있기 때문에 타인에게 손해가 발생하였어야 한다. 따라서 손해배상책임의 성립요건은 ① 공공의 영조물일 것, ② 설치 또는 관리의 하자가 있을 것, ③ 타인에게 손해가 발생할 것 등을 들 수 있다.

1. 공공의 영조물

본조의 '영조물'이라 함은 공적 목적을 달성하기 위한 인적 · 물적 종합시설이라는 본래의 의미가 아니라, 행정주체가 직접 공공목적을 달성하기 위하여 제공한 유체물, 즉 공물을 뜻한다고 보는 것이 통설이고,[128] 판례이다.[129] 유체물에는 개개의 물건뿐만 아니라 물건의 집합체인 공공시설도 포함된다고 보며, 공물의 개념에는 도로나 하천과 같은 공공용물은 물론 행정기관의 청사와 같은 공용물도 포함된다. 또한 동산(자동차 · 항공기 · 총기 등), 부동산, 인공공물(도로 · 상하수도 · 관공청사 · 교량 등), 자연공물(하천 · 호수 · 해변 등) 및 동물(경찰견 등) 등도 이에 포함된다. 따라서 본조는 그 대상이 공작물에 한정되지 않는다는 점에서 민법 제758조에 비하여 적용범위가 넓다.

그러나 이 경우의 영조물은 이를 통한 직접적인 행정목적 달성과 관련을 갖는 것이므로, 이와 무관한 국유재산 또는 공유재산은 이 개념에서 제외된다. 따라서 국 · 공유재산일지라도 공적 목적에 제공된 공물이 아닌 것, 즉 국 · 공유의 잡종재산은 그에 포함되지 아니한다. 따라서 국 · 공유재산이라도 직접 행적목적에 제공되지 않은 일반재산(국공유재산법 제5조 참조)의 관리의 하자로 인하여 타인에게 손해가 발생한 경우에는 본조가 아니라 민법 제758조에 의한 배상책임을 진다고 보아야 한다(국배법 제8조 참조).

2. 설치 또는 관리의 하자

1) 설치 · 관리의 의의

본조의 설치란 영조물, 즉 공물의 설계에서 설계에서 시공, 건조까지를 말하고, 관리란 영조물의 건조 후의 유지 · 보전 · 수선을 말한다.

2) 설치 · 관리의 하자의 의의

영조물의 '설치 · 관리의 하자'라 함은 종래에는 '영조물이 통상적으로 갖추어야 할 안정성의 결여'를 말하는 것으로서, 이러한 안정성의 결여가 설치단계 또는 관리단계의 어느 단계에 존재하는

128) 김남진 · 김연태, 전게서, 603-604면; 김도창, 전게서, 639면; 김동희, 상게서, 573면; 박균성, 전게서, 740면; 홍정선, 전게서, 726면.

129) 대판 1981.7.7, 80다2478; 대판 1995.1.24, 94다 45302; 대판 1998.10.23, 98다17381.

가를 불문하였다.

그러나 근래에는 영조물이 통상적으로 갖추어야 할 안정성을 결여하였는가를 판단함에 있어서 설치 · 관리자의 귀책사유가 고려되어야 하는지의 여부에 관하여 다음과 같이 견해가 대립되고 있다.

(1) 주관설(의무위반설)

이 견해는 영조물의 설치 · 관리상의 하자를 국가배상법 제5조의 표현에 비추어 하자를 공물주체의 관리의무, 즉 주의의무 위반 내지 안전확보에 의한 사고방지의무를 게을리한 잘못, 이른바 관리자의 설치 · 관리상의 주관적 귀책사유로 인한 하자의 발생으로 이해하는 입장이다.[130)]이 설에 의하면 배상책임의 성립 여부가 관리자의 주의의무위반 여부에 의존하게 되므로, 피해자의 구제에 미흡하게 된다.

(2) 객관설

이 견해에 의하면, 본조 영조물의 하자의 유무는 안전성을 결여하였는지의 여부에 따라 객관적으로 판단해야 할 것이며, 하자의 발생에 있어 설치 · 관리자의 고의 · 과실의 유무는 문제삼지 않는다. 이 학설이 종래의 통설이었다.[131)] 이러한 입장에 의하면, 영조물에 일단 하자가 있어 손해가 발생한 경우, 국가 등은 관리자의 과실유무나 재정력 등과는 무관하게 배상책임을 지게 되므로 피해자 구제의 폭을 확대할 수 있다는 차원에서 객관설이 타당하고 바람직하다고 볼 수 있다.

(3) 절충설

이 견해는 국가배상법 제5조의 하자의 유무를 판단하는 데 있어서 영조물 자체의 객관적 하자뿐만 아니라 관리자의 안전관리의무 위반이라는 주관적 요소도 아울러 고려하여 하자의 의미를 이해하여야 한다는 입장이다. 즉 본조의 하자는 그 물적 결함 상태뿐만 아니라, 그 관리자의 관리행위의 과오도 그에 포함시켜 이해하려고 한다.[132)] 따라서 이 설에 의하면, 공물과 관련하여 손해가 발생한 경우에는 그것이 당해 공물의 물적결함에 기인한 것인가, 관리자의 관리행위의 과오에 기인한 것인가를 불문하고 본조에 의하여 해결될 수 있다고 본다. 그러나 순수한 관리자의 의무위반으로 인한 손해는 국가배상법 제2조로 충분하다고 한다. 우리나라에서는 뚜렷이 절충설을 취하는 입장은 찾아보기 어렵다.

---

130) 박균성, 전게서, 742-744면; 김동희, 전게서, 580면

131) 김도창, 전게서, 642면; 류지태, 전게서, 410-411면; 박윤흔 · 정형근, 전게서, 628면; 서원우, 전게서, 708면; 석종현, 전게서, 643면; 홍정선, 전게서, 728면.

132) 原田尙彦, 「行政法要論」. 學陽書房, 1997, 257頁.

(4) 안전의무 위반설(위법 · 무과실 책임설)

행정주체가 일정한 물건의 공용개시를 통해 일반의 사용에 제공한 경우에는 타인에게 위험이 발생하지 않도록 안전조치를 취할 법적의무를 부담한다. 그런데 영조물의 설치나 관리의 하자란 관리주체의 이러한 안전의무 위반을 의미하며, 행정주체와 개인간의 관계에서 공무원은 권리 · 의무의 귀속주체로서 나타날 수 없으므로 공무원의 주관적 요소는 고려되지 않는다. 이 견해에 의하면, 국가배상법이 '영조물의 하자'로 표기하지 않고, '영조물의 설치나 관리의 하자'로 표기하고 있으므로 '물적 상태책임'이 아니라 '행위책임'으로 보아야 한다. 또한 국가배상법 제2조가 공무원의 '고의 또는 과실'을 요건으로 정하고 있는 데 대하여, 제5조는 단순히 영조물의 설치 · 관리의 '하자'를 그 요건으로 정하고 있으므로 제5조상의 배상책임을 제2조상의 배상책임과 마찬가지로 과실책임으로 본다는 것은 법의 명문규정에 반한다고 하지 않을 수 없다. 그러한 점으로 보아 국가배상법 제5조의 영조물의 설치 · 관리의 하자의 책임을 '행위책임'으로 보는 동시에, 그의 성질을 '위법 · 무과실 책임'이라 한다.[133)]

(5) 판 례

판례는 국가배상법 제5조의 영조물의 설치 · 관리상의 하자를 '영조물 자체가 통상 갖추어야 할 안전성을 갖추지 못한 상태'라고 하면서 동조의 배상책임을 무과실책임으로 보고, 기본입장은 객관설을 취하고 있다.[134)] 그러하지만 일부판결은 "안전성의 구비 여부를 판단함에 있어서는 당해 영조물의 용도, 그 설치장소의 현황 및 이용상황 등 제반 사정을 종합적으로 고려하여 설치 · 관리자가 그 영조물의 위험성에 비례하여 사회통념상 일반적으로 요구되는 정도의 방호조치의무를 다하였는지 여부를 그 기준으로 삼아야 한다"고 판시한 바 있다.[135)] 이러한 판결은 주관설[136)]또는 안전의무위반설[137)]을 취하고 있다고 해석할 여지도 있다. 그러나 판례는 설치 · 관리상의 하자를 '영조물이 통상 갖추어야 할 물적 안정성의 결여'로 보는 기존의 근본적 입장에는 변화가 없으므로 객관설을 취하면서도 주관적 사정을 고려하는 것으로 보아 수정(변경)된 객관설을 취하고 있다고 보아야 할 것이다.[138)]

(6) 결 어

생각건대, 국가배상법 제5조 규정의 표현방식으로는 주관설에 입각한 것처럼 보이나 동법 제2

133) 김남진 · 김연태, 전게서, 606면; 정하중, 「행정법개론」. 법문사, 2007, 555-557면.

134) 대판 1967.2.21, 66다1723; 대판 1994,11,22, 14다32924; 대판 2001.7.27, 2000다56822; 대판 2004.3.12, 2002다14242; 대판 2005.1.27, 2003다49566; 대판 2007.9.21, 2005다65678; 대판 2010.11.25, 2007다20112.

135) 대판 2000.2.25, 99다54004; 대판 2001.7.27, 2000다56822; 대판 2007.9.21, 2005다65678.

136) 김동희, 전게서, 575-580면.

137) 김남진 · 김연태, 전게서, 606면; 정하중, 전게서, 556-557면.

138) 홍정선, 전게서, 728면.

조와의 관계상 객관설을 취할 때 국가 등의 무과실책임이 인정될 것이므로 객관설이 타당하다. 이러한 객관설이 전통적 견해의 입장이다. 이 경우 하자의 유무의 판단은 객관적이고도 종합적으로 이루어져야 한다.[139] 객관설이 말하는 객관적 안전성은 절대적 안정성을 의미하는 것이 아니라 사회통념의 관점에서 본 안전성을 뜻한다. 그런데 사회통념의 판단에 판단자의 주관적 의사가 완전히 배척된다고 할 수 없으므로 객관설이라고 하여도 결코 순수한 의미에서의 객관설은 아니다.[140]

3) 영조물의 사회적 · 기능적 하자의 문제

(1) 의 의

위에서는 국가배상법 제5조 '영조물의 설치 · 관리의 하자'의 의의에 관하여 학설 · 판례를 중심으로 비교적 자세히 살펴보았으나, 그것은 내용적으로는 영조물의 물적 하자에 한정된 것이다. 즉 종래 학설 · 판례상의 영조물의 설치 · 관리의 하자란 영조물이 통상 갖추어야 할 안정성을 결여한 상태를 지칭하는 것으로 보고 있었으나, 이러한 영조물의 안전성의 결여상태는 다만 당해 영조물을 구성하는 물적 시설 자체에 존재하는 물리적 · 외형적 결함 또는 불비에 의하여 타인에게 위해를 발생시킬 위험이 있는 상태라고 하여 이를 한정적으로 파악하고 있었던 것이다.

그러나 최근의 판례에서는 영조물이 물적 하자가 있는 경우뿐만 아니라, 영조물이 그 목적에 따라 공용되어 이용됨에 따라 위해를 발생시킬 수 있는 위험성이 있는 경우도 본조상의 영조물의 설치 · 관리의 하자로 파악하게 되어, 이러한 위해에는 영조물의 인근거주자 등 그 이용자 이외의 제3자에 대한 것도 포함되는 것으로 보고 있다. 국가 등은 영조물의 이용자에 대하여 뿐만 아니라 그 인근거주자 등에 대하여도 손해를 미치는 방법으로 영조물을 설치 또는 관리하면 아니 될 것이므로, 영조물의 통상적인 운영에 의하여 인근 거주자에게 손해를 발생시킨 경우에는[141] 당해 영조물은 안전성을 결여하여 '기능적 하자'가 있는 것으로 보아야 할 것이다. 예컨대, 공항의 경우 그 입지조건의 열악, 면적의 협소 등 영조물 그 자체의 물리적 · 외형적 결함에 비길 수 있는 사회적 · 기능적 하자도 설치 · 관리상의 하자에 포함된다고 보아야 하는 것이다(사회적 · 기능적 영조물 하자설).[142]

(2) 판 례

상술한 바와 같이 최근에는 영조물의 사회적 · 기능적 하자의 관념이나 그로 인한 국가 등의 손해배상책임을 인정하고 있다. 대법원은 매향리에 설치된 사격장에서 발생하는 소음 등으로 인하여 지역주민이 받은 피해의 배상을 받은 사건[143]과 김포공항에서 발생하는 소음으로 인한 인근

---

139) 대판 1998.2.13, 97다49800; 대판 2000.2.25, 99다54004; 대판 2001.7.27, 2000다56822; 대판 2007.9.21, 2005다 65678.
140) 홍정선, 전게서, 728면.
141) 예를 들면 공항에 이착륙하는 비행기의 소음에 의한 인근주민의 생활상 피해 등의 경우이다.
142) 김동희, 전게서, 581면; 박윤흔 · 정형근, 전게서, 628-629면.

주민의 피해의 배상을 청구한 사건[144]에 대한 판결에서 사회적 · 기능적 하자의 관념에 입각하여 국가의 배상책임을 인정하였다.

판례는 국가배상법 제5조 제1항에 정하여진 "영조물의 설치 또는 관리의 하자라 함은 공공의 목적에 공여된 영조물이 그 용도에 따라 갖추어야 할 안전성을 갖추지 못한 상태에 있음을 말하고, 안정성을 갖추지 못한 상태, 즉 타인에게 위해를 끼칠 위험성이 있는 상태라 함은 영조물을 구성하는 물적시설 그 자체에 있는 물리적 · 외형적 흠결이나 불비로 인하여 그 이용자에게 위해를 끼칠 위험성이 있는 경우뿐만 아니라, 그 영조물이 공공의 목적에 이용됨에 있어 그 이용상태 및 정도가 일정한 한도를 초과하여 제3자에게 사회통념상 수인할 것이 기대되는 한도를 넘는 피해를 입히는 경우까지 포함된다고 보아야 한다"고 판시하고 있다[145]

4) 자연공물과 설치 · 관리의 하자

영조물관리의 내용 및 하자의 내용은 영조물의 종류에 따라 동일하지는 않다. 즉 인공공물과 자연공물은 동일평면에 놓고 안정성 여부를 논의할 수 없는 차이점이 있음을 부인할 수 없다.

대표적인 영조물인 도로와 하천에 대하여 검토하면, 도로는 인공공물로서 개통 자체가 인위적인 소산이며 사고를 회피하기 위하여 위험성이 있는 도로의 공용폐지나 일시폐지도 가능한 데 대하여, 하천은 자연공물로서 치수공사에 의하여 안정성을 높여 갈 수는 있으나 도로와 같이 폐지나 일시 폐쇄가 불가능하고, 수해가 전혀 없도록 하기 위하여서는 막대한 비용 · 시간 · 인력이 소요된다고 할 것이다. 여기에서 안전확보의 요청도와 하자의 인정에 있어서 도로와 하천은 차이가 있다고 하겠다.[146]

특히 하천의 관리의 경우에는, 그 유수원에의 정확한 강수량의 예측이 어렵고, 제방의 축조와 같이 많은 비용이 들고 시간이 걸리며 다수의 인력을 소모하게 되고 예산상의 제약을 받는 등의 특수성으로 인하여 다른 공물과 일률적으로 다룰 수 없는 점이 있다. 따라서 자연공물인 하천이 범람하여 수재를 일으킨 경우, 그 전부에 대하여 국가 등이 책임을 질 수는 없을 것이다. 그러한 경우 비록 제방이 없다고 하더라도 그 사실만으로 항상 안전성이 결여되었다고 볼 수 없으며, 정당한 계획저수량의 산정에 기해서 제방이 필요 없다고 판단하였다면 관리의 하자를 따질 수 없을 것이다. 또한 제방이 축조되어 있는 경우에도, 계획저수량에 상당하는 높이와 안전성을 제방이 구비하였는지의 여부, 계획저수량의 산정이 정당하였는지의 여부에 의하여 안정성 여부가 결정되어야 할 것이다.[147] 그러나 축조된 제방에 균열이 있어 그로 인하여 제방이 무너져 수해가 발생한

143) 대판 2004.3.12, 2002다14242.
144) 대판 2005.1.27, 2003다49566.
145) 대판 2005.1.27, 2003다49566.
146) 박윤흔 · 정형근, 전게서, 629면.
147) 김남진 · 김연태, 전게서, 608면.

이른바 '파제형(破堤型)의 수해'의 경우에는 도로 등 인공공물의 경우와 달리 볼 것은 아니다.

5) 하자의 입증책임

하자의 입증책임은 불법행위책임의 일반이론에 의하여 원고인 피해자가 부담하는 것이 원칙이다. 그러나 피해자의 권리구제차원에서 '일응추정의 법리'가 적용되어 피해자가 영조물로 인하여 손해가 발생하였음을 입증하면 그 하자가 있는 것으로 일응 추정되며, 국가 등 측에서 영조물관리자로서의 하자가 존재하지 않음을 입증하도록 하는 것이 타당할 것이라는 주장이 다수 견해로서 제기되고 있다.[148] 한편, 손해발생의 예견가능성과 회피가능성이 없었다는 점은 설치·관리자에게 입증책임이 있다.[149]

3. 타인에게 손해의 발생

영조물의 설치·관리의 하자로 인하여 타인에게 손해가 발생하여야 하며, 그 하자와 손해발생과의 사이에는 상당인과관계가 있어야 한다.

1) 타인의 범위

여기의 '타인'에는 공무원이 영조물의 설치·관리의 하자로 손해를 입은 때에는 피해자로서 타인의 범위에 포함된다. 그러나 군인 등의 일정한 공무원에 대하여는 국가배상법 제2조의 경우와 마찬가지로 특례가 인정되고 있다(국배법 제2조 제1항 후단, 제2조 제1항 단서).

2) 손해의 발생

'손해'란 공무원의 직무상 불법행위로 인한 손해의 경우와 마찬가지로 법익침해에 의한 불이익을 의미하며, 재산적 손해·정신적 손해 또는 적극적 손해·소극적 손해를 불문한다.

3) 상당인과관계의 존재

영조물의 설치·관리의 하자와 손해발생 사이에는 상당인과관계의 존재가 필요하다. 그런데 자연현상, 제3자 또는 피해자의 행위가 그 손해의 원인으로서 가세한 경우에도 하자와 손해발생과의 사이에 상당인과관계가 있는 한, 국가 등은 그 한도 내에서 책임을 져야 할 것이다. 다만, 불가항력에 의한 손해발생의 경우에는 상당인과관계를 인정할 수 없음은 당연하다. 그리고 양자

---

148) 김남진·김연태, 상게서, 608면; 김도창, 전게서, 642면; 류지태, 전게서, 411면; 박윤흔·정형근, 전게서, 631면; 서원우, 전게서, 708-709면; 석종현, 전게서, 643면.

149) 대판 1998.2.10, 97다32536.

사이의 상당인과관계가 있음은 원고가 입증하여야 한다.[150]

4. 면책사유

1) 불가항력

국가배상법 제5조의 하자는 영조물이 통상 갖추어야 할 안전성을 결여한 상태를 의미하기 때문에, 통상의 안전성을 구비하고 있음에도 불구하고 손해가 발생한 경우에는, 그것은 불가항력에 의한 경우로서 국가 등의 배상책임은 발생하지 않는다. 예컨대, 이례적인 집중폭우나 태풍에 의하여 영조물이 훼손되고 그로 인하여 손해가 발생한 경우에는 그 당시의 과학기술수준에 상응한 안정성이 갖추어져 있는 때, 즉 하자의 유무와 상관없이 손해를 피할 수 없게 발생했을 정도라면 그 손해의 발생은 불가항력에 의한 것이라 볼 수 있다. 다만, 폭우 등 재해가 과거에도 경험한 정도라면, 국가 등은 그러한 사태에 대처할 시설을 미리 했어야 할 의무를 진다고 해석된다. 또한 이러한 경우 영조물에 하자가 존재함으로써 손해가 발생 · 확대되었다면, 국가 등은 그 한도 내에서 책임을 져야 할 것이다.[151]

한편, 불가항력에 의하여 손해가 발생하였다는 주장책임, 입증책임은 국가 등에게 있다.[152]

2) 예산부족

공물의 관리상 필요한 예산의 부족이 국가배상책임을 면책시키는 사유가 될 수 있는 것인지 문제된다. 일반적으로 재정적 제약, 즉 예산부족은 면책사유가 되지 않는다고 본다. 판례는 종전에는 영조물의 설치자의 재정사정은 안전성을 요구하는데 대한 참작사유에는 해당할 뿐이고, 안전성을 결정지을 절대적 요건에는 해당하지 아니한다고 하여 소극적 입장을 취하였다.[153] 최근 대법원은 예산부족도 면책사유의 하나로 인정하고 있는 것으로 보인다.[154] 그러나 도로나 교량 등의 경우와는 달리 하천 등 자연공물의 안전한 유지 · 관리에 있어 사회통념상 기대가능성이 없는 정도의 막대한 예산이 소요되는 경우에도 이 원칙이 그대로 적용될 것인지는 의문이다. 이러한 경우는 기대가능성의 기준에 따른 개별적 · 구체적 판단에 의하여 당해 하천의 관리에는 하자가 없는 것으로 판단될 수도 있으나, 오히려 실질적 고려에 따라 국가 등의 배상책임이 부인되는 경우라고 보는 것이 실제에 부합하는 견해인지도 모른다.[155]

---

150) 김남진 · 김연태, 전게서, 609면.
151) 대판 1993.6.8, 93다11678; 대판 2000.5.26, 99다53247.
152) 대판 1988.11.8, 86다카775; 대판 2008.3.13, 2007다29287.29294.
153) 대판 1967.2.21, 66다1723.
154) 대판 2000.4.25, 99다4998.
155) 김동희, 전게서, 583면.

5. 국가배상법 제2조와 제5조의 경합

국가배상법 제2조는 과실책임이고, 제5조는 무과실책임인 점, 제2조의 직무행위에 영조물의 관리행위도 포함되는 것으로 볼 수 있으므로 양자의 책임은 경합할 수 있다. 공무원의 위법한 직무집행행위와 공물의 설치·관리의 하자가 경합하는 경우에 피해자는 제2조나 제5조의 어느 규정에 의해서도 배상을 청구할 수 있다. 다만, 입증책임과 관련하여 제5조에 의하여 손해배상청구를 하는 편이 보다 용이할 것이다.

Ⅲ. 손해배상책임

1. 배상책임의 성질

국가배상법 제5조 제1항 본문은 「도로·하천, 그 밖의 공공의 영조물의 설치나 관리에 하자가 있기 때문에 타인에게 손해를 발생하게 하였을 때에는 국가 또는 지방자치단체는 그 손해를 배상하여야 한다」고 규정하여, '영조물의 설치·관리의 하자로 인한 손해배상책임'을 제도화하고 있는데, 그 성질이 의문이다.[156)]

1) 민법 제758조의 공작물 책임과의 비교

국가배상법의 이 규정에 의한 국가 등의 배상책임은 민법 제758조에 해당하는 것이나, ① 민법에서는 그 대상을 공작물 등에 한정하고 있지만, 국가배상법은 대상을 공작물 등에 한정하지 않고 그 범위를 확대하고 있다. ② 또한 민법은 공작물의 소유자에게는 절대적 책임을 과하지만, 점유자에게는 「점유자가 손해의 방지에 필요한 주의를 해태하지 아니한 때에는 그 소유자가 손해를 배상할 책임이 있다」고 하여 면책사유를 인정한 데 대하여, 국가배상법은 점유자의 면책사유를 인정하지 않고 있다.

2) 무과실책임

국가배상법 제5조의 규정에 의한 책임, 즉 영조물의 설치·관리의 하자로 인한 국가 또는 지방자치단체의 배상책임은 공공의 영조물의 설치 또는 관리에 하자가 있다고 하는 객관적 사실에 의하여 발생하는 것이며, 설치 또는 관리를 담당한 공무원(관리자)의 고의·과실의 유무를 불문하므로 무과실책임의 성질을 가진다.[157)] 이러한 국가 등의 무과실책임은 위험책임주의에 입각하

---

156) 박윤흔·정형근, 전게서, 622면; 석종현, 전게서, 639면.

157) 김도창, 전게서, 642면; 류지태, 전게서, 412면; 서원우, 전게서, 709면; 이상규, 전게서, 621면.

여 일반사인(민법 제758조) 이상으로 강하게 인정한 것이라고 볼 수 있다. 다만, 하자가 있을 것을 필요로 하므로 완전한 위험책임이라고 할 수는 없다.

그러므로 국가배상법 제5조에 의한 배상책임은 관리자 측의 잘못을 탓하여 그 책임을 묻는 제도라기보다는 영조물의 이용자가 우연히 받은 손해를 국민전체 또는 주민전체가 연대하여 전보한다는 사회보장적 색채가 강한 제도라 할 수 있겠다.

2. 배상책임자

1) 국가 또는 지방자치단체

국가배상법 제5조의 배상책임의 요건이 충족된 경우에는 원칙적으로 국가 또는 지방자치단체가 그 손해를 배상할 책임이 있다(동법 제5조 제1항).

2) 비용부담자

영조물의 설치 · 관리를 맡은 자와 비용을 부담하는 자가 동일하지 아니한 경우에는 비용부담자도 배상책임자가 된다(동법 제6조 제1항). 도로 · 하천 등 국영공비의 공물의 경우에 그 예를 볼 수 있다. 이 경우 영조물의 설치 · 관리자 및 비용부담자가 다 같이 배상책임자의 지위를 가지므로 피해자는 양자에 대하여 선택적으로 배상을 청구할 수 있다.

3) 비용부담자의 의미

국가배상법 제6조의 비용부담자의 해석과 관련하여 견해가 대립되고 있다.

(1) 형식적 비용부담자설

비용부담자의 의미를 규정상 확연한 것은 아니나 일응 대외적으로 비용을 지출한 자를 뜻한다고 해석하는 견해이다.

(2) 병존설(병합설)

비용부담자는 대외적으로 경비를 지출하는 형식적 비용부담자 외에 궁극적으로 비용을 부담하는 실질적 비용부담자를 포함시킬 수 있다는 견해이다.

(3) 결 어

판례는 비용부담자의 개념에 형식적 비용부담자를 포함시키는 해석을 한 바 있다.[158)]

158) 대판 1994.12.9, 94다38137.

생각건대, 국가배상법 제6조는 피해자가 그 사무의 귀속주체를 정확히 파악하여 그 사무의 귀속주체에게 배상을 청구할 것을 기대하기 어려운 소송현실에서 피해자의 권리구제의 길의 확대를 위하여 마련된 규정이다. 이러한 견지에서 병합설에 찬성한다.[159)]

4) 최종적 배상책임자

국가배상법 제6조 제2항은 이에 대하여, 「제1항의 경우에 손해를 배상한 자는 내부관계에서 그 손해를 배상할 책임이 있는 자에게 구상할 수 있다」고 규정하는 데 그치고, 누가 최종적 배상책임자인지에 대하여는 명시하고 있지는 않다.

동조항의 해석과 관련하여, 관리자설(사무귀속자설)은 당해 사무의 관리책임자가 발생한 손해의 최종적 배상책임자가 된다고 보고, 비용부담자설은 비용부담자가 부담하는 비용에는 손해배상금도 포함되어 있다는 점을 그 기본적 논거로 하여 비용부담자는 법률상 당해 사무의 관리권이 없음에도 배상비용을 부담하여야 한다는 견해이다.

요약건대, 사무귀속주체 또는 관리자와 그 비용부담자가 다른 경우에 있어서, 국가배상법 제6조 제1항의 비용부담자에는 형식적 비용부담자와 실질적 비용부담자가 모두 포함되나, 최종적 비용부담자는 실질적 비용부담자로 보아야 하는데, 이 경우 실질적 비용부담자는 사무귀속주체 뿐만 아니라, 법령의 규정에 따라서는 당해 사무의 관리비용을 부담하는 자도 이에 포함되는 것으로 보아야 하는 경우도 있다.[160)]

5) 원인책임자에 대한 구상권

국가배상법 제5조 제2항에 의하면, 국가 또는 지방자치단체가 손해를 배상한 경우 손해의 원인에 대하여 책임을 질 자가 따로 있을 때에는, 국가 또는 지방자치단체는 그 자에 대하여 구상할 수 있다. 이 경우, 공무원에 대한 구상권행사는 제2조와의 균형을 고려하여, 영조물의 하자발생에 있어 공무원에게 고의 · 중과실이 있는 경우에 한정되는 것으로 해석하는 것이 타당할 것이다.

3. 배상액

국가 등은 영조물의 설치 · 관리의 하자와 상당인과관계에 있는 모든 손해를 배상하여야 한다. 이 경우 배상액의 산정에 있어서는 공무원의 직무행위로 인한 손해배상에 관하여 '배상기준'을 정하고 있는 국가배상법 제3조의 규정이 준용된다(동법 제5조 제1항 후단). 또한 군인 등에 대한 특례규정(동법 제2조 제1항 단서), 공제에 관한 규정(동법 제3조의2) 등도 마찬가지로 적용된다(동법 제5조 제1항 후단).

---

159) 김남진 · 김연태, 전게서, 613면.

160) 김동희, 전게서, 587면.

4. 국가 등의 구상권

영조물의 설치 · 관리의 하자로 인하여 국가 또는 지방자치단체가 배상을 한 때는 구상권을 행사할 수 있는 두 가지 경우가 있다. 그 하나는 영조물의 설치 · 관리자와 비용부담자가 다른 경우이고, 또 하나는 손해의 원인에 대하여 책임을 질 자가 따로 있는 때의 경우이다.

1) 설치 · 관리자와 비용부담자가 다른 경우의 구상

국가배상법 제6조 제1항에 의하면, 「영조물의 설치 · 관리를 맡은 자와 비용을 부담하는 자가 동일하지 아니하면 그 비용을 부담하는 자도 손해를 배상하여야 한다」고 규정하며, 동조 제2항은 「피해자에게 손해를 배상한 자는 내부관계에서 그 손해를 배상할 책임이 있는 자에게 구상할 수 있다」고 규정하고 있다.

문제는 여기에서의 '내부관계에서 손해를 배상할 자'가 누구인가 하는 점이다. 과거에는 일반적으로 '영조물의 설치 · 관리자'가 그에 해당하는 것으로 보았다. 그러나 최근 우리나라에서도 관리자설, 비용부담설, 기여도설 등이 논의되고 있다.[161] 판례의 입장은 명확하지 않으나, 손해발생의 기여도 및 비용부담의 비율 등 제반 사정을 고려하여 결정하여야 한다고 판시한 바 있다.[162]

2) 손해원인의 책임자에 대한 구상

국가배상법 제5조 제2항에 의하면, 국가 또는 지방자치단체가 손해를 배상한 경우 손해의 원인에 대하여 책임을 져야 할 자(공사의 수급인, 영조물의 파손자 등)가 따로 있을 때에는 국가 또는 지방지치단체는 이들에게 구상할 수 있다.

5. 배상청구권의 양도 · 압류금지

공무원의 직무상 불법행위로 인한 손해배상청구의 경우와는 달리 명문의 규정은 없으나 마찬가지로 해석하여야 할 것이다. 따라서 생명 · 신체의 침해로 인한 배상청구권은 양도하거나 압류하지 못한다(국배법 제4조 참조).

6. 배상청구권의 소멸시효

영조물의 설치 · 관리상의 하자로 인한 손해배상청구권의 소멸시효에 대하여도 국가배상법에 특별한 규정이 없으므로 공무원의 직무상 불법행위로 인한 손해배상청구의 경우에서의 설명이 그대로 적용된다. 즉 국가배상법 제8조의 규정에 의거하여 민법 제766조의 단기소멸시효가 적용된다.

---

161) 김남진 · 김연태, 전게서, 613-614면.

162) 대판 1998.7.10, 96다42819.

제4절 행정상 손해배상의 청구절차

Ⅰ. 손해배상의 청구방법

행정상 손해배상 청구사건도 사법절차에 따라 법원에 소송을 제기하여 법원의 판결에 의하여 결정되는 것은 당연하다. 그런데 국가배상법은 국가 또는 지방자치단체에 대한 국가배상신청사건을 심의하기 위하여 법무부에 본부심의회를, 국방부에 특별심의회를 두어 배상심의회가 배상신청에 대한 결정을 행하는 행정기관에 의한 결정제도를 채택하였다. 따라서 국가배상의 청구절차는 행정기관인 배상심의회에 의한 것과, 법원에 의한 것의 두 가지가 있다.

그런데 양자의 관계에 관하여, (구)국가배상법에서는 행정상 손해배상을 행정적 절차에 의하여 먼저 배상심의회에 배상청구를 한 후 다시 법원의 사법적 절차에 의하도록 하는 '필요적 결정전치주의'를 취하고 있었다. 따라서 과거의 국가배상법에서는 전심절차로서 배상심의회에 배상금지급신청을 함으로써 시작되고, 이러한 배상심의회의 결정에 불복이 있거나, 지급신청을 했음에도 불구하고 3개월이 지나도 아무런 결정이 없는 때에는 법원에 손해배상청구소송을 제기할 수 있었다.

그러나 2000년 12월 29일의 국가배상법 개정에 의하여 현행법은 '임의적 결정전치주의'를 채택하여 본인이 원하는 경우에만 소송을 제기하기 전에 배상심의회의 결정을 신청할 수 있도록 하였다. 즉 국가배상법 제9조는 「이 법에 따른 손해배상의 소송은 배상심의회(이하 "심의회"라고 한다)에 배상신청을 하지 아니하고도 제기할 수 있다」고 규정함으로써 '임의적 결정전치주의'를 제도화하였다. 그에 따라서 국가 등의 행정작용으로 인하여 손해를 받은 국민은 그 선택에 의하여 배상심의회에 대한 배상신청을 거쳐 손해배상소송을 제기할 수도 있으나, 이를 거치지 않고 직접 소송을 제기할 수도 있게 되었다.

Ⅱ. 행정적 절차에 의한 손해배상

1. 임의적 결정전치주의로의 전환

(구)국가배상법이 강제적으로 결정전치주의를 취했던 이유는, 번잡한 소송절차를 거치지 아니

하고, 시간과 경비를 절약하여 간이 · 신속한 절차에 의하여 배상금을 지급받을 수 있도록 함으로써 신속한 피해자 구제를 도모하려는데 그 목적이 있었다. 그러나 이러한 제도는 오히려 소송에 의한 궁극적 구제를 지연시키는 역기능도 무시할 수 없었으며, 실제로는 국민의 재판받을 권리를 필요 없이 제약한다는 비판 등이 제기되어 '임의적 결정전치주의'로 현행 국가배상법 제9조는 개정 · 전환되었다.

2. 배상금결정기관으로서의 배상심의회

배상심의회는 국가배상에 관하여 심의 · 결정 · 처리하고 이를 신청인에게 송달하는 권한을 가진 합의제 행정관청으로서, 일종의 행정위원회이다(동법 제10조, 제11조, 제13조, 제14조). 배상심의회에는 상급심의회인 본부심의회와 특별심의회, 하급심의회인 지구심의회(地區審議會)가 있다(동법 제10조 제1항, 제2항). 본부심의회는 법무부에 두며(동법 제10조 제1항 본문), 배상금의 개산액(概算額)이 대통령령으로 정하는 금액 이상인 사건, 재심신청사건, 그 밖에 법령에 따라 그 소관에 속하는 사항을 심의 · 처리한다(동법 제11조 제1항). 특별심의회는 군인이나 군무원이 타인에게 입힌 손해에 대한 배상신청사건을 심의하기 위하여 국방부에 두며(동법 제10조 제1항 단서), 그 권한은 본부심의회의 그것과 같다(동법 제11조 제1항). 지구심의회는 국가배상사건에 대한 일차적인 심의 · 결정기관으로서, 그 관할에 속하는 국가나 지방자치단체에 대한 배상금지급신청사건을 심의 · 처리한다(동법 제11조 제2항). 본부심의회 소속 지구심의회는 각 지방검찰청에, 특별심의회 소속 지구심의회는 각군본부와 군부대에 둔다.

3. 배상금의 결정절차

1) 배상금의 지급신청

국가배상법에 따라 배상금을 지급받으려는 자는 그 주소지 · 소재지 또는 배상원인 발생지를 관할하는 지구심의회에 배상신청을 하여야 한다(동법 제12조 제1항). 손해배상의 원인을 발생하게 한 공무원의 소속기관의 장은 피해자나 유족을 위하여 배상신청을 권유하여야 한다(동조 제2항).

2) 배상심의회의 심의 · 결정

지구심의회는 배상신청을 받으면 지체 없이 증인신문 · 감정 · 검증 등 증거 등 증거조사를 한 후 그 심의를 거쳐 4주일 이내에 배상금 지급결정, 기각결정 또는 각하결정(이하 "배상결정"이라 한다)을 하여야 한다(동법 제13조 제1항). 지구심의회는 배상신청사건을 심의한 결과 그 사건이 배상금의 개산액이 대통령령으로 정하는 금액 이상인 사건 등에 해당한다고 인정되면 지체 없이 사건기록에 심의 결과를 첨부하여 본부심의회나 특별심의회에 송부하여야 한다(동조 제6항). 이에 따라 사건기록을 송부받으면 본부심의회나 특별심의회는 4주일 이내에 배상결정을 하여야 한다(동조 제7항).

3) 결정서의 송달

심의회는 배상결정을 하면 그 결정을 한 날부터 1주일 이내에 그 결정정본을 신청인에게 송달하여야 하며(동법 제14조 제1항), 이 경우 송달에 관하여는 민사소송법의 송달에 관한 규정을 준용한다(동조 제2항).

4) 배상금의 지급

배상결정을 받은 신청인은 지체 없이 그 결정에 대한 동의서를 첨부하여 국가나 지방자치단체에 배상금 지급을 청구하여야 한다(동법 제15조 제1항). 배상금 지급에 관한 절차, 지급기관, 지급시기, 그 밖에 필요한 사항은 대통령령으로 정하며, 배상결정을 받은 신청인이 배상금 지급을 청구하지 아니하거나 지방자치단체가 대통령령으로 정하는 기간 내에 배상금을 지급하지 아니하면 그 결정에 동의하지 아니한 것으로 본다(동조 제2항, 제3항).

5) 재심신청

지구심의회에서 배상신청이 기각(일부기각된 경우를 포함한다) 또는 각하된 신청인은 결정정본이 송달된 날부터 2주일 이내에 그 심의회를 거쳐 본부심의회나 특별심의회에 재심(再審)을 신청할 수 있다(동법 제15조의2 제1항). 재심신청을 받은 지구심의회는 1주일 이내에 배상신청기록 일체를 본부심의회나 특별심의회에 송부하여야 하며, 본부심의회나 특별심의회는 이에 대하여 심의를 거쳐 4주일 이내에 다시 배상결정을 하여야 한다(동조 제2항, 제3항).

4. 배상결정의 효력

(구)국가배상법 제16조는「심의회의 배상결정은 신청인이 동의하거나 지방자치단체가 신청인의 청구에 따라 배상금을 지급한 때에는 민사소송법의 규정에 의한 재판상의 화해가 성립된 것으로 본다」고 규정하고 있다. 그러나 배상심의회의 결정에 대해 재판상의 화해와 동등한 효력을 인정한 위 규정은 헌법재판소에 의하여 위헌판결을 받아 삭제되었다.[163] 따라서 신청인은 심의회의 배상결정에 동의하여 배상금을 수령한 후에도 소송에 의하여 배상금청구(실질적 증액청구)를 다

---

163) 현재결 1995.5.25, 91헌가7.

시 제기할 수 있다고 할 것이며,[164] 심의회의 배상결정은 종국적인 효력을 갖지 못하게 되었다고 할 것이다.[165]

Ⅲ. 사법적 절차에 의한 손해배상

1. 당사자소송에 의한 방법

행정상 손해배상청구소송에 관하여는 행정소송법상의 당사자소송이어야 한다는 견해와 민사소송법이 정하는 바에 따르는 민사소송이어야 한다는 견해가 있으나, 전자의 견해가 타당하다. 그에 따라 행정상 손해배상청구가 권력적 행정상 법률관계(권력관계)에서 비롯되었거나 공익적 행정상 법률관계(관리관계)에서 이루어진 것이라면 행정소송법상 당사자소송의 방법으로 청구하는 것이 당연하다고 본다.

2. 민사소송에 의한 방법

사경제적 행정상 법률관계(국고관계)에서 비롯된 것이라면, 그에 관한 소송은 당연히 민사소송에 의하게 된다. 그런데 실무에서는 행정상 손해배상청구가 권력적 또는 공익적 행정상 법률관계, 즉 권력관계 또는 관리관계에서 비롯된 것이라 할지라도 민사소송의 방법에 의하는 경향이다.

헌법재판소는 「소송촉진 등에 관한 특례법」 제6조 제1항 중 「국가를 상대로 하는 재산권의 청구에 관하여 가집행선고를 할 수 없다」는 부분이 재산권보장과 신속한 재판을 받을 권리의 보장에 있어서 소송당사자를 차별하여 합리적 이유 없이 국가를 우대하고 있다고 하여, 동 부분을 평등의 원칙에 위반된다고 결정하였다.[166] 그 후 동법상의 가집행선고에 관한 조항은 삭제되었다.

3. 항고소송의 관련청구로서 병합하는 방법

행정청의 위법한 처분의 취소·변경을 구하는 취소소송을 제기하면서, 그것과 함께 관련되는 행정상 손해배상청구소송을 행정소송과 병합하여 청구하는 소송절차(행정소송법 제7조, 제10조)를 이용할 수도 있다.

---

164) 김동희, 전게서, 548면.
165) 박윤흔·정형근, 전개서, 620면.
166) 헌재결 1989.1.25, 88헌가7.

제5절 기타 행정상 손해배상제도와 관련된 문제

Ⅰ. 행정상의 결과제거청구권

1. 결과제거청구권의 의의

1) 개 념

행정상의 결과제거청구권이라 함은, 위법한 행정작용의 결과로서 남아 있는 상태로 인하여 자기의 법률상의 이익을 침해받고 있는 자가 행정주체를 상대로 하여 그 위법한 상태를 제거하여 침해 이전의 상태로 회복시켜 줄 것을 청구하는 공권을 말한다. 이 권리는 위법적인 행정작용이 행해지기 전의 처음의 상태로 회복하는 것에 그 목적이 있다. 이러한 청구권은 독일의 학설 · 판례에 의하여 발전된 법리로서, 독일 특유의 행정상 손해배상제도의 결함을 보완하기 위한 제도라고 볼 수 있다.

2) 결과제거청구권의 제도적 의의

결과제거청구권은 기존의 권리구제제도인 행정상의 손해전보제도나 행정쟁송제도를 통한 경우에도 당사자의 권익구제가 불충분하거나 그 목적을 달성하기 어려운 때에, 기존의 행정구제제도를 보완하기 위하여 원상회복을 가능하도록 하여 당사자의 권리구제의 목적을 달성하게 하는 데에 그 제도적 의의가 있다. 즉 위법한 행정작용으로 인하여 권익을 침해받고 있는 자는 그로 인한 손해의 금전적 배상뿐만 아니라, 그 침해행위 이전의 상태로의 원상회복을 원하는 경우가 적지 않은데, 이를 위한 것이 결과제거청구권의 법리인 것이다.

2. 결과제거청구권의 성질

1) 공권인지, 사권인지의 여부

사권설을 취하는 입장에서는 ① 결과제거청구권의 원인은 반드시 공권력의 행사와 관계되는 것만이 아니라는 점, ② 법적 권원 없는 행위로 야기된 물권적 침해상태의 제거를 도모하는 권리이므로 따로 공법의 규율대상으로 삼아야 할 이유가 없다는 점, ③ 사인 상호간에 있어서의 동일한 법률관계의 경우와 같이 취급하는 것이 타당하다는 점 등을 논거로 들고 있다.[167] 그러나 결과제거청구권이란 행정주체의 행정작용으로 인하여 야기된 위법한 상태의 제거를 목적으로 한다는 점에서, 공권으로 보는 것이 타당하고 다수설이다.[168]

2) 물권적 청구권인지의 여부

결과제거청구권은 원상회복을 목적으로 하는 것이나, 그 성질이 물권적 청구권인지의 여부에 대해서는 다툼이 있다. 학설에 따라서는 손해배상청구권이 채권적 청구권인 데 대하여, 결과제거청구권(방해배제청구권)은 행정청의 정당한 권원 없는 행위로 인하여 사인이 물권적 지배권이 침해된 경우에 성립한다고 보아, 물권적 청구권이라고 한다.[169] 그러나 위 법리는 명예훼손발언과 같은 비재산적 침해의 경우에도 적용될 수 있으므로 물권적 청구권으로 한정하는 것은 타당하지 않다.[170]

3) 손해배상청구권과의 차이

손해배상청구권과 결과제거청구권과의 차이는, ① 전자는 채권적 청구권인데 대하여, 후자는 물권적 청구권이라고 보는 견해가 있다. 그러나 다수설은 결과제거청구권을 물권적 청구권에 한정하지 않는다. ② 손해배상청구에는 가해자의 법령위반 · 고의 · 과실 등의 요건이 필요하나, 결과제거청구권에는 위법한 상태의 권익침해가 존속하여야 한다. ③ 손해배상의 청구에는 발생된 손해를 금전으로 평가하여 그 지급을 구하는 데 그치는 것이나, 결과제거청구권에 있어서는 사실상태의 원상회복을 청구하는 데 있다. 즉 결과제거청구권은 손해배상청구권과는 청구의 요건과 내용에 있어서 차이가 있으므로 양자는 독자적으로 성립할 수 있고, 병존할 수 있다고 보아야 한다.

3. 결과제거청구권의 법적 근거

독일에서 결과제거청구권의 법리는 발전되었으며, 동 법리의 법적 근거는 기본법상의 법치국가원리, 기본권규정(특히 자유권적 기본권), 민법상의 방해배제청구권규정(동법 제802조, 제1004

167) 이상규, 전게서, 626면.

168) 김남진 · 김연태, 전게서, 660면; 김도창, 전게서, 645면; 김동희, 전게서, 630면; 류지태, 전게서, 470면; 박윤흔 · 정형근, 전게서, 638면; 석종현, 전게서, 716면; 홍정선, 전게서, 794면.

169) 변재옥, 전게서, 540면; 이상규, 전게서, 626면.

170) 김남진 · 김연태, 전개서, 660면; 김도창, 전게서, 645면; 김동희, 전게서, 630면; 류지태, 전게서, 469면; 박윤흔 · 정형근, 전게서, 638면; 석종현, 전게서, 715면; 홍전선, 전게서, 794면.

조 등)의 유추, 관습법 등에서 찾고 있다.

헌법상의 자유권적 기본권규정을 비롯하여 독일과 유사한 법체계를 채택하고 있는 우리나라에 있어서의 결과제거청구권의 법리는, 헌법상의 법치행정원리(헌법 제107조 등 참조), 기본권규정(헌법 제10조 내지 제37조 제1항), 민법상의 소유권방해 제거청구권 등의 관계규정(민법 제213조, 제214조)의 유추적용 등에서 그 법적근거를 찾을 수 있다고 본다. 또한 행정소송법의 '취소판결 등의 기속력'에 관환 규정(행소법 제30조)도 행정상의 결과제거청구권의 하나의 근거가 될 수 있고 생각한다.[171]

4. 결과제거청구권의 성립요건

결과제거청구권이 성립하기 위하여는 다음과 같은 요건을 갖추어야 한다. 다만, 개별법에 특별한 규정이 있는 경우에는 개별법규정이 우선적으로 적용됨은 물론이다.

1) 행정주체의 공행정작용으로 인한 침해

결과제거청구권은 공행적작용으로 인한 침해의 존재를 전제로 한다. 국가 등의 사법상 행정작용으로 인한 침해의 경우에는 사법상 청구권만이 문제될 뿐이고, 여기에서는 제외된다. 원래 결과제거청구권은 위법한 행정작용을 통해 야기된 결과의 제거와 관련하여 문제되었다.

부작위로 인하여 결과제거청구권이 성립할 수 있는지에 관하여는 학설이 대립하고 있는데, ① 긍정설은 적법했던 행위가 사후에 기간의 경과, 해제조건의 성취 등으로 위법하게 된 경우, 예를 들면 행정기관이 압류한 물건을 반환하지 않게 되면 부작위가 존재하는 것이 되며, 이 때에도 결과제거청구권이 성립할 수 있다는 견해이다.[172] ② 이에 대하여 부정설은 결과제거청구권은 적극적인 행위로 인한 개인의 자유권, 즉 소극적 지위의 침해에 대한 반응청구권이기 때문에 부작위는 결과제거청구권을 발생시키지 못한다고 하면서 위의 예에서 위법상태를 발생시킨 것은 압류처분이라는 적극적인 행위라는 견해이다.[173] ③ 그러나 공행정작용은 작위만을 뜻하는 것이 아니고, 침해를 가져오는 의무에 위반한 부작위도 가능하다. 따라서 긍정설이 타당하다.[174]

2) 타인의 법률상 이익의 침해

공행정작용으로 인하여 야기된 결과적 상태가 타인의 권리 또는 법률상 이익을 침해하고 있어야 한다. 여기에서의 권리 또는 법률상 이익에는 재산적 가치가 있는 것은 물론이고, 명예 · 호평

171) 김남진 · 김연태, 상게서, 660면.
172) 김남진 · 김연태, 상게서, 661면; 홍준형, 「행정구제법」. 한울아카데미, 2000, 122면.
173) 류지태, 전게서, 471면; 정하중, 전게서, 610면.
174) 홍정선, 전게서, 796면.

등 정신적인 것까지도 포함된다.

그러나 문제된 관계자의 권리 또는 법률상 이익은 보호받을 만한 가치가 있는 경우에만 결과제거청구권을 행사할 수 있다. 따라서 관계자가 어떤 물건을 불법적으로 점유하거나 소유하고 있는 때에는 보호받지 못한다. 예컨대, 경찰이 불법주차한 자동차를 다른 곳에 옮겨 놓는 경우, 자동차 주인은 그에 대한 원상회복을 요구할 수 없다.

3) 위법한 상태의 존재 · 계속

결과제거청구권은 위법한 상태의 제거를 목적으로 하는 것이기 때문에 행정주체의 공행정작용으로 인하여 야기된 결과적 상태가 위법한 상태로 존재하고 있어야 한다. 위법한 상태의 존재 여부는 사실심의 변론종결시를 기준으로 판단하여야 할 것이다.[175] 여기에서 '위법성'은 처음부터 존재할 수 있으며, 그렇지 아니하고 기간의 경과 또는 해제조건의 성취 등에 의하여 사후에 발생할 수도 있다.

그리고 결과제거청구권을 행하기 위하여는 공행정작용의 결과로서 야기된 관계자에 대한 불이익한 위법한 상태가 계속되고 있어야 한다. 그것은 결과제거청구권은 현존하는 위법한 침해와 권리상태를 일치시키는 것을 목적으로 하기 때문이다. 따라서 결과로서의 불이익한 상태는 존재하지 않고 권리침해로서의 불이익만 남아 있는 경우에는, 손해배상 · 손실보상의 문제만이 고려될 수 있다고 보아야 할 것이다.

4) 결과제거의 가능성 · 허용성 · 기대가능성

결과제거청구를 하려면 원상 또는 동일한 가치의 상태로서의 회복이 사실상 가능하고, 법적으로 허용되어야 하며, 의무자에게 있어서 그것이 기대가능한 것이어야 한다.[176] 이러한 요건을 갖추지 못하면 손해배상이나 손실보상 등 손해전보만이 문제된다. 한편, 결과제거를 통한 원상회복이 과도하게 많은 비용을 필요로 하거나 신의성실의 원칙에 반한다고 판단되는 경우에는 기대가능성이 없다고 보아 보상금의 지급만으로써 만족해야 할 것이다.

5) 결과제거청구권의 상대방

결과제거청구권은 일반적으로 그러한 결과를 야기한 국가 · 지방자치단체 · 공무수탁사인과 같은 행정주체에 대하여 행사함이 원칙이다. 따라서 위와 같은 행정주체가 여기에서의 '의무주체'가 된다. 취소소송에 있어서와 같이, 법의 특별한 규정으로 행정기관(행정청)에게 피고적격을 인정

---

175) 김남진 · 김연태, 전게서, 661-662면; 김도창, 전게서, 648면; 박윤흔 · 전형근, 전게서, 640면.

176) 대판 1987.7. 7, 85다카1383.

하는 경우(행정소송법 제13조 참조)에는 예외이다. 만약, 그 행정주체가 사후에 권한을 갖지 못하게 된다면, 그때부터는 결과제거를 위한 필요한 작용에 대한 권한을 갖게 된 행정주체가 결과제거청구권 행사의 상대방이 되어 결과제거의무를 지게 된다.

5. 결과제거청구권의 내용 및 한계

1) 결과제거청구권의 내용

결과제거청구권의 내용을 살펴보면 다음과 같다.[177]

(1) 원상회복의 청구

결과청구권은 행정작용으로 인하여 야기된 결과적인 위법상태를 제거하여 위법적인 침해가 없는 원래의 상태로 회복시켜 줄 것을 청구하는 것을 내용으로 한다. 따라서 위법한 상태의 원인이 된 취소된 행정행위가 다른 적법한 행정행위에 의거 대체되어 위법한 상태가 다시 적법하게 되는 경우에는 결과제거청구권은 성립되지 않는다. 그런데 이와 같은 청구권의 행사의 방법으로는 원상회복을 통해서 만족하지 못한 손해의 배상을 주장할 수 없다. 이를 위해서는 손해배상청구권과 같은 다른 수단이 사용되어야 한다.

(2) 직접적인 위법적 결과의 제거

결과제거청구권에 의하여는 행정작용에 의하여 발생한 직접적인 위법적 결과의 제거만이 대상이 된다. 따라서 당해 행정작용으로 인한 부수적인 불이익의 제거는 다른 청구권의 대상이 될 뿐이다. 그러나 '직접적'인 결과의 의미를 특정하는 일은 그렇게 쉽지 않다.

(3) 제3자에 대한 청구의 문제

결과제거청구권은 그 내용에 따라서는, 위법적인 행정작용을 통하여 수익을 얻은 제3자에 대하여 행정기관이 행정행위의 발령이나 그 밖의 방법을 통하여 결과제거를 명함으로써 행하여질 수도 있다. 예컨대, 위법적으로 타인의 가옥을 점거하고 있는 제3자에 대하여 행정기관이 퇴거를 명하는 경우나, 이웃사람에게 위법하게 불이익을 주고 있는 건축물의 철거를 명하는 경우 등이 이에 해당한다.

이러한 경우에는 행정기관이 제3자에게 위와 같은 행위를 명할 수 있는 권한의 법적근거에 대하여는, 별도의 법적 근거를 필요로 하지 않고 행정기관의 결과제거의무에서 이미 이러한 권한이 도출된다고 보는 견해가 있고, 이에 반하여 결과제거청구권의 근거규범 이외의 별도의 법적 근거

---

177) 류지태, 전게서, 472면.

를 필요로 한다고 보는 견해로 대립하고 있다.[178] 그러나 위와 같은 견해대립은 별도의 법적 근거를 요한다는 견해도 실제에 있어서 경찰법상의 일반조항 등을 근거로 하여 법적 근거가 거의 존재하는 것으로 보고 있으므로 실질적인 차이는 없는 것으로 보인다.

2) 결과제거청구권의 한계

결과제거청구권에는 그 속성과 관련하여 일정한 한계가 있다.

(1) 가능성 · 허용성 · 기대가능성에 의한 한계

결과제거청구권은 원상회복이 사실상 가능하고, 법적으로 허용되어야 하며, 그것이 의무자에게 기대가능하여야 한다. 예컨대, 예술품이 파손된 경우에는 사실상의 이유에 의하여 원상회복이 불가능한 경우이고, 건물철거 후에 그 사이에 건축계획이 변경되어 원상복구가 허용되지 않은 때에는 법적으로 원상회복이 허용되지 않는 경우이며, 원상회복을 하고자 하는 경우에 있어 비례성원칙에 반할 정도로 비용이 지나치게 많이 소요되거나 우월한 공익에 반하는 때에는 결과제거의 기대가능성이 없는 때에 해당한다고 보아 결과제거청구권은 인정되지 않는다. 그리하여 결과제거청구권의 행사가 불가능한 경우에는 손해배상이나 손실보상만이 고려될 수 있다.[179]

우리 행정심판법 제44조 및 행정소송법 제28조에서 사정재결 및 사정판결제도를 채택하고 있는 것은 부분적으로는 기대가능성이 없는 결과제거에 대한 대상적(代償的)인 전보의 법리에 입각한 것이라 할 수 있다.[180] 다만, 일정한 시기에 있어서는 원상회복이 사실상 가능하고, 법적으로 허용되며, 또한 행정청에 기대가능한 것이었지만, 시간의 경과로 인하여 이와 같은 요건이 충족되지 못하게 되는 경우도 있을 수 있다.

(2) 위법적 상태의 적법화에 의한 한계

결과제거청구권은 위법적인 상태가 이후 적법하게 된 경우에는 인정되지 않는다. 예컨대, 위법한 것으로서 취소된 행정행위가 다른 적법한 행정행위로 대체되거나, 위법적으로 편입된 토지가 그 사이에 적법하게 수용된 경우 등이 이에 해당한다.[181]

(3) 과실상계의 규정에 의한 한계

위법한 상태의 발생에 대하여 피해자에게도 과실이 있는 경우에, 민법상의 과실상계의 규정(동법 제396조)을 유추적용 할 수 있는지의 여부가 문제될 수 있는데, 원칙적으로 가능한 것으로 보

178) 우리나라에서는 부정적인 견해가 주장되고 있다(홍준형, 전게서, 125면).
179) 류지태, 전게서, 473면.
180) 박윤흔 · 정형근, 전게서, 642면; 석종현, 전게서, 719면.
181) 류지태, 전게서, 473면.

아야 할 것이다. 따라서 피해자의 과실의 정도에 따라 결과제거청구권이 수축되거나 상실되는 경우도 있을 수도 있다. 수축의 경우에는 원상회복에 소요되는 비용을 피해자에게도 부담시키는 방법이 고려되어야 할 것이다. 그러나 명예를 훼손하는 발언의 철회나 타인토지의 불법점유와 같이 처음부터 과실상계의 문제가 없는 경우도 있다.[182]

6. 결과제거청구권에 관한 쟁송절차

결과제거청구권에 관한 쟁송절차는 결과제거청구권을 공권으로 보는 한 행정소송의 일종으로서의 당사자소송에 의해야 할 것이다(행정소송법 제3조 제2호, 제39조 내지 제44조). 또한 경우에 따라서는 처분의 취소소송에 당사자소송으로서의 결과제거청구소송을 병합하여 제기할 수 있을 것이다(동법 제10조 참조). 그러나 소송의 실무상으로는 민사소송에 의하여 왔는데, 이러한 법원의 입장은 변경되어야 할 것이다.

다만, 위법한 상태가 국가나 지방자치단체 등 행정주체의 사법적 활동에 의하여 야기된 경우에는 공법이 적용되지 아니하며, 피해자는 민법 제214조에 의거하여 민사소송법에 의한 절차에 따라 소유물방해제거청구권을 행사할 수 있다.

Ⅱ. 공법상의 위험책임

1. 위험책임의 의의

1) 개 념

공법상의 위험책임이라 함은 행정주체의 행정작용을 통해 조성된 일정한 위험한 시설 또는 물건의 운용으로 입은 개인의 손해에 대하여 행위자의 고의 · 과실을 불문하고 손해를 배상할 책임을 말한다. 이러한 위험책임은 위법 · 무과실한 손해가 가지는 결과책임으로 무과실책임의 대표적인 경우이다.

위험책임은 19세기 말 자본주의의 고도화와 함께 교통기관의 발달과 위험한 기계설비를 갖춘 활동이 증대되면서, 전통적 과실책임주의에 대한 비판과 함께 등장하였다. 그런데 이러한 위험책임은 사법의 영역에서도 전통적 과실책임주의에 대한 비판으로 등장하였다. 이 제도는 연혁적으로 프랑스의 제도에서 기원한다.

182) 박윤흔 · 정형근, 전게서, 643면; 석종현, 전게서, 719-720면.

2) 위험책임과 다른 책임과의 구별

(1) 손해배상책임과의 구별

위험책임은 행정주체의 가해행위의 적법 · 위법 및 고의 · 과실의 존재를 불문하고 행정주체가 야기한 위험상태로부터 발생한 손해에 대한 무과실책임인 점에서, 위법 · 유책을 배상책임의 요건으로 하는 손해배상책임과 차이가 있다.

(2) 손실보상책임과의 구별

위험책임은 행정활동에 의하여 형성된 위험의 실현에 의한 것으로 직접적인 침해행위가 아니면서도 정의 · 형평의 관념에 따라 지는 책임인 점에서, 적법한 공권력행사에 의한 직접적인 재산권침해에 대한 손실보상책임과 구분된다. 또한 위험책임은 행정주체의 정형적 · 의도적인 손해발생을 대상으로 하는 제도가 아니라 비정형적 · 비의도적인 손해발생을 대상으로 하는 점에서, 행정상 손실보상제도와 차이를 나타내게 된다. 특히 이 위험책임제도는 특정의 위험한 물건의 관리나 유지와 관련되는 책임제도로서의 특징을 갖는다.

(3) 무과실책임과의 구별

양자는 모두 책임의 인정에 있어서 과실 등의 귀책요건을 묻지 않는 점에서 공통점을 갖는다. 그러나 무과실책임은 당해 행위가 객관적으로 위법하다는 사실에 기초하는 점에서, 그 행위의 적법성 또는 위법성과 무관하게 인정되는 위험책임과 구별된다. 다른 한편으로, 무과실책임은 위험책임 외에도 법률에 의하여 과실의 존재를 요건으로 하지 않고 책임이 인정되는 유형 등을 포함하는 보다 넓은 개념이므로, 공법상 위험책임은 무과실책임의 한 경우에 불과하다고 볼 수 있다.

3) 위험책임의 제도적 의의

공법상 위험책임제도의 존재이유로서는, 형성된 위험 및 초래된 손해의 중대성 그리고 과실의 입증의 곤란성을 고려하여 피해자에게 과실의 입증을 요구하는 것이 형평의 관념에 부합하지 않을 때, 피해자의 권리구제를 용이하게 하고 국가의 책임을 객관화하여 근거를 명확히 하기 위하여 인정하는 데에 그 제도적 의의가 있다.[183)]

2. 위험책임의 근거

위험책임의 근거는 이론적 근거와 실정법적 근거로 나누어 살펴본다.[184)]

183) 류지태, 전게서, 459면.
184) 한견우, 전게서, 841면.

1) 이론적 근거

위험책임은 프랑스 행정법에서 발전된 위험이론에 바탕을 두고 있다. 여기에서 '위험이론'이란 특별한 위험을 형성한 자는 그 형성된 위험의 실현에 의한 손해의 전보책임을 지는 것이 정의에 합치한다는 것이다. 이러한 점을 표현한 법격언이 "위험 있는 곳에 책임 있다"는 것이다.

2) 실정법적 근거

위험책임에 관한 헌법적 근거로는 법치주의의 원리. 사회국가적 원리, 평등원칙, 특히 공적 부담평등의 원칙, 재산권보장의 원칙, 수용규정의 유추적용, 형사보상제도 등을 들 수 있다. 그리고 법률적 근거로서는 형사보상법, 공무재해보상제도를 규정한 법률, 즉 소방기본법, 광업법, 원자력 손해배상법, 재해구호사상자구호법 등이 있다.

3. 위험책임의 성립요건

공법상 위험책임이 논의되기 위하여는 그 개념상 다음의 요건의 존재를 필요로 한다고 볼 수 있다.[185]

1) 특별한 위험상태의 존재

위험책임이 성립하려면 가장 중요한 특성으로 손실의 발생이 국가 등에 의하여 형성된 공법상의 특별한 위험상태로부터 야기된 것이어야 한다는 점이다. 여기의 위험상태란 개별적으로는 특이한 경우로서, 통상적인 위험상태를 명백히 능가하는 비정형적인 경우를 말한다.

물론 그 판단은 문제가 되고 있는 위험원(危險源)을 기준으로 검토하게 된다. 이 경우의 위험상태의 인정문제는 당사자의 권리구제의 의미뿐만 아니라 국가 등의 책임한계를 적정히 설정하는 의미도 갖는 것이므로 신중하게 검토되어야 한다.

2) 행정기관의 의도적인 가해행위의 부존재

위험책임은 다른 책임유형과는 달리 국가 등의 의도적인 가해행위의 존재를 필요로 하지 않는다. 즉 이 책임은 국가 등이 특정한 행정목적을 수행하기 위하여 특정인에게 의도적인 불이익의 발생행위를 가하였기 때문에 인정되는 것이 아니라, 국가 등의 직접적 · 의도적인 원인작용 없이 발생한 손실에 대하여 그 책임을 인정하려는 것이다. 따라서 공법상 위험책임은 행정기관의 고의 · 과실의 존재를 요건으로 하지 않으며, 이러한 점에서 행정상 손해배상책임의 경우와 구별된다.

185) 류지태, 전게서, 459-460면.

3) 손실의 발생

국가 등이 조성한 위험상태로부터 특정인에게 불이익이 발생하여야 한다. 물론 이 경우에도 다른 책임유형의 경우와 마찬가지로 상당인과관계가 존재하여야 한다. 그러나 이러한 손실은 비정상적인 사고에 의해 우연히 발생한 것이라는 점에서 의도적인 피해발생의 경우와는 차이가 있다.

4. 위험책임의 인정 여부의 문제

공법상의 위험책임을 인정할 것인가의 여부에 대하여 우리나라의 견해는 긍정설과 부정설의 입장으로 나누어져 있다.[186]

1) 긍정설(인정설)

긍정설은 "위험 있는 곳에 책임 있다"는 논리를 바탕으로 주장된다. 따라서 위험책임은 전통적 행정상 손해전보제도의 결함을 보충함으로써 실질적 법치주의의 실현에 기여한다. 즉 위험책임의 법리를 인정하는 것이 과실의 존재를 논의하는 것이 어렵거나 의도적이 아닌 행정주체의 행위로 인한 손실보상에 대한 권리구제책으로서 바람직하다. 그런데 이러한 위험책임을 인정하는 경우에, ① 과실개념과 주의의무의 확대를 통한 국가배상법에 의한 해결, ② 수용유사침해보상의 법리에 의한 해결, ③ 새로운 입법을 통한 해결 등 세 가지를 제시하고 있다.

2) 부정설(부인설)

부정설은 ① 책임원리의 불완전성이 문제되고, ② 위험책임의 가장 두드러진 특성인 위험의 개념이 불명확하고 그 한계를 확정하는 것이 매우 어려우며, 또한 법개념으로서 부적합하다는 등의 이유로 위험책임을 부인한다.

3) 결 어

생각건대, 공법상 위험책임은 실정법상의 규정과 무관하게 이를 일반적인 제도로서 인정하는 데에는 적지 않은 이론적인 문제점이 존재한다고 본다. 여기에서 그대로 간과할 수 없이 지적할 수 있는 사항은 공법상 위험책임은 그 인정근거에 관한 논의가 아직 설득력을 가질 수 있을 만큼 개발되지 못했다는 점이다. 따라서 우리나라에서는 공법상 위험책임의 인정은 별도의 입법에 의하는 경우에만 가능하다고 판단된다. 이러한 입법에 있어서는 위험책임의 일반적 인정보다는 위험책임을 그 대표적인 유형별로 구분하여 규정하는 것이 바람직하다고 본다. 실정법상의 이러한

186) 한견우, 전게서, 841면.

입법례로서는 원자력사업자가 원자력사고로 인한 피해에 대해 그 손해를 배상하도록 하고 있는 원자력손해배상규정을 들 수 있다.

5. 우리나라의 법제상 위험책임의 적용영역

국가배상법 제5조가 위험책임을 인정한 규정이 아닌가하는 의문이 있으나 완전한 위험책임을 인정한 것이라고 볼 수 없다. 그러나 원자력손해에 대한 사업자의 책임(원자력손해배상법 제3조), 광업으로 인한 손해배상(광업법 제91조), 사업장에서 발생되는 오염물질로 인하여 사람의 생명 · 신체에 피해가 생긴 때에 당해 사업자가 부담하는 책임(구환경보전법 제60조) 등은 위험책임을 인정한 것으로 볼 수 있다.

제2장 행정상의 손실보상

제1절 행정상 손실보상의 의의

Ⅰ. 손실보상의 의의 및 근거

1. 손실보상의 개념

행정작용에 의해 직접 · 간접으로 특정한 개인이 손해를 받았으나 그 손해를 수인(受忍)할 이유가 없는 경우, 아무런 구제책을 강구함이 없이 피해자의 개인적인 부담으로만 돌리는 것은 명백히 정의 · 공평의 원칙에 반하고, 국민의 재산권을 침해하게 된다. 이와 같은 정의 · 공평에 반하는 결과를 제거하고 국민의 재산권을 실질적으로 보장하기 위하여 행정청의 부담으로 손해를 전보하여야 한다. 손해전보의 문제는 손해를 가져온 적법성 · 위법성을 기준으로 하여 위법행위에 대하여는 '손해배상'을, 적법행위에 대하여는 '손실보상'으로 분류하여 별개로 취급되어 오고 있다. 이 장에서는 행정상의 손해전보제도 중에서 행정상의 손실보상에 국한하여 검토하고자 한다.[1]

'행정상 손실보상'(Entschädigung)이란 공공필요에 의한 적법한 공권력행사로 사유재산에 가해진 '특별한 희생'에 대하여 사유재산권의 보장과 정의 · 공평부담의 원칙 및 생존권보장의 견지에서 행정주체가 행하는 조절적인 재산적 전보를 말한다. 이와 같이 손실보상은 적법행위로 인한 보상인 점에서 위법행위로 인한 손해배상과 구별되고, 공권력의 행사로 인한 전보제도인 점에서 사법상 계약에 따른 임의매수 대가와 구별되며, 재산권의 침해에 대한 보상인 점에서 생명 · 신체에 대한 침해의 보상과 구별된다.

이러한 손실보상은 복리행정의 수요에 따라 발생하는 특별한 희생에 대한 조절적 전보로서 공적 부담 앞의 평등을 통하여 헌법상 사유재산권의 보장을 실질적으로 담보하고, 공 · 사익의 이해조절이라고 하는 헌법적 가치를 실현함으로써 침해된 사익을 구제하는 실질적 법치주의의 궁극적 수단이 되는 제도이다.

손실보상의 개념요소를 분설하면 다음과 같다.[2]

---

1) 박평준 · 박창석, 「행정법강론 I」. 백산출판사, 2013, 577-663면.

2) 박윤흔 · 정형근, 「최신 행정법강의(상)」. 박영사, 2009, 645면; 박평준 · 박창석, 「보상행정법」. 리북스, 2012, 559-560면.

1) '적법행위'로 인한 손실의 보상이다

토지수용 · 징발 등과 같이 행정법규가 상대방에게 손실을 발생시킬 권한을 행정기관에 부여한 경우에, 그 권한이 적법하게 행사된 결과 생긴 손실, 즉 법규가 처음부터 예측한 손실의 보상이다. 이 점에서 위법행위로 인한 손해의 배상과 구별된다. 그러나 현대국가에서는 증대되는 위험에 대처하기 위하여 손해배상 쪽에서 발전한 무과실책임 내지는 위험책임의 이론이나, 손실보상 쪽에서 발전한 수용유사침해의 이론에서 보는 바와 같이 양자가 다같이 사회적 공평부담의 제도라는 새로운 각도에서 파악됨으로써 이념면에서 대립이 점차 해소되어 융합의 경향을 보이고 있다. 여하튼 손실보상은 적법한 공용침해에 대한 보상을 말하나, 독일에서 발전한 수용유사침해의 법리는 위법한 공용침해를 보상의 대상으로 한다.

2) '공권력행사'로 인한 손실의 보상이다

따라서 그 보상은 공법적 성질을 가지며, 사법상계약에 의한 반대급부, 예컨대 공공용지의 임의매수대가 등과 구별된다. 다만, 공공용지의 임의매수대가는 형식은 비권력적인 매매이지만, 그 배후에는 공권력행사인 수용권이 도사리고 있으므로 그 사회적 기능에 있어서는 손실보상과 거의 차이가 없음에 주의하여야 한다.

3) '특별한 희생'(besonderes Opfer)에 대한 조절적 보상이다

공공의 수요에 충당하기 위하여 특정개인이 입은 재산상의 '특별한 희생'을 국민 전체의 부담으로 전가(轉嫁)시켜서 공적 부담을 모든 국민간에 균등하게 조절하여 주는 보상이다. 일반적인 부담 또는 재산권 그 자체에 내재하는 사회적 제약에 대하여는 보상의 문제가 생기지 않는다. 예컨대 보안상 위험한 건물의 사용금지로 그 소유자가 받는 손실은 그 소유권에 내재하는 사회적 제약으로 소유자 개인이 부담하여야 한다.

4) 재산권침해, 즉 재산권의 수용 · 사용 또는 제한등 '공용침해'에 대한 보상이다

이 점에서 적법하게 강제된 노역 또는 역무(전시 인력동원 등)에 대한 대상(代償)과 다르다. 다만, 경제적 가치를 가진 것임에는 틀림없으므로 '특별한 희생'에 해당한 경우에는 재산권침해의 경우에 준하여 대상이 주어져야 한다. 그런데 오늘날은 재산권침해에 대하여서만이 아니라 생활권침해에 대하여서도 보상이 행하여진다. 또한 의욕된 침해가 대상이 되나 의욕되지 않은 침해, 즉 수용적 침해도 보상의 대상이 되는 경우가 있을 수 있는지가 논의된다.

2. 손실보상의 근거

공용수용은 공공필요에 의하여 타인의 토지 등의 재산권을 강제적으로 취득하는 것이기 때문에 그 수용에 따른 손실보상을 정지조건으로 하고 있으며, 사유재산제도나 자본주의제도하에서 보상이 없는 수용은 인정되지 아니한다. 그러므로 손실보상은 공용수용과 밀접한 관계를 가지는 것으로서, 공용수용에 있어서는 그 이론적 · 실정법적 근거에 의하여 국민의 재산권이 실질적으로 보장되는 것이다.

1) 손실보상의 필요성

공용수용의 가장 주된 대상인 토지는 강한 공공성을 갖고 있으며, 그 토지에 대해서는 현대의 토지정책적 입장에서 공공복리를 위하여 적정한 규제가 가해지고 있다.

토지가 이러한 공공성을 갖게 된 이유로서는, 토지는 인간생존의 기반이며 인간의 생활과 활동에 없어서는 아니될 자원이므로 다른 재화와는 달리 그것 없이는 인간의 생존 자체가 불가능하고, 국토는 유한하며 인구는 끊임없이 증가하고 있고, 경제성장과 공업화의 진전에 따라 인구는 계속 도시에 집중하고 있으며, 인구증가 · 도시화의 진전 · 경제활동의 확대에 따라 토지수요가 계속하여 증대되고 있다는 점 등을 들 수 있다. 그런데 이러한 토지에 대한 소유권은 단순한 자유권이라기보다는 '제도적 보장'(die Lehre von der institutionelle Garantien)으로서 생존권으로서의 성격도 갖고 있다.

따라서 이러한 성격을 갖는 토지 등을 주된 대상으로 하는 공용수용에 대한 손실보상의 필요성, 즉 손실보상제도의 이념 또는 존재이유로서는 종래 일반적으로 재산권의 보장과 평등부담의 원칙을 들고 있으나,[3] 오늘날은 그 밖에 생존권의 보장까지를 들 수 있는데,[4] 이들은 손실보상의 이론적 근거와 관련되며, 오늘날은 실정법적으로 헌법상의 근거를 두고 있다고 볼 수도 있다.[5]

(1) 재산권보장의 원칙

헌법은 개인의 재산권보장을 전제로 하는 자본주의적 경제체제를 채택하고 있다. 손실보상은 이와 같은 헌법하의 사유재산제의 불가결한 요소이므로 근대헌법 이후 각국은 예외없이 명문으

---

3) 김영삼, "토지수용에 대한 손실보상제도", 황명찬 편, 「토지정책론」. 경영문화원, 1985, 683-684면; 김이열, "행정상 손실보상에 관한 연구", 해암 문홍주 박사 화갑기념논문집 「공법의 제문제」. 해암사, 1978, 569, 571면; 김한기, "공법상의 손실보상제도에 관한 연구", 전남대학교 「논문집」. 제20집, 전남대학교 출판부, 1974, 15-16면; 서원우, 「현대행정법론(상)」. 박영사, 1983, 715-716면.

4) 박평준, "공용수용에 대한 손실보상 : 보상범위를 중심으로", 「공법연구」. 제15집, 한국공법학회, 1987, 151-153면; 최재건, "손실보상의 개념과 근거에 관한 소고", 여산 한창규 박사 화갑기념 「현대공법의 제문제」. 삼영사, 1993, 511면; 홍성찬, "토지수용에 대한 행정상 손실보상의 연구", 법학박사학위논문, 연세대학교 대학원, 1979, 50-51면.

5) 박평준, 「행정상손실보상법리연구」. 고시연구사, 2000, 3-6면.

로 이를 보장하고 있다. 그런데 자본주의의 경제원칙에 의하면, 재산권의 보장은 곧 그 교환가치의 보장에 있는 것이므로 손실보상제도는 '재산권의 보장'으로서 재산권보장의 실질을 갖게 된다고 할 수 있다. 우리나라의 헌법도 제23조 제1항에서 재산권보장을 규정함과 동시에 동조 제3항에서는 손실보상을 규정하고 있다.

(2) 평등부담의 원칙

사인의 재산권에 대한 침해에 대하여 보상을 하는 것은 개인이 입게 된 '특별한 희생'(besonderes Opfer)을 전체의 부담으로 전가시키는 것을 뜻한다. 따라서 손실보상제도는 공공필요에 의하여 개인이 입게 된 특별한 손실을 개인의 부담으로 두는 것이 '정의와 공평'의 원칙에 어긋난다고 인정되는 경우에는 충분한 존재가치가 있다. 그러므로 개인이 입은 특별한 손실을 그의 부담만으로 방치하는 것은 헌법 제11조의 평등원칙에 반하는 것이며, 결국 손실보상제도는 개인의 재산권에 대하여 미치게 된 불평등한 부담을 국민전체의 공평한 부담으로 전가하여 이를 조절하기 위한 기술적 수단이라고 할 수 있다. 따라서 손실보상은 공적 부담 앞에 평등하여야 한다는 '평등부담의 원칙'을 그 근거로 한다.

(3) 생존권보장의 원칙

최근 손실보상의 경향은 단순한 재산권보장이라는 차원을 초월하여 생존권보장을 지향하고 있다. 이와 같은 보상대상의 전환은 헌법상의 생존권개념의 형성 이외에 공용침해제도 그 자체의 변질에 연유한다고 할 수 있는데, 그것은 공용침해의 요건으로서의 공공성의 개념이 확대되고 있을 뿐만 아니라 재산권에 대한 사회적 의무도 증가함으로써 재산권행사에 있어서의 사회성이 강력히 요청되는 데에 기인한다. 종래의 손실보상은 등가적(等價的)인 금전보상을 함으로써 종전과 같은 생활을 계속할 수 있다는 것을 전제로 하고 있었으나, 오늘날은 그러한 보상금으로써 토지를 구하여 종전과 동일한 생활을 영위하는 것이 어려워져 생활기반 자체가 위협을 받게 되었다.

그러므로 공용침해에 의하여 생활의 터전을 잃게 된 경우 이에 대한 적절한 대책이 없다면 그 보상은 실질적인 의의를 상실하게 될 것이며, 손실보상은 개인의 생활기반의 붕괴를 방지하기 위한 차원에서도 필요하다. 따라서 손실보상은 재산권의 보장에 한하지 아니하고, 생존권의 보장에까지 관련된 문제라고 할 수 있으며, 보상에 따르는 생활보장권의 확보는 법적 차원에서 검토되어야 할 중요한 문제로 등장하였다. 우리 헌법 제34조 제1항과 제23조 제3항은 그 헌법적 근거규정이다.[6]

2) 이론적 근거

손실보상의 이론적 근거에 관하여는 은혜설 · 기득권설 · 공용징수설 · 공평부담설 · 특별희생설

6) 박평준, "현행법상의 생활보상에 관한 고찰", 「공법연구」, 제27집 제3호, 한국공법학회, 1999, 368-369면.

등의 여러 가지의 견해가 있다.

(1) 은혜설

이 견해는 공익우선 또는 국가권력의 절대성 및 법률만능을 인정하고 개인은 그에 대항할 수 없다는 것을 전제로 한 것으로서, 국가가 공익을 위하여 적법한 공권력 행사에 의하여 국민의 재산권을 침해한 경우에 당연히 보상이 주어져야 하는 것은 아니며, 재산권의 침해에 대하여 공권력을 가진 자의 일방적인 은혜로서 보상하는 것에 불과하다고 본다.7)

은혜설이 입각하고 있는 극단적 공익우선 및 국가권력의 절대사상은 오늘날의 법치국가원리에 적합하지 아니함은 물론이고, 오히려 손실보상의 이론적 근거를 부정하는 것이라고 할 수 있다.

(2) 기득권설

이 설은 자연법상의 기득권의 불가침성을 전제로 하여 기득권의 침해에 대하여는 당연히 그 경제적 가치에 의한 보상을 하여야 한다는 견해이다.8)

그러나 이 견해는 자연법적인 기득권의 관념을 인정하고, 그 불가침을 전제로 하고 있다는 점에서 논리상의 무리가 있다. 또한 기득권의 범위 자체가 불확실하고, 기득권 이외의 권리침해에 대한 보상의 근거를 제시하지 못한 점에 문제가 있다.

(3) 공용징수설

이 설은 헌법이 개인의 재산권을 보장하고 공공의 필요에 의한 사유재산의 침해에 대한 보상을 규정하고 있는 정신을 일반화하여 재산권에 내재하는 당연한 사회적 구속의 범위를 넘는 모든 재산권에 대한 공용징수로 보는 견해이다.9)

그러나 이 견해는 손실보상의 법률적 근거에 대한 설명은 될 수 있으나, 무엇 때문에 재산권의 침해에 대하여 보상을 하여야 하는가를 구명하는 이론적 근거를 제시하는 것으로는 볼 수 없다.

(4) 공평부담설

이 설은 프랑스에서 이야기하고 있는 '공적 부담 앞의 평등'을 손실보상의 이론적 근거로 보는 견해를 말한다. 이러한 주장은 1789년 프랑스 「인간과 시민의 권리선언」 제13조의 내용으로서 혁명기에 나타난 정당하고도 사전의 보상하에서만 재산권이 박탈될 수 있다는 표현이다. 이러한 '공적 부담 앞의 평등'은 또한 사회보험의 관념에 근거해서 이야기하기도 한다.10)

---

7) 田中二郎, 「行政上の損害賠償及び損失補償」. 東京 : 酒井書店, 1977, 221頁.

8) 柳瀨良幹, 「旣得權の理論 : 行政法の基礎理論」. 東京 : 清水弘文堂書房, 1967, 129頁.

9) R. Stödter, *Öffentlich-rechtliche Entschädigung*. Hamburg, 1933, S.91ff.

10) Leon Duguit, *Traité de droit constitutionnel*. tome Ⅲ, 2'd., 1923. pp.426-441.

(5) 특별희생설

이 설에 의하면, 사유재산권이 보장되는 제도하에서 공공사업을 위하여 사유재산권을 수용함으로써 사유재산에 대하여 가해진 '특별한 희생'(besonderes Opfer)에 대하여는 그것이 적법하다고 하더라도 '평등부담의 원칙'에 따라 그에 대한 조절적 보상을 하여야 한다는 견해이다.[11] 이 사상은 바이마르 헌법 제153조, 독일 기본법 제14조 등에 규정되어 있으며, 공용수용 등의 판례에 널리 채택되었으며, 우리나라의 통설이다.[12]

여기에서의 '특별한 희생'이라고 하는 것은 일반인에게 균일하게 주어지는 것이 아니라 공공사업을 위하여 어느 특정인에게만 가해진 희생이며, 이는 사회정의와 공평의 원칙상 묵인될 수 없는 것이므로 그 희생을 공평하게 배분하고 특정인이 받은 손실을 전체의 부담으로 조정할 필요가 있다는 것이다.

(6) 결 어

손실보상의 이론적 근거에 관한 위의 학설 중 은혜설 · 기득권설 · 공용징수설 등은 단순히 연혁적 관점에서만 의미가 있다고 할 수 있으며, 오늘날은 재산권보장의 원칙, 평등부담의 원칙 및 생활권보장의 원칙 등의 종합적 입장에서 그 근거를 찾을 수 있다. 즉 손실보상은 사유재산제가 보장되는 법질서하에서 공공의 필요를 위하여 사유재산권 그 자체에 내재하는 사회적 제약을 넘는 재산권에 대한 특별한 희생이 있는 경우, 사익과 공익의 조절적 보상으로서 재산권보장과 법의 목적인 정의 · 공평의 원칙 및 생존권보장 등을 종합적으로 그 이념적 근거로 파악하는 것이 타당하다.[13] 특히 최근에 헌법상 국민의 생존권보장의 경향이 뚜렷해짐에 따라 재산권보장 이상의 보상을 주장하는 생존권보장설의 이념상의 우수성을 충분히 인정할 수 있다.[14]

3) 실정법적 근거

공공필요에 의하여 개인의 재산권에 귀책사유 없이 '특별한 희생'이 가하여진 경우 이념적 또는 이론적으로는 당연히 보상이 지급되어야 하는 것이나, 구체적으로 손실보상청구권이 발생하기 위하여는 그에 대한 실정법상의 근거를 필요로 하는데, 이는 헌법적 근거와 법률적 근거로 나눌 수 있다.

---

11) Otto Mayer, *Deutsches Verwaltungsrecht*, Bd.I. 3 Aufl., 1961, S.345ff; Ernst Forsthoff, *Lehrbuch des Verwaltungsrechts*, 10 Aufl., München : Verlag C. H. Beck, 1973, S.297ff.

12) 김동희, "행정상 손실보상의 근거", 박윤흔 편 「행정상 손실보상의 주요문제」, 박영사, 1997, 3면; 김영삼, 전게논문, 684면; 김영훈, "행정상 손실보상에 관한 고찰", 「법학논총」 제7집, 숭실대학교 법학연구소, 1994, 4면; 김한기, 전게논문, 23면; 박평준, 「토지수용법론」, 고시연구사, 1999, 257면; 최재건, 전게논문, 511면; 홍성찬, 전게논문, 57-60면.

13) 박평준, 상게서, 258.면

14) 박평준, 전게논문, 154면.

(1) 헌법적 근거

손실보상의 실정법적 근거로서는 헌법 제23조 제3항과 이를 근거로 한 토지취득보상법 및 다른 개별법이 있다.

그러나 현행헌법하에서 국민의 재산권침해에는 형식적 법률에 반드시 근거를 두어야 하고, 손실보상의 기준과 방법 등에 관한 일반법으로서 토지취득보상법이 있으며, 각 개별법에서도 각기 규정하고 있다.

그런데 법률에서 공공필요에 의한 재산권의 수용 · 사용 또는 제한을 하는 규정을 두면서, 그에 대한 손실보상에 관한 규정을 하지 아니한 경우에 헌법규정 제23조 제3항의 해석에 있어서 그 성질이 어떠한 것인가, 즉 헌법의 규정만으로 손실보상청구권을 행사할 수 있다고 볼 것인가, 그렇지 아니하고 반드시 법률의 근거가 있어야 할 것인가에 관하여는 방침규정설 · 직접효력설 · 위헌무효설 · 유추적용설 등의 견해가 대립되고 있으며, 판례도 일관성을 찾아보기 어렵다.

(가) 학 설

① 방침규정설 : 방침규정설은 헌법 제23조 제3항은 입법지침에 지나지 아니한다는 설이다. 즉 손실보상에 관한 헌법규정은 재산권보장의 원칙을 선언한 입법에 대한 방침규정으로서 재산권을 침해당한 자에 대한 보상의 여부는 법률의 명시적 규정에 의하여 실현될 수 있다는 견해이다. 따라서 공권력의 행사에 의하여 재산권의 수용 · 사용 또는 제한 등의 침해를 받은 경우에도 손실보상에 관한 법률의 규정이 없으면 손실보상청구를 할 수 없으며, 당해 법률에 보상규정이 없는 경우에는 개인은 그로 인한 손실을 수인할 수밖에 없다고 본다. 그러므로 재산권침해를 규정하는 법률에 보상규정이 없더라도 위헌이 아니라는 것이다.[15)]

방침규정설은 '입법지침설' · '입법방침설' 또는 '프로그램적 규정설'이라고도 불려지고 있으며, 우리나라에서 이 설을 취하는 학자는 찾아보기 힘들다.[16)] 그런데 이러한 입장은 재산권보장을 위한 헌법규정의 실효성을 입법자의 의도 내지 자의에 맡기는 것이 되기 때문에 오늘날과 같은 자유주의적 법치국가에서는 받아들이기 어려운 학설이다. 특히 손실보상의 이론적 근거와 관련시켜 볼 때에 보상의 여부를 법률로 위임한 것으로는 도저히 볼 수 없다.

② 직접효력설 : 직접효력설은 헌법 제23조 제3항의 규정은 손실보상청구권의 행사를 보장하는 국민에 대한 직접적인 효력이 있는 규정으로 보고, 따라서 재산권침해만을 규정하고 보상에 관하여는 규정하지 아니하거나 또는 정당한 보상에 미치지 못하는 내용의 법률에 의하여 재산권을 침해당한 국민은 헌법규정에 의하여 직접 정당한 보상을 청구할 수 있다는 것이다.[17)] 이는 국민

15) 阿部泰隆, 「國家補償法」. 東京 : 有斐閣, 1988, 263頁.

16) 구병삭, 「신헌법원론」. 박영사, 1989, 621면; 문홍주, 「한국헌법」. 해암사, 1975, 232면.

17) 김동희, 「행정법Ⅰ」. 박영사, 2012, 605면; 김철수, 「헌법학개론」. 박영사, 2003, 611-612면; 변재옥, 「행정법강의(Ⅰ)」. 박영사, 1989, 526면; 서원우, 전게서, 718면; 안용교, 「한국헌법」. 고시연구사, 1989, 498면; 윤세창, 「행정법(상)」.

이 직접 헌법의 보상규정 그 자체만으로 손실보상을 청구할 수 있는 실정법적 효력을 갖는다고 하여 '국민에 대한 직접효력설'이라고도 한다.

그러나 헌법 제23조 제3항은 「공공필요에 의한 재산권의 수용·사용 또는 제한 및 그에 대한 보상은 법률로써 하되」라고 규정하고 있어서 법률에 보상규정이 없는 경우 헌법규정에 근거하여 직접 보상을 청구할 수는 없다고 볼 수 있으므로 직접효력설의 여지를 배제하고 있다.

③ 위헌무효설: 위헌무효설은 헌법 제23조 제3항의 손실보상에 관한 헌법규정이 국민에 대하여 직접적 효력을 가지는 것으로는 보지 않고 입법권을 구속하는 것으로 보며, 법률이 재산권침해를 규정하면서 보상에 관하여 규정하지 아니하면 그 법률은 헌법규정에 위반한 것으로서 위헌무효가 된다. 그리고 이러한 위헌무효인 법률에 근거하여 개인의 재산권을 침해하는 행위는 위법한 행위가 되기 때문에 국가배상법에 의거한 불법행위로 인한 손해배상청구만이 가능하고, 헌법규정에 근거하여 직접 손실보상을 청구할 수는 없다고 본다.[18]

또한 이 설은 독일기본법 제14조 제3항이 「공용수용은 반드시 보상의 방법과 범위를 정하는 법률 및 법률에 근거하여 행하여야 한다」고 규정함으로써 공용수용의 근거조항과 손실보상의 근거조항이 반드시 같은 법률에 동시에 규정되어야 한다는 이른바 '불가분조항'(Junktimklausel)의 원칙에 대한 위반과 관련하여 주장되기도 한다.[19] 즉, 불가분조항의 원칙에 따라 보상규정이 없는 재산권침해 법률은 위헌이고, 또한 이 위헌법률에 근거한 재산권의 침해행위도 위헌이기 때문에 이에 대한 구제방법은 오로지 그 법률의 무효화와 이에 근거한 침해행위의 최소라는 것이다.[20] 이 설은 '위헌설' 또는 '입법자에 대한 직접효력설'이라고도 한다.

그러나 이 견해에 의하면, 결국 위헌무효설은 보상규정이 없는 법률에 의한 재산권침해의 경우에는 손실보상청구권을 행사할 수는 없고, 불법행위로 인한 손해배상청구권만이 발생한다는 입장으로서 역시 문제가 있다. 왜냐하면 공공복리를 위한 침해가 보상규정이 없다는 이유만으로 불법행위와 동일하게 취급된다는 것은 비합리적이기 때문이다. 그리고 손해배상의 법리를 통해서 피해국민이 모두 구제받을 수 있을 것 같지만, 전통적 손해배상의 성립요건에 의하면 위법·무과실의 행위로 인한 손해배상이 인정되지 못하는 경우도 있다.

④ 유추적용설: 유추적용설은 재산권침해에 따르는 보상규정이 없는 경우에, 국민은 헌법 제23조 제1항(재산권보장조항) 및 헌법 제11조(평등원칙)를 근거로 하는 동시에 헌법 제23조 제3항 및 관계규정의 일반법원칙을 유추적용하여 손실보상을 청구할 수 있다고 본다.[21] 이는 '수용유사

박영사, 1982, 390면; 한창규, "국가보상법연구", 법학박사학위논문, 성균관대학교대학원, 1975, 103면.

18) 김도창, 「일반행정법론(상)」. 청운사, 1993, 657-658면; 박윤흔·정형근, 전게서, 651면; 류지태, 「행정법신론」. 신영사, 2008, 434면; 이명구, 「신행정법원론」. 대명출판사, 1997, 551면; 이상규, 「신행정법론(상)」. 법문사, 1997, 644면.

19) FelixWeyreuther, *Über die Verfassungswidrigkeit salvatorischerEntschädigungsregelungen im Enteignungsrecht*. Berlin: Duncker & Humblot, 1980, S.22.

20) 정연주, "공용침해와 불가분조항," 「고시연구」. 1992.4, 122면.

21) 강구철 「강의 행정법 I」. 형설출판사, 1998, 697면; 김남진·김연태, 「행정법 I」. 법문사, 2012, 623면; 김영훈, 전게논문,

적 침해'(enteignungsgleicher Engriff)의 법리를 받아 들여서 문제를 해결하고자 하는 견해로서, 위법 · 무책의 재산권침해에 대한 보상과 국가배상과는 그 성립요건 · 범위 등에서 구별된다는 것을 그 배경으로 하고 있다.[22] 그리고 이 설은 '제3설', '간접효력설' 또는 '수용유사적 침해설'이라고도 한다.

그런데 이 주장에 대하여는 보상을 법률에 유보한 헌법 제23조 제3항의 명문규정에도 불구하고 구체적으로 무엇을 어떻게 유추적용할 것인지가 분명하지 않다는 비판이 있다.[23]

(나) 판 례

손실보상의 근거에 관한 우리나라 판례의 입장은 일관성이 없고, 시대와 상황에 따라 다르다.

초기에는 불법행위성을 인정한 판례가 있고,[24] 방침규정설에 입각한 판례도 있으며,[25] 직접효력설을 취한 판결이 제3공화국헌법 제20조 제3항 아래에서 인정되었다.[26] 이러한 직접효력설은 이른바 유신헌법 제20조 제3항과 제5공화국헌법 아래에서는 채택될 수 없었고,[27] 현행헌법하에서도 직접효력설을 취한 판례는 없다. 따라서 위헌무효설을 취한 판례[28]와 관련규정의 유추적용에 의한 간접효력설을 취한 판결[29]이 나타나고 있으며, 관련규정이 없는 경우에도 간접적용을 인정한 판례[30]가 있다.

(다) 결 어

위에서는 손실보상을 규정한 헌법규정의 성질에 관하여 다양한 학설과 판례의 입장을 고찰하여 보았는데, 그 중에서 어떠한 견해가 타당한 것인지가 문제이다.

헌법 제23조 제3항은 「공공필요에 의한 재산권의 수용 · 사용 또는 제한 및 그 보상은 법률로써 하되」라고 규정하고 있는 바, 동조항의 문리적 해석에 의하면 공용수용 등의 재산권침해에 대하여는 법률의 근거가 있어야 하는 것은 물론이고, 그 보상도 또한 법률상 근거가 있어야 한다는 결론에 이르게 되는데, 특히 법률에서 재산권침해에 관한 규정은 하고 보상에 관한 규정은 하지 아니한 경우에 문제된다.

47-48면; 석종현, 「일반행정법(상)」. 삼영사, 2005, 658면; 손병기, "공간규제행정과 권익구제 : 헌법상 보상규정의 변천을 중심으로," 균제 양승두교수 화갑기념논문집(Ⅰ) 「현대공법과 개인의 권익보호」. 홍문사, 1994, 262면; 한견우, 「현대행정법강의」. 신영사, 2007, 851면; 홍정선, 「행정법원론(상)」. 박영사, 2012, 745면.

22) 김남진 · 김연태, 상게서, 623면.

23) 이상규, 전게서, 643면.

24) 대판 1966.10.18, 66다1715.

25) 대판 1975.7.8, 70다340; 대판 1976.10.12, 76다1443.

26) 대판 1967.11.2, 67다1334; 대판 1972.11.28, 72다1579.

27) 대판 1976.10.12, 76다1443.

28) 대판 1978.3.14, 76다1529; 대판 1985.11.12, 84카36.

29) 대판 1987.7.21, 84누126; 대판 1992.5.22, 91누2356; 대판 1993.10.26, 93다6409.

30) 대판 1972.11.28, 72다1579.

생각건대, 현대국가의 법원리상 손실보상을 하는 것은 당연한 것이고, 다만 보상의 내용만을 법률로 정한다는 뜻으로 헌법의 규정을 이해하기 때문에 방침규정설은 설득력이 없다. 위헌무효설에 의하면 보상규정에 관한 법의 침묵을 보상을 배제하는 것으로 보아 위헌무효로 결론내리는 것은 분명히 잘못이다. 직접효력설도 헌법문언상 쉽게 취할 수 있는 것이 못된다. 따라서 재산권보장에 관한 헌법규정이 일반원칙이라는 매개물을 통하여 간접적으로 적용되는 이른바 유추적용설이 타당하다.[31)]

(2) 법률적 근거

우리 헌법 제23조 제3항은 '공용침해법정주의'를 채택하고 있다. 따라서 공공필요를 위하여 재산권을 침해하는 경우에는 근거법률에서 재산권침해규정과 함께 그 침해에 대한 보상규정도 있어야 한다.[32)]

(가) 토지취득보상법

「공익사업을 위한 토지 등의 취득 및 보상에 관한 법률」(이하 "토지취득보상법"이라 한다)은 공익사업에 필요한 토지 등을 협의 또는 수용에 의하여 취득하거나 사용함에 따른 손실의 보상에 관한 사항을 규정하고 있는 공익사업용 토지의 취득 및 손실보상에 관한 일반법으로서, 이는 종전의 사법상 계약에 의한 재산권의 협의취득을 규정하고 있던 공특법과 강제취득을 규정하고 있던 토지수용법을 통합·제정한 것이다.

토지취득보상법이 시행됨으로써 보상에 관한 절차와 기준을 체계화하였으며, 두 법 사이의 중복과 불일치가 해소되는 등 각종 불합리한 제도가 개선되어 국민의 재산권이 충실히 보호되고 공익사업의 효율적인 추진이 이루어질 수 있게 되었다.

(나) 개별법

공익사업용 토지의 취득과 손실보상에 관한 일반법으로서 토지취득보상법이 있으나, 이 외에도 각 개별법률에서 공익사업용 토지의 강제취득과 손실보상에 관하여 특례를 규정하고 있는데, 「국토의 계획 및 이용에 관한 법률」, 건축법, 도시개발법, 농어촌정비법, 도로법, 하천법, 「산림자원의 조성 및 관리에 관한 법률」, 수산업법, 징발법 등에서 그 규정을 찾을 수 있다.

그러나 대부분의 개별법은 공익사업용지 취득에 관한 모든 문제를 스스로 규정하고 있는 것은 아니고, 특히 필요한 사항에 관한 특칙을 규정할 뿐이며, 그 이외의 사항은 일반법인 토지취득보

31) 박평준, 「행정상손실보상법리연구」. 125면; 박평준 「공익사업용지취득보상법」. 고시연구사, 2005, 298면; 박평준 「공용부담법연구」. 고시연구사, 2005, 316면. 박평준·박창석, 「토지취득보상법」. 리북스, 2009, 231면; 박평준·박창석, 「보상법규강의」. 리북스, 2009, 309면; 박평준·박창석, 「보상행정법」. 568면; 한견우, 전게서, 851면.

32) 박평준, 「토지수용법론」. 259면.

상법의 규정을 따르도록 하고 있는데, 보통 법문(法文)에 '토지취득보상법을 적용한다', '토지취득보상법을 준용한다' 또는 '토지취득보상법이 정하는 바에 의한다'는 등의 형식으로 규정하고 있다.[33]

3. 손실보상청구권의 성질

1) 학 설

손실보상청구권의 법적 성질에 관하여는 종래 공권설과 사권설이 대립되고 있다. 이 양설을 구분하는 실익은 무엇보다도 그 성질의 여하에 따라서 손실보상청구권의 행사에 관한 소송을 행정소송으로 할 것인가 또는 민사소송으로 할 것인가 하는 데에 있다.

(1) 공권설

손실보상은 적법한 공권력행사로 인하여 특정한 개인이 입은 특별한 희생에 대한 보상으로서, 그 원인행위가 공법적인 것이므로 그 효과로서의 손실보상도 역시 공법적으로 보아야 한다는 견해이다. 따라서 공법상의 법률관계에서 발생하는 손실보상을 청구할 수 있는 권리는 공권이라는 것이다. 이 견해에 따르면 손실보상에 관한 소송은 행정소송 중의 당사자소송에 의하게 된다고 한다. 이러한 공권설이 우리나라의 통설이다.[34]

(2) 사권설

손실보상의 원인행위가 비록 공법적인 것이라 하더라도 그에 대한 손실보상도 공법관계에 속한다고 볼 수는 없는 것이며, 그 손실보상은 당사자의 의사 또는 직접 법률의 규정에 의거한 사법상의 채권 · 채무관계이기 때문에 손실보상청구권을 사법상의 권리로 보는 견해이다. 손실보상청구권의 성질을 사권으로 볼 때에는 그에 관한 소송은 당연히 민사소송에 의하게 된다.

2) 판 례

손실보상청구권의 법적 성질에 관한 위의 학설 중에서 사권설이 우리나라의 일관된 판례의 입장이다.[35]

---

33) 박수혁 등 감수, 「토지취득보상법」. 한국감정원, 2003, 509면.

34) 강구철, 전게서, 698면; 김남진 · 김연태, 전게서, 628면; 김도창, 전게서, 659면; 박윤흔 · 정형근, 전게서, 652-653면; 변재옥, 전게서, 527면; 석종현, 전게서, 659면; 이상규, 전게서, 633-634면; 홍정선, 전게서, 746면.

35) 대판 1967.6.27, 66다1052; 대판 1969.5.19, 67다2038; 대판 1969.12.30, 69다9; 대판 1970.3.24, 69다1561; 대판 1990.12.21, 90누5689; 대판 1991.4.26, 90다8978; 대판 1992.10.9, 92다25533; 대판 1998.1.20, 95다29161; 대판 1998.2.27, 97다46450; 대판 2000.5.26, 99다37382.

3) 결 어

손실보상은 재산권에 대한 적법한 공권적 침해로 인하여 발생한 특별한 희생을 전보하기 위하여 행하는 공법에 특유한 제도이고, 손실보상청구권의 발생이 공법적인 것이다. 따라서 공법과 사법의 이원적 체계를 인정하는 현행 법질서하에서 손실보상을 규정하고 있는 실정법이 손실보상의 청구와 관련하여 전심절차로서 행정심판절차를 마련하고 있는 경우가 있으며, 현행 행정소송법이 그 종류의 하나로서 당사자소송을 규정(행정소송법 제3조 제3호)하고 있으므로 손실보상청구권을 공권으로 보는 것이 타당하다.[36] 그럼에도 불구하고 행정상 손실보상청구소송을 우리나라 실무에서 민사소송으로 다루고 있는데, 그 이유는 우리나라의 실무가들이 당사자소송제도에 친숙하지 못한 탓으로 이해할 수 있다.[37]

---

36) 박평준 · 박창석, 「토지취득보상법」. 233면; 박평준 · 박창석, 「보상법규강의」. 311면.

37) 박평준 · 박창석, 「보상행정법」. 570면

제2절 행정상 손실보상의 요건

수용 · 사용 · 제한 등 공용침해로 인한 손실의 보상이 행해지기 위해서는 공공필요를 위한 재산권의 공권적 침해로 인하여 개인에게 특별한 희생이 발생하고, 이러한 공용침해가 법률에 근거하여야 한다.

종래 손실보상의 요건에 대하여 설명하는 경우 '특별한 희생' 이외의 사항에 관해서는 거의 언급하지 않는 경향이 있었다. 그러나 최근에 이르러 '공용침해의 요건' 등의 제목하에 그 특별한 희생 이외의 요건에 대해 논급하게 되었는데, 이와 같은 변화의 원인은 재산권의 '가치보장' 보다 '존속보장' 또는 '존속보호'가 우선되어야 한다는 사상이 독일에서 학설 · 판례상으로 정착되면서부터 나타난 변화라 하겠다.[38]

Ⅰ. 공공의 필요

1. 의 의

손실보상의 원인이 되는 공권력행사는 공공필요에 의한 경우에만 인정되며, 공익성을 띤 사업을 위해서만 가능하다. 여기의 '공익성'이라 함은 대표적인 불확정 개념으로서 적극적으로 무엇을 의미하는가를 밝히는 것은 매우 어려운 일이며, 다만 소극적으로 개념규정을 하는 것이 일반적이다. 이에 의할 경우 국가의 순수한 재정적 수요를 충족하기 위한 경우나 한정된 소수의 이익을 도모하기 위한 경우 등은 공익성이 없는 것으로 본다.

공익성은 시대에 따라 그 개념 및 해석을 달리하여 오고 있다. 오늘날에는 공익성 개념이 사회정의의 실현과 사익과의 적절한 조절과 규제를 통한 국민 전체의 공공복리의 증진이라는 복리국가주의의 요청, 그리고 행정기능의 확대로 인한 행정수요의 증대 등으로 인하여 종래의 그 개념이 확대 · 변화되고 있다. 이처럼 공익성의 개념이 확대되어 감에 따라 당연히 공익사업용 토지를 취득할 수 있는 공익사업의 범위가 확대되고, 사유재산권의 침해가능성 또한 커지게 되는 것이다.

---

38) 박수혁 등 감수, 전게서, 511면; 손성태, 「감정평가 및 보상법규」. 박문각, 1999, 55면.

따라서 공익사업용 토지의 취득을 전제로 하는 공익사업의 판단, 즉 공익성의 판단은 더욱 엄격하게 이루어져야 할 것이며, 그 구체적 개념의 정립 및 해석이 매우 중요하다고 할 수 있다.

2. 구체적 판단기준

토지취득보상법 제4조에서는 공용수용이 가능한 '공익사업'의 종류를 규정하고 있어 공익성의 유 · 무에 관한 판단기준을 제시하고 있으나, 동조에 해당하는 공익사업이라고 하여도 실질적으로 공익성이 있는지에 대하여 개별적 · 구체적으로 판단하여야 할 것이다.

공익성의 유 · 무에 대한 판단은 일반적으로 행정법상 일반원칙인 비례의 원칙에 의하여 판단하게 되는데, 즉 비례원칙을 기준으로 타인의 재산권을 강제적으로 취득하여 얻는 공익과 그 재산권을 유지함에 의하여 얻는 사익을 비교형량하여 타인의 재산권을 강제적으로 취득함으로써 얻는 공익이 우선되어야만 공익사업용 토지의 취득이 인정되는 것이다.

행정법상 일반원칙인 비례의 원칙은 그 파생원칙으로 적합성의 원칙, 필요성의 원칙, 상당성의 원칙(협의의 비례원칙) 등이 있는데, 공익성의 유 · 무는 이 세 가지 파생원칙에 의하여 개별적 · 구체적으로 판단하게 되는 것이다.

1) 적합성의 원칙

적합성의 원칙이라 함은 행정이 추구하는 공익목적을 달성하기 위하여 법적으로나 사실상으로나 적합하고 유용한 수단이어야 한다는 원칙을 말한다. 이에 의하면 재산권에 대한 침해(행정작용 또는 수단)가 공익목적을 위한 적법한 수단이어야 한다.

2) 필요성의 원칙

필요성의 원칙이라 함은 개인의 권리나 이익을 침해하는 경우 당해 침해는 필요한 최소한도의 것이어야 한다는 원칙을 말한다. '최소침해의 원칙'이라고도 하며, 이에 의하면 여러 적합한 수단 중에서도 공익상의 필요에 따른 최소한의 침해를 가져오는 수단을 선택하여야 한다.

3) 상당성의 원칙(협의의 비례원칙)

상당성의 원칙이라 함은 침해의 정도와 그 추구하는 목적 사이에서는 상당한 비례관계가 유지되어야 한다는 것으로서, 사소한 공익의 달성을 위한 중대한 사익의 침해는 허용되지 않는다는 원칙을 말한다. 이는 '협의의 비례원칙'이라고도 하며, 이에 의하면 공용침해가 공익목적 달성을 위하여 적합하고 필요한 경우라도 당해 공용침해로 얻는 공익이 침해되는 사익보다 최소한 동등하거나 우월하여야 한다.

3. 공익성개념의 확대

전통적으로 국가, 지방자치단체, 정부투자기관, 기타 공공단체를 포함한 행정주체가 시행하는 공익사업은 국민 대다수가 일상적으로 이용하는 공공시설에 한정되었다. 따라서 순수한 영리목적을 위한 사업, 매우 한정된 특정한 소수의 이익만을 위한 사업, 국민들의 사회 · 경제 · 문화생활상 직접적인 필요성이 낮은 사업 등은 공공성이 낮은 사업으로 보아 그러한 사업은 국가가 시행하지 아니하였다.

그러나 현대국가의 기능이 확대 · 변질되면서 반드시 공공시설에 한정하지 않고, 국가의 산업기반을 튼튼히 하기 위한 기간산업의 확충도 국가가 시행하는 공익사업의 범주에 포함시켰으며, 현대복리국가에 있어서 사회공공의 복리를 증진시키기 위하여 국토공간의 사회적 · 경제적 · 문화적 균형개발을 도모하여 국토이용의 효율화와 공간적 생활조건을 정비 · 개선함으로써 전체적인 생활공간을 합리적으로 개발 · 보전 · 정비하는 규제적 생활공간규제에 관한 국가작용이 현대국가의 시대적 책무로서 파악되면서 그러한 토지행정상의 복리증진을 실현하기 위하여 행하는 개발사업과 영리사업에 대하여서도 공익성이 인정되어 국가에서 행하는 공익사업으로 인정되기도 한다.

최근에는 「사회기반시설에 대한 민간투자법」 등 개별사업법에서 공익사업에 대한 투자유치의 필요성에 의하여 민간사업자에게도 광범위하게 수용권을 인정해 가는 추세에 있다. 공익은 가치판단이 개입된 개념으로서 무엇이 공익인지에 대하여 의견의 합치가 어려운 것이 사실이지만, 그 사회에서 일반적으로 공익이 있다고 인정하는 범위를 넘어서는 안 될 것이다.

Ⅱ. 재산권에 대한 공권적 침해

1. 재산권

재산권이란 토지소유권은 물론이고 토지소유권 이외의 재산적 가치가 있는 권리, 즉 법으로 보호되고 있는 일체의 재산적 가치있는 권리를 의미하는 것으로 본다. 다만, 재산가치는 현존하는 것이어야 하며 기대이익은 재산권에 포함되지 않는다. 손실보상의 대상이 되는 재산권의 예시로서 토지취득보상법 제3조는 ① 토지 및 이에 관한 소유권 외의 권리, ② 토지와 함께 공익사업을 위하여 필요한 입목(立木), 건물, 그 밖에 토지에 정착된 물건 및 이에 관한 소유권 외의 권리, ③ 광업권 · 어업권 또는 물의 사용에 관한 권리, ④ 토지에 속한 흙 · 돌 · 모래 또는 자갈에 관한 권리 등을 규정하고 있다.

2. 공권적 침해

공공필요에 의한 행정작용에 의해 사인의 재산권에 대하여 공권적 침해가 있어야 되는 바, '공권적 침해'란 행정청에 의한 공권력행사로 인한 재산권의 박탈, 이용제한, 양도금지 등을 포함한 재산권에 대한 일체의 감손행위를 말한다. 우리 헌법 제23조 제3항은 공권적 침해로서 수용·사용 또는 제한을 규정하고 있으나, 이에 한정되지 않고 공용환지, 공용환권으로 인한 재산적 가치의 감소 그리고 토지출입 및 장해물 제거 등도 포함한다고 할 것이다.

Ⅲ. 법률의 근거

우리 헌법 제23조 제3항은 공공필요에 의하여 사인의 재산권에 대한 공권적 침해를 법률의 근거가 있을 때에만 하도록 규정하고 있으며, 또 헌법 제37조 제2항은 국민의 모든 자유와 권리는 공공복리를 위하여 필요한 경우에 한하여 법률로써 제한할 수 있다고 규정하고 있어 '공용침해의 법률유보 원칙'을 명시하고 있다. 법률유보의 원칙에 대하여는 침해유보설을 비롯하여 여러 견해가 있으나, 재산권의 침해에 법률유보의 원칙이 적용됨을 부인하는 견해는 없다. 따라서 공용수용은 헌법상 재산권보장에 대한 예외적 조치로서 개별 법률에 그 근거가 있어야만 적법성을 지닌다.

Ⅳ. 특별한 희생

공공필요에 의하여 특정 사인의 재산권에 대하여 공용침해가 이루어진다고 하더라도 모든 공용침해가 손실보상으로 이어지는 것은 아니고, 재산권에 대한 공용침해가 개인에게 감수하기 어려운 이른바 '특별한 희생'을 발생시킨 경우에만 공평부담의 견지에서 조절적 보상이 주어지는 것이다. 다시 말하면 재산권의 침해행위가 개인에게 특별한 희생을 발생시키지 않는 정도의 헌법이 예정한 당해 재산권의 내용과 한계 내에 그치거나 재산권의 사회적 구속성의 범주에 해당하는 것은 손실보상의 대상으로 평가될 수가 없다는 것이다.

그렇다면 공용침해로 인한 특별한 희생과 사회적 구속성과의 구별기준을 어떻게 설정할 것인가의 문제가 제기되는데, 이에 대하여 여러 견해가 나눠지고 있다. 이 문제에 관하여는 다음 손실보상의 원인에서 상세히 설명하고자 한다.

Ⅴ. 보상규정의 존재

헌법 제23조 제3항은 공공필요에 의한 적법한 공권력의 행사로 인하여 사인에게 특별한 희생이 발생한 경우에 '법률로써' 정당한 보상을 지급하도록 규정하고 있다. 이는 손실보상의 기준과 방법 및 내용 등에 관한 사항은 법률상 반드시 존재하여야 한다는 것을 의미하는 것이다.

그러나 공공필요에 의하여 공용침해가 행해졌을 때에 당해 법률에서 그에 대한 손실보상의 규정을 정하고 있지 않은 경우에 공용침해를 당한 국민의 권리구제가 가능한지가 문제된다. 이는 현실적으로 헌법 제23조 제3항의 법적 효력문제와 관련된 것으로서 이에 대해서는 견해가 나눠지고 있다. 이 문제에 관하여는 앞에서 자세히 살펴보았지만 유추적용설에 의하여 해결할 수 있다고 생각한다.

제3절 행정상 손실보상의 원인

Ⅰ. 보상원인이 되는 재산권침해의 유형

헌법 제23조 제3항은 「공공필요에 의한 재산권의 수용·사용 또는 제한 및 그에 대한 보상은 법률로써 하되, 정당한 보상을 지급하여야 한다」고 규정하고 있다. 동조항은 공공필요에 의한 재산권에 대한 공용침해로서 보상원인이 되는 것으로 수용·사용·제한의 3태양(3態樣)을 들고 있는데, 널리 사회공공을 위하여는 사유재산권에 대하여 보상을 전제로 합법적으로 이러한 3형태의 침해가 용인된다는 뜻이다. 그런데 여기의 수용은 '공용수용'을, 사용은 '공용사용'을, 제한은 '공용제한'을 말한다. 그 외에도 '공용환지', '공용환권' 등이 보상의 원인이 되는 것이다. 그러나 여기에서는 특히 공용수용이 주로 문제된다.

1. 공용수용

헌법 제23조 제3항의 수용은 공용수용 또는 공용징수를 말한다. '공용수용'이라 함은 공익사업 기타 복리목적을 위하여 타인의 토지 등의 재산권을 법률의 힘에 의하여 강제적으로 취득하는 것을 말한다.[39] 공익사업 기타 복리행정상의 목적을 위하여 타인의 토지 등이 필요한 경우, 사법적 수단에 의하여 그 취득이 불가능한 때에는 권리자의 의사에 관계없이 필요한 재산권을 강제적으로라도 취득하여야 할 필요성이 절실히 요청되고 있는 바, 이를 위한 종국적인 법제가 공용수용이다.

공용수용은 타인의 재산권을 공공필요에 의하여 강제적으로 취득하는 것이므로 사유재산권을 보장하는 법치국가의 헌법에서는 반드시 법률의 근거가 있어야 하고, 법정의 절차를 경유하여야 하며, 정당한 보상을 하여야 한다. 우리나라 헌법 제23조 제3항은 공용수용의 헌법적 근거를 규정하고 있으며, 공용수용에 관한 근거법률은 일반법으로 토지취득보상법이 있고 그 외에도 수많은 특별법이 있다.

39) 박평준, 「토지수용법론」. 35면.

2. 공용사용

헌법 제23조 제3항의 사용이란 공용사용을 말한다. '공용사용'이란 특정한 공익사업을 위하여 그 사업자가 타인의 소유에 속하는 토지 기타의 재산권에 대하여 공법상의 사용권을 취득하고, 상대방인 소유자 기타의 권리자는 그 공익사업을 위한 사용을 수인하여야 할 공법상의 의무를 부담하는 것을 말한다.[40] '사용제한'이라고도 한다.

공익사업의 목적을 수행하기 위하여 타인의 재산을 사용할 필요가 있는 경우 사업주체가 민법상의 계약에 의하여 타인의 재산에 대한 사용권을 취득하는 것이 보통이지만, 권리자의 승낙을 받지 못하거나 긴급하여 그 승낙을 받을 여유가 없는 때에는 권리자의 의사를 묻지 아니하고 직접 법률에 의하여 또는 법률에 의거한 행정행위에 의하여 사용권이 설정된다.

공용사용은 그 내용으로 보아 일시적 사용과 계속적 사용으로 나누어진다. '일시적 사용'은 공익사업의 주체가 그 사업의 이익을 위하여 타인의 토지 · 건물 기타 재산을 일시적으로 사용하는 것을 말한다. '계속적 사용'은 개인의 재산권에 대한 중대한 제한이기 때문에 공용수용과 동일한 신중한 절차에 따라 그 사용권이 설정되는 것이 원칙이다.[41]

공용사용은 개인의 재산권에 대한 사용권을 강제로 설정하는 것이므로 그에는 법률의 근거가 있어야 하고, 또한 법정의 절차를 거쳐 정당한 보상을 지급하여야 한다. 토지취득보상법은 공용사용에 대한 보상을 규정하고 있고, 개별법도 원칙적으로 보상규정을 두고 있다.[42]

3. 공용제한

헌법 제23조 제3항의 제한이라 함은 공용제한을 말한다. '공용제한'이라 함은 특정한 공익사업 기타 복리행정상의 목적을 위하여 또는 일정한 물건의 효용을 보존하기 위하여 개인의 재산권에 과하여지는 공법상의 제한을 말한다.[43] 공용제한은 당초 특정한 공익사업의 수요를 충족하기 위한 목적을 갖고 있었지만, 오늘날은 이와 같은 좁은 부분목적을 초월하여 국토의 합리적인 이용과 개발 · 보전을 통한 생활공간의 형성을 도모함으로써 공공복리의 증진에 기여하고자 하는 목적으로 그 제도가 발전하여 왔다. 그리고 공용제한의 가장 중요하고 일반적인 대상은 토지재산권인데, 토지에 대한 공용제한을 특히 '공용지역'(公用地役)이라고 한다. 그런데 공용제한은 그 제한을 필요로 하는 공익상 수요의 종류에 따라서 계획제한 · 보전제한 · 사업제한 · 공물제한 · 사용제한 등으로 나눌 수 있다.[44]

---

40) 박평준, "공용사용과 손실보상", 「사법행정」. 통권 제464호, 한국사법행정학회, 1999.8, 10면.

41) 토지취득보상법은 토지사용도 토지수용과 동일한 절차를 거쳐 행하도록 하고 있다(동법 제19조 이하).

42) 김동희, 「행정법Ⅱ」. 박영사, 2012, 384면.

43) 박평준, "공용제한과 손실보상", 우제 이명구 박사 화갑기념논문집(Ⅱ) 「현대행정법학이론」. 고시연구사, 1996, 545면.

44) 상게논문, 545-553면.

공용제한은 헌법상 보장된 개인의 토지재산권에 대한 침해를 가져오므로 반드시 법률의 근거가 있어야 한다. 헌법 제23조 제3항 및 헌법 제122조 등은 헌법적 근거이고, 개별법적 근거로서는 「국토의 계획 및 이용에 관한 법률」 · 도로법 · 문화재보호법 · 자연공원법 · 철도법 · 하천법 등이 있다. 그런데 공용수용이나 공용사용의 경우에는 그 근거법에 보상규정을 두고 있는 것이 일반적이지만, 공용제한에는 보상규정이 없는 경우가 많아 문제이다.

Ⅱ. 보상원인으로서의 '특별한 희생'

재산권침해로 인한 손실이 보상을 요하는 보상원인이 되는 것인가의 여부는 그 침해가 재산권의 사회적 구속성 또는 '특별한 희생'의 어느 편에 해당하는 것인가의 구별의 문제로서, 전자의 경우는 보상의 필요가 없고 후자의 경우에는 보상을 하여야 한다.

그런데 이 양자를 구별하는 기준에 관하여는, 종래 형식적 표준설과 실질적 표준설이 대립되어 왔고, 이 양설을 종합하는 절충설도 있다.

1. 형식적 표준설

이 설은 '개별행위설'(Einzelaktstheorie)이라고도 하며, 재산권에 대한 침해행위가 일반적(allgemein)인 것이냐 개별적(einzel)인 것이냐의 형식적 표준에 따라 특정인 또는 한정된 범위 안의 자에 대한 침해행위만을 '특별한 희생'으로 본다.[45]

이 설에 의하면 침해의 범위가 일반적인 경우에는 그 침해는 재산권에 내재한 사회적 제약으로 보아 손실보상은 필요없다는 것이다. 그러나 재산권에 대한 일반적 침해라고 하더라도 개인에게 보장된 권리의 박탈이나 권리의 실질을 상실하게 하는 정도의 재산권규제에 대하여는 손실보상을 하여야 한다는 점에 이 학설의 약점이 있다고 할 수 있다.

2. 실질적 표준설

이 설은 '실질설'(Schweretheorie)이라고도 하며, 재산권 침해의 본질성(Wesentlichkeit)과 강도(Intensität)라고 하는 실질적 표준에 의하여 구별하려고 한다.[46]

이 설에 의하면 그 침해가 재산권의 본질인 배타적 지배권을 침해하지 아니하는 범위 안의 것일 때에는 재산권에 내재한 사회적 제약이고, 일반적 부담 이상으로 재산권의 본질을 침해하는

45) G.Anschtz, *Die Verffassung des Deutschen Reichs*. 14 Aufl., S.712.

46) R. Stödter, a.a.O., S.208.

것일 때에는 재산권의 내재적 제약의 범위를 넘은 것이므로 손실보상을 요하는 '특별한 희생'에 해당된다는 것이다.

그런데 실질설이 갖고 있는 내용이 불명확하고, 재산권의 본질적 침해가 아니더라도 보상을 인정하는 경우가 있다는 점에 모순이 있다.

실질설에 입각한 견해도 그 구체적인 주장은 다음과 같이 다르다.

1) 보호가치설

보호가치설(Schutzwürdigkeitstheorie)은 보호할 가치가 있는 재산권의 침해를 공용침해로 보는 견해이다. 보호할 가치가 있는 것인지 여부의 결정은 역사 · 사상 · 언어의 관용 · 법률의 취지 등에 비추어 재산권의 보호가치가 있는 경우와 그렇지 않은 경우로 구분하고, 전자에 대한 침해만이 보상을 요하는 '특별한 희생'에 해당한다고 한다.47)

2) 수인한도설

수인한도설(Zumutbarkeitstheorie)은 재산권의 본체인 배타적 지배성을 침해하는 행위는 재산권보장의 한계를 일탈한 것으로 허용되지 않음은 물론 보상을 요하는 침해행위이다. 따라서 재산권의 본질인 배타적 지배성을 침해하지 아니하는 범위 안의 침해는 재산권에 당연히 내포된 사회적 제약이므로 보상을 요하지 않는다고 한다.48)

3) 사적 효용설

사적 효용설(Privatnützigkeitstheorie)은 사유재산제도의 본질을 재산권의 사적 효용성에서 구하고, 그 사적 효용성을 침해하는 행위가 보상을 요하는 '특별한 희생'에 해당한다고 한다.49)

4) 목적위배설

목적위배설(Zweckentfremdungstheorie)은 '기능설'(Functionstheorie)이라고도 한다. 이 설은 재산권에 대한 침해가 종래부터 인정되어 온 이용목적이나 기능에 위배되는 경우에는 '특별한 희생'이고, 종래부터의 이용목적이나 재산권의 기능에 적합한 이용을 확보하기 위한 침해는 사회적 제약이라고 한다.50)

---

47) W. Jellinek, *Verwaltungsrecht*. 3 Aufl., 1948, S.413.

48) R. Stödter, a.a.O., S.208.

49) R. Reinhardt, "Wo liegen für den Gesetzgeber der Grezen, gemäss Art, 14 des Bonner Grundgesetzes über Inhalt und Schranken des Eigentums zu bestimmen?", *Verfassungsschutz des Eigentums*. 1954. SS.24-33.

50) E. Forsthoff, a.a.O., SS.301-305; W. Weber, *Eigentums und Enteignung*. Neumann-Nipperdy Scheuner in : *Die*

5) 사회적 제약설

사회적 제약설(Sozialbindungstheorie)은 위에서 살펴본 학설들이 사회적 제약과 '특별한 희생'을 구별하는 기준을 재산권에 대한 공권적 침해라는 관점에서 찾는 데 반하여, 그 기준을 사회적 제약에 두고 있다. 따라서 사회적 제약을 초월한 모든 재산권에 대한 침해행위는 손실보상을 요하는 것으로 본다. 그러므로 그 침해행위가 일반적인 기본권이론에 비추어 허용되는 경우에 해당하면 손실보상을 필요로 하지 않는 사회적 제약으로 본다.[51)]

6) 상황적 구속설

상황적 구속설(Theorie der Situationsgebundenheit)은 주로 토지이용제한과 관련하여 독일의 연방통상법원의 판례를 통하여 발전된 견해로서, 토지는 그 위치 · 성질 · 경관 등으로 인하여 일정한 이용을 제한받게 되며, 그러한 제한은 사회적 제약에 지나지 아니한다고 한다.[52)]

7) 중대설

중대설(Schweretheorie)은 독일의 연방행정재판소가 취하는 견해로서, 침해의 중대성과 범위(die Schwere und Tragweite des Eingriffs)를 기준으로 하여 침해의 중대성과 범위에 비추어 사인이 수인할 수 없는 제한에 대하여서만 보상이 필요하다고 한다.[53)]

3. 절충설

절충설은 손실보상을 요하는 '특별한 희생'과 요하지 않는 사회적 구속성을 구별하는 기준에 관한 형식적 표준설과 실질적 표준설은 각각 일면적인 타당성을 갖는다 하더라도 완전한 구별기준으로서 기능할 수 없다는 데에서 비롯되는 견해이며, 이 양설을 함께 고려하여 판단하여야 한다는 주장이다.

따라서 '특별한 희생'의 기준을 결정하기 위하여는 침해행위가 본질적(wesentlich)인 것인가, 즉 침해가 사회관념상 본인의 부담으로 귀속될 사회적 제약이라고 인정할 만한 정도의 것인가 또는 아닌가라는 실질적 기준을 주로 하고, 침해행위가 일반적(allgemein)인 것인가 또는 아닌가, 즉 피침해자수의 전체에 대한 비율과 같은 형식적 기준을 참작하여야 한다고 주장한다.[54)]

Grundrecht. Bb.z, 2 Aufl., 1954, SS.374-375.

51) Vgl Stein, *Staatsrecht*. 7 Aufl., 1980, S.166.

52) Dazu vgl, H. Rittstieg, *Grundgesetz und Eigentum*. NJW, 1982, S.721.

53) BVerwGE 5, 143(145f); BVerwGE 19, 94(98f).

54) 김도창, 전게서, 661면.

4. 결 어

우리나라의 통설적 견해는 절충설이다.[55] 생각건대, 재산권침해로서 손실보상을 요하는 '특별한 희생'의 불확정개념을 확정하는 데에 있어서 위의 각 설은 일면적 타당성만을 지니고 있으며, 재산권에 내재하는 사회적 구속성과의 완전한 구별기준을 제시한다고 보기는 어렵다. 따라서 양설의 표준을 함께 고려하여 결정하여야 할 것이며, 특정인에 대하여 생긴 손실(형식적 표준)로서 재산권의 본질적 · 실질적 제한에 대한 손실(실질적 표준)은 보상의 대상이 된다고 본다. 그러므로 손실보상을 요하는 '특별한 희생'은 재산권의 침해를 특정인의 부담으로 방치하는 것이 사회정의 · 공평의 원칙에 반하는 것으로 보면서, 재산권에 대한 실질적 · 본질적 제한의 유무는 그 '목적위배' · '기능에 적합한 이용' · '상황적 구속성' 등의 기준을 종합적으로 고려하여 판단하여야 할 것이다.[56]

Ⅲ. 보상원인의 확대

헌법 제23조 제3항의 보상은 재산권침해를 규정한 법률에서 보상에 관한 규정을 둔 '적법한 재산권침해'의 경우의 보상으로 본다면, 법률이 재산권에 대한 공권적 침해를 규정하면서 보상규정을 두지 아니한 '위법'한 경우의 피해자구제가 문제된다. 또한 헌법 제23조 제3항에 의한 보상이 '의도된 침해'에 대한 보상으로 본다면 적법한 공권력행사에 의한 '비의도적인 부수적 침해'에 대한 구제도 문제된다.

그런데 오늘날 손실보상이론은 손실보상의 원인이 점차 확대되어 가는 경향에 있다는 사실을 주목할 필요가 있다. 즉 국가작용의 적법 · 위법을 구별하지 아니하고, 또 의도적인지 아니면 단순히 부수적인 효과인지를 구분하지 아니하고 공권력작용에 의하여 재산권침해의 결과가 나타난 경우에는 이에 대하여 광범위하게 손실보상을 함으로써 재산권을 보호하는 방향으로 나아가고 있다. 현행 헌법상의 재산권보장의 정신도 이와 같은 시대의 흐름에 순응하는 것이라고 보아야 한다.[57]

이와 같은 경우에는 독일에서 판례를 통하여 형성된 이른바 '수용유사적 침해'의 이론 또는 '수용적 침해'의 이론을 인정하려는 견해가 우리나라의 학자에 의하여도 유력하게 주장되고 있다.[58]

---

55) 상게서, 661면; 김동희, 「행정법 Ⅰ」. 596면; 박윤흔 · 정형근, 전게서, 655면; 박평준, 「토지수용법론」. 271면; 서원우, 전게서, 720면; 석종현, 전게서, 670-671면; 이상규, 전게서, 646면; 홍정선, 전게서, 753면.

56) 박평준 · 박창석, 「보상법규강의」. 321-322면; 박평준 · 박창석, 「보상행정법」. 579-580면

57) 허영, 「한국헌법론」. 박영사, 2005, 491면.

58) 김남진 · 김연태, 전게서, 648-652면; 박수혁 등 감수, 전게서, 543-549면; 박평준, 「토지수용법론」. 455-458면; 석종현, 전게서, 701-708면; 허영, 상게서, 490-491면; 홍정선, 전게서, 778-788면; 홍준형, 「행정구제법」. 한울아카데미, 1996, 167-198면.

1. 수용유사적 침해

1) 의 의

수용유사적 침해(enteignungsgleicher Eingriff)라 함은 적법한 공권력행사로 인한 손실보상의 요건은 갖추고 있으나, 법률에서 공용침해에 대한 근거규정을 두면서 손실보상에 관한 근거규정은 두지 아니하여 결과적으로 위법하게 된 특별한 희생을 당한 자에게도 손실보상을 하여야 한다는 이론이다.

국가배상법은 위법 · 유책의 행위로 인한 손해에 대한 배상의 규정으로 공무원의 위법 · 무책의 직무행위로 인하여 발생한 손해에 대한 구제책으로는 기능할 수 없다. 따라서 위법 · 무책의 행위로 인한 손해전보의 흠결에 대한 보완이 필요하게 되며, 적법한 재산권의 침해가 보상된다면 위법한 침해로 인한 손해는 당연히 구제되어야 한다는 형평적 논리를 기초로 수용행위에 유사한 공용침해로 보아 손실보상을 인정하는 이론이다.

2) 법적 근거

수용유사적 침해이론은 초기 독일의 연방사법재판소의 판례에 의해 인정되었으나, 연방 헌법재판소의 '자갈채취판결'에 의해 독일기본법 제14조는 더 이상 수용유사적 침해이론의 법적 근거가 되지 못하였다. 그럼에도 최근 독일에서는 관습법으로 존속하는 프로이센 일반란트법 제74조 및 제75조에 표현되어 있는 희생보상의 원리에 의해 수용유사침해이론을 인정하고 있다.

3) 수용유사적 침해의 인정요건

본래의 행정상 손실보상의 모든 요건은 모두 갖추고 있으나, 침해의 위법성만 다르다. 즉 공공의 필요, 재산권에 대한 공권적 침해, 특별한 희생, 침해의 위법성이 성립요건이 된다. 이 경우 침해의 위법성은 수용유사적 침해를 수용침해 및 수용적 침해와 구별하는 본질적인 특징으로서 위법성 역시 행정상 손해배상에 있어서의 위법이 아니라 공용침해 자체는 법률에 근거하여 행해졌으나, 당해 법률에 헌법이 요구하는 보상의 규정을 두지 않아 그 근거 법률이 위헌이라는 점에서 위법을 의미한다.

4) 우리나라에서의 논의

우리나라에서 이 수용유사적 침해이론을 수용할 수 있는가의 문제에 대하여는 견해가 대립되고 있다. 즉 ① 헌법 제23조 제3항은 입법자에 대하여 효력을 가지는 것이므로 보상규정이 없는 침해법률은 위헌무효이며, 헌법 제23조 제1항과 제11조를 근거로 하여 제23조 제3항 및 관계규정을 유추적용하여 수용유사적 침해에 대한 보상이 가능하다는 이론을 구성하는 견해가 있고, ② 침해

법률은 위헌무효라는 입장에 서되, 손해배상청구만이 가능하다는 견해, ③ 헌법 제23조 제3항이 국민에 대하여 직접효력을 갖는 것이므로 손실보상청구가 가능하다는 견해, ④ 헌법 제23조 제3항은 입법자에 대하여 효력을 가지는 것이기는 하나, 보상규정이 없이 침해규정만 있는 법률이라도 위헌결정을 받기 전까지는 유효하며, 그러한 기간 동안 그에 기초하여 행하여진 행정행위는 그 법률이 추후 위헌결정을 받더라도 취소사유에 불과한 흠을 가진 행위라고 보아야 하므로(대법원 견해) 침해를 받은 자는 침해행위의 취소소송을 제기하고, 그 취소소송절차에서 헌법재판소에 위헌심판을 제청하여 위헌결정이 된 경우에는 침해행위의 취소판결에 의하여 재산권 자체의 회복을 기하도록 하고, 침해행위의 존속기간 중의 손해배상청구를 인정하되, 위법이나 무과실이어서 국가배상의 요건을 충족시키지 못하여 실질적 구제가 되지 못하는 것을 지양하여야 하므로 과실을 완화하여 모든 경우에 그것이 가능하도록 하여야 한다는 견해가 있다.

헌법 제23조 제3항의 성질에 관하여는 방침규정설 · 직접효력설 · 위헌무효설 · 유추적용설 등의 견해가 대립되고 있으나, 유추적용설에 의하여 해결할 수 있다고 본다. 이에 의하면 독일의 판례를 통하여 성립 · 발전된 수용유사적 침해법리의 수용이 가능하게 된다.[59)]

2. 수용적 침해

1) 의 의

수용적 침해(enteignender Eingriff)란 적법한 행정작용의 비정형적이고 비의도적인 부수적 효과로써 발생한 개인의 재산권 손실에 대하여 손실보상을 인정하자는 이론이다. 이는 법에 보상규정이 없는 경우에도 당해 행위의 위법성의 문제를 제기하지 않으면서 그로 인한 손실을 전보해 주려는 데 그 의의가 있다.

2) 법적 근거

독일에서는 헌법적 관습법으로서의 효력이 있는 프로이센 일반란트법에 의해서 인정되고 있는데, 우리나라의 경우 헌법상의 기본권보장, 법치국가원리, 사회국가원리 등에서 그 근거를 찾을 수 있다.

3) 수용적 침해의 인정요건

수용적 침해보상을 인정하기 위한 기본적 요건으로서 공공의 필요를 위한 재산권에 대한 침해이고, 적법한 행정작용에 의할 것이고, 부수적 효과로서 비의도적 · 비정형적인 손실이 발생하여

59) 박평준, 「행정상손실보상법리연구」. 613면.

야 한다. 손실은 재산권의 사회적 제약을 넘은 특별한 희생으로서, 그 사회적 수인의 한계를 넘어서는 것이어야 한다.

적법한 공권력의 행사로 의도하지 않는 비정형적 · 부수적인 결과가 발생하고, 이것이 직접적인 재산권의 침해로 이어지는 것으로서 지하철 공사로 인한 통행곤란 때문에 인근 상가의 매출에 타격을 주는 경우가 여기에 해당된다.

4) 우리나라에서의 논의

우리 헌법 제23조 제3항의 규정을 엄격하게 해석할 경우, 동 규정은 법적 행위에 의한 침해나 직접적인 침해, 즉 의도된 적법한 공용침해만을 보상대상으로 하면, 사실행위에 의한 침해나 간접적인 침해, 즉 의도되지 않은 적법한 침해는 보상의 대상으로 하고 있지 않다고 볼 수 있다.

이러한 흠결의 보충과 관련하여 침해에 대한 보상 여부에 관하여는 ① 헌법 제23조 제3항은 보상은 법률로써 정하도록 하였으므로 법률에 보상규정이 없을 때에는 보상이 불가능하다고 보고 입법적으로 해결하여야 한다는 견해, ② 독일의 수용적 침해의 법리를 도입하여 보상청구가 가능하다는 견해 등의 대립이 있다.

3. 비재산적 법익에 대한 손실보상(희생보상청구권)

1) 의 의

희생보상청구제도란 행정기관에 의한 고권작용으로 인하여 발생한 비재산적인 법익, 즉 생명 · 건강 · 명예 · 자유 등과 같은 비재산적 법익의 침해에 대하여 보상해주는 것이다. 희생보상은 기존의 손실보상제도가 재산적인 법익의 부상만을 그 대상으로 한 데에 반하여, 비재산적인 범이의 보상을 그 대상으로 하는 점에서 차이를 갖는 것이다.

2) 법적 근거

독일의 경우 프로이센 일반란트법 제74조, 제75조 등 관습법에 기초한 희생보상의 원칙에 근거한다. 우리나라는 기본권보장, 법치국가원리, 사회국가원리 등을 헌법적 근거로 하고, 전염병예방법 제54조의2 등을 법률적 근거로 들 수 있다.

3) 성립요건

희생보상의 성립요건으로는 공공의 필요, 행정주체의 고권적인 제약행위의 존재, 비정형적 결과로 인한 비재산권에 대한 침해, 특별한 희생의 발생을 들 수 있다.

희생보상청구권은 특히 비정형적 결과로 인한 비재산권에 대한 침해일 것을 요구하는 바, 공권력의 행사로 인하여 발생한 예상치 못한 생명 · 신체의 피해에 대한 보상제도로서 의도적인 침해가 있었다면 이는 공권력의 행사가 위법하다는 징표가 될 것이다. 여기에서 '비재산적 법익'이라 함은 생명 · 건강 · 명예 · 자유 등을 말하며, 침해대상인 비재산권은 보호가치성이 있어야 하고, 무보상의 수인을 요구할 수 없는 정도의 특별한 희생일 것을 요한다.

4) 보상효과

보상의무는 침해를 통한 수익자가 지며, 수익자가 없다면 행정주체가 지게 된다. 희생보상청구권 행사에 의하여 주장할 수 있는 보상내용은 비재산적 법익의 제약을 통하여 발생한 재산적 손실이다. 그 내용으로는 치료비용, 요양비용, 일실이익 등이 되며, 이 때에 정신적 피해를 이유로 한 위자료청구는 인정되지 않는다. 따라서 희생보상청구제도의 대상으로서의 '비재산적'이라는 개념의 의미는 불이익을 받게 되는 법익을 의미하는 것이며, 보상내용을 말하는 것은 아니다. 이 때에 피해자의 과실이 존재하는 경우에는 보상액의 산정시 고려사유가 된다.

한편, 직무행위로 인한 손해배상청구권과 희생보상청구권은 서로 배척하지 않고 병렬관계에 있다.

5) 우리나라의 인정 여부

실정법과 판례의 입장은 일반적 제도로서의 희생보상청구권 인정을 원칙적으로 부인하고 있다.[60] 그러나 학설에서는 헌법의 기본권 규정(헌법 제10조, 제12조)과 평등조항(헌법 제11조)을 직접근거로 하여 희생보상을 청구할 수 있다는 견해와, 기본권규정과 평등조항의 정신에서 희생보상청구권이 간접적으로 도출된다고 보는 견해가 있다.

---

60) 개별법인 (구)산림법 제102조의2, 전염병예방법 제54조의2에서 개별적으로 인정하고 있다.

제4절 행정상 손실보상의 대상

공용수용으로 인한 손실보상의 대상은 역사적으로 변천을 거듭하고 있는데, 그것은 대인보상에서 대물보상으로, 대물보상에서 생활보상으로 변천하여 왔다고 할 수 있다.[61] 여기에서 보상대상의 변천과정에 대하여 살펴보면 다음과 같다.[62]

Ⅰ. 대인보상에서 대물보상으로

영국에서 처음으로 손실보상을 인정한 토지조항통합법(Land Clause Consolidation Act, 1845)에서 수용토지의 보상은 피수용자에 있어서의 가치를 기준으로 평가되었다. 여기에서 '피수용자에 있어서의 가치'(value to the owner)란 당해 토지의 객관적인 시장가치를 뜻하는 것이 아니라 피수용자가 그 토지를 사용함으로써 현재 얻고 있는 편익가치(便益價値), 즉 주관적 가치를 뜻한다. 왜냐하면 피수용자의 자기 토지에 대한 주관적 가치는 대부분의 경우에 그 객관적인 시장가치를 초과하기 때문이다.[63] 따라서 초기의 손실보상은 피수용자가 향유하고 있는 편익가치인 피수용자 개인의 입장을 대상으로 한 '대인보상'이었다.

그러나 대인보상은 보상액의 산정에 관하여 객관적 기준이 없고, 또 고액이었으므로 공공사업비의 경감과 보상액의 객관화를 위하여 고안된 것이 재산에 대한 객관적 시장가치의 보상인 '대물보상'이다. 대물보상의 대표적인 제도의 예는 미국을 들 수 있으며, 영국에서는 토지취득법(Acquisition of Land Act, 1919)에 의하여 대물보상의 원칙이 채택되었는데, 종래 손실보상은 주로 대물보상이었다.

그런데 대물보상은 원칙적으로 수용의 대상과 보상의 대상이 일치하지만, 피수용자나 관계인에게 만족할 만한 보상이 되지 아니하는 경우가 많다. 왜냐하면 철저한 대물보상에 있어서는 이전비손실 및 영업상 손실 등 부대적 손실에 대한 보상의 여지가 없기 때문이다. 이러한 대물보상

61) 박평준, 「토지수용법론」. 274-276면; 박평준 · 박창석, 「보상법규강의」. 327-328면.

62) 이상규, "손실보상의 대상의 변천", 월간고시 편집부 「행정법논집」. 법지사, 1984, 270-277면.

63) R. D. Stewart-Brown ed., *Encyclopedia of the Compulsory and Compensation*. 1962, p.2036.

의 문제점을 보완한다는 취지에서 형성된 것이 이른바 '생활보상'이다.[64]

Ⅱ. 대물보상에서 생활보상으로

현대 복지국가에 있어서의 보상은 대물보상에서 생활보상으로 변천하고 있는데, 여기에 가장 크게 작용한 것은 손실보상이론에 대한 사회복지국가관념의 도입이라고 할 수 있다.

따라서 손실보상의 목적을 사회복지국가적인 관점에서 본다면, 보상에 의해서 수용 전과 같은 재산상태를 만드는 것만으로는 불충분하고, 수용 전과 같은 생활상태를 만들 수 있는 것이어야 한다. 그러므로 복지국가에 있어서의 손실보상은 재산의 등가교환적 가치의 보상에 만족할 것이 아니라 종전의 유기체적인 생활의 회복을 보장하는 이른바 생활보상이어야 할 것이다.[65] 그러므로 보상은 피수용자와 관계인의 종래와 같은 생활에 대한 관심을 가져야 하며, 결국 생활보상의 이념을 지향하고 있다고 할 수 있겠다.

Ⅲ. 우리나라 헌법상 생활보상의 지향

근대헌법에서는 개인에게 사유재산제와 함께 직업선택의 자유가 보장되어 있으므로 수용된 재산권의 객관적 가치에 대한 완전한 보상을 받으면, 각자는 보상금으로 대체재산을 확보하거나 그 의사에 따라 다른 곳으로 이주(移住)하여 종전의 직업에 종사하든지 그 능력에 맞는 다른 직업을 선택하면 되는 것으로 보았다.

그러나 현대 헌법하에서는 댐건설 등과 같은 대규모적인 공공사업이 행해지는 때가 많으며, 그 경우에는 '면적 수용'(面的 收用)에 의한 광범위한 용지취득이 행하여지고 지역사회 전체가 붕괴됨으로써 생활터전을 잃게 된다. 이러한 경우에는 재산권의 객관적 가치의 보상만으로는 정당한 보상이 될 수 없는 것이다. 그러므로 오늘날은 생활보상이 보상대상의 중요한 과제로서 취급되어야 할 필요성이 절실하다. 따라서 우리나라의 손실보상은 복지국가적 생활보상을 지향하는 것이라고 할 수 있다. 그러므로 우리나라의 헌법상 손실보상은 대물보상을 근간으로 하면서 생활보상을 지향하는 것으로 이해할 수 있겠다.[66]

---

64) 김원주, "현대복지국가의 행정상 손실보상", 「고시연구」. 1982.11, 70면.

65) 상게논문, 70면.

66) 박평준, 「행정상손실보상법리연구」. 182면.

Ⅳ. 현행법상의 생활보상

우리나라의 헌법상 국민의 재산권은 보장되지만, 그 행사는 공공복리에 적합하여야 하며, 공공필요에 의한 재산권의 수용 · 사용 또는 제한은 법률의 근거하에 정당보상을 하여야 한다(헌법 제23조). 따라서 재산권에 대한 공용침해는 공공필요, 법률근거, 정당보상 등의 요건을 구비함으로써만 정당화되는 것으로서 공공필요의 원칙, 공용침해법정주의, 정당보상의 원칙 등을 규정하고 있다.

여기의 헌법상의 '정당보상원칙'은 항상 획일적인 보상기준이 적용되는 것이 아니라 원칙적으로는 완전보상을 해 주어야 하지만, 경우에 따라서는 완전보상을 상회하거나(생활보상) 그 수준을 하회하는 경우(개발이익의 배제)를 부인하는 것은 아니라고 본다.

그런데 종래의 손실보상은 사유재산권을 중심으로 하여 그의 박탈과 그에 따라 부대적으로 발생하는 경제적 손실에 대한 보상을 그 기본내용으로 하고 있었다. 공공사업이 종전에는 주로 도로 · 시장 · 운동장 등과 같은 소규모의 개발사업이어서 그 용지(用地)를 취득하기 위하여는 이른바 '점 · 선적 수용'(點 · 線的 收用)이 행하여졌다. 따라서 토지를 수용당한 자는 그 보상금으로 인근지역에서 그에 상당한 대체토지를 매수하여 종전과 같은 생활을 계속할 수 있었다. 그 결과 공용수용에 있어서는 토지 등의 시장가격 및 그 부대적 손실에 대한 보상을 하면, 그것이 정당보상이라는 이론이 성립할 수 있었던 것이다.

그러나 오늘날에는 공공사업이 댐 · 공업단지 · 주택단지의 건설 등과 같이 대규모적으로 행하여지고 있으며, 그 경우에는 이른바 '면적 수용'(面的 收用)에 의한 광범위한 용지취득이 이루어지고 특정한 지역사회 전체가 붕괴되는 결과까지를 초래하게 된다. 이러한 경우에는 재산권의 객관적 가치의 보상만으로 정당한 보상이 될 수는 없는 것이며, 따라서 오늘날은 종래와는 다른 여러 가지 새로운 문제가 대두되고 있는 바, 이와 관련하여 생활보상이 보상문제의 새로운 중요과제로서 검토되는 단계에 이르렀다.

오늘날의 행정상 손실보상에 있어서 새로운 보상문제의 중요한 일환으로서 취급되고 있는 생활보상의 법리를 정립하기 위하여는 생활보상의 개념 · 인정근거 · 법적 성격 · 내용 및 범위 등에 관하여 체계적인 연구가 수행되어야 할 필요성이 절실하다. 따라서 여기에서는 이와 같은 순서에 따라 우리나라의 현행법을 중심으로, 그 내용을 구성하여 고찰하고자 한다.[67]

1. 생활보상의 개념정립

1) 생활보상의 배경

손실보상의 대상은 역사적으로 변화를 거듭하고 있는데, 그것은 대인보상에서 대물보상으로,

67) 박평준, "현행법상의 생활보상에 관한 고찰", 363-381면 참조.

대물보상에서 생활보상으로 변천하여 왔다고 할 수 있다.

생활보상의 이론적 배경은 대물적 보상의 한계와 복리국가주의의 요청을 들 수 있다. 즉 현대 사회에 있어서는 토지의 희소성으로 인하여 유사토지의 구입이 곤란한 경우가 많고, 또한 대물적 보상에도 불구하고 피수용자의 생활근거가 상실되는 경우가 있기 때문에 생활보상을 하여야 할 필요성이 요청된다. 그리고 수용의 대가로 받은 보상금으로 피수용자가 종전과 같은 생업(生業)을 유지할 수 없게 되거나 수몰민의 경우처럼 생활재건을 할 수 없게 된다는 것은 복리국가주의의 실현에 위반하기 때문에 생활보상의 필요성이 증가되고 있다.

2) 생활보상의 개념형성에 관한 학설

위에서 지적한 바와 같은 필요에 따라 오늘날 공용침해에 대한 손실보상은 생활보상을 해 주어야 한다는 점에 관하여 대부분의 견해는 거의 이론(異論)이 없으나,[68] 생활보상이 무엇을 의미하는 것인가는 의견이 다르다.

생활보상은 실정법이나 판례상으로 아직 정립된 개념이 아니고, 생활재건보상 · 생존보상 · 생업보상이라고도 하며,[69] 생활권보상이라고도 한다.[70] 생활보상의 개념은 학문상으로도 아직 확립된 것이 없으며, 지금까지 논의되어 온 바를 정리하면 다음과 같다.

(1) 최광의설

오늘날에는 종래의 재산권보상에 갈음하여 생활권보상이 보상의 궁극적 목표로서 손실보상제도의 중심이 되어야 한다는 전제하에서, 종전의 전형적인 재산권보상인 대물보상과 그 부대적 손실보상도 생활권보상으로 보는 견해이다. 우리나라 학자들 중에서 이 견해를 취하는 입장은 없는 것 같다.[71]

(2) 광의설

생활보상은 피수용자 등의 재산의 등가교환적 가치의 보상에 그치는 것이 아니라 유기체적인 생활을 종전과 마찬가지 수준으로 보장해 주는 것을 말한다. 그리고 생활보상의 내용으로서는 주거의 총체가치의 보상, 영업상 손실보상, 이전료보상, 소수잔존자보상 및 이주대책과 같은 생활재

---

68) 그러나 생활보상의 문제는 사회국가원리와 재산권, 특히 토지의 사회성과 공공성 등을 고려하여 공용침해와 관련된 모든 공익과 사익의 총체적인 형량을 통한 보상이라는 권익형량보상을 통해서도 해결될 수 있는 문제이므로 별도로 생활보상이라는 원칙을 확립할 필요가 있는지는 의문이다라는 견해도 있다(정연주, "우리 헌법상 재산권이론의 형성과 발전", 정천 허영 박사 화갑기념논문집 「한국에서의 기본권이론의 형성과 발전」, 박영사, 1997, 370면).

69) 西埜 章, 「損失補償の要否と內容」, 東京 : 一粒社, 1991, 159頁.

70) 김철용, 「행정법 Ⅰ」, 박영사, 2005, 484면; 박윤흔 · 정형근, 전게서, 662, 670면.

71) 박윤흔 · 정형근, 상게서, 670면.

건조치 등을 들고 있으나, 학자에 따라 약간의 차이가 있다. 이 견해에 따르면 종래 재산권보상으로 취급되어 온 부대적 손실보상의 상당부분이 생활보상에 포함된다.[72]

(3) 협의설

생활보상이란 피수용자 등이 현재 당해 장소에서 현실적으로 누리고 있는 생활이익의 상실로서 재산권보상만으로는 전보되지 아니한 손실에 대한 보상을 말한다. 이러한 입장에서도 견해가 일치하지는 않지만, 보상대상을 구체적 · 개별적으로 특정할 수 있는 유형 · 무형의 재산이나 재산적 이익을 대상으로 하는 실비변상적 보상인 이전료보상과 일실손실보상인 영업손실보상 등과 같은 부대적 손실보상은 생활보상에서 제외한다.[73]

(4) 결 어

생활보상은 이를 광의로 파악하는 것이 현재의 다수설이며 또한 판례의 입장이다.[74]

위의 광의설과 협의설은 오늘날의 대규모적인 댐 건설 등의 현실에서는 종래의 재산권보상만으로는 제대로 완전보상이 행해질 수 없으며, 완전보상이 실질적으로 행해지기 위하여는 재산권보상에 더하여 생활보상이 필요하다고 보아 재산권보상과 생활권보상의 병존을 인정한다. 그러므로 광의설과 협의설은 어떤 본질적인 사항에 대하여 견해를 달리하는 것이 아니고, 다만 일부의 보상항목을 재산권보상으로 보는가 또는 생활권보상으로 보는가 하는 점에 차이가 있을 뿐이다.[75] 따라서 재산권보상이냐 생활권보상이냐가 중요한 것이 아니라 '어느 범위까지' 보상을 해주는 것이 보다 국민의 기본권 실현에 이바지하는 것이며, 합헌적이냐의 문제라고 본다.[76]

그리고 어느 입장을 취하든 생활보상을 통해서 적어도 개발사업의 시행 또는 수용이 없었던 것과 같은 생활재건을 실현시켜 재산권의 존속을 보장하는 것이어야 한다고 보는 점에는 차이가 없다. 따라서 생활보상은 전통적 재산권보상이론에서 볼 때 보상개념의 확장이라고 하겠다.[77]

2. 생활보상의 근거논의

1) 이론적 근거

손실보상은 공공필요를 위하여 특정한 개인에 대한 '특별한 희생'이 있는 경우, 사익과 공익의

---

72) 김성수, 「일반행정법」. 법문사, 2002, 662-663면; 석종현, 전게서, 683-684면; 이상규, 전게서, 649-652면; 한견우, 전게서, 862-863면; 홍정선, 전게서, 762면.

73) 김남진 · 김연태, 전게서, 638면; 김철용, 전게서, 468-470면; 박윤흔 · 정형근, 전게서, 673-674면.

74) 박평준, 「행정상손실보상법리연구」. 297면.

75) 박윤흔 · 정형근, 전게서, 670면.

76) 석종현, 전게서, 684면.

77) 한견우, 전게서, 862면.

조절적 보상(ausgleichende Entschädigung)으로서, 재산권보장과 법의 목적인 정의 · 공평의 원칙 및 생존권보장 등을 종합적으로 그 이론적 근거로 파악하는 것이 타당하다.[78] 특히 최근 헌법상 국민의 생존권보장의 기본권으로서의 중요성이 뚜렷해짐에 따라 재산권보장의 수준을 상회하는 보상을 주장하는 생활권보장설의 이념상의 우수성을 충분히 인정할 수 있다고 본다.

(1) 재산권보장의 원칙

헌법은 개인의 재산권보장을 전제로 하는 자본주의경제체제를 채택하고 있다. 손실보상은 이와 같은 헌법하의 사유재산제의 불가결한 요소이므로 근대헌법 이후 각국은 예외없이 명문으로 이를 보장하고 있다. 그런데 자본주의의 경제원칙에 의하면, 재산권의 보장은 곧 그 교환가치의 보장에 있는 것이므로 손실보상제도는 '재산권의 보장'으로서 재산권보장의 실질을 갖게 된다고 할 수 있다.

우리나라의 헌법도 제23조 제1항에서 재산권보장을 규정하고, 동시에 동조 제3항에서 손실보상을 규정하고 있다. 현행헌법은 보상기준으로서 '정당한 보상'을 규정하고 있는 바, 여기의 '정당보상'이란 항상 획일적인 보상기준이 적용되는 것이 아니라, 원칙적으로 완전보상을 해 주어야 하지만, 경우에 따라서는 완전보상을 하회할 수도 있고, 또한 그 수준을 상회하는 생활보상까지 해 주어야 하는 경우도 있을 수 있다는 것으로 해석되어야 할 것이다.[79] 따라서 우리나라의 손실보상은 복지국가적 생활보상의 이념을 지향하는 것이라고 할 수 있으며, 그의 이론적 근거가 된다고 본다.

(2) 평등부담의 원칙

공용침해로 인한 사인의 재산권에 대한 침해에 대하여 보상을 하는 것은 개인이 입게 된 '특별한 희생'(besonderes Opfer)을 전체의 부담으로 전가시키는 것을 뜻한다. 따라서 손실보상제도는 공공필요에 의하여 개인이 입게 된 특별한 손실을 개인의 부담으로 두는 것이 '정의와 공평'(Recht und Billigkeit)의 원칙에 어긋난다고 인정되는 경우에는 충분한 존재가치가 있다.

그러므로 개인이 입은 특별한 손실을 그의 부담으로 방치하는 것은 헌법상의 평등원칙에 반하는 것이며, 결국 손실보상제도는 개인의 재산권에 대하여 미치게 된 불평등한 부담을 국민전체의 공평한 부담으로 전가하여 이를 조절하기 위한 기술적 수단이라고 할 수 있다. 따라서 손실보상은 공적 부담앞에 평등하여야 한다는 '평등부담의 원칙'을 그 이념으로 한다.

그런데 손실보상의 이론적 근거로서의 '공적 특별부담 앞의 평등부담의 원리'는 재산권침해에 국한되는 법리로 볼 것은 아니다. 적어도 학설은 특별희생에 대한 보상을 넓게 인정하려 하고,

78) 박평준, "공용수용에 대한 손실보상 : 보상범위를 중심으로", 「공법연구」, 제15집, 한국공법학회, 1987, 151-154면.
79) 김남진 · 김연태, 전게서, 640면.

그 이론적 근거로서 공적 특별부담 앞의 평등법리의 일반화에 공감하고 있다. 그렇다면 공적 특별부담 앞의 평등법리는 헌법 제23조 제3항에 기한 종래의 손실보상청구권 뿐만 아니라 재산적 · 비재산적 특별희생에 대한 보상의 일반적 근거가 되는 법리로 재인식될 필요가 있다. 따라서 공공사업 등을 위한 공권력행사로 인한 생활이익의 침해가 일반적 제약을 넘어서는 특별한 희생에 해당하는 경우 당연히 '공적 특별부담 앞의 평등법리'에 따라 생활보상을 하여야 하는 것이다.80)

(3) 생존권보장의 원칙

최근에 이르러서는 손실보상의 경향은 단순한 재산권보장이라는 차원을 넘어서 생존권보장이라는 이념을 지향하고 있다. 이와 같은 보상이념의 전환은 헌법상의 생존권개념의 형성 이외의 공용수용제도 그 자체의 변질에 연유한다고도 할 수 있는데, 그것은 수용요건으로서의 공공성의 개념이 확대되고 있을 뿐만 아니라 재산권에 대한 사회적 의무도 증가함으로써 재산권행사에 있어서의 사회성이 강력히 요청되는 데에 기인한다. 특히 대규모적인 공공사업의 수행은 손실보상에 있어서 각종 사회적 · 경제적 문제를 야기시키고 있다. 종래의 손실보상은 등가적인 금전보상을 함으로써 종전과 같은 생활을 계속할 수 있다는 것을 전제로 하고 있으나, 오늘날은 그러한 보상금으로써 토지를 구하여 종전과 동일한 생활을 영위하는 것이 어려워져 생활기반 자체가 위협을 받게 되었다.

그러므로 공용수용에 의하여 생활의 터전을 잃게 된 경우 이에 대한 적절한 대책이 없다면, 그 보상은 실질적인 의의를 상실하게 될 것이며, 손실보상은 개인의 생활기반의 붕괴를 방지하기 위하여도 필요하다. 따라서 손실보상의 이념은 재산권의 보장에 한하지 아니하고 생존권의 보장에까지 관련되는 문제라고 할 수 있으며, 보상에 따른 생활보장권의 확보는 법적 차원에서 검토하여야 할 중요한 문제로 등장하게 되었다.81)

2) 실정법적 근거

공공필요에 의하여 개인의 귀책사유 없이 재산권 · 생존권에 특별한 희생이 가해진 경우, 위에서 지적한 바와 같이 이념적 또는 이론적으로는 당연히 생활보상이 지급되어야 하는 것이나, 구체적으로 생활보상청구권이 발생하기 위하여는 그에 대한 실정법상의 근거가 있어야 한다. 그런데 그 근거로서는 헌법적 근거와 법률적 근거로 구별할 수 있다.

(1) 헌법적 근거

생활보상의 헌법적 근거에 관하여는 견해가 대립되고 있다.

80) 최승원, "생활보상의 개념과 헌법적 근거", 「공법연구」. 제26집 제3호, 한국공법학회, 1998, 387-388면.

81) 박평준, 「토지수용법론」. 252-255면; 박평준 · 박창석, 「토지취득보상법」. 254-256면; 박평준 · 박창석, 「보상행정법」, 591면.

① 헌법 제34조설 : 이 견해는 생활보상의 헌법적 근거를 헌법 제34조에서 찾는다. 이 설은 생활보상은 헌법 제23조 제3항의 정당보상의 범위에 포함되지 않는다고 본다. 헌법 제23조 제3항의 규정은 재산권의 객관적 가치의 보상을 지향하고 있으며, 만약 생활보상이 그 규정의 정당보상의 범위에 포함된다면 경제적 약자가 아닌 자에게도 생활보상을 하여야 하기 때문에 생활보상의 취지에 반하게 된다고 한다.

따라서 생활보상의 헌법적 근거는 「모든 국민은 인간다운 생활을 할 권리를 가진다」고 규정한 헌법 제34조 제1항의 사회권적 기본권조항에서 찾아야 한다고 한다. 그 논거는 헌법 제23조 제3항은 원래 수용목적물인 재산권에 대한 보상과 이와 관련되는 부대적 손실의 보상을 대상으로 하는 것이지 공공사업의 시행 이전의 생활상태를 회복하게 하는 내용의 생활권보상을 대상으로 하고 있지 않다는 데에 있다.[82)]

② 헌법 제34조 · 제23조 통합설 : 이 견해는 생활보상의 헌법적 근거를 헌법 제34조와 제23조에서 찾는다. 이 설은 종래 보상이론의 최대 약점은 재산권의 개념을 교환가치지배권으로서 구성함으로써 그것을 생활권과 분리 · 대립된 것으로 파악한 결과 재산권보상과 생활권보상과의 별개의 것 또는 대립된 것으로 보는 오류를 범하고, 재산권보상은 인정하면서도 생활권보상은 인정하지 않게 되었다고 한다.

그러한 전제 아래에서 이 견해는 그와 같은 사고를 근본적으로 전환하여 재산권보상과 생활권보상과를 통일적으로 파악하여야 하며, 헌법상 기본권의 전 체계하에서는 헌법 제23조의 재산권도 결국은 제34조의 생활권을 기초로 한 것으로 보아야 한다는 데에 그 논거를 구하고 있다. 따라서 생활보상은 헌법 제34조 제1항과 제23조 제3항의 결합에 의하여 정당보상에 포함된다고 한다. 우리나라의 다수설이다.[83)]

③ 결어 : 위의 학설 중 헌법 제34조설에 의하면, 손실보상에는 제23조에 의한 것과 제34조에 의한 것의 두 종류가 있게 되어 이원적으로 파악하게 된다. 이에 대하여 제34조 · 제23조 통일설에 의하면, 생활권보상도 '정당한 보상'의 하나의 내용으로서 일원적으로 파악하게 된다.

그러나 우리 헌법상의 기본권체계로 볼 때, 이론적으로 제34조 · 제23조 통합설이 보다 타당할 것으로 생각된다.[84)] 특히 헌법 제23조 제3항이 규정한 '정당보상'의 의미를 완전보상의 수준을 상회하는 생활보상까지를 포함하는 것으로 해석하는 우리의 입장에서는 이 견해가 더욱 당연한 것이다.

이 문제는 생활권보상의 의의와 관련이 있다고 생각하면서, 생활권보상을 최광의로 보아 보상의 궁극의 목표를 종전의 생활의 재건으로 생각해서 재산권보상을 생활권보상 속에 포함시키는

82) 김동희, 전게서, 612면; 김철용, 전게서, 485면.

83) 김남진 · 김연태, 전게서, 638면; 김성수, 전게서, 663-664면; 박윤흔 · 정형근, 전게서, 672면; 박평준, "현행법상의 생활보상에 관한 고찰", 369면; 석종현, 전게서, 685면; 한견우, 전게서, 862면; 홍정선, 전게서, 763면.

84) 박윤흔 · 정형근, 상게서, 672면.

견해에 의하면 제34조 · 제23조설이 타당한 것인지 모른다.

그렇지만 생활권보상을 재산권보상과 대응되는 개념으로 본다고 한다면, 비록 생활권보상이 공공필요에 의한 재산권의 수용 등에 의하여 필요로 하게 된 것이라 하더라도, 그 헌법적 근거는 제34조에 두는 것이 옳다고 생각한다는 견해도 있다.[85] 이러한 입장은 위에서 지적한 생활보상의 이론적 근거와 관련하여 이해할 때 적절하다고 보기는 어렵다고 하겠으며, 생활보상의 개념에 관하여 우리나라에서 최광의설을 주장하는 학자는 없지만, 광의설이나 협의설을 취하면서도 그 구별없이 다수설은 제34조 · 제23조설을 채택하고 있는 상황이다.

그리고 헌법의 통일성의 관점에서 볼 때 모든 헌법규정이 직 · 간접적으로 모든 영역에서의 개인의 자율적인 생활설계와 그 실현을 보장하기 위한 것이지만, 생활보상은 인간존엄성의 유지 · 실현의 기초가 되는 인간다운 생활권, 인간다운 생활의 영위를 위한 재산권, 근로활동권, 직업의 자유, 거주이전의 자유, 쾌적한 주거생활을 위한 국가의 책무 등의 규정과의 상호연관성 하에서 그 근거를 도출해 볼 수 있다. 따라서 헌법체계상 헌법 제10조 · 제11조 · 제14조 · 제15조 · 제23조 · 제34조 · 제37조 등은 생활보상의 헌법적 근거를 형성한다고 본다는 견해가 있다.[86]

여하튼 이와 같이 생활보상은 헌법적 근거를 가지고 있으며, 따라서 그것은 헌법적으로 보장된 권리로서 단순히 정책적 배려에 그치거나 그 인정 여부를 입법정책적으로 좌우할 수 있는 것은 아니라고 할 것이다. 그러나 헌법규정만을 근거로 하여 생활보상을 직접 청구할 수 있는지에 대하여는 논란이 야기되고 있다.[87] 여기에서 생활권보상에 대하여서는 다시 법률적 근거를 찾아야 하며, 그것을 마련하지 아니하여 찾을 수 없다면 입법부작위(立法不作爲)로 위헌의 상태가 발생한다고 할 것이다.[88]

(2) 법률적 근거

우리나라 현행법은 생활보상에 관하여 일반적 또는 직접적으로 규정하고 있지 않아 입법은 극히 미비한 상태에 있으나, 생활보상의 개별법적 근거로서는 토지취득보상법 제79조 제1항은 그 일반법적 근거가 되는 것으로 파악할 수 있는 소지가 있다. 실제 동법시행령 및 시행규칙에는 생활보상적 성격을 갖는 규정이 산재하고 있다.[89]

---

85) 김철용, 전게서, 485면.

86) 최승원, 전게논문, 390면.

87) 손실보상을 규정한 헌법규정의 성질에 관하여는 입법방침설, 직접효력설, 위헌무효설, 유추적용설(간접효력설) 등의 견해가 대립되고 있다(박평준, 「토지수용법론」. 260-265면; 박평준 · 박창석, 「보상법규강의」. 334-336면; 박평준 · 박창석, 「보상행정법」. 565-568면).

88) 박윤흔 · 정형근, 전게서, 672면.

89) 김동희, 전게서, 613면.

3. 생활보상의 법적 성질문제

1) 생활보상의 성격

생활보상은 보상의 최저선으로서 생존권을 보장하는 보상이어야 하고(생존권적 성격), 수용이 없었던 것과 같은 생활상태를 재현하는 보상이어야 하며(원상회복적 성격), 피수용자 및 관계인의 생활안정을 위한 보상이어야 한다(생활안정적 성격)는 등의 성격을 갖고 있다.[90)]

(1) 생존권보장성

생활보상은 공공사업의 시행으로 인한 개인의 재산권침해에 대하여 그러한 침해가 없었던 것과 같은 생활상태의 확보를 위한 것이므로 이는 현대 복지국가의 이념에 따른 개인의 생존권을 보장하려는 생존권보장성이 인정된다. 만약, 공공복리의 증진을 위하여 시행하는 공공사업이 결과적으로 사업시행지역 안의 주민에 대해서 비록 보상은 하였지만, 종전의 생활상태의 재건을 행할 수 없게 된다면 그것은 오히려 생존권 자체가 위협받게 되는 것으로서 헌법상의 복지국가주의에 반한다는 것이다.[91)]

(2) 원상회복성

생활보상은 공공사업의 시행이 없었던 것과 같은 재산상태를 확보해 주는 데 그치는 것이 아니라 공공사업의 시행이 없었던 것과 같은 생활상태를 재건할 수 있게 해 주는 보상이라는 점에서 원상회복적 성격을 지닌다. 따라서 생활보상은 대물적 보상금을 지급하는 것과는 별도로 공공사업의 결과로 인하여 생활의 근거를 상실한 자에 대하여, 법령이나 예산의 범위 안에서 종전과 같은 생활상태의 재건을 위하여 필요한 토지나 건물의 취득알선이나 직업소개 또는 지도, 융자알선 등의 생활재건조치를 필요로 한다.[92)]

(3) 생활안정성

손실보상은 피수용자 등의 생활의 안정을 그 궁극적인 목표로 한다. 일반적으로 손실보상은 수용이 없었던 것과 같은 재산 또는 경제상태를 재현하는 것이 그 목표이다. 그 어느 것이나 생활의 기초를 형성하는 것이므로 결국 생활의 안정에 귀결된다. 따라서 보상의 역사의 종착역은 생활안정을 재현하는 생활보상이라고도 할 수 있다.[93)]

---

90) 木村 實, "生活權補償の性格", 成田賴明 編「行政法の爭點」. 東京 : 有斐閣, 1980, 273頁.

91) 한견우, 전게서, 862면.

92) 상게서, 862면.

93) 高原賢治, 「財産權と損失補償」. 東京 : 有斐閣, 1978, 164頁.

2) 생활보상의 특색

생활보상의 특색으로는 다음과 같은 점을 지적할 수 있다.[94]

(1) 보상기준의 객관성

생활보상은 대인적 보상과 다르다. 즉 대인적 보상은 주관적 성격이 강한 데 대하여, 생활보상에 있어서는 보상기준이 정해져 있기 때문에 객관적 성격이 강하다. 이는 생활보상은 객관적 기준에 의한 보상이 행하여지며, 따라서 일정한 수입, 일정한 이윤 또는 일정한 생활비 등 보상액이 객관적으로 산출되기 때문이다.

(2) 보상대상의 확대성

생활보상은 엄격한 의미의 대물적 보상과 다르다. 즉 대물보상에 있어서는 수용의 대상과 보상의 대상이 일치됨을 원칙으로 하는 데 대하여, 생활보상에 있어서는 수용의 대상과 보상의 대상이 일치하지 아니하고 그 보상의 대상이 훨씬 확대되고 있다.

(3) 대인보상과의 유사성

생활보상은 대인적 보상과 유사한 점도 있다. 즉 생활보상은 피수용자에게 수용이 없었던 것과 같은 내용의 생활상태를 확보하려는 보상인 점에서 대인적 보상의 면이 있는 셈이다. 왜냐하면, 피수용자의 재산보다는 그의 생활안정에 중점을 두고 있다고 볼 수 있기 때문이다.

(4) 최종단계의 보상성

생활보상은 보상의 역사에 있어서 최종단계의 보상으로서의 의미를 갖는다. 보상이란 피수용자에게 수용이 없었던 것과 같은 상태를 확보시켜 주는 것을 이념으로 한다고 볼 때, 생활보상이야말로 보상의 종국적 모습이라 할 수 있기 때문이다. 이는 손실보상의 대상이 대인보상에서 대물보상으로, 대물보상에서 생활보상으로 변천하여 왔다는 역사적 사실로써도 알 수 있는 것이다.

4. 현행법상의 생활보상적 보상내용

생활보상의 개념정립상의 광의설과 협의설에 따라서 생활보상의 내용 · 범위가 다르다. 그러나 광의설과 협의설은 앞에서 지적한 바와 같이 어떤 본질적인 사항에 대하여 입장의 차이가 있는 것이 아니라, 일부의 보상항목을 재산권보상으로 취급할 것인가 또는 생활권보상으로 다룰 것인가 하는 점에 있어서만 견해를 달리할 뿐이며, 어떤 보상항목을 재산권보상에 포함시키느냐 또는

94) 김남진 · 김연태, 전게서, 637면.

생활권보상에 내포시키느냐가 그렇게 중요한 의미를 지닌 것은 아니라고 본다.

그런데 우리나라의 학자들은 생활보상의 개념을 각각 광의설 또는 협의설로 파악하고 있지만, 생활보상의 내용으로 보는 보상항목은 광의설과 협의설에 따라 각각 동일한 것이 아니라 광의설을 채용하는 견해에서도 약간의 차이가 있고,[95] 협의설을 채택하는 입장에 있어서도 상당한 차이가 있는데,[96] 여기에서는 생활보상을 광의로 이해하여 현행 토지취득보상법 · 동법시행령 · 동법 시행규칙 등의 규정 중에서 내용상 생활보상적 성격을 갖는 것으로 논의되고 있는 보상항목을 살펴보면 다음과 같다.

1) 주거의 총체가치의 보상

이는 영국에서 1958년 10월부터 인정된 것으로서, '주거의 총체가치의 보상'(gross value of dwelling)이란 사람이 거주하기에 부적합한 주거의 수용에 있어서 지급될 보상액이 그 주거의 총체가치보다 적은 경우에는 주거의 총체가치에 상당하는 금액으로 보상하는 것을 말한다. 즉 간이건물의 전부나 일부를 포함하는 토지를 수용함에 있어서 피수용자가 그 건물을 자기의 주거로서 소유하고 또 현실적으로 점유하고 있으나, 그 간이건물이 사람의 주거용으로 적합하지 않기 때문에 그의 시장가치가 매우 낮은 때에는 평가표(valuation list)에 의하여 결정되는 그 주거의 총체가치로 보상하는 것을 말한다.[97] 결국, 그러한 경우에는 당해 건물의 시장가치가 아무리 낮더라도 거기에서 현실적으로 일정한 삶이 영위되고 있는 한, 일정한 주거의 총체가치의 보상이 되는 셈이며, 이는 곧 철거되는 건물의 주거로서의 생활보상인 것이다.

이러한 보상의 관념이 생긴 것은 비교적 최근의 일로서, 종래의 대물적 보상에 사회복리국가적 요청을 가미하여 생활안정을 보장하려는 것이라고 할 수 있다.[98] 우리나라에서는 토지취득보상법 시행규칙 제58조에서 규정하고 있는 주거용건물의 최저보상액이 여기에 해당한다고 볼 수 있겠다. 즉 주거용 건축물에 대한 보상에 있어서 주거용 건축물의 평가액이 5백만원 미만인 경우에는 5백만원으로 보상하여 '최저보상액'을 보장하고 있다.

2) 영업상 손실의 보상

우리나라의 토지취득보상법 제77조는 영업상 손실의 보상을 인정함으로써 영국적인 보상예를 취하고 있다. '영업상의 손실'은 토지 등의 수용과 인과관계가 있는 영업권[99] 기타의 영업상 손실

95) 김동희, 전게서, 614면; 김성수, 전게서, 664-665면; 박평준, 「공익사업용지취득보상법」. 328-333면; 석종현, 전게서, 686-689면; 이상규, 전게서, 651-652, 654면; 한견우, 전게서, 863-864면; 홍정선, 전게서, 528면.

96) 김남진 · 김연태, 전게서, 638면; 김철용, 전게서, 485-486면; 박윤흔 · 정형근, 전게서, 672-674면; 류지태, 전게서, 445면.

97) Parrish, *Cripp's Compulsory Acquisition of Land*, 1962, pp.729-731.

98) 이상규, 전게서, 650-651면.

99) 이른바 '영업권'이라는 것은 그 기업의 전통, 사회적 신용, 그 입지조건, 특수한 제조기술 또는 특수거래관계의 존재

을 말하는 것으로서, 동법시행규칙 제46조 및 제47조에서는 영업폐지로 인한 경우와 영업휴업으로 인한 경우로 나누어 그 영업이윤을 보상하게 규정하고 있다. 우리나라의 영업상 손실의 보상은 생활보상의 일종이라고 할 수 있다.[100]

토지취득보상법 제77조 이외에도 영업상의 손실에 대한 보상으로서, 영업의 폐업 · 휴업 · 무허가영업에 따른 보상이 있다(동법시행규칙 제46조, 제47조, 제52조).

3) 이전료보상

이전료보상은 수용의 직접적인 대상이 아닌 것에 대하여 보상을 하는 것이기 때문에 대물적 보상에 속하지 아니한다. 이전료보상은 재산권에 대한 보상이라기보다는 피수용자 자신에 대하여 평등원칙의 입장에서 지급되는 것이므로 대인적 보상이라고 할 수 있다. 그러므로 대물적 보상에 철저한 미국에서는 이전료는 보상하지 아니하는 것이 원칙이다. 그에 대하여, 역사적으로 대인적 보상을 거쳐 대물적 보상제도를 채용한 영국에서는 이전료는 수용의 직접적인 결과(direct consequence)라는 것을 이유로 보상을 하는 것이 원칙이며,[101] 우리나라의 토지취득보상법 제75조 제1항도 이전료보상을 인정하고 있다.

이와 같은 이전료보상은 물건에 대한 것이 아니라 사람에 대한 것이나, 피수용자의 경제적 손실에 대한 보상에 상당하므로 그 보상을 인정하는 것이 타당한 것이다. 왜냐하면 손실보상은 결과적으로 수용이 없었던 것과 같은 생활상태를 재현하는 것이 바람직하기 때문이다.[102] 그러나 이전료보상은 실비변상적 보상으로서 재산권보상에 포함된다고 보며, 생활보상의 내용에 편입되지 않는다고 생활보상의 개념을 협의로 해석하는 입장도 있다.

4) 소수잔존자보상

소수잔존자보상이란 공공사업의 시행의 결과로 인하여 종전의 생활공동체로부터 분리되어 잔존자의 생활환경이 현저하게 불편하게 됨으로써 더 이상 그 지역에서 계속 생활하지 못하고 이주가 불가피하게 되는 경우에 그 비용을 보상하는 것을 말한다. 예컨대, 댐공사 등으로 말미암아 촌락의 대부분이 수몰로 이전하고 소수의 잔존자가 생긴 때에는, 그 소수잔존자가 종전과 같은 생활을 계속하는 것은 거의 불가능한 일이므로 그 소수잔존자로 하여금 종전에 준하는 생활을 보장하여 주기 위하여 하는 보상이 이에 속한다. 그 내용으로는 이전비, 이사비, 이농비 또는 실농

등을 비롯하여 제조판매의 독점성 등으로 동종의 사업을 영위하는 다른 기업이 올리는 수익보다 큰 수익을 올릴 수 있는 초과수익력이라는 무형의 재산의 가치를 말하는 것이다(대판 1985.4.23, 84누281; 대판 1986.2.11, 85누592).

100) 이상규, 전게서, 651면.

101) Lawrance, *Compulsory Purchase and Compensation*, 1967, p.115.

102) 이상규, 전게서, 651-652면.

보상, 실어보상 등을 포함한다. 이는 공공사업의 시행에 필요한 토지 등의 소유자 이외의 제3자의 생활유지를 보장하기 위한 보상인 점에서 생활보상에 해당한다.[103] 협의의 생활보상의 개념에 의하면, 넓은 의미의 생활보상의 개념에서 재산권보상에 해당하는 실비변상적 보상의 하나인 이전료보상과 일실손실보상의 하나인 영업상 손실보상을 생활보상에 포함시키는 문제가 있으나, 주거의 총체가치의 보상과 소수잔존자보상은 좁은 의미의 생활보상의 개념을 취하더라도 생활보상의 내용이 된다.[104]

우리나라의 경우 토지취득보상법 시행규칙 제61조에 소수잔존자보상에 관한 규정이 있다.

5) 생활재건조치

생활재건조치라 함은 공공사업자로서의 사업시행자가 피수용자 등에게 직접 지급하는 보상금은 아니고, 보상금이 피수용자 등의 생활재건을 위하여 가장 유효하게 사용될 수 있도록 하기 위한 각종의 조치를 말한다.[105] 그런데 이 생활재건조치가 가장 문제로 되는 것은 댐건설로 인한 수몰보상의 경우가 가장 많다. 이에 대해서는 그 자체로서는 생활보상과 직접적인 연관성은 없다고 보며,[106] 생활보상의 내용과 분리하여 고찰하는 견해도 있다.[107]

그러나 생활보상의 의미는 당사자가 일정한 생활근거를 상실함으로써 받게 되는 불이익을 보상함으로써 종전의 생활상태를 회복하게 하는 데 있는 것이라면, 이는 단순히 이주비나 이주하여 정착하는 시간 동안의 생계대책비의 지급에 그치는 것이 아니라 적극적으로 새로운 이주지에서의 정착과 생활을 위한 여러 가지 배려도 포함한다고 보는 것이 타당할 것이다.[108] 따라서 당연히 생활보상의 일부로 된다고 보는 것이 일반적 견해이다.[109]

생활재건조치는 구체적으로 이주대책의 수립 · 실시(동법 제78조, 제79조의2, 「산업입지 및 개발에 관한 법률」 제36조 제1항, 관광진흥법 제34조 등), 대체지의 알선(간척지의 알선 또는 국공유지의 알선 등), 공영주택의 알선, 개간비의 보조 · 융자, 직업훈련, 고용 또는 고용알선(산업입지 및 개발에 관한 법률 제36조 제2항), 각종의 상담 등이며, 보상금에 대한 조세의 감면조치도 일종의 생활재건조치라고 할 것이다.[110] 그리고 주택 · 학교 · 시장 · 상하수도 · 근린생활시설 등 생활의 재건에 필요한 일련의 사회간접자본시설을 설치하는 것도 생활보상의 중요한 내용을

---

103) 박평준, 「토지수용법론」. 284면; 이상규, 전게서, 652면; 한견우, 전게서, 863-864면.
104) 박평준, 「행정상손실보상법리연구」. 308면.
105) 김동희, 전게서, 613면; 박윤흔 · 정형근, 전게서, 675-676면.
106) 김동희, 상게서, 613면.
107) 박윤흔 · 정형근, 전게서, 675면.
108) 류지태, 전게서, 444면.
109) 김동희, 전게서, 613면 주 2); 김성수, 전게서, 664면; 박평준, 「토지수용법론」. 285-286면; 한견우, 전게서, 863면.
110) 석종현, 전게서, 689면.

이룬다. 현행법이 인정하고 있는 생활재건조치에는 위에서 지적한 바와 같이 대체지의 알선 등 여러 가지 수단이 있으나, 다른 방법들은 모두가 단편적인 것에 지나지 아니하며, 이주대책이 그 중심이 되고 있다.

'이주대책'이라 함은 공공사업의 시행에 필요한 토지 · 주택이나 농경지 등을 제공함으로 인하여 생활근거를 상실하게 된 사람의 재정착을 지원하기 위한 생활재건조치로서 생활보상의 성격을 지닌다.[111] 이주대책은 이주자 중에서 이주정착지에 이주를 희망하는 자가 10호 이상인 경우에는 사업시행자가 원칙적으로 이를 수립 · 시행하여야 한다(동법 제78조, 제78조의2, 동법시행령 제40조, 제41조의3). 그리고 이주자는 개인적 공권으로서의 수분양권(受分讓權, 分讓請求權)을 가진다.[112] 이는 토지취득보상법 제78조가 이주사업의 주체에 대하여 이주사업을 실시해야 할 의무를 부과하고 있기 때문이다.[113]

6) 사업손실보상

사업손실보상이라 함은 공공사업의 시행 또는 완성 후의 시설이 간접적으로 사업시행지구 외에 위치한 타인의 토지 등의 재산에 손실을 미치는 경우의 보상을 말하며, 이는 '간접손실보상'이라고도 한다. 이 손실보상에 대해서 학자에 따라서는 생활보상의 내용으로 설명하기도 하고,[114] 생활보상과는 별도로 취급하기도 하지만,[115] 손실보상의 당사자나 보상대상이 생활보상의 경우와는 달리 간접적이라는 점에서 생활보상과는 구별되는 것이 타당하다고 본다.[116] 그러나 여기에서 사업손실보상의 문제에 대해서 몇 가지 점을 언급함으로써 생활보상의 내용과 관련하여 이해하는 데 참고하고자 한다.

공공사업의 시행이나 완성 후의 시설이 사업시행지역의 주변에 미치는 손실은 '물리적 · 기술적 손실'[117]과 '경제적 · 사회적 손실'[118]로 구분할 수 있다. 그런데 실정법이 규정하고 있는 사업손

111) 판례도 생활보상으로서의 이주대책을 인정한다. 즉 이주대책은 공공사업의 시행에 필요한 토지 등을 제공함으로 인하여 생활의 근거를 상실하는 이주자들을 위하여 사업시행자가 기본적인 생활시설이 포함된 택지를 조성하거나 그 지상에 주택을 건설하여 이주자들에게 이를 그 투입비용 원가만의 부담하에 개별공급하는 것으로서, 이주자들에 대하여 동시에 인간다운 생활을 보장하여 주기 위한 생활보상의 일환으로 국가의 적극적이고 정책적인 배려에 의하여 마련된 제도이다(대판 1994.5.24, 92다35783).

112) 대판 1994.10.25, 93다46919.

113) 김남진, "공특법상 이주자의 법적 지위", 「판례월보」, 1994.12, 27면.

114) 강구철, 「강의 행정법 I」, 형설출판사, 1998, 718-719면; 김남진 · 김연태, 전게서, 638면.

115) 김동희, 전게서, 615면; 박윤흔 · 정형근, 전게서, 677면.

116) 류지태, 전게서, 445면.

117) '물리적 · 기술적 손실'은 공사 중의 소음 · 진동이나 공사에 따르는 교통의 불편으로 인한 손실, 완성된 시설물로 인한 일조(日照)의 감소, 대기 · 기온의 변화, 전파방해 등을 들 수 있다(김동희, 전게서, 616면).

118) '경제적 · 사회적 손실'은 예컨대 댐건설에 따르는 다수인의 이주로 인한 지역경제에의 영향이나, 어업활동의 쇠퇴로 인한 지역활동에의 영향 등 지역사회의 변동으로 인하여 개인에게 미치는 간접적 영향 또는 피해이다

실보상은 주로 경제적 · 사회적 손실이다. 이에 관하여 토지취득보상법은 제73조, 제74조, 제79조 등에 규정하고 있으며, 동법시행규칙은 제59조, 제60조, 제61조, 제62조, 제64조 등에서 규정하고 있다.[119]

7) 기타의 생활보상

위에서 지적한 것 이외에 우리나라 실정법이 인정하는 생활보상으로는 영세농 등 생업보상 · 생활비보상 · 주거대책비보상 등이 있고, 다른 나라에서 행하여지고 있으며 우리나라에 있어서도 국가와 지방자치단체 이외의 자가 공공사업주체인 경우에 사실상 행하여지는 것으로 특산물보상 · 사례금 등을 들 수 있다.[120] 그리고 정신적 고통에 대한 보상으로서의 위자료를 인정하는 방향에서 보상이론을 구성하는 것도 하나의 과제라 하겠다.[121]

(김동희, 상게서, 616면).

119) 류지태, 전게서, 443면.

120) 박윤흔 · 정형근, 전게서, 674면.

121) 상게서, 674-675면.

제5절 행정상 손실보상의 기준

Ⅰ. 헌법상 보상기준의 변천

우리 헌법상 보상기준에 관한 규정의 변천과정을 보면 제헌헌법 이후 현행헌법에 이르기까지 모두 9차례에 걸친 헌법개정이 있었는데, 그 중 손실보상의 기준규정은 4차례의 개정이 있었다. 즉 제1공화국의 제헌헌법 제15조 제3항은 '상당보상의 원칙'을 규정하였고, 제3공화국헌법 제20조 제3항은 '정당보상의 원칙'을 규정하였으며, 제4공화국의 이른바 유신헌법 제20조 제3항에서는 '보상의 법률유보주의'를 채택하였다. 그리고 제5공화국헌법 제22조 제3항이 '이익형량보상의 원칙'을 규정하였고, 제6공화국의 현행헌법 제23조 제3항은 다시 '정당보상원칙'을 규정하고 있는 것과 같은 변천과정을 거쳐 왔다.[122] 헌법의 재산권 관련조항의 개정이 있을 때마다 특히 이 보상기준에 관한 규정은 개정이 반복되었지만, 다른 조항은 별다른 내용의 개정이 없었던 것으로 보아 헌법상 재산권기본조항 중에서 이 부분에 대해서만은 지대한 관심이 있었다.

Ⅱ. 헌법상 손실보상의 기준

현행헌법은 제23조 제3항에서 「공공필요에 의한 재산권의 수용·사용 또는 제한 및 그에 대한 보상은 법률로써 하되, 정당한 보상을 지급하여야 한다」고 규정하여 제3공화국헌법과 같이 '정당한 보상'을 규정하고 있지만, '그에 대한 보상은 법률로써 하되'라는 문구(文句)를 삽입한 것이 다른 점이다. 이와 같이 헌법은 '정당보상의 원칙'을 취하면서 구체적인 보상액의 산출기준을 법률에 유보하고 있다.

1. '정당보상'의 의미

헌법상의 '정당보상'의 원칙이 재산권침해로 인한 손실보상의 기준·범위의 어느 정도를 의미

---

122) 박창석, "한국헌법사상 보상규정의 변천에 관한 연구", 「공법연구」. 제32집 제5호, 한국공법학회, 2004.6, 609-610면.

하는지가 문제되는데, 학설은 일반적으로 완전보상설과 상당보상설 및 절충설이 대립되고 있다.

1) 완전보상설

완전보상설이란 손실보상은 피수용재산이 갖는 재산적 가치를 충분하고 완전하게 보상(full and perfect compensation)하는 것, 즉 '시가보상'이어야 한다는 견해이다.[123] 이러한 완전보상설은 다시 ① 재산권침해로 인하여 발생한 손실의 전부를 보상하여야 하며, 부대적 손실도 포함한다고 보는 입장(손실전부보상설)과, ② 손실보상은 재산권에 대한 보상이므로 피침해재산의 시가·거래가격에 의한 객관적 가치를 완전히 보상하는 것이어야 하지만, 부대적 손실은 포함되지 않는다는 입장(객관적 가치보상설)으로 나누어지고 있다.

완전보상(perfect compensation, vollständige Entschädigung)의 관념은 미국헌법 수정 제5조의 정당한 보상(just compensation)조항의 해석을 중심으로 발전된 것이다. 완전보상은 재산권의 객관적 가치의 보상은 물론 그 보상의 시기·방법 등에 어떠한 제한을 하면 아니되는 것을 의미하는 완전한 보상이어야 한다. 즉 피침해재산의 객관적 가치의 손실에 한정하지 아니하고, 부대적 손실(이전료·영업상 손실 등)에 대해서도 보상하여야 한다고 본다.[124]

2) 상당보상설

상당보상설이란 현대의 사회복지주의적 이념에 따라 재산권의 사회적 구속성이라는 시각에서 개인의 이익과 사회의 이익을 적정하게 비교형량하여 합리적인 조화를 이룰 수 있는 보상이어야 한다는 견해이다.[125] 상당보상설도 상당보상의 내용에 따라 견해가 나누어지는데, ① 완전보상을 원칙으로 하지만, 예외적으로는 완전보상을 상회하거나 하회할 수도 있다는 입장(완전보상원칙설)과, ② 사회통념에 비추어 객관적으로 타당성이 인정되는 것이면 완전보상을 하회하여도 무방하다고 보는 입장(합리적 보상설) 등이 그것이다.

이와 같은 상당보상(reasonable compensation, angemessene Entschädigung)의 관념은 재산권의 의무성을 선언한 바이마르헌법 제153조의 해석에서 그 대표적인 예를 찾아볼 수 있으며, 독일기본법 제14조에서 「공익과 관계제이익의 정당한 형량(gerechte Abwägung)에 의한 보상」이라고 규정하여 이를 계승하고 있다. 다만, 독일기본법은 상당보상의 입장을 취하고 있으나, 현실적으로는 특별한 예외적인 경우를 제외하고는 완전보상의 원칙에 입각한 것으로 볼 수도 있다.[126]

---

123) 이상규, 전게서, 654-656면.

124) 김동희, 전게서, 607면; 박윤흔·정형근, 전게서, 658-659면.

125) 한견우, 전게서, 858-859면; 홍정선, 전게서, 757면.

126) 今村成和, 「損失補償制度の研究」. 東京 : 有斐閣, 1968, 74頁.

3) 절충설

절충설은 헌법이 규정한 '정당한 보상'이란 획일적인 보상기준이 적용되는 것이 아니라, 원칙적으로 완전보상을 해주어야 하지만, 공익상의 합리적인 이유가 있을 경우에는 완전보상을 하회할 수도 있고,[127] 또한 생활보상까지 해 주어야 하는 경우도 있을 수 있다는 것으로 해석한다.[128]

4) 결 어

현행 헌법상의 정당보상의 원칙은 원칙적으로는 완전보상설을 취한 것이라 할 수 있으며,[129] 이에 따라 손실보상은 침해된 재산권의 객관적 가치의 보상은 물론 그 보상의 시기 · 방법 등에 제한이 없는 완전한 보상이어야 한다. 즉 피침해재산권의 객관적인 가치의 손실과 부대적 손실에 대하여도 보상하여야 하는 것이다.

그러나 헌법상의 정당보상의 원칙은 완전보상을 원칙으로 하면서도, 그것을 상회하거나(생활보상) 공익상의 합리적인 사유 또는 공익과 사익을 조정하는 견지에서 완전보상을 하회하는 경우(개발이익의 배제)를 부인하는 것은 아니라 할 것이다. 그러므로 보상기준에 관한 위의 학설 중 절충설이 타당하다.[130]

Ⅲ. 법률상 손실보상의 기준

헌법 제23조 제3항에서는 일반적인 보상기준을 제시하고, 구체적인 보상기준은 법률에 유보하고 있다. 우리나라 실정법상의 입법례를 보면, 그 손실보상의 기준에 관한 규정이 없는 것이 대단히 많고, 그 기준에 관한 규정이 있다고 하더라도 '정당한 보상',[131] '정당한 사용료',[132] '정당한 보상금',[133] 등으로 규정하고 있다.

현행 법제상 보상기준에 관한 일반법으로서는 「공익사업을 위한 토지 등의 취득 및 보상에 관한 법률」(이하 "토지취득보상법"이라 한다)이 있는데, 동법에서는 '시가보상원칙'을 규정하고 있다(법 제67조 제1항). 그러나 이 시가보상의 원칙은 현행법이 채택하고 있는 공시지가제, 개발이익환수제, 생활보상제 등에 의하여 직 · 간접적으로 영향을 받는다.[134] 따라서 공시지가에 따라 보

127) 김도창, 전게서, 663면.
128) 김남진 · 김연태, 전게서, 640-642면.
129) 허영, 전게서, 489면.
130) 석종현, 전게서, 676면.
131) 건축법 제81조 제3항.
132) 징발법 제19조.
133) 특허법 제41조 제3항, 제4항

상을 하는 것은 시가에 훨씬 미치지 못하는 문제가 있다고 생각하며, 그것은 정당한 보상이라고 볼 수 없기 때문에 시급한 제도개선이 요청된다는 견해도 있다.[135)]

1. 시가보상의 원칙

토지취득보상법은 보상액의 산정시기에 대하여, 보상액의 산정은 협의에 의한 경우에는 협의 성립 당시의 가격을 기준으로 하고, 재결의 경우에는 수용 또는 사용의 재결 당시의 가격을 기준으로 한다(동법 제67조 제1항)고 하여 재결시주의를 취함으로써 '시가보상의 원칙'을 규정하고 있다.[136)]

그러나 이러한 시가보상원칙은 다음과 같은 공시지가제, 개발이익환수제, 생활보상제 등에 의하여 직·간접적으로 제약을 받게 되며, 특히 토지취득보상법상의 시가보상원칙은 공시지가제의 채택을 통해 변화가 생기게 되었다. 즉 1991년 토지수용법 제46조의 전문개정에 따른 공시지가조항으로 인하여 협의성립시 또는 재결시의 시가보상원칙은 실질상 폐지된 것이나 다름이 없다고 볼 수도 있다. 토지취득보상법 제70조에 있어서도 동일한 문제점이 있다.[137)]

2. 공시지가제

1962년에 「토지수용법」이 개정되면서 공용수용의 경우에 보상액의 산정은 당해 토지의 재결 당시의 가격을 기준으로 하여 인근토지의 거래가격을 고려한 적정가격으로 행하도록 되어 있었다(구법 제46조 제1항). 그러나 1971년 개정 토지수용법은 '지가고시제'를 채택하여 지가고시된 토지에 대한 보상액산정에 대하여는 재결 당시의 가격의 적용을 배제하였고(구법 제16조의2), 1981년의 개정에서는 토지수용법에 의한 사업인정 당시의 지가고시제를 폐지하고(구법 제16조의 2), '기준지가고시제'를 채택하여 국토이용관리법에 의하여 기준지가가 고시된 지역 내에서의 토지에 대한 보상은 그 기준지가를 기준으로 하도록 하였다(구국토이용관리법 제29조, 제16조의2, 제46조 제2항·제3항). 그런데 1989년에는 「지가공시 및 토지등의 평가에 관한 법률」이 제정되어 종래의 기준지가고시제는 폐지되고, 전국의 모든 토지를 대상으로 한 '공시지가제'가 채택됨에 따라 보상액의 산정방법은 공시지가만을 기준으로 하도록 되었다(동법 제46조 제2항). 이 법은 2005년의 개정으로 그 명칭이 「부동산가격공시 및 감정평가에 관한 법률」로 변경되었다. 그리고 1991년의 개정 토지수용법은 보상액의 산정방법의 적정화를 위하여 협의취득 또는 수용하여야

---

134) 박평준·박창석, 「토지취득보상법」. 269면.
135) 허영, 전게서, 489-490면.
136) 박평준·박창석, 「보상법규강의」. 347면.
137) 박평준·박창석, 「토지취득보상법」. 269-270면.

할 토지의 보상액은 사업인정고시일 현재의 공시지가를 기준으로 하도록 규정하였다(동법 제46조 제3항). 현행 토지취득보상법도 공시지가를 기준으로 보상액을 산정하도록 규정하고 있다(동법 제70조).

토지의 수용 · 사용에 대한 보상액은 재결 당시의 가격을 기준으로 한다(동법 제67조 제1항). 그러나 구체적인 보상액의 산정에 있어서는 재결 당시의 현실적인 토지가격(시장가격)이 아니라 공시지가를 기준으로 하고 있다. 즉 토지취득보상법은 협의나 재결에 의하여 취득하는 토지에 대하여는 「부동산가격공시 및 감정평가에 관한 법률」에 의한 공시지가를 기준으로 하되, 그 공시기준일부터 가격시점까지의 관계법령에 따른 그 토지의 이용계획, 해당 공익사업으로 인한 지가의 영향을 받지 아니하는 지역의 대통령령으로 정하는 지가변동률, 생산자물가상승률, 그 밖에 그 토지의 위치 · 형상 · 환경 · 이용상황 등을 고려하여[138] 평가한 적정가격으로 보상액을 정한다(동법 제70조 제1항).

여기의 '공시지가'는 사업인정 전의 협의에 의한 취득에 있어서는 토지취득보상법 제70조 제3항에, 사업인정 후의 취득에 있어서의 공시지가는 동법 동조 제4항에서 규정하고 있다. 이러한 토지취득보상법 제70조 제1항 · 제2항 및 제3항의 규정에 의하여 해당 공익사업으로 인한 이른바 개발이익은 보상액의 산정에서 배제되고 있다.

이와 같이 토지취득보상법은 「부동산가격공시 및 감정평가에 관한 법률」에 따른 공시지가제를 채택하여 보상액의 산정에 있어서는 공시지가를 기준으로 해당 공익사업의 시행과 무관한 통상적인 지가변동률 등을 참작한 금액으로 하였다. 그런데 공시지가는 아직까지는 해당 토지 등의 시장가격을 완전히 반영하고 있는 것은 아니라는 점에서 보면, 그 한도에서는 공용수용에 있어서의 시가보상의 원칙 내지 완전보상의 원칙은 실질적인 제한을 받고 있다고 할 수 있다.[139]

3. 개발이익환수제

개발이익은 토지소유자의 노력에 의하지 않고 토지를 소유하고 있다는 우연한 사실만으로 생기는 불로소득이므로 전적으로 사유화할 것이 아니라 이것을 사회에 환수하여 공공의 이익에 합치할 수 있도록 활용하여야 할 것이고, 개발이익은 사회에 의하여 창출된 것이므로 사회에 귀속되어야 할 것이다. 우리나라에 있어서도 개발이익의 사회적 환수의 필요성을 지적하고 있는데,[140] 개발이익의 사회적 환수가 실현되지 않을 경우에는 지가의 폭등, 토지투기의 극성, 토지유

---

138) 이 규정에서 '당해 토지의 위치 · 형상 · 환경 · 이용상황 등을 참작한다'고 하는 것은 수용할 토지의 지가산정에 있어 지가가 공시된 표준지로서의 인근의 토지와의 비교에 있어서 고려할 사항들을 열거한 것이다(김동희, 「행정법Ⅱ」. 박영사, 2012, 412면).

139) 김동희, 상게서, 412면.

140) 김재덕, 「토지소유권제한의 이론」. 경영문화원, 1983, 325-327면; 서원우, "개발이익의 사회적 환수제에 관한 연구", 서울대학교 「법학」. 통권 43호, 1980.5, 141-142면; 황명찬, "우리나라의 개발이익환수제", 황명찬 편, 「토지

효이용의 저해, 토지소유자 간의 이익과 부담의 불공평, 국가 · 지방자치단체의 막대한 재정부담 등의 폐단을 극복할 수 없게 될 것이므로 개발이익은 토지소유자의 전유물이 아니라 사회에 환수되어야 할 것이다.[141)]

이러한 필요에 따른 개발이익의 환수제로서는 과세적 방법으로 양도소득세 · 종합부동산세 · 도시계획세 등이 있고, 비과세적 방법으로는 개발부담금제 · 공시지가제 · 국공유지임대제 · 감보제 · 수익자부담금제 등이 있는데, 토지취득보상법에서는 공시지가제를 취하고 있다.

토지취득보상법 제70조의 규정이 공시지가제를 채택함으로써 이른바 개발이익은 보상액의 산정에서 배제되고 사회에 환수되도록 하고 있다. 그런데 토지를 수용당하는 자는 위의 공시지가제에 의하여 개발이익이 배제됨으로써 그 인근토지소유자와의 형평이 문제되고, 이는 부동산투기의 요인이 될 수 있다.[142)] 따라서 이러한 문제점을 시정하기 위하여 양도소득세를 부과하고(소득세법 제23조 제1항), 개발부담금을 부과하도록 하고 있다(개발이익환수에 관한 법률 제3조 · 제13조).

여기에서 개발이익을 제외한 지가로 보상하는 것이 정당보상 또는 완전보상에 해당하는 것인가와 관련하여 공시지가제와 개발이익환수제의 합헌성 여부가 문제된다. 그런데 헌법 제23조 제3항의 '정당한 보상'은 완전보상을 뜻하는 것이나, 개발이익을 보상액에서 배제하는 것은 정당보상의 원리에 어긋나는 것이 아니며, 위 토지취득보상법 제70조의 규정이 헌법상 정당보상의 원리에 어긋나는 것이라 볼 수 없고, 평등원칙이 국가가 언제 어디에서 기본권에 관한 상황이나 제도의 개선을 시작할 것인지의 선택을 방해하는 것은 아니므로 일부 토지소유자로부터만 개발이익을 환수하는 것이 합리적 이유없는 차별이라고는 할 수 없다고 보아 그 합헌성을 인정한다.[143)] 따라서 보상액에서 개발이익을 제외하여도 완전보상이라고 한다.[144)] 그러나 개발이익의 배제와 완전한 보상과는 필연적인 관계가 있는 것은 아니고, 개발이익의 배제 여부의 문제는 위헌 여부와는 관계가 없고 어디까지나 입법정책적 차원의 문제라고 보기도 한다.[145)]

4. 생활보상제

손실보상제도는 이를 사적(史的)으로 관찰하면, 19세기에 손실보상은 피수용자가 수용의 대상이 된 재산에 대하여 갖는 주관적 가치를 보상하는 대인적 보상에서 시작된다. 그런데 대인적

정책론」. 경영문화원, 1985, 604-607면.

141) 박평준, "개발행정에 의한 개발이익의 사회적 귀속에 관한 연구", 「사회과학연구」. 제11집, 조선대학교 사회과학연구소, 1988, 65면.

142) 김동희, 「행정법 I」. 609면.

143) 헌재결 1990.6.25, 89헌마107; 헌재결 1991.2.11, 90헌바17 · 18.

144) 今村成和, 「損失補償制度の硏究」. 130-131頁.

145) 서원우, "공용수용법제에 관한 연구 : 공공용지취득과 보상문제를 중심으로", 법학박사학위논문, 서울대학교 대학원, 1974, 131면.

보상은 보상액산정에 기준이 없을 뿐더러 보상금액이 통상 고액이 됨으로써 공공사업의 시행에 장해가 있음을 의미하게 된다. 그리하여 20세기 초부터 시장에서의 객관적인 교환가치를 보상액으로 하는 대물적 보상으로 변천하게 되었으며, 이는 현재 우리나라뿐만 아니라 각국의 기본적인 제도이다.

그러나 현대사회에 있어서는 사회복지국가 관념의 도입과 더불어 보상제도에도 변화가 나타나고 있다. 따라서 어떤 경우에는 수용목적물에 대한 객관적 교환가치의 보상이 아니라, 그것 외에 삶의 기본터전도 마련해 주어야만 보상의 의미가 있는 생활보상을 지향하는 경향이 있다.

이러한 경향에 따라 우리나라의 현행 손실보상제도는 생활보상의 개념을 상당히 넓게 실정법에 규정하고 있는 것으로 볼 수 있다.[146] 우리나라의 토지취득보상법 등에는 생활보상적 성격을 갖는 보상제도를 규정한 조항들이 있는 바, 이를 지적하면 다음과 같다. 동법은 잔여지의 손실 및 공사비보상(동법 제73조), 잔여지 등의 매수청구 또는 수용청구(동법 제74조), 사업시행이익과의 상계금지(동법 제66조), 건축물 · 입목 기타 물건의 이전비보상 또는 수용청구(동법 제75조), 잔여건축물의 손실보상(동법 제75조의2), 영업상의 손실보상(동법 제77조), 사업의 폐지 · 변경으로 인한 손실보상(동법 제24조 제6항) 등을 규정하고 있다. 이에는 이전비보상 등의 '실비변상적 보상'이 있고, 영업상 손실보상 등과 같은 '일실손실보상'인 경우도 있다.

그 외에도 토지취득보상법시행규칙은 토지 외에 건축물 · 공작물 · 입목 · 토지에 정착된 물건, 광업권 · 어업권 · 물의 사용에 관한 권리와 토지에 속한 흙 · 돌 및 모래 · 자갈, 농작물 · 묘포장 · 잠업 · 이사비 · 이농비 등을 보상대상으로 규정하고 있고, 이주대책을 규정하고 있으며, 또한 이주정착금을 규정하고 있다. 이를 구체화한 제도로서 주거용건물의 최저보상액, 영세민 등 생활보상, 소수잔존자보상, 영업보상, 무허가영업 등에 대한 보상, 이사비 외에 이주대책비, 분묘이장비, 이농비 외에 실농 등의 생활비보상, 세입자(貰入者)에 대한 주거대책비, 휴직 또는 실직보상 등을 규정하고 있다. 그런데 이러한 규정들은 협의에 의한 취득 · 사용의 경우에 적용되는 것일 뿐만 아니라 수용의 경우에도 적용된다.

146) 박평준 · 박창석, 「보상법규강의」, 351면.

제6절 행정상 손실보상의 원칙

헌법 제23조 제3항은 손실보상의 기준으로서 '정당한 보상'을 선언하고 있는 바, 이를 구체적으로 실현하기 위하여 '헌법의 구체화법'인 토지취득보상법에서는 정당한 보상을 위하여 공용수용으로 인하여 토지소유자 또는 관계인이 입은 '특별한 희생'에 대한 손실보상의 원칙으로서 보상의 수단·방법에 관하여 사업시행자보상의 원칙, 사전보상의 원칙, 금전보상의 원칙, 개인별보상의 원칙, 일괄보상의 원칙, 사업시행이익과의 상계금지의 원칙 등을 규정하고 있다.

Ⅰ. 사업시행자보상의 원칙

토지취득보상법은 공익사업에 필요한 토지등의 취득 또는 사용으로 인하여 토지소유자나 관계인이 입은 손실은 사업시행자가 이를 보상하여야 한다고 규정하고 있는데(동법 제61조), 이를 '사업시행자보상의 원칙'이라고 한다.

보상의 주체(보상의무자)를 누구로 보느냐 하는 것은 수용주체에 관한 학설인 국가수용권설과 사업시행자수용권설에 따라 다르다. 국가수용권설에 의하면 원래 손실보상의 의무를 지는 것은 수용권의 주체인 국가이며, 국가는 사업시행자를 위하여 공용수용을 하는 것이므로 국가 자신이 사업시행자로부터 보상금을 징수하여 피수용자에게 지급하는 것이 당연하다. 그러나 절차상의 편의를 위하여 사업시행자로 하여금 직접 피수용자에게 보상하도록 하는 데 불과하다고 본다. 그런데 사업시행자수용권설에 의하면 보상할 손실의 원인행위를 한 자는 사업시행자이므로 성질상 당연히 사업시행자가 손실보상을 하여야 한다고 본다. 토지취득보상법 제61조는 사업시행자가 보상의무자임을 명기하고 있으며, 이것은 조리상 당연한 것을 규정하고 있다.

토지취득보상법이 사업시행자보상의 원칙을 규정하고 있는 것과 관련하여 제3자의 보상의무이행을 인정할 것인가 하는 것이 문제이다. 민법상 채무의 변제에 대하여 제3자의 변제가 문제되는 것과 같이 이 경우에 있어서도 보상의무이행에 대하여 제3자에 의한 의무이행이 허용될 수 있을 것인가 하는 것은 연구할 문제이다. 이 경우 정당한 이유가 있고 의무자의 동의가 있으면 이를 허용하여도 될 것이 아닌가 생각된다.[147)]

보상을 받을 자(보상권리자)는 토지소유자 및 관계인이 아니면 아니된다. 토지취득보상법 제2조 제5호의 규정에 의한 '승계인'에 포함되지 아니한 자는 보상을 청구할 수도 받을 수도 없는 것이다. 따라서 수용 또는 사용할 토지에 물건을 갖고 있다고 하더라도 승계인이 아닌 자는 토지취득보상법 제75조의 규정에 의한 이전비의 보상을 받을 수가 없게 된다. 그리고 토지소유자와 관계인은 사업인정의 고시가 있은 후 소유권 등의 변동(관계인의 범위에 포함되지 아니한 경우에는 제외된다)이 있는 경우에는 그 소유권 등을 승계한 자가 보상금을 받게 되고, 공탁의 경우에도 소유권 등을 승계한 자가 공탁금을 수령할 권리자로 되는 것이며(동법 제40조 제3항), 소유권 등을 승계한 자가 보상금이나 공탁금을 수령할 경우에는 소유권 등을 승계한 것을 증명하는 서류를 사업시행자나 공탁공무원에게 제출하도록 하고 있다(동법시행령 제21조). 토지소유자 또는 관계인이라 하더라도 토지취득보상법 제25조 제1항 및 제2항의 규정에 의한 토지보전의무에 위반한 경우에는 동조 제3항의 규정에 의하여 보상을 받을 수 없게 된다. 그리고 거짓이나 그 밖의 부정한 방법으로 보상금을 받은 자 또는 그 사실을 알면서 보상금을 지급한 자는 5년 이하의 징역 또는 3천만원 이하의 벌금에 처하며, 이 경우 미수범도 처벌한다(동법 제93조).

Ⅱ. 사전보상의 원칙

사업시행자는 해당 공익사업을 위한 공사에 착수하기 이전에 토지소유자와 관계인에게 보상액의 전액(全額)을 지급하여야 하는데(동법 제62조), 이를 '사전보상(선급)의 원칙'이라고 한다. 보상액의 지급을 선급으로 하는 것은 공익사업용지의 협의에 의한 취득 또는 수용에 의한 취득에 따른 손실보상의 본질에 기한 것이라기보다는 피수용자의 보호를 위한 것이다.

따라서 그 시기까지 보상금을 지급하거나 공탁하지 아니한 때에는 재결은 효력을 상실하며(동법 제42조 제1항), 재결은 처음부터 없었던 상태가 되므로 이러한 재결의 실효로 인하여 피수용자가 입은 손실을 보상하여야 한다(동법 제42조 제2항). 판례는 사업시행자가 그 재결된 보상금을 그 수용시기까지 지급 또는 공탁하지 아니하고 그 수용대상토지를 점유 · 사용하고 있는 경우에, 그 보상금에 대한 후급약정이 있었다든가 또는 그 보상금액에 대해서만 이의를 달고 제소하였다는 등 어떤 특별한 사유가 없는 한 토지수용위원회의 수용재결은 전부 그 효력을 상실하여 사업시행자는 그 토지를 불법점거하는 것이 된다.[148)]

여기에서 문제가 되는 것은 재결의 효력을 상실하게 되면 사업인정의 효력도 상실되는가 하는 것이다. 생각건대 토지취득보상법 제42조는 사전보상의 원칙에 위배되면 재결의 효력을 상실한

---

147) 김경열, 「토지공법」, 경영문화원, 1993, 144-145면.

148) 대판 1970.11.30, 70다2171.

다고 명시하고 있기 때문에 재결의 실효로 사업인정이 실효되는 것이 아니라고 본다. 따라서 사업인정의 효력기간내에는 다시 요건을 구비하여 재결신청을 할 수 있다.

그러나 예외적으로 천재지변시의 토지사용(동법 제38조)과 시급한 토지사용(동법 제39조)의 경우에는 '사후보상'(후급)이 인정된다(동법 제62조 단서).

Ⅲ. 금전보상의 원칙

공익사업에 필요한 토지등을 수용 또는 사용함으로 인하여 토지소유자 또는 관계인이 입은 손실에 대한 보상은 다른 법률에 특별한 규정이 있는 경우를 제외하고는 현금으로 지급하여야 하는데(동법 제63조 제1항 본문), 이를 '금전보상의 원칙'이라고 한다. '현금'(現金)이란 강제통용력이 있는 법정통화, 즉 화폐를 말하며, 화폐는 자유로운 유통이 보장되고 또 모든 가치는 이 화폐로써 측정되어진다. 따라서 금전보상은 가장 합리적이고 이상적인 보상수단이 될 수 있다. 그러나 금전보상은 주변의 지가상승을 유발할 수 있고, 이로 인하여 화폐가치가 상대적으로 하락되어 불합리한 보상수단이 될 수도 있다.[149)]

금전보상에 있어서 그 지급방법으로는 ① 선급과 후급, ② 개별급과 일괄급, ③ 일시급과 분할급 등의 여러 방법이 있으나, 선급 · 개별급 · 일괄급 · 일시급을 원칙으로 한다.

금전보상의 원칙에 대해서는 그 예외로서 대토보상 · 채권보상 · 현물보상 및 매수보상이 있다.

1. 대토보상

대토보상(代土補償)이란 토지소유자가 원하는 경우로서 사업시행자가 해당 공익사업의 합리적인 토지이용계획과 사업계획 등을 고려하여 토지로 보상이 가능한 경우에는 토지소유자가 받을 보상금 중 현금 또는 채권으로 보상받는 금액을 제외한 부분에 대하여 일정한 기준과 절차에 따라 그 공익사업의 시행으로 조성한 토지로 보상하는 것을 말한다(동법 제63조 제1항 단서).

이 대토보상제는 금전보상원칙에 대한 예외로서, 최근 토지취득보상법의 개정시에 도입된 제도이다. 종전의 법은 현지주민 재정착 및 개발혜택 주민공유에 미흡했기 때문에 이러한 폐단을 시정하기 위하여 최근 법개정시 이 대토보상제를 채택하였는 바, 그 내용은 다음과 같다.

---

149) 박수혁 등 감수, 전게서, 558면; 박평준, 「공익사업용지취득보상법」. 344면; 이선영, 「토지수용과 보상법론」. 법원사, 1995, 345면.

1) 토지로 보상받을 수 있는 자

「건축법」 제57조 제1항에 따른 대지의 분할제한 면적 이상의 토지를 사업시행자에게 양도한 자이다. 이 경우 대상자가 경합할 때에는 부재부동산소유자가 아닌 자로서 채권으로 보상을 받는 자에게 우선하여 토지로 보상하며, 그 밖의 우선순위 및 대상자 결정방법 등은 사업시행자가 정하여 공고한다(동법 제63조 제1항 제1호).

2) 토지가격의 산정

보상하는 토지가격의 산정 기준금액은 다른 법률에 특별한 규정이 있는 경우를 제외하고는 일반 분양가격으로 한다(동법 제63조 제1항 제2호).

3) 보상기준 등의 공고

보상계획을 공고할 때에 토지로 보상하는 기준을 포함하여 공고하거나 토지로 보상하는 기준을 따로 일간신문에 공고할 것이라는 내용을 포함하여 공고한다(동법 제63조 제1항 제3호).

4) 토지로 보상하는 면적

토지소유자에게 토지로 보상하는 면적은 사업시행자가 그 공익사업의 토지이용계획과 사업계획 등을 고려하여 정한다. 이 경우 그 보상면적은 주택용지는 990제곱미터, 상업용지는 1,100제곱미터를 초과할 수 없다(동법 제63조 제2항).

5) 전매제한

토지로 보상받기로 결정된 권리는 그 보상계약의 체결일부터 소유권이전등기를 마칠 때까지 전매(매매, 증여, 그 밖에 권리의 변동을 수반하는 모든 행위를 포함하되, 상속 및 「부동산투자회사법」에 따른 개발전문 부동산투자회사에 현물출자를 하는 경우는 제외한다)할 수 없으며, 이를 위반할 때에는 사업시행자는 토지로 보상하기로 한 보상금을 현금으로 보상할 수 있다. 이 경우 현금보상액에 대한 이자율은 법정되어 있다(동법 제63조 제3항).

6) 현금보상으로의 전환

토지소유자가 토지로 보상받기로 한 경우 그 보상계약 체결일부터 1년이 지나면 이를 현금으로 전환하여 보상하여 줄 것을 요청할 수 있다. 이 경우 현금보상액에 대한 이자율은 법정되어 있다(동법 제63조 제4항).

사업시행자는 해당 사업계획의 변경 등 사유로 보상하기로 한 토지의 전부 또는 일부를 토지로 보상할 수 없는 경우에는 현금으로 보상할 수 있다. 이 경우 현금보상액에 대한 이자율은 법정의 이자율로 한다(동법 제63조 제5항, 동법시행규칙 제15조의 2).

사업시행자는 토지소유자가 ① 국세 및 지방세의 체납처분 또는 강제집행을 받는 경우, ② 세대원 전원이 해외로 이주하거나 2년 이상 해외에 체류하려는 경우, ③ 토지소유자의 채무변제를 위하여 현금보상이 부득이 한 경우, ④ 그 밖에 부상이나 질병의 치료 등을 위하여 현금보상이 부득이하다고 명백히 인정되는 경우의 어느 하나에 해당하여 토지로 보상받기로 한 보상금에 대하여 토지소유자가 현금보상을 요청한 경우에는 현금으로 보상하여야 한다. 이 경우 현금보상액에 대한 이자율도 법으로 정하고 있다(동법 제63조 제6항, 동법시행규칙 제15조의3).

2. 채권보상

채권보상이란 수용 또는 사용으로 인한 손실보상금을 지급함에 있어서 일정한 경우에 채권(債券)으로 지급하는 것을 말한다. 이는 금전보상원칙에 대한 예외이다.

우리나라에서는 1970년대 이래 행정주체가 시행한 각종의 개발사업은 토지투기의 문제와 함께 지가의 급격한 상승요인으로 작용하여 왔으며, 그 결과 오늘날에는 공익사업에 필요한 용지보상비가 사업비에서 차지하는 비율이 점증하게 되어 효율적인 개발사업의 시행이 어렵게 되는 지경에까지 이르게 되었다. 이러한 문제점을 해결하여 사업시행자의 자금확보를 지원하고 사회간접자본시설의 확충에 이바지하도록 하기 위한 방안의 하나로 보상금을 채권으로 지급하는 보상방법이 제도적으로 도입되었다.[150)]

1) 채권발행기관

사업시행자가 국가 · 지방자치단체 그 밖에 「공공기관의 운영에 관한 법률」에 따라 지정 · 고시된 공공기관 및 공공단체인 경우로서 다음 각 호의 어느 하나에 해당되는 경우에는 해당 사업시행자가 발행하는 채권으로 보상금을 지급할 수 있다(동법 제63조 제7항, 동법시행령 제25조).

① 한국토지주택공사법에 따른 한국토지주택공사
② 한국전력공사법에 의한 한국전력공사
③ 한국농어촌공사 및 농지관리기금법에 따른 한국농어촌공사
④ 삭제
⑤ 한국수자원공사법에 의한 한국수자원공사

150) 석종현, 「일반행정법(하)」. 삼영사, 2005, 679면.

⑥ 한국도로공사법에 의한 한국도로공사
⑦ 한국관광공사법에 의한 한국관광공사
⑧ 공기업의 경영구조개선 및 민영화에 관한 법률에 의한 한국전기통신공사
⑨ 한국가스공사법에 의한 한국가스공사
⑩ 한국철도시설공단법에 의하여 설립된 한국철도시설공단
⑪ 인천국제공항공사법에 의한 인천국제공항공사
⑫ 삭제
⑬ 삭제
⑭ 한국환경공단법에 따른 한국환경공단
⑮ 지방공기업법에 의한 지방공사
⑯ 항만공사법에 의한 항만공사
⑰ 한국철도공사법에 의한 한국철도공사
⑱ 산업집적활성화 및 공장설립에 관한 법률에 따른 한국산업단지공단 등이다.

2) 채권발행의 요건

수용보상금을 해당 사업시행자가 발행하는 채권으로 지급하기 위하여는 다음 각 호의 어느 하나에 해당되는 경우이어야 한다(동법 제63조 제7항, 동법시행령 제26조).

① 토지소유자나 관계인이 원하는 경우

② 부재부동산 소유자의 토지에 대한 보상금이 일정금액(1억원)을 초과하는 경우로서(동법시행령 제27조 제1항), 그 초과하는 금액에 대하여 보상하는 경우: 여기서 '부재부동산소유자의 토지'는 사업인정고시일 1년 전부터 다음 각호의 어느 하나의 지역에 계속하여 주민등록을 하지 아니한 자가 소유하는 토지로 한다(동법시행령 제26조 제1항). i) 해당 토지의 소재지와 동일한 시(행정시를 포함한다) · 구(자치구를 말한다) · 읍 · 면(도농복합형태인 시의 읍 · 면을 포함한다), ii) i)의 지역과 연접한 시 · 구 · 읍 · 면 등이다. 그리고 위의 각 지역에 주민등록을 하였으나 당해 지역에 사실상 거주하고 있지 아니한 자가 소유하는 토지는 위의 부재부동산소유자의 토지로 본다. 다만, 질병으로 인한 요양, 징집으로 인한 입영, 공무, 취학 그 밖에 이에 준하는 부득이한 사유로 인하여 거주하지 아니한 경우에는 그러하지 아니하다(동법시행령 제26조 제2항).

그러나 i) 상속에 의하여 취득한 경우로서 상속받은 날부터 1년이 경과되지 아니한 토지, ii) 사업인정고시일 1년 전부터 계속하여 위의 어느 하나의 지역에 사실상 거주하고 있음을 국토해양부령으로 정하는 바에 따라 입증하는 자가 소유하는 토지, iii) 사업인정고시일 1년 전부터 계속하여 위의 어느 하나의 지역에서 사실상 영업하고 있음을 국토해양부령으로 정하는 바에 따라 입증

하는 사람이 해당 영업을 하기 위하여 소유하는 토지 등은 부재부동산소유자의 토지로 보지 아니한다(동법시행령 제26조 제3항).

그리고 토지투기가 우려되는 지역 안에서의 채권보상도 규정하고 있다(동법 제63조 제8항, 동법시행령 제27조의2).

3) 채권의 상환기한 · 이자율

사업시행자가 보상금을 채권으로 지급할 경우에는 정당한 보상이 될 수 있도록 채권의 상환기한 · 이율 등을 정하여야 한다. 이 경우 상환기한은 5년을 넘지 아니하는 범위에서 정하여야 하며, 그 이자율은 ① 부재부동산 소유자에게 채권으로 지급하는 경우는 i) 상환기간이 3년 이하인 채권은 3년 만기 정기예금의 이자율을, ii) 상환기간이 3년 초과 5년 이하인 채권은 5년 만기 국고채금리로 한다. ② 부재부동산 소유자가 아닌 자가 원하여 채권으로 지급하는 경우에는 i) 상환기간이 3년 이하인 채권은 3년 만기 국고채 금리로 하되, 위의 3년 만기 정기예금 이자율이 3년 만기 국고채 금리보다 높은 경우에는 3년 만기 정기예금 이자율을 적용한다. ii) 그리고 상환기간이 3년 초과 5년 이하인 채권은 5년 만기 국고채 금리를 적용한다(동법 제63조 제9항).

4) 보상채권의 발행

사업시행자가 국가인 경우에는 그 사업이 도로법에 따른 도로공사, 「산업입지 및 개발에 관한 법률」에 따른 산업단지개발사업, 철도건설법에 따른 철도의 건설사업, 항만법에 따른 항만공사, 「댐건설 및 주변지역지원 등에 관한 법률」에 의한 댐건설사업, 수도법에 의한 수도사업, 인천국제공항공사법에 의한 공항건설사업과 항공법에 의한 공항개발사업 중의 하나인 공익사업을 위한 토지등의 취득 또는 사용으로 인하여 토지소유자 및 관계인이 입은 손실을 보상하기 위하여 채권으로 지급하는 경우에는 보상채권을 발행할 수 있다(동법 제69조 제1항, 동법시행령 제29조). 그 채권은 일반회계, 교통시설특별회계의 부담인 보상채권으로 발행한 것이어야 한다(동법 제69조 제1항, 동법시행령 제29조).

그 외에 채권은 다음과 같이 발행한 것이어야 한다(동법 제69조 제2항 내지 제5항, 제7항).

① 보상채권은 국가의 회계를 관리하는 관계 중앙행정기관의 장의 요청으로 기획재정부장관이 발행한다.

② 기획재정부장관은 보상채권을 발행하려는 경우에는 회계별로 국회의 의결을 받아야 한다.

③ 보상채권은 토지소유자 및 관계인에게 지급함으로써 발행한다.

④ 보상채권은 양도하거나 담보로 제공할 수 있다.

⑤ 보상채권의 발행방법, 이자율의 결정방법, 상환방법, 그 밖에 보상채권 발행에 필요한 사항

은 대통령령으로 정한다.
⑥ 보상채권의 발행에 관하여 토지취득보상법에 특별한 규정이 있는 경우를 제외하고는 「국채법」에서 정하는 바에 따른다.

이와 같이 사업시행자가 보상채권으로 보상하고자 하는 경우에는 토지소유자 및 관계인에게 '보상채권지급결정통지서'를 발급하고, 보상채권취급기관에 이에 관한 사항을 통지하여야 하며, 보상채권지급결정통지서를 발급받은 토지소유자 및 관계인이 당해 보상채권취급결정통지서를 보상채권취급기관에 제출하는 경우에는 보상채권취급기관은 보상채권을 교부하여야 한다(동법시행령 제35조).

(1) 보상채권의 발행절차

보상채권의 발행방법, 이자율의 결정방법, 상환방법, 그 밖에 보상채권의 발행에 필요한 사항은 대통령령으로 정한다(동법 제69조 제6항).

일반회계, 교통시설특별회계의 회계를 관리하는 관계 중앙행정기관의 장은 보상채권의 발행이 필요한 경우에는, 보상채권에 관한 다음의 사항을 명시하여 그 발행을 기획재정부장관에게 요청하여야 한다(동법시행령 제30조 제1항). ① 발행한도액, ② 발행요청액, ③ 액면금액의 종류, ④ 이율, ⑤ 원리금상환의 방법 및 시기, ⑥ 그 밖에 필요한 사항 등이다.

그리고 기획재정부장관은 보상채권을 발행하는 경우(동법 제69조 제2항)에는 이에 관한 사항을 관계 중앙행정기관의 장 및 한국은행총재에게 각각 통보하여야 한다(동법시행령 제30조 제2항).

(2) 보상채권의 발행방법

보상채권은 무기명증권으로 발행하고, 액면금액으로 발행하되 최소액면금액은 10만원으로 하며, 보상금 중 10만원 미만인 단수의 금액은 사업시행자가 보상금을 지급하는 때에 이를 현금으로 지급한다(동법시행령 제31조 제1항, 제2항).

그리고 보상채권의 발행인은 보상채권지급결정통지서를 발급한 날이 속하는 달의 말일로 하고, 보상채권은 이를 멸실 또는 도난 등의 사유로 분실한 경우에도 재발행하지 아니한다(동법시행령 제31조 제3항, 제4항).

(3) 보상채권의 이율 및 상환

보상채권의 이율은 3년만기 정기예금 이자율(채권발행일 전 달의 「은행법」에 따라 설립된 은행 중 전국을 영업구역으로 하는 은행이 적용하는 이자율을 평균한 이자율로 한다)로 한다(동법 시행령 제32조 제1항).

그리고 보상채권지급결정통지서의 발급일부터 보상채권발행일 전일까지의 보상채권으로 지급할 보상금에 대한 이자는 위와 같이 정한 보상채권의 이율과 같은 이율로 산정한 금액을 사업시행자가 보상금을 지급하는 때에 이를 지급한다(동법시행령 제32조 제4항).

또한 보상채권의 원리금은 상환일에 일시 상환한다(동법시행령 제32조 제2항). 이 경우 보상채권의 발행일부터 상환일 전일까지의 이자는 1년 단위의 복리로 계산한다(동법시행령 제32조 제3항).

(4) 보상채권의 기재사항

보상채권에는 다음의 사항을 기재하여야 한다(동법시행령 제33조).

① 명칭, ② 번호, ③ 액면금액의 종류, ④ 이율, ⑤ 원리금상환의 방법 및 시기 등이다.

(5) 보상채권의 취급기관

보상채권의 교부 및 상환에 관한 업무는 한국은행의 주된 사무소 · 지사무소 및 대리점이 이를 취급하며, 사업시행자는 한국은행의 주된 사무소 · 지사무소 및 대리점 중 당해 보상채권의 교부 및 상환업무를 취급할 기관("보상채권취급기관"이라 한다)을 미리 지정하고, 보상채권취급기관에 사업시행자의 인감조서를 송부하여야 하며, 보상채권취급기관은 보상채권을 교부하는 때에는 그 보상채권에 다음의 사항을 기재하고 당해 업무의 책임자가 이에 기명날인하여야 한다(동법시행령 제34조 제1항~제3항).

① 발행일 및 상환일, ② 교부일, ③ 보상채권취급기관의 명칭 등이다.

그리고 한국은행의 총재는 매월 20일까지 보상채권의교부및상환현황통지서(동법시행규칙 제21조 제1항, 별지 제17호 서식)를 기획재정부장관 및 관계 중앙행정기관의 장에게 각각 송부하여야 한다(동법시행령 제34조 제4항).

위와 같은 방법으로 보상채권을 교부한 경우 보상채권취급기관은 보상채권교부대장(동법시행규칙 제21조 제3항, 별지 제19호 서식)을 2부 작성하여 그 1부를 비치하고, 나머지 1부를 다음달 7일까지 사업시행자에게 송부하여야 한다(동법시행령 제36조).

3. 현물보상

손실보상은 금전에 의함을 원칙으로 하지만, 예외적으로 특별한 사정이 있을 때에는 법률이 정하는 바에 따라 현물보상의 방법에 의하는 경우가 있다.(구)도시재개발법에 의한 재개발사업의 경우, 시행자가 관리처분계획에서 정한 대지 또는 건축물 기타 시설물을 분양하는 것이 그 예이다(동법 제38조). 또한 현행 「도시 및 주거환경정비법」상의 사업에서 환지교부를 하는 것 등이 그 예이다.

금전보상의 원칙은 피수용자에게 수용된 재산과 등가(等價)의 가치를 보상받으면 그것으로 용이하게 그 인근에서 유사한 토지를 취득하여 종전과 같은 생활을 계속할 수 있다는 것을 전제로 하는 것이나, 오늘날의 산업사회에 있어서는 그와 같은 전제 자체가 성립하기 어렵기 때문에 피수용자는 보상금으로 다른 토지 등을 취득하는 것이 어렵기 때문에 피수용자는 보상금으로 다른 토지 등을 취득하는 것이 매우 곤란하게 되었다. 피수용자의 생활재건을 위해서는 금전보상보다는 현물보상이 용이하며, 이 점에서 현물보상제도는 대단히 중요한 것이라 할 수 있다.[151)]

4. 매수보상

매수보상(買收補償)은 금전보상의 변형으로 볼 수 있다. 즉 수용 또는 사용할 토지에 정착된 지상물건은 이전비를 보상하고 이전하게 하는 것이 원칙이지만, 물건의 이전이 현저히 곤란하거나 이전으로 인하여 종래의 목적에 사용할 수 없게 되는 때에는 상대방의 이익을 위하여 그 물건의 매수청구권을 인정하고, 이에 따라 그 물건을 매수함으로써 실질적인 보상을 도모하기 위한 것이다(동법 제72조).

Ⅳ. 개인별보상의 원칙

손실보상은 토지소유자나 관계인에게 개인별로 산정하여 지급하여야 하는데(동법 제64조), 이를 '개인별보상(개별급)의 원칙'이라고 한다. '보상금을 개인별로 산정한다' 함은 수용·사용의 목적물 또는 보상목적물상의 소유권 이외의 지상권·지역권·저당권 기타 권리 등이 있는 경우에, 그 소유자 및 권리자별로 보상금을 산정한다는 뜻이다.[152)] 이와 같은 개별급의 원칙은 수용 또는 사용되는 토지에 지상권 또는 저당권 등의 권리가 설정되어 있는 경우에 토지와 그 권리에 대한 보상금을 일괄 결정하여 토지소유자에게 지급하고, 다른 권리자는 다시 토지소유자로부터 분급(分給)받도록 한다면 관계인의 권리보호에 지장이 있기 때문이다.[153)]

보상금의 지급은 위와 같이 개별주의에 의하는 것이 원칙이지만, 예외적으로 대위주의(代位主義)를 인정하고 있는데, '대위주의'란 보상에 있어서 피수용자가 수인인 경우에 손실보상액을 하나로 묶어서 재결하고, 그 다수의 피수용자들이 보상금을 나누도록 하는 것을 말한다. 즉 보상금을 피수용자의 개인별로 산정할 수 없는 경우에는 일단의 피보상자에게 지급할 보상금의 총액을 그 중의 1인(대표자)에게 지급하는 일괄급의 방법에 의할 수 있다(동법 제64조 단서).

그리고 토지취득보상법상 사업인정고시가 된 후 소유권 등 권리의 변동이 있을 때에는 그 권리

151) 석종현, 상게서, 670면.
152) 이선영, 전게서, 217면.
153) 박평준·박창석, 「보상법규강의」. 361-362면.

를 승계한 자에게 보상액을 개인별로 지급하여야 하며, 권리를 승계한 자는 토지취득보상법 제40조 제2항의 규정에 의한 공탁된 보상액 또는 제84조 제2항 단서의 규정에 의하여 공탁되어 있는 늘어난 보상액을 수령할 수 있다(동법 제40조 제3항).

또한 토지취득보상법은 수용·사용되는 목적물 위에 저당권 등의 담보물권이 설정되어 있는 경우 개별급의 원칙에 의하여 저당권자 등에게 개별적으로 보상금이 지급되어야 하나, 제47조에서 담보물권의 목적물이 수용되거나 사용된 경우 그 담보물권은 그 목적물의 수용 또는 사용으로 인하여 채무자가 받을 보상금에 대하여 행사할 수 있으며, 그 보상금이 채무자에게 지급되기 전에 압류하여야 한다고 규정하고 있는데, 이는 공용수용시 보상금에 대하여 '담보물권의 물상대위성'을 명문화하여 개별급의 원칙에 대한 예외규정을 두고 있는 것이라 할 수 있다. 그러나 이 경우 물상대위의 효력이 미치는 보상금의 범위는 수용·사용으로 인한 보상금뿐만 아니라 잔지에 대한 보상금은 포함하지만 다른 보상금, 예컨대 이전비보상금 등에는 미치지 못한다.[154]

Ⅴ. 일괄보상의 원칙

사업시행자는 동일한 사업지역에 보상시기를 달리하는 동일인 소유의 토지등이 여러 개 있는 경우 토지소유자나 관계인이 요구할 때에는 한꺼번에 보상금을 지급하도록 하여야 하는데(동법 제65조), 이를 '일괄보상의 원칙'이라고 한다. 이는 토지소유자의 대체지의 구입을 원활히 하여 정당보상을 구현하기 위한 것으로 볼 수 있다.

보상액의 지급에 있어서 전액급(일시급)이 정당한 보상에 합당하지만, 일시급이 곤란한 경우에는 분할급도 가능하다(구농지개혁법 제8조). 그런데 이러한 경우는 완불될 때까지 이자를 가산하여야 하며, 물가변동의 위험의 부담문제가 생기게 된다.[155]

공공사업의 시행과정에서 그 사업에 편입되는 토지 등의 면적이나 수량이 증감되어 계약의 내용을 확정할 수 없는 기술상의 문제, 계약에서 정하여진 토지 등의 면적 또는 수량의 감소로 인한 과오급발생문제, 지장물을 이전하여야 하는 경우에 피보상자의 이전의무불이행문제 등이 생길 수 있다.

사업시행자는 이와 같은 문제를 예방하기 위한 수단으로 보상액의 분할급을 조건으로 하는 특약이 가능한가 하는 문제가 제기될 수 있으나, 행정적·기술적으로 토지 등의 면적이나 수량의 증감이 예견되어 아직 계약의 내용을 확정할 수 없는 부득이한 사정이 있는 경우 또는 이전의무의 이행을 전제로 하기 위한 경우에는 보상액의 전액 일시급원칙에 불구하고 토지 등 소유자와의

154) 김경열, 전게서, 150-151면.
155) 박평준·박창석, 「보상행정법」, 617면.

특약에 의하여 분할급을 인정할 수 있을 것이다. 다만, 분할급으로 인하여 통상 발생하는 손실에 대하여는 보상하지 않으면 아니된다.[156]

Ⅵ. 사업시행이익과의 상계금지의 원칙

사업시행자는 동일한 토지소유자에 속하는 일단의 토지의 일부를 취득하거나 사용하는 경우, 해당 공익사업의 시행으로 인하여 잔여지의 가격이 증가하거나 그 밖의 이익이 발생한 경우에도 그 이익을 그 취득 또는 사용으로 인한 손실과 상계할 수 없다(동법 제66조). 이를 '사업시행이익과의 상계금지의 원칙'이라고 한다.

이는 공익사업의 시행으로 잔여지 등의 가격이 증가된 경우에도 그 이익을 수용 또는 사용에 따른 손실보상금과 상계하지 못하도록 함으로써 공익사업으로 인하여 재산권 행사에 제약을 받은 피보상자의 권익을 철저히 보호하기 위한 것이다.[157]

잔여지의 개발이익은 별도의 방법으로 환수할 성질의 것이며, 사업시행자가 취득한 목적물에 대한 보상액과는 상계할 것이 아니다. 따라서 공익사업에 제공된 목적물에 대하여는 정당보상이 이루어져야 하며, 이로 인해 그 주변지역에 증가(增價)가 발생하였다면 철저히 개발이익을 환수하는 것이 공평부담의 원리에 비추어 보아 마땅하다.[158]

---

156) 이선영, 전게서, 343면.
157) 대판 1998.9.18, 97누13375.
158) 박수혁 등 감수, 전게서, 564면.

제7절 행정상 손실보상의 절차

손실보상의 절차에 관하여는 통칙적 규정이 없고, 손실보상에 관한 각 개별법에서 여러 가지의 방법을 규정하고 있다. 여기에서는 보상액의 결정방법, 보상액결정에 대한 불복, 보상금의 지급·공탁 등의 절차로 나누어 살펴보고자 한다.

Ⅰ. 보상액의 결정방법

손실보상액의 결정절차에 관하여는 법률에 따라 다르지만, 주로 토지취득보상법의 규정을 중심으로 하여 다음의 세 가지로 나눌 수 있다.

1. 당사자의 협의에 의하는 경우

손실보상에 관한 당사자 사이의 협의는 가장 원칙적인 결정유형으로서 행정청의 일방적 결정의 전단계로서의 의미를 갖는 것이다(동법 제16조, 제26조). 즉 당사자 사이에 협의가 이루어지지 않으면 토지수용위원회 등의 행정청은 보상액을 일방적으로 결정하게 되는 것이다. 협의가 성립되면 사업시행자는 관할 토지수용위원회에 협의성립의 확인을 신청할 수 있고(동법 제29조 제1항), 이러한 확인은 재결과 같은 효력을 가진다(동법 제29조 제4항).

2. 행정청의 재결 또는 결정에 의하는 경우

당사자 사이에 협의가 성립되지 않거나 협의를 할 수 없을 때에는 사업시행자에 의하여 토지수용위원회에 재결을 신청하게 된다(동법 제28조). 이 경우 손실보상의 결정절차는 다음의 두 가지가 있다.

1) 토지수용위원회의 토지수용에 관한 재결과 같이 보상액결정만을 내용으로 하는 것이 아니고, 재산권의 침해와 그에 대한 효과로서의 보상액을 함께 결정하는 경우

2) 보상액결정만을 내용으로 하는 행정청의 결정으로 정하여지는 경우

이 경우는 다시 여러 가지가 있는데, 사업주체가 행정주체인 경우에는 ① 행정청이 일방적으로 결정하도록 한 경우(특허법 제106조), ② 행정청이 결정하되 이의가 있는 경우에는 다른 행정청(주로 합의제기관)에 재의를 신청하도록 한 경우(징발법 제22조, 제24조 제3항), ③ 행정청이 상대방과 협의하되, 협의가 성립되지 못한 경우에는 행정청 스스로 결정한 금액을 지급하며, 이에 불복하는 경우에는 상대방의 신청에 의하여 토지수용위원회에서 재결하도록 한 경우(토지취득보상법 제28조 제1항 · 제30조, 도로법 제79조 · 제80조, 항만법 제37조 등) 등이 있다. 그리고 사업주체가 행정주체 이외의 자인 경우에는 당사자와 협의하되, 협의가 성립하지 아니한 때에는 감독행정청에 신청하여 재결하도록 하는 경우(전기사업법 제66조 제2항)가 보통이다.

그런데 2)의 경우는 재산권의 침해가 재결에 근거하여 행하여지는 것이 아니고, 별도의 행정청의 처분(징발처분 · 지장물의 철거 · 이전대집행 등)에 의하여 행하여지므로 법률에서 사전보상에 관한 규정을 둔 경우를 제외하고는 1)의 경우와는 달리 보상에 관한 협의나 재결이 있어야 재산권을 침해할 수 있는 것이 아니고, 그 성질상 보상에 관한 협의나 재결이 있기 전에 재산권에 대한 침해행위가 선행(先行)되게 된다.[159]

3. 소송에 의하는 경우

그 예가 많지 않으나, 법률에서 재산권침해와 이에 대한 보상에 대하여만 정하고, 협의 또는 재결절차 등 보상금결정에 대하여는 특히 규정하고 있지 않은 경우(소방기본법 제25조 제4항, 제27조 제3항)에는 처음부터 보상금지급청구소송을 제기할 수 있으며, 따라서 소송으로 결정하게 된다. 이 경우에도 보통은 재산권을 침해당한 자의 청구에 의하여 관계 행정청이 보상액결정통지와 같은 형식으로 보상액을 결정 · 통지하는 것이 일반적이라 할 것이나, 이 경우의 행정청의 재결은 보상액의 사실상의 제시에 그친다. 따라서 상대방은 그것을 수락하지 아니할 때에는 처분취소소송을 제기할 것이 아니고 바로 보상금지급청구소송을 제기할 수 있다고 할 것이다.[160] 이 경우의 소송은 공법상의 당사자소송으로 보는 것이 통설이나,[161] 판례는 민사소송으로 보고 있으며,[162] 실정법도 민사소송으로 보는 경우(우편법 제44조)가 있다.

159) 박윤흔 · 정형근, 「최신행정법강의(상)」, 682-683면.
160) 박윤흔 · 정형근, 상게서, 683면.
161) 상게서, 683면; 김도창, 전게서, 668면; 윤세창, 전게서, 455면; 이상규, 전게서, 662면.
162) 대판 1967.11.2, 67다1334; 대판 1969.12.30, 69다9; 대판 1970.3.10, 70다88.

Ⅱ. 행정청의 보상액결정에 대한 불복절차

행정청의 재결 또는 결정의 형식으로 보상금이 결정되는 경우(위의 보상금결정방법 중 2의 경우)에는 이에 대한 불복절차가 문제된다. 그 불복절차는 행정청의 재결 등이 어떤 내용의 것인가에 따라 다를 것이다.

1. 재결의 내용이 보상금결정만인 경우

이러한 경우에는 보상원인이 되는 재산권침해행위와 보상결정은 서로 분리하여 존재하며, 따라서 그에 대한 불복도 분리하여 행하여야 한다. 보상결정에 대한 불복절차는 행정청의 보상결정의 성격에 따라 정하여질 것이다.

보상결정의 행정처분성을 인정한다면 보상액결정처분의 취소를 구하는 취소심판 및 취소소송을 제기하여야 할 것이지만, 그 처분성을 부인한다면 법원에 보상금지급청구소송을 공법상 당사자소송으로 제기할 수 있다고 할 것이다. 물론 이 경우 실무상으로는 민사소송으로 제기하고 있다.

2. 재결의 내용이 수용 등과 그에 대한 보상금결정인 경우

가장 일반적인 절차인 토지수용위원회의 재결에 대하여 살펴보면, 토지수용위원회의 재결은 그 처분성이 인정되므로 재결에 불복하면 이의신청과 행정소송을 제기할 수 있다. 종래에는 이의신청전치주의가 필요적으로 채택되었으나, 토지취득보상법은 임의적 전치주의를 취하고 있다.

1) 이의신청

토지수용위원회의 재결에 의한 손실보상금의 결정에 대해서 불복하는 자는 그 재결에 대해서 행정심판으로서의 이의신청을 할 수 있다. 즉 지방토지수용위원회의 재결에 이의가 있는 자는 해당 지방토지수용위원회를 거쳐 재결서의 정본을 받은 날부터 30일 이내에 중앙토지수용위원회에, 중앙토지수용위원회의 재결에 이의가 있는 자는 같은 기간내에 중앙토지수용위원회에 이의신청을 할 수 있다(동법 제83조). 이의신청을 받은 중앙토지수용위원회는 재결이 위법하거나 부당하다고 인정할 때에는 그 재결의 전부 또는 일부를 취소하거나 보상액을 변경할 수 있다(동법 제84조). 다시 말하면 중앙토지수용위원회는 재결을 취소하는 재결만을 할 수 있는 것이 아니고, 적극적으로 보상액을 증액 또는 감액하는 재결을 할 수도 있는 것이다.

2) 행정소송

당사자는 이의신청을 제기하지 아니하고 바로 행정소송을 제기하거나 또는 이의신청을 제기한 경우에는 이의신청을 인용하지 않는 재결이 행해지는 경우에 행정소송을 제기할 수 있다. 이 경우 행정소송의 형태는 재결의 내용을 형성하는 수용결정부분을 대상으로 하는 경우와 손실보상을 대상으로 하는 경우로 나눌 수 있다.

(1) 취소소송

재결 중에서 수용재결의 부분에 불복할 때에는 재결서를 받은 날부터 60일 이내에, 이의신청을 거쳤을 때에는 이의신청에 대한 재결서를 받은 날부터 30일 이내에 각각 행정소송을 제기할 수 있다(동법 제85조 제1항). 이 경우에 법원은 재결이 위법하다고 인정할 때에는 재결의 전부 또는 일부를 취소할 수 있을 뿐이며, 보상액을 증감할 수는 없다.[163]

(2) 보상액증감청구소송

행정소송이 보상금의 증감(增減)에 관한 소송인 경우에는 그 소송을 제기하는 자가 토지소유자 또는 관계인일 때에는 사업시행자를, 사업시행자일 때에는 토지소유자 또는 관계인을 각각 피고로 한다(동법 제85조 제2항). 이 때의 소송유형은 형식적 당사자소송으로 보아야 할 것이다.[164] 이러한 소송은 형식적으로는 직접 권리관계의 당사자를 피고로 하여 제기하는 당사자소송이지만, 내용적으로는 보상재결이라는 행정처분을 다툰다는 점에서 형식적 당사자소송으로 볼 수 있는 규정을 함으로써 명문으로 채택하였다. 그리하여 보다 신속한 권리구제가 가능하게 되었다.

그것은 이 소송제도가 채택되기 전에는 보상재결의 부분에만 불복이 있는 경우에도 재결취소소송만을 제기할 수 있었고, 당해 소송에서는 재결의 취소판결만이 가능하고 직접 보상액을 증감하는 판결은 불가능하였으며, 보상액이 적정하지 못하여 재결이 위법한 경우에도 재결취소판결을 하였고, 그 판결이 있으면 중앙토지수용위원회에서 보상액을 다시 재결하였으며, 따라서 권리구제는 우회적이었다.

Ⅲ. 보상금의 지급 · 공탁

손실보상의 절차는 사업시행자가 보상금을 지급 또는 공탁함으로써 종료된다.

사업시행자는 천재 · 지변시의 토지사용의 경우(동법 제38조) 또는 시급(時急)을 요하는 토지사용의 경우(동법 제39조)가 아닌 한, 수용 또는 사용의 개시일까지 관할 토지수용위원회가 재결한 보상금을 지급하여야 한다(동법 제40조 제1항).

---

163) 박평준 · 박창석, 「보상법규강의」, 367면.

164) 류지태, 전게서, 451면.

그러나 ① 보상금을 받을 자가 그 수령을 거부하거나 보상금을 수령할 수 없을 때, ② 사업시행자의 과실 없이 보상금을 받을 자를 알 수 없을 때, ③ 사업시행자가 관할 토지수용위원회가 재결한 보상금액에 대하여 불복할 때, ④ 압류나 가압류에 의하여 보상금의 지급이 금지되었을 때에는 수용 또는 사용의 개시일까지 보상금을 공탁할 수 있다(동법 제40조 제2항). 다만, ③의 경우에는 사업시행자는 보상금을 받을 자에게 자기가 산정한 보상금을 지급하고 그 금액과 재결에 의한 보상금액과의 차액(差額)을 공탁하여야 한다(동법 제40조 제4항).

한편, 시급을 요하는 토지사용의 경우(동법 제39조)에 토지소유자 또는 관계인의 청구가 있을 때에는 사업시행자는 자기가 산정한 보상금을 토지소유자나 관계인에게 지급하여야 한다(동법 제41조).

제8절 행정상 손실보상의 주체

Ⅰ. 사업시행자

보상의 주체, 즉 '보상의무자'를 누구로 보느냐 하는 것은 수용주체에 관한 국가수용권설과 사업시행자수용권설에 따라 다르다.

국가수용권설에 의하면 원래 손실보상의 의무를 지는 것은 수용권의 주체인 국가이며, 국가는 사업시행자를 위하여 공용수용을 하는 것이므로 국가 자신이 사업시행자로부터 보상금을 징수하여 피수용자에게 지급하는 것이 당연하다. 그러나 절차상의 편의를 위하여 사업시행자로 하여금 직접 피수용자에게 보상하도록 하는 데 불과하다고 본다. 그런데 사업시행자수용권설에 의하면, 보상할 손실의 원인행위를 한 자는 사업시행자이므로 성질상 당연히 사업시행자가 손실보상을 하여야 한다고 본다.

토지취득보상법 제61조는 사업시행자가 보상의 주체, 즉 보상의무자임을 명기하고 있으며, 이것은 조리상 당연한 규정이다.

Ⅱ. 보상업무 등의 위탁

토지취득보상법 제81조는 사업시행자는 보상 또는 이주대책에 관한 업무를 보상전문기관에게 위탁할 수 있는 제도를 두고 있다.

종래 법체제하에는 보상 또는 이주대책에 관한 업무는 일반사업시행자가 직접 수행하거나 그 업무를 지방자치단체에게 위탁할 수 있었다. 그러나 일반 사업시행자가 보상업무를 직접 수행하는 경우에 사업시행자의 보상업무에 대한 지식과 경험의 부족으로 인하여 보상업무가 지연되거나 보상예산의 낭비로 공익사업시행에 있어 비용증가의 한 요인이 되어왔다. 위와 같은 문제점을 해소하기 위하여 도입된 '보상업무의 위탁제도'도 종래 법체제하에서는 위탁기관을 지방자치단체로 한정함에 따라 지방자치제의 실시로 인한 민선 기관장의 주민을 의식한 과다보상, 보상업무의 위탁회피, 전문성부족 등으로 보상의 후진성 및 예산낭비를 초래하여 그 실효성을 기대하기 힘들었다. 또한 이주자를 위한 토지매수 및 이주대책의 수립 · 실시에 대하여도 사업시행자는 관할 지방자치단체의 장에게 위탁이 가능하였으나, 지방자치단체의 협조에 많은 문제점을 초래하여 보상에 관한 전문성이 있는 기관 등에 대한 위탁의 필요성이 증대되게 되었다.

이러한 현실을 반영하여 토지취득보상법에서는 보상의 전문성을 제고하고 보상예산의 낭비를 예방하기 위하여 보상과 이주대책에 관한 업무를 보상전문기관에게 위탁할 수 있는 제도적 근거를 마련하였다.[165)]

1. 보상업무 등의 수탁기관(보상전문기관)

사업시행자가 보상 및 이주대책에 관한 업무를 위탁하고자 할 때에는 토지취득보상법 제81조 제1항에 의하여 ① 지방자치단체, ② 보상실적이 있거나 보상업무에 관한 전문성이 있는 「공공기관의 운영에 관한 법률」 제4조에 따른 공공기관 또는 「지방공기업법」에 따른 지방공사로서 대통령령이 정하는 기관(동법시행령 제43조 제1항)에게 할 수 있는 바, 이러한 기관을 '보상전문기관'이라 한다(동법시행령 제43조 제2항). 여기에서 '대통령령이 정하는 기관'이라 함은 다음과 같다.[166)]

대통령령에 의한 보상전문기관은 다음과 같다(동법시행령 제43조 제1항).

① 한국토지주택공사법에 따른 한국토지주택공사

② 삭제

③ 한국수자원공사법에 의한 한국수자원공사

④ 한국도로공사법에 의한 한국도로공사

⑤ 한국농어촌공사 및 농지관리기금법에 따른 한국농어촌공사

⑥ 국유재산법에 따라 출자된 주식회사 한국감정원

⑦ 지방공기업법 제49조에 따라 서울특별시, 인천광역시 및 경기도택지개발 및 주택건설 등의 사업을 하기 위하여 설립한 지방공사

2. 보상업무등 위탁의 범위 및 절차

토지취득보상법 제81조 제2항은 보상 및 이주대책에 관한 업무의 위탁시 업무범위, 수수료 등에 관하여 필요한 사항은 대통령령에 위임하고 있으며, 이에 동법시행령 제43조 제2항 내지 제5항에서 위탁의 범위, 절차, 위탁수수료에 관하여 규정하고 있다.

---

165) 박수혁 등 감수, 전게서, 490면.

166) • 연간 보상실적이 800억원 이상이고, 전국적인 조직을 가진 투자기관(5개) : 한국토지공사, 대한주택공사, 한국수자원공사, 한국도로공사, 한국농어촌공사.
• 보상에 관한 전문성이 있고 전국적인 조직을 가지고 있으며, 보상업무 수탁실적이 있는 정부출자기관: 한국감정원

1) 업무위탁의 범위

'보상업무'란 공익사업시행을 위한 용지취득에 따른 제반업무이다. 즉 보상계획의 수립, 토지 · 물건조서의 작성, 보상액의 산정, 협의 및 계약체결, 민원의 처리, 재결신청 및 공탁업무 등을 포함한다. 즉 보상업무는 손실보상을 위한 토지, 건축물 기타 지장물 등의 조사 및 이주대책 등 보상관련 업무를 말한다.

사업시행자는 다음의 보상업무를 보상전문기관에게 위탁할 수 있다(동법시행령 제43조 제2항).

① 보상계획의 수립 · 공고 및 열람에 관한 업무
② 토지대장 및 건축물대장 등 공부의 조사
③ 토지등의 소유권 및 소유권 외의 권리 관련사항의 조사
④ 분할측량 및 지적등록에 관한 업무
⑤ 토지조서 및 물건조서의 기재사항에 관한 조사
⑥ 잔여지 및 공익사업지구 밖의 토지등의 보상에 관한 조사
⑦ 영업 · 농업 · 어업 및 광업손실에 관한 조사
⑧ 보상액의 산정(감정평가업무를 제외한다)
⑨ 보상협의, 계약체결 및 보상금의 지급
⑩ 보상관련 민원처리 및 소송수행 관련업무
⑪ 토지 등의 등기관련 업무
⑫ 이주대책의 수립 · 실시 또는 이주정착금의 지급
⑬ 그 밖에 보상과 관련된 부대업무

2) 업무위탁의 절차

사업시행자가 보상 또는 이주대책에 관한 업무를 보상전문기관에 위탁하고자 하는 때에는, 미리 위탁내용과 위탁조건에 관하여 보상전문기관과 협의하여야 한다(동법시행령 제43조 제3항).

3) 위탁수수료 및 법정수수료

사업시행자가 보상 또는 동법시행령 제43조 제2항의 업무를 보상전문기관에 위탁하는 때에는 소정의 규정에 의한 위탁수수료를 보상전문기관에 지급하여야 한다. 다만, 사업시행자가 동법시행령 제43조 제2항의 업무 중 일부를 보상전문기관에 위탁하는 경우의 위탁수수료는 사업시행자와 보상전문기관이 협의하여 정한다(동법시행령 제43조 제4항). 이 경우 평가수수료 · 측량수수료 · 등기수수료 및 변호사의 보수 등 통상적인 업무수행에 소요되는 경비가 아닌 특별한 비용을 보상전문기관이 지출한 때에는 사업시행자는 이를 위탁수수료와는 별도로 보상전문기관에 지급하여야 한다(동법시행령 제43조 제5항).

Ⅲ. 보상협의회

종래 공특법 제4조 제7항에서는 토지 등의 취득 및 사용에 관련된 보상업무에 관한 사항을 심의하기 위하여 '보상심의위원회'의 제도를 운영하였다.

공익사업용 토지의 보상은 개인의 재산권과 직접 관계되고 이해관계가 대립되는 사항이므로 주민의 의견수렴과 민원해소를 위하여 일정규모 이상의 사업에 대하여는 보상심의위원회의 사전 심의를 거쳐 소유자의 의견을 수렴하여 협의보상가격을 평가 · 산정하도록 의무화하였던 것이다.

그러나 보상심의위원회의 성격, 운영, 심의사항 등이 불합리하여 위원회 개최가 지연되거나 개최 자체가 어렵게 되어 보상업무의 지연을 초래하는 문제가 있었다.

이에 따라 토지취득보상법 제82조에서는 심의의결기구인 보상심의위원회를 협의기구인 '보상협의회'로 개정함으로써 그 성격을 명확히 하였으며, 지방자치단체가 협의회의 개최 여부를 판단하도록 하고, 이해당사자간 협의가 실질적으로 가능하고 필요한 사항으로 명확히 하여 운영의 내실화를 기하도록 하였다.[167)]

1. 보상협의회의 성격

종전 공특법상의 보상심의회는 위원회의 명칭이 '심의'라는 문구가 들어가 있어 그 법적 성격에 대하여는 의결기관, 심의기관, 자문기관인가에 관한 논란이 제기되어 왔었다.

이에 토지취득보상법에서는 보상심의회를 협의기관 또는 자문기관의 성격을 갖는 '보상협의회'로 규정함으로써 그 법적 성격을 명확히 하였다.

2. 보상협의회의 설치 · 구성 및 운영

1) 설 치

공익사업이 시행되는 해당 지방자치단체의 장은 필요한 경우에는 법정된 사항을 협의하기 위하여 보상협의회를 둘 수 있다(동법 제82조 제1항 본문). 다만, 해당 공익사업지구 면적이 10만 제곱미터 이상이고, 토지등의 소유자가 50인 이상인 공익사업을 시행하는 경우에는 보상협의회를 의무적으로 설치해야 한다(동법 제82조 제1항 단서, 동법시행령 제44조의2 제2항). 보상협의회는 해당 사업지역을 관할하는 특별자치도, 시 · 군 또는 구(자치구를 말한다)에 설치한다(동법시행령 제44조 제1항).

만일, 공익사업을 시행하는 지역이 2이상의 시 · 군 또는 구에 걸쳐 있는 경우에는 해당 시장 · 군

167) 박수혁 등 감수, 전게서, 494면.

수 또는 구청장(자치구의 구청장을 말한다)이 상호 협의하여 보상협의회를 설치할 시 · 군 또는 구를 결정하여야 한다(동법시행령 제44조 제2항).

특별자치도지사, 시장 · 군수 또는 구청장은 보상협의회를 설치할 필요가 있다고 인정하는 경우에는 특별한 사유가 있는 경우를 제외하고는 토지취득보상법 제15조 제2항의 규정에 따른 보상계획의 열람기간 만료 후 30일 이내에 보상협의회를 설치하고, 사업시행자에게 이를 통지하여야 한다(동법시행령 제44조 제3항). 이는 보상협의회의 설치 및 개회의 지연으로 인한 사업시행의 차질과 기회비용의 낭비를 방지하기 위하여 보상계획공고 열람기간 만료 후 30일 이내에 보상협의회를 설치하고, 사업시행자에게 이를 통지하도록 한 것이다.

2) 구 성

(1) 위 원

보상협의회는 위원장 1인을 포함한 위원 8인 이상 16인 이내로 구성하되, 사업시행자를 위원에 포함시키고, 위원 중 3분의 1 이상은 토지소유자 또는 관계인으로 구성하여야 한다(동법시행령 제44조 제4항).

보상협의회의 위원은 다음의 사람 중에서 해당 지방자치단체의 장이 임명하거나 위촉한다(동법 제82조 제2항).

보상협의회의 위원이 될 수 있는 자는 다음과 같다(동법 제82조 제2항).

① 토지소유자 및 관계인
② 법관, 변호사, 공증인 또는 감정평가사나 보상업무에 5년 이상 종사한 경험이 있는 사람
③ 해당 지방자치단체의 공무원
④ 사업시행사

(2) 위원장

보상협의회 위원장은 해당 특별자치도, 시 · 군 또는 구의 부지사, 부시장 · 부군수 또는 부구청장이 되며,[168] 위원장이 부득이한 사유로 직무를 수행할 수 없는 때에는 위원장이 지명하는 위원이 그 직무를 대행한다(동법시행령 제44조 제5항).

보상협의회의 위원장은 보상협의회를 대표하며, 보상협의회의 업무를 통할한다(동법시행령 제44조 제6항). 보상협의회의 위원장은 회의에서 협의된 사항을 해당 사업시행자에게 통보하여야 하며, 사업시행자는 정당하다고 인정되는 사항에 대하여는 이를 반영하여 사업을 수행하여야 한다(동법시행령 제44조 제8항).

---

168) 종전 「공공용지의 취득 및 손실보상에 관한 특례법」에서는 위원장은 시장 · 군수 · 구청장이었다.

(3) 간사와 서기

보상협의회의 서무를 담당하게 하기 위하여 보상협의회에 간사와 서기를 두되, 간사와 서기는 보상협의회의 위원장이 해당 지방자치단체의 소속 공무원 중에서 임명한다(동법시행령 제44조 제9항).

3) 운 영

보상협의회의 회의는 재적위원 과반수의 출석으로 개의한다(동법시행령 제47조 제7항). 보상협의회의 운영에 관하여 필요한 사항은 보상협의회의 협의를 거쳐 위원장이 정한다(동법시행령 제44조 제11항). 사업시행자가 국가 또는 지방자치단체인 경우 사업시행자는 보상협의회에 출석한 공무원이 아닌 위원에게는 수당을 지급할 수 있다(동법시행령 제44조 제10항).

3. 보상협의회의 협의사항

보상협의회의 협의사항은 다음과 같다(동법 제82조 제1항).

① 보상액 평가를 위한 사전 의견수렴에 관한 사항
② 잔여지의 범위 및 이주대책의 수립에 관한 사항
③ 해당 사업지역 내 공공시설의 이전 등에 관한 사항
④ 토지소유자나 관계인 등이 요구하는 사항 중 지방자치단체의 장이 필요하다고 인정하는 사항
⑤ 그 밖에 지방자치단체의 장이 회의에 부치는 사항

보상협의회는 보상액의 평가를 위한 사전 의견수렴에 관하여 의견을 청취하도록 한 것은 감정평가사, 사업시행자, 토지등 소유자 간에 감정평가에 관한 일반기준과 절차, 소유자들로부터의 대상지역의 지역적 특성, 정상 거래가격 요구 및 희망사항 등 의견의 교환과 수렴으로 적정한 평가와 보상이 이루어지도록 하기 위한 것이다. 해당 공익사업지구 면적이 10만 제곱미터 이상이고, 토지등의 소유자가 50인 이상인 공익사업의 경우 보상협의회를 의무적으로 설치하도록 개정한 취지는 토지소유자 등의 권익보호를 위한 것이다(동법 제82조 제1항 단서, 동법시행령 제44조의2).

제9절 행정상 손실보상액의 산정

Ⅰ. 손실보상액의 산정기준

1. 가격시점

'가격시점'이란 보상액의 산정의 기준이 되는 시점을 말한다(동법 제2조 제6호). 보상액의 산정은 협의에 의한 경우에는 협의성립 당시의 가격을, 재결에 의한 경우에는 수용 또는 사용의 재결당시의 가격을 기준으로 한다(동법 제67조 제1항). 이는 '시가보상의 원칙'을 규정한 것이다.

'가격의 기준이 되는 협의성립'이란 계약체결을 의미하는 것으로서 평가 · 송부된 보상액을 결정하여 토지등의 소유자에게 협의를 요청하고 토지등의 소유자가 이에 대하여 승낙의 의사표시를 한 경우를 말한다. 가격시점은 다른 법률에 특별한 규정이 없는 한 평가를 위한 현황조사 및 가격조사가 완료된 날을 기준으로 한다는 주장도 있으나, 판례는 보상협의가 성립된 시점으로 하고 있다.[169)]

보상액을 산정할 경우에 해당 공익사업으로 인하여 토지등의 가격이 변동되었을 때에는 이를 고려하지 아니한다(동법 제67조 제2항). 보상액의 산정시기를 계약체결 당시로 하는 것은 피보상자에 대한 정당보상과 함께 개발이익을 배제하기 위해서이다. 가격시점을 소급하게 되면 피보상자에게 불리하게 되고, 반면에 계약체결 이후에 있은 지가상승이나 사정변경 등을 반영하게 되면 개발이익이 토지소유자에게 귀속되기 때문이다.

2. 평가방법 적용의 원칙

대상물건의 평가는 토지취득보상법시행규칙에서 정하는 방법에 의하되, 그 방법으로 구한 가격 또는 사용료(이하 "가격등"이라 한다)를 다른 방법으로 구한 가격등과 비교하여 그 합리성을 검토하여야 한다(동법시행규칙 제18조 제1항).

그러나 토지취득보상법 시행규칙에서 정하는 방법으로 평가하는 경우, 평가가 크게 부적정하

169) 대판 1997.4.22, 95다48056.

게 될 요인이 있는 경우에는 적정하다고 판단되는 다른 방법으로 평가할 수 있다. 이 경우 보상평가서에 그 사유를 기재하여야 한다(동법시행규칙 제18조 제2항). 또한 동 규칙에서 정하지 아니한 대상물건에 대하여는 이 규칙의 취지와 감정평가의 일반이론에 의하여 객관적으로 판단 · 평가하여야 한다(동법시행규칙 제18조 제3항).

3. 보상액의 산정기준

1) 취득하는 토지의 평가

(1) 객관적 기준평가

토지에 대한 보상액은 가격시점에서의 현실적인 이용상황과 일반적인 이용방법에 의한 객관적 상황을 고려하여 산정하되, 일시적인 이용상황과 토지소유자나 관계인이 갖는 주관적 가치 및 특별한 용도에 사용할 것을 전제로 한 경우 등은 고려하지 아니한다(동법 제70조 제2항). 취득하는 토지와 이에 관한 소유권 외의 권리에 대한 구체적인 보상액 산정 및 평가방법은 투자비용, 예상수익 및 거래가격 등을 고려하여 국토해양부령으로 정한다(동법 제70조 제6항).

① 현실적인 이용상황 기준 : 토지에 관한 평가는 지적공부상의 지목에 불구하고 가격시점에 있어서의 현실적인 이용상황을 기준으로 한다. '현실적인 이용상황'이라 함은 지적공부상의 지목에 불구하고 가격시점에 있어서의 해당 토지의 주위환경이나 공법상 규제의 정도 등으로 보아 인정 가능한 범위의 이용상황을 말한다.

일반적인 토지의 경우 지적공부상의 지목과 현실이용상황이 일치하지만, 지적공부상의 지목과 현실이용상황이 반드시 일치하는 것이 아니고 서로 상이한 경우도 있다. 이 경우 지적공부상의 지목에 따라 지적공부가 정리되지 않았더라도 현실이용상황에 따라 평가하여 보상하도록 하여 원칙적으로 토지소유자를 보호하고자 하는 것이다.

정당한 보상액을 산정하기 위하여 일반적 토지의 평가에 있어서는 '현황평가'를 원칙으로 한다. 그러나 해당 토지의 이용상황이 일시적 이용상황이거나 무허가건축물의 부지로 사용되고 있을 때, 불법형질변경된 토지일 경우, 미불용지일 경우, 그리고 다른 법령에 '현황평가주의에 대한 예외'를 규정한 경우는 현실이용상황을 기준으로 평가하지 아니한다.

여기서 '일시적 이용상황'이란 관계법령에 의한 국가 또는 지방자치단체의 계획이나 명령 등에 의하여 당해 토지를 본래의 용도로 이용하는 것이 일시적으로 금지 또는 제한되어 그 본래의 용도외의 다른 용도로 이용되고 있거나 그 토지의 주위환경의 사정으로 보아 현재의 이용방법이 임시적인 것을 말한다(동법시행령 제38조).

② 일반적인 이용방법 기준 : '일반적인 이용방법'이라 함은 평가대상 토지의 위치, 주위의 환경, 공법상의 제한이나 규제의 유무 등을 판단할 때 이용상황은 일반적인 이용방법에 의하여야 하는

것을 말한다. 예컨대, 취득하는 토지의 현실지목이 농경지일지라도 도시관리계획상 주거지역으로 되어 있고 주위의 토지가 이미 택지화 되었다면, 농지를 기준으로 평가할 것이 아니라 택지후보지로 평가하여야 함과 같은 것이다.

또한 '객관적인 상황'이라 함은 사물의 가치를 자기와의 관계를 떠나 제3자의 입장에서 판단하는 경제가치를 말한다. 예컨대, 토지를 특수한 용도에 이용하기 위하여 특별히 고가로 매수한 경우 혹은 자기 스스로 보이지 않는 노력과 정성을 쏟아 가꾸어 놓은 토지에 대한 소유자가 갖는 주관적인 가치 · 애착심 또는 소유자가 특별한 용도로 이용함으로써 수익을 증가시키는 것 등은 객관적인 가치라고 볼 수 없으므로 모두 평가의 기준으로 삼을 수 없음을 뜻한다.

따라서 적정한 보상액을 구하기 위해서는 객관적으로 보아 통상의 양식과 이용능력을 가진 사람에 의한 합리적이고 합법적인 이용방법이라고 인정될 수 있는 것을 기준으로 평가하여야 한다.[170]

(2) 구분평가

취득할 토지에 건축물 · 입목 · 공작물 그 밖에 토지에 정착한 물건(이하 "건축물등"이라 한다)이 있는 경우에는 토지와 그 건축물등을 각각 평가하여야 한다. 다만, 건축물등이 토지와 함께 거래되는 사례나 관행이 있는 경우에는 그 건축물등과 토지를 일괄하여 평가하여야 하며, 이 경우 보상평가서에 그 내용을 기재하여야 한다(동법시행규칙 제20조 제1항). 이 경우 토지는 나지(裸地)를 상정하여 평가한 금액으로 보상하고 건축물 등에 대해서는 이전비로 보상하여야 한다.

그리고 하나의 물건이라도 가치를 달리하는 부분은 이를 구분하여 평가하여야 한다. 따라서 집합건물이 구분소유로 되어 있는 경우로서 그 건물의 일부가 공익사업에 편입되는 경우 그 편입되는 부분의 소유에 따라 평가하고, 토지가 공익사업에 편입되는 경우 그 필지별로 평가한다. 그리고 건물이나 토지가 공유관계에 있는 경우에는 공유관계에 있는 물건 전체를 평가하여 그 지분율에 따라 배분하면 된다.

그러나 수인(數人)이 한 동의 건물 또는 한 필지의 토지의 특정부분을 내부적으로 소유하면서도 대외적으로는 한 동의 건물 또는 한 필지의 전체를 수인의 공유로 공유지분등기를 한 경우 그것은 대외적으로 표시된 바와 같이, 한 동 또는 한 필지의 전체를 기준으로 평가하여 이를 그 지분비율에 따라 안분(按分)하여 그 등기상 지분권자에 대한 보상액으로 정하여야 한다.[171]

(3) 나지상정평가

토지에 관한 평가에 있어서 그 토지에 건축물등이 있는 때에는 그 건축물 등이 없는 나지상태를 상정(想定)하여 토지를 평가한다(법시행규칙 제22조 제2항).

---

170) 박수혁 등 감수, 전게서, 576면.
171) 대판 1993.6.29, 91누2342; 대판 1998.7.10, 98두6067.

'나지'(裸地)라 함은 토지상에 아무런 정착물 또는 제한물권이 없는 최유효이용이 가능한 토지를 의미하며, 이러한 상태를 상정하여 평가하도록 하는 것은 부동산 이론상 특별한 예외이며 조건이 된다.

보상의 대상이 된 토지에 대하여 이와 같은 평가조건이 필요한 이유는 두 가지를 들 수 있다. 그 첫째는, 공익사업에 필요한 것은 원칙적으로 토지이고 그 지상정착물이 아니므로 토지의 평가기준과 지장물의 평가기준을 서로 달리하여야 하기 때문이다. 둘째로는, 토지는 건부(建敷)감가요인이 작용하기 때문이다.

일반적으로 보상의 대상이 되는 토지 및 건물 등은 그 공익사업의 시행계획에 따른 행위제한을 받게 되어 사용가치가 증가할 수 없으므로 제한을 받지 않는 인근의 토지 · 건물보다 노후 · 쇠퇴하여 건부감가요인이 많이 작용하게 된다. 그러나 이를 전부 토지등 소유자의 부담으로 하는 것은 공평하지 못하고 정당한 보상이 될 수 없으므로 토지를 평가함에 있어서는 건부감가요인을 고려함이 없이 인근의 나지 상태를 상정하여 평가하도록 하는 것이다.

다음에 해당하는 경우에는 '나지상정평가의 원칙'에도 불구하고 그 예외로서 제한의 정도를 감안하거나, 현실의 거래관행을 존중하여 보상평가시에도 나지상태를 상정하여 평가하여서는 아니 된다.

즉 ① 토지에 정착한 건물 · 공작물 · 시설 · 입죽목 · 농작물 기타 물건 등 정착이 토지와 함께 거래되는 사례가 있거나 관행이 있는 경우, ② 토지에 관한 소유권 이외의 권리를 따로 평가하는 경우, ③ 거래사례비교법으로 평가하는 지상건물이 있는 토지를 토지보상평가지침 제48조의 규정에 의해 평가하는 경우, ④ 선하지(線下地) 평가의 경우이다.

(4) 개발이익의 배제평가

(가) 의의 및 개발이익 배제의 취지

'개발이익'이란 국가나 공공단체 등 행정주체가 개발사업을 시행함으로써 정상지가 상승분을 초과하여 사업시행자에게 귀속되는 토지가액의 증가분과 공익사업의 시행, 토지이용계획의 변경, 기타 사회 · 경제적 요인에 의하여 정상지가 상승분을 초과하여 토지소유자에게 귀속되는 토지가액의 증가분을 말한다(개발이익의 환수에 관한 법률 제2조 제1호). 즉 인근토지의 가격이 상승함으로 인하여 생긴 이익을 말한다. 종전 이러한 개발이익은 토지소유자의 토지가 우연하게도 개발사업의 시행지에 있었다는 이유만으로 아무런 노력도 없이 토지소유자 또는 사업시행자가 받는 것이 보통이었다.

그러나 개발사업은 국민 또는 지방자치단체의 주민의 부담(세금)으로 시행하면서도 그 개발의 결과인 개발이익은 특정한 토지소유자 또는 사업시행자 등이 독점하게 된다는 것은 형평의 원리에 적합하지 못한 것이다. 이러한 관점에서 최근에는 공용수용의 대형화 · 종합화에 따라 개발이익을 손실보상액에 산입하지 아니하고 사회에 환원시키고자 하는 제도가 일반화되고 있다.

이와 같은 여건의 변화를 반영하여 제정된 토지취득보상법에서는 '개발이익배제의 원칙'이 명문화되었다(동법 제67조 제2항). 공익사업의 시행의 계획이 공표되면 그 대상토지의 이용가치가 장차 증가될 것을 기대하여 지가는 기대치만큼 미리 상승하게 되는데, 상승된 지가(개발이익)가 당해 토지의 객관적 가치의 일부로 포함되는 것은 불합리하다. 공익사업의 시행으로 지가가 상승하여 발생하는 개발이익은 사업시행자의 투자에 의하여 발생하는 것으로서 토지소유자의 노력이나 자본에 의하여 발생한 것이 아니기 때문에 토지소유자에게 당연히 귀속되어야 할 성질의 것은 아니고 오히려 투자자인 사업시행자 또는 사회에 귀속되어야 할 성질의 것이다.

토지에 대한 재산적 가치는 시가에 의하여 산정되는 것이 일반적이고 시가의 산정은 인근유사토지의 거래가격을 기준으로 하여 추산하는 방법에 의하여 평가되어야 하고 투기가격이나 개발이익이 포함되어서는 안된다. 개발이익은 성질상 완전보상의 범위에 포함되는 토지소유자의 손실이라고는 볼 수 없으므로 이를 배제하는 것은 타당하다.

(나) 개발이익배제의 방법과 내용

① 공시지가 기준보상 : 협의나 재결에 의하여 취득하는 토지에 대하여는 「부동산 가격공시 및 감정평가에 관한 법률」(이하 "부동산가격공시법"이라 한다)에 따른 공시지가를 기준으로 하여 보상하되, 그 공시기준일부터 가격시점까지의 관계 법령에 따른 그 토지의 이용계획, 해당 공익사업으로 인한 지가의 영향을 받지 아니하는 지역의 지가변동률, 생산자물가상승률, 그 밖에 그 토지의 위치 · 형상 · 환경 · 이용상황 등을 고려하여 평가한 적정가격으로 보상하여야 한다(동법 제70조 제1항).

부동산가격공시법 제2조 제6호는 '적정가격'이라 함은 당해 토지 및 주택에 대하여 통상적인 시장에서 정상적인 거래가 이루어지는 경우 성립될 가능성이 가장 높다고 인정되는 가격이라고 규정하고 있다. 그런데 표준지의 적정가격은 현실화 · 구체화되지 않은 개발이익은 포함하지 않으므로 공시지가를 기준으로 한 보상은 개발이익을 배제하는 수단이 된다.

또한, 사업인정 전의 협의에 의한 취득의 경우, 공시지가는 해당 토지의 가격시점 당시 공시된 공시지가 중 가격시점과 가장 가까운 시점에 공시된 공시지가로 한다(동법 제70조 제3항).

한편, 사업인정 후의 취득의 경우에는, 공시지가는 사업인정 고시일전의 시점을 공시기준일로 하는 공시지가로서, 당해 토지에 관한 협의의 성립 또는 재결 당시 공시된 공시지가 중 당해 사업인정고시일에 가장 가까운 시점에 공시된 공시지가로 한다(동법 제70조 제4항).

그리고 위의 사업인정 전의 협의취득 및 사업인정 후의 취득의 경우에 불구하고 공익사업의 계획 또는 시행이 공고되거나 고시됨으로 인하여 취득하여야 할 토지의 가격이 변동되었다고 인정될 때에는, 공시지가는 해당 공고일 또는 고시일 전의 시점을 공시기준일로 하는 공시지가로서 그 토지의 가격시점 당시 공시된 공시지가 중 그 공익사업의 공고일 또는 고시일과 가장 가까운 시점에 공시된 공시지가로 한다(동법 제70조 제5항).

토지취득보상법은 취득하는 토지의 보상평가에 있어서 위의 규정과 같은 공시지가를 적용함으로써 보상액에서 개발이익을 배제하고 있다. 판례도 손실보상액의 산정의 기준이 되는 표준지 공시지가 자체에 당해 사업 시행으로 인한 개발이익이 포함되어 있을 경우에는 이를 배제하고 평가하는 것이 정당보상의 원리에 합당하다고 판시한 바 있다.[172)]

② 지가변동률등의 적용 : 지가변동률이란 「국토의 계획 및 이용에 관한 법률 시행령」 제125조에 따라 국토해양부장관이 조사 · 발표하는 지가변동률로서, 평가대상토지가 소재하는 시(행정시를 포함한다) · 군 또는 구(자치구가 아닌 구를 포함한다)의 지가변동률의 적용이 원칙이나, 이를 적용함에 있어서 평가대상토지가 소재하는 시 · 군 또는 구의 지가가 당해 공익사업으로 인하여 변동된 경우에는 당해 공익사업과 관계없는 인근 시 · 군 또는 구의 지가변동률을 적용한다(동법 시행령 제37조). 그 외에도 물가상승률 기타 당해 토지의 위치 · 형상 · 환경 · 이용상황 등을 고려하여 평가한다.

③ 변경 전 용도지역으로 평가 : 당해 공익사업의 시행을 직접 목적으로 하여 용도지역 또는 용도지구 등이 변경된 토지에 대하여는 변경되기 전의 용도지역 또는 용도지구 등을 기준으로 평가한다(동법시행규칙 제23조 제2항).

판례도 택지개발사업의 시행절차로서 자연녹지지역이 주거지역으로 변경된 경우에 이미 주거지역 또는 공업지역으로 용도지역이 변경되었더라도 그것은 당해 공익사업의 시행을 직접목적으로 한 공법상 제한을 받지 않는 것으로 보아야 하며, 따라서 그에 따른 개발이익은 토지소유자의 자기 노력과 전혀 관계가 없는 것이므로 이를 배제하여야 하기 때문에 변경 전의 용도지역인 자연녹지지역으로 평가하여야 한다고 판시하였다.[173)]

④ 기타사항의 참작에 있어서 개발이익의 배제 : 공시지가를 기준으로 하여 보상액을 산정하는 경우에도 당해 토지의 위치 · 형상 · 환경 · 이용상황 등 기타사항을 고려할 수 있으며(동법 제70조 제1항), 판례에서 인정한 기타사항으로 인근유사토지의 정상거래사례, 보상선례, 호가(呼價) 등이 있다. 이 기타사항에는 개발이익이 포함되지 아니하고 투기적인 거래에서 형성된 것이 아닌 가격이어야 한다고 판시하였다.[174)]

(다) 개발이익배제와 정당보상과의 관계

정당한 보상과 개발이익배제와의 관계를 검토하면 다음과 같다.[175)]

① 보상기준과 개발이익의 배제 : 개발이익은 불로소득이므로 사회적으로 환수되어야 한다는

172) 대판 1993.7.13, 93누227.

173) 대판 1995.11.7, 94누13725.

174) 대판 1998.1.23, 97누17711.

175) 류해웅, 「수용보상법론」. 경록, 1997, 142-148면.

데에 의견의 일치를 보이고 있다. 다만, 개발이익에 의한 가격의 변동이 보상액의 산정에서 고려되어야 하는가에 대해서 견해가 대립되고 있다.

첫째로, 적극설은 어떤 사업으로 인해 주변의 지가가 상승하면 그 상승이익은 일반적으로 토지소유자가 취득하게 되기 때문에 피수용자에 대해서만 개발이익을 거부해야 할 이유가 없다는 것이다. 둘째로, 이에 반해 소극설은 사업의 기대에 의한 가격의 변동은 수용을 면한 인접지에서만 일어날 수 있는 것이고, 수용의 전제가 되는 수용지 그 자체에서는 사업의 기대에 의한 가격의 변동이 일어날 수 없는 것이며, 더구나 인접지의 가격은 일반적으로 바로 수용지의 가격일 수 없기 때문에 개발이익은 보상액의 산정에서 고려할 것이 아니라고 한다.

개발이익배제는 이와 같이 견해가 대립되지만 어디까지나 입법정책상의 문제이고, 개발이익을 배제하는 입법을 하더라도 보상제도의 본질에 반하는 것은 아니다.

② 개발이익배제와 정당보상의 관계 : 보상의 정도는 보상의 기준에 의해 결정된다. 피수용자에게 주어지는 보상은 객관적으로 정당보상에 이르면 된다. 이때 개발이익이 당해 토지의 객관적 가치의 일부로서 보상액의 산정에 포함되어야 하는지가 문제된다.

개발이익은 배제되어야 하지만, 이로 인해 보상액이 정당보상에 이르지 못하게 될 우려가 있다고 볼 수도 있다. 개발이익배제와 관련하여 피수용지 주변 토지소유자와의 균형이나 인근유사토지의 대토(代土)를 구하기 어렵다는 점이 지적되고 있지만, 개발이익의 성질에 비추어 보면 보상액에서 이는 마땅히 배제되어야 하는 것이다. 오히려 피수용지 주변의 토지에서 발생하는 개발이익이 철저하게 환수되지 못하는 것이 문제가 된다.

따라서 정당보상과 개발이익의 배제는 별개의 문제로 보아야 할 것이다. 개발이익은 피수용토지의 객관적 가치에 포함될 성질의 것이 아니며, 형평의 관념에 비추어 보더라도 배제되는 것이 마땅하다.

(라) 개발이익배제가 평등원칙에 위반되는지의 여부에 관한 검토

공익사업이 시행되면 보상대상토지 뿐만 아니라 그 인근지역의 토지도 도로나 상하수도 등의 완비로 인한 이익을 입게 되므로 통상 지가는 상승하게 마련이다. 공익사업 시행지역 안의 토지 보상액을 산정하는 때에는 개발이익을 배제하는 대신, 공익사업시행지역 밖의 토지소유자에 대하여서는 개발이익의 환수조치 없이 계속 그 이익을 향유하게 한다면 헌법이 규정하는 평등의 원칙에 반하는 것이 아닌가 하는 의문이 제기된다.

헌법 제11조 제1항이 규정하는 평등의 원칙은 일체의 차별적 대우를 부정하는 절대적 평등을 의미하는 것이 아니라 법의 적용이나 입법에 있어서 불합리한 조건에 의한 차별을 하여서는 안 된다는 것을 뜻한다.

헌법이 보장하는 평등의 원칙은 개인의 기본권신장이나 제도의 개혁에 있어 법적 가치의 상향적 실현을 보편화하기 위한 것이며, 불균등의 제거만을 목적으로 한 나머지 하향적 균등까지 수

용하고자 하는 것은 아니다.

공익사업시행지역 이외의 토지수용자가 보유하게 되는 개발이익을 포함하여 일체의 개발이익을 환수할 수 있는 제도적 장치가 마련되지 아니한 제도적 상황에서 보상액산정에 있어서 개발이익을 배제한다고 하여 합리적인 이유없이 보상대상에의 포함 여부에 따라 토지소유자를 차별한 것이라고는 인정되지 않으므로 이는 평등의 원칙을 규정한 헌법 제11조 제1항에 위반되지 아니한다.[176)]

결과적으로 문제는 당해 공익사업시행지역 인근의 보상대상이 아닌 토지소유자로부터 개발이익을 환수함으로써 조정을 도모하는 것이 과제라 할 수 있으며, 그 일환으로 공익사업시행지구내 개발이익(부담금관리기본법)에 대해 개발부담금을 부과하고 있다.

(마) 공시지가 기준평가

부동산가격공시법 시행 이전 토지의 평가방법은 일반적으로 매매사례(거래사례)비교법에 의한다는 것이 평가이론상 확립된 견해였다. 그러나 부동산가격공시법 시행 이후의 토지평가는 부동산가격공시법 제9조, 「감정평가에 관한 규칙」 제17조 및 각 단행법에서 공시지가를 기준으로 평가하도록 법정하고 있다. 이와 같이 공시지가 기준평가를 규정하고 있는 이유는, 감정평가에 있어서 실거래가격이 포착된다 하더라도 그 정상화를 위한 사정보정이 어려운 경우가 많을 뿐만 아니라, 평가자의 자의성을 배제하기가 곤란하므로 공시기준일(매년 1월 1일) 현재 정부가 공시한 표준지의 적정가격인 공시지가를 기준으로 평가하도록 법으로 규정하고 있는 것이다.

2) 사용하는 토지의 평가

(1) 토지의 사용료

토지의 사용료는 임대사례비교법으로 평가한다. 다만, 적정한 임대사례가 없거나 대상토지의 특성으로 보아 임대사례비교법으로 평가하는 것이 적정하지 아니한 경우에는 적산법으로 평가할 수 있다(동법시행규칙 제30조).

(2) 토지의 지하 · 지상공간의 사용료

토지의 지하 또는 지상공간의 사용료에 대한 평가는 크게 영구적으로 사용하는 경우와 일시적으로 사용하는 경우로 나누어 평가하여야 한다. 토지의 지하 또는 지상공간을 사실상 영구적으로 사용하는 경우 당해 공간에 대한 사용료는 당해 토지의 가격에 당해 공간을 사용함으로 인하여 토지의 이용이 저해되는 정도에 따른 적정한 비율(이하 "입체이용저해율"이라 한다)을 곱하여 산정한 금액으로 평가한다(동법시행규칙 제31조 제1항).

반면에, 토지의 지하 또는 지상공간을 일정한 기간 동안 사용하는 경우 당해 공간에 대한 사용

176) 헌재결 1990.6.25, 89헌마107; 헌재결 1991.2.11, 90헌바17 · 18.

료는 당해 토지의 사용료에 입체이용저해율을 곱하여 산정한 금액으로 평가한다(동법시행규칙 제31조 제2항).

3) 지장물에 대한 평가

건축물 · 입목 · 공작물과 그 밖에 토지에 정착한 물건(이하 "건축물등"이라 한다)에 대하여는 이전에 필요한 비용(이하 "이전비"라 한다)으로 보상하여야 한다. 다만, ① 건축물등을 이전하기 어렵거나 그 이전으로 인하여 건축물등을 종래의 목적대로 사용할 수 없게 된 경우, ② 건축물등의 이전비가 그 물건의 가격을 넘는 경우, ③ 사업시행자가 공익사업에 직접 사용할 목적으로 취득하는 경우에는 해당 물건의 가격으로 보상하여야 한다(동법 제75조).

그러나 건물의 경우 일반적인 건물구조로 보아 이전비로 보상하고 이전시킬 수 있는 경우는 거의 없을 것이며, 대부분의 경우 취득가격으로 평가하게 된다. 또한 정착물의 평가에 관한 평가대상 물건목록(물건조서)은 공익사업의 사업시행자가 제시하도록 되어 있으므로 현장조사시 평가대상 물건목록에 누락된 물건 및 물건의 증감이 있을 경우에는 이의 평가여부를 사업시행자에게 확인하여 처리한다.[177]

사업시행자는 동일한 소유자에게 속하는 일단의 건축물의 일부가 취득되거나 사용됨으로 인하여 잔여 건축물의 가격이 감소하거나 그 밖의 손실이 있을 때에는 그 손실을 보상하여야 한다. 그리고 경우에 따라서 사업시행자는 그 잔여건축물을 매수할 수 있고, 건축물소유자는 사업시행자에게 잔여 건축물을 매수하여 줄 것을 청구할 수 있으며, 사업인정 이후에는 관할 토지수용위원회에 수용을 청구할 수도 있다(동법 제75조의2).

Ⅱ. 손실보상액의 산정절차

토지취득보상법 제61조에 의하면, 공익사업에 필요한 토지등의 취득 또는 사용으로 인하여 토지소유자나 관계인이 입은 손실은 사업시행자가 보상하여야 한다. 이처럼 사업시행자는 토지소유자 등이 입은 손실에 대하여 보상을 하여야 하나, 사업시행자는 토지등의 객관적 가치에 대하여 전문가가 아니므로 보상목적물에 대한 전문적 지식을 가진 감정평가기관의 평가를 통하여 헌법 제23조 제3항의 정당보상의 실현을 도모할 필요성이 있다. 이에 동법 제68조에는 부동산가격공시법상의 감정평가기관에 의뢰하여 그 평가액을 기준으로 하여 보상액을 산정하도록 하는 보상액의 산정절차가 규정되어 있다.

---

177) 박수혁 등 감수, 전게서, 573-586면.

종전 공특법에서는 보상액의 산정을 위한 평가절차가 법률의 위임없이 공특법시행령 및 시행규칙에만 규정되어 있었다. 또한 토지수용법령 역시 동 절차규정이 없어 보상액 산정절차가 불명확하였다. 이러한 법체계의 모순을 극복하기 위해 토지취득보상법은 보상액산정을 위한 평가의뢰절차 및 방법을 직접 법률에 명시하여(동법 제68조) 위임없는 입법이라는 지적을 해소하였다. 또한 종전 법제하에서는 사업시행자만 평가업자를 선정할 수 있도록 하고 있었으나, 그 밖에 토지소유자 역시 감정평가업자를 추천할 수 있도록 제도를 개선함으로써 평가에 더욱 더 객관성과 공정성을 확보하도록 하였다.

구체적인 손실보상액의 산정절차는 다음과 같다.[178]

1. 보상평가의 의뢰

1) 감정평가의 의뢰

사업시행자는 토지등에 대한 보상액을 산정하려는 경우에는 감정평가업자 2인 이상에게 토지등의 평가를 의뢰하여야 한다. 다만, 사업시행자가 국토해양부령으로 정하는 기준에 따라 직접 보상액을 산정할 수 있을 때에는 그러하지 아니하다(동법 제68조 제1항).

사업시행자가 대상물건에 대한 평가를 의뢰하고자할 때에는 '보상평가의뢰서'에 다음의 사항을 기재하여 감정평가업자에게 평가를 의뢰하여야 한다(동법시행규칙 제16조 제1항, 별지 제15호서식).

보상평가의뢰서의 기재사항은 다음과 같다.

① 대상물건의 표시
② 대상물건의 가격시점
③ 평가서 제출기한
④ 대상물건의 취득 또는 사용의 구분
⑤ 건축물 등 물건에 대하여는 그 이전 또는 취득의 구분
⑥ 영업손실을 보상하는 경우에는 그 폐지 또는 휴업의 구분
⑦ 보상액 평가를 위한 사전 의견수렴에 관한 사항
⑧ 그 밖의 평가조건 및 참고사항

2) 토지소유자의 평가기관 추천

토지취득보상법 제68조 제2항에서는 보상액의 산정을 위하여 감정평가업자를 선정할 때 토지소유자가 요청하는 경우, 사업시행자가 선정한 감정평가업자 외에 토지소유자가 추천하는 감정평

178) 상게서, 565-573면.

가업자 1인을 선정할 수 있다고 규정하고 있다.

이는 종전의 법제가 사업시행자에게만 보상액산정기관을 선정하도록 함으로 인한 토지소유자들의 불만을 해소하고 보상액산정의 객관성과 타당성을 갖추기 위한 것으로 볼 수 있다.

감정평가업자를 추천하고자 하는 토지소유자는 보상계획에서 동일한 시기에 보상하기로 공고 또는 통지한 보상대상 토지면적의 2분의 1 이상에 해당하는 토지소유자와 당해 토지소유자 총수의 과반수의 동의를 얻은 사실을 증명하는 서류를 첨부하여 보상계획의 열람기간 만료일부터 30일 이내에 사업시행자에게 요청하여야 한다. 이 경우 토지소유자는 감정평가업자 추천에 대한 동의를 2회 이상 할 수 없다(동법시행령 제28조).

2. 감정평가업자의 보상평가

1) 평가주체

보상목적물에 대한 평가는 부동산가격공시법에 의한 감정평가업자가 행한다.

'감정평가'란 토지등의 경제적 가치를 판정하여 그 결과를 가액으로 표시하는 것으로서, '감정평가업'이란 타인의 의뢰에 의하여 일정한 보수를 받고 토지등의 감정평가를 업으로 행하는 것을 말하는데, 부동산가격공시법에 의하여 신고를 한 감정평가사와 인가를 받은 감정평가법인을 '감정평가업자'라 한다(부동산가격공시법 제2조 제7호 내지 제9호).

2) 대상물건의 현지조사

감정평가업자는 평가를 의뢰받은 때에는 대상물건 및 그 주변의 상황을 현지조사하고 평가를 하여야 한다. 이 경우 고도의 기술을 필요로 하는 등의 사유로 인하여 자기가 직접 평가할 수 없는 대상물건에 대하여는 사업시행자의 승낙을 얻어 전문기관의 자문 또는 용역을 거쳐 평가할 수 있다(동법시행규칙 제16조 제3항).

3) 평가방법의 적용

대상물건의 평가는 토지취득보상법 시행규칙에서 정하는 방법에 의하되, 그 방법으로 구한 가격 또는 사용료(이하 "가격등"이라 한다)를 다른 방법으로 구한 가격등과 비교하여 그 합리성을 검토하여야 한다(동법시행규칙 제18조 제1항). 그러나 토지취득보상법 시행규칙에서 정하는 방법으로 평가하는 경우 평가가 크게 부적정하게 될 요인이 있는 경우에는 적정하다고 판단되는 다른 방법으로 평가할 수 있다. 이 경우 보상평가서에 그 사유를 기재하여야 한다(동법시행규칙 제18조 제2항). 또한 본 규칙에서 정하지 아니한 대상물건에 대하여는 이 규칙의 취지와 감정평가의 일반이론에 의하여 객관적으로 판단 · 평가하여야 한다(동법시행규칙 제18조 제3항).

4) 보상평가서의 작성 및 심사

감정평가업자는 평가를 한 후 '보상평가서'를 작성하여 심사자(감정평가업에 종사하는 감정평가사를 말한다) 1인 이상의 심사를 받고 보상평가서에 당해 심사자의 서명날인을 받은 후 지정된 제출기한 이내에 사업시행자에게 이를 제출하여야 한다(동법시행규칙 제16조 제4항, 별지 제16호서식).

이 경우 심사자는 ① 보상평가서의 위산·오기의 여부, ② 대상물건이 관계법령이 정하는 바에 의하여 적정하게 평가되었는지의 여부, ③ 대상물건에 대한 평가액의 타당성을 성실하게 심사한 후에 보상평가서에 서명날인을 하여야 한다(동법시행규칙 제16조 제5항).

5) 보상평가서의 제출

이 때 평가서 제출기한은 30일 이내로 하여야 한다. 다만, 대상물건이나 평가내용이 특수한 경우에는 그러하지 아니한다(동법시행규칙 제16조 제2항).

3. 보상액의 산정

1) 보상액산정

보상액의 산정은 각 감정평가업자가 평가한 평가액의 산술평균치를 기준으로 한다(동법시행규칙 제16조 제6항).[179)]

2) 대상물건이 변경된 경우의 보상액산정

대상물건이 공익사업의 계획변경으로 인하여 추가되는 대상물건이 이미 평가한 물건과 그 실체 및 이용상태 등이 동일하고 가격등에 변경이 없다고 인정되는 때에는 따로 평가하지 아니하고 이미 평가한 물건의 평가결과를 기준으로 하여 보상액을 산정할 수 있다(동법시행규칙 제19조 제1항).

공익사업의 계획이 변경됨에 따라 대상물건의 일부가 보상대상에서 제외되는 경우에는 그 내용을 지체없이 그 대상물건의 소유자 등에게 통지하여야 한다. 이 경우 이미 보상계약이 체결된 때에는 지체없이 그 계약을 해지하거나 변경하고 그에 따른 보상액의 환수 등 필요한 조치를 하여야 한다(동법시행규칙 제19조 제2항).

재평가를 하는 경우로서 재평가시점에서 물건의 수량 또는 내용이 변경된 경우에는 변경된 상태를 기준으로 평가하여야 한다(동법시행규칙 제19조 제3항).

---

179) 대판 1997.7.28, 70누65.

4. 재평가

1) 당해 감정평가업자에게 재평가를 의뢰하는 경우

사업시행자는 제출된 보상평가서를 검토한 결과 그 평가가 관계법령에 위반하여 평가되었거나 부당하게 평가되었다고 인정하는 경우에는 당해 감정평가업자에게 그 사유를 명시하여 다시 평가할 것을 요구하여야 한다(동법시행규칙 제17조 제1항).

여기서 '관계법령'이라 함은 법률 및 법규명령은 물론이고, 감정평가에 관한 행정규칙과 법의 일반원칙도 포함된다고 하여야 할 것이다. 따라서 '관계법령에 위반한 평가'란 평가기준이나 보상관계법규 · 절차 및 방법에 위반된 평가를 말한다. 예컨대, 군사시설보호구역 내의 토지를 군사시설보호구역의 저촉되지 않는 상태로 평가하는 등 공법상 제한을 받는 상태대로 평가하여야 할 사항을 제한이 없는 것으로 평가하여 법령의 규정에 위반된 경우는 물론 가격시점 · 지가변동률의 산정 잘못 등으로 부당하게 평가된 경우도 이에 해당된다.

그리고 '부당하게 평가'되었다고 하는 경우, 관계법령에 위반되지는 않았지만 제도상 목적으로 보아 부적절하다거나 재량권을 잘못 행사하여 평가된 경우를 말한다. 예컨대, 공시지가를 기준으로 토지를 평가하면서 이유없이 기타사항을 참작하거나, 적정가격을 평가하기 위하여는 기타사항을 참작하여야 하는 데에도 이유없이 기타사항을 참작하지 아니한 경우 등이 있을 수 있다.

그러나 단순히 평가액이 너무 높다거나 너무 낮다는 이유만으로는 재평가 의뢰를 할 수가 없고, 평가가 위법 또는 부당한 사유를 명시하여야 한다. 즉 이 경우 재평가는 어느 법령에 위반되었거나 어느 부분이 어떻게 부당한지를 명시하여 당초 평가하였던 감정평가업자에게 다시 의뢰한다.

2) 다른 감정평가업자에게 재평가를 의뢰하는 경우

사업시행자는 이 규칙이 정하는 각 호의 어느 하나에 해당하는 경우에는 다른 2인 이상의 감정평가업자에게 대상물건의 평가를 다시 의뢰하여야 하며(동법시행규칙 제17조 제2항), 이 때 토지소유자가 추천한 감정평가업자를 선정하여 감정평가를 행한 경우에는 사업시행자는 토지소유자에게 토지소유자의 보상대상 토지면적과 토지소유자 총수를 기준으로 다른 감정평가업자를 추천하여 줄 것을 통지하여야 하고, 이 경우 토지소유자가 통지를 받은 날부터 30일 이내에 추천하지 아니한 경우에는 추천이 없는 것으로 본다(동법시행규칙 제17조 제3항).

(1) 위법 · 부당한 감정평가

위법 · 부당한 감정평가로서 당해 감정평가업자에게 평가를 요구할 수 없는 특별한 사유가 있는 경우에는 다른 2인 이상의 감정평가업자에게 대상물건의 평가를 다시 의뢰하여야 한다(동법

시행규칙 제17조 제2항 제1호).

(2) 최고평가액이 최저평가액의 110퍼센트를 초과하는 경우

대상물건의 평가액 중 최고평가액이 최저평가액의 110퍼센트를 초과하는 경우에는, 대상물건이 지장물인 경우 최고평가액과 최저평가액의 비교는 소유자별로 지장물 전체 평가액의 합계액을 기준으로 다른 2인 이상의 감정평가업자에게 대상물건의 평가를 다시 의뢰하여야 한다(동법시행규칙 제17조 제2항 제2호).

또한 최고평가액이 최저평가액의 110퍼센트를 초과하는 경우, 사업시행자는 평가내역 및 당해 감정평가업자를 국토해양부장관에게 통지하여야 하고, 국토해양부장관은 당해 감정평가가 관계법령이 정하는 바에 따라 적법하게 행하여졌는지 여부를 조사하여야 한다(동법시행규칙 제17조 제5항).

(3) 평가 후 1년이 경과할 때까지 계약체결이 되지 않는 경우

평가를 한 후 1년이 경과할 때까지 보상계약이 체결되지 아니한 경우에는 다른 2인 이상의 감정평가업자에게 평가를 다시 의뢰하여야 한다(동법시행규칙 제17조 제2항 제3호). 이 경우 재평가시점에서 물건의 수량 또는 내용이 변경된 경우에는 변경된 상태를 기준으로 평가하여야 한다(동법시행규칙 제19조 제3항).

3) 재평가시의 보상액산정

재평가를 행한 경우 보상액의 산정은 각 감정평가업자가 다시 평가한 평가액의 산술평균치를 기준으로 한다(동법시행규칙 제17조 제4항).

종전 공특법시행규칙에서는 재평가액이 당초의 평가액보다 낮은 경우에는 당초의 평가액으로 보상하도록 하였으나, 재평가액을 기준으로 보상(낮아지는 경우도 있음)하도록 변경하였다. 이는 토지취득보상법 제67조 제1항에서 보상액의 산정은 협의에 의한 경우에는 협의 성립 당시의 가격을 기준으로 하도록 규정되어 있으므로 법률의 규정에 따라 계약당시의 가격으로 보상하도록 함이 타당하기 때문이다.[180]

---

180) 재결시의 불이익변경금지의 원칙은 계속 유지되고 있다.

제3편

행정쟁송론

제1장 행정쟁송제도

제1절 행정쟁송의 의의

Ⅰ. 행정쟁송의 개념

1. 광의의 행정쟁송과 협의의 행정쟁송

행정쟁송이라 함은 행정법상 법률관계에 있어서의 법적 분쟁을 당사자의 청구에 의하여 일정한 국가기관이 심리 · 판정하여 다툼을 해결하는 절차를 말한다. 오늘날 행정쟁송은 행정심판과 행정소송을 총칭하여 사용하는 것이 일반적이다.[1] 이러한 의미의 행정쟁송은 현대의 실질적 법치국가에서는 통상적으로 인정되고 있는 제도이다.

행정쟁송의 개념은 광의(廣義)와 협의(狹義)로 나누어 사용되고 있다. 광의의 행정쟁송이란 행정법관계에 관한 분쟁에 대한 유권적 판정절차를 총칭하는 것으로서, 이해관계자의 쟁송의 제기에 의하여 일정한 재결기관이 분쟁을 심리 · 판정하는 절차를 포괄하는 의미이다. 따라서 심판기관이 행정기관인지 법원인지를 불문하고, 심판절차가 약식절차인지 또는 정식절차인지를 묻지 아니한다. 이와 같은 의미의 행정쟁송은 오늘날은 거의 모든 국가에서 채택하고 있다. 이에 대하여 협의의 행정쟁송이란 광의의 행정쟁송 중에서 일반법원과는 계통이 다른 행정조직 내의 특별기관이 행정법관계에 관한 분쟁을 심리 · 판정하는 절차를 말한다. 이러한 의미의 행정쟁송은 과거에는 대륙법계 국가에 특유한 제도로 보았으나, 오늘날에는 영미법계 국가에 있어서도 행정위원회 등의 설치를 통하여 행정기관에게 행정상의 분쟁에 대한 심판기능이 인정되기에 이르렀다. 따라서 광의 · 협의의 행정쟁송을 구분하는 것은 연혁적 의의는 인정할 수 있다고 하더라도, 현재에는 과거와 비교하여 구별의 실익이 거의 없다고 하겠다.

2. 행정쟁송의 제도적 의의

1) 법치국가원리에 의한 국민의 권익보호

행정쟁송에 관한 절차의 발달은 법치국가원리의 소산이라고 할 수 있다. 법치주의를 기본원리

1) 박윤흔 · 정형근, 「최신행정법강의(상)」, 박영사, 2009, 694면에서는 '행정상 쟁송'이라 하여 행정소송과 대치시키고, 그 개념을 이의신청이나 행정심판 등 행정기관이 심판기관이 되는 쟁송을 의미하는 것으로 사용하고 있다.

로 입헌국가에 있어서의 모든 행정작용은 법에 적합하여야 하며(행정의 적법성), 행정목적과 공익에 합당한 타당성을 가져야만 한다(행정의 합목적성 · 타당성). 따라서 행정쟁송제도는 한편으로 위법 · 부당한 행정작용에 의하여 침해된 국민의 권리 · 이익을 구제하는 기능을 수행하고, 다른 한편으로는 행정작용의 적법성 및 합목적성의 보장을 통하여 행정통제의 기능을 담당하는 데에 제도적 의의가 있다.

2) 국민의 권익구제 기능

법치국가의 원리는 행정작용의 합법성을 요구하지만 실제에 있어서는 위법 · 부당한 행정작용이 행하여진 경우가 있을 수 있으며, 그러한 행정작용으로 인하여 국민의 권리 · 이익이 침해받는 경우가 적지 않다. 그러한 경우에 행정쟁송제도는 위법 · 부당한 행정작용으로 인하여 권리 · 이익의 침해를 받은 상대방에 의한 행정쟁송을 제기할 수 있는 법적 장치를 마련함으로써 국민의 권익구제수단으로써의 기능을 수행하도록 하는 데에 큰 의미가 있다고 본다. 행정쟁송의 국민의 권익보호기능을 위한 제도에는 행정심판과 행정소송이 있으나, 행정청 자체가 심판기관이 되어 약식절차를 거쳐 행정상 분쟁을 판정하는 행정심판보다는 독립된 제3자적 지위에 있는 법원이 정식절차를 통하여 행정작용의 위법성의 유무를 판단하게 되는 행정소송이 국민의 권익구제에 더욱 실효적인 제도이다.

3) 행정통제의 기능

행정쟁송은 위에서 지적한 국민의 권익구제의 기능뿐만 아니라 행정작용의 적법성 및 합목적성을 보장하기 위한 행정통제의 기능도 담당하고 있다. 행정법의 기본원칙인 법치행정의 원리에 따르면 모든 행정작용은 행정의 적법성 및 합목적성의 원리에 위배되면 아니 된다. 그러나 행정작용은 실제에 있어 이러한 원리에 위반하여 하자를 지니게 되는 경우가 있을 수 있으므로 행정의 적법성과 합목적성의 여부를 판단하기 위한 법적 통제를 필요로 한다. 따라서 행정쟁송은 권익구제기능과 함께 행정의 적법성 및 합목적성 · 타당성을 보장하기 위한 기능을 수행하는 행정통제의 역할도 하는 제도이다.

Ⅱ. 우리나라의 행정쟁송제도

우리나라의 일반적 견해인 광의의 행정쟁송의 개념에 의하면, 행정쟁송제도에는 행정심판과 행정소송이 있다. 행정상 분쟁의 판정기관이 독립한 재판소의 구조를 가지고 정식의 소송절차를 거쳐 분쟁을 판정하는 것을 행정소송이라 한다. 행정심판은 행정기관이 약식절차에 의하여 행정상 분쟁을 판정하는 점과 비교하면, 행정소송은 행정쟁송 중에서 가장 완비된 형태이다. 물론 구체적 법제는 국가에 따라 다르다. 영미법계 국가에서는 일반사법재판소가 행정소송을 담당하고 있으나, 독일 · 프랑스 등의 대륙법계 국가에서는 별도의 행정재판소가 행정소송의 재판기관이 되는 것이 일반적이다. 일반적으로 전자를 '사법국가', 후자를 '행정국가'라고 한다.

우리나라는 대륙법계 국가이지만 행정쟁송의 심판기관으로서 독립한 행정재판소를 두지 않고, 영미법계 국가에서와 같이 행정사건도 일반법원의 관할로 하고 있다(헌법 제107조 제2항). 행정소송은 원칙적으로 행정심판법에 의한 행정심판을 거친 뒤에 제기할 수 있는 행정심판전치주의를 채택하고 있었고, 이에 불복하는 소의 관할을 고등법원으로 하였다. 즉 행정심판과정 자체를 법원의 제1심으로 보고 이에 불복하는 소(訴)는 바로 고등법원의 관할로 한 것이다. 그러나 행정청의 처분에 불복하는 자 등에게 행정심판을 거친 뒤에야 행정소송을 제기할 수 있도록 한 것이 국민의 권익을 침해할 수 있다는 주장에 따라 다른 법률에 특별한 규정이 없는 한 1998년 3월부터는 행정심판을 거치지 않고도 바로 행정소송을 제기할 수 있도록 하였다.[2] 행정심판을 거쳤는지의 여부에 관계없이 행정소송은 원칙적으로 제1심을 지방법원급의 행정법원의 관할로 하였으며, 이에 따라 1998년 3월 행정법원이 설치되었다. 그러나 현재 서울행정법원만 설치되어 있고, 서울행정법원의 관할구역이 아닌 지역에서의 행정법원의 권한에 속하는 사건은 행정법원이 설치될 때까지 해당 지방법원 본원이 관할하도록 하고 있다. 또한 우리나라 행정쟁송제도 중의 하나인 행정심판의 근거법인 「행정심판법」은 최근(2010년 1월 25일) 전면적으로 개정되었으며, 2012년 2월 17일에도 일부 개정되었다(동법 제6조 제2항 개정).

2) 김동희, 「행정법 I」. 박영사, 2012, 636면.

제2절 행정쟁송의 종류

Ⅰ. 행정쟁송의 분류

행정쟁송은 그 기준에 따라서 여러 가지로 분류할 수 있는데, 주요한 것을 들면 다음과 같다.

1. 행정쟁송의 목적에 의한 분류

행정쟁송은 목적에 따라 주관적 쟁송과 객관적 쟁송으로 구분할 수 있다.

1) 주관적 쟁송과 객관적 쟁송

주관적 쟁송은 쟁송제기자의 개인적 권익의 구제를 주된 목적으로 하는 쟁송이다. 따라서 주관적 쟁송은 행정청의 처분으로 인하여 개인의 권리 · 이익이 침해된 경우에 그 구제를 구하는 행정쟁송을 말한다. 그러므로 항고쟁송이나 당사자쟁송 등 대부분의 행정쟁송의 경우가 이에 해당한다.

객관적 쟁송은 행정은 공익의 실현을 목적으로 하고 있기 때문에 이해관계자의 다툼이 아닌 공익실현 혹은 행정작용의 적법성보장을 직접 목적으로 하는 행정쟁송을 말한다. 이러한 쟁송은 개인의 권리 · 이익의 보호를 위한 쟁송이 아니며, 행정법규의 적법성이나 타당성의 확보를 이유로 하여 인정되는 쟁송유형이기 때문에 이의제기를 위해서는 개별적 · 직접적인 이해관계를 갖는 당사자일 필요는 없으나 법률의 명시적 규정이 있는 경우에만 쟁송의 제기가 인정된다. 기관쟁송과 민중쟁송이 여기에 해당된다.

2) 기관쟁송과 민중쟁송

객관적 쟁송은 쟁송의 당사자에 따라 기관쟁송과 민중쟁송으로 구분된다. 객관적 쟁송은 행정의 적법성 보장만을 목적으로 하지만, 주관적 쟁송은 개인의 권익구제와 행정의 적법성 보장이라는 두 가지 목적을 추구하는 점에서 구별되며, 법률이 특별히 인정하는 경우(행정소송법 제45조)에만 제기가 가능하다.

기관쟁송은 행정법규의 적정한 적용을 확보하기 위하여 국가 또는 공공단체의 기관 상호간의 관계에 있어 인정되는 경우의 쟁송을 말한다.[3] 지방자치단체의 장이 지방의회의 의결이 법령에 위반된다고 인정되면 대법원에 소를 제기한 경우(지방자치법 제107조, 제172조 제3항)가 그 예이다.

민중소송은 위법한 행정법규의 적용을 시정하기 위하여 선거인 등의 일반 민중에 의하여 제기되는 쟁송이다. 선거 또는 당선의 효력에 관하여 선거인 등이 대법원에 소를 제기하는 선거소송(공직선거법 제222조)을 예로 들 수 있다.

2. 행정쟁송의 성질에 의한 분류

행정쟁송은 성질에 따라 항고쟁송과 당사자쟁송으로 구분한다.

1) 항고쟁송

항고쟁송은 이미 행하여진 행정청의 처분(부작위처분을 포함한다)의 위법 또는 부당을 다투어 취소나 변경을 구하는 쟁송을 말한다. 국세기본법상의 이의신청(동법 제66조) · 심판청구(동법 제67조), 행정심판법상의 행정심판(동법 제4조) 및 행정소송법상의 항고소송(동법 제3조 제1호) 등이 항고쟁송에 해당된다.

2) 당사자쟁송

당사자쟁송은 행정법상 서로 대등한 당사자 상호간의 법률관계의 형성이나 존부를 다투는 쟁송을 말한다. 토지취득보상법상의 보상금증감청구소송(동법 제85조 제2항), 행정소송법상의 당사자소송(동법 제3조 제2호) 등이 이에 해당된다.

3. 행정쟁송의 절차에 의한 분류

행정쟁송은 그 절차가 어떠한 것인가에 의하여 정식쟁송과 약식쟁송으로 구별할 수 있다.

1) 정식쟁송

정식쟁송은 첫째로 쟁송을 맡은 판정기관이 쟁송당사자와 이해관계가 없는 완전히 독립한 지위를 가지는 제3자이어야 하고, 둘째로 쟁송의 심리절차에 있어서 당사자에게 구두변론의 기회가 보장되는 등 분쟁의 공정한 해결을 위한 절차상의 요건을 갖춘 경우의 쟁송을 말한다. 법원에 의한 행정소송이 여기에 해당한다.

---

3) 그러나 헌법과 헌법재판소법에 의하여 국가기관 상호간의 권한쟁의심판, 국가기관과 지방자치단체간의 권한쟁의심판, 그리고 지방자치단체 상호간의 권한쟁의심판은 헌법재판소의 관장사항이며(헌법 제111조 제1항 제4호, 헌법재판소법 제61조, 제62조), 따라서 국가기관 상호간의 기관쟁송은 여기에서 제외된다.

2) 약식쟁송

약식쟁송은 위의 정식쟁송에서 제시한 분쟁의 공정한 해결을 위한 절차상의 요건 중 어느 하나라도 결여한 경우의 쟁송을 말한다. 이의신청 · 행정심판 등과 같이 행정기관에 의한 행정쟁송은 이에 해당된다.

4. 행정쟁송의 단계에 의한 분류

행정쟁송은 행정작용의 존재를 전제로 하여 그 이후에 제2차적으로 행하여지는 쟁송인가의 여부에 따라 시심적 쟁송과 복심적 쟁송으로 나눌 수 있다.

1) 시심적 쟁송

시심적 쟁송(始審的 爭訟)은 행정법관계의 형성 또는 존부에 관한 제1차적인 행정작용 그 자체가 쟁송의 형식을 거쳐 행하여지는 경우의 쟁송을 말하며, 당사자쟁송이 이에 해당한다.

2) 복심적 쟁송

복심적 쟁송(覆審的 爭訟)은 이미 행하여진 행정작용의 위법 또는 부당을 주장하는 자가 이에 대한 심판을 구하는 경우의 쟁송을 말하며, 항고쟁송이 여기에 해당한다.

5. 행정쟁송의 심판기관에 의한 분류

행정쟁송은 심판기관에 따라 행정심판과 행정소송으로 구분한다.

1) 행정심판

행정심판은 행정법상의 분쟁에 대하여 행정기관이 스스로 심리하여 판정하는 쟁송절차를 말하며, 보통 약식쟁송에 해당한다. 이러한 행정심판에는 행정심판법이 일반법으로서 적용되며, 그 이외에 각 개별법에도 행정심판에 관련된 규정을 찾아볼 수 있다.

2) 행정소송

행정소송은 행정법상의 분쟁에 대하여 법원이 심리하여 판결하는 쟁송절차를 말하며, 정식쟁송에 해당한다. 행정소송은 행정소송법에 의하는데, 동법에 규정이 없는 사항은 민사소송법이 준용되며, 행정소송법에는 민사소송법에 대한 약간의 특례규정을 두고 있다.

Ⅱ. 행정심판과 행정소송의 관계

행정심판과 행정소송과의 관계를 고찰하는 데 있어서 보통 양자의 차이점만을 생각하는 경향이 있다. 그러나 양자 간에는 많은 공통점도 있다는 사실을 간과하여서는 아니 될 것이다. 다음에서는 행정심판과 행정소송의 공통점과 차이점을 살펴보고,[4] 양자의 관련성에 관하여도 언급하고자 한다.

1. 행정심판과 행정소송의 공통점

① 실질적 쟁송으로서 행정청의 처분을 시정하는 절차이다.

② 당사자의 쟁송제기에 의하여 절차가 개시된다.

③ '법률상의 이익'이 있는 자만이 쟁송을 제기할 수 있도록 되어 있다(행심법 제13조, 행소법 제12조).

④ 심판청구인 대 처분청, 원고 대 피고와 같은 대심구조를 취하고 있어 당사자는 대등한 입장에 선다.

⑤ 당사자가 아닌 제3자적 기관(행정심판위원회 · 법원 등)에 의하여 쟁송이 판정된다.

⑥ 쟁송사항은 위법 또는 부당한 처분(행정심판의 경우에는 부당한 처분도 대상이 된다)이나 부작위를 대상으로 한다(행심법 제3조 · 제5조 제1호 · 제3호, 행소법 제3조 제1호 · 제4조 제1호 · 제3호).

⑦ 쟁송은 일정한 제기기간 내에 제기하여야 한다(행심법 제27조, 행소법 제20조).

⑧ 쟁송의 제기가 있는 한 판정기관은 이를 심리할 의무를 진다.

⑨ 참가인제도가 인정된다(행심법 제20조, 행소법 제16조 · 제17조).

⑩ 청구(소)의 변경이 인정되고 있다(행심법 제29조, 행소법 제21조 · 제22조).

⑪ 처분의 집행부정지원칙이 채택되고 있다(행심법 제30조, 행소법 제23조).

⑫ 직권심리가 인정되고 있다(행심법 제39조, 행소법 제26조).

⑬ 구술심리가 보장되어 있다(행심법 제40조 제1항, 행소법 제8조, 민사소송법 제134조).

⑭ 불이익변경금지의 원칙이 공통적으로 적용된다(행심법 제47조 제2항, 행소법 제8조, 민소법 제203조 · 제415조 등).

⑮ 사정재결 · 사정판결의 제도가 채택되고 있다(행심법 제44조, 행소법 제28조).

⑯ 재결 · 판결 등 쟁송의 판정행위에 확정력 · 기속력 등의 특별한 효력이 부여된다(행심법 제49조, 행소법 제30조).

---

4) 김남진 · 김연태, 「행정법Ⅰ」. 법문사, 2012, 675-676면; 홍정선, 「행정법원론(상)」. 박영사, 2012, 814면.

2. 행정심판과 행정소송의 차이점

① 제도의 본질에 있어서 행정심판은 행정통제적 성격이 강한 데 대하여, 행정소송은 권리구제적 성격이 강하다.

② 판정기관에 있어서 행정심판은 행정기관이 담당하는 데 대하여, 행정소송은 법원이 관장한다.

③ 판정절차에 있어서 행정심판은 서면심리주의 또는 구술심리주의가 병행하여 적용되는데 대하여(행심법 제40조 제1항), 행정소송은 구두변론주의가 원칙이다(행소법 제8조 제2항, 민소법 제134조).

④ 쟁송사항에 있어서 행정심판의 경우에는 위법성과 부당성이 심판대상이 되는 데 대하여(행심법 제1조, 제5조), 행정소송의 경우에는 위법성만이 심판대상이 된다(행소법 제1조, 제4조).

⑤ 적극적 판단의 인정 여부에 있어서 행정심판에서는 의무이행심판이 인정되고 있는 데 대하여(행심법 제5조 제3호 · 제43조 제5항), 행정소송에서는 부작위위법확인소송만이 인정되고 있다(행소법 제4조 제3호).

3. 행정심판과 행정소송의 관련성

우리나라에서는 행정소송사건도 일반법원의 관할로 하여 행정에 대한 사법적 통제제도를 확립하고 있다. 이와 같이 우리나라의 제도는 행정작용에 대한 종국적 사법통제의 원칙을 채택함과 동시에 행정의 자율적 통제기회의 보장 또는 그 구제수단으로써의 간이성 · 신속성 및 경제성 등의 제도적 장점을 이유로 행정심판제도를 병행적으로 채용하고 있다.[5)]

그런데 (구)행정소송법은 행정심판과 행정소송의 관계에 대하여 일정한 행정사건은 원칙적으로 행정심판을 거친 후 행정소송을 제기할 수 있도록 규정하고 있었으며(구 행소법 제18조), 이러한 제도를 '행정심판전치주의'라 불렀다. 1994년 7월 14일의 개정된 행정소송법에서는 명문의 규정이 없는 한, 행정심판을 거치지 않고서도 행정소송을 제기할 수 있도록 하였다(동법 제18조 제1항). 즉 구법은 필요적 행정심판전치주의를 원칙으로 하였으나, 현행법은 임의적 행정심판전치의 원칙을 규정하고 있다.

그러나 이러한 행정소송법상의 행정심판의 임의적 절차의 원칙에 대한 예외로서, 공무원관계법(국가공무원법 제16조 제1항, 교육공무원법 제53조 제1항, 지방공무원법 제20조의2), 도로교통법(동법 제142조), 조세관계법(국세기본법 제56조 제2항, 관세법 제120조 제2항) 등은 행정심판전치주의를 취하고 있다. 토지취득보상법은 종래에는 이의신청전치주의를 필요적으로 규정하였으나, 현재는 임의적 전치주의를 채택하고 있다.

---

5) 김동희, 전게서, 638면.

제2장 행정심판

제1절 행정심판의 의의

Ⅰ. 개 념

행정심판이라 함은 행정청의 위법·부당한 처분 또는 부작위에 대한 불복에 대하여 행정기관이 심리·판정하는 행정쟁송절차를 말한다. 이러한 행정심판에 관하여 살펴보면 다음과 같다.[1]

헌법 제107조 제3항은 「재판의 전심절차로서 행정심판을 할 수 있다. 행정심판의 절차는 법률로 정하되, 사법절차가 준용되어야 한다」고 규정하여 행정심판의 헌법적 근거를 부여하고 있다. 행정심판에 대한 일반법으로서는 「행정심판법」(이하 "법"이라 한다)이 있고, 각 개별 법률에서 행정심판법에 대한 특례를 규정한 경우가 있다. 각 개별 법률에서는 행정심판을 대신하여 이의신청, 심사청구, 심판청구, 재결신청 등의 용어를 사용하고 있다. 그러나 엄밀한 의미의 행정심판[2]은 행정기관이 심판기관이 되는 모든 행정불복절차가 아니며, 준사법절차가 보장되는 행정불복절차만이 행정심판이라고 보아야 할 것이다. 왜냐하면, 헌법 제107조 제3항이 행정심판은 「준사법적 절차가 되어야 한다」고 규정하고 있고, 행정심판법은 행정심판을 규율하는 준사법적 절차를 규정하고 있기 때문이다.[3]

Ⅱ. 행정심판과 구별되는 개념

다음과 같은 개념은 행정심판과 구별하여야 한다.

1. 이의신청과의 구별

행정심판은 원칙적으로 처분청의 직근상급행정청에 소속된 행정심판위원회에 의한 판정을 의미

---

1) 박평준·박창석, 「행정법강론Ⅰ」. 백산출판사, 2013, 675-740면.

2) 엄격한 의미의 행정심판은 행정심판법의 규율대상이 되는 행정심판을 뜻한다.

3) 박균성, 「행정법론(상)」. 박영사, 2012, 907면.

하는 데 대하여, 이의신청은 위법 · 부당한 처분 등으로 인하여 권익을 침해당한 자가 처분청에 그 처분 등의 재심사를 구하는 쟁송절차인 점에서 다르다. 행정심판은 원칙적으로 모든 위법 · 부당한 처분 등에 대하여 인정되지만, 이의신청은 개별법이 규정한 일정한 처분 등에 한정하여 인정된다.

2. 청원과의 구별

국가기관에 대한 국민의 청원은 헌법상 보장된 기본권이다(헌법 제26조). 이러한 청원권의 행사를 통하여도 국민은 행정청에 대하여 위법 · 부당한 처분 등의 취소 · 변경을 구할 수 있다. 그런데 헌법은 청원에 대하여 국가의 심사의무만을 규정하고 있으나(헌법 제26조 제2항), 청원법은 심사결과의 통지의무까지 규정하고 있으며(동법 제9조), 이러한 점에서 청원과 행정심판은 크게 다르지는 않다고 본다.

그러나 행정심판이 침해된 권리 · 이익의 구제를 위한 쟁송제도인 데 대하여, 청원은 널리 국정에 대한 국민의 의사표시를 보장하기 위한 제도이므로 양자는 다음과 같은 차이점이 있다. 즉 ① 행정심판은 청구권자 · 청구기간 · 청구사항 등에 제한이 있으나, 청원은 누구든지 기간의 제한 없이 어떠한 국가기관에 대하여 원칙적으로 어떠한 사항에 관하여도 제출할 수 있다. ② 행정심판은 심사절차 · 판정형식 · 판정내용 등이 법으로 정하여 있으나, 청원은 이러한 사항에 관한 법적 제한이 거의 없다. ③ 행정심판에 있어서의 재결은 불가쟁력 · 불가변력 등 구속력을 발생하는 데 대하여, 청원에 있어서의 결정은 그러한 구속력이 없다.

3. 진정과의 구별

진정(陳情)은 법정의 형식과 절차에 의하지 아니하고 행정기관에 대하여 어떠한 희망을 표시하는 사실행위인 점에서, 일정한 법적 절차인 행정심판과 구별된다. 따라서 진정은 행정기관에 대하여 어떠한 행위를 하도록 하는 법적 구속력이나 효력을 발생시키지 않는 사실행위에 지나지 않는다.

4. 고충민원처리제도와의 구별

고충민원처리제도는 「부패방지 및 국민권익위원회의 설치와 운영에 관한 법률」에 근거하여 설치된 국민권익위원회가 고충민원에 대하여 조사 · 처리와 이와 관련된 시정권고 및 의견표명을 하는 제도를 말한다.

여기의 고충민원이란 행정기관 등의 위법 · 부당하거나 소극적인 처분 및 불합리한 행정제도로 인하여 국민의 권리를 침해하거나 국민에게 불편이나 부담을 주는 사항에 관한 민원을 말한다(동법 제2조 제5호). 따라서 고충민원은 행정심판에 비하여 그 적용대상이 매우 넓고, 국민은 누구든지 이를 제기할 수 있다. 그러나 이 제도에서는 관계인의 고충민원이 이유 있다고 인정되는 경우에도 국민권익위원회는 행정기관에 대하여 단지 시정조치를 취하도록 권고할 수 있는 데 불과하며, 그러한 점에서 행정심판의 재결이 당사자를 법적으로 기속하는 것과는 기본적으로 다르다. 생각건대, 행정심판과 고충민원처리제도는 신청인 · 대상 · 절차 · 법적 구속력 등에 있어서 차이가 많으며, 고충민원처리절차를 거친다 하더라도 행정심판전치주의 요건을 충족하는 것으로 되지는 않는다.[4]

5. 직권재심사와의 구별

행정심판과 직권재심사는 모두 행정작용의 법적합성 · 합목적성을 보장하기 위한 행정권의 자율적 통제수단이라는 점에서는 같다. 그러나 행정심판은 처분으로 인하여 권익의 침해를 받은 상대방의 심판청구에 의한 행정의 자기통제수단이라는 점에서, 행정청 스스로의 발의에 의한 통제수단인 직권재심사와는 다르다. 따라서 행정심판은 법적 근거가 필요하고 심사의무를 지며 청구기간의 제한이 있지만, 직권재심사는 불가변력이 발생한 행위 외에는 언제나 임의로 할 수 있다.

Ⅲ. 행정심판의 법적 성질

행정심판은 다음에서 지적한 바와 같이 일반적으로 행정법상의 분쟁에 대한 심판작용이면서, 아울러 그 자체가 행정행위라는 이중적 성격을 가지고 있다.[5]

행정심판은 행정상의 분쟁에 관하여 사실을 인정하고 법을 적용하여 그 분쟁을 심리 · 판단한다는 점에서는 재판에 준하는 성질을 가진다.

또한 행정심판은 행정청의 의사의 표현으로서, 다툼이 있는 행정법관계를 규율하고 행정법질서를 유지 또는 형성(발생 · 변경 · 소멸)하여 행정목적을 실현한다는 점에서는 행정행위의 성질을 가지는 것이다. 행정소송법이 취소소송 등의 대상을 '처분'과 행정심판에 대한 재결을 합쳐 '처분등'으로 하고 있는 것은 행정심판의 행정행위로서의 성격을 전제로 한 것이다.

이러한 행정심판의 두 가지 성격 중에서 어느 편이 더 큰 비중을 가지는가는 결국 각 국가의 입법정책적 문제라고 할 수 있을 것이다. 행정심판의 심판작용이라는 측면에서는, 심판기관의 독립성이나 구두변론절차 등의 요청이 특히 강조된 것이다. 우리 헌법은 「행정심판의 절차는 법률로 정하되, 사법절차가 준용되어야 한다」(헌법 제107조 제3항)고 규정하고 있어 심판작용으로서의 성격이 강조되고 있다.

---

4) 대판 1995.9.29, 95누5332.

5) 김동희, 「행정법 Ⅰ」. 박영사, 2012, 639면.

Ⅳ. 행정심판의 제도적 의의

행정소송은 정식쟁송인 데 대하여, 행정심판은 약식쟁송으로서 국민의 권익구제제도로서는 불완전한 것이다. 또한 위법 · 부당한 행정처분의 효력을 다투는 항고심판에 있어서 심판기관은 일반적으로 행정기관으로 되어 있는데, 이는 곧 심판받아야 할 자가 심판자의 지위에 있게 되는 불합리한 제도라는 것을 뜻하기도 한다. 행정심판은 위와 같은 불완전성 · 불합리성이 있음에도 불구하고 다음과 같은 기능 또는 존재이유가 있기 때문에 그 제도적 의의가 있는 것이다.[6]

1. 자율적 행정통제

행정심판제도는 한편으로 행정권 스스로의 손으로 행정에 대한 국민의 권리 · 이익을 구제하는 제도로서의 의의를 가지는 동시에, 다른 한편으로는 행정의 적법성 · 타당성을 행정권 스스로 자율적으로 보장하려고 하는 행정의 자기통제 내지 행정감독의 제도로서의 의의를 가지고 있다.

2. 사법기능의 보완

현대국가에 이르러 행정의 다양화 · 전문화 · 기술화가 진전됨에 따라, 시간 · 노력 · 비용이 많이 소요되고 사후구제에 그치는 사법(司法)재판의 단점을 보완하여 기술적 · 전문적으로 신속 · 간이하게 사후구제를 하도록 함으로써 국민의 권리구제의 철저화를 기하자는 데에 행정심판의 또 하나의 제도적 의의가 있다.

3. 행정능률의 보장

사법절차에 의한 행정상의 분쟁에 대한 심판은 개인의 권리구제에는 충실할 수 있으나 행정능률에는 배치되기 쉽다. 따라서 사법절차 이전에 신속 · 간편한 행정심판을 인정함으로써 행정사건의 신속한 해결에 기여할 수 있다는 데에도 그 제도적 의의가 있는 것으로 볼 수 있다.

4. 기타 행정심판의 기능

위에서 언급한 이외에도 행정청의 전문지식의 활용이나 소송경제의 도모도 사법기능의 보충과 관련되므로 행정심판의 존재이유가 될 수 있다고 본다.

---

6) 박평준 · 박창석, 「보상행정법」. 리북스, 2012, 958면.

Ⅴ. 개정된 행정심판법의 주요 내용

최근(2010.1.25. 전부개정법률 제9968호, 시행 2010.7.26.) 행정심판법의 전면개정이 있었다. 행정심판청구사건이 매년 큰 폭으로 증가하고 있고, 행정심판의 준사법절차화에 따른 당사자의 행정심판절차에의 참여요구가 증가함으로 인하여 임시처분, 이의신청, 전자정보처리조직을 통한 행정심판제도 등 당사자의 절차적 권리를 강화하기 위한 제도를 도입하고 있다. 한편, 국무총리행정심판위원회의 명칭을 중앙행정심판위원회로 변경하고, 상임위원의 수를 법률에서 4명으로 증원하였으며, 자동차운전면허와 관련된 사건은 소위원회가 심리 · 의결할 수 있도록 하는 등 종전 제도의 운영상 나타난 일부 미비점을 개선 · 보완하기 위한 것이다.

개정법의 주요 내용을 간추려보면 다음과 같다.[7)]

① 국무총리행정심판위원회의 명칭을 '국무총리행정심판위원회'에서 '중앙행정심판위원회'로 변경하였다(법 제4조 제3항 등). 중앙행정기관 및 광역자치단체의 처분 등을 관할하는 국무총리행정심판위원회의 관할범위를 명칭에 드러내고, 부르기 쉽고 기억하기 쉬운 간결한 명칭으로 변경하였다.

② 특별행정심판 신설 등을 위한 협의를 의무화하였다(법 제4조). 특별한 사유 없이 개별법령에 행정심판에 대한 특별한 절차를 규정하는 사례가 늘어나고 있어, 특별행정심판의 남설(濫設)을 방지하기 위하여 관계 행정기관의 장이 개별법에 특별행정심판을 신설하거나 국민에게 불리한 내용으로 변경하고자 하는 경우 미리 중앙행정심판위원회와 협의하도록 하였다. 이를 통하여 행정심판제도의 통일적 운영이 가능해지고, 개별법에 의한 특별행정심판절차의 남설이 억제되며, 행정심판의 공정성 · 전문성이 훼손되는 것을 예방할 것으로 기대된다.

③ 행정심판위원회의 회의 위원정수 및 민간위촉위원 비중을 확대하였으며, 시 · 도 조례로 비상임 민간위원장을 도입할 수 있는 근거를 마련하였다(법 제7조). 중앙행정심판위원회 외에 시 · 도 행정심판위원회 등 이 법에 따른 다른 행정심판위원회의 공정성 제고를 위하여 회의정원 등을 확대할 필요가 있었다. 그에 따라 원칙적으로 회의정원을 7명에서 9명으로 늘리고 회의시 위촉위원의 비중도 4명 이상에서 6명 이상으로 늘렸다.

④ 중앙행정심판위원회는 위원장 1명을 포함한 50명의 위원으로 구성하는 것은 종전과 동일하나, 위원 중 상임위원의 정수를 2명 이내에서 4명 이내로 확대하였다(법 제8조 제1항).

⑤ 청구인의 신속한 권리구제를 위하여 심판청구사건 중 자동차운전면허행정처분과 관련한 사건은 4명의 위원으로 구성하는 소위원회에서 심리 · 의결할 수 있도록 하였다(법 제8조 제6항).

⑥ 행정심판의 공정성과 독립성을 담보하기 위하여 행정심판위원회 위원의 결격사유를 신설하였다(법 제9조 제4항).

---

7) 김남진 · 김연태, 「행정법 I」. 법문사, 2012, 680-682면.

⑦ 절차적 사항에 대한 행정심판위원회의 결정에 대한 이의신청제도를 도입하였다(법 제16조 제8항, 제17조 제6항, 제20조 제6항, 제29조 제7항). 종래에는 양수인의 청구인 지위 승계신청에 대한 불허가 등 위원회의 절차적 사항에 대한 결정에 대하여는 당사자가 다툴 방법이 없었다. 행정심판위원회의 결정 중 당사자의 절차적 권리에 중대한 영향을 미치는 지위 승계의 불허가, 참가신청의 불허가 또는 청구의 변경 불허가 등에 대하여는 행정심판위원회에 이의신청을 할 수 있도록 하였다. 이를 통해 심판절차에 참여하는 자의 절차적 권리를 보장하고, 행정심판위원회로 하여금 관련 결정을 신중히 하도록 함으로써 행정심판절차의 공정성이 강화될 것으로 기대된다.

⑧ 심판참가인의 절차적 권리를 강화하였다(법 제20조부터 제22조까지). 행정심판절차에 참가하려는 경우 참가절차, 참가인의 권리에 관한 규정이 미비하여 행정심판절차에서 참가가 미진한 편이었다. 따라서 심판참가인은 당사자에 준하는 절차적 지위를 갖도록 하고, 관련서류를 참가인에게도 송달하도록 하는 등 참가인의 절차적 지위를 강화하였다. 행정심판절차에서 참가인의 지위를 보장함으로써 행정심판사건에 이해관계가 있는 자의 절차 참여가 활성화될 것으로 기대된다.

⑨ 임시처분제도를 도입하였다(법 제31조). 행정심판의 청구인이 처분이나 부작위에 의하여 회복하기 어려운 손해를 입게 되는 경우 종전의 집행정지제도만으로는 청구인의 권익을 구제하기가 어려웠다. 따라서 행정청의 처분이나 부작위 때문에 발생할 수 있는 당사자의 중대한 불이익이나 급박한 위험을 막기 위하여 당사자에게 임시지위를 부여할 수 있는 '임시처분제도'를 도입함으로써 집행정지에 비해 보다 적극적으로 당사자의 임시적 권익보호에 기여할 것으로 기대된다.

⑩ 전자정보처리조직을 통한 행정심판의 근거를 마련하였다(법 제52조부터 제54조까지). 전자정보처리조직을 통하여 간편하게 행정심판을 청구할 수 있는 시스템이 개발 · 운영됨에 따라 이와 관련된 제반 법적 근거를 마련하는 것이 필요하여, 전자문서를 통한 송달에 관한 근거를 두는 등 온라인 행정심판제도의 운용 근거를 마련하였다. 전자정보처리조직을 통한 행정심판제도 운영의 법적 근거를 명확히 함으로써 행정심판에 대한 국민의 접근성을 제고하여 국민의 권리구제가 활성화되고, 행정심판제도 운영의 효율성을 높일 수 있을 것으로 기대된다.

⑪ 행정심판을 거친 행정소송사건에 대한 자료제출제도를 신설하였다(법 제60조 제2항, 제3항). 행정심판을 거쳐 행정소송이 제기된 사건에 대하여 그 내용이나 결과를 중앙행정심판위원회 또는 시 · 도행정심판위원회에 제출하도록 하였다. 이를 통해 처분청으로부터 관련 정보나 자료를 수집 · 분석하여 재결의 적정성을 확보하고 유사한 처분의 재발을 방지할 것으로 기대된다.

제2절 행정심판의 대상

Ⅰ. 개괄주의의 채택

행정심판의 대상이란 행정심판사항, 즉 심판청구의 대상으로 될 수 있는 사항을 말한다.

행정심판사항을 규정하는 입법례로는 개괄주의(概括主義)와 열기주의(列記主義)가 있다. 개괄주의는 행정심판을 청구할 수 있는 대상을 한정하지 않고 모든 행정작용에 대하여 인정하는 입법형태이고, 열기주의는 그 대상을 법률에 열거하는 사항만으로 한정하여 인정하는 입법유형이다. 오늘날 법치국가의 행정에서는 개괄주의가 보편화되고 있으며, 국민의 권리 · 이익의 구제의 범위를 확대한다는 관점에서 본다면 개괄주의가 적합하다는 것이 명백하다.

우리나라 행정심판법은 「행정청의 처분 또는 부작위에 대하여는 다른 법률에 특별한 규정이 있는 경우 외에는 이 법에 따라 행정심판을 청구할 수 있다」(법 제3조 제1항)고 규정함으로써, 행정심판을 청구할 수 있는 사항을 한정하여 명시하지 아니하고 모든 처분에 대하여 행정심판을 청구할 수 있도록 하는 개괄주의를 채택하고 있다. 현행법은 개괄주의를 취하면서도 대통령의 처분 또는 부작위에 대하여는 다른 법률에서 행정심판을 청구할 수 있도록 정한 경우(예컨대 국가공무원법상의 소청제도) 외에는 행정심판을 청구할 수 없도록 하고 있다(법 제3조 제2항). 이러한 경우에는 행정심판을 거치지 아니하고 바로 행정소송을 제기할 수 있게 된다.

행정심판의 대상에는 위법한 처분 · 부작위뿐만 아니라 부당한 처분 · 부작위까지도 포함된다는 점(법 제1조 참조)에서는, 그 대상이 위법한 처분 · 부작위에 한정되고 있는 행정소송에 비하여 범위가 넓으며, 이것은 행정심판이 행정의 자율적 통제수단으로써의 성격을 가지는 점에 기인하는 것이다. 그러나 행정심판에 있어서 처분등의 부당을 이유로 하는 청구의 인용사례는 거의 없는 것이 운영의 실제이다.[8)]

8) 김동희, 전게서, 649면.

Ⅱ. 행정청의 처분 또는 부작위

행정심판법상 행정심판의 대상은 '행정청의 처분 또는 부작위'이다(법 제3조 제1항). 심판대상을 나누어 설명하면 다음과 같다.

1. 행정청

'행정청'이란 행정에 관한 의사를 결정하여 표시하는 국가 또는 지방자치단체의 기관, 그밖에 법령 또는 자치법규에 따라 행정권한을 가지고 있거나 위탁을 받은 공공단체나 그 기관 또는 사인(私人)을 말한다(법 제2조 제4호). 그런데 권한이 위임 또는 위탁된 때에는 그 권한이 수임기관·수탁기관 또는 공무수탁사인에게 이양되는 것이기 때문에 이러한 기관은 위임 또는 위탁받은 범위 안에서 행정청이 된다.[9)]

심판청구의 대상이 되는 처분이나 부작위가 있고 난 이후에 이와 관련된 권한이 다른 행정청에 승계된 경우에는 권한을 승계한 행정청이 여기에서의 행정청에 해당한다(법 제17조 제1항 단서).

2. 처 분

행정심판의 대상이 되는 '처분'이란 행정청이 행하는 구체적 사실에 관한 법집행으로서의 공권력의 행사 또는 그 거부, 그 밖에 이에 준하는 행정작용을 말한다(법 제2조 제1호). 여기의 처분은 외부에 표시된 행위를 의미하는 것으로 보아야 하므로 행정기관의 내부적 단계에 그치는 결재만 되어 있는 행위나 행정기관 상호간의 행위는 포함되지 않으며, 또한 알선·권고·주의 등과 같이 법률적 효과를 발생하지 않는 사실행위·비행정행위 등도 포함하지 않는 것으로 본다.

1) 공권력의 행사 또는 그 거부

(1) 공권력의 행사

공권력의 행사라 함은 행정청의 일방적인 의사에 기인하고 강제력을 동반하는 권력적 행정작용을 뜻한다. 이러한 의미의 공권력의 행사는 통상적으로 행정행위를 지칭하는 것이 보통의 경우이지만, 사실행위인 때에도 권력적 사실행위는 행정심판법이 심판청구의 대상으로 규정한 '처분'에 해당한다고 본다.

(2) 거부처분

거부처분은 상대방의 처분의 신청내용에 대하여 행정청이 부정적인 의사판단을 하여 외부적으

---

9) 권한의 위임이란 위임행정청이 권한을 하급행정청 또는 보조기관에 위임하는 경우를 말하고, 권한의 위탁은 직접적 지휘·감독을 받고 있지 않은 행정기관·공공단체 또는 사인에게 넘기는 경우를 지칭하는 것이 일반적이다.

로 그 신청을 거부하는 행위를 행하는 것으로서 소극적 형태의 공권력행사에 해당한다. 이러한 점에서 외부적으로 거부행위가 존재하지 않는 부작위와는 구별되는 처분으로 인정된다. 인·허가의 신청에 대하여 이를 거부하는 경우가 여기에 해당되는 대표적인 예이다. 거부처분은 신청에 대한 명시적 기각결정은 물론이고, 신청에 대하여 일정한 기간 안에 처분을 하지 아니하면 이를 거부처분으로 본다고 규정한 경우, 즉 '간주거부'도 이에 포함된다고 보아야 한다.

2) 공권력의 행사에 준하는 행정작용

행정심판법 제2조 제1항 후단의 '그 밖에 이에 준하는 행정작용'은 공권력의 행사나 거부에 해당하는 것은 아니지만, '공권력의 행사에 준하는 행정작용'으로서 당사자의 권리구제의 필요성이 인정되는 행위를 말한다.

그러나 동조항의 공권력의 행사에 준하는 작용의 내용은 명확하지 않은 포괄적 개념이므로 그 구체적인 유형에 대하여는 견해가 대립된다. 먼저, 여기의 '이에 준하는 행정작용'은 법문(法文)의 내용상 공권력의 행사나 거부에 준하는 성질을 갖는 것임에 비추어 권력적 성질을 갖는 행정작용에 한정시키는 것이 타당하며, 현재로서는 일반처분이 이에 해당한다고 본다.[10] 다음으로, 동조항이 처분의 개념을 이처럼 넓게 정의하고 있는 것은 행정쟁송에 의한 국민의 권익보장을 위하여 행정심판의 대상을 확대하기 위한 것이라는 점에는 의문이 없다. 따라서 이러한 관점에서는 일정한 행정작용이 엄격한 의미에서 공권력의 행사로서의 실체를 갖추지 않은 것이라고 하더라도 그에 대한 실효적 구제수단이 없는 경우에는, 당해 행정작용을 공권력의 행사에 준하는 작용으로 보아 그에 대하여는 행정심판의 대상성을 인정할 수 있다고 본다.[11] 이와 관련하여 주로 문제되는 것은 이른바 형식적 행정행위이다(쟁송법상 개념설). 후자가 우리나라의 다수설이고,[12] 판례는 아직 확립되어 있지 않다.

3. 부작위

행정심판의 대상으로서의 '부작위'란 행정청이 당사자의 신청에 대하여 상당한 기간 내에 일정한 처분을 하여야 할 법률상 의무가 있는데도 처분을 하지 아니하는 것을 말한다(법 제2조 제2호). 이러한 부작위가 행정심판의 대상으로 성립하기 위해서는 다음과 같은 요건을 갖추어야 한다.

1) 당사자의 신청이 있을 것

행정청에 대한 당사자의 신청이 있어야 한다. 신청은 법령에 명시적 규정이 있는 경우에 한정

10) 류지태, 「행정법신론」. 신영사, 2008, 491면.

11) 김동희, 전게서, 650면, 742면.

12) 김도창, 「일반행정법론(상)」. 청운사, 1993, 705면, 755-756면; 박윤흔·정형근, 「최신행정법강의(상)」. 박영사, 2009, 705면; 이명구, 「신행정법원론」. 대명출판사, 1997, 696면; 이상규, 「신행정법론(상)」. 법문사, 1997, 702면.

되는 것이 아니라 헌법의 기본권과 관련되거나 법해석상으로 보아 신청권이 있는 경우로 인정되면 가능하다.

2) 상당한 기간이 경과될 것

행정심판의 대상으로서의 부작위에 해당하려면 당사자의 신청이 있었는데도 상당한 기간이 경과하도록 행정청이 아무런 조치(처분 · 거부)도 하지 않은 상태가 존재하여야 한다. 여기의 '상당한 기간'이란 일반상식에 의한 사회통념에 비추어 볼 때 당해 신청을 처리하는 데 소요될 것으로 판단되는 합리적인 기간을 의미한다.

3) 행정청이 처분을 할 법률상 의무가 있을 것

당사자의 신청을 받은 행정청이 처분을 하여야 할 법률상의 의무가 있어야 한다. 처분을 할 법률상 의무는 기속행위인가 재량행위인가의 여부에 따라 내용을 달리 하고 있다. 기속행위의 경우에는 처분요건이 충족되면 행정청은 당해 법령이 규정하고 있는 특정한 처분을 할 의무가 있다. 그러나 재량행위의 경우에 있어서는 상대방의 신청권에 대응하여 처분을 할 의무는 있다고 하더라도 종국처분에 대하여는 행정청에 재량권이 부여되어 있으므로 행정청은 상대방이 신청한 그대로 특정한 처분을 하여야 할 의무는 없는 것이다.

4) 행정청이 처분을 하지 아니하였을 것

부작위는 행정청이 당사자의 신청을 받고 처분을 할 법률상 의무가 있지만 상당한 기간이 지나도록 어떠한 처분(인용 또는 거부처분)도 하지 않은 상태를 말한다. 무효인 행정행위는 그 하자의 중대 · 명백성으로 인하여 처음부터 효력을 발생하지 않는다고 하더라도 일단 처분이 행하여졌고 외형적으로는 존재하고 있는 것이기 때문에 부작위에는 해당하지 않는다. 행정행위의 부존재의 경우도 마찬가지로 해석하여야 할 것이다. 또한 법령이 일정한 상태의 행정청의 부작위를 거부처분으로 간주하는 규정을 두고 있는 경우, 법적으로는 소극적 처분이 있었던 것으로 되므로 부작위에는 해당되지 않는다.[13)]

4. 대통령의 처분 또는 부작위에 대한 예외

대통령의 처분 또는 부작위에 대하여는 다른 법률에서 행정심판을 청구할 수 있도록 정한 경우 외에는 행정심판을 청구할 수 없다(법 제3조 제2항).

---

13) 김동희, 전게서, 651면.

제3절 행정심판의 종류

행정심판법은 행정심판의 종류로서 취소심판, 무효등확인심판, 의무이행심판 등의 3종류로 구분하여 규정하고 있는데(법 제5조), 여기에서는 이러한 행정심판에 관하여 살펴보고, 특별행정심판 등(법 제4조)은 다음에 검토하고자 한다.

Ⅰ. 취소심판

1. 의 의

취소심판이란 행정청의 위법 또는 부당한 처분을 취소하거나 변경하는 행정심판을 말한다(법 제5조 제1호). 여기의 취소에는 적극적 처분의 취소뿐만 아니라 소극적 처분인 거부처분의 취소를 포함하며, 변경이란 취소소송에서와는 달리 허가취소처분을 영업정지처분으로 변경하는 것과 같은 적극적 변경을 의미한다.[14] 이러한 취소심판은 공정력(公定力)이 있는 행위의 효력을 소멸시키는 것을 주된 목적으로 하는 행정심판이며, 행정심판 중에서 가장 중심적인 유형이다. 그리고 취소심판은 청구기간의 제한(법 제27조), 집행부정지의 원칙(법 제30조), 사정재결(법 제44조) 등을 특징으로 갖는다.

2. 취소심판의 성질

항고쟁송으로서의 취소심판의 성질에 관하여는 형성적 쟁송으로 보는 견해와 확인적 쟁송으로 보는 견해가 대립되고 있다. 형성적 쟁송설은 취소심판이 일단 일정한 법률관계를 성립시킨 처분의 효력을 다투어 그 취소·변경에 의하여 형성된 법률관계를 소멸 또는 변경시키는 성질의 심판으로서 형성적 성질을 가지는 것으로 본다. 이에 대하여 확인적 쟁송설은 취소심판이 처분의 위법성·부당성을 확인하는 성질의 것이라고 본다. 형성적 쟁송설이 통설이다.[15] 유효한 행위의 효

14) 박균성, 전게서, 913면.
15) 김도창, 전게서, 689면; 김동희, 전게서, 645면; 류지태, 전게서, 481면; 박윤흔·정형근, 전게서, 701면; 석종현,

력을 제거하는 데 취소심판의 기본적 의미가 있으므로 통설인 형성적 쟁송설이 타당하다.[16)]

3. 취소심판에 대한 재결

행정심판위원회는 취소심판의 청구가 부적법하거나 이유 없다고 판단한 때에는 당해 심판청구를 각하 또는 기각하는 재결(裁決)을 하여야 한다. 그러나 위원회는 취소심판의 청구가 이유 있다고 인정할 때에는 심판청구를 인용하는 재결로써, 그 심판청구의 대상이 된 처분을 취소 또는 다른 처분으로 변경하거나 처분을 다른 처분으로 변경할 것을 피청구인에게 명한다(법 제43조 제3항). 따라서 취소재결에는 처분취소재결, 처분변경재결, 처분변경명령재결 등이 있다.

Ⅱ. 무효등확인심판

1. 의 의

무효등확인심판이란 행정청의 처분의 효력의 유무 또는 존재의 여부를 확인하는 행정심판을 말한다(법 제5조 제2호).

무효 또는 부존재인 행정처분은 이른바 공정력이 인정되지 않으므로 처음부터 효력이 없는 것이기 때문에 누구도 구속을 받지 않는다. 그러나 이러한 경우에도 처분의 외관은 있으므로 행정청이 이를 유효한 것으로 판단하여 집행할 우려가 없지 않다. 또한 반대로 유효한 처분을 행정청이 무효 또는 부존재라 하여 효력을 부인하는 경우도 있을 수 있기 때문에 처분의 유효 · 무효 또는 존재의 여부에 대하여 유권적으로 확정할 필요가 있게 된다.

이와 같은 무효등확인심판은 확인대상에 따라 유효확인심판, 무효확인심판, 실효확인심판, 존재확인심판 및 부존재확인심판 등으로 구분되는데, 실무상 유효 또는 존재 · 부존재확인심판청구사건의 예는 거의 없다.[17)]

무효등확인심판은 취소심판과는 달리 청구기간이나 사정재결에 관한 규정이 적용되지 않는 특성을 가진다(법 제27조 제7항, 제44조 제3항).

2. 무효등확인심판의 성질

무효등확인심판의 성질에 관하여는 확인적 쟁송설 · 형성적 쟁송설 및 준형성적 쟁송설 등의

「일반행정법(상)」. 삼영사, 2005, 750면.

16) 홍정선, 「행정법원론(상)」. 박영사, 2012, 830면.

17) 김동희, 전게서, 646면.

견해가 대립된다.

확인적 쟁송설은 무효등확인심판이 적극적으로 처분의 효력을 소멸시키는 것은 아니고 당해 처분이 무효임을 공권적으로 확인하는 데 그치는 것이라고 한다. 이에 대하여 형성적 쟁송설은 무효사유인 하자와 취소사유인 하자의 구분의 상대성을 전제로 하여, 무효등확인심판도 결국은 행정작용의 효력관계를 다투는 것으로서 본질적으로는 형성적 쟁송으로서의 성질을 가진다는 견해이다. 준형성적 쟁송설에 의하면, 무효등확인심판은 실질적으로는 확인적 쟁송이지만, 형식적으로는 처분의 효력의 유무 또는 존재의 여부를 직접 쟁송의 대상으로 한다는 점에서 형성적 쟁송으로서의 성질을 함께 가지는 것으로 보는 입장이다. 이러한 견해 중에서 준형성적 쟁송설이 통설이다.[18]

3. 무효등확인심판에 대한 재결

행정심판위원회는 무효등확인심판의 청구가 이유가 있다고 인정하면 처분의 효력의 유무 또는 처분의 존재의 여부를 확인한다(법 제43조 제4항). 따라서 무효등확인재결에는 처분무효확인재결, 처분유효확인재결, 처분실효확인재결, 처분존재확인재결 및 처분부존재확인재결 등이 있다.

Ⅲ. 의무이행심판

1. 의 의

의무이행심판이란 당사자의 신청에 대한 행정청의 위법 또는 부당한 거부처분이나 부작위에 대하여 일정한 처분을 하도록 하는 행정심판을 말한다(법 제5조 제3호).

취소심판 또는 무효등확인심판은 행정청의 적극적인 공권력발동으로 인한 침해로부터 국민의 권익구제를 목적으로 하는 제도이다. 그러나 행정청의 소극적인 거부처분이나 부작위로 인하여 국민의 권익이 침해된 경우에 있어서도 구제를 위한 쟁송제도가 필요하다. 이와 같은 경우에 대비하여 행정심판법은 의무이행심판을 규정하고 있으며, 행정소송법은 다만 부작위위법확인소송을 인정하는 데 그치고 있다. 그런데 의무이행심판은 부작위위법확인소송과 비교하여 더욱 실효적인 권리구제를 위한 제도라고 하겠다. 그러므로 앞으로 행정소송에 있어서도 의무이행소송의 제도화가 필요하다고 본다.

거부처분에 대한 의무이행심판에는 기간의 제한이 있으나, 부작위의 경우에는 부작위가 존재

---

18) 김도창, 전게서, 690면; 김동희, 상게서, 646-647면; 류지태, 전게서, 482면; 박윤흔 · 정형근, 전게서, 701-702면; 석종현, 전게서, 750-751면; 홍정선, 전게서, 831면.

하는 한 언제든지 심판을 청구할 수 있는 것이므로 부작위에 대한 의무이행심판청구의 경우에는 청구기간의 제한을 받지 않는다(법 제27조 제7항). 그리고 의무이행심판은 집행정지에 관한 규정이 적용되지 않는다는 특수성을 갖는다고 할 것이다. 왜냐하면, 집행정지는 침익적 처분의 집행정지라는 소극적 형성을 내용으로 하고, 처분이 행하여진 것과 같은 상태를 적극적으로 창출하는 것은 아니기 때문이다.[19] 한편, 의무이행심판에는 사정재결의 적용이 있다(법 제44조 제3항).

2. 의무이행심판의 성질

의무이행심판은 행정청으로 하여금 일정한 처분을 할 것을 구하는 심판이므로 이행쟁송의 성질을 갖는 것으로 보는 것이 통설이다.[20] 그런데 의무이행심판이 지닌 항고쟁송의 성질에 비추어 보아 현재 행정청의 법률상 의무가 이행되고 있지 아니한 경우에 그 이행을 구하는 경우에만 가능할 뿐이고, 장래에 이행하여야 할 법률상의 의무 있는 행위의 경우에는 허용되지 않는다.

3. 의무이행심판에 대한 재결

행정심판위원회는 의무이행심판의 청구가 이유가 있다고 인정하면 지체 없이 신청에 따른 처분을 하거나 처분을 할 것을 피청구인에게 명한다(법 제43조 제5항). 즉 의무이행심판의 재결에는 처분재결뿐만 아니라 처분명령재결이 있다.

기속행위의 경우에는 처분청은 신청한 내용의 처분을 하여야 할 것이다. 그러나 재량행위의 경우에는 처분청은 처분을 할 의무는 있으나, 원칙적으로 신청한 내용 그대로의 처분을 할 의무는 없다. 왜냐하면, 재량행위에 있어서는 행정청에게 행위를 할 것인지의 여부 또는 다수의 행위 중에서 어떠한 행위를 할 것인가에 대하여 재량권, 즉 독자적 판단권이 부여되어 있기 때문이다. 따라서 재량행위에 있어서는 위원회가 위법사유에 기하여 행정청에게 단지 일정한 처분을 할 것을 명할 수 있는 데에 그치고, 신청에 따른 처분을 할 것을 명할 수는 없다. 그러나 위원회는 부당사유에 기인하여서는 신청에 따른 처분을 할 것을 명할 수도 있을 것이다.[21]

---

19) 김동희, 상게서, 647면; 박윤흔 · 정형근, 상게서, 702-703면.

20) 김도창, 전게서, 691면; 김동희, 상게서, 647면; 류지태, 전게서, 483면; 박균성, 전게서, 914면; 박윤흔 · 정형근, 상게서, 702면; 석종현, 전게서, 751면; 홍정선, 전게서, 832면.

21) 김동희, 상게서, 648면.

제4절 행정심판기관

Ⅰ. 의 의

행정심판기관이라 함은 행정심판의 청구를 수리하여 이를 심리 · 재결할 수 있는 권한을 가진 행정기관을 말한다.

행정심판기관을 어떻게 설치할 것인가는 행정심판제도의 제도적 의의를 바탕으로 심판의 공정성 · 객관성 · 신속성 등의 여러 가지 요소를 종합적으로 판단하여 입법정책적으로 결정할 문제이다. 종전의 행정심판법은 심리 · 의결기능과 재결기능을 분리시켜 이원화하였으며, 심판청구사건에 대한 심리 · 의결은 행정심판위원회에 부여하고, 재결청이 행정심판위원회의 의결에 따라 재결하도록 되어 있었다. 그러나 2008년 2월 29일에 개정된 행정심판법은 재결청제도를 폐지하고 행정심판위원회가 심리 · 의결과 재결을 모두 하도록 하는 일원적 구조를 취하고 있다. 이는 신속한 권리구제라는 행정심판제도의 취지에 부합하기 위하여 절차를 간소화한 것이다.

따라서 현행 행정심판법에 의한 행정심판기관은 행정심판위원회이다. 이러한 행정심판위원회는 합의제 행정청으로서의 법적 성격을 갖는다. 말하자면, 행정심판위원회는 복수의 위원으로 구성되어 위원의 합의로 의사를 결정한다는 점에서 합의제기관이고, 또한 행정에 관한 의사를 행정심판위원회가 스스로 결정하고 외부에 표시하는 권한을 갖는다는 점에서 행정청의 성격을 가진다. 행정심판위원회는 소속기관으로부터 직무상 독립된 행정청이다.

다음에서는 2010년 1월 25일 전면개정된 행정심판법에 의한 행정심판위원회에 관하여 검토하고자 한다.

Ⅱ. 행정심판위원회의 설치

행정심판법은 행정심판청구의 심리 · 재결기관으로서 행정심판위원회를 설치하도록 규정하고 있다. 헌법 제107조 제3항은 행정심판의 절차에는 사법절차가 준용되어야 한다고 규정하고 있는 바, 사법절차에는 심판기관의 독립성과 제3자기관성이 포함된다고 보아야 한다. 행정심판법에 의하면 행정심판위원회는 합의제행정청이고 중앙행정심판위원회와 시 · 도행정심판위원회의 경우 9인의 위원 중 6인 이상이 외부인사가 되도록 규정하고(법 제7조 제5항) 있어, 위원회를 준제3기관화하고 있다.

현행 행정심판법에 의하여 설치되는 행정심판위원회는 다음과 같다.

1. 처분행정청 소속의 행정심판위원회

① 감사원, 국가정보원장, 그 밖에 대통령령으로 정하는 대통령 소속기관의 장, ② 국회사무총장 · 법원행정처장 · 헌법재판소 사무처장 및 중앙선거관리위원회 사무총장, ③ 국가인권위원회, 진실 · 화해를 위한 과거사정리위원회, 그 밖에 지위 · 성격의 독립성과 특수성 등이 인정되어 대통령령으로 정하는 행정청의 경우에는, 그 행정청 또는 소속 행정청[22]의 처분 또는 부작위에 대한 행정심판의 청구에 대해서는 그 행정청에 두는 행정심판위원회에서 심리 · 재결한다(법 제6조 제1항).

2. 중앙행정심판위원회

① 행정심판법 제6조 제1항에 따른 행정청 외의 국가행정기관의 장 또는 그 소속 행정청, ② 특별시장 · 광역시장 · 도지사 · 특별자치도지사(특별시 · 광역시 · 도 또는 특별자치도의 교육감을 포함한다. 이하 "시 · 도지사"라 한다) 또는 특별시 · 광역시 · 도 · 특별자치도(이하 "시 · 도"라 한다)의 의회(의장, 위원회의 위원장, 사무처장 등 의회 소속 모든 행정청을 포함한다), ③ 지방자치법에 따른 지방자치단체조합 등 관계 법률에 따라 국가 · 지방자치단체 · 공공법인 등이 공동으로 설립한 행정청(다만, 법 제6조 제3항 제3호에 해당하는 행정청은 제외한다)의 경우에는, 그 행정청의 처분 또는 부작위에 대한 행정심판청구에 대하여는 「부패방지 및 국민권익위원회의 설치와 운영에 관한 법률」에 의하여 국민권익위원회에 설치된 중앙행정심판위원회에서 심리 · 재결한다(법 제6조 제2항).

3. 시 · 도지사 소속의 행정심판위원회

① 특별시 · 광역시 · 도 · 특별자치도 소속 행정청, ② 특별시 · 광역시 · 도 · 특별자치도의 관할구역에 있는 시 · 군 · 자치구의 장, 소속 행정청 또는 시 · 군 · 자치구의 의회(의장, 위원회의 위원장, 사무국장, 사무과장 등 의회 소속 모든 행정청을 포함한다), ③ 특별시 · 광역시 · 도 · 특별자

22) 여기의 '소속 행정청'이란 행정기관의 계층구조와 관계없이 감독을 받거나 위탁을 받은 모든 행정청을 말하되, 위탁을 받은 행정청은 위탁받은 사무에 관하여는 위탁한 행정청의 소속 행정청으로 본다.

치도의 관할구역에 있는 둘 이상의 지방자치단체(시 · 군 · 자치구를 말한다) · 공공법인 등이 공동으로 설립한 행정청의 경우에는, 그 행정청의 처분 또는 부작위에 대한 행정심판청구에 대하여 특별시장 · 광역시장 · 도지사 · 특별자치도지사(특별시 · 광역시 · 도 또는 특별자치도의 교육감을 포함한다) 소속으로 두는 행정심판위원회에서 심리 · 재결한다(법 제6조 제3항).

4. 직근 상급행정기관 소속의 행정심판위원회

행정심판법 제6조 제2항 제1호에도 불구하고 대통령령으로 정하는 국가행정기관 소속 특별지방행정기관의 장의 처분 또는 부작위에 대한 행정심판의 청구에 대하여는, 해당 행정청의 직근 상급행정기관에 두는 행정심판위원회에서 심리 · 재결한다(법 제6조 제4항).

5. 특별행정심판위원회

행정심판에 있어서 심리 · 재결의 객관적 공정성을 특별히 보장하기 위하여, 개별법에 의하여 제3자적 행정기관을 행정심판기관으로 설치하여 심리 · 재결하도록 하는 경우가 있는데, 이를 특별행정심판위원회라 할 수 있겠다. 예컨대, 국가공무원법상의 소청심사위원회, 국세기본법상의 조세심판원, 토지취득보상법상의 중앙토지수용위원회 등이 있다.

Ⅲ. 행정심판위원회의 구성

1. 일반행정심판위원회

행정심판위원회(중앙행정심판위원회는 제외한다. 이하 이 조에서 같다)는 위원장 1명을 포함한 30명 이내의 위원으로 구성한다(법 제7조 제1항).

종전에는 15명 이내의 위원으로 구성하였으나, 행정심판의 청구가 급증하고 청구사건이 다양화 · 전문화됨에 따라 다양한 분야의 전문가를 확보하여 참여시키기 위해서는 위원정원을 증원할 필요성이 있어 위원정원을 대폭적으로 확대하였다.[23)]

1) 행정심판위원회의 위원

행정심판위원회의 위원은 해당 행정심판위원회가 소속된 행정청이 다음의 어느 하나에 해당하는 사람 중에서 위촉하거나 그 소속 공무원 중에서 지명한다(법 제7조 제4항).

---

23) 김남진 · 김연태, 전게서, 693면.

① 변호사 자격을 취득한 후 5년 이상의 실무 경험이 있는 사람

② 고등교육법 제2조 제1호부터 제6호까지의 규정에 따른 학교에서 조교수 이상으로 재직하거나 재직하였던 사람

③ 행정기관의 4급 이상 공무원이었거나 고위공무원단에 속하는 공무원이었던 사람

④ 박사학위를 취득한 후 해당 분야에서 5년 이상 근무한 경험이 있는 사람

⑤ 그 밖에 행정심판과 관련된 분야의 지식과 경험이 풍부한 사람

2) 행정심판위원회의 위원장

행정심판위원회의 위원장은 그 행정심판위원회가 소속된 행정청이 되며, 위원장이 없거나 부득이한 사유로 직무를 수행할 수 없거나 위원장이 필요하다고 인정하는 경우에는 다음의 순서에 따라 위원이 위원장의 직무를 대행한다(법 제7조 제2항).

① 위원장이 사전에 지명한 위원

② 행정심판법 제7조 제4항에 따라 지명된 공무원인 위원(2명 이상인 경우에는 직급 또는 고위공무원단에 속하는 공무원의 직무등급이 높은 위원 순서로, 직급 또는 직무등급도 같은 경우에는 위원 재직기간이 긴 위원 순서로, 재직기간도 같은 경우에는 연장자 순서로 한다)

위와 같은 규정에도 불구하고 동법 제6조 제3항에 따라 특별시장 · 광역시장 · 도지사 · 특별자치도지사(특별시 · 광역시 · 도 또는 특별자치도의 교육감을 포함한다) 소속으로 두는 행정심판위원회의 경우에는 해당 지방자치단체의 조례로 정하는 바에 따라 공무원이 아닌 위원을 위원장으로 정할 수 있으며, 이 경우 위원장은 비상임으로 한다(법 제7조 제3항). 이와 같이 개정 행정심판법에서는 시 · 도 조례로 위원회의 비상임 민간위원장을 둘 수 있는 근거를 제공하고 있다.

2. 중앙행정심판위원회

1) 중앙행정심판위원회의 위원

중앙행정심판위원회는 위원장 1명을 포함함 50명 이내의 위원으로 구성하되, 위원 중 상임위원은 4명 이내로 한다(법 제8조 제1항).

중앙행정심판위원회의 상임위원은 별정직 국가공무원으로 임명하되, 3급 이상 공무원 또는 고위공무원단에 속하는 일반공무원으로 3년 이상 근무한 사람이나 그 밖에 행정심판에 관한 지식과 경험이 풍부한 사람 중에서 중앙행정심판위원회 위원장의 제청으로 국무총리를 거쳐 대통령이 임명한다(동조 제3항). 그리고 중앙행정심판위원회의 비상임위원은 행정심판법 제7조 제4항 각호의 어느 하나에 해당하는 사람 중에서 중앙행정심판위원회위원장의 제청으로 국무총리가 위촉한다(동조 제4항).

2) 중앙행정심판위원회의 위원장

중항행정심판위원회의 위원장은 국민권익위원회의 부위원장 중 1명이 되며, 위원장이 없거나 부득이한 사유로 직무를 수행할 수 없거나 위원장이 필요하다고 인정하는 경우에는 상임위원(상임으로 재직한 기간이 긴 위원 순서로, 재직기간이 같은 경우에는 연장자 순서로 한다)이 위원장의 직무를 대행한다(법 제8조 제2항).

3. 행정심판위원회 위원의 임기 · 신분보장 등

1) 위원의 임기

행정심판법 제7조 제4항에 따라 해당 행정심판위원회가 소속된 행정청이 소속 공무원 중에서 지명한 위원은 그 직에 재직하는 동안 재임한다(법 제9조 제1항). 동법 제8조 제3항에 따라 임명된 중앙행정심판위원회 상임위원의 임기는 3년으로 하며, 1차에 한하여 연임할 수 있다(동조 제2항). 동법 제7조 제4항 및 제8조 제4항에 따라 위촉된 위원의 임기는 2년으로 하되, 2차에 한하여 연임할 수 있다. 다만, 제6조 제1항 제2호에 규정된 기관에 두는 행정심판위원회의 위촉위원의 경우에는 각각 국회규칙, 대법원규칙, 헌법재판소규칙 또는 중앙선거관리위원회규칙으로 정하는 바에 따른다(동조 제3항).

2) 위원의 결격사유 · 공무원 의제

① 대한민국 국민이 아닌 사람, ② 국가공무원법 제33조 각 호의 어느 하나에 해당하는 사람은 행정심판법 제6조에 따른 행정심판위원회의 위원이 될 수 없으며, 위원이 이에 해당하게 된 때에는 당연히 퇴직한다(법 제9조 제4항). 위원 중 공무원이 아닌 위원은 형법과 그 밖의 법률에 따른 벌칙을 적용할 때에는 공무원으로 본다(법 제11조).

3) 위원의 신분보장

행정심판법 제7조 제4항 및 제8조 제4항에 따라 위촉된 위원은 금고 이상의 형을 선고받거나 부득이한 사유로 장기간 직무를 수행할 수 없게 되는 경우 외에는 임기중 그의 의사와 다르게 해촉(解囑)되지 아니한다(법 제9조 제5항).

4. 행정심판위원회 위원 등의 제척 · 기피 · 회피

행정심판법은 심판청구사건에 대한 심리 · 의결의 공정성을 보장하고 이에 대한 국민의 신뢰를 확보하기 위하여, 위원은 물론 당해 사건의 심리 · 의결에 관한 사무에 관여하는 직원에게도 제척,

기피 및 회피에 관한 규정을 적용한다(법 제10조).

여기에서 '제척'이란 법정사유가 있으면 법률상 당연히 그 사건에 대한 심리 · 재결에서 배제되는 것을 말하고, '기피'란 제척사유 이외에 심리 · 재결의 공정을 의심할 만한 사유가 있는 때에 당사자의 신청에 의거 위원회의 위원장의 결정에 의하여 심리 · 재결로부터 배제되는 것을 말하며, '회피'란 위원이 스스로 제척 또는 기피의 사유가 있다고 인정하여 자발적으로 심리 · 재결을 피하는 것을 말한다.[24]

Ⅳ. 행정심판위원회의 회의

1. 일반행정심판위원회의 회의

행정심판위원회의 회의는 위원장과 위원장이 매 회의마다 지정하는 8명의 위원으로 구성하되, 위의 자격이 있는 자 중에서 임명되는 자(민간위원)가 6명 이상 포함되어야 한다(법 제7조 제5항). 행정심판위원회는 구성원 과반수의 출석과 출석위원 과반수의 찬성으로 의결한다(동조 제6항).

2. 중앙행정심판위원회의 회의

중앙행정심판위원회의 회의는 위원장과 상임위원 및 위원장이 회의마다 지정하는 비상임위원을 포함하여 총 9명으로 구성하며(법 제8조 제5항), 위원회는 구성원 과반수의 출석과 출석위원 과반수의 찬성으로 의결한다(동조 제7항).

중앙행정심판위원회는 심판청구사건 중 도로교통법에 따른 자동차운전면허 행정처분에 관한 사건을 심리 · 의결하게 하기 위하여 4명의 위원으로 구성하는 소위원회를 둘 수 있다(동조 제6항). 그 밖에 위원장이 지정하는 사건을 미리 검토하도록 필요한 경우에는 전문위원회를 둘 수 있다(동조 제8항).

Ⅴ. 행정심판위원회의 권한과 의무

1. 행정심판위원회의 권한

행정심판위원회는 행정심판청구사건에 대하여 심리 · 재결하는 기관이며(법 제6조, 제43조), 심

24) 김남진 · 김연태, 상게서, 696면; 김동희, 전게서, 654면.

판청구사건의 심리권과 재결권이 행정심판위원회의 주된 권한이다.

1) 심리권

행정심판법에 의하면 행정심판위원회는 행정심판의 심리를 위하여 선정대표자의 선정권고권(법 제15조 제2항), 청구인의 지위승계허가권(법 제16조 제5항), 피청구인의 경정권(법 제17조 제2항), 대리인의 선임허가권(법 제18조 제1항 제5호), 심판참가허가 및 요구권(법 제20조 제5항, 제21조), 청구의 변경허가권(법 제29조 제6항), 보정요구권 및 직권보정권(법 제32조 제1항), 증거조사권(법 제36조) 등과 같은 심리권에 부수된 권한을 가진다.

2) 재결권

행정심판위원회는 취소심판의 청구가 이유가 있다고 인정하면 처분을 취소 또는 다른 처분으로 변경하거나 처분을 다른 처분으로 변경할 것을 피청구인에게 명하고(법 제43조 제3항), 무효등확인심판의 청구가 이유가 있다고 인정하면 처분의 효력의 유무 또는 처분의 존재의 여부를 확인하며(동조 제4항), 의무이행심판의 청구가 이유가 있다고 인정하면 지체 없이 신청에 따른 처분을 하거나 처분을 할 것을 피청구인에게 명하는 재결을 한다(동조 제5항). 그리고 행정심판위원회는 재결 외에 집행정지결정(법 제30조 제2항), 집행정지결정의 취소(동조 제4항), 사정재결(법 제44조) 등의 부수적인 권한도 행사할 수 있다.

3) 불합리한 법령 등의 시정조치요청권

중앙행정심판위원회는 심판청구를 심리 · 재결할 때에 처분 또는 부작위의 근거가 되는 명령 등(대통령령 · 총리령 · 부령 · 훈령 · 예규 · 고시 · 조례 · 규칙 등을 말한다)이 법령에 근거가 없거나 상위법령에 위배되거나 국민에게 과도한 부담을 주는 등 크게 불합리하면 관계 행정기관에 그 명령의 개정 · 폐지 등 적절한 시정조치를 요청할 수 있으며(법 제59조 제1항), 이러한 요청을 받은 관계 행정기관은 정당한 사유가 없으면 이에 따라야 한다(동조 제2항).

4) 조사 · 지도 등

중앙행정심판위원회는 행정청에 대하여 위원회 운영 실태, 재결의 이행상황, 행정심판의 운영현황 등을 조사하고, 필요한 지도를 할 수 있다(법 제60조 제1항).

행정청은 이 법에 따른 행정심판을 거쳐 행정소송법상의 항고소송이 제기된 사건에 대하여 그 내용이나 결과 등 대통령령으로 정하는 사항을 반기마다 그 다음 달 15일까지 해당 심판청구에 대한 재결을 한 중앙행정심판위원회 또는 시 · 도지사 소속으로 두는 행정심판위원회에 알려야 하며(법 제60조 제2항), 행정심판법 제6조 제3항에 따라 시 · 도지사 소속으로 두는 행정심판위원회는 중앙행정심판위원회가 요청하면 제2항에 따라 수집한 자료를 제출하여야 한다(동조 제3항).

5) 권한의 승계

당사자의 심판청구 후 위원회가 법령의 개정 · 폐지 또는 법 제17조 제5항에 따른 피청구인의 경정결정에 따라 심판청구에 대하여 재결할 권한을 잃게 된 경우에는, 해당 위원회는 심판청구서와 관계 서류 그 밖의 자료를 새로 재결할 권한을 갖게 된 위원회에 보내야 한다(법 제12조 제1항). 이 경우 송부를 받은 위원회는 지체 없이 그 사실을 청구인, 피청구인, 그리고 참가인에게 알려야 한다(동조 제2항).

6) 권한의 위임

행정심판법에 따른 위원회의 권한 중 일부를 국회규칙, 대법원규칙, 헌법재판소규칙, 중앙선거관리위원회규칙 또는 대통령령으로 정하는 바에 따라 위원장에게 위임할 수 있다(법 제61조).

2. 행정심판위원회의 의무

행정심판위원회는 제3자가 심판청구를 한 경우의 처분의 상대방에게 통지할 의무(법 제24조 제2항), 피청구인에 대한 심판청구서 부본의 송부의무(법 제26조 제1항), 청구인에 대한 답변서 부본의 송달의무(법 제26조 제2항), 당사자가 제출한 증거서류 부본의 다른 당사자에 대한 송달의무(법 제34조 제3항), 당사자에 대한 재결서 정본의 송달의무(법 제48조 제1항), 증거자료 원본의 반환의무(법 제55조) 등의 의무도 있다.

제5절 행정심판의 당사자 및 관계인

Ⅰ. 행정심판의 당사자

행정심판은 행정쟁송이므로 청구인과 피청구인은 서로 대립되는 당사자로서 구체적 사건을 다툰다. 행정심판법은 행정심판의 준사법적 절차화를 규정한 헌법 제107조 제3항의 취지를 구체화하여 그 심리절차는 당사자주의적 대심구조를 취하고 있다. 그리하여 행정심판은 청구인과 피청구인인 행정청을 당사자로 하여, 이 당사자가 어느 정도 대등한 지위에서 공격·방어방법으로 제출한 의견진술과 증거를 바탕으로 심리절차가 진행되도록 되어 있다.

다음에서는 행정심판의 당사자를 청구인과 피청구인으로 나누어 살펴보고자 한다.

1. 청구인

1) 의 의

청구인이란 행정심판의 대상인 행정청의 처분 또는 부작위에 불복하여 그의 취소 또는 변경 등을 구하는 심판청구서를 작성하여 피청구인이나 위원회에 제출하는 자를 말한다. 여기의 청구인은 처분의 상대방인가 제3자인가를 불문하고, 또한 자연인인가 법인인가도 상관없다. 법인이 아닌 사단 또는 재단으로서 대표자나 관리인이 정하여져 있는 경우에는 그 사단이나 재단의 이름으로 청구인이 될 수 있다(법 제14조).

2) 청구인적격

청구인적격이란 행정심판을 청구할 법률상 자격이 있는 자를 말한다. 청구인적격이 없는 자가 청구한 행정심판은 부적법으로 각하된다.

(1) 취소심판의 청구인적격

(가) 법률상 이익

행정심판법은「취소심판은 처분의 취소 또는 변경을 구할 법률상 이익이 있는 자가 청구할 수 있다」(법 제13조 제1항 전단)고 취소심판의 청구인 적격에 관하여 규정하고 있다. 여기에서의 '법률상 이익'은 협의의 권리뿐만 아니라 관계법률에 의하여 보호되고 있는 이익도 포함된다고 보는 것이 통설 · 판례이다.[25)]

(나) 처분의 효과가 소멸된 경우

「처분의 효과가 기간의 경과, 처분의 집행, 그 밖의 사유로 소멸된 뒤에도 그 처분의 취소로 인하여 회복되는 법률상 이익이 있는 자의 경우에도 또한 같다」(법 제13조 제1항 후단)고 규정하고 있다.

종래 전통적인 견해에서는 취소심판의 목적이 전적으로 계쟁처분의 효력을 배제하는 데 있다고 보고, 처분의 존재 및 효력이 실질적으로 상실된 경우에는 당해 심판청구는 목적이 없는 것으로서 각하되어야 한다고 보았다.

그러나 오늘날에는 취소심판의 목적을 보다 넓게 현실적으로 발생하고 있는 권익침해를 구제하는 데 있는 것으로 이해함으로써 처분이 소멸 또는 실효된 후에도 그 취소를 구하지 않으면 회복될 수 없는 권리 · 이익이 잔존하는 경우에는, 청구인적격을 인정하여야 하는 것으로 보아야 한다. 행정심판법 제13조 제1항 후단은 이러한 내용을 명시적으로 규정하고 있다.

(2) 무효등확인심판의 청구인적격

무효등확인심판의 청구인적격에 관하여는, 행정심판법이 「무효등확인심판은 처분의 효력의 유무 또는 존재의 여부의 확인을 구할 법률상 이익이 있는 자가 청구할 수 있다」(법 제13조 제2항)고 규정하고 있다. 여기에서 확인을 구하는 '법률상 이익'의 개념에 관한 논의가 있으나, 무효등확인소송의 원고적격을 설명한 부분을 참조하면 될 것이다.

(3) 의무이행심판의 청구인적격

의무이행심판의 청구인적격은 행정심판법에서 「의무이행심판은 처분을 신청한 자로서 행정청의 거부처분 또는 부작위에 대하여 일정한 처분을 구할 법률상 이익이 있는 자가 청구할 수 있다」(법 제13조 제3항)고 규정하고 있다. 여기의 '처분을 구할 법률상 이익'은 관계 법률이 처분의무를 행정청에게 부과한 취지가 적어도 특정한 개인의 이익도 보호하고자 하는 것인 때에 인정되는 이익을 의미한다. 다만, 이 경우에도 개인은 행정청에 대하여 어떠한 경우에나 특정한 처분을 구할 수 있는 것은 아니며, 재량행위의 경우에 행정청은 처분의무가 있기는 하지만 원칙적으로 특정한 처분을 할 의무까지를 부담하고 있는 것은 아니기 때문에 개인은 단지 일정한 처분을 할 것을 청구할 수 있을 뿐이다.

---

25) 김동희, 상게서, 655면.

3) 행정심판의 청구인적격에 관한 문제점

(1) 법률상 이익의 의의

행정심판법에 의하면, 위에서 지적한 바와 같이 '법률상 이익'이 있는 자만이 모든 종류의 행정심판을 청구할 수 있는 것으로 되어 있다. 그렇다면 행정심판법에서 말하는 법률상 이익은 무엇을 의미하는가? 행정소송인 취소소송 · 무효등확인소송 · 부작위위법확인소송 또한 법률상 이익이 있는 자만이 제기할 수 있도록 행정소송법에 규정되어 있는데(동법 제12조, 제35조, 제36조 참조), 행정심판법의 '법률상 이익'과 행정소송법의 '법률상 이익'이 서로 같은 것인가 다른 것인가는 의문이다. 개념상으로는 두 법률에서의 법률상 이익은 같은 것이어야 한다고 판단된다. 따라서 그 '법률상 이익'의 자세한 의미내용은 다음의 행정소송에서 다루기로 한다.

(2) 입법상 과오의 여부

행정심판법은 행정소송(항고소송)의 원고적격과 같이 '법률상 이익이 있는 자'에게만 행정심판의 청구인적격을 인정하고 있다. 이 점에 관하여는 종전부터 의문이 제기되었으며 개정의 필요성이 주장되기도 하였는데, 그러한 주장의 이유를 살펴보면 다음과 같다.

행정심판은 '위법한 처분'만이 아니라 '부당한 처분'을 대상으로 하여서도 청구할 수 있도록 되어 있는데(법 제1조, 제5조 등 참조), 반사적 이익 또는 사실상 이익을 침해받았거나 반사적 이익을 향유하기 위해서도 행정심판을 청구할 수 있도록 되어야 하는 것이며, 만일 반사적 이익을 배제하는 의미의 '법률상 이익이 있는 자'에게만 행정심판의 청구인적격을 인정하는 경우, 결과적으로 '부당한 처분'은 행정심판의 대상에서 제외되는 결과를 가져오게 된다는 것이다.[26]

여기에서 행정심판의 청구인적격에 관한 행정심판법 제13조의 입법과오설과 비과오설을 약술하면 다음과 같다.

(가) 입법상 과오설

이 견해는 행정심판법의 '법률상 이익'이라는 표현은 입법상 과오라 한다. 왜냐하면, 행정심판은 위법한 침해뿐만 아니라 부당한 침해에 대하여서도 다툴 수 있는데(법 제1조), 부당한 행위로는 법률상 이익이 침해될 수 없기 때문에, 사실상 이익이 침해된 경우에도 심판청구를 할 수 있도록 규정되지 아니한 것은 과오라는 것이다. 이 학설은 행정심판의 청구인적격과 처분의 위법 · 부당의 여부에 대한 본안심리는 필연적 관계에 있음을 전제로 한다.

(나) 입법상 비과오설

이 견해는 청구인적격의 문제는 행정의 적법성 · 타당성의 실효적 보장과 남소방지의 요청 사이의 비교형량에 따라 결정되는 쟁송제기단계의 문제이고, 처분의 위법 · 부당의 문제는 본안심리

26) 김남진 · 김연태, 전게서, 685-686면.

의 문제이므로 양자는 필연적인 관계에 있지 않으며, 부당한 처분에 의해서도 권리(법률상 이익)가 침해될 수 있음을 논거로 한다.

(다) 결 어(입법미비설)

법규의 의미는 문리적 해석에서 시작되어야 하는데, 과오설이나 비과오설은 이러한 점을 간과하고 있다. 침해란 무릇 불이익을 가져오는 일체의 행위를 말한다. 침해에는 적법한 침해(예: 토지수용)도 있고, 위법한 침해(예: 위법한 철거명령)도 있으며, 부당한 침해도 있다. 또한 침해는 법률상 이익과 관련할 수도 있고, 반사적 이익과 관련할 수도 있다. 따라서 행정심판법이 부당한 행위로도 법률상 이익이 침해될 수 있음을 전제로 하는 것은 결코 입법상 과오로 볼 수는 없다. 다만, 입법정책적으로 볼 때 행정심판법이 반사적 이익의 침해를 이유로 다툴 수 있는 가능성을 완전히 배제한 듯한 표현을 하고 있는 것은 다소 문제가 된다. 요컨대, 행정심판법의 청구인적격에 관한 조항은 입법상 과오가 아니라 내용상 미흡한 조항이라 하겠다.[27)]

4) 선정대표자의 선정

여러 명의 청구인이 공동으로 심판청구를 할 때에는 청구인들 중에서 3명 이하의 선정대표자를 선정할 수 있다(법 제15조 제1항). 청구인등이 선정대표자를 선정하지 아니한 경우에 위원회는 필요하다고 인정하면 청구인들에게 선정대표자를 선정할 것을 권고할 수 있다(동조 제2항). 선정대표자는 다른 청구인들을 위하여 그 사건에 관한 모든 행위를 할 수 있다. 다만, 심판청구를 취하하려면 다른 청구인들의 동의를 받아야 하며, 이 경우 동의받은 사실을 서면으로 소명하여야 한다(동조 제3항).

선정대표자가 선정되면 다른 청구인들은 그 선정대표자를 통해서만 그 사건에 관한 행위를 할 수 있다(동조 제4항). 선정대표자를 선정한 청구인들은 필요하다고 인정되면 선정대표자를 해임하거나 변경할 수 있으며, 이 경우 청구인들은 그 사실을 지체 없이 위원회에 서면으로 알려야 한다(동조 제5항).

5) 청구인의 지위승계

청구인의 지위가 승계되는 경우로서는 다음과 같이 당연승계와 허가승계가 있다.

(1) 당연승계

청구인이 사망한 경우에는 상속인이나 그 밖에 법령에 따라 심판청구의 대상에 관계되는 권리나 이익을 승계한 자가 청구인의 지위를 승계하며(법 제16조 제1항), 법인인 청구인이 합병에 따

27) 홍정선, 전게서, 841면.

라 소멸하였을 때에는 합병 후 존속하는 법인이나 합병에 따라 설립된 법인이 청구인의 지위를 당연히 승계한다(동조 제2항).

(2) 허가승계

심판청구의 대상과 관계되는 권리나 이익을 양수한 자는 위원회의 허가를 받아 청구인의 지위를 승계할 수 있다(법 제16조 제5항). 위원회는 위의 지위 승계 신청에 대하여 허가 여부를 결정하고, 지체 없이 신청인에게는 결정서 정본을, 당사자와 참가인에게는 결정서 등본을 송달하여야 한다(동조 제7항). 위원회가 지위 승계를 허가하지 아니하면 신청인은 결정서 정본을 받은 날부터 7일 이내에 위원회에 이의신청을 할 수 있다(동조 제8항). 최근 개정된 행정심판법에서 행정심판위원회의 절차적 사항에 대하여 '이의신청제도'를 신설하였다.

2. 피청구인

피청구인이란 심판청구의 상대방을 말한다.

1) 피청구인적격

행정심판은 처분을 한 행정청(의무이행심판의 경우에는 청구인의 신청을 받은 행정청)을 피청구인으로 하여 청구하여야 한다. 다만, 심판청구의 대상과 관계되는 권한이 다른 행정청에 승계된 경우에는 권한을 승계한 행정청을 피청구인으로 하여야 한다(법 제17조 제1항).

행정심판법상 행정심판의 피청구인이 되는 '행정청'이란 행정에 관한 의사를 결정하여 표시하는 국가 또는 지방자치단체의 기관, 그 밖에 법령 또는 자치법규에 따라 행정권한을 가지고 있거나 위탁을 받은 공공단체나 그 기관 또는 사인(私人)을 말한다(법 제2조 제4호).

이러한 행정청에는 단독기관(대통령 · 국무총리 · 행정안전부장관 등)뿐만 아니라 합의제기관(토지수용위원회 · 공정거래위원회 등)도 있다. 행정청은 국가나 지방자치단체 등의 기관에 불과하고 권리주체는 아니므로 원래는 권리주체인 국가나 지방자치단체 등이 피청구인이 되어야 할 것이다. 그러나 행정소송의 경우와 마찬가지로 공격 · 방어의 용이성, 기타 절차진행상의 기술적인 편의를 위하여 처분청이나 부작위청을 직접 피청구인으로 한 것이다.

법령에 의하여 행정권한이 다른 행정기관(장관의 위임에 의한 도지사, 도지사의 위임에 의한 시장 등), 공공단체(단체위임의 경우의 지방자치단체) 및 그 기관(기관위임의 경우의 지방자치단체의 장) 또는 사인(토지수용권이 부여되어 있는 사업시행자로서의 사기업)에게 위임 또는 위탁된 경우에는, 그 위임 또는 위탁을 받은 자가 행정청이 된다.[28]

28) 김동희, 전게서, 657면.

2) 피청구인의 경정

청구인이 피청구인을 잘못 지정한 경우에는 위원회의 직권 또는 당사자의 신청에 의하여 결정으로써 피청구인을 경정(更正)할 수 있다(법 제17조 제2항). 또한 위원회는 행정심판이 청구된 후에 심판청구의 대상과 관계되는 권한이 다른 행정청에 승계된 경우에는 직권으로 또는 당사자의 신청에 의하여 결정으로써 피청구인을 경정한다(동조 제5항). 위원회는 피청구인을 경정하는 결정을 하면 결정서 정본을 당사자(종전의 피청구인과 새로운 피청구인을 포함한다)에게 송달하여야 한다(동조 제3항).

위원회가 피청구인의 경정결정을 하면 종전의 피청구인에 대한 심판청구는 취하되고 종전의 피청구인에 대한 행정심판이 청구된 때에 새로운 피청구인에 대한 행정심판이 청구된 것으로 본다(동조 제4항). 피청구인이 경정된 경우에 새로운 피청구인에 대한 심판청구가 제기된 것으로 본다면, 행정심판청구기간의 도과로 인하여 당해 심판청구가 각하될 우려를 예방하기 위하여 이와 같은 규정을 둔 것으로 보인다.[29]

당사자는 위원회의 피청구인의 경정결정에 대하여 결정서 정본을 받은 날부터 7일 이내에 위원회에 이의신청을 할 수 있다(동조 제6항).

Ⅱ. 행정심판의 관계인

1. 참가인

행정심판의 결과에 이해관계가 있는 제3자나 행정청은 해당 심판청구에 대한 위원회나 소위원회의 의결이 있기 전까지 그 사건에 대하여 심판청구를 할 수 있고(법 제20조 제1항), 위원회도 필요하다고 인정하면 그 행정심판의 결과에 이해관계가 있는 제3자나 행정청에 그 사건의 심판에 참가할 것을 요구할 수 있다(법 제21조 제1항). 이 규정은 계쟁처분에 이해관계를 가지는 제3자와 행정청을 심판절차에 참가하도록 하여 행정심판의 공정성 · 신중성을 보장하고, 또한 이해관계인의 권익을 보호하기 위한 것이다.

여기에서 '이해관계가 있는 제3자'라 함은 당해 심판청구의 재결 결과에 의하여 직접 자기의 권리 · 이익이 침해당할 자를 말한다. 따라서 이해관계인에는 당해 처분 자체에 대하여 이해관계가 있는 자는 물론이고, 재결의 내용 여하에 따라 불이익을 받게 될 자도 포함된다고 할 것이다. 그리고 '이해관계가 있는 행정청'이란 법령상 당해 처분에 대한 협의권 또는 동의권이 부여되어 있는 행정청 등을 말한다.[30]

---

29) 박균성, 전게서, 919면.

참가인은 행정심판의 절차에서 당사자가 할 수 있는 심판절차상의 행위를 할 수 있다(법 제22조 제1항).

2. 대리인

심판청구의 당사자인 청구인과 피청구인은 대리인을 선임하여 당해 심판청구에 관한 행위를 하게 할 수 있다. 여기에서 '대리인'이란 청구인 또는 피청구인을 위하여 대리권의 범위 안에서 자기의 명의로 의사결정과 심판청구에 관한 행위를 하는 자를 말하며, 이 경우에 그 행위의 효과는 직접 청구인 또는 피청구인에게 귀속되게 된다.

청구인의 경우에는, 법정대리인 외에 ① 청구인의 배우자, 청구인 또는 배우자의 4촌 이내의 혈족, ② 청구인이 법인이거나 청구인 능력이 있는 법인이 아닌 사단 또는 재단인 경우 그 소속 임직원, ③ 변호사, ④ 다른 법률에 따라 심판청구를 대리할 수 있는 자, ⑤ 그 밖에 위원회의 허가를 받은 자 등을 대리인으로 선임할 수 있다(법 제18조 제1항). 그리고 피청구인의 경우에는, 그 소속 직원 또는 위의 ③부터 ⑤까지의 어느 하나에 해당하는 자를 대리인으로 선임할 수 있다(동조 제2항). 이와 같이 선임된 대리인에 관하여는 선정대표자에 관한 제15조 제3항 및 제5항을 준용한다(동조 제3항).

30) 김동희, 전게서, 658면.

제6절 행정심판의 청구

행정심판은 청구인적격이 있는 자가, 심판청구사항인 처분 또는 부작위를 대상으로 하여, 심판청구기간 내에, 피청구인인 행정청 또는 행정심판위원회에, 심판청구서를 제출함으로써 청구하여야 한다. 이와 같은 행정심판의 청구요건에 관하여는 위에서 이미 청구인적격, 행정심판의 대상, 피청구인적격자로서의 행정청 또는 행정심판위원회 등은 살펴보았으며, 다음에서는 심판청구기간, 심판청구의 방식 · 절차 등을 살펴보고 이와 관련된 몇 가지 문제점을 검토하고자 한다.

Ⅰ. 행정심판의 청구기간

행정심판법은 심판청구기간에 제한을 두고 있는데(법 제27조), 이는 행정법관계를 무한정 불안한 상태로 방치하는 것보다는 조속한 안정을 도모하려는 데에 그 취지가 있다. 그러나 심판청구기간은 취소심판청구와 거부처분에 대한 의무이행심판청구에만 적용되고, 성질상 무효등확인심판청구와 부작위에 대한 의무이행심판청구에는 적용되지 아니한다(법 제27조 제7항).

1. 원칙적인 심판청구기간

행정심판은 원칙적으로 처분이 있음을 알게 된 날부터 90일 이내에, 정당한 사유가 있는 경우가 아닌 한 처분이 있었던 날부터 180일이 지나면 청구하지 못한다(법 제27조 제1항, 제3항). 이러한 두 청구기간 중 어느 하나라도 도과하면 원칙상 심판청구를 할 수 없다. 처분이 있은 날부터 180일 이내에 처분이 있음을 알았을 때에는 그 때로부터 90일 이내에 행정심판을 청구하여야 한다. 그리고 행정심판법 제27조 제1항과 제2항의 기간은 불변기간(不變期間)으로서(동조 제4항), 직권조사사항이다.[31]

여기의 '처분이 있음을 알게 된 날'이란 당사자가 통지 · 공고 기타의 방법에 의하여 당해 처분이 있었다는 사실을 현실적으로 알게 된 날을 의미하고, 추상적으로 알 수 있었던 날을 의미하는 것은 아니라 할 것이며, 다만 처분을 기재한 서류가 당사자의 주소에 송달되는 등으로 사회통념

31) 대판 1988.5.24, 87누990.

상 처분이 있음을 당사자가 알 수 있는 상태에 놓인 때에는 반증이 없는 한 처분이 있음을 알았다고 추정할 수는 있다.[32] 사실행위의 경우에는 상대방에 대한 고지절차가 없는 것이 보통이므로 그 행위가 있었고 그것이 자기의 권익을 침해하고 있음을 인식하게 된 날이 곧 처분이 있음을 알게 된 날이라 할 것이다.[33] '처분이 있었던 날'이란 당해 처분이 통지 등에 의하여 대외적으로 표시되고 그 효력을 발생한 날을 말한다.[34] 처분은 원칙적으로 상대방에 도달됨으로써 효력이 발생한다(행정절차법 제15조 제1항). 상대방이 처분이 있음을 알지 못한 경우에도 당해 처분이 있었던 날부터 180일이 경과하면 심판청구를 할 수 없도록 규정한 것은 행정법관계의 안정성을 실현하기 위한 것이다.

2. 예외적인 심판청구기간

1) 90일에 대한 예외

청구인이 천재지변, 전쟁, 사변(事變), 그 밖의 불가항력으로 인하여 처분이 있음을 알게 된 날부터 90일 이내에 심판청구를 할 수 없었을 때에는 그 사유가 소멸한 날부터 14일 이내에 행정심판을 청구할 수 있다. 다만, 국외에서 행정심판을 청구하는 경우에는 그 기간을 30일로 한다(법 제27조 제2항). 이 14일의 기간은 불변기간으로서(동조 제4항), 직권조사사항이다.

행정청이 심판청구기간을 상대방에게 알리지 아니한 경우에는 당사자가 처분이 있음을 알았다고 하더라도 심판청구기간은 처분이 있었던 날부터 180일 이내가 된다(동조 제6항).

2) 180일에 대한 예외

행정심판은 처분이 있었던 날부터 180일 이내에 청구하여야 하지만, 그 기간 내에 심판청구를 하지 못한 정당한 사유가 있는 경우에는 180일이 경과하더라도 심판청구를 할 수 있다(법 제27조 제3항 단서). 여기의 '정당한 사유'에 해당하는 것이 무엇인지가 문제되는데, 이는 처분이 있는 날로부터 180일 이내에 심판청구를 하지 못함을 정당화할 만한 객관적인 사유를 의미하며, 위의 불가항력보다는 넓은 개념이라고 할 수 있다.[35]

3) 심판청구기간의 오고지 · 불고지 등의 경우

행정심판법 제58조는 '고지제도'를 명문화하고 있다. 즉 행정청이 처분을 할 때에는 처분의 상

---

32) 대판 1995.11.24, 95누11535; 대판 2002.8.27, 2002두3850.

33) 김도창, 전게서, 708면; 김동희, 전게서, 661면; 박윤흔 · 정형근, 전게서, 719면.

34) 대판 1997.11.22, 77누195.

35) 김남진 · 김연태, 전게서, 703면; 김도창, 전게서, 663면; 김동희, 전게서, 663면; 박윤흔 · 정형근, 전게서, 720면; 석종현, 전게서, 769면.

대방에게 해당 처분에 대하여 행정심판을 청구할 수 있는지의 여부, 행정심판을 청구하는 경우의 심판청구절차 및 심판청구기간을 알려야 한다. 그러나 행정청이 이러한 고지의무에도 불구하고 고지 자체를 하지 않거나, 고지는 하되 심판청구기간을 고지하지 않거나, 착오로 법정기간보다 긴 기간으로 잘못 고지한 경우가 있을 수 있는데, 행정심판법은 불고지(不告知) · 오고지(誤告知)에 따르는 책임을 행정청이 부담하도록 규정하고 있다.

행정심판법에 의하면, 행정청이 심판청구기간을 착오로 법정기간(처분이 있음을 안 날부터 30일)보다 긴 기간으로 잘못 알린 경우 그 잘못 알린 기간에 심판청구가 있으면 그 행정심판은 90일 이내에 청구된 것으로 보고(법 제27조 제5항), 행정청이 심판청구기간을 알리지 아니한 경우에는 상대방이 처분이 있음을 알았을지라도 당해 처분이 있었던 날부터 180일 이내에 심판청구를 할 수 있다(동조 제6항).

4) 복효적 행정행위와 심판청구기간

복효적 행정행위에 있어서 처분의 상대방이 아닌 제3자가 행정심판을 청구하는 경우에도 그 청구기간은 원칙적으로 처분이 있음을 알게 된 날부터 90일 이내, 처분이 있었던 날부터 180일 이내라 할 것이다.

그런데 행정행위는 원칙적으로 상대방에게 도달함으로써 효력이 발생하는 것인데, 현행법에 제3자에 대한 통지절차는 제도화되어 있지 않으므로 처분의 제3자로서는 처분이 있음을 알지 못하는 경우가 얼마든지 생길 수 있다. 그 결과 현실적으로 제3자에 의한 심판청구기간은 보통 처분이 있었던 날부터 180일 이내가 되는 경우가 많을 것이라 생각된다. 그러나 180일이 경과된 후에도 그 기간 내에 심판청구가 가능하였다는 특별한 사정이 없는 한 행정심판법 제27조 제3항 단서의 '정당한 사유'에 해당됨을 근거로 하여 심판청구를 할 수 있다.[36]

Ⅱ. 행정심판의 청구방식 · 절차

1. 서면주의

행정심판의 청구방식은 일정한 사항을 기재한 서면, 즉 심판청구서로 하여야 한다(법 제28조 제1항, 제2항). 이와 같이 심판청구에 서면주의를 채택한 이유는, 정형적인 방식으로 통일함으로써 청구의 취지 · 이유 등을 명확히 하고 구술로 하는 경우의 지체와 번잡을 피하고 그 내용을 명확히 하기 위한 것이다.

---

36) 대판 1989.5.9, 88누5150; 대판 1992.7.28, 91누12844; 대판 2002.5.24, 2000두3641.

심판청구서의 필요적 기재사항에 대하여는, 행정심판법 제28조 제2항 내지 제5항에서 규정하고 있다. 필요적 기재사항에 관하여 결함이 있는 경우, 위원회가 이를 보정(補正)할 수 있다고 인정하면 상당한 기간을 정하여 청구인에게 보정을 요구할 수 있고, 경미한 사항은 직권으로 보정할 수 있다(법 제32조 제1항).

2. 심판청구서의 제출

행정심판을 청구하려는 자는 행정심판법 제28조에 따라 심판청구서를 작성하여 피청구인이나 위원회에 제출하여야 하며, 이 경우 피청구인의 수만큼 심판청구서 부본을 함께 제출하여야 한다(법 제23조 제1항).

과거에는 처분청을 거쳐 행정심판을 청구하도록 하는 '처분청경유주의'를 취하고 있었으나, 1995년 12월 6일의 개정 행정심판법은 심판청구서는 청구인의 선택에 따라 처분청 또는 위원회에 제출할 수 있도록 하였다. 종전에 처분청경유주의를 채택하였던 것은 처분청에 당해 처분 또는 부작위를 시정할 기회를 부여하여 청구인의 신속한 권리구제를 도모함과 동시에 당해 심판청구에 대한 답변 · 제출을 용이하게 하려는 취지였다. 그러나 이에 대하여는 국민의 권리구제에는 미흡하면서 행정편의주의적 제도라는 비판이 있었으므로 법률의 개정을 통하여 현재와 같이 변경되었다.

3. 전자정보처리조직을 통한 심판청구

행정심판법에 따른 행정심판의 절차를 밟는 자는 심판청구서와 그 밖의 서류를 전자문서화하고 이를 정보통신망을 이용하여 위원회에서 지정 · 운영하는 전자정보처리조직을 통하여 제출할 수 있다(법 제52조 제1항).

4. 심판청구서를 접수한 행정청의 처리

1) 정당한 권한 있는 행정청에의 송부

행정청이 행정심판법 제58조에 따른 고지를 하지 아니하거나 잘못 고지하여 청구인이 심판청구서를 다른 행정기관에 제출한 경우에는 그 행정기관은 심판청구서를 지체 없이 정당한 권한이 있는 피청구인에게 보내야 한다(법 제23조 제2항).

2) 위원회에의 송부 등

피청구인은 심판청구서를 접수하거나 송부 받으면 10일 이내에 심판청구서(제 23조 제1항 · 제

2항의 경우에만 해당된다)와 답변서를 위원회에 보내야 한다. 다만, 청구인이 심판청구를 취하한 경우에는 그러하지 아니하다(법 제24조 제1항). 피청구인이 제1항 본문에 따라 심판청구서를 보낼 때에는 심판청구서에 위원회가 표시되지 아니하였거나 잘못 표시된 경우에도 정당한 권한이 있는 위원회에 보내야 한다(동조 제3항).

피청구인은 처분의 상대방이 아닌 제3자가 심판청구를 한 경우에는 지체 없이 처분의 상대방에게 그 사실을 알려야 한다. 이 경우 심판청구서 사본을 함께 송달하여야 한다(동조 제2항).

3) 피청구인의 직권취소 등

심판청구서를 받은 피청구인은 그 심판청구가 이유 있다고 인정하면 심판청구의 취지에 따라 직권으로 처분을 취소·변경하거나 확인을 하거나 신청에 따른 처분(이하 "직권취소등"이라 한다)을 할 수 있다. 이 경우 서면으로 청구인에게 알려야 한다(법 제25조 제1항).

행정심판이 청구된 경우 행정심판위원회가 심리·재결하는 것이 원칙이지만, 심판대상인 처분이나 부작위를 행한 행정청이 심판청구서를 검토한 결과 이유 있다고 인정할 때에는 굳이 심리절차를 거칠 필요 없이 그 단계에서 스스로 심판청구의 취지에 따르는 처분을 하도록 하자는 취지이다. 이는 처분청의 자기통제를 의미하며, 처분청의 취지에 따른 처분이나 확인이 있게 되면 행정심판절차는 청구인과의 관계에서 종료된다. 그러나 처분청의 청구의 취지에 따른 처분이나 확인은 재결이 아니며 이는 원처분의 단순한 변경일 뿐이다.[37]

5. 위원회의 심판청구서 등의 접수·처리

위원회는 행정심판법 제23조 제1항에 따라 심판청구서를 받으면 지체 없이 피청구인에게 심판청구서 부본을 보내야 한다(법 제26조 제1항). 위원회는 제24조 제1항 본문에 따라 피청구인으로부터 답변서가 제출되면 답변서 부본을 청구인에게 송달하여야 한다(동조 제2항).

Ⅲ. 행정심판청구의 변경·취하

1. 심판청구의 변경

1) 의 의

심판청구의 변경이란 심판청구의 계속 중에 청구인이 당초에 청구한 청구의 취지나 이유 등을

37) 홍정선, 전게서, 855-856면.

변경하는 것을 말한다. 행정심판법은 청구인이 심판청구를 한 후 일정한 사유가 있는 경우에는 새로운 심판청구를 할 필요 없이 청구의 변경을 할 수 있도록 함으로써 청구인의 편의와 심판절차의 촉진을 도모하기 위하여 심판청구의 변경을 인정하고 있다.

2) 심판청구변경의 유형

(1) 일반적인 청구의 변경

청구인은 청구의 기초에 변경이 없는 범위에서 청구의 취지나 이유를 변경할 수 있다(법 제29조 제1항). 여기에서 '청구의 기초에 변경이 없는 범위'란 청구한 사건의 동일성을 유지하는 범위를 말하고, 현재 계속 중인 심판청구에 의하여 구제받고자 하는 청구인의 법률상 이익의 동일성이 지속되어야 한다는 것을 의미한다.

(2) 처분변경으로 인한 청구의 변경

행정심판이 청구된 후에 피청구인이 새로운 처분을 하거나 심판청구의 대상인 처분을 변경한 경우에는 청구인은 새로운 처분이나 변경된 처분에 맞추어 청구의 취지나 이유를 변경할 수 있다(법 제29조 제2항).

3) 심판청구변경의 절차

청구변경의 신청은 서면으로 하여야 하며, 이 경우 피청구인과 참가인의 수만큼 청구변경신청서 부본을 함께 제출하여야 한다(법 제29조 제3항). 위원회는 청구변경신청서 부본을 피청구인과 참가인에게 송달하여야 한다(동조 제4항). 이 경우 위원회는 기간을 정하여 피청구인과 참가인에게 청구변경의 신청에 대한 의견을 제출하도록 할 수 있으며, 피청구인과 참가인이 그 기간에 의견을 제출하지 아니하면 의견이 없는 것으로 본다(동조 제5항).

위원회는 청구변경의 신청에 대하여 허가할 것인지의 여부를 결정하고, 지체 없이 신청인에게는 결정서 정본을, 당사자 및 참가인에게는 결정서 등본을 송달하여야 한다(동조 제6항). 청구변경의 신청이 거부된 때에는 신청인은 결정서 송달을 받은 날부터 7일 이내에 위원회에 이의신청을 할 수 있다(동조 제7항).

4) 심판청구변경의 효력

청구의 변경결정이 있으면 처음 행정심판이 청구되었을 때부터 변경된 청구의 취지나 이유로 행정심판이 청구된 것으로 본다(법 제29조 제8항).

2. 심판청구의 취하

청구인은 심판청구에 대하여 행정심판위원회 또는 중앙행정심판위원회의 의결이 있을 때까지 서면으로 심판청구를 취하할 수 있다(법 제42조 제1항). 취하서에는 청구인이나 참가인이 서명하거나 날인하여야 하고(동조 제3항), 청구인 또는 참가인은 취하서를 피청구인 또는 위원회에 제출하여야 하며, 이 경우 법 제23조 제2항부터 제4항까지의 규정을 준용한다(동조 제4항). 피청구인 또는 위원회는 계속중인 사건에 대하여 취하서를 받으면 지체 없이 다른 관계기관, 청구인, 참가인에게 취하 사실을 알려야 한다(동조 제5항). 심판청구의 취하는 청구인이 위원회에 대하여 심판청구를 철회하는 일방적 의사표시이다. 심판청구의 취하로 인하여 심판청구는 소급적으로 소멸된다.

Ⅳ. 행정심판청구의 효과

심판청구의 효과는 행정심판기관인 행정심판위원회에 대한 것과 심판청구의 대상인 처분에 대한 것으로 나누어 살펴보기로 한다.

1. 행정심판위원회에 대한 효과

행정심판이 청구되면 행정심판위원회는 이를 심리 · 재결할 의무를 진다(법 제6조, 제43조 이하). 이는 심판청구요건에 흠결이 있어 부적법한 심판청구인 경우라도 같다. 한편, 심판청구인은 심판을 받을 권리, 그 밖에 행정심판법이 인정하는 절차상의 권리를 갖는다.

2. 처분에 대한 효과

1) 집행부정지의 원칙

행정심판의 청구가 있다고 하더라도 처분의 효력이나 그 집행 또는 절차의 속행(續行)에 영향을 주지 아니한다(법 제30조 제1항). 이를 '집행부정지의 원칙'이라 한다. 이러한 집행부정지의 원칙은 행정행위의 공정력의 당연한 귀결로 생각하는 견해도 없지 않고, 심판청구의 남용을 방지하면서 행정집행의 부당한 지체를 막으려는 입법정책적 판단에서 채택된 것이지만, 국민의 권리구제를 소홀히 한 결과를 초래한다는 비판을 피하기 어렵다. 따라서 행정심판법은 예외적으로 「위원회는 일정한 요건을 갖춘 경우에 당사자의 신청 또는 직권으로 처분의 효력 등을 정지시키는 결정을 할 수 있다」고 규정하고 있다(동조 제2항 본문). 이는 '집행정지'를 규정한 것으로 다음의 '임시처분'과 함께 '행정심판법상의 가구제제도'이다.

2) 예외적인 집행정지

(1) 의 의

집행정지란 계쟁처분의 효력이나 처분의 집행 또는 절차의 속행을 정지시키는 것을 말한다. 행정심판법 제30조는 예외적으로 일정한 요건을 갖춘 경우에 집행정지를 인정하고 있다. 즉 행정심판법 제30조 제2항은 집행정지에 관하여 '결정할 수 있다'고 규정하고 있으나, 동조항의 집행정지요건이 충족될 때에는 위원회가 집행정지결정을 할 기속을 받는다고 할 것이다. 이 경우의 '할 수 있다'라는 규정은 권한의 소재에 관한 것이고, 그 성질이 재량적 결정임을 밝힌 것은 아니라 할 것이다.[38] 이와 같은 행정심판법상의 집행정지는 행정소송법상의 집행정지와 비교하면 집행정지의 결정주체가 다를 뿐이고, 집행정지 결정의 요건 및 효과 등은 행정소송법상의 집행정지와 비슷하다.

(2) 집행정지결정의 요건

위원회는 처분, 처분의 집행 또는 절차의 속행 때문에 중대한 손해가 생기는 것을 예방할 필요성이 긴급하다고 인정할 때에는 직권으로 또는 당사자의 신청에 의하여 처분의 효력, 처분의 집행 또는 절차의 속행의 전부 또는 일부의 정지(이하 "집행정지"라 한다)를 결정할 수 있다. 다만, 처분의 효력정지는 처분의 집행 또는 절차의 속행을 정지함으로써 그 목적을 달성할 수 있을 때에는 허용되지 아니한다(법 제30조 제2항). 그러나 집행정지는 공공복리에 중대한 영향을 미칠 우려가 있을 때에는 허용되지 아니한다(동조 제3항).

위와 같은 집행정지결정의 요건은 적극적 요건과 소극적 요건으로 구분할 수 있는데, 이를 약술하면 다음과 같다.

(가) 적극적 요건

① 집행정지대상인 처분이 존재하여야 한다. 따라서 이미 집행이 완료되었거나 처분의 목적이 달성된 경우에는 인정되지 않는다. 또한 부작위나 거부처분도 대상에서 제외된다.

② 심판청구가 위원회에 계속(係屬)되어 있음을 요한다.

③ 중대한 손해 발생의 예방필요성이 있어야 한다. 여기의 '중대한 손해'란 회복하기 어려운 손해가 아니라고 하더라도, 당해 손해가 그 성질이나 정도, 처분의 내용이나 성질, 손해회복의 곤란성 등을 종합적으로 고려하여 당사자에게 이를 수인시키는 것이 사회통념상 가혹한 것으로 판단되는 경우를 말한다.[39]

④ 긴급한 필요가 있다고 인정될 때에만 허용된다. 여기에서의 '긴급한 필요'란 회복하기 곤란

---

38) 김동희, 전게서, 667-668면.

39) 김동희, 상게서, 668면.

한 손해의 발생이 시간적으로 절박하여 재결을 기다릴 만한 시간적 여유가 없는 경우를 말한다.[40)]

(나) 소극적 요건

위에서 본 적극적 요건을 충족한 경우에 집행정지결정을 할 수 있지만, 집행정지는 '공공복리에 중대한 영향을 미칠 우려가 있을 때'에는 허용되지 아니한다(법 제30조 제3항). 이는 당사자의 권리보호보다 공익을 우선하는 것으로서, 이 요건의 인정에 있어서는 공익을 우선해야 할 사정과 당사자의 권리보호의 필요성 정도를 엄격히 비교형량하여야 할 것이다.[41)]

(3) 집행정지결정의 절차

집행정지는 위원회가 직권으로 또는 당사자의 신청에 의하여 결정한다(법 제30조 제2항). 그러나 위원회의 심리 · 결정을 기다릴 경우 중대한 손해가 생길 우려가 있다고 인정되면 위원장은 직권으로 위원회의 심리 · 결정을 갈음하는 결정을 할 수 있다. 이 경우 위원장은 지체 없이 위원회에 그 사실을 보고하고 추인을 받아야 하며, 위원회의 추인을 받지 못하면 위원장은 집행정지 또는 집행정지취소에 관한 결정을 취소하여야 한다(동조 제6항).

(4) 집행정지결정의 내용과 효력

집행정지결정은 처분의 효력, 처분의 집행 또는 절차의 속행의 전부 또는 일부의 정지를 그 내용으로 한다(법 제30조 제2항 본문). 다만, 처분의 효력정지는 처분의 집행 또는 절차의 속행을 정지함으로써 그 목적을 달성할 수 있을 때에는 허용되지 아니한다(동조 제2항 단서). 이 문제를 집행정지결정의 대상으로 취급하기도 한다.[42)]

(5) 집행정지결정의 취소

위원회는 집행정지를 결정한 후에 집행정지가 공공복리에 중대한 영향을 미치거나 그 정지사유가 없어진 경우에는 직권으로 또는 당사자의 신청에 의하여 집행정지결정을 취소할 수 있다(법 제30조 제4항). 집행정지결정의 취소신청은 심판청구에 대한 재결이 있기 전까지 할 수 있다(동조 제5항). 다만, 위원회의 심리 · 결정을 기다릴 경우 중대한 손해가 발생할 우려가 있다고 인정되면 위원장은 직권으로 위원회의 심리 · 결정을 갈음하는 결정을 할 수 있다. 이 경우 위원장은 지체 없이 위원회에 그 사실을 보고하고 추인을 받아야 하며, 만일 위원회의 추인을 받지 못하면 위원장은 집행정지 또는 집행정지취소에 관한 결정을 취소하여야 한다(동조 제6항).

집행정지결정의 취소의 신청은 처분청과 집행정지로 권익을 침해당한 제3자, 즉 복효적 행정행

40) 석종현, 전게서, 775면.
41) 류지태, 전게서, 498면.
42) 김동희, 전게서, 669면; 박균성, 전게서, 932면.

위에 있어 수익을 받는 제3자가 할 수 있다. 행정심판의 당사자가 아닌 복효적 행정행위의 수익을 받는 제3자가 집행정지결정의 취소를 신청하기 위해서는 행정심판에 참가하고 있어야 한다.[43)]

3. 임시처분

1) 의 의

임시처분이란 처분 또는 부작위가 위법·부당하다고 상당히 의심되는 경우로서 처분 또는 부작위 때문에 당사자가 받을 우려가 있는 중대한 불이익이나 당사자에게 생길 급박한 위험을 막기 위하여 임시지위를 정하여야 할 필요가 있는 경우 행정심판위원회가 결정하는 가(假)구제수단이다(법 제31조 제1항).

행정심판법상의 가(假)구제제도로서 집행정지는 소극적으로 침익적 처분의 효력을 정지시키는 현상유지적 기능을 하는 데 불과하고 행정청에게 일정한 처분의무를 부과하는 등의 역할은 수행할 수 없기 때문에 집행정지제도는 잠정적 권리구제수단으로써는 일정한 한계가 있다. 더욱이 신청에 대한 처분청이 위법 또는 부당한 거부처분이나 부작위에 대하여는 집행정지제도가 적절한 구제수단이 되지 못하고 가구제제도로서도 상대방의 권리구제를 위해서는 미흡한 점이 많다. 따라서 2010년 개정 행정심판법에서 도입된 가구제제도로서의 '임시처분제도'는 거부처분이나 부작위에 대한 잠정적 권리구제의 제도적인 공백상태를 입법적으로 해소하고 청구인의 권리를 두텁게 보호하려는 데 취지가 있다.[44)] 이러한 임시처분은 행정소송에서의 임시의 지위를 정하는 가처분에 해당한다.

2) 임시처분의 요건

행정심판법 제31조에 규정된 임시처분의 요건을 적극적 요건과 소극적 요건으로 나누어 설명하면, 다음과 같다.[45)]

(1) 적극적 요건

(가) 심판청구가 위원회에 계속되고 있어야 한다

행정심판법은 이에 대하여 명문의 규정을 두고 있지는 않다. 그러나 가구제로서 집행정지는 심판청구의 계속을 요건으로 하고 있는 것을 보면 가구제로서의 임시처분도 심판청구의 계속을 요건으로 하지 아니한다고 보아야 할 합리적 이유는 없는 것으로 보인다. 따라서 임시처분의 경우에도 위원회에의 의무이행심판의 계속을 그 요건으로 한다고 보아야 할 것이다.

---

43) 박균성, 상게서, 933면.
44) 김남진·김연태, 전게서, 708면.
45) 김동희, 전게서, 670-671면; 홍정선, 전게서, 861-862면.

(나) 처분 또는 부작위가 위법·부당하다고 상당히 의심되는 경우이어야 한다

적극적 처분, 거부처분, 부작위가 모두 포함된다. 그리고 위법·부당의 판단은 본안심리사항이지만 임시처분을 하기 위해서는 위법 또는 부당이 상당히 의심되는 경우이어야 한다. 이는 임시처분이 본안에 관한 판단을 하기 전에 처분이 있는 것과 같은 상태를 창출하는 것이므로, 행정심판법은 이에 관하여 '처분 또는 부작위가 위법·부당'할 것을 요건으로 규정하여 집행정지보다는 그 요건을 더욱 엄격히 하고 있다(법 제31조 제1항).

(다) 처분 또는 부작위로 인하여 당사자가 받을 우려가 있는 중대한 불이익이나 당사자에게 생길 급박한 위험을 방지할 필요가 있어야 한다

행정심판법은 이 부분에 있어서는 집행정지에 비하여 특별히 엄격하게 규정하고 있지는 않는 것으로 보인다(동조 제1항). 이 요건은 집행정지의 요건 중 '중대한 손해가 생기는 것을 예방할 필요성이 긴급하다고 인정할 때'와 유사하게 판단하면 될 것이다.

(2) 소극적 요건

행정심판법 제31조 제2항은 동법 제30조 제3항을 준용하는 결과 임시처분도 집행정지와 같이 '공공복리에 중대한 영향을 미칠 우려가 있을 때'에는 허용되지 아니한다(법 제31조 제2항, 제30조 제3항).

3) 임시처분의 절차

위원회는 직권으로 또는 당사자의 신청에 의하여 임시처분을 결정할 수 있다(법 제31조 제1항). 그리고 위원회는 임시처분을 결정한 후에 임시처분이 공공복리에 중대한 영향을 미치는 등의 사유가 있는 경우에는 직권 또는 당사자의 신청에 의하여 이 결정을 취소할 수 있다(동조 제2항, 제30조 제4항). 또한 위원회의 심리·결정을 기다릴 경우 중대한 손해가 생길 우려가 있다고 인정되면 위원장은 직권으로 위원회의 심리·결정을 갈음하는 결정을 할 수 있다(법 제31조 제2항, 제30조 제6항). 한편, 위원회는 임시조치 또는 임시조치의 취소에 관하여 심리·결정하면 지체 없이 당사자에게 결정서 정본을 송달하여야 한다(법 제31조 제2항, 제30조 제7항).

4) 임시처분의 보충성

임시처분은 행정심판법 제30조 제2항에 따른 집행정지로 목적을 달성할 수 있는 경우에는 허용되지 아니한다(법 제31조 제3항). 즉 임시처분은 당사자에게 적극적으로 어떤 법적 지위를 부여하는 제도이기 때문에 소극적 수단인 집행정지로 인하여 손해의 발생을 방지할 수 없는 경우에 한하여 허용되는 수단으로 보아야 할 것이다.

제7절 행정심판의 심리

Ⅰ. 심리의 의의

행정심판의 심리란 행정법관계에서의 분쟁으로 재결의 대상이 되고 있는 사실관계 및 법률관계를 명백히 하기 위하여 행정심판위원회가 당사자 및 관계인의 주장과 반대주장을 듣고, 그러한 주장을 정당화시켜 주는 각종의 증거 기타의 자료를 수집 · 조사하는 일련의 절차를 말한다. 심판청구사건의 심리는 행정심판위원회의 권한에 속하고, 심리기일은 위원회가 직권으로 지정한다(법 제38조 제1항).

헌법 제107조 제3항은 행정심판절차의 사법절차화를 규정하고 있는데, 행정심판법은 그 취지에 따라 심리절차와 관련하여 심리절차의 객관적 공정성을 보장하기 위해 당사자주의적 구조(대심주의)를 취하고 있다. 그리하여 청구인과 피청구인인 행정청을 당사자로 하여 이들이 공격 · 방어방법으로 제출한 의견진술과 증거 등을 바탕으로 행정심판위원회가 제3자적 지위에서 심리를 진행하도록 되어 있다.[46)]

Ⅱ. 심리의 내용과 범위

1. 심리의 내용

행정심판사건의 심리는 그 내용에 따라 요건심리와 본안심리로 구분된다.

1) 요건심리

요건심리란 당해 행정심판청구가 그 행정심판을 청구하는 데 필요한 형식적인 요건을 갖추고 있는지의 여부를 심리하는 것을 말한다. 이러한 심리는 형식적 심리 또는 본안전심리라고도 한다.

46) 김남진 · 김연태, 전게서, 709면.

그 형식적인 요건에 해당하는 것으로는 ① 행정심판의 대상인 처분 또는 부작위의 존재, ② 청구인적격자의 청구, ③ 심판청구기간의 준수, ④ 권한 있는 행정청 또는 위원회에의 청구, ⑤ 필요적 전치절차의 이행, ⑥ 심판청구서의 필요적 기재사항의 구비 등을 들 수 있다.

요건심리의 결과 심판청구의 요건을 갖추지 못한 부적법한 심판청구는 각하재결을 하여야 한다(법 제43조 제1항). 그러나 위원회는 심판청구가 적법하지 아니하나 보정(補正)할 수 있다고 인정하면 기간을 정하여 청구인에게 보정할 것을 요구할 수 있으며, 경미한 사항은 직권으로 보정할 수 있다(법 제32조 제1항). 이에 따른 보정을 한 경우에는 처음부터 적법하게 행정심판이 청구된 것으로 본다(동조 제4항).

행정심판의 청구요건은 직권조사사항이다. 따라서 당사자의 주장이 없다고 하더라도 위원회는 직권으로 조사할 수 있다. 그리고 행정심판청구요건의 존부는 변론종결시를 기준으로 판단한다. 그러므로 행정심판의 청구 당시 요건의 흠결이 있는 경우에도 위원회에서 사실확정이 되기 전까지 이를 구비하면 적법한 심판청구가 된다.

2) 본안심리

본안심리란 요건심리의 결과 당해 심판청구가 심판청구의 요건을 갖추어 적법한 것으로 인정되는 경우 심판청구의 당부에 대하여 실질적으로 심리하는 것을 말하며, 실질적 심리라고도 한다.

본안심리의 결과 위원회는 심판청구가 이유가 없다고 인정하면 심판청구의 기각재결을 하고(법 제43조 제2항), 심판청구가 이유 있다고 인정되면 청구인용재결을 한다(동조 제3항 내지 제5항).

2. 심리의 범위

1) 불고불리의 원칙 및 불이익변경금지의 원칙

행정심판의 심리의 범위가 심판청구취지에 의하여 제한되는지의 여부, 즉 심판청구의 심리에 있어서 불고불리(不告不理) 및 불이익변경금지의 원칙이 적용되는가는 의문이다.

행정심판에 관하여 행정의 적법성 · 타당성의 확보를 위한 행정의 자기통제적 기능에 중점을 두는 입장에서는 행정심판의 심리 · 재결에는 불고불리나 불이익변경금지의 원칙의 적용은 없다고 보지만, 이 제도의 권리구제적 기능에 중점을 두는 관점에서는 이러한 원칙의 적용을 인정한다.

행정심판법은 행정심판의 권리구제적 기능을 중시하여 행정심판의 심리 · 재결에 있어 이 원칙의 적용을 명문화하였다.[47] 즉 동법 제47조 제1항은 「위원회는 심판청구의 대상이 되는 처분 또는 부작위 외의 사항에 대하여는 재결하지 못한다」고 규정하여 '불고불리의 원칙'을, 동조 제2항에서는 「위원회는 심판청구의 대상이 되는 처분보다 청구인에게 불리한 재결을 하지 못한다」고

47) 김동희, 전게서, 672면.

규정함으로써 '불이익변경금지의 원칙'을 채택하고 있다.

2) 법률문제 · 재량문제와 사실문제

행정심판은 행정소송의 경우와는 달리 위법한 처분이나 부작위뿐만 아니라 부당한 처분이나 부작위에 대하여도 청구할 수 있다. 따라서 행정심판의 심리에 있어서는 심판청구의 대상인 처분이나 부작위에 관하여 법률문제로서의 적법 · 위법의 문제뿐만 아니라, 재량행위에 있어서의 당 · 부당의 문제, 그리고 사실문제까지도 심리할 수 있다.

행정심판위원회가 법령의 위헌 · 위법을 심사할 수 있는지에 관하여는 논란이 있다. 위원회는 계쟁처분 또는 부작위의 적용법령에의 합치 여부만을 심사할 수 있다는 부정설이 있지만, 행정심판위원회는 법률에 대한 위헌심사권은 없으나 명령에 대한 위헌 · 위법심사권은 있다고 보아야 할 것이다.[48] 중앙행정심판위원회는 심판청구를 심리 · 재결할 때 명령 등이 위법 또는 불합리하면 명령 등의 개정 · 폐지 등 적절한 시정조치를 요청할 권한을 가진다(법 제59조).

Ⅲ. 심리의 절차

1. 심리절차의 기본원칙

1) 대심주의

행정심판법은 행정심판의 심리에 관하여 전체적으로 당사자주의적 구조, 즉 대심주의를 취하고 있다. 대심주의(對審主義)란 대립되는 분쟁당사자 쌍방에게 공격 · 방어방법을 제출할 수 있는 대등한 기회를 보장하고 이를 통하여 심리를 진행하는 소송원칙을 말한다. 따라서 행정심판은 심판청구인과 피청구인을 대립되는 당사자로 하여 당사자 쌍방에게 공격과 방어방법을 제출하도록 하고, 행정심판위원회가 제3자적 · 중립적인 지위에서 원칙적으로 당사자가 제출한 공격 · 방어방법을 바탕으로 심리를 행하도록 되어 있다.

2) 직권심리주의

직권심리주의란 쟁송사건의 심리에 있어서 심판기관이 당사자의 사실의 주장에 근거하지 않거나 그 주장에 구속되지 않고 적극적으로 직권으로 필요한 사실상의 탐지(探知) 또는 증거조사를 행하는 소송원칙을 말한다. 즉 직권주의는 당사자주의에 대한 것으로서, 심판기관의 직권으로 심

48) 박균성, 전게서, 941-942면.

리를 진행함과 동시에 필요한 자료를 당사자에게만 의존하지 않고 직권으로 수집하는 제도이다.

행정심판법은 실체적 진실을 밝혀 국민의 권익을 구제하고 심리의 간이 · 신속을 도모하기 위하여 행정소송법(동법 제26조)과 마찬가지로 직권심리주의 또는 직권탐지주의를 보충적으로 가미하고 있다. 즉 위원회는 사건을 심리하기 위하여 필요하면 직권으로 증거조사를 할 수 있고(법 제36조 제1항), 위원회가 필요하면 당사자가 주장하지 아니한 사실에 대하여도 심리할 수 있다(법 제39조). 그러나 불고불리의 원칙이 적용되기 때문에 행정심판위원회의 직권심리도 심판청구의 대상이 되는 처분 또는 부작위 외의 사항에는 미칠 수 없다(법 제47조 제1항). 따라서 위원회의 직권심리는 대심주의와 조화되는 한도 내에서 행하여져야 한다.

3) 서면심리주의와 구술심리주의

행정심판의 심리방식으로는 서면심리주의와 구술심리주의가 있다.

서면심리주의란 행정심판의 재결에 필요한 자료를 서면의 형식으로 수집하여 심리하는 것을 원칙으로 하는 심리방식을 말한다. 이에 대하여 구술심리주의란 구술의 진술을 재결의 바탕으로 삼는 심리방식을 말한다.

행정심판법은 「행정심판의 심리는 구술심리나 서면심리로 한다」(법 제40조 제1항 본문)고 규정하여 행정심판의 심리방식을 일단 행정심판위원회의 판단에 맡기고 있는 것으로 보인다. 동조는 이어서 「다만, 당사자가 구술심리를 신청한 경우에는 서면심리만으로 결정할 수 있다고 인정되는 경우 외에는 구술심리를 하여야 한다」(동조항 단서)고 규정하고 있다. 따라서 위원회는 심판청구서면만에 의하여 이미 당해 사건의 내용이 명확히 판명되는 경우 외에는, 당사자의 구술심리 신청이 있는 경우에는 가능한 한 구술심리를 하도록 하여 당사자의 구술심리권을 보장하고 있다고 본다

그런데 행정심판법이 명문으로 명백히 규정하는 바는 없으나 서면심리의 원칙을 택한 것으로 보이며, 현행법은 행정심판의 심리 · 의결 절차를 일반에게 공개하지 아니함을 원칙으로 하는 것으로 이해된다.[49]

4) 비공개주의

행정심판법에는 이에 관한 명문의 규정은 없다. 그러나 직권심리주의 · 서면심리주의 등을 채택하고 있는 동법의 전체적인 구조로 볼 때, 비공개주의를 원칙으로 하는 것으로 해석된다. 이와 같이 비공개주의의 원칙을 취하고 있는 것으로 본다고 하더라도 행정심판위원회가 필요하다고 인정할 때에는 공개를 결정할 수 있을 것이다.

---

49) 홍정선, 전게서, 869면.

5) 처분권주의

처분권주의란 쟁송의 개시, 대상과 범위 및 종료에 대하여 당사자가 주도권을 가지고 이러한 사항에 대하여 자기의 의사로 자유로이 결정할 수 있는 원칙을 말한다.

행정심판은 청구인의 심판청구에 의하여 개시되고, 청구취지의 특정, 불고불리의 원칙에 의하여 당사자가 심판대상과 범위를 결정하며, 청구인은 심판청구를 취하함으로써 심판절차를 종료시킬 수 있다. 따라서 행정심판은 처분권주의에 입각하고 있다고 본다. 그러나 공익적 견지에서의 심판청구기간의 제한, 청구인낙의 부인 등에 따라 처분권주의는 많은 제한을 받고 있다.[50]

2. 당사자의 절차적 권리

행정심판청구의 당사자는 다음과 같은 절차적 권리를 행사함으로써 행정심판의 심리절차에 관여할 수 있다.

1) 위원 등에 대한 기피신청권

당사자는 행정심판위원회의 위원에게 심리·재결의 공정을 기대하기 어려운 사정이 있는 경우에는 위원장에게 그 위원에 대한 기피신청을 할 수 있다. 사건의 심리·재결에 관한 사무에 관여하는 위원이 아닌 직원을 상대로 하여서도 기피신청권이 인정된다(법 제10조 제2항, 제7항).

2) 이의신청권

행정심판위원회의 결정 중 당사자 또는 심판참가인의 절차적 권리에 중대한 영향을 미치는 지위 승계의 불허가, 참가신청의 불허가 또는 청구의 변경 불허가 등에 대하여는 행정심판위원회에 이의신청을 할 수 있다(법 제16조 제8항, 제17조 제6항, 제20조 제6항, 제29조 제7항).

3) 청구인의 피청구인에 대한 답변서제출요구권

피청구인이 심판청구서를 송부받으면 심판청구서와 답변서를 위원회에 보내야 하고(법 제24조 제1항), 답변서를 보낼 때에는 청구인의 수만큼 부본을 함께 보내되(동조 제4항), 피청구인으로부터 답변서가 제출된 때에는 위원회는 그 부본을 다른 당사자에게 송달하여야 한다(동조 제5항). 그 결과 청구인은 피청구인의 답변서제출을 요구할 수 있는 권리를 가진다고 말할 수 있다.[51]

---

50) 김동희, 전게서, 673면.

51) 김남진·김연태, 전게서, 712면.

4) 보충서면제출권

당사자는 심판청구서 · 보정서 · 답변서 · 참가신청서 등에서 주장한 사실을 보충하고 다른 당사자의 주장을 다시 반박하기 위하여 필요하면 위원회에 보충서면을 제출할 수 있다. 이 경우 다른 당사자의 수만큼 보충서면 부본을 함께 제출하여야 하고, 위원회는 필요하다고 인정하면 보충서면의 제출기한을 정할 수 있다. 위원회는 보충서면을 받으면 지체 없이 다른 당사자에게 그 부분을 송달하여야 한다(법 제33조 제1항 내지 제3항).

5) 물적 증거제출권

당사자는 심판청구서 · 보정서 · 답변서 · 참가신청서 · 보충서면 등에 덧붙여 그 주장을 뒷받침하는 증거서류나 증거물을 제출할 수 있다(법 제34조 제1항). 증거서류에는 다른 당사자의 수만큼 증거서류 부본을 함께 제출하여야 하며, 위원회는 당사자사 제출한 증거서류의 부본을 지체 없이 다른 당사자에게 송달하여야 한다(동조 제2항, 제3항).

6) 증거조사신청권

당사자는 그의 주장을 뒷받침하기 위하여 필요하다고 인정할 때에는 본인 · 관계인 신문, 증거자료의 제출요구, 감정 · 검증 등 증거조사를 할 것을 신청할 수 있다(법 제36조 제1항).

그러나 행정심판법은 당사자인 국민에게 행정기관이 보유하는 관계 자료의 열람 · 복사를 요구하는 권리를 인정하지 않고, 행정심판위원회만이 관계 행정기관에 대하여 필요한 서류의 제출 또는 의견의 진술을 요구할 수 있도록 하였다(동조 제2항). 따라서 당사자인 국민은 행정심판위원회를 통하여 간접적으로만 관계 자료에 접근할 수 있을 뿐이다.[52)]

7) 구술심리신청권

행정심판의 심리는 구술심리나 서면심리를 할 수 있는데, 당사자는 행정심판위원회에 구술심리를 신청할 수 있는 권리를 가진다(법 제40조 제1항).

8) 심판참가인의 절차적 권리

심판참가인에게 당사자에 준하는 절차적 권리가 주어지고, 관련서류를 참가인에게도 송달하도록 하는 등 참가인의 절차적 권리가 보장되고 있다(법 제20조 내지 제22조).

---

52) 김동희, 전게서, 676면.

3. 심리의 병합과 분리

행정심판법은 심판청구사건에 대한 심리의 신속성·경제성·능률화를 위하여 심리의 병합과 분리를 규정하고 있다.[53)]

1) 심리의 병합

위원회는 필요하다고 인정할 때에는 관련되는 심판청구사건을 병합하여 심리할 수 있다(법 제37조 전단). 이와 같은 심리의 병합(倂合)은 심리의 촉진을 위한 것으로서, 병합심리할 수 개의 심판청구는 함께 심리를 진행하는 것이 가능하고 또한 효과적인 관련성이 있으면 충분하며, 병합심리의 필요성 및 관련성의 여부는 위원회가 개별적·구체적으로 결정한다. 병합된 관련청구사건에는 위원회가 직권으로 병합하여 심리하기로 결정한 관련청구사건 및 당사자에 의하여 병합청구된 심판청구사건이 모두 포함된다.

그런데 이러한 관련청구의 병합은 심리의 병합에 그치는 것이므로 재결은 병합된 각 심판청구별로 하여야 한다.

2) 심리의 분리

위원회는 필요하다고 인정할 때에는 이미 병합된 관련청구를 직권으로 분리하여 심리할 수도 있다(법 제37조 후단). 여기에서 '병합된 관련청구'란 위원회가 직권으로 병합한 관련청구 외에 당사자에 의하여 병합청구된 관련청구도 포함하는 것으로 새겨진다.

---

53) 김남진·김연태, 전게서, 713면.

제8절 행정심판의 재결

Ⅰ. 재결의 의의

재결(裁決)이란 행정심판청구사건에 대하여 행정심판위원회가 행하는 판단을 말한다(법 제2조 제3호). 말하자면 재결은 행정심판위원회가 행정심판의 청구에 대하여 심리한 후 그 청구에 대하여 각하·기각·인용의 여부 등을 종국적으로 판단하여 결정하는 의사표시이다.

재결은 다툼이 있는 행정법상의 사실 또는 법률관계에 대하여 행정심판위원회가 일정한 절차를 거쳐 판단·확정하는 행위이므로 확인행위로서의 성질을 갖는다. 그리고 재결은 행정심판의 청구를 전제로 한 판단작용이라는 점에서 법원의 판결과 성질이 비슷하므로 준사법행위에 해당한다고 볼 수 있다.

Ⅱ. 재결의 주체

종전에는 행정심판기관의 구성에 있어서 행정심판청구사건에 대한 심리·의결기능과 재결기능을 구분하여 각각 별도의 기관이 이를 맡도록 하는 이원적 구조를 취하여, 전자는 행정심판위원회의 권한으로, 후자는 재결청의 권항으로 분리되어 있었다. 그러나 최근 개정된 행정심판법은 행정심판기관의 구성을 일원화하여 재결청의 개념을 없애고 행정심판위원회가 행정심판기관으로서 심판청구사건에 대한 심리를 마치면 직접 재결을 하도록 규정하고 있다.

Ⅲ. 재결의 절차·형식

1. 재결기간

재결은 피청구인인 행정청 또는 위원회가 심판청구서를 받은 날부터 60일 이내에 하여야 한다.

다만, 부득이한 사정이 있는 경우에는 위원장이 직권으로 30일을 연장할 수 있다(법 제45조 제1항). 위원장이 제1항 단서에 따라 재결기간을 연장할 경우에는 재결기간이 끝나기 7일 전까지 당사자에게 알려야 한다(동조 제2항). 위의 재결기간에는 심판청구가 부적법하여 그 보정을 명한 경우의 보정기간은 산입하지 아니한다(법 제32조 제5항).

2. 재결의 방식

재결은 서면(재결서)으로 하되, 재결서에는 ① 사건번호와 사건명, ② 당사자 · 대표자 또는 대리인의 이름과 주소, ③ 주문, ④ 청구의 취지, ⑤ 이유, ⑥ 재결한 날짜 등을 기재하여야 한다(법 제46조 제1항, 제2항). 재결서에 적는 이유에는 주문내용이 정당하다는 것을 인정할 수 있는 정도의 판단을 표시하여야 한다(동조 제3항).

3. 재결의 범위

재결의 범위와 관련하여 주로 불고불리의 원칙과 불이익변경금지의 원칙이 적용되는가의 여부가 문제된다.

첫째로, 위원회는 심판청구의 대상이 되는 처분 또는 부작위 외의 사항에 대하여는 재결하지 못한다(법 제47조 제1항). 행정심판법에 이른바 '불고불리의 원칙'이 채택되어 재결에 이 원칙이 적용된다.

둘째로, 위원회는 심판청구의 대상이 되는 처분보다 청구인에게 불리한 재결을 하지 못한다(법 제47조 제2항). 이는 '불이익변경금지의 원칙'을 규정한 것으로서 이 원칙도 재결에 적용된다고 본다.

셋째로, 행정심판은 행정소송의 경우와는 달리 위법한 처분이나 부작위뿐만 아니라 부당한 처분이나 부작위에 대하여도 제기할 수 있으므로(법 제1조, 제5조 참조), 재량행위와 관련하여 위원회는 재량권의 일탈 · 남용 등과 같은 재량권행사의 위법의 여부뿐만 아니라 재량한계 내에서의 재량권행사의 당 · 부에 대해서도 판단할 수 있다.[54)]

4. 재결의 송달 · 효력발생

위원회가 재결을 한 때에는 지체 없이 당사자에게 재결서의 정본을 송달하여야 하고, 재결은 청구인에게 송달되었을 때 그 효력을 발생한다(법 제48조 제1항, 제2항). 위원회는 심판청구에 참가인이 있는 경우에는 재결서의 등본을 지체 없이 참가인에게 송달하여야 한다(동조 제3항). 처분의 상대방이 아닌 제3자가 심판청구를 한 경우 위원회는 재결서의 등본을 지체 없이 피청구인을

---

54) 김남진 · 김연태, 상게서, 715면.

거쳐 처분의 상대방에게 송달하여야 한다(동조 제4항).

5. 재결의 공고 · 통지

법령의 규정에 따라 공고하거나 고시한 처분이 재결로써 취소되거나 변경되면 처분을 한 행정청은 지체 없이 그 처분이 취소 또는 변경되었다는 것을 공고하거나 고시하여야 한다(법 제49조 제4항). 법령의 규정에 따라 처분의 상대방 외의 이해관계인에게 통지된 처분이 재결로써 취소되거나 변경되면 처분을 한 행정청은 지체 없이 그 이해관계인에게 그 처분이 취소 또는 변경되었다는 것을 알려야 한다(동조 제5항).

Ⅳ. 재결의 종류

행정심판의 재결은 그 내용에 따라 다음과 같이 구분된다.

1. 각하재결

각하재결(却下裁決)이란 행정심판위원회가 심판청구의 요건심리의 결과 행정심판의 청구요건을 충족하지 못한 부적법한 심판청구라 하여 본안심리를 거절하는 내용의 재결이다(법 제43조 제1항). 심판청구기간이 경과하였음을 이유로 한 각하재결이 대표적인 예이다.

2. 기각재결

기각재결(棄却裁決)이라 함은 행정심판위원회가 본안심리의 결과 행정심판청구가 이유 없다고 인정하여 청구를 배척하고 원처분을 시인하는 재결을 말한다(법 제43조 제2항). 기각재결은 심판청구의 실체적 내용에 대한 심리를 거쳐 심판청구가 이유 없다고 판단되는 경우에 하게 된다. 기각재결은 청구인의 심판청구를 배척하여 원처분을 시인하는 데 그칠 뿐이고, 원처분의 효력을 확정하는 것은 아니므로 기각재결이 있은 후에도 처분청은 직권으로 당해 처분을 취소 · 변경할 수 있다.

3. 사정재결

1) 의 의

사정재결(事情裁決)이란 행정심판위원회가 본안심리의 결과 심판청구가 이유가 있다고 인정되는 경우에도 이를 인용하는 것이 공공복리에 크게 위배된다고 인정하면 그 심판청구를 기각하는 재결을 말한다(법 제44조 제1항).

사정재결은 심판청구가 이유 있다고 인정되는 경우 청구인의 권익보호를 위하여 인용재결하는 것이 원칙이지만, 그러한 재결을 할 때에는 그로 인하여 공공복리가 현저히 침해될 경우 공익과 사익의 합리적인 조정을 도모하기 위하여 극히 예외적으로만 인정될 수 있는 제도라 할 것이다. 결국 사정재결은 사익의 보호가 결과적으로 공익에 중대한 침해를 가져올 때 이를 시정하여 다수의 국민이나 국가 전체의 이익을 우선시켜 전체적으로 공익보호를 확보하기 위하여 행정심판법에 제도화된 것이다. 이에 대하여 행정심판은 본질적으로 자기통제제도로서, 행정쟁송제도의 본래의 목적에 비추어 보면 그 타당성에 문제점이 없지 아니하며, 심판기관의 판단의 공정성에 대한 신뢰가 아직 형성되지 않은 단계에서 사정재결을 인정하여 국민의 권익보호를 경시하는 문제가 있다는 비판이 유력하다.

2) 사정재결의 요건

(1) 실질적 요건

사정재결은 실질적 요건으로서 심판청구가 이유 있다고 인정됨에도 불구하고 이를 인용하는 것이 '현저히 공공복리에 적합하지 아니하는 경우'이어야 한다(법 제44조 제1항 제1문). 이러한 사정재결은 예외적으로 인정되는 제도이므로 법치행정의 원칙으로 보아 요건을 엄격히 해석 · 적용하여야 한다. 따라서 심판청구를 인용함으로써 발생될 공익의 피해와 심판청구를 기각함으로써 발생할 사익의 피해를 비교형량하여, 인용재결에 따른 공익침해의 정도가 위법 · 부당한 처분의 유지에 따른 사익침해의 정도보다 월등히 큰 경우에만 인정된다고 볼 수 있다.

(2) 형식적 요건

위원회는 사정재결을 함에 있어서 재결의 주문(主文)에서 그 처분 또는 부작위가 위법하거나 부당하다는 것을 구체적으로 명시하여야 한다(법 제44조 제1항 제2문). 이러한 규정은 사정재결이 있었다고 하여 위법 또는 부당한 처분이 적법처분으로 전환되는 것은 아니라는 것을 명백히 하면서 그에 따른 별도의 구제방법을 마련하기 위한 입법적 배려라고 해석된다. 따라서 이는 당사자가 심판청구대상인 처분이나 부작위에 대하여 행정소송을 제기하거나 국가배상청구소송을 제기하는 경우에 그 의미를 갖게 된다.

3) 사정재결에 대한 구제조치

사정재결제도는 행정심판청구가 이유 있어 인용재결되어야 할 경우인 데도 불구하고 공공복리를 우선시하여 심판청구를 기각하는 예외적 제도에 해당되기 때문에 청구인을 위한 구제방법의 제도적 장치를 하지 않는다면, 이는 반법치주의적 · 비합법적 제도로서 그 존재가치가 문제될 것이다. 그러므로 이유 있는 심판청구가 기각됨으로써 위법 · 부당한 처분이나 부작위가 유효하게 그대로 유지됨으로 인하여 청구인이 침해당한 손해 등에 대하여 적절한 구제조치가 제도적으로 마련되어야 하는 것은 당연하다고 할 것이다. 따라서 행정심판법도 이러한 경우에 대비하여 미흡하지만 다음과 같은 규정을 두고 있다.

현행 행정심판법에 의하면, 위원회는 사정재결을 할 때에는 청구인에 대하여 상당한 구제방법을 취하거나 상당한 구제방법을 취할 것을 피청구인에게 명할 수 있다(법 제44조 제2항). 여기에서 '상당한 구제방법'이란 원칙상 사정재결로 인하여 청구인이 받는 손해의 전체라고 보아야 한다. 따라서 사정재결시 행하여지는 구제조치가 상당한 구제방법이 되지 못하는 경우에는 사정재결에 고유한 하자가 있는 것으로 보아 사정재결의 구제조치에 대하여 취소소송을 제기할 수 있는 것으로 보아야 한다.[55] 한편, 본문의 '명할 수 있다'는 것은 구제조치의 취지로 보아 반드시 '명하여야 한다'로 해석하여야 한다.[56]

본조와 관련하여 생각할 수 있는 구제방법으로는 손해의 전보, 원상회복, 재해방지시설의 설치 등이 있다고 본다.

4) 사정재결의 적용범위

사정재결은 취소심판 및 의무이행심판에만 인정되고, 무효등확인심판에는 인정되지 아니한다(법 제44조 제3항). 이에 대하여 행정처분이 취소할 수 있는 것에 해당하는가 무효에 해당하는 것인가는 심리의 종료단계에 이르러 비로소 확정되는 경우가 많기 때문에 무효인 처분에 대하여서도 사정재결의 필요는 생길 수 있다는 점 등을 이유로 무효등확인심판에도 사정재결이 인정되어야 한다는 주장도 제기된다. 그러나 이 문제는 본조항에서 명문으로 「무효등확인심판에는 적용하지 아니한다」고 규정하고 있어 논란의 여지가 없다고 본다.

4. 인용재결

인용재결(認容裁決)이라 함은 행정심판위원회가 본안심리의 결과 행정심판청구가 이유 있다고 인정하여 청구인의 청구취지를 받아들이는 내용의 재결을 말한다. 행정심판위원회는 인용재결에 스스로 청구취지에 따른 처분을 할 수도 있고, 처분청에 그에 따른 처분을 하도록 명할 수도 있다.

인용재결은 청구의 취지를 받아들이는 재결이므로 심판청구의 내용에 따라, 취소 · 변경재결 및 변경명령재결, 무효등확인재결, 의무이행재결이 있다.

---

55) 박균성, 전게서, 955면.

56) 김남진 · 김연태, 전게서, 717면; 박균성, 상게서, 954면.

1) 취소 · 변경재결

취소 · 변경재결이란 위원회가 취소심판의 청구가 이유가 있다고 인정하는 경우에 스스로 처분을 취소 또는 다른 처분으로 변경하거나 처분을 다른 처분으로 변경할 것을 피청구인에게 명하는 재결을 말한다(법 제43조 제3항). 이러한 취소 · 변경재결에는 처분취소재결, 처분변경재결 및 처분변경명령재결이 있다. 이 중 처분취소재결과 처분변경재결은 위원회가 스스로 처분을 취소 또는 변경하는 것이므로 형성재결이고, 처분변경명령재결은 위원회가 처분청에게 처분의 변경을 명령하는 것이기 때문에 이행재결의 성질을 가진다고 볼 수 있다.[57] 그러나 현행 행정심판법에는 처분청이 처분변경명령재결에 따르지 않는 경우에 대한 강제방법이 없는데, 이는 입법의 미비라고 할 수 있다.

여기의 취소재결에는 처분의 전부취소를 내용으로 하는 것과, 일부취소를 내용으로 하는 재결이 포함된다고 본다. 한편, 변경재결에 있어서 '변경'의 의미에 관하여는 다툼이 있을 수 있다. 행정심판법은 취소와 함께 변경을 별도로 규정한 점과 의무이행재결을 인정한 점에 비추어 보아 여기의 '변경'은 소극적인 일부취소만을 의미하는 것이 아니라 원처분에 갈음하는 새로운 처분으로 대체한다는 처분내용의 '적극적 변경'의 뜻으로 새겨야 할 것이다.

2) 무효등확인재결

무효등확인재결이란 위원회가 무효등확인심판의 청구가 이유가 있다고 인정하는 경우에 처분의 효력의 유무 또는 존재의 여부를 확인하는 재결을 말한다(법 제43조 제4항). 이러한 확인재결에는 처분무효확인재결, 처분유효확인재결, 처분부존재확인재결, 처분존재확인재결, 처분실효확인재결이 있다.

3) 의무이행재결

의무이행재결이라 함은 위원회가 의무이행심판의 청구가 이유가 있다고 인정하는 경우에 지체없이 신청에 따른 처분을 하거나 처분을 할 것을 피청구인에게 명하는 재결을 말한다(법 제43조 제5항). 여기에서 전자의 재결을 '처분재결'이라 하고, 후자를 '처분명령재결'이라고 부를 수 있으며, 전자는 형성재결의 성질을 갖는 것으로 볼 수 있다.[58]

여기의 '신청에 따른 처분이나 처분을 명령하는 재결'이란 기속행위의 경우 청구인의 청구내용대로의 처분을 하거나 이를 할 것을 명하는 재결을 말하며, 재량행위에서 위원회의 재결은 반드시 청구인의 청구내용대로 처분청으로 하여금 처분을 하라는 의미가 아니라 다시 하자 없는 내용

57) 김남진 · 김연태, 상게서, 718면; 김동희, 전게서, 679면; 박균성, 상게서, 949면.
58) 김남진 · 김연태, 상게서, 718면.

으로 재량행사를 하라는 명령재결이 된다(다수설). 그리고 위원회가 처분재결과 처분명령재결 중에서 선택할 수 있는가 하는 것이 문제되는데, ① 법문상 행정심판위원회가 전적으로 선택에 있어 재량을 갖는다는 견해, ② 처분청의 권한존중을 이유로 원칙적으로 처분명령재결을 활용하고 예외적으로 처분재결을 활용하여야 한다는 견해 등이 있으나, ③ 결론적으로 신속한 권리보호의 관점에서 행정심판위원회가 원처분에 대하여 충분한 심사를 할 수 있는 경우에는 처분재결을, 그 밖의 경우에는 처분명령재결을 활용하는 것이 바람직하다.[59]

V. 재결의 효력

행정심판에 있어서의 재결은 재결서의 정본이 청구인에게 송달되었을 때 그 효력(구속력)을 발생하게 된다(법 제48조 제1항, 제2항). 행정심판법은 재결의 효력에 관하여 기속력에 관한 규정만을 두고 있으나(법 제49조), 재결도 행정행위의 하나이므로 그것이 당연무효인 경우 외에는 다른 행정행위와 마찬가지로 형성력, 집행력, 불가쟁력과 불가변력 등을 발생하게 되는 바, 이를 살펴보면 다음과 같다.

1. 기속력

심판청구를 인용하는 재결은 피청구인인 행정청과 그 밖의 관계행정청을 기속(羈束)한다(법 제49조 제1항).

1) 의 의

재결의 기속력이라 함은 피청구인인 행정청과 그 밖의 관계행정청이 재결의 취지에 따라 행동하여야 할 의무를 발생시키는 구속력을 말한다. 재결의 기속력은 인용재결의 경우에만 인정되는 효력이고, 각하·기각재결에는 인정되지 않는다.

행정심판법 제49조 제1항은 「심판청구를 인용하는 재결은 피청구인과 그 밖의 관계 행정청을 구속한다」고 규정하여 재결의 구속력을 인정하고 있다. 이러한 재결의 기속력에 반복금지효가 포함된다는 것에 대하여는 이견이 없지만 원상회복의무 및 재처분의무가 포함되는가에 대하여는 거부처분의 취소재결과 관련하여 논의의 대상이 된다. 다만, 행정심판법 제49조 제2항과 제3항은 이행재결, 절차의 위법 또는 부당을 이유로 한 취소재결의 경우에 재결의 취지에 따른 재처분의무를 명시적으로 인정하고 있다.

---

59) 홍정선, 전게서, 877면.

2) 기속력의 내용

재결의 기속력의 결과 관계행정청은 재결의 의무를 실현할 의무를 지는데, 구체적으로 다음과 같은 의무를 진다.

(1) 동일처분의 반복금지효

행정청은 처분의 취소재결, 변경재결, 또는 무효, 부존재, 실효재결이 있는 경우 동일한 사정 아래서는 같은 내용의 처분을 되풀이 하지 못하며 동일한 과오를 반복하지 못한다.[60)]

재결은 당해 처분에 관하여 재결주문 및 전제가 된 요건사실의 인정과 판단에 대하여 처분청을 기속하므로 당해 처분에 관하여 위법한 것으로 재결에서 판단된 사유와 기본적 사실관계에 있어 동일성이 인정되는 사유를 내세워 다시 동일한 내용의 처분을 하는 것은 허용되지 않는다.[61)]

(2) 원상회복의무

취소재결의 기속력에는 해석상 원상회복의무가 포함되는 것으로 보는 것이 타당하다. 따라서 취소재결이 확정되면 행정청은 취소된 처분에 의하여 초래된 위법상태를 제거하여 원상으로 회복할 의무가 있다.

(3) 처분의무

행정심판법은 「당사자의 신청을 거부하거나 부작위로 방치한 처분의 이행을 명하는 재결이 있으면 행정청은 지체 없이 그 재결의 취지에 따라 다시 이전의 신청에 대한 처분을 하여야 할 의무를 진다」고 하여 행정청의 재처분의무를 명시적으로 규정하고 있다(법 제49조 제2항).

행정청의 적극적 처분의무에 관한 행정심판법 제49조 제2항 전단의 규정은 신청에 따른 처분이 절차의 위법 또는 부당을 이유로 재결로써 취소된 경우에 이를 준용한다(법 제49조 제3항).

3) 기속력의 범위

기속력이 미치는 주관적 범위는 피청구인인 행정청뿐만 아니라 그 밖의 모든 관계행정청이다(법 제49조 제1항).

기속력의 객관적 범위는 재결의 취지라고 할 수 있다. 즉 기속력의 객관적 범위는 재결의 주문 및 재결이유 중 전제가 된 요건사실의 인정과 처분 등의 구체적 위법사유의 판단에만 미친다고 할 것이고, 재결의 결론과 직접 관련이 없는 방론이나 간접사실에 대한 판단에까지는 미치지 아니한다. 따라서 새로운 처분의 처분사유와 종전 처분에 관하여 위법한 것으로 재결에서 판단된

60) 대판 1983.8.23, 82누302.
61) 대판 2003.4.25, 2002두3201.

사유가 기본적 사실관계에 있어 동일성이 없으면 새로운 처분이 종전 처분에 대한 재결의 기속력에 저촉되지 않는다.[62]

4) 의무이행명령재결의 기속력확보를 위한 직접처분

위원회는 피청구인이 재결의 취지에 따른 처분을 하지 아니하는 경우에는 당사자가 신청하면 기간을 정하여 서면으로 시정을 명하고 그 기간에 이행하지 아니하면 직접처분을 할 수 있다. 다만, 그 처분의 성질이나 그 밖의 불가피한 사유로 위원회가 직접처분을 할 수 없는 경우에는 그러하지 아니하다(법 제50조 제1항). 여기의 '직접처분'이란 처분청이 의무이행재결(처분명령재결)의 취지에 따라 이전의 신청에 대한 처분을 하지 아니하는 경우 위원회가 당해 처분을 직접 행하는 것을 말한다.[63] 또한 여기서 '그 처분의 성질이나 그 밖의 불가피한 사유로 위원회가 직접처분을 할 수 없는 경우'로서는, 해당 행정청만이 정보를 가지고 있거나(정보공개청구의 경우) 해당 행정청의 행정적 · 재정적 조치를 기다려야 실효를 거둘 수 있는 처분(이주대책이행청구의 경우) 등과 같이 당해 행정청만이 처분을 할 수 있는 경우를 들 수 있다.[64]

이와 같은 직접처분제도는 의무이행심판에서 처분명령재결의 실효성을 확보하기 위하여 1995년 행정심판법 개정에서 도입된 제도이고, 2010년 개정된 행정심판법에서는 동법 제50조 제1항 단서를 신설하여 예외적인 경우에 위원회에 의한 직접 처분권을 제한할 수 있는 근거를 마련하고 있다.

그리고 위원회가 직접처분을 하였을 때에는 그 사실을 해당 행정청에 통보하여야 하며, 통보를 받은 행정청은 위원회가 한 처분을 자기가 한 처분으로 보아 관계법령에 따라 관리 · 감독 등 필요한 조치를 하여야 한다(법 제50조 제2항).

2. 형성력

재결의 형성력이란 재결의 내용에 따라 새로운 법률관계의 발생이나 종래의 법률관계의 변경 · 소멸을 가져오는 효력(구속력)을 말한다. 재결에 의하여 청구가 인용되어 원처분의 전부 또는 일부가 취소된 경우에는 당해 처분은 행정청이 이를 다시 취소하지 않아도 원처분의 당해 부분은 처분시에 소급하여 효력이 소멸되어 처음부터 존재하지 않는 것으로 된다. 또한 변경재결에 의하여 원처분이 취소되고 그에 갈음하는 별개의 처분이 행해진 경우 및 의무이행심판에 있어서의 처분재결이 행하여진 경우에 있어서의 구속력 또한 형성력의 성질을 갖는 것으로 볼 수 있다.

그러나 모든 재결에 형성력이 인정되는 것은 아니다. 위원회가 재결로써 직접 처분의 취소 · 변

---

62) 대판 2005.12.9, 2003두7705.

63) 박균성, 전게서, 958면.

64) 김동희, 전게서, 684면.

경 등을 하지 않고 처분취소명령재결, 처분변경명령재결, 처분명령재결을 한 경우에는, 당해 재결은 형성력을 발생시키는 것이 아니라 기속력을 발생시키게 된다.[65] 재결의 형성력은 제3자에게도 미치므로 이를 '대세적 효력'이라고 한다.

3. 집행력

침익적 처분의 무효등확인심판 또는 취소심판의 재결에 있어서 청구인의 청구가 인용된다고 하더라도 그 인용재결의 집행력은 문제가 되지 않는다. 이에 대하여 거부처분 또는 부작위에 대한 취소심판 또는 의무이행심판에 대한 인용재결이 있으면, 처분청은 재결의 취지에 따른 처분을 하여야 하는 의무가 있는 것이므로 집행력의 문제가 제기될 수 있다.

행정소송법은 행정청이 판결의 기속력에 따른 처분의무를 이행하지 않는 경우에는 법원이 그 의무불이행에 따르는 손해의 배상을 명할 수 있다고 규정하고 있는데(동법 제34조 제1항), 행정심판법에는 이러한 간접강제에 관한 규정을 두고 있지 아니하다. 종래에는 재결청은 처분청의 직근 상급청인 것이 보통이었으므로 처분청에 의한 재결에 따른 처분의무의 불이행의 문제는 제기되지 않았다. 그러나 현재는 지방자치단체의 장이 직선되고 있고, 또한 행정심판의 재결기관이 행정심판위원회로 되었다는 사실과 관련하여 볼 때 거부처분 또는 부작위청인 시장 등이 이행재결의 내용을 이행하지 아니하는 부정적 결과가 발생할 경우도 있을 것으로 보인다. 이러한 경우에 대비하여 행정심판법은 행정소송법과는 달리 행정심판위원회의 직접처분권을 규정하고 있다.[66]

4. 불가쟁력과 불가변력

1) 불가쟁력

재결의 불가쟁력(不可爭力)이란 재결은 행정행위로서의 성질을 가지므로 통상적인 경우와 마찬가지로 재결 그 자체에 고유한 위법이 있는 경우에 그에 대한 행정소송을 제기할 수 있으나(행정소송법 제19조 단서), 제소기간(동법 제20조)이 경과하면 더 이상 재결의 효력을 다툴 수 없게 되는 구속력을 말한다.

2) 불가변력

재결의 불가변력(不可變力)이라 함은 재결은 준사법절차인 쟁송절차를 거쳐 행하여지는 판단행위로서의 성격을 갖기 때문에 일단 재결이 행하여진 이상 통상의 행정행위와는 달리 설령 그것이

65) 김남진 · 김연태, 전게서, 720면.
66) 김동희, 전게서, 685면.

위법하다고 하더라도 행정심판위원회가 스스로 그 재결을 취소 · 변경할 수 없는 구속력을 말한다. 이를 '자박력'이라고도 한다.

Ⅵ. 재결에 대한 불복

1. 재심판청구의 금지

심판청구에 대한 재결이 있는 경우에는 재결 및 같은 처분 또는 부작위에 대하여 다시 행정심판을 청구할 수 없다(법 제51조). 이러한 재결에 대한 재심판청구의 금지를 통하여 행정심판의 단계를 단일화시켰다. 그러나 국세기본법 등 개별법에 특별규정이 있으면 그에 따라 여러 단계의 행정심판이 인정되는 경우도 있다. 따라서 재결에 불복이 있으면 행정소송에 의하여 다투어야 한다.

2. 재결에 대한 행정소송

행정심판에 대한 재결도 행정행위로서의 성질을 가지므로 그것이 위법한 경우에는 행정소송을 제기하여 그 취소 등을 구할 수 있을 것이다(행정소송법 제2조 제1항 제1호). 그러나 이 경우 청구인에게는 원처분과 재결처분의 두 가지 중에서 어떠한 처분이 소송의 대상이 되는지가 문제되는데, 행정소송법은 기본적으로 '원처분주의'를 채택하고 있다. 즉 원칙적으로는 원처분 자체의 위법을 이유로 하여서만 행정소송의 제기가 가능하나(동법 제19조 본문), 예외적으로 재결 자체에 고유한 위법이 있음을 이유로 하는 경우에는 재결을 행정소송의 대상으로 할 수 있도록 하고 있다(동조 단서). 여기에서 말하는 '재결 자체에 고유한 위법'이란 원처분에는 없고 재결에만 있는 재결청(행정심판위원회)의 권한 또는 구성의 위법, 재결의 절차나 형식의 위법, 내용의 위법 등을 뜻하고, 그 중 내용의 위법에는 위법 · 부당하게 인용재결을 한 경우가 해당한다.[67] 기각재결이나 사정재결이 존재하는 경우에도 행정소송의 제기가 가능하다.[68]

---

67) 대판 1997.9.12, 96누14661; 대판 2001.7.27, 99두2970.

68) 류지태, 전게서, 512면.

제9절 행정심판청구의 고지제도

Ⅰ. 고지제도의 의의

1. 개 념

행정심판의 고지제도라 함은 행정청이 처분을 할 때에는 처분의 상대방에게 해당 처분에 대하여 행정심판을 청구할 수 있는지의 여부와 행정심판을 청구하는 경우의 심판청구의 절차 및 심판청구기간을 알려야 할 뿐만 아니라, 이해관계인이 요구하면 해당 처분이 행정심판의 대상이 되는 처분인지의 여부와 행정심판의 대상이 되는 경우 소관 위원회 및 심판청구기간을 알려주어야 하는 제도를 말한다(법 제58조). 이를 '불복고지제도'라고도 한다.

고지제도는 1985년에 행정심판법에 규정되었고, 이후 1998년에 제정되어 시행되고 있는 행정절차법 제26조에서도 규정하고 있다. 그런데 행정절차법과 행정심판법을 보면, ① 두 법률의 관계는 논리상으로는 행정절차법이 일반법이지만 내용상으로는 행정심판법이 일반법이고, ② 행정절차법은 행정심판법에 비하여 고지의 대상을 포괄적으로 규정하고 있으며, ③ 행정절차법은 행정심판법의 경우와 달리 고지의무 위반에 대한 제재수단에 관하여 규정하는 바가 없다. 이러한 고지규정은 그 취지로 보아 본래 행정절차법에 두어야 할 규정이다. 따라서 행정절차법을 제정한 이상 고지제도를 여러 법률에 규정을 그대로 두는 것보다는 행정절차법에서 단일의 규정을 하면 입법체계상 훨씬 합리적이라고 생각한다.[69] 그러나 여기에서는 행정심판법의 고지에 관하여 살펴보고자 한다.

2. 제도적 의의

고지제도는 국민에게 행정심판제도의 이용기회를 보장하고 행정청에 의한 처분의 적정성을 확보하는 데에 제도적 의의가 있으며, 이러한 점에서 이 제도가 필요하다.

69) 홍정선, 전게서, 823면.

1) 행정심판청구의 기회보장

행정청의 처분에 대한 불복제도가 마련되어 있다고 하더라도 일반국민은 대다수가 법률지식이 없어 보통 이를 알지 못하거나 당해 처분이 행정심판청구의 대상이 되는지의 여부나 그 청구절차를 모르는 경우가 적지 않다. 그러므로 처분의 상대방 기타 이해관계인은 단기의 심판청구기간이 경과함으로써 심판청구의 기회를 상실하거나 심판청구를 하더라도 부적법한 청구로서 본안심리도 받지 못하고 각하될 우려도 있다. 따라서 이 고지제도에 의하여 위에서 지적한 바와 같은 부당한 결과의 발생을 막고, 국민에게 행정구제의 기회를 보장하여 주려는 점에서 필요하다.

2) 처분의 적정성 확보

고지제도가 존재함으로써 행정청이 처분을 하는 경우 당해 처분에 대한 행정심판청구의 가능성을 의식하고 엄밀한 법률의 검토작업을 거쳐 더욱 신중을 기하게 될 것이며, 이를 통하여 행정의 적정화를 도모하는 데에 큰 기능을 수행할 수 있을 것이다.

Ⅱ. 행정심판법상 고지의 성질

고지는 비권력적 사실행위이며, 그 자체로서는 아무런 법적 효과도 발생하지 않는 준법률행위적 행정행위가 아니다. 이러한 고지는 행정심판법의 규정에 의하여 행정처분의 통지에 따르는 법정절차이기는 하지만 행정처분 그 자체의 절차는 아니다. 따라서 고지 그 자체는 행정쟁송의 대상이 되지 아니한다. 다만, 불고지 또는 오고지로 인하여 손해가 발생한 경우에는 국가배상청구를 할 수 있을 것이다.[70]

한편, 행정심판법의 고지제도에 관한 규정의 성질에 관하여는 훈시규정이라는 견해와 강행규정 또는 의무규정이라는 견해로 나누어져 있다. 잘못된 고지가 행정행위의 효력에 영향을 미치는 것은 아니다. 그럼에도 그릇된 고지 등에 일정한 절차상의 제재적 효과가 가하여지는 점을 고려할 때 강행규정으로 보아야 할 것이다.[71]

Ⅲ. 행정심판법상 고지의 유형

행정심판법은 직권고지와 신청에 의한 고지의 두 가지 종류의 고지제도를 규정하고 있다.

---

70) 박균성, 전게서, 963면.
71) 홍정선, 전게서, 822면.

1. 직권에 의한 고지

행정청이 처분을 할 때에는 처분의 상대방에게 해당 처분에 대하여 행정심판을 청구할 수 있는지의 여부, 행정심판을 청구하는 경우의 심판청구절차 및 심판청구기간을 직권으로 알려야 한다(법 제58조 제1항).

1) 직권고지의 주체와 상대방

고지의 주체는 행정청, 즉 행정에 관한 의사를 결정하여 표시하는 국가 또는 지방자치단체의 기관, 그 밖에 법령 또는 자치법규에 따라 행정권한을 가지고 있거나 위탁을 받은 공공단체나 그 기관 또는 사인을 말한다(법 제58조 제1항, 제2조 제4호).

고지의 상대방은 해당 처분의 상대방이다(법 제58조 제1항). 그러나 실제 행정처분에는 이른바 복효적 행정행위가 많으며, 이 경우 처분의 제3자는 당해 처분에 의하여 그 법적 이익이 침해되는 것이다. 행정심판법은 이러한 경우를 포함한 이해관계인에게 고지청구권을 인정하고 있다(동조 제2항). 그러나 비교적 단기의 심판청구기간을 감안하면, 복효적 행정행위에 의하여 그 법적 이익이 침해되는 제3자에 대하여는 직권으로 고지하도록 하는 것이 바람직하다고 할 것이다.[72]

2) 직권고지의 대상

고지의 대상이 되는 처분은 서면에 의한 처분뿐만 아니라 구두에 의한 처분도 포함된다.[73] 2010년 개정 전의 행정심판법에서는 서면에 의한 처분만이 고지의 대상이 되었으며, 구두에 의한 처분은 불복고지의 대상이 되지 않았다(구 행정심판법 제42조 제1항 참조). 그러나 현행법에서는 이러한 제한을 두지 않고 있으며, 따라서 행정청이 행하는 모든 처분이 고지의 대상이 된다고 할 것이다(법 제58조 제1항).[74] 고지의 대상인 처분은 행정심판법에 의한 심판청구의 대상이 되는 처분에 국한되지 아니하고 널리 다른 법령에 의하여 행정심판의 대상이 될 수 있는 처분도 불복고지의 대상이 된다고 할 수 있을 것이다. 여기의 '다른 법령에 의한 행정심판'에는 이의신청(예: 국세기본법 제66조, 주민등록법 제21조, 토지취득보상법 제83조 내지 제88조 등), 심사청구(예: 국세기본법 제55조, 공무원연금법 제80조), 심판청구(국세기본법 제67조) 등이 있다.

수익적 행정행위에 대하여는 상대방의 불복이 있을 수 없으므로 고지를 할 필요가 없다. 이를테면 신청에 따른 처분이 있는 경우에는 신청된 대로 처분이 행하여진 것이기 때문에 상대방이 이를 다툴 이유가 없어 고지가 불필요하다. 그러나 신청을 거부한 처분이나 신청된 것과 다른 내용의 처분 및 부관이 붙여진 처분의 경우에는 고지를 하여야 할 것이다.

---

72) 김동희, 전게서, 688면; 박윤흔 · 정형근, 전게서, 745면.

73) 홍정선, 전게서, 824면.

74) 김남진 · 김연태, 전게서, 723면.

3) 직권고지의 내용

행정심판법이 규정하고 있는 고지의 내용은, 해당 처분에 대하여 행정심판을 청구할 수 있는지의 여부, 행정심판을 청구하는 경우의 심판청구절차 및 심판청구기간에 관한 사항이다(법 제8조 제1항). 여기의 심판청구절차 중에서 중요한 것은 행정심판청구서를 제출할 행정청, 즉 처분청과 위원회의 명칭을 고지하는 것이다. 그리고 행정심판청구가 불필요한 경우에는(행정소송법 제18조 제3항) 불필요하다는 사항까지 고지하여야 한다고 본다.

4) 직권고지의 방법 · 시기

행정심판법은 고지의 방법이나 시기에 대하여는 특별한 규정을 하고 있지 않다. 따라서 고지는 서면으로, 구술로 모두 가능하다. 그러나 문서로 고지하는 것이 바람직하다. 그리고 고지는 원칙적으로 처분과 동시에 하여야 할 것이다. 다만, 처분시에 고지를 하지 못한 경우에는 처분 후 상당한 기간 내에 사후고지를 하면 그 하자가 치유된다고 볼 수 있을 것이다.

2. 신청에 의한 고지

행정청은 처분의 이해관계인이 요구하면 지체 없이 고지하여야 한다(법 제58조 제2항).

1) 고지의 신청권자

고지를 신청할 수 있는 자는 처분의 이해관계인이다(법 제58조 제2항). 여기에서 '이해관계인'이라 함은 처분의 상대방뿐만 아니라 보통 해당 처분으로 인하여 자기의 법률상 이익이 침해되었다고 주장하는 복효적 행정행위에 있어서의 제3자일 것이지만, 처분시에 행정청으로부터 고지를 받지 못한 상대방도 포함한다고 보아야 할 것이다.

2) 신청고지의 대상

신청에 의한 고지의 대상은 직권에 의한 고지의 경우와 다를 바 없다. 따라서 이러한 고지는 서면에 의한 고지에 한정할 이유도 없다. 고지의 신청권자의 법률상 이익을 침해한 모든 처분이 신청고지의 대상에 포함된다고 할 것이다. 그러나 처분 이외의 행정작용은 여기에 포함되지 아니한다.

3) 신청고지의 내용

고지의 내용은 해당 처분이 행정심판의 대상이 되는 처분인지의 여부, 행정심판의 대상이 되는 경우 소관 위원회 및 심판청구기간 중에서 당사자가 고지하여 줄 것을 요구한 사항이다(법 제58

조 제2항). 소관 위원회 및 청구기간은 당해 처분이 행정심판의 대상이 되는 경우에 고지의 대상이 된다.

4) 신고고지의 방법 · 시기

고지의 방법에 관하여 행정심판법은 「서면으로 알려줄 것을 요구받으면 서면으로 알려 주어야 한다」고 규정하고 있다(법 제58조 제2항 제2문). 따라서 특별히 서면으로 알려줄 것을 요구받지 않을 경우에는 구술로 고지하여도 무방하다고 새겨진다.

고지의 시기에 관하여는 「지체 없이 알려 주어야 한다」고 규정하고 있다(동조항 제1문). 여기의 '지체 없이'란 사회통념에 의하여 결정되어 행정심판을 청구하는 데 큰 지장을 주지 않을 정도의 합리적인 기간을 의미한다.

Ⅳ. 행정심판법상 고지의무위반의 효과

행정심판법은 행정청이 고지의무가 있음에도 불고지(不告知) 및 오고지(誤告知)로 인하여 고지의무를 위반한 경우의 효력과 관련하여 당해 처분의 상대방 또는 이해관계인의 권리구제를 위한 규정을 하고 있는데, 이를 짚어보면 다음과 같다.

1. 처분의 위법의 여부

행정심판법은 고지의무위반이 당해 처분의 효력에 영향을 미치는 것은 아니지만 경유절차 및 청구기간과 관련하여 일정한 제약을 가하고 있다. 고지의무위반의 효과는 불고지 및 오고지라고 하는 의사 그 자체의 흠결에서 나오는 것이 아니라 행정심판법이 고지제도의 실효성확보를 위하여 특별히 규정함으로써 나타나게 되는 결과라는 점을 간과하여서는 아니 될 것이다. 따라서 행정청의 불고지나 오고지는 고지의무를 이행하지 아니한 잘못이 있다고는 하더라도 그로 인하여 행정심판의 대상이 되는 처분을 위법하게 만드는 것은 아니다.[75]

2. 심판청구서제출기관의 불고지 · 오고지

행정청이 행정심판법 제58조에 따른 고지를 하지 아니하거나(불고지) 잘못 고지하여(오고지) 청구인이 심판청구서를 처분청이나 위원회가 아닌 다른 행정기관에 제출한 경우에는 그 행정기

---

75) 대판 1987.11.24, 87누529.

관은 심판청구서를 지체 없이 정당한 권한이 있는 피청구인에게 보내야 하고(법 제23조 제2항), 이에 따라 심판청구서를 보낸 행정기관은 지체 없이 그 사실을 청구인에게 알려야 한다(동조 제3항). 이 경우 심판청구기간을 계산할 때에는 제1항에 따른 피청구인이나 위원회 또는 제2항에 따른 행정기관에 심판청구서가 제출되었을 때에 행정심판이 청구된 것으로 본다(동조 제4항).

3. 심판청구기간의 불고지 · 오고지

행정청이 심판청구기간을 알리지 아니한 경우에는 그 심판청구기일은 당해 처분이 있었던 날부터 180일이 된다(법 제27조 제6항). 이 경우 청구인이 처분이 있는 것을 알았는지의 여부, 청구인이 고지에 관계없이 심판청구기간에 관하여 알고 있었는지의 여부는 문제되지 않는다.[76]

행정청이 심판청구기간을 법에 규정한 기간(동조 제1항)보다 긴 기간으로 잘못 알린 경우, 그 잘못 알린 기간에 심판청구가 있으면 그것이 비록 법정의 청구기간을 경과한 때에도 적법한 기간 내에 심판이 청구된 것으로 본다(동조 제5항). 이 조항의 규정은 행정심판의 청구에 관하여 적용되는 규정이며, 행정소송의 제기에도 당연히 적용되는 규정이라고 할 수는 없다.[77]

4. 행정심판전치 여부의 오고지

행정소송법은 행정소송을 제기하기 전에 반드시 행정심판을 거쳐야 하는 경우인 데도 불구하고, '처분을 행한 행정청이 상대방에게 행정심판을 거칠 필요가 없다고 잘못 알린 때'에는 행정심판을 제기함이 없이 행정소송을 제기할 수 있도록 하고 있다(동법 제18조 제3항 제4호).

5. 현행 행정심판법상의 입법적 미비점

위에서 본 바와 같이 행정심판법은 고지의 내용으로서의 행정심판청구절차나 청구기간을 알리지 않았거나 잘못 알린 경우에 대하여는 그 구제조치를 규정하고 있다. 그러나 행정청이 해당 처분에 대하여 행정심판을 청구할 수 있음에도 불구하고 그것이 불가능한 것으로 고지한 경우에 대한 구제조치는 규정하고 있지 아니한 바, 이것은 입법의 흠결로서 앞으로 마땅히 입법론적으로 시정되어야 할 것으로 본다.[78]

76) 김남진 · 김연태, 전게서, 725면.
77) 대판 2001.5.8, 2000두6916.
78) 김동희, 전게서, 690면.

제10절 행정심판법에 대한 특례규정

Ⅰ. 특례규정의 필요성

오늘날의 행정은 새로운 행정수요에 따라 행정영역이 양적으로 확대화·다양화되고 질적으로는 전문화·기술화의 특징을 지니고 있는데, 이러한 특성은 행정심판에도 반영될 수밖에 없다. 일반적 심판절차로서의 행정심판법상의 행정심판에 대하여는 노동행정, 인사행정, 조세행정, 토지행정, 특허행정, 사회보장행정 등의 광범위한 행정분야에서 다양한 특별규정을 두고 있다. 이러한 특례규정은 기본적으로 관련된 행정작용의 전문성·기술성과 행정통제의 능률성보장의 필요성에서 그 정당성의 근거를 찾을 수 있으나, 어느 경우에나 그 타당성이 인정되는 것으로 볼 수는 없다.

이와 같은 점을 고려하여 행정심판법은 제4조 제1항에서 「사안의 전문성과 특수성을 살리기 위하여 특히 필요한 경우 외에는 이 법에 따른 행정심판을 갈음하는 특별한 행정불복절차(이하 "특별행정심판"이라 한다)나 이 법에 따른 행정심판절차에 대한 특례를 다른 법률로 정할 수 없다」고 하고, 제4조 제3항은 「관계 행정기관의 장이 특별행정심판 또는 이 법에 따른 행정심판절차에 대한 특례를 신설하거나 변경하는 법령을 제정·개정할 때에는 미리 중앙행정심판위원회와 협의하여야 한다」고 규정하고 있다. 이 규정을 볼 때, 특별행정심판이나 행정심판절차에 대한 특례규정은 극히 예외적인 경우에 한정적으로만 인정하여야 한다는 것이 행정심판에 관한 법의 취지임을 알 수 있게 된다.

현재 행정심판에 대한 특례를 인정하고 있는 법률은 무려 60여개 정도가 되는데, 이러한 법률들의 대표적인 것을 형식적 관점에서 분류하여 보면 다음 Ⅱ·Ⅲ·Ⅳ와 같다.[79]

Ⅱ. 특별행정심판절차

여기에 해당하는 것으로는 노동행정심판(노동조합 및 노동관계조정법 제69조 제1항·제85조

79) 김동희, 상게서, 690-691면.

제1항, 노동위원회법 제26조 제1항, 산업재해보상보험법 제103조 제1항 · 제5항), 공무원소청심사(국가공무원법 제76조, 지방공무원법 제67조, 교육공무원법 제53조, 소방공무원법 제21조, 전투경찰대설치법 제6조, 법원공무원규칙 제112조), 선거소청(공직선거법 제219조), 조세심판(국세기본법 제55조 내지 제81조, 지방세기본법 제117조 내지 제127조, 관세법 제5장), 심사청구(감사원법 제3장), 특허심판(특허법 제7장 · 제8장, 실용신안법 제8장, 상표법 제7장 · 제8장, 디자인보호법 제7장 · 제8장) 등이 있다.

Ⅲ. 약식절차

이에 해당하는 것으로는 토지거래불허가처분에 대한 이의신청(국토의 계획 및 이용에 관한 법률 제120조), 수용재결에 대한 이의신청(공익사업을 위한 토지 등의 취득 및 보상에 관한 법률 제83조), 지방자치단체의 사용료 등의 부과처분에 대한 이의신청(지방자치법 제140조) 등을 들 수 있다.

Ⅳ. 일부특례규정

도시계획사업시행자의 처분에 대한 행정심판(국토계획법 제134조), 택지개발사업시행자의 처분에 대한 행정심판(택지개발촉진법 제27조), 행정청이 아닌 도시개발사업시행자의 처분에 대한 행정심판(도시개발법 제75조), 행정대집행에 대한 행정심판(행정대집행법 제7조), 금융감독원의 처분에 대한 행정심판(금융위원회의 설치등에 관한 법률 제70조) 등이 이러한 경우에 해당된다.

제3장 행정소송

제1절 행정소송의 의의

Ⅰ. 행정소송의 개념

행정소송이라 함은 행정법상의 법률관계에 관한 분쟁에 대하여 당사자의 소(訴)의 제기에 의하여 제3자적인 독립적 지위에 있는 법원이 그 행정사건을 소송절차를 거쳐 심리·판단하는 정식쟁송절차를 말한다. 다음에서는 이러한 행정소송에 관하여 고찰하고자 한다.[1]

행정소송의 개념을 분설하면서, 유사제도와 구별하고자 한다.

1. 행정소송은 행정법상의 법률관계에 관한 분쟁, 즉 행정사건에 관한 소송절차이다

이러한 점에서 사법상의 법률관계에 관한 분쟁, 즉 민사사건에 관한 소송절차인 민사소송과 구별되고, 국가의 형벌권발동의 요건과 범위를 심판하는 소송절차인 형사소송과 구별된다. 그리고 행정소송은 공법상의 분쟁 중에서 헌법소송사항을 제외한 분쟁만을 대상으로 하고, 헌법소송사항은 헌법에 열거되어 있다(헌법 제111조 제1항)는 점에서 양자는 구별된다.

2. 행정소송은 법원이 행정사건을 소송절차를 거쳐 심판하는 정식쟁송제도이다

이러한 행정소송은 행정부와는 독립된 제3자적 지위에 있는 법원이 대심구조·구술변론 등 당사자의 권리보호를 위한 소송절차를 거쳐 심리·판단하는 정식쟁송이라는 점에서 행정심판 기타의 약식쟁송과 구별된다. 또한 행정소송은 행정청의 위법한 처분만을 대상으로 하고, 행정심판은 부당한 처분도 그 대상으로 한다는 점에서도 다르다.

3. 행정소송은 법원이 심리·판단하는 사법작용이다

이와 같은 행정소송은 행정사건을 당사자로부터 독립된 지위에 있는 제3기관인 법원이 판정기

---

1) 박평준·박창석, 「행정법강론Ⅰ」, 백산출판사, 2013, 743-886면.

관으로 되어 있는 사법작용으로 그 본질을 파악하는 것이 일반적이다. 다만, 행정사건의 관할법원은 국가에 따라 다르며, 일반법원인 국가와 행정재판소인 국가가 있으나, 우리나라는 대륙식의 행정국가형이 아니라 영미식의 사법국가형을 취하여 행정사건도 일반법원이 관장하고 있다.

그리고 행정소송에 관한 일반법으로 「행정소송법」이 있다. 행정소송법은 공익성 · 전문성 등 행정소송의 특수성을 고려하여 민사소송과 달리 행정소송에 대한 특수한 규정을 하고 있다. 다만, 행정소송법은 입법기술상 행정소송에 대한 규율을 망라하여 규정할 수 없으므로 행정소송에 관하여는 원칙적으로 행정소송법(이하 "법"이라 한다)을 적용하되, 행정소송법에 규정되어 있지 않은 사항에 대하여는 민사소송에 관한 규정을 그대로 적용하거나 행정소송의 특수성을 고려하여 수정 적용하여야 할 것이다.

Ⅱ. 행정소송의 기능

행정소송법은 제1조(목적)에서 「행정소송절차를 통하여 행정청의 위법한 처분 그 밖에 공권력의 행사 · 불행사 등으로 인한 국민의 권리 또는 이익의 침해를 구제하고, 공법상의 권리관계 또는 법적용에 관한 다툼을 적정하게 해결함을 목적으로 한다」고 규정하고 있는데, 이는 행정소송의 목적 또는 기능이 권리구제기능과 행정통제기능에 있음을 명백히 밝히고 있다. 여기에 행정소송의 제도적 존재의의가 있다.

1. 권리구제기능

행정법관계에 있어서 위법한 행정작용으로 인하여 권리 · 이익을 침해받은 자는 행정소송을 제기함으로써 침해된 국민의 권리를 구제하는 기능을 수행한다.

행정소송 중 대표적 소송인 항고소송은 본래 '주관적 소송'으로서의 성격을 가지며, 개인의 권리구제를 주된 목표로 삼고 있다. 이러한 점은 행정소송법이 항고소송에 대하여 '법률상 이익'이 있는 자는 국민 누구나 소송을 제기할 수 있도록 하고 있는 데 대하여(법 제12조, 제35조, 제36조 등), 민중소송 및 기관소송은 「법률이 정한 경우에 법률에 정한 자에 한하여 제기할 수 있다」(법 제45조)고 규정하고 있는 점에 잘 나타나 있다.

2. 행정통제기능

행정통제기능이란 법원이 행정사건에 대한 법적 판단을 통하여 행정의 합법성을 보장하는 역할을 말한다.

행정소송은 법원이 '행정청의 처분 등의 위법' 및 '국가 또는 공공단체의 기관의 법률에 위반되는 행위' 등을 심사하는 것을 통하여 행정통제기능(적법성 보장기능)을 담당한다(법 제3조, 제4조 등 참조). 행정소송이 이러한 행정통제기능을 수행하고 있으므로 민사소송과는 달리 직권에 의한 증거조사와 심리, 불고불리원칙의 완화 등의 특수성이 인정되고 있다.

3. 권리구제기능과 행정통제기능의 관계

행정소송은 권리구제기능과 함께 행정통제기능도 담당하고 있다는 점에는 이론이 없으나, 양자의 관계에서 어느 기능이 주된 것인지에 대하여는 의문이다. 이 문제에 관하여는 권리구제기능이 주된 기능이고 행정통제기능은 종된 기능이라 할 수 있다. 행정소송은 쟁송절차로서 당사자의 권리구제신청을 전제로 하여 기능하는 제도이므로 기본적으로 행정작용에 의하여 위법하게 권익을 침해받은 당사자의 권리보호기능을 주로 수행한다고 보아야 한다. 한편, 행정소송은 권력분립의 원칙에 따라 사법부에 의한 행정부의 통제수단으로서도 기능함으로써 행정의 적법성 보장기능을 수행하기도 한다. 그러나 이 기능은 그 자체로서의 독자적인 의미를 갖는다고 하는 것보다는 당사자의 권리보호를 위한 심사과정에서 인정되는 부수적인 기능으로서 이해하여야 할 것이다.[2)]

Ⅲ. 행정소송의 본질

행정소송의 본질이 행정작용인가 사법작용인가 하는 것이 문제된다. 행정소송의 본질에 관한 이와 같은 견해의 차이는 어느 한도까지 행정소송의 특수성을 인정할 것인가, 또한 어느 한도까지 행정소송의 재판권이 미치는가라는 문제와 관련하여 실제로 중요한 차이가 있게 된다.

1. 행정작용설

행정작용설은 사법권으로부터 행정권의 독립이라는 권력분립의 입장에서 사법권의 개념을 민사·형사의 재판권으로 이해하고 행정재판의 본질은 행정권의 행사, 즉 행정작용으로 본다.[3)] 따라서 행정작용설은 행정작용과 관련된 모든 문제를 행정부의 판단에 맡기게 됨으로써 행정작용에 관한 분쟁해결은 일반사법 법원에 의하는 것이 아니라 행정부 내부에 설치되어 있는 독립한 행정법원에 의하여 행하여지게 된다. 종래 독일·프랑스 등 대륙적 행정제도국가에서 이러한 견해에 입각하고 있었지만, 오늘날은 전반적으로 사법제도국가화하는 경향에 있는 실정이다.

---

2) 김남진·김연태, 「행정법Ⅰ」. 법문사, 2012, 729면; 류지태, 「행정법신론」. 신영사, 2008, 516면.
3) 유진오, 「헌법해의」. 일조각, 1959, 243면.

2. 사법작용설

사법작용설은 행정권으로부터 사법권의 독립이라는 권력분립의 입장에서 사법권의 개념을 민사재판권 · 형사재판권 뿐만 아니라 행정사건의 재판권도 포함되는 것으로 이해한다. 따라서 행정사건을 포함한 모든 법률적 쟁송은 사법법원의 통일적 관할로 한다는 점에서 행정소송은 사법작용적 성질을 가지고 있다고 본다.[4] 영미식의 사법제도 국가에서는 행정재판도 처음부터 사법작용으로 파악하였다.

3. 결 어

행정사건에 대한 행정소송재판도 민사재판이나 형사재판과 마찬가지로 법률적 쟁송에 관한 심판 작용이라면, 그것은 당연히 사법작용으로서 독립된 제3자적 지위에 있는 기관인 법원의 관할로 하여야 하는 것이 권력분립원칙 또는 실질적 법치주의원칙의 마땅한 귀결이라 할 수 있을 것이다. 행정소송은 행정사건을 심리 · 판단하는 소송절차이고, 행정소송에 있어서는 단순히 개인의 권리구제적 기능뿐만 아니라 행정의 적법성 · 타당성 보장을 위한 행정통제적 기능도 함께 수행하여야 한다는 점을 볼 때, 이를 민사소송과는 어느 정도 달리 취급할 필요성도 인정된다. 그러나 이러한 지적으로 인하여 행정소송의 본질을 행정작용으로 보고, 그 심판기관도 행정기관이 되어야 한다는 주장의 정당한 논거가 될 수는 없다고 본다.

우리하나 헌법 제101조 제1항은 「사법권은 법관으로 구성된 법원에 속한다」고 규정하고 있는데, 동조항의 사법(司法)에는 민사소송 · 형사소송뿐만 아니라 행정소송도 당연히 포함되는 것으로 보아야 할 것이다. 그러한 관점에서, 헌법 제107조 제2항이 「명령 · 규칙 또는 처분이 헌법이나 법률에 위반되는 여부가 재판의 전제가 된 경우에는 대법원은 이를 최종적으로 심사할 권한을 가진다」고 규정하고 있는 것은 헌법 제101조 제1항을 전제로 한 규정이라고 볼 때, 행정사건의 경우도 다른 사건의 경우와 마찬가지로 대법원이 최종적인 재판권을 행사하도록 되어 있는 점을 새기면 행정소송을 사법작용으로 볼 수 있는 헌법적 근거를 찾을 수 있다.

판례도 행정소송은 그 본질에 있어서 일반민사소송에 불과하다[5]고 하여 행정소송의 사법작용으로서의 성질을 밝히고 있지만, 민사사건과 행정사건의 구별은 같은 사법작용의 테두리 안에서 상대적인 것에 지나지 않는다는 점을 나타내고 있다. 그리하여 행정소송에 있어서는 민사소송에 비하여 여러 가지의 특례규정을 두고 있다.

---

4) 권영성, 「헌법학원론」. 법문사, 2009, 604면, 1088면; 김남진 · 김연태, 전게서, 732면; 김도창, 「일반행정법론(상)」. 청운사, 1993, 730면; 김동희, 「행정법 I」. 박영사, 2012, 694면; 김철수, 「헌법학개론」. 박영사, 2003, 840면, 1296면; 류지태, 전게서, 515면; 박균성, 「행정법론(상)」. 박영사, 2012, 971면; 박윤흔 · 정형근, 「최신행정법강의(상)」. 박영사, 2009, 750면, 756면; 석종현, 「일반행정법(상)」. 삼영사, 2005, 802면; 이상규, 「신행정법론(상)」. 법문사, 1997, 759면; 허영, 「한국헌법론」. 박영사, 2005, 989-990면.

5) 대판 1954.6.19, 4285行上20.

Ⅳ. 현행 행정소송의 특수성과 문제점

1. 행정소송법의 연혁

우리나라 행정소송법은 1948년의 대한민국 헌법 제81조 제1항에 의거하여 처음으로 1951년 8월 24일 제정되었으나, 그 내용은 전문(全文) 14개조로 구성된 매우 부실한 것이었다. 동법은 제14조에서 이 법에 규정이 없는 사항은 「법원조직법과 민사소송법이 정하는 바에 의한다」고 하였다. 그리하여 행정사건을 일반법원의 관할로 하면서도 행정사건의 특수성을 감안하여 민사소송법에 대한 최소한도의 특례규정만을 두어 지나치게 불완전한 내용이 많았고, 실제 적용에 있어서도 적지 않은 문제점이 제기되었다. 따라서 1980년 이래 이 법에 대한 대폭적인 개정 · 보완작업이 진행되어 1984년 12월 15일에 전면적으로 개정하여 1985년 10월 1일부터 시행되기에 이르렀으나, 전면개정된 이 법 또한 많은 문제점이 있었다. 그에 따라 1994년 7월 27일 법원조직법 및 행정소송법을 부분개정하여 1998년 3월 1일부터 시행되고 있다. 개정된 법률의 주요 내용은 행정법원의 설치 및 행정소송의 3심제와(법 제9조, 제40조), 행정심판의 임의절차화(법 제18조 제1항), 상고심조항의 삭제와 심리불속행제의 채택(삭제 대신에 「상고심절차에 관한 특례법」 제2조가 적용된다) 등이다. 우리 행정소송제도는 행정소송법의 1985년의 전면개정 및 1994년의 부분개정에 의하여 최초의 법에 대비하면 그 내용이 상당한 정도로 보완되기는 하였지만 국민의 권리구제의 기능을 제대로 하지 못하고 있는 미흡한 점이 적지 않는 것으로 지적되고 있어 현재 개정논의가 진행중에 있다.

2. 행정소송의 특수성

행정소송도 대심적 구조를 취하여 정식쟁송절차인 소송절차를 거치는 재판인 점에서 민사소송과 본질적으로 같다. 따라서 「행정소송에 관하여 행정소송법에 특별한 규정이 없는 사항에 대하여는 법원조직법과 민사소송법 및 민사집행법의 규정을 준용한다」(법 제8조 제2항)고 규정하고 있다. 그러나 행정소송이 민사소송과 그 본질을 같이 하는 사법작용이라 하더라도 기본적으로 공익실현을 목적으로 하고 공권력의 행사를 대상으로 하는 점에서 행정사건으로서의 특수성을 부정할 수 없어 행정소송법은 다음과 같은 특례규정을 두고 있다.

1) 행정소송의 다양한 종류에 관한 규정의 구체화

구법이 행정소송의 종류 · 내용에 관하여 구체적으로 규정하지 않았던 관계로 그 해석 · 운영에 있어 많은 문제점이 적지 않았던 것이다. 그러나 현행 행정소송법은 행정소송을 항고소송 · 당사자소송 · 민중소송 · 기관소송으로 대별하고, 항고소송을 취소소송 · 무효등확인소송 · 부작위위법확인소송으로 구분하여 그 각종의 행정소송에 대한 적용법조를 명시하고 있다(법 제3조, 제4조). 이는 (구)행정소송법이 취소소송에 관하여서만 명기하였던 것과 크게 다르다.

2) 행정법원의 설치와 이로 인한 행정소송의 3심제 도입

종전의 행정소송법은 항고소송이나 당사자소송의 제1심 관할법원을 고등법원으로 하여 행정소송을 2심제로 하고 있었다. 이에 대하여 개정 법원조직법은 지방법원급의 행정법원을 신설하여(동법 제3조 제6호), 당해 법원을 행정사건에 관한 제1심 관할법원으로 함으로써(법 제9조 · 제40조, 법원조직법 제40조의4) 행정소송을 3심제로 하고 있다.

3) 원고적격의 명문화

행정소송법은 소의 이익이 있는 원고적격자로 '법률상 이익'이 있는 자로서 명문으로 규정하고, 처분 등이 소멸된 뒤에도 원고적격을 인정하고 있다(법 제12조).

4) 피고로서의 처분 등을 행한 행정청

국가 · 지방자치단체 등 행정주체가 아니라, 그 기관에 지나지 않는 처분 등을 행한 행정청이 행정소송의 피고적격자가 된다. 다만, 처분 등이 있은 뒤에 그 처분 등에 관계되는 권한이 다른 행정청에 승계된 때에는 이를 승계한 행정청을 피고로 한다(법 제13조). 피고를 처분청으로 한 것은 재판의 신속 · 정확을 기하고자 한 것으로 보인다.

5) 행정심판의 임의적 절차화

종전 행정소송법은 이른바 행정심판의 필요적 전치주의를 원칙으로 하고, 그 예외를 규정하고 있었다. 그러나 현행 행정소송법은 「취소소송은 법령의 규정에 의하여 당해 행정처분에 대한 행정심판을 제기할 수 있는 경우에도 이를 거치지 아니하고 제기할 수 있다. 다만, 다른 법률에 당해 처분에 대한 행정심판의 재결을 거치지 아니하면 취소소송을 제기할 수 없다는 규정이 있는 때에는 그러하지 아니하다」고 규정하고 있다(법 제18조 제1항). 이러한 행정소송법 제18조 제1항의 규정이 개정됨으로써 법률에 특별한 규정이 있는 경우를 제외하고는 행정심판은 임의적 절차화되었다.

6) 제소기간의 제한의 연장

현행 행정소송법은 제20조의 개정을 통하여 「취소소송은 처분 등이 있음을 안 날 또는 재결서의 정본을 송달받은 날부터 90일 이내에, 처분 등이 있은 날부터 1년 이내에 제기하여야 한다」고 규정하고 있다. 이는 종전의 제소기간 60일을 90일로 연장한 것이다.

7) 관련청구의 병합

현행 행정소송법은 원상회복 · 손해배상 등 서로 관련된 청구를 병합하여 하나의 행정소송으로 다툴 수 있는 관련청구의 병합제도를 인정하고 있다(법 제10조).

8) 제3자의 소송참가 및 재심청구

「처분 등을 취소하는 확정판결은 제3자에 대하여도 효력이 있다」는 것을 명문으로 규정하고 있다(법 제29조 제1항). 이를 판결의 '대세적 효력'이라고 한다. 이러한 규정에 따라 제3자는 권리 또는 이익의 침해를 받을 우려가 있으므로 행정소송법은 제3자와 행정청의 소송참가(법 제16조, 제17조) 및 제3자에 의한 재심청구(법 제31조)를 인정하고 있다.

9) 직권심리주의

행정소송은 공익실현 작용으로서의 행정작용을 재판대상으로 하고 있다는 점을 감안하여, 행정소송법은 「법원은 필요하다고 인정할 때에는 직권으로 증거조사를 할 수 있고, 당사자가 주장하지 아니한 사실에 대하여도 판단할 수 있다」(법 제26조)고 규정하여 직권심리주의를 채택하고 있다. 이는 소송에 있어서의 일반원칙이라고 할 수 있는 변론주의, 불고불리의 원칙에 어느 정도의 제약이 가하여지는 것을 의미한다.

10) 집행부정지원칙

행정소송법은 「취소소송의 제기는 처분 등의 효력이나 그 집행 또는 절차의 속행에 영향을 주지 아니한다」(법 제23조 제1항)고 규정하여 집행부정지의 원칙을 채택하고 있다. 그러나 국민의 권익구제적 차원에서 일정한 요건을 갖춘 경우에는(동조 제2항), 예외적으로 집행정지를 인정하고 있다.

11) 행정심판기록의 제출명령의 명시화

소송의 입증방법에 있어서 원고의 지위를 보장하기 위하여 행정심판기록의 제출명령제도를 취하고 있다. 즉 행정소송법 제25조에 의하면, 「법원은 당사자의 신청이 있는 때에는 결정으로써 재결을 행한 행정청에 대하여 행정심판에 관한 기록의 제출을 명할 수 있으며, 제출명령을 받은 행정청은 지체 없이 당해 행정심판에 관한 기록을 법원에 제출하여야 한다」고 규정하고 있다(법 제25조).

12) 사정판결제도

행정소송법 제28조 제1항은 「원고의 청구가 이유 있다고 인정하는 경우에도 처분 등을 취소하는 것이 현저히 공공복리에 적합하지 아니하다고 인정하는 때에는 법원은 원고의 청구를 기각할 수 있다」고 규정하고 있는데, 이와 같은 내용의 판결을 '사정판결'이라 한다. 이와 같은 사정판결제도는 처분이 위법하고 청구에 이유가 있으면 청구인용의 판결을 하는 것이 마땅하지만, 그러한 판결을 할 경우 현저히 공공복리를 침해한다는 이유로 기각할 수 있도록 한 제도이기 때문에 행정소송의 권리구제적 기능에 위배된 제도이다. 따라서 이 경우 법원은 원고에게 손해배상 · 재해시설의 설치 그 밖에 적당한 구제조치를 취하여야 한다(동조 제2항, 제3항).

13) 판결의 실효성 확보를 위한 제도

현행 행정소송법은 거부처분이 취소되거나 부작위의 위법이 확인된 경우에는, 행정청은 판결의 취지에 따라 이전의 신청에 대한 처분을 하여야 할 의무가 있다고 하여 판결의 행정청에 대한 '적극적 기속력'을 규정하고 있다(법 제30조 제2항, 제38조 제2항). 또한 동법은 이러한 판결의 적극적 기속력의 실효성을 담보하기 위하여, 행정청이 일정한 기간 내에 그 의무를 이행하지 아니한 경우에는 그 지연기간에 따라 일정한 배상을 할 것을 명하는 것을 내용으로 하는 '간접강제'제도를 신설하였다(법 제34조).[6)]

14) 상고심사제의 채택문제

1994년의 개정법률(1998년 3월 1일부터 시행)은 「고등법원의 재판에 대하여는 대법원에 상고할 수 있다」고 규정하고 있던 종전의 행정소송법 제9조의 제2항을 삭제하였고, 한편 「상고심절차에 관한 특례법」 제2조는 「이 법은 민사소송, 가사소송 및 행정소송의 상고사건에 적용한다」고 규정함으로써 행정소송을 상고심사제의 적용대상으로 하였다. 동 특례법은 상고심에서의 본안심리에 관한 이유를 제한적으로 열거한 후 상고이유에 대한 주장이 그러한 열거사유에 해당하지 않는 때에는 더 심리를 하지 않고 당해 상고사건을 기각하되(동법 제4조 제1항), 그 기각판결에는 이유를 적지 아니할 수 있다고 규정하고 있다(동법 제5조 제1항).

이러한 상고심사제에 대하여는 민사소송에 비하여 행정소송은 법률심적 의미가 강한 것이어서 법률심인 대법원에의 상고에 의존하는 점이 크므로 행정소송에 상고심사제를 적용하는 것은 불합리한 것이며, 이러한 상고심사제의 적용으로 행정소송을 실질적으로 2심화하는 결과를 가져왔다고 보는 견해도 있다.[7)] 더 나아가 행정소송에 대한 이러한 상고심사제는 헌법상의 3심제의 취지를 몰각하고 국민의 재판청구권을 고도로 제한하는 위헌적인 제도라는 문제를 제기하지 않을 수 없다.

---

6) 김동희, 전게서, 702면.
7) 이상규, "행정소송제도 개정안의 내용과 문제점", 「고시연구」, 1994.5, 123면.

3. 행정소송제도의 문제점

우리 행정소송제도는 행정소송법에 의존하고 있다. 행정소송법은 1951년 제정된 이후 1985년의 전면개정 및 1994년의 부분개정으로 그 내용의 미비점이 상당한 정도로 보완되기는 하였지만, 아직도 다음에서 지적한 바와 같은 문제점이 있다.

1) 의무이행소송의 미채택

현행 행정소송법은 행정청의 부작위에 대하여 적극적으로 의무이행소송을 인정하지 않고 소극적으로 부작위위법확인소송을 인정하는 데 그치고 있다(동법 제4조 제3호). 이러한 점은 부작위에 대하여 의무이행심판을 인정하고 있는 행정심판법 제5조 제3호와 균형을 유지하지 못하게 되고 효과적인 권리보호에 미흡한 결과를 초래한다.

2) 가구제제도의 미흡

현행 행정소송법은 가구제(假救濟)제도로서 민사소송법이 인정하고 있는 '가처분'이 가능한지의 여부에 관하여 아무런 규정도 두고 있지 않다. 그리고 행정소송법 제23조도 집행부정지의 원칙을 채택하고 예외적으로만 집행정지를 인정하는 점 등은 신속한 권리보호를 위한 가구제에 미흡(未洽)한 문제점이 있다. 현재 추진 중인 행정소송법 중 개정법률안에는 가구제제도로서 가처분제도를 도입하고, 집행정지의 요건을 현재의 '회복할 수 없는 손해'에서 '중대한 손해'로 완화하고 있다.

3) 자료제출요구제도의 불충분

행정소송법 제25조는 원고의 관계행정청에 대한 자료열람 또는 등본신청권을 인정하는 데 갈음하여 행정심판기록제출명령신청권을 인정하고 있다. 그러나 이러한 규정만으로는 행정소송에 관한 정보를 확보하여 원고의 지위를 보호하고자 하는 관점에서 보면 불충분하다. 왜냐하면, 행정청의 공권력을 중심으로 다투는 행정소송은 소송의 대상을 둘러싼 관련증빙자료들이 피고인 행정청의 수중에 집중되는 것이 보통이기 때문이다. 따라서 관계자료의 열람 또는 복사 등을 관계행정청에 대하여 요구할 수 있는 적극적 권리의 보장이 필요하다. 그런데 이러한 요구는 「공공기관의 정보공개에 관한 법률」에 의하여도 보장될 수 있다.

4) 사정판결제도의 존재

행정소송법 제28조 제1항에 의하면 법원은 행정청의 처분 등이 위법하고 원고의 청구가 이유 있다고 인정하는 경우에도 처분 등을 취소하는 것이 현저히 공공복리에 적합하지 아니하다고 인정하는 때에는 원고의 청구를 기각하는 판결을 할 수 있는데, 이를 '사정판결'이라 한다. 이러한 사정판결제도는 일본과 우리나라 이외의 나라에는 존재하지 않는 법치주의에 반하는 부당한 제도인 것으로서 비난받아 마땅하다는 비판도 있다.

5) 단체소송의 미채택

환경문제나 소비자문제 등 이른바 현대형 분쟁에 대하여 현행 행정소송절차는 다수당사자를 감당할 수 없는 면이 있다. 따라서 미국의 집단소송제도(Class Action)나 독일의 단체소송제도(Verbandsklage)의 도입에 관한 논의가 활발하게 이루어지고 있다는 점은 우리에게 시사하는 바가 대단히 크다고 볼 수 있다.

4. 행정소송법의 개정논의

현행 행정소송법에 의한 행정소송제도는 1985년의 전면개정과 1994년의 부분개정에 따라 그 내용이 상당히 보완되기는 하였지만 그 주된 기능인 국민의 실효적 권리구제의 관점에서 볼 때, 아직도 많은 미비점이 있어 그 개정논의가 진행되고 있다.

법무부는 행정소송법을 개정하기 위하여 2006년 4월 26일 행정소송법개정특별분과위원회를 발족시켜 약 1년에 걸친 검토를 한 후 행정소송법 개정안을 마련하였고, 법무부는 동 위원회가 마련한 개정안을 국무회의의 의결을 거쳐 2007년 11월 19일에 국회에 제출하였다.[8] 이러한 법무부의 행정소송법 개정안의 특징적인 내용은 다음과 같다.[9]

1) 의무이행소송의 제도화(안 제4조 제3호, 제43조 내지 제47조)

행정청의 위법한 거부처분 또는 부작위에 대하여는 현행법상 거부처분취소소송과 부작위위법확인소송에 의하여 권리구제를 받도록 되어 있으나, 이러한 권리구제는 불완전하고 우회적이라는 비판이 있었다. 이러한 문제점을 해소하기 위하여 법원의 판결로써 행정청으로 하여금 신청된 행정처분을 하도록 하는 내용의 의무이행소송을 제도화하고 있다.

2) 예방적 금지소송의 신설(안 제4조 제4호, 제48조 내지 제50조)

현행법상으로는 위법한 처분이 행하여질 개연성이 매우 높고 사후의 구제방법으로는 회복하기 어려운 손해가 발행할 것이 예상되더라도 사전에 그 처분을 금지하는 소송을 제기할 수 없어 권익구제에 미흡하다는 비판을 면하기 어려웠다. 이와 같은 문제를 해결하기 위하여 취소소송으로

8) 17대 국회의원의 임기가 2008년 5월 29일로 만료되었으므로 동 개정안은 헌법 제51조 단서의 규정에 따라 자동적으로 폐기되었다. 그러나 참고로 그 내용을 파악할 가치는 있을 것이다.

9) 홍정선, 「행정법원론(상)」, 박영사, 2012, 905-907면.

는 권리구제를 할 수 없는 예외적인 경우 사전에 위법한 처분을 하지 못하도록 하는 예방적 금지소송의 제도를 도입함으로써 권리구제의 흠결을 보완할 수 있을 것으로 기대된다. 다만, 이러한 소송제도의 남용을 방지하기 위하여 그 요건을 엄격히 규정하고 소의 변경을 허가하지 아니하도록 하고 있다.

3) 소의 변경 및 이송의 허용범위의 확대(현행법 제7조 삭제, 안 제22조)

법률지식이 부족한 일반 국민의 입장에서 보면, 민사소송과 행정소송의 구분이나 적절한 소송방법의 판단은 매우 어려운 문제이다. 그런데 현행 행정소송법은 행정소송에서의 소의 변경에 관하여만 규정하고 있는데, 개정안은 민사소송을 행정소송으로, 행정소송을 민사소송으로 변경하는 절차에 관하여 규정하고, 또한 사건의 이송에 관한 현행법의 특칙(법 제7조)을 삭제하여 민사소송의 준용에 의한 사건의 이송이 가능하도록 하고 있다. 이렇게 하여 행정소송과 민사소송 사이의 소의 변경이나 이송을 넓게 허용함으로써 국민들이 행정소송을 보다 쉽게 활용할 수 있도록 한 것이다.

4) 이해관계자의 소송참여기회의 보장(안 제16조)

행정처분은 그 성질상 다수의 이해관계인에게 영향을 미칠 수 있으므로 이해관계가 있는 제3자 및 관계행정청이 행정소송에 참여하도록 하는 것이 바람직하다. 이러한 요청에 부응하기 위하여 개정안은 이해관계자에게 소제기의 사실을 통지하고 의견을 제출할 수 있도록 하는 규정을 신설하였다. 따라서 행정소송절차에 이해관계자의 참여를 제도적으로 보장함으로써 행정사건에 대한 실질적인 분쟁해결에 도움이 될 것으로 믿는다.

5) 집행정지요건의 완화(안 제24조 제2항)

행정소송법 제23조 제1항은 집행부정지의 원칙을 취하고 있다. 그러나 동조 제2항에서 예외적으로 '회복할 수 없는 손해를 예방하기 위한 긴급한 필요가 있는 경우'라는 매우 제한적인 범위에서만 가구제로서의 집행정지가 가능하여 실효적인 권익구제에 충분하지 못하다는 비판을 피할 수 없었다. 따라서 개정안은 집행정지의 요건을 '회복할 수 없는 손해'에서 '중대한 손해'로 완화하였다. 그리하여 금전상 손해라 하더라도 손해의 정도가 중대한 경우에는 집행정지가 가능하게 되어 충실한 권익구제가 이루어질 것으로 생각한다.

6) 가처분제도의 도입(안 제26조)

현행법에서는 수익적 행정처분을 구하는 신청에 대하여 행정청이 위법한 거부처분을 하여 행정소송을 제기한 경우라 하더라도 그 행정소송이 확정될 때까지 임시구제를 받을 수 없어 권리보호에 문제가 있다고 지적되어 왔다. 따라서 개정안은 이러한 문제의 해소방안으로 가처분제도를 도입하였는 바, 이로 인하여 기존의 집행정지제도만으로는 임시구제(가구제)가 어려웠던 부분에 대하여서까지 사전구제를 할 수 있게 되어 더욱 충분한 권익구제가 이루어질 수 있을 것으로 기대할 수 있다.

7) 행정청에 대한 자료제출요구권의 신설(안 제28조)

현재는 행정청이 처분 등의 위법성의 심리에 필요한 자료를 제출하지 아니할 경우 법원은 충분한 심리를 하기 어려운 문제가 있다는 비판을 받고 있다. 따라서 개정안은 당사자인 행정청 또는 관계행정청은 법령상 또는 사실상 비밀로 하여야 할 자료나 공익을 해할 우려가 있는 자료를 제외하고는 원칙적으로 법원의 자료제출요구에 응하도록 하였고, 이렇게 함으로써 법원의 심리가 보다 충실히 이루어질 것이다.

8) 취소판결의 기속력으로써 결과제거의무의 인정(안 제34조 제4항)

위법한 행정처분이 판결로 취소된 경우 행정청이 당해 처분의 집행으로 인한 위법한 결과까지 제거할 의무가 있는지에 대하여는 현행법에 명백한 규정이 없어 의문이다. 따라서 개정안은 판결에 의하여 취소된 행정처분의 집행으로 인하여 발생한 결과를 행정청이 제거할 의무에 관하여 '취소판결의 기속력'으로 규정하고 있다. 이러한 규정에 의하여 이미 행하여진 행정처분이 위법하다는 판단을 받았음에도 그 처분으로 인한 결과를 방치함으로써 국민들에게 불이익을 주는 경우를 방지할 수 있으리라 기대하게 된다.

9) 당사자소송의 활성화와 가집행선고의 가능화(현행법 제43조 삭제)

행정처분 등을 원인으로 하는 법률관계라도 판례는 이를 일반적으로 사법상의 법률관계로 보아 민사사건으로 취급하여 왔다. 그러나 이러한 법률관계에 관한 사건은 공법상의 쟁점에 관한 판단이 그 주된 내용을 이루는 것이므로 행정법원이 관장하는 것이 타당하다고 할 것이다. 이러한 점을 고려하여 개정안은 행정상 손실보상, 처분 등의 위법으로 인한 손해배상 · 부당이득반환 등에 관한 소송은 공법상 당사자소송으로 명시하고 있다.

또한 현행법은 국가를 상대로 하는 당사자소송의 경우에는 가집행선고를 할 수 없도록 규정하고 있으나, 이는 합리적인 이유 없이 일반 사인에 비하여 국가를 지나치게 우대하는 차별적 조항이라는 비판을 외면하기 어려웠다. 이러한 비난을 극복하기 위하여 국가를 상대로 하는 당사자소송의 경우에는 가집행선고를 할 수 없도록 한 규정을 삭제하였다. 이로 인하여 국민의 권리실현이 신속하게 이루어질 수 있을 것으로 기대할 수 있게 되었다.

10) 개정안에 도입이 유보된 사항

위에서는 개정안에 채택된 주요 내용에 대하여 소개하였는데, 이러한 사항 외에도 위원회에서는 상당히 진지한 논의와 검토를 거쳤지만 결과적으로는 조문화되지 아니한 사항도 적지 않다. 다음에서는 그 중에서 가장 중요한 의미를 가지는 것으로서 항고소송의 대상의 확대의 문제와 원고적격의 확대의 문제에 대하여만 언급하고자 한다.[10)]

(1) 항고소송의 대상의 확대

법무부의 개정안과는 달리 대법원의 개정안에서는 현행법과 차이를 두어 협의의 처분뿐만 아니라 권력적 사실행위 및 법규명령 등도 모두 항고소송의 대상으로 하였다. 이에 대하여 법무부의 행정소송법 개정위원회에서는 법규명령은 항고소송의 대상이 될 수 없다는 점에 대하여 처음부터 의견을 같이 하고 있었다. 그 논거에 대한 구체적 논의는 없었으나, 법규명령은 행정행위와는 근본적으로 법적 성격이 다른 행위형식이라는 점이 아마도 그 기본적 논거가 되는 것으로 공감한 결과인 것 같다. 다른 한편 위원회에서는 법규명령이 통상의 항고소송의 대상이 되지 아니한다고 하여, 이 행위형식이 재판통제에서 제외될 수 있다는 것을 의미하지 아니한다는 점에 대하여도 이견은 없었다. 그러나 그 통제를 위한 적절한 소송형식에 대하여는 견해가 합치되지 아니하여 이 문제는 결국 판례의 발전과 더불어 차후에 더 검토할 사항으로 보아 유보하게 되었던 것이다.

(2) 원고적격의 확대의 문제

취소소송 등의 원고적격이 현행법에 비하여 더욱 확대되어야 한다는 점에 대하여는 위원회의 위원들은 의견이 합치되고 있었으나, 그 구체적 범위나 그 내용을 어떻게 규정할 것인지에 대하여는 견해가 나누어져 있었다. 이에 관하여는 '정당한 이익', '보호가치 있는 이익', '법적으로 정당한 이익', '법적 이익' 등의 용어가 제시되었다. 그런데 '법적 이익'이라는 용어가 사실상의 이익의 침해는 배제하면서도 관계 법령에 의하여 보호되는 이익을 널리 포괄할 수 있다고 보아 다수의 지지를 얻고 있었다. 한편, 원고적격의 범위를 지나치게 확대하는 경우에는 행정의 원활하고 효율적인 수행에 있어서는 적지 않은 문제점이 야기될 수 있다는 점과, 다른 한편 현행법의 '법률상 이익'도 불확정개념으로서 확대 해석될 여지가 충분히 있으며, 판례도 이를 넓게 해석하는 추세에 있다는 점을 고려하여 원고적격을 확대하는 방향의 적극적인 개정은 결국 유보하기로 결정하였다.

10) 김동희, 전게서, 709-710면.

제2절 행정소송의 한계

Ⅰ. 행정소송의 대상과 한계의 문제

1. 행정소송의 대상

행정소송의 대상은 행정소송사항, 즉 행정소송제기의 대상으로 될 수 있는 사항이다.

행정소송의 대상을 정하는 입법례로서는 열기주의와 개괄주의가 있다. 열기주의는 행정소송의 대상으로서 행정법원이 관할권을 갖는 사항을 법률에 명시적으로 나열하는 사항만으로 한정하여 인정하는 입법형태이고, 개괄주의는 행정소송을 제기할 수 있는 사항을 한정하지 아니하고 행정법원이 기본적으로 모든 행정법관계에 있어서의 분쟁에 대하여 관할권을 갖는 입법유형이다. 오늘날 법치국가의 행정에서는 개괄주의를 일반적으로 채택하고 있으며, 개괄주의가 국민의 권익구제의 범위를 확대시키고 행정의 효과적인 통제라는 법치행정의 원칙에 적합한 방식이다. 왜냐하면 열기주의에 의할 때에는 법률에 명시하지 아니한 사항은 행정법원이 재판권을 갖지 못하지만, 개괄주의에 의할 때 국민들은 행정청의 모든 위법한 공법작용을 행정법원에서 다툴 수 있기 때문이다.

우리나라 행정소송법은 개괄주의를 채택하고 있다(법 제1조, 제2조 제1호, 제4조 제1호, 제19조). 따라서 행정청의 처분이나 부작위를 중심으로 한 위법한 행정작용 전반에 대하여 행정소송의 제기가 허용되고 있다. 그러나 모든 공권력이 아니라 처분과 재결만을 소의 대상으로 하는 협소한 처분개념과 사실행위를 다투는 소송형식이 없는 등 제한된 소송형식으로 인하여 모든 위법한 공법작용에 대하여 행정소송을 통한 권리구제가 이루어지고 있는 것은 아니라는 점이 현행 행정소송법이 갖고 있는 중대한 문제점이다.

2. 행정소송의 한계문제

행정소송법이 행정소송사항에 관하여 개괄주의를 취하고 있다 하더라도, 행정청의 위법한 처분 기타 공권력작용에 대하여는 어느 경우에나 모두 행정소송의 제기가 허용된다는 것을 의미하지는 아니하고, 법원의 행정사건재판권에는 일정한 한계가 있다. 행정소송에 대한 재판권의 한계는 사법(司法)의 본질로부터 나오는 한계와 권력분립의 원칙에 따르는 한계가 있다. 그런데 사법의 본질에서 오는 행정소송의 한계는 행정소송이 사법(재판)이라는 점에 기인한 것이고, 권력분립의 원칙에서 오는 행정소송의 한계는 행정소송이 행정사건을 대상으로 하는 소송이라는 점에서 문제가 된다.

Ⅱ. 사법의 본질로부터 나오는 한계

헌법은 국민의 재판을 받을 권리를 보장하고 있고(제27조 제1항), 이러한 헌법규정에 의거하여 법원조직법 제2조 제1항은 「법원은 헌법에 특별한 규정이 있는 경우를 제외한 일체의 법률상의 쟁송을 심판하고, 이 법과 다른 법률에 의하여 법원에 속하는 권한을 가진다」고 규정하여 행정사건을 포함한 모든 법률적 쟁송을 법원의 통일적 관할로 하고 있다. 여기에서 사법개념의 요소가 되고 있는 '법률적 쟁송'이란 당사자 사이의 구체적인 권리의무관계에 대한 법률적용상의 분쟁을 의미하며, 이는 구체적 사건성과 법률적용상의 분쟁을 요소로 한다.[11] 그러므로 행정사건의 재판권에는 이와 같은 사법권의 본질로부터 유래하는 한계가 있다. 따라서 이러한 법률상의 쟁송에 대하여서만 사법작용은 행하여질 수 있으며, 그 외의 경우에는 행정소송의 한계로서 사법작용이 행하여질 수 없게 된다.

1. 구체적 권리 · 의무관계에 관한 쟁송으로서의 한계

행정소송은 단지 법률의 적용에 관한 다툼이 있다는 것만으로는 제기할 수 없고, 그것이 당사자 사이의 구체적인 권리 · 의무에 관한 분쟁이 존재하는 경우에만 행하여질 수 있다. 따라서 이러한 분쟁이 아닌 경우는 '구체적 사건성'을 결여한 것으로서 행정소송의 대상이 되지 못한다. 이와 관련하여 구체적 사건성을 결여하는 대표적인 경우를 들면 다음과 같다.

1) 반사적 이익

법규에 의거한 행정청의 처분으로 인하여 특정인이 어떠한 이익을 받더라도 순전히 공익적 견지에 의한 경우에는, 그것은 공익을 위한 행정작용의 반사적 효과로서의 반사적 이익에 불과하다. 행정소송은 구체적인 법률관계에서 법률상의 이익이 침해된 자가 소송을 제기할 수 있으며(법 제12조, 제35조, 제36조), 법률상 이익의 침해에 해당하지 않는 반사적 이익의 침해는 행정소송의 대상이 되지 아니한다.[12] 그러나 오늘날 반사적 이익은 법규의 보호법익의 확대로 인하여 점차

11) 류지태, 전게서, 518면.

12) 대판 1963.8.22, 63누97; 대판 1982.7.13, 80무6; 대판 1985.6.25, 84누579.

공권화되고 있으며, 이로 인하여 법률상 보호되는 이익과의 구별이 쉽지 않은 상황이다.

2) 추상적 법령의 효력과 해석

헌법 제107조 제1항과 제2항은 구체적 규범통제만을 인정하고 있다. 즉 헌법은 법령의 해석이나 효력에 관한 분쟁은 그 위헌성이나 위법성의 여부가 재판의 전제가 되는 경우에 한하여 소송제기에 의하여 다툴 수 있도록 하고 있다.[13] 따라서 법령의 효력이나 해석에 관한 분쟁은 구체적인 처분의 존재를 전제로 하여 개인의 권리나 의무에 관련되는 경우에만 소송제기가 가능하며, 이러한 처분의 존재를 전제로 하지 않는 추상적인 경우는 소송제기가 불가능하여 추상적 규범통제는 인정되지 않는다. 그러나 예외적으로 법령 그 자체에 의하여 국민의 권리·의무에 영향을 미치게 되는 이른바 처분적 법령인 경우에는 그 자체로서 소송의 대상이 된다.

3) 객관적 소송

민중소송·기관소송 등과 같은 객관적 소송은 개인의 구체적인 권리·의무와 직접적인 관계가 있는 법률적 쟁송이 아니고, 행정법규의 적정한 적용을 확보하기 위한 소송이기 때문에 특별히 법률이 허용하고 있을 때에 한하여 제기할 수 있다(법 제45조).

4) 사실행위

행정소송은 법률적 쟁송의 문제, 즉 공법상의 권리·의무관계에 관한 소송이므로 단순한 사실관계의 존부 등의 문제는 행정소송의 대상이 되지 아니한다.[14] 위법한 공법상 사실행위로 인한 재산상 피해의 배상을 구하는 소송은 가능하지만, 위법한 공법상 사실행위 그 자체의 예방 내지 부작위를 구하는 소송은 인정되고 있지 않다.[15] 그러나 권력적 사실행위의 경우에는 그 권력적인 성질로 인하여 당사자 사이의 권리나 의무에 관한 분쟁의 존재를 인정할 수 있고, 이로 인하여 권력적 사실행위에 대하여는 소송제기가 가능하게 된다.

2. 법률적용에 관한 분쟁으로서의 한계

행정소송의 대상이 되기 위해서는 법률적용에 의하여 해결될 수 있는 분쟁에 한정된다. 법률적 쟁송은 법률적용에 관한 분쟁을 대상으로 하는 것이므로 비록 권리·이익의 침해가 있다고 하더라도 법률적용상의 문제가 아니면 소송에 의한 구제에 적합하지 아니하다.

---

13) 대판 1987.3.24, 86누656; 대판 1992.3.10, 91누12639.

14) 대판 1990.11.23, 90누3553.

15) 홍정선, 전게서, 897면.

1) 학술 · 예술상의 문제

학술 · 기술적 논쟁 또는 예술상의 분쟁은 그것이 비록 구체적 권리 · 의무에 관한 것이라 할지라도 법령의 적용에 의하여 해결될 수 있는 성질의 것은 아니므로 행정소송의 대상이 되지 않는다.[16]

2) 행정상의 훈시규정

어떠한 법규가 단순히 행정상의 방침만을 규정하고 있는 방침규정에 불과할 뿐인 때에는 그 규정의 준수와 실현을 소송으로써 주장할 대상이 아니다. 이러한 훈시규정은 다만 행정청에 제시된 하나의 기준에 그칠 뿐이고, 행정청에 의무를 부과하는 것도 아니고 직접 개인의 권리나 이익의 보호를 목적으로 하는 강행규정도 아니기 때문이다. 문제는 행정법규 중 어떠한 규정이 훈시규정인가의 여부이다. 이와 같은 문제의 해석에는 당해 조문의 표현 · 목적뿐만 아니라 당해 법률 전체의 취지 · 구조 등도 고려하여야 할 것이다.

3) 특별행정법관계에서의 행위

종래의 전통적 특별권력관계이론에 따르면, 이른바 특별권력관계의 내부에서의 행위는 그 특별권력관계에 있어서의 내부의 질서유지를 위한 행위는 법률적 쟁송이 아니어서 사법심사의 대상이 되지 않는 것으로 보았다. 그러나 이미 살펴본 바와 같이 사법적 통제 밖에 놓이는 특별권력관계라는 것은 오늘날 인정될 수가 없으며, 특별행정법관계로 보아 행정처분의 성질을 갖는 한 그러한 법률관계에서의 행위도 전면적인 사법심사가 허용된다고 판단한다.

4) 내부행위

행정청의 내부행위는 원칙상 법적 통제의 대상이 되지 아니하고, 사법적 통제의 대상이 되지 않는다.[17] 따라서 이는 행정소송의 대상이 아니다.

Ⅲ. 권력분립원리로부터 나오는 한계

헌법 제107조 제2항은 「명령 · 규칙 또는 처분이 헌법이나 법률에 위반되는 여부가 재판의 전제가 된 경우에는 대법원은 이를 최종적으로 심사할 권한을 가진다」고 규정함으로써 행정권에 대한 사법적 통제를 인정하고 있다. 그러나 입법 · 행정 · 사법의 분리라는 권력분립원칙은 기본권보장

---

16) 김동희, 전게서, 696면; 석종현, 전게서, 808면.
17) 박균성, 전게서, 1008면.

과 함께 헌법의 기본원칙이므로 사법권에 의한 행정권의 통제제도인 행정소송은 권력분립원리로부터 나오는 일정한 한계를 갖게 된다. 그에 따라 사법부에 의한 해결보다는 다른 국가기관, 특히 행정기관에 의한 해결이 바람직한 경우에는 행정소송의 대상이 되지 못하게 된다. 일정한 경우의 재량행위나 통치행위가 사법심사의 대상에서 제외되는 것도 이러한 권력분립원리에서 나오는 한계 때문이므로 여기에서 이러한 문제를 검토하고자 한다.[18] 특히 이와 관련하여 일반적으로 논의되고 있는 사항은 행정청의 부작위에 대하여 사법부인 법원이 일정한 의무를 명할 수 있는가의 문제이다. 이러한 문제와 관련하여 구체적으로는 의무이행소송 · 예방적 금지소송을 인정할 것인지의 여부가 고민사항이다.

1. 재량행위

재량행위는 행정청이 일정한 행위를 할 것인지의 여부(결정재량) 또는 법적으로 허용되는 수개의 행위 중에서 어느 행위를 선택할 것인가(선택재량)에 관하여 행정청에 재량권, 즉 독자적인 판단권이 부여되어 있는 행정행위를 말한다. 따라서 재량행위의 경우에는, 그 재량권의 한계 내에서 행한 행위라면 그 재량이 그릇된 때에도 그것은 부당행위가 되는 데 그치고 위법한 것은 아니므로 행정기관(행정심판위원회)의 행정심판의 대상이 될 뿐 행정소송을 통한 사법심사의 대상은 되지 않는다. 그러나 재량행위라 하더라도 그 재량권을 일탈 · 남용한 경우에는 위법한 처분이 되어 행정소송을 제기할 수 있으므로 사법적 구제가 가능하다(법 제27조).

2. 통치행위

통치행위는 고도로 정치성을 띠고 있는 국가행위로서 사법심사의 대상에서 제외되는 행위를 말한다. 이러한 통치행위는 법규의 해석 · 적용과 관련되고 사인의 권리 · 의무에 영향을 미치는 사건일지라도 그 성질상 사법심사의 대상으로 하기에는 부적당한 행위이다. 생각건대, 통치행위는 특히 개인의 기본권과 관련하여 엄격히 검토하여야 할 문제이다. 고도의 정치적 결단에 의한 행위로서 그 결단을 존중하여야 할 필요성이 있는 행위라는 의미에서의 통치행위의 관념은 인정할 수 있을 것이다. 우리나라의 경우 사법권의 본질과 사법권과 행정권의 분립의 취지에 비추어 통설 · 판례는 한정된 국가행위에 대하여는 통치행위로서 사법심사의 배제를 인정한다. 그러나 오늘날에 이르러서는 통치행위의 인정범위를 점차 축소하려는 경향이다.

---

18) 우리나라 학자들은 일반적으로 행정소송의 한계문제를 설명하면서 재량행위 · 통치행위를 사법의 본질로부터 나오는 한계에서 기술하고 있지만, 여기에서는 본문에서 지적한 바와 같은 이유로 권력분립원리로부터 나오는 한계의 부분에서 검토한 것이다(김남진 · 김연태, 전게서, 737면 참조).

3. 의무이행소송 등의 인정 여부의 문제

1) 의무이행소송

(1) 의 의

의무이행소송이란, 일정한 행정행위를 하여줄 것을 상대방이 신청하였는데도 행정청이 이를 거부하거나 또는 방치(부작위)하고 있는 경우에 행정청에 대하여 일정한 처분을 할 것을 명하는 내용의 판결을 구하는 행정소송을 말한다.

(2) 의무이행소송의 인정 여부

우리의 행정소송법에는 이러한 의무이행소송에 관한 명문규정이 없기 때문에 인정 여부와 관련하여 다음과 같이 견해가 나누어져 있다.

(가) 부정설(소극설)

이 견해는 권력분립원칙에 입각하여 행정청에 대한 제1차적 판단권은 행정청에게 있다는 입장에서, 법원은 상급기관은 아니므로 행정청의 처분이 있기 전에 당해 처분을 할 것을 명하는 내용의 판결은 할 수 없다고 한다. 또한 현행 행정소송법이 행정심판법과는 달리 부작위위법확인소송만을 인정하였으므로 의무이행소송은 부인될 수밖에 없으며, 그리하여 법원이 적극적 형성판결이나 이행판결을 할 수 없기 때문에 행정소송법 제4조 제1호의 '변경'은 소극적 변경, 즉 일부취소를 의미하는 것으로 본다.[19] 우리나라의 판례는 이러한 소극설을 따르고 있다.[20]

(나) 긍정설(적극설)

이 견해는 권력분립의 원리는 권력 상호간의 견제와 균형을 통하여 권력의 남용을 막고 개인의 권리를 보장하려는 데 본질적 의미가 있다는 입장에서, 행위개념상 작위 또는 부작위에 따라 행정행위성에 영향을 미칠 이유가 없으며, 또한 행정소송법 제1조가 「공권력의 행사 또는 불행사 등으로 인한 국민의 권리 또는 이익의 침해를 구제하고」라고 명시적으로 규정하고 있는 점에 비추어 보아 행정소송법 제4조 제1호의 '변경'을 적극적으로 이해하여 이행판결 또는 적극적 형성판결을 긍정하는 방향으로 해석하는 것이 바람직하다는 주장이다.[21]

(다) 한정적 긍정설(제한적 허용설)

이 견해는 의무이행소송은 한정된 범위에서만 허용된다고 본다. 즉 의무이행소송을 원칙적으

---

19) 김도창, 전게서, 738면; 류지태, 전게서, 524면.

20) 대판 1989.5.23, 88누8135; 대판 1994.12.22, 93누21026; 대판 1997.9.30, 97누3200.

21) 김동희, 전게서, 698면; 박균성, 전게서,984면; 석종현, 전게서, 810면; 이상규, 전게서, 775면; 홍정선, 전게서, 903면.

로 부인하면서도, ① 행정청에게 제1차적 판단권을 행사하게 할 것도 없을 정도로 처분요건이 일의적으로 정하여져 있고, ② 사전에 구제하지 않으면 회복할 수 없는 손해가 발생할 우려가 있으며, ③ 다른 적당한 구제방법이 없는 경우에 한정하여 의무이행소송이 인정된다고 보는 입장이다.[22]

(라) 결 어

생각건대, 헌법상 기본권보장의 원칙과 법치국가원리, 그리고 행정소송법 제1조의 취지 및 헌법 제27조 제1항이 보장하는 재판청구권으로부터 도출되는 공백 없는 권리구제의 요청에 의하여 행정소송법 제4조는 행정소송의 주된 유형을 예시적으로 열거한 규정으로 이해하는 것이 바람직하다고 볼 수도 있다.[23] 그러나 동조는 행정소송의 유형을 제한적으로 규정한 것으로 보는 견해도 간과할 수만은 없다.

결국 현행 행정소송법이 의무이행소송을 받아들이지 않고 소극적이고도 우회적인 부작위위법확인소송을 제도화하면서 그 실효성 확보를 위한 간접강제제도(법 제38조, 제34조)를 마련함으로써, 의무이행소송을 채택한 것과 같은 효과를 얻고자 시도하고 있다는 점에 비추어 긍정설(적극설)은 입법자의 의사에 반하는 해석이라 할 것이다.

한편, 원칙적인 경우와 예외적인 경우로 나누는 제한적 허용설(절충설)에 대하여는 실정법의 해석상 근거를 찾을 수 있는 것인가와 관련하여 회의적이라고 비판되어야 한다는 점[24]에서 부당하다고 본다. 따라서 부정설(소극설)이 타당하다.[25]

법무부가 마련하여 2007년 11월 19일에 정부안으로 국회에 제출한 행정소송법개정법률안은 이 의무이행소송을 도입하기로 하여 그 개정안 제43조부터 제47조까지 이에 관하여 규정하고 있다.

2) 예방적 금지소송

(1) 의 의

예방적 금지소송이라 함은 행정청이 장래 일정한 처분을 할 것이 임박하거나 명백한 것으로 판단되는 경우에 당해 처분을 하지 아니할 것(부작위)을 명하는 내용의 판결을 구하는 소송을 말한다. 이는 일종의 소극적 형태의 의무이행소송이라 할 수 있으며, '예방적 부작위소송' 또는 '부작위청구소송'이라고도 한다. 이러한 예방적 금지소송은 공권력에 의한 침해가 절박한 경우에 주로 문제된다.

---

22) 박윤흔 · 정형근, 전게서, 762면.
23) 홍준형, 「행정구제법」, 한울아카데미, 2001, 518면.
24) 류지태, 전게서, 523면.
25) 김남진 · 김연태, 전게서, 739면.

(2) 예방적 금지소송의 인정 여부

(가) 부정성(소극설)

이 견해는 예방적 금지소송은 행정청이 법집행작용으로서의 일정한 처분을 하기 전에 당해 권한의 행사를 사전에 차단하는 것으로서 권력분립의 원칙과 행정청의 제1차적 판단권의 존중이라는 관점에서 허용될 수 없다는 주장이다. 소극설(부정설)은 또한 행정소송법 제4조의 항고소송의 유형규정은 예시적인 것이 아니라 제한적인 것으로 이해하여야 한다는 점을 그 논거로 든다. 판례는 이러한 입장을 취하고 있다.[26]

(나) 한정적 긍정설(제한적 허용설)

이 견해는 예방적 금지소송은 공권력에 의한 침해가 절박한 경우에 문제되는 것으로서, 단순히 현상악화를 방지하고자 하는 공권력행사에 대한 소극적 방어수단이라고 볼 수 있기 때문에 적극적 의무이행소송에 대하여는 부정적인 학자들까지도 예방적 금지소송에 대하여는 긍정적인 입장을 취하고 있다. 다만, 권력분립원칙 및 행정청의 제1차적 판단권의 존중이라는 관점에서 의무이행소송에 관한 한정적 긍정설과 같은 일정한 제한적 요건하에 인정된다는 것이 다수설이다.[27] 이러한 주장의 논거는 행정소송법 제4조의 항고소송의 유형을 예시적인 것으로 이해하는 데에 두고 있다.

(다) 결 어

행정소송법 제4조의 항고소송의 유형을 반드시 예시적인 규정이라고 단정할 근거도 없는 상태에서 이를 제한적 규정으로 보는 입장에서는 용이하게 예방적 금지소송을 인정할 수 없을 것이다. 물론 이러한 소송유형이 존재하여야 할 필요성은 권리구제제도의 공백으로 인하여 충분히 인정될 수 있다. 그러나 독일과는 달리 이를 인정할 만한 간접적인 실정법의 규정도 존재하지 않는 우리나라에서는 입법적인 해결이 있을 때까지는 현행법의 해석상 허용될 수 없다고 보아야 할 것이다.[28]

법무부의 행정소송법개정법률안에는 의무이행소송과 함께 예방적 금지소송의 도입도 예정하여 개정법률안 제48조부터 제50조까지에 이에 관하여 규정하고 있다.

---

26) 대판 1987.3.24, 86누182; 대판 2006.5.25, 2003두11988.

27) 김남진 · 김연태, 전게서, 741면; 김동희, 전게서, 699면; 박균성, 전게서, 988면; 박윤흔 · 정형근, 전게서, 762-763면; 석종현, 전게서, 813면.

28) 류지태, 전게서, 524면.

제3절 행정소송의 종류

Ⅰ. 행정소송의 성질에 의한 분류

행정소송은 그 성질에 따라 다음과 같이 구분할 수 있다.

1. 형성의 소

형성의 소란 판결 그 자체에 의하여 법률관계의 형성적 효과, 즉 행정법상의 법률관계를 발생·변경 또는 소멸시키는 판결을 구하는 소이다. 따라서 형성판결은 형성요건의 존재를 확정하여 새로운 행정법상의 법률관계를 발생하게 하거나 기존의 행정법상의 법률관계를 변경·소멸하게 하는 판결이다. 형성판결은 이러한 의미에서 창설적 효력을 갖는 데 대하여, 이행판결이나 확인판결은 선언적 효력을 갖는다.

항고소송 중 취소소송은 행정청의 위법한 처분 등의 취소·변경을 구하는 소송이므로 형성의 소로서의 성질을 가진다.

2. 이행의 소

이행의 소란 피고에 대한 특정한 이행청구권의 존재를 주장하여 그의 확정과 이에 의거한 이행명령의 판결을 구하는 소이다. 이 소송에서는 다툼이 있거나 불확실한 권리를 확정받음과 동시에 피고에 대한 이행명령의 선고를 받아 확정된 권리를 실현시키는 명령형의 소이다.

현행법상은 당사자소송으로서 피고의 이행을 내용으로 하는 소송이 이에 해당되며, 우리나라 행정소송법에서의 인정의 여부와는 별도로 의무이행소송·예방적 금지소송 등이 이행의 소에 해당한다.

3. 확인의 소

확인의 소란 특정한 권리 또는 법률관계의 존재 또는 부존재를 주장하여 이를 확인하는 내용의 판결을 구하는 소이다. 따라서 원칙적으로 권리 또는 법률관계만이 확인의 소의 대상이 된다. 이러한 확인의 소는 다른 소송유형에 비하여 가장 소극적인 성질의 소송형태이다.

항고소송 중 무효등확인소송 · 부작위위법확인소송과 공법상의 법률관계의 존부를 확인받기 위한 당사자소송은 이 확인의 소에 속한다.

Ⅱ. 행정소송의 목적에 의한 분류

행정소송은 그 목적에 따라 다음과 같이 구별할 수 있다.

1. 주관적 행정소송

주관적 행정소송이란 행정소송절차를 통하여 소송제기자의 개인적 권익의 구제를 주된 목적으로 하는 행정소송이다. 따라서 이러한 소송은 행정청의 처분 등으로 인하여 개인의 권리 · 이익이 침해된 경우에 그 구제를 구하는 행정소송을 말한다. 행정소송 중 항고소송과 당사자소송이 이와 같은 주관적 행정소송에 해당한다.

2. 객관적 행정소송

객관적 행정소송이란 행정은 공익의 실현을 목적으로 하고 있기 때문에 이해관계자의 다툼이 아닌 공익실현 또는 행정작용의 적법성 보장을 직접목적으로 하는 행정소송을 말한다. 따라서 이러한 소송은 개인의 권리 · 이익의 보호를 위한 소송이 아니며, 행정법규의 적법성이나 타당성을 이유로 하여 인정되는 소송유형이므로, 이 소송의 제기를 위해서는 개별적 · 직접적인 이해관계를 갖는 당사자일 필요는 없지만 법률의 명시적 규정이 있는 경우에만 그 소송의 제기가 인정된다. 행정소송 중에서 민중소송과 기관소송이 이와 같은 객관적 행정소송에 해당한다.

Ⅲ. 행정소송의 내용에 의한 분류

행정소송은 그 내용에 따라 나눌 수 있다. 행정소송의 유형은 각국의 실정법에 따라 다르다. 행정소송 유형은 국민의 기본권인 재판청구권을 구체적으로 실현하는 수단이라는 점을 고려할 때 가능한 한 공백 없는 내용의 소송유형이 제도화되는 것이 바람직하며, 오늘날의 다양한 행정작용의 유형에 상응한 여러 가지 형식의 소송유형이 마련될 필요성이 있다.

그러나 현행 행정소송법은 항고소송 · 당사자소송 · 민중소송 · 기관소송 등 4종류의 유형만을 인정하고 있는데(법 제3조), 이러한 각 소송유형에 대하여 고찰하는 것이 본서가 앞으로 하여야 할 임무이다.

1. 항고소송

항고소송이란 행정청의 처분등이나 부작위에 대하여 제기하는 소송을 말한다(법 제3조 제1호). 즉 행정청의 위법한 처분 그 밖에 공권력의 행사 또는 불행사 등으로 인한 국민의 권리 또는 이익의 침해를 구제하는 소송이다.

행정소송법은 항고소송의 종류로서 취소소송 · 무효등확인소송 · 부작위위법확인소송 등 3가지의 유형을 규정하고 있다(법 제4조). 이러한 항고소송을 '법정항고소송'이라 한다.

1) 취소소송

(1) 의 의

취소소송이란 행정청의 위법한 처분 또는 재결에 대하여 그 취소 또는 변경을 구하는 소송을 말한다(법 제4조 제1호). 즉 행정처분 기타 공권력의 행사 또는 이에 준하는 행정작용이나 재결에 의하여 그 권익이 침해된 자가 당해 행위의 위법을 이유로 그 취소 또는 변경을 구하는 소송이다.

행정소송법은 취소소송의 대상에 대하여 '원처분주의'를 취하고 있으나, 재결취소소송의 경우에는 재결 자체에 고유한 위법이 있음을 이유로 하는 경우에만 인정하고 있다(법 제19조).

취소소송은 항고소송 중에서 가장 대표적인 소송유형으로서, 현행 행정소송법은 취소소송에 관한 규정을 다른 소송유형에 준용하고 있다.

(2) 취소소송의 성질

취소소송의 성질에 관하여는 형성소송설, 확인소송설 및 구제소송설이 대립하고 있다. 즉 ① 형성소송설은 취소소송은 행정처분에 의하여 발생한 위법한 법률관계를 판결에 의하여 직접적으로 변경 또는 소멸시키는 형성적 성질의 소송이라고 보고, ② 확인소송설은 취소소송의 중점은 처분의 위법성을 확인하는 데 있다고 하면서 취소소송을 확인소송으로 보며, ③ 구제소송설은 취소소송을 처분의 위법성을 확인하는 확인소송적 성질과 처분의 효력을 다투는 형성소송적 성질을 함께 가지는 특별한 유형의 소송으로 보는 견해이다. 형성소송설이 현재의 통설이고,[29] 판례의 입장이다.[30]

---

29) 김남진 · 김연태, 전게서, 745면; 김동희, 전게서, 713면; 류지태, 상게서, 526면; 박균성, 전게서, 975-976면; 석종현, 전게서, 821면; 홍정선, 전게서, 909면.

30) 대판 1992.4.24, 91누11131; 대판 2006.7.28, 2004두13219; 대판 2007.1.11, 2004두8538.

생각건대, 행정소송법 제4조 제1호에 규정하는 취소소송의 개념으로 보거나, 동법 제29조 제1항의 「처분등을 취소하는 확정판결은 제3자에 대하여도 효력이 있다」는 규정이 취소판결의 '대세적 효력'을 인정한 것으로 보아 형성소송설이 타당하다.

(3) 취소소송의 소송물

소송에 있어서는 당사자가 소를 제기하고 법원이 심리 · 판단하는 일련의 모든 단계에 걸쳐 그 대상이 확정되어 있어야 분쟁이 해결될 수 있다. 소송물은 소송법상의 기초개념으로서 심판대상 또는 심판대상이 되는 단위를 말한다.

취소소송에 있어서도 소송물은 중요한 의미를 가진다. 소송물이 특정됨으로써 법원에 의한 심리의 범위, 판결의 기판력의 객관적 범위, 피고적격, 제3자의 소송참가, 소의 병합 · 변경 등의 문제와 관련되기 때문이다.

취소소송에서 원고는 특정한 처분이 위법하다고 주장하여 이를 다투는 것이므로 여기에서는 처분의 위법성이 심리대상이 되어 원고의 주장의 당부가 판결로 확정되게 된다. 따라서 취소소송의 소송물은 '행정처분의 위법성'이 된다. 그런데 그 경우에도 그에 따라 행정처분이 위법하게 되는 사유, 즉 위법사유는 여러 개가 있는 때가 보통인 것이다. 이와 관련하여서는 개개의 위법사유를 소송물로 볼 것인지 또는 그 위법성일반을 소송물로 볼 것인지에 대하여는 견해가 대립되고 있다. 그러나 전자를 취하는 경우는 행정청이 여러 처분이유를 들어 동일한 행정처분을 반복하였을 때에는 원고는 그 수만큼 취소소송을 제기하여야 하는 불이익을 보게 되는 것이므로 취소소송의 소송물은 '처분의 위법성일반'이라고 보는 것이 통설적 견해이다.[31] 판례도 이러한 입장을 취하고 있는 것으로 보인다.[32]

취소소송의 기판력은 다툼의 대상이 된 행정처분의 위법성일반에 대하여 발생하기 때문에 위와 같은 통설의 입장에서는 취소소송에서 기각판결을 받은 경우에 다른 위법사유를 들어 동일한 처분에 대하여 새로운 취소소송을 제기하는 것은 허용되지 아니한다고 본다.[33]

2) 무효등확인소송

(1) 의 의

무효등확인소송이란 행정청의 처분 또는 재결의 효력의 유무 또는 존재의 여부에 대한 확인을 구하는 소송을 말한다(법 제4조 제2호). 이러한 소송유형으로서는 행정처분의 무효확인소송이 그 전형적 형태라 할 수 있고, 그 밖에 처분 등의 유효확인소송 · 존재확인소송 · 부존재확인소송 · 실

---

31) 김동희, 전게서, 713면; 박윤흔 · 정형근, 전게서, 767면; 석종현, 전게서, 822면.

32) 대판 1990.3.23, 89누5386; 대판 1996.4.26, 95누5820.

33) 김동희, 전게서, 714면.

효확인소송 등이 이에 해당하는데, 이를 분명히 하기 위하여 행정소송법은 '무효등확인소송'이라고 규정하고 있다.

처분 등이 무효 또는 부존재인 경우에는 그 하자의 중대성으로 인하여 처음부터 효력을 발생하지 않으므로 누구나 어느 때나 그 효력을 부인할 수 있기 때문에, 구태여 무효나 부존재를 소송을 통하여 확인받을 필요까지는 없지 않는가 하는 생각이 들 수도 있다.

그러나 행정처분의 무효원인인 하자와 취소원인인 하자는 절대적으로 구별될 만큼 그 식별이 쉬운 일은 아니므로 무효 또는 부존재인 처분 등도 행정청이 당해 처분을 유효한 것으로 판단하여 이를 집행할 우려가 있다. 따라서 처분의 상대방으로서는 이러한 소송을 통하여 당해 처분이 무효임을 확인받을 실익이 있는 것이다. 반대로, 처분등이 적법·유효한 것임에도 불구하고 행정청이 이를 무효 또는 부존재인 행위로 판단하여 그것을 부인하는 처분을 함으로써 상대방의 권익을 침해할 수도 있다. 이 경우에는 상대방이 유효확인소송 또는 존재확인소송과 같은 적극적 확인의 소의 방법으로 당해 처분이 유효한 것임을 공적 권위에 의하여 확인받을 필요가 있는 것이다.

(2) 무효등확인소송의 성질

무효등확인소송의 성질에 관하여는 확인소송설, 항고소송설 및 준항고소송설이 주장되고 있다. 즉 ① 확인소송설에 의하면, 무효등확인소송은 처분 등의 효력의 유무 또는 존재의 여부를 확인·선언하는 소송으로 보고, ② 항고소송설은 무효등확인소송은 행정행위의 무효를 확정하고 그 효력의 제거를 목적으로 하는 것이기 때문에 행정권이 우월적 지위에서 행한 행위의 효력을 다투는 것으로 되어 취소소송과 본질적으로는 같은 것으로 보며, ③ 준항고소송설은 무효등확인소송이 실질적으로는 처분 등의 무효나 부존재를 확인하는 일종의 확인소송이지만 형식적으로는 처분 등의 효력의 유무나 존재의 여부를 다투는 항고소송의 성질도 아울러 갖는다고 보는 견해이다.

행정소송법은 무효등확인소송을 항고소송의 일종으로 규정하고 있으나(법 제4조 제2호), 내용적으로는 준항고소송의 성질을 갖는 것으로 보아야 한다.[34] 판례도 비록 형식상 확인판결이라 하여도 무효확인판결의 효력은 취소판결과 같이 소송의 당사자는 물론 제3자에게도 미친다고 한다.[35]

(3) 무효등확인소송의 소송물

무효등확인소송의 소송물은 처분 또는 재결의 무효·유효 또는 존재·부존재이다. 즉 이러한 소송에서는 당해 처분 또는 재결의 효력의 유무 또는 존재의 여부가 그 심리대상으로 되어 판결에 의하여 확인되게 되는 것이다.

---

34) 김동희, 상게서, 714-715면; 류지태, 전게서, 530면; 박균성, 전게서, 980면; 박윤흔·정형근, 전게서, 768면; 이상규, 전게서, 798면; 홍정선, 전게서, 1047면.

35) 대판 1982.7.27, 82다273.

(4) 무효등확인소송의 특성

무효등확인소송은 취소소송과 비교하여 행정심판전치주의, 제소기간의 제한, 사정판결, 간접강제 등의 규정이 적용되지 않는 특성이 인정되고 있다.

3) 부작위위법확인소송

(1) 의 의

부작위위법확인소송이란 행정청의 부작위가 위법하다는 것을 확인하는 소송을 말한다(법 제4조 제3호). 여기의 '부작위'라 함은 행정청이 당사자의 신청에 대하여 상당한 기간 내에 일정한 처분을 하여야 할 법률상 의무가 있음에도 불구하고 이를 하지 아니하는 것을 말한다(법 제2조 제1항 제2호). 이러한 부작위가 위법한 것임을 확인하는 소송유형이 부작위위법확인소송이다.

행정소송법은 행정청의 부작위에 대하여 그 부작위가 위법하다는 것을 확인하는데 그치는 소극적인 소송형식을 채택하였을 뿐이고, 적극적으로 일정한 처분을 할 것을 명하는 내용의 의무이행소송은 허용되고 있지 않는다. 이러한 점에서 행정심판법이 의무이행심판을 인정하고 있는 것과 다르며, 권리구제수단으로써는 미흡하다.

(2) 부작위위법확인소송의 성질

부작위위법확인소송은 행정청의 부작위가 위법한 것임을 확인하기 위한 소송이므로 기본적으로는 확인소송의 성질을 가진다. 그러나 이 소송은 행정청의 소극적인 공권력의 행사로 발생한 위법상태의 배제를 구하는 소송으로서 항고소송으로 규정하고 있는 것이다. 따라서 부작위위법확인소송은 확인소송과 항고소송의 성질을 모두 갖는 것으로 볼 수 있다.[36]

(3) 부작위위법확인소송의 소송물

부작위위법확인소송의 소송물은 부작위의 위법성이다. 따라서 이와 같은 소송에서는 행정청에 부과되어 있는 작위의무가 기속적 처분인 경우에도 법원은 그 부작위가 위법한 것임을 확인할 수 있는 데 그치고, 특정한 작위의무가 있음을 확인하거나 그러한 행위를 할 것을 명하는 내용의 판결을 할 수는 없다.

(4) 부작위위법확인소송의 특성

부작위위법확인소송은 취소소송과 비교하여 그 성질상 집행정지결정, 사정판결에 관한 규정이 적용되지 아니한다.

---

36) 김남진 · 김연태, 전게서, 855-856면; 김동희, 전게서, 715면; 류지태, 전게서, 531면; 박균성, 전게서, 982면; 박윤흔 · 정형근, 전게서, 769면; 석종현, 전게서, 919면; 홍정선, 전게서, 1059면.

2. 당사자소송

1) 의 의

당사자소송이라 함은 행정청의 처분 등을 원인으로 하는 법률관계에 관한 소송 그 밖에 공법상의 법률관계에 관한 소송으로서 그 법률관계의 한쪽 당사자를 피고로 하는 소송을 말한다(법 제3조 제2호).

항고소송은 행정청의 적극적 또는 소극적 공권력행사를 직접 대상으로 하는 불복수단으로써, 행정청의 우월적인 지위의 존재를 전제로 하는 소송유형이다. 이에 대하여 당사자소송은 원고와 피고와의 관계가 대등한 지위에서 권리관계를 다투는 소송으로서, 민사소송과 본질적인 차이가 있는 것은 아니다. 당사자소송과 민사소송은 모두 대등한 당사자의 존재를 전제로 하고, 공권력의 행사 자체를 다투는 것이 아니라는 점에서는 동일하다. 그러나 여기의 당사자소송은 그 대상인 법률관계가 공법상의 법률관계인 데 반하여, 민사소송은 사법상의 법률관계를 그 대상으로 하는 점에서 차이를 갖는다.

2) 당사자소송의 유형

당사자소송은 그 성질이 다른 실질적 당사자소송과 형식적 당사자소송의 두 가지 유형이 있다.

(1) 실질적 당사자소송

실질적 당사자소송은 본래의 의미의 당사자소송으로서 대등한 당사자 사이의 공법상의 법률관계에 관한 소송으로서 법률관계의 한쪽 당사자를 피고로 하는 소송이다. 즉 실질적 당사자소송은 공법상의 법률관계를 소송물로 하는 대등한 권리주체 사이의 소송을 말하는 것으로서 당사자소송의 일반적 소송유형이다.

이러한 소송유형은 다시 이러한 법률관계의 발생원인을 기준으로 하여, ① 행정청의 처분 등을 원인으로 하는 법률관계에 관한 당사자소송과, ② 이러한 원인 없이 존재하는 공법상의 법률관계에 관한 당사자소송으로 나눌 수 있다. 전자에 속하는 소송으로는 처분 등의 무효 또는 취소를 전제로 하는 공법상의 부당이득반환청구소송, 공무원의 직무상 불법행위에 대한 손해배상청구소송, 적법한 처분을 원인으로 한 손실보상청구소송 등을 그 예로 들 수 있다. 후자에 해당하는 것으로는 공법상의 신분 또는 지위의 확인소송, 공무원의 급여·연금 등 공법상의 금전지급청구소송, 공법상의 계약 또는 사무관리에 관한 소송 등이 이러한 소송에 속한다.

(2) 형식적 당사자소송

형식적 당사자소송은 행정청의 처분 등을 다투는 소송이면서 항고소송에서와 같이 행정청을 피고로 하지 않고, 당해 처분 등을 원인으로 하는 법률관계의 한쪽 당사자를 피고로 하여 제기하는 소송유형을 말한다. 이러한 소송은 실질적으로는 행정청의 처분 등을 다투는 소송이면서 항고소송에서와 같이 처분행정청을 피고로 하지 아니하고, 그 법률관계의 한쪽 당사자를 피고로 하여 제기하는 소송으로서 이를 형식적 당사자소송이라고 한다. 이와 같은 명칭은 실질적으로는 처분 등을 다투는 것이지만 형식적으로는 당사자소송의 형태를 취하고 있다는 점에 연유하는 것이다.[37] 이 소송은 현실적으로 당사자가 다투고자 하는 분쟁의 내용을 중시하여 이러한 분쟁의 실질적인 이해관계자만을 소송당사자로 하고 행정청을 배제하여 신속한 권리구제를 실현하고 소송절차를 간소화하는 데에 그 필요성이 있는 제도이다.

토지취득보상법 제85조 제2항에서 재결에 대하여 「제기하려는 행정소송이 보상금의 증감(增減)에 관한 소송인 경우 그 소송을 제기하는 자가 토지소유자 또는 관계인일 때에는 사업시행자를, 사업시행자일 때에는 토지소유자 또는 관계인을 각각 피고로 한다」고 규정하여 보상금증감청구소송의 성격이 형식적 당사자소송임을 명백히 하였다.[38] 이 외에 이러한 소송유형에 속하는 대표적인 것으로 개별법에서 그 예를 찾아보면 특허법 제187조 · 제191조, 상표법 제86조 제2항, 실용신안법 제33조, 디자인보호법 제75조 등을 들 수 있다.

3) 당사자소송의 특성

당사자소송에 관하여는 처분의 존재를 전제로 하는 취소소송에 대한 제소기간의 제한, 행정심판전치주의, 집행정지 등의 규정은 그 성질상 준용되지 않으며, 주로 항고소송의 절차적 사항에 관한 규정으로서의 직권심리주의, 제3자 · 행정청의 소송참가, 처분의 변경으로 인한 소의 변경 등은 행정소송법의 규정이 준용된다. 그 외에도 민사소송에 관한 규정이 당사자소송에 준용된다.

3. 민중소송

1) 의 의

민중소송이란 국가 또는 공공단체의 기관이 법률에 위반되는 행위를 한 때에 직접 자기의 법률상 이익과 관계없이 그 시정을 구하기 위하여 제기하는 소송을 말한다(법 제3조 제3호). 이러한 민중소송은 당사자 사이의 개별적인 권리 · 의무에 관한 분쟁을 해결하기 위한 주관적 소송이 아니고, 행정법규의 적정한 적용을 확보하고 공공의 이익을 보호하기 위한 소송이라는 점에서 객관적 소송으로서의 성질을 갖는다.

---

37) 김동희, 상게서, 716-717면.

38) 박평준 · 박창석, 「보상법규강의」, 리북스, 2009, 286-287면.

2) 민중소송의 유형

민중소송은 법률적 쟁송에는 해당하지 않으므로 인하여 법률에 명시적 규정이 있는 경우에만 예외적으로 허용된다(법 제45조).

현행법상 인정되고 있는 민중소송의 경우는 선거소송과 국민투표에 관한 소송 등을 들 수 있다. 즉 대통령선거 및 국회의원선거에 있어서 선거의 효력에 관하여 이의가 있는 선거인 · 정당 또는 후보자는 선거일부터 30일 이내에 당해 선거구선거관리위원회 위원장을 피고로 하여 대법원에 소를 제기할 수 있다(공직선거법 제222조 제1항). 한편, 지방의회의원 및 지방자치단체의 장의 선거에 있어서 선거의 효력에 관한 소청의 결정에 불복이 있는 소청인(당선인을 포함한다)은 해당 소청에 대하여 기각 또는 각하의 결정이 있는 경우에는 해당 선거구 선거관리위원회 위원장을, 인용결정이 있는 경우에는 그 인용결정을 한 선거관리위원회 위원장을 피고로 하여 그 결정서를 받은 날부터 10일 이내에 비례대표 시 · 도의원선거 및 시 · 도지사선거에 있어서는 대법원에, 지역구시 · 도의원선거, 자치구 · 시 · 군의원선거 및 자치구 · 시 · 군의 장 선거에 있어서는 그 선거구를 관할하는 고등법원에 소를 제기할 수 있다(동조 제2항). 또한 국민투표의 효력에 관하여 이의가 있는 투표인은 중앙선거관리위원회 위원장을 피고로 하여 대법원에 국민투표무효확인소송을 제기할 수 있다(국민투표법 제92조).

3) 민중소송에 대한 적용법규

민중소송의 적용법규에 대하여는 민중소송의 제기를 허용하는 각 개별법에서 보통 관련규정을 두고 있다. 이러한 규정이 없는 경우에는 개개의 소송유형에 따라 그에 상응하는 행정소송법의 규정이 적용된다(공직선거법 제227조 참조).

4. 기관소송

1) 의 의

기관소송이라 함은 국가 또는 공공단체의 기관 상호간에 있어서의 권한의 존부 또는 그 행사에 관한 다툼이 있을 때에 이에 대하여 제기하는 소송을 말한다(법 제3조 제4호 본문). 다만, 헌법재판소법 제2조의 규정에 의하여 헌법재판소의 관장사항으로 되어 있는 권한쟁의심판은 행정소송법상의 기관소송에서 제외하고 있다(동조 제4호 단서). 동일한 행정주체에 속하는 기관 상호간의 권한을 둘러싼 분쟁은 기관 상호간의 협의에 의하여 처리하거나 상급기관이 해결하는 것이 원칙이다(헌법 제89조 제10호, 행정절차법 제6조 제2항). 그런데 행정주체 내에 이러한 분쟁을 해결할 수 있는 적당한 기관이 없거나 제3자에 의한 공정한 해결을 할 필요가 있는 경우에 법원에 제소하여 소송을 통한 방법으로 해결하도록 채택된 제도가 기관소송이다. 이러한 기관소송도 당사자 사이의 구체적인 권리·의무에 관한 분쟁을 해결하기 위한 주관적 소송이 아니고, 행정활동의 행정법규에의 적합성을 담보하기 위하여 인정되는 소송유형이므로 위의 민중소송과 마찬가지로 객관적 소송의 성질을 가지고 있다.

2) 기관소송의 유형

기관소송도 객관적 소송이므로 법률이 정한 경우에 한하여 제기할 수 있는 것으로 하고 있다(법 제45조). 이는 기관소송법정주의를 규정한 것이다.

현행법상 인정되고 있는 기관소송으로는 지방자치법 제107조 제3항 및 제172조 제3항에 의하여 지방자치단체의 장이 지방의회의 재의결사항이 법령에 위반된다고 판단되면 대법원에 제소한 경우가 있고, 「지방교육자치에 관한 법률」 제28조 제3항에 의하여 교육감이 시·도의회 또는 교육위원회의 재의결에 대한 소송의 경우가 있다.

3) 기관소송에 대한 적용법규

기관소송에 대하여는 이를 인정하는 각 개별법에서 규정하고 있는 사항을 제외하고는 그 성질이 허용하는 한 행정소송법의 규정을 준용한다.

제4절 항고소송

행정소송법은 위에서 살펴본 바와 같이 '법정항고소송'으로서 취소소송 · 무효등확인소송 · 부작위위법확인소송 등 3종의 소송유형을 인정하고 있다(법 제4조). 이러한 항고소송 중에서 행정소송의 중심이 되는 것은 취소소송으로서 행정소송법은 취소소송에 관하여 상세한 규정을 두고(법 제2장 제9조부터 제34조까지 26개조), 그 이외의 항고소송에 대하여는 취소소송에 관한 규정을 준용하도록 하고 있다(법 제3장).

그리고 행정소송법에서 규정한 위 3종의 항고소송 이외의 항고소송을 '무명항고소송' 또는 '법정외항고소송'이라고 부르는데, 우리나라의 통설 · 판례는 이를 인정하지 않는다.

Ⅰ. 취소소송

1. 취소소송의 재판관할

1) 심급관할

취소소송의 제1심 관할법원은 행정법원이다(법 제9조 제1항 본문). (구)행정소송법은 취소소송의 제1심 관할법원을 고등법원의 전속관할로 하였다. 구법 당시에는 취소소송을 제기하기 전에 원칙적으로 행정심판을 필수적으로 거치도록 하는 행정심판전치주의를 채택하고 있었으므로 행정심판을 실질적인 제1심에 해당하는 것으로 보았기 때문이다. 그러나 현행 행정소송법은 행정심판을 임의적 절차로 하고, 취소소송의 제1심 관할법원을 지방법원급의 행정법원으로 하여 행정소송도 민사소송과 마찬가지로 3심제로 변경하였다.

다만, 공정거래위원회의 처분에 대한 불복소송은 공정거래위원회의 소재지를 관할하는 서울고등법원을 전속관할로 하고(독점규제 및 공정거래에 관한 법률 제55조), 특허소송은 특허법원 전속관할로 한다(특허법 제186조 제1항). 이러한 경우는 심급관할의 예외에 해당된다.

2) 토지관할

(1) 보통관할

취소소송의 제1심 관할법원은 피고인 행정청(처분청 · 재결청 · 부작위청 등)의 소재지를 관할하는 행정법원이다. 다만, 중앙행정기관 또는 그 장이 피고인 경우의 관할법원은 대법원 소재지의 행정법원이다(법 제9조 제1항). 그런데 행정법원이 설치되지 아니한 지역에 있어서의 취소소송의 제1심 관할법원은 피고인 행정청의 소재지를 관할하는 지방법원 본원이 된다. 현재는 서울에만 행정법원이 설치되어 있다.

(2) 특별관할

토지의 수용 기타 부동산 또는 특정의 장소에 관계되는 처분 등에 대한 취소소송은 그 부동산 또는 장소의 소재지를 관할하는 행정법원에 이를 제기할 수 있다(법 제9조 제2항). 여기에서 '토지의 수용에 관계되는 처분'이란 국토해양부장관의 사업인정 및 토지수용위원회의 재결 · 이의재결 등의 처분을 말한다. '부동산에 관계되는 처분'이란 광업권에 관한 처분, 토지거래허가에 관한 처분, 부동산에 관한 권리행사의 강제 · 제한 · 금지를 명하거나 직접 실현하는 처분을 말한다. '특정의 장소에 관계되는 처분'이란 자동차운수사업면허 등과 같이 특정지역에서 일정한 행위를 할 수 있는 권리를 부여하는 처분이나 특정지역을 정하여 일정한 행위를 제한 · 금지하는 처분 등을 말한다.[39] 그리고 2개 이상의 관할구역에 걸쳐 있을 때에는 어느 구역을 관할하는 법원이라도 관할권을 가진다.

(3) 토지관할의 임의관할화

종전에는 전속관할이었으나, 현행 행정소송법은 항고소송이나 당사자소송의 토지관할에 대하여 전속관할로 규정하지 않고 있어 임의관할로 되었다.[40] 따라서 관할의 결정에 대하여는 민사소송법상의 합의관할(동법 제29조) · 변론관할(동법 제30조)에 관한 규정이 준용될 수 있다.

3) 관할법원에의 이송

법원은 소송의 전부 또는 일부에 대하여 관할권이 없다고 인정하는 경우에는 결정으로 관할법원에 이송한다(법 제8조 제2항, 민사소송법 제34조 제1항). 이러한 관할이송은 원고의 고의 또는 중대한 과실 없이 행정소송이 심급을 달리하는 법원에 잘못 제기된 경우에도 적용한다(법 제7조). 이와 같은 경우에 소제기의 효력 발생시기는 이송된 때라는 것이 종래의 판례이다.[41] 행정사건을

39) 김철용, 「행정법 I」, 박영사, 2005, 586-587면; 석종현, 전게서, 822-823면.
40) 대판 1994.1.24, 93누18655.
41) 대판 1969.3.18, 64누51.

민사법원에 제기한 경우에도 관할이송이 적용된다.[42]

4) 관련청구소송의 이송 · 병합

(1) 제도적 취지

위법한 처분으로 인하여 권익의 침해를 받은 자는 그 처분의 취소를 구하는 취소소송을 제기하거나, 원상회복 · 손해배상 등을 청구할 수 있다. 이러한 경우 당해 처분과 상호관련성이 있는 여러 청구를 하나의 절차에서 병합하여 통일적으로 심판하게 되면 심리의 중복, 재판의 모순 · 저촉의 방지, 법원과 당사자의 부담을 경감하고 아울러 신속히 재판을 진행시킬 수 있는 것이 관련청구소송의 병합제도이다. 그에 따라 행정소송법은 관련 청구소송의 병합을 제도화하고 그 이송에 관하여도 규정하고 있다.

(2) 관련청구소송의 이송

사건의 이송이란 어느 법원에 일단 계속된 소송을 그 법원의 재판에 의하여 다른 법원에 이전하는 것을 말한다. 행정소송법 제10조 제1항은 「취소소송과 관련청구소송이 각각 다른 법원에 계속되고 있는 경우에 관련청구소송이 계속된 법원이 상당하다고 인정하는 때에는 당사자의 신청 또는 직권에 의하여 이를 취소소송이 계속된 법원으로 이송할 수 있다」고 규정하여 관련청구소송의 이송을 인정하고 있다. 따라서 위와 같은 요건을 갖추고 법원이 이송결정을 하면 관련청구소송은 취소소송이 계속된 법원으로 이송되는 것이다. 이송결정은 당해 관련청구소송을 이송받은 법원은 이송결정에 따라야 하고, 이송받은 법원은 그 사건을 다시 다른 법원에 이송하지 못한다(민소법 제38조).

이송에 관한 재판은 민사소송법의 적용을 받는다(행소법 제8조 제2항, 민소법 제34조 · 제35조). 따라서 이송결정과 이송신청의 기각결정에 대하여는 즉시항고(卽時抗告)를 할 수 있고(민소법 제39조), 이송결정이 확정된 때에는 관련청구소송은 처음부터 이송받은 법원에 계속(係屬)된 것으로 본다(민소법 제40조 제1항). 관련청구소송의 이송은 무효등확인소송(행소법 제38조 제1항) · 부작위위법확인소송(행소법 제38조 제2항) · 당사자소송(행소법 제44조 제2항) · 민중소송 또는 기관소송(행소법 제46조 제1항)에도 준용한다.

(3) 관련청구소송의 병합

청구의 병합이란 하나의 소송절차에서 같은 원고가 같은 피고에 대하여 수개의 청구를 하는 경우(소의 객관적 병합)와 소송당사자가 다수가 되는 경우를 말한다(소의 주관적 병합). 행정소송법 제10조 제2항은 「취소소송에는 사실심의 변론종결시까지 관련청구소송을 병합하거나 피고 외

42) 대판 1997.6.30, 95다28960.

의 자를 상대로 한 관련청구소송을 취소소송이 계속된 법원에 병합하여 제기할 수 있다」고 규정함으로써 소의 객관적 병합·주관적 병합과 추가적 병합·원시적 병합을 모두 인정하고 있다. 즉 객관적 병합은 원고·피고 사이에서 복수청구의 병합을 말하고(동조항 전단), 주관적 병합은 피고 외의 자를 상대로 하는 병합을 말한다(동조항 후단). 추가적 병합이란 계속 중인 취소소송에 사후적으로 병합하는 것을 말하며(동조항 전단), 원시적 병합이라 함은 취소소송의 제기시에 병합하여 제기하는 경우를 말한다(동조항 후단, 법 제15조).

주위적(主位的) 청구(주된 청구)가 허용되지 아니하거나 이유 없는 경우를 대비하여 예비적 청구(보조적 청구)를 병합하여 제기하는 예비적 청구도 관련청구소송의 하나의 특별한 유형에 해당한다. 그런데 이러한 '예비적 병합'의 허용 여부에 대하여는 행정소송법에는 명문의 규정이 없고, 민사소송법은 제70조에서 이를 명문으로 인정하고 있다. 이러한 경우 행정소송법에 규정이 없는 사항은 민사소송법의 규정이 준용되는 것으로서, 민사소송법에서 이를 명문으로 인정하고 있으므로 행정소송의 경우에도 이는 허용된다고 보아야 할 것이다.[43]

2. 취소소송의 당사자

1) 취소소송의 당사자의 문제

(1) 당사자의 지위

행정소송도 원고와 피고가 대립된 당사자로서 양자의 공격·방어절차를 거쳐 법원이 판결로써 분쟁을 해결한다는 점에 있어서는 민사소송과 다르지 않다. 그러나 당사자인 원고와 피고의 지위는 소송의 종류에 따라 다르다. 당사자소송의 경우는 민사소송과 같이 원고와 피고가 서로 자기의 권리를 주장하여 다투며 대립한다. 그러나 취소소송의 경우 원고는 그 자신의 권리·이익의 보호를 위하여 위법한 처분 등의 취소·변경을 구하고 있는 데 대하여, 피고는 자신의 권리·이익을 주장하는 것보다는 행정법규의 적법한 적용을 주장하는 데 불과하다는 점에서 서로의 권익을 주장하는 민사소송과는 다르다.

(2) 당사자능력

당사자능력이란 소송의 당사자(원고·피고·참가인)가 될 수 있는 능력을 말한다. 즉 당사자능력은 소송법관계의 주체가 될 수 있는 능력을 의미한다. 행정소송상의 당사자능력은 소송법관계의 주체가 될 수 있는 능력을 의미한다. 행정소송상의 당사자능력은 민법 등의 법률에 의하여 권리능력이 부여된 자연인·법인에게 인정될 뿐만 아니라, 법인이 아닌 사단이나 재단도 대표자 또는 관리인이 있는 경우에는 인정된다(행소법 제8조 제2항, 민소법 제51조·제52조). 다만, 권리

43) 김동희, 전게서, 722면.

능력이 없는 사단이나 재단도 구체적인 분쟁사건과 관련하여 개인적 공권을 가져야 한다. 당사자능력을 '참가능력'이라 부르기도 한다.[44)]

(3) 당사자적격

당사자적격이라 함은 특정의 소송사건에 있어서 원고 · 피고 · 참가인 등 당사자로서 소송을 수행하고 본안판결을 받을 수 있는 자격을 말한다. 당사자적격이 있는 자를 보통 '정당한 당사자'라고 부른다. 행정소송상의 당사자적격은 일정한 행정소송에서 소의 대상인 처분 등의 존재의 여부 및 위법의 여부의 확인 · 확정 등에 대하여 법률상 대립하는 이해관계를 갖는 자에게 인정된다.

2) 취소소송의 원고

(1) 원고적격과 권리보호의 필요성

행정소송은 행정상의 법률관계에 있어서 분쟁의 당사자의 실질적 구제를 도모하기 위한 제도이므로 "소익(訴益) 없으면 소권(訴權) 없다"는 원칙은 당연히 취소소송에도 적용된다. 따라서 행정처분의 위법을 주장하여 그 취소를 구하는 자는 당연히 '소의 이익'이 있어야 한다. 그런데 소의 이익은 원고적격, 권리보호의 자격(청구대상의 적격) 및 권리보호의 필요성(협의의 소익)을 포괄하는 개념이다. 이러한 넓은 의미의 소의 이익 중에서 원고적격과 청구적격은 소송의 형식적 요건이며, 좁은 의미의 권리보호의 필요성 여부는 본안판단의 요건이다. 이와 같은 소의 이익 중에서 청구적격은 소송의 대상인 처분에 관한 것이므로 이는 별도로 기술하기로 하고, 다음에서는 원고적격과 권리보호의 필요성에 대한 문제를 검토하고자 한다.

(2) 원고적격

(가) 행정소송법의 규정

원고적격이란 취소소송에서 원고가 될 수 있는 자격을 말한다. 행정소송법은 '원고적격'이라 하여 제12조 제1문은 「취소소송은 처분 등의 취소를 구할 법률상 이익이 있는 자가 제기할 수 있다」고 규정하고, 동조 제2문은 「처분 등의 효과가 기간의 경과, 처분 등의 집행 그 밖의 사유로 인하여 소멸된 뒤에도 그 처분 등의 취소로 인하여 회복되는 법률상 이익이 있는 자의 경우에도 또한 같다」고 규정하고 있다. 이러한 규정 중에서 제1문이 엄밀한 의미의 원고적격에 관한 규정이며, 제2문은 '협의의 소익'에 관한 규정으로서의 의의를 가진다고 보는 견해가 일반적이다.[45)] 여기에서는 취소소송의 원고적격에 관하여서만 살펴보기로 하되, 원고적격과 관련하여 행정소송법 제12조 제1문에 규정되어 있는 '법률상 이익'이 무엇을 의미하는가의 문제가 최대의 쟁점이다.

44) 홍정선, 전게서, 941면.

45) 김남진 · 김연태, 전게서, 752면.

(나) '법률상 이익'의 의미

행정소송법 제12조의 '법률상 이익'이라는 용어는 그 내용이 일의적(一義的)이 아닌 일종의 불확정개념으로서 그 내용의 파악에는 견해가 다를 수 있다. 일반적으로 취소소송의 기능과 관련하여 원고적격의 판정기준으로는 다음의 4종류의 견해가 제시되고 있는데, 이러한 견해와 관련시켜 '법률상 이익'의 내용을 짚어보기로 한다.

① 권리회복설(권리구제설) : 이 견해는 취소소송의 기능을 위법한 처분으로 인하여 침해된 개인의 권리회복에 있다고 보아, 위법한 처분 등으로 인하여 권리를 침해당한 자만이 취소소송을 제기할 수 있는 법률상 이익이 있는 자에 해당되어 원고적격을 갖는다고 본다.

② 법률상보호이익설(법률상이익구제설) : 이 견해는 취소소송의 기능을 법률이 개인을 위하여 보호하고 있는 이익을 침해한 위법한 처분에 대하여 이를 방위하기 위한 수단으로 보고, 위법한 처분에 의하여 전통적인 의미의 권리뿐만 아니라 관련법에 의하여 보호되고 있는 이익이 침해된 자에게도 당해 처분의 취소를 구할 원고적격이 인정된다고 본다. 이에 의하면 '법률상 이익'이란 법률상 보호되는 이익을 의미하게 된다.

③ 보호가치이익구제설(이익구제설) : 이 견해는 취소소송의 기능을 법률의 해석 · 적용을 통하여 구체적인 분쟁을 해결하는 절차로 본다. 따라서 법률상 이익의 유무는 반드시 실정법의 규정에 의하는 것이 아니라 처분의 위법을 주장하는 자가 갖는 이익이 재판에 의하여 보호할 만한 가치가 있는 이익이면 그러한 이익이 침해된 자에게도 원고적격이 인정되어야 한다고 본다. 그리하여 침해된 이익이 법률상 보호되는 이익이건 사실상의 이익이건 실질적으로 보호할 가치 있는 이익이 있는 자에게 널리 원고적격을 인정하려고 한다. 그 결과 법적 보호이익설에 비하여 원고적격의 범위가 보다 넓게 인정되게 된다.

④ 적법성보장설 : 위의 학설은 공통적으로 개인의 주관적인 권리구제라는 취소소송의 기능과 목적에 그 바탕을 두고 있지만, 이 적법성보장설은 객관적으로 행정처분의 적법성보장 내지 행정통제기능에서 취소소송의 목적과 기능을 찾는 견해이다. 따라서 당해 처분을 다투는 데 가장 적합한 이해관계를 갖는 자에게 원고적격을 인정하여야 한다는 입장이다.

⑤ 판례 : 판례는 법적으로 보호되는 이익설의 입장에서 처분 등으로 권리뿐만 아니라 이익을 침해받는 자도 그 처분 등의 취소를 구할 원고적격을 가지게 되나, 그 이익은 원칙적으로 당해 처분 등의 근거법률에 의하여 보호되고 있는 직접적이고 구체적인 이익이어야 하고, 공익보호의 결과로 국민일반이 가지는 추상적 · 평균적 · 일반적이거나 반사적 이익과 같이 간접적이거나 사실적 · 경제적 이익까지 포함하는 것은 아니라고 하고 있다.[46]

⑥ 결어 : '권리회복설'은 실체법상 권리가 침해된 경우에만 원고적격을 인정함으로써 원고적격의 인정범위를 지나치게 좁게 해석하여 권리구제의 범위를 부당하게 제한하는 문제점이 있다는

46) 대판 2001.9.28, 99두8565; 대판 2006.3.16, 2006두330; 대판 2007.6.15, 2005두9736.

비판을 피할 수 없다. 또한 '적법성보장설'은 취소소송의 기능을 객관적인 관점에서 본다는 점에서 우리 행정소송법의 취소소송이 주관적 소송이라고 할 때 타당성이 없다. 그리고 '보호가치 있는 이익구제설'은 당해 이익이 재판에 의하여 보호할 만한 가치가 있는지의 여부에 관한 판단의 객관적 기준이 제기되고 있지 아니하다는 점에 그의 문제점이 있다고 본다. 이에 대하여 '법률상 보호되고 있는 이익설'은 취소소송이 권리 · 이익이 침해된 자의 구체적 구제를 위한 주관적 쟁송이라는 취소소송의 본질에 합치되고 또한 행정소송법 제12조의 문리에도 부합하는 것으로 보인다. 이 설이 통설[47]이고, 판례이며, 여기에서 지적한 바에 따라 타당하다.

(다) 법률상 이익의 판단근거

행정소송법 제12조의 '법률상 이익'의 판단근거인 '법률'의 범위를 어떻게 이해하는가에 의하여 그 인정의 여부가 달라질 수 있다.[48]

① 학설 : 법률상 이익을, i) 처분의 근거가 되는 실체법규에 의하여 보호되는 이익, ii) 처분의 근거가 되는 실체법규 및 절차법규에 의하여 보호되는 이익, iii) 처분의 근거가 되는 법률의 전체 취지에 비추어 보호되는 이익, iv) 처분의 근거법률 이외에 다른 법률, 헌법의 규정, 관습법 및 조리 등 법체계 전체에 비추어 보호되는 이익 등으로 해석하는 견해로 구분할 수 있다.

② 판례 : 판례는 '당해 처분의 근거법률에 의하여 보호되는 직접적이고 구체적인 이익'을 법률상 이익이라고 보면서, 종전에 비해 관계 법률의 취지를 목적론적으로 새김으로써 인근주민의 원고적격을 너그럽게 인정하려는 태도를 보이고 있다.[49] 또한 처분의 직접적 근거규정뿐만 아니라 처분시 준용되는 규정을 근거법률에 포함시키고,[50] 처분의 실체법적 근거법률 이외에 처분을 함에 있어서 적용되는 절차법규정의 취지에 비추어 원고의 법률상 이익을 인정하는 경우[51] 등 근거법률의 범위를 확대하는 추세이다. 다만, 아직까지 대법원은 처분의 근거법률 이외에 관습법, 법질서 전체의 취지 및 헌법상 기본권규정은 법률상 이익의 해석을 위하여 고려하고 있지 않은 것으로 보인다.[52]

그러나 헌법재판소는 헌법상의 기본권을 고려하여 법률상 이익의 유무를 판단하고 있다.[53]

③ 결어 : 대법원이 처분의 근거법률에 직접적 근거규정 이외에 처분을 함에 있어서 적용되는 다른 실체법적 규정과 절차법적 규정을 포함시키는 것은 타당하다. 다만, 중요한 것은 이러한 규

47) 김동희, 전게서, 726면; 박균성, 전게서, 1064면; 박윤흔 · 정형근, 전게서, 785면; 류지태, 전게서, 542면; 석종현, 전게서, 829면.

48) 김남진 · 김연태, 전게서, 754-756면.

49) 대판 1975.5.13, 73누96 · 97; 대판 1983.7.12, 83누59.

50) 대판 1995.9.26, 94누14544.

51) 대판 1998.9.4, 97누19588.

52) 대판 2006.3.15, 2006두330.

53) 헌재결 1998.4.30, 97헌마141.

정을 해석하는 데 있어서 근거가 되는 법률 전체의 목적 및 각 규정의 취지를 고려하고, 관련규정의 체계적 고찰이 필요하다는 점이다. 또한 헌법의 기본권보장의 취지 및 객관적 가치질서를 포함하고 있는 헌법규정에 합치하도록 해석하여야 할 것이다. 더 나아가 헌법상 기본권규정이 직접 적용될 수 있다는 점을 전제로 그 헌법상의 기본권규정으로부터 직접 법률상 이익이 도출될 수 있을 것이다.

결론적으로 법률상 이익의 존재의 여부는 처분의 근거법률 뿐만 아니라 관련규정, 헌법상 기본권 및 기본원리를 고려하여 판단하여야 할 것이다.

(라) 법률상 이익의 확대화 경향

취소소송은 처분의 취소를 구할 법률상 이익이 있는 자이면 어떠한 사람도 제기할 수 있으며, 반드시 처분의 직접 상대방만에 한정되지는 않는다. 오늘날 법률상 이익의 확대화 경향으로 인하여 비록 제3자라 하더라도 법률상 이익이 있으면 취소소송을 제기할 수 있으나, 반대로 법률상 이익이 없는 자에게는 원고적격이 인정되지 않는다.[54] 제3자의 원고적격을 인정한 경우는 다음과 같다.

① 경업자소송: 경업자소송(競業者訴訟)은 서로 경쟁관계에 있는 자들 사이에서 특정인에게 주어지는 수익적 행위가 타인(제3자)에게는 법률상 불이익을 초래하는 경우에 그 타인이 자기의 법률상 이익의 침해를 이유로 수익을 받은 특정인에 대한 행위를 다투는 소송을 말한다.

기존업자가 제기한 신규업자에 대한 인·허가처분의 취소청구에 있어서 기존업자가 특허기업인 경우에는 그 기존업자가 특허로 인하여 받은 이익은 법률상 이익이라고 보아 원고적격을 인정하고, 기존업자가 허가를 받아 영업을 하는 경우에는 그 기존업자가 허가로 인하여 받는 이익은 반사적 이익 내지 사실상 이익에 지나지 않는다고 보아 원고적격을 부정하는 것이 일반적이다. 예컨대, 선박운항사업면허처분에 대한 기존업자,[55] 자동차운송사업면허에 대한 기존업자,[56] 시외버스운송사업계획변경인가에 대한 기존의 시외버스운송사업자[57] 등은 법률상 이익이 인정된 사례로서 원고적격이 인정된 경우이고, 반면에 목욕탕영업허가에 대한 기존목욕탕업자,[58] 석탄가공업 신규허가에 대한 기존업자,[59] 양곡가공업허가에 대한 기존업자[60] 등에게는 법률상 이익을 부정한 사례로서 원고적격이 인정되지 않는 경우이다.

---

54) 대판 1993.7.27, 93누8239; 대판 1995.10.17, 94누14148; 대판 2002.8.23, 2002추61.
55) 대판 1969.12.30, 69누106.
56) 대판 1974.4.9, 73누173.
57) 대판 2010.6.10, 2009두10512.
58) 대판 1963.8.31, 63누101.
59) 대판 1980.7.22, 80누33·34.
60) 대판 1981.1.27, 79누433; 대판 1990.11.13, 89누756.

② 경원자소송 : 경원자소송(競願者訴訟)은 면허나 인·허가 등의 수익적 행정처분을 신청한 수인이 서로 경쟁관계에 있어서 일방에 대한 면허나 인·허가 등의 행정처분이 타방에 대한 불면허·불인가·불허가 등으로 경원관계가 될 수밖에 없는 경우에 불허가 등으로 인하여 자기의 법률상 이익을 침해당한 자가 허가 등을 받은 자의 처분을 다투는 소송을 말한다. 이른바 경원관계에 있는 경우로서 동일대상지역에 대한 공유수면매립면허나 도로점용허가 혹은 일정지역에 있어서의 영업허가 등에 관하여 거리제한규정이나 업소개수제한규정이 있는 경우 수인이 동시에 이를 신청한 경우에 주로 문제된다.

③ 인인소송 : 인인소송(隣人訴訟)은 이웃하는 자들 사이에서 특정인에게 주어지는 수익적 행위가 타인에게는 법률상 불이익을 초래하는 경우에 그 타인이 자기의 법률상 이익의 침해를 다투는 소송을 말한다. 예컨대, 연탄공장건축허가처분에 대한 인근주민,[61] LPG자동차충전소설치허가처분에 대한 인근주민,[62] 상수원보호구역변경처분취소청구사건에서 공설화장장설치를 금지함에 의하여 보호되는 부근주민,[63] 방사성물질에 의하여 보다 직접적이고 중대한 피해를 입으리라고 예상되는 지역 내의 주민[64] 및 환경영향평가 대상지역의 주민[65] 등에게 원고적격을 인정하였다.

④ 환경소송 : 환경소송은 환경이용시설이나 설비가 주변의 주민에게 권리침해를 가져온 경우 또는 개별적인 피해자는 발생시키지 않지만 행정기관에 의한 당해 이용계획이나 결정이 환경보호에 심각한 영향을 미칠 수 있는 경우에 권리보호를 위하여 다투는 소송을 말한다. 전자의 경우에는 특정시설의 인근주민들의 환경상 이익이 침해되는 법률상 이익의 내용으로서 주장할 수 있는가의 문제가 제기되며, 판례는 관련법령의 보호법익 속에 인근주민들의 환경상 이익도 포함되어 있는 것으로 해석하고 있다.[66] 그러나 인근주민들이 아닌 다른 주민이나 환경보호단체 등의 환경상 이익주장에 대하여는 원고적격을 부정하고 있다.[67]

⑤ 소비자단체소송 : 소비자단체소송은 사업자가 소비자기본법 제20조의 규정을 위반하여 소비자의 생명·신체 또는 재산에 대한 권익을 직접적으로 침해하고 그 침해가 계속되는 경우 소비자기본법 제70조에 정한 어느 하나에 해당하는 단체가 법원에 소비자권익침해행위의 금지·중지를 구하기 위하여 제기하는 소송을 말한다(동법 제70조). 이러한 소송은 단체소송의 일종으로서 소비자기본법 제70조에 규정한 단체는 원고적격을 갖는다.

---

61) 대판 1975.5.13, 73누96·97.
62) 대판 1983.7.12, 83누59.
63) 대판 1995.9.26, 94누14544.
64) 대판 1998.9.4, 97누14588.
65) 대판 2001.7.27, 99두2970.
66) 대판 2001.7.27, 99두2970.
67) 대판 1998.9.22, 97누19571.

(3) 권리보호의 필요

(가) 협의의 소익의 인정문제

원고가 행정소송을 제기하려면 원고적격 이외에도 권리보호의 필요성 또는 협의의 소의 이익이 인정되어야 한다. 여기에서 '협의의 소의 이익'이라 함은 분쟁을 재판에 의하여 해결할 만한 현실적 필요성을 의미하는데, 이를 '권리보호의 필요'라고도 한다. 이는 원고에게 행정소송제기를 통하여 당해 분쟁을 해결할 현실적인 필요성이 인정되는가에 관한 문제이다.

원고적격의 요건이 원고와 다투고자 하는 행정작용과 실질적인 관련성을 요구하고 이를 통하여 피고의 이해관계를 배려하는 요건이라고 한다면, 이 요건은 원고적격이 인정되더라도 소송제도의 존재목적에 비추어 행정소송제기의 필요성이 인정될 수 있는가의 여부를 검토하여 법원의 이해관계를 배려하는 요건이라 할 수 있다. 이러한 요건에 대하여는 일반적으로 행정소송법에서 직접적인 규정을 두고 있지 않은 것이 보통인데, 현행 행정소송법 제12조 제2문에는 이와 관련된 규정을 두고 있다.

다음에서는 권리보호의 필요성이 부정되는 경우와 권리보호의 필요성이 인정되는 경우로 구분하여 살펴보고자 한다.[68]

(나) 권리보호의 필요성이 부정되는 경우

① 소송목적이 다른 방법에 의하여 달성될 수 있는 경우 : 이는 당해 소송제기의 목적을 보다 간편하고 신속한 다른 방법을 통하여 달성할 수 있는 경우를 말한다. 이러한 다른 방법으로 불필요한 소송제기를 막고 남소를 방지하는 데 그 의미를 갖는다.

② 소송제기가 원고에게 도움이 되지 못하는 경우 : 이는 당해 소송을 제기하여 원고가 승소하더라도 원고의 법적 지위를 개선하지 못하는 경우를 말한다. 예컨대, 처분이 이미 집행되거나 존속기간이 만료된 처분의 취소를 구하는 소송제기가 이에 해당한다.[69]

③ 소송제기가 소의 남용으로서 평가될 수 있는 경우 : 이는 원고가 소송제기를 통하여 자신의 권리를 관철하려는데 이해관계가 있는 것이 아니라 권리보호와는 전혀 다른 목적을 추구함으로써 소를 남용하는 경우라고 평가되는 것을 말한다. 즉 피고에게 불이익을 주거나 법원에게 부담을 주려는 목적으로 소송을 제기하는 것으로 판단되는 경우가 여기에 해당한다.

(다) 권리보호의 필요성이 인정되는 경우

① 행정소송법의 규정 : 행정소송법 제12조 제2문은 「처분 등의 효과가 기간의 경과, 처분 등의 집행 그 밖의 사유로 인하여 소멸된 뒤에도 그 처분 등의 취소로 인하여 회복되는 법률상 이익이

68) 류지태, 전게서, 546-551면.

69) 대판 1997.1.24, 95누17403.

있는 자는 취소소송을 제기할 수 있다」고 규정하고 있다. 이러한 규정은 위에서 설명한 사유 중에서 두 번째의 경우를 주로 규정한 것으로 보이나, 그 해석문제를 제시하고 있다.

② 판례의 입장 : 행정소송법 제12조 제2문의 사유에 해당하는 경우에 권리보호의 필요가 인정되는가에 대하여 판례의 입장을 검토하면 다음과 같다.

i) 부정하고 있는 경우 : 처분에서 정한 처분기한이 소송도중 도과한 경우,[70] 처분의 집행이 완료되어 원상회복이 불가능하게 된 경우,[71] 처분 후에 법령이나 제도의 개폐로 처분의 근거법령이 실효된 경우[72] 등이 이에 해당한다.

ii) 인정하는 경우 : 예외적으로 판례가 인정하고 있는 경우를 보면, 학교법인의 이사에 대한 취임승인 취소처분의 취소를 구하는 소송의 계속 중 이사의 임기가 만료된 경우,[73] 파면처분 후 당연퇴직한 경우,[74] 파면처분 후 일반사면된 경우,[75] 건축사 업무정지 기간경과 후에도 건축사법상 가중처벌의 위험이 존재하는 경우[76] 등이 이에 해당된다.

iii) 가중처벌의 위험을 이유로 한 법률상 이익의 인정에 관한 판례변경 : 판례는 소송대상인 일정한 기간을 정하여 발령되는 제재적 처분(예 : 일정한 기간 동안의 업무정지처분)이 그 기간을 경과하였더라도, 제재적 처분을 받은 사실이 장래 위반행위시 가중적 제재요건이 되는 경우에 제12조 제2문에서 정하고 있는 법률상 이익의 인정 여부에 대하여 규범형식에 따라 그 해결을 달리하고 있다. 즉 법률 또는 대통령령으로 가중적 제재요건이 정하여진 경우는 인정하고 있으나,[77] 부령형식인 경우는 이를 부정하고 있다.[78]

그러나 제재적 행정처분의 가중사유 등에 관한 규정이 법령이 아니라 행정규칙의 형식으로 되어 있다고 하더라도 그러한 규칙이 법령에 근거를 두고 있는 이상 그 법적 성질이 대외적·일반적 구속력을 갖는 법규명령인지 여부와는 상관없이 관할 행정청이나 담당공무원은 이를 준수할 의무가 있으므로 선행처분을 받은 상대방이 그 처분의 존재로 인하여 장래에 받을 불이익, 즉 후행처분의 위험은 구체적이고 현실적인 것이므로 상대방은 취소소송을 통하여 불이익을 제거할 필요가 있다고 판시하고,[79] 이와 반대되는 종래의 판례를 변경하였다. 그러므로 가중적 제재요건의 규범형식보다는 당해 제재처분의 존재사실로 인하여 당사자에게 직접적으로 발생하는 현실적

---

70) 대판 1972.2.14, 96누6233.
71) 대판 1995.11.21, 94누11293; 대판 2003.10.10, 2003두5945.
72) 대판 1999.6.11, 97누379.
73) 대판 1972.4.11, 72누86.
74) 대판 1985.6.25, 85누39.
75) 대판 1983.2.8, 81누121.
76) 대판 1981.8.29, 91누3512.
77) 대판 1990.10.23, 90누3119; 대판 1999.2.5, 98두13997.
78) 대판 1995.10.17, 94누14148.
79) 대판 2006.6.22, 2003두1684.

인 불이익의 가능성의 존재 여부에 따라서 판단하는 것이 타당하다고 본다.

③ 관련 행정소송법 조문의 해석문제 : 위에 소개한 판례의 경향에 비추어 보아, 우리의 법원은 처분소멸 후의 '권리보호의 필요'의 판단에 있어서 비교적 엄격한 입장이었다고 평할 수 있다. 이러한 판례의 경향에 대하여 의도적으로 '협의의 소의 이익'을 확대하려고 한 것이 1985년 10월 1일부터 시행되고 있는 현행 행정소송법 제12조 제2문의 규정이다.

비록 행정소송법의 이러한 규정이 '원고적격'이라는 제목하에 규정하고 있지만, 당해 제12조 제2문의 규정은 엄밀한 의미의 원고적격에 관한 규정이라기보다는 '권리보호의 필요'에 관한 것이라고 보는 것이 타당하리라 생각한다. 그렇다고 볼 때, 행정소송법이 양자를 「원고적격」이라는 제목아래 하나의 조문에서 규정하고 있는 동시에, 양자에 대하여 다같이 '법률상 이익'이라는 용어를 사용하고 있는 점에 대하여도 의문을 제기하고 싶다. 또한 처분의 소멸 이후에는 취소의 대상이 존재하지 않음에도 불구하고, 행정소송법이 '취소로 인하여 회복되는'식으로 규정하고 있는 것 역시 적절한 표현으로 보기는 어렵다.

한편, 행정소송법 제12조 제2문의 '법률상 이익'의 해석과 관련하여 상당한 견해의 차이가 있다. 일설은 명예 · 신용 등은 법률상 이익의 내포가 되지 않는 것으로 새기는 데 대하여,[80] 다른 일설은 명예 · 신용 등의 인격적 이익, 보수청구와 같은 재산적 이익 및 장래의 취직에 있어서의 불이익제거와 같은 사회적 이익도 인정될 수 있다고 한다.[81] 국민의 권리구제적 측면에서 볼 때 후설이 더욱 온당하다고 본다.

결론적으로, 처분 등의 효과가 소멸된 이후에는 그 처분이 위법이었음을 확인할 정당한 이익이 있는 경우에 '권리보호의 필요'를 인정해야 할 것이다. 그와 같은 관점에서 볼 때, 행정소송법 제12조 제2문상의 '법률상 이익'은 제1문상의 '법률상 이익'보다는 넓은 뜻으로 해석하는 것이 타당하다.[82]

④ 행정소송법 제12조 제2문에 의한 소송의 성격 : 행정소송법 제12조 제2문에 따른 소송의 경우는 당해 처분의 효과가 궁극적으로 소멸된 경우에도, 말하자면 그 과정상의 효력에 따라 관계인에 불리한 법적 처분 등이 부과될 수 있는 경우에 이러한 법적 불이익을 배제하기 위하여 그 처분의 취소를 구할 소익이 인정되는 경우이다. 따라서 행정소송법 제12조 제2문에 정하고 있는 소송유형은 처분의 취소소송이다.[83] 그러나 판례는 이 소송의 범위를 넓게 파악하여 그에는 처분의 위법성의 확인을 구하는 독일의 계속확인소송과 같은 소송도 포함되는 것으로 이해하고 있는 것처럼 보인다.[84] 우리나라에서 이러한 소송유형은 취소소송의 형식을 갖는 것이지만, 실질적으

80) 김동희, 전게서, 732면.
81) 김도창, 전게서, 785면; 홍준형, 전게서, 593면.
82) 김남진 · 김연태, 전게서, 763면.
83) 김동희, 전게서, 734면.
84) 대판 2007.7.19, 2006두19297.

로는 확인소송으로 이해하는 견해도 있다.[85)]

3) 취소소송의 피고

(1) 처분청

행정소송법 제13조 제1항 본문은 「취소소송은 다른 법률에 특별한 규정이 없는 한 그 '처분 등을 행한 행정청'을 피고로 한다」고 규정하고 있다. 따라서 취소소송의 피고는 원칙적으로 당해 처분이나 재결을 한 행정청(처분청 · 위원회)이 된다. 행정청은 국가 · 지방자치단체 등의 기관으로서의 지위를 갖는 데 불과하므로 처분 · 재결의 효과가 귀속되는 권리주체인 국가 · 공공단체가 피고적격을 가지는 것이 원칙이다. 그러나 우리 행정소송법은 처분을 실제로 한 행정청을 피고적격자로 인정함으로써 취소소송에 있어서의 소송수행의 편의와 효율화를 기하고자 한 것이다.

(가) 처분 등을 행한 행정청의 의의

'행정청'이라고 함은 국가 또는 지방자치단체 등 행정주체의 행정에 관한 의사를 결정하여 외부에 대하여 표시할 수 있는 권한을 가진 기관을 말한다. 행정조직법상의 기관장이 일반적으로 이에 해당한다. 그러나 언제나 조직법상의 기관장과 일치되는 것은 아니며, 지방의원의 징계를 의결한 지방의회 등과 같은 예외도 있다.

처분청이 토지수용위원회 · 공정거래위원회 등 합의제행정청인 경우에는 당해 합의제 행정청이 피고가 된다. 다만, 노동위원회법은 중앙노동위원회의 처분에 대한 소는 중앙노동위원회위원장을 피고로 하여 제기하도록 하고 있다(동법 제27조 제1항).

(나) 다른 법률에 특별한 규정이 있는 경우

대통령이 처분청인 경우에는 법률에 특별한 규정이 있다. 즉 징계 기타 불이익처분의 처분청이 대통령인 때에는, 원고가 국가공무원, 외무공무원인 경우에는 소속장관이(국가공무원법 제16조 제2항, 외무공무원법 제30조), 경찰공무원인 경우에는 경찰청장 또는 해양경찰청장이(경찰공무원법 제28조), 국가소방공무원인 경우에는 소방방재청장이, 지방공무원인 경우에는 당해 시 · 도지사가(소방공무원법 제25조) 각각 피고가 된다.

대법원장이 행한 처분에 대한 행정소송의 피고는 법원행정처장이 된다(법원조직법 제70조). 그리고 중앙선거관리위원회위원장의 처분 또는 부작위의 경우에는 중앙선거관리위원회사무총장이 피고가 된다(국가공무원법 제16조 제2항).

(다) 권한의 위임 · 위탁이 있는 경우

행정청의 권한이 위임 또는 위탁된 경우에는 원칙적으로 그 수임기관 또는 수탁자가 피고가

---

85) 류지태, 전게서, 549면.

된다. 행정소송법은 동법을 적용함에 있어서는 '법령에 의하여 행정권한의 위임 또는 위탁을 받은 행정기관 · 공공단체 및 그 기관 또는 사인' 등이 행정청에 포함된다고 명시하고 있다(법 제2조 제2항). 특히 주목할 만한 점은 이른바 '공무수탁사인'을 행정청에 포함시키고 있는 것이다.

내부위임의 경우에는 처분권 자체가 이전된 것은 아니므로 위임청이 피고가 되어야 하나, 이와 같이 권한을 내부위임받은 데 그치는 행정기관이 자신의 명의로 처분을 한 경우에는 행정소송은 처분을 한 행정청을 피고로 하여 제기하도록 되어 있으며(법 제13조), 그러므로 이 경우에도 당해 처분을 한 행정청을 피고로 하여야 할 것이다.[86] 단지 대리권을 부여받는 데 그치는 행정청이 자신의 명의로 행정처분을 한 경우에도 원칙적으로 당해 행정청이 피고가 되어야 한다. 그러나 비록 대리관계를 명시적으로 밝히지는 아니하였다고 하더라도 처분명의자가 피대리 행정청 산하의 행정기관으로서 실제로 피대리 행정청으로부터 대리권한을 수여받아 피대리 행정청을 대리한다는 의사로 행정처분을 하였고, 처분명의자는 물론 그 상대방도 그 행정처분이 피대리 행정청을 대리하여 한 것임을 알고 이를 받아들인 예외적인 경우에는 피대리 행정청이 피고가 된다.[87]

(2) 권한승계 및 기관폐지의 경우

처분 등이 있은 뒤에 그 처분 등에 관계되는 권한이 다른 행정청에 승계된 때에는 이를 승계한 행정청이 피고가 된다(법 제13조 제1항 단서). 그리고 처분이나 재결을 한 행정청이 없게 된 때에는 그 처분 등에 관한 사무가 귀속되는 국가 또는 공공단체가 피고가 된다(법 제13조 제2항).

취소소송이 제기된 후에 위의 두 경우에 해당하는 사유가 생긴 때에는 법원은 당사자의 신청 또는 직권에 의하여 피고를 경정한다(법 제14조 제6항).

(3) 피고의 경정

피고의 경정이란 소송의 계속 중에 피고로 지정된 자를 다른 자로 변경하는 것을 말한다. 행정조직이 복잡한 탓으로 누가 피고적격을 가지고 있는지를 파악하기 어려운 경우도 적지 않은 관계로 피고를 잘못 지정하는 때도 있을 수 있다. 이러한 경우에 그 소를 부적법한 것으로 각하하게 되면, 다시 정당한 피고를 정하여 제소하려고 할 때에 제소기간의 도과 등의 사유로 불가능할 수도 있다. 행정소송법은 그러한 결과를 방지하고 구제의 길을 확보하려는 의도에서 '피고경정'의 제도를 두고 있다. 즉 원고가 피고를 잘못 지정한 때에는 법원은 원고의 신청에 의하여 결정으로써 피고의 경정을 허가할 수 있다(법 제14조 제1항). 그리고 취소소송이 제기된 후에 처분 등에 관한 권한이 다른 기관에 승계된 경우 및 행정조직의 개편으로 인하여 행정청이 없어지게 될 경우에는, 그 권한을 승계한 행정청 및 처분 등에 관한 사무가 귀속되는 국가 또는 공공단체로 피고를 경정한다(법 제13조 제1항 단서 · 제2항, 제14조 제6항). 또한 소의 변경에 따르는 피고의 경정

86) 대판 1981.11.25, 80누217; 대판 1989.11.14, 89누4765; 대판 1991.2.20, 90누5641.

87) 대결 2006.2.23, 2005부4.

도 인정하고 있다(법 제21조 제2항, 제4항 참조).

피고를 잘못 지정한 경우에 피고의 경정은 원고의 신청에 의하여 법원이 문서로 결정의 형식으로써 허가할 수 있고(법 제14조 제1항), 소의 제기 후의 권한승계와 기관폐지로 인한 피고경정의 경우에 법원은 당사자의 신청 또는 직권에 의하여 피고를 경정한다(동조 제6항). 피고의 경정에 대한 법원의 허가결정이 있은 때에는 새로운 피고에 대한 소송은 처음에 소를 제기한 때에 제기된 것으로 보며(동조 제4항), 종전의 피고에 대한 소송은 취하된 것으로 본다(동조 제5항).

4) 공동소송

수인의 청구 또는 수인에 대한 청구가 처분 등의 취소청구와 관련되는 청구인 경우에 한하여 그 수인은 공동소송인이 될 수 있다(법 제10조, 제15조 참조). 취소소송과 관련되는 한도에서는 피고가 다르고 심급을 달리하는 경우에도 병합하여 공동소송인이 되어 소송을 제기할 수 있는 것이다. 공동소송의 형태에 관하여는 행정소송법에 특별한 규정이 없으므로 통상공동소송 · 필요적 공동소송에 관한 민사소송법의 규정(동법 제65조 내지 제70조)이 준용된다고 볼 것이다(법 제8조). 행정소송법 제15조의 공동소송에 관한 규정은 다른 항고소송과 당사자소송에도 준용된다(법 제38조, 제44조).

3. 소송참가

1) 소송참가의 의의

소송참가란 다른 사람 사이의 소송의 계속 중 제3자가 그 소송의 결과에 따라 자기의 법률상 이익에 영향을 받게 되는 경우에 자기의 권익을 보호하기 위하여 그 소송절차에 참가하는 것을 말한다. 이 소송참가는 행정소송사건의 공정한 판단, 법적 분쟁의 통일적 해결, 모든 이해관계인의 이익의 보호 및 충분한 소송자료의 확보를 위하여 취소소송과 이해관계가 있는 제3자나 다른 행정청을 소송에 참여시키는 데 그 제도적 의의가 있다.

행정소송법은 제3자의 소송참가(법 제16조)와 행정청의 소송참가(법 제17조)의 두 가지 경우를 규정하고 있다.

2) 제3자의 소송참가

(1) 의 의

법원은 행정소송의 판결의 결과에 따라 권리 또는 이익의 침해를 받을 제3자가 있는 경우에는 당사자 또는 제3자의 신청 또는 직권에 의하여 결정으로써 그 제3자를 소송에 참가시킬 수 있다(법 제16조 제1항). 이를 '제3자의 소송참가'라고 한다. 이러한 소송참가는 행정행위의 효력이 제3

자에게도 미치는 이른바 제3자효 행정행위에 있어서 제3자의 이해관계를 보호하기 위하여 인정되는 것이다. 이를 통하여 제3자는 취소소송판결의 효력이 자신에게 미치기 전에(법 제29조 제1항 참조), 그리고 자기에게 책임 없는 사유로 소송에 참가하지 못한 제3자가 재심청구의 방법(법 제31조 제1항 참조)에 의하지 않고 소송계속 중에 자신의 이해관계를 주장하여 자신의 권익을 보호할 수 있도록 하기 위하여 마련된 것이 이 제도라고 볼 수 있다. 이와 같은 제3자의 소송참가는 취소소송 이외의 항고소송, 당사자소송, 민중소송 및 기관소송에 준용된다(법 제38조, 제44조 제1항, 제16조).

(2) 소송참가의 요건

(가) 당사자 사이에 소송이 계속중일 것

소송이 적법하게 제기되어 법원에 계속중이어야 한다. 이 경우에 소송이 어느 심급에 계속중인가는 관계없으며, 상고심에 계속중인 때에도 가능하다고 본다.

(나) 제3자가 소송의 결과에 대하여 이해관계를 가질 것

제3자는 소송당사자 일방의 패소에 의하여 실체법상의 지위에 불리한 영향을 미치는 것을 의미한다. 즉 판결에 의하여 권리 또는 이익의 침해를 받을 것이 요구된다. 여기에서 '제3자'란 당해 소송당사자 이외의 자를 말하며, 개인에 한하지 않고 국가 또는 공공단체도 여기에 포함될 수 있다. 그리고 취소판결에 의하여 침해될 '권리 또는 이익'이란 법률상의 이익을 의미하며 반사적 이익이나 사실상의 이익은 여기에 포함되지 않는 것으로 해석된다.[88]

(3) 소송참가의 절차

(가) 참가신청

제3자의 소송참가는 제도의 취지에 비추어 볼 때 원칙적으로 직권소송참가일 것이지만, 이 제도를 널리 활용할 필요도 있으므로 당사자 및 제3자에게도 참가신청권을 주고 있다(법 제16조 제1항).

(나) 참가의 허가여부의 결정

당사자 또는 제3자로부터 참가신청이 있는 경우에 법원은 결정으로써 허가의 여부의 재판을 하고, 직권소송참가의 경우에는 법원은 결정으로써 제3자에게 참가를 명한다(법 제16조 제1항). 법원이 참가결정을 하고자 할 때에는 미리 당사자 및 제3자의 의견을 들어야 한다(동조 제2항). 참가의 신청을 한 제3자는 그 신청을 각하한 결정에 대하여 즉시항고할 수 있다(동조 제3항). 소송당사자도 각하결정에 대하여 불복할 수 있는지는 의문인데, 부정적으로 해석된다.

88) 김남진 · 김연태, 전게서, 772면.

(4) 소송참가인의 지위

법원의 참가결정이 있게 되면 제3자는 참가인의 지위를 갖게 된다. 참가인인 제3자에 대하여는 민사소송법 제67조의 규정이 준용되며(법 제16조 제4항), 그 참가인은 피참가인과 필요적 공동소송에 있어서의 공동소송인에 준한 지위에 서게 된다. 그러나 당사자에 대하여 독자적인 청구를 하는 것은 아니므로 그 성질은 공동소송적 보조참가와 비슷한 것이라 할 수 있다.[89)]

3) 행정청의 소송참가

(1) 의 의

행정청이 처분 또는 재결을 하는 데 있어서는 처분청 또는 재결청 이외의 행정청이 그에 관계하는 경우가 적지 않다. 그런데 처분의 취소소송은 처분청을, 재결의 취소소송은 재결청을 피고로 제기하는 것이 원칙이며(법 제13조 제1항), 그러한 관계로 처분청 또는 재결청 이외의 행정청이 중요한 공격 · 방어방법을 가지고 있다고 하더라도 당해 소송에 관계인으로서 참여할 수 없다. 그런데 취소판결의 효력은 이러한 관계행정청도 기속하는 것이므로 관계행정청을 소송에 참가시켜 소송의 심리단계에서 공격 · 방어방법 등을 제출하도록 하여 적정한 심리와 재판을 보장하기 위하여 '행정청의 소송참가'를 명문으로 규정함으로써 제도화하고 있다(법 제17조). 다음에서는 이러한 행정청의 소송참가제도에 관하여 살펴보고자 한다.[90)]

(2) 소송참가의 요건

(가) 타인의 취소소송이 계속중일 것

행정청의 소송참가도 제3자의 소송참가와 마찬가지로 다른 사람 사이에 취소소송이 계속되고 있어야 한다. 그 소송이 어느 심급에 계속중인가는 묻지 않는다.

(나) 다른 행정청일 것

'다른 행정청'이라고 함은 피고인 행정청 이외의 행정청은 누구나 그에 해당하는 것이 아니고, 계쟁의 처분 · 재결과 관계있는 행정청에 한정된다고 보아야 할 것이다.

(다) 법원이 소송에 참가시킬 필요가 있다고 인정할 것

법원은 다른 행정청을 소송에 참가시킬 필요가 있다고 인정되는 때에 그 행정청을 소송에 참가시킬 수 있고, 여기에서 참가의 필요성은 관계되는 다른 행정청을 소송에 참가시킴으로써 소송자료 및 증거자료가 풍부하게 되어 그 결과 사건의 적정한 심리와 재판을 하기 위하여 필요한 경우

89) 김남진 · 김연태, 상게서, 773면; 김동희, 전게서, 737면; 류지태, 전게서, 553면.
90) 김남진 · 김연태, 상게서, 773-774면.

를 가리킨다.[91]

(3) 소송참가의 절차

법원의 직권, 당사자 또는 당해 행정청의 신청에 의한다(법 제17조 제1항). 신청의 방식은 민사소송법 제72조(참가신청의 방식)가 준용된다. 참가의 허부의 재판은 결정으로써 하며(법 제17조 제1항), 법원이 당해 결정을 하고자 할 때에는 당사자 및 당해 행정청의 의견을 미리 들어야 한다(동조 제2항). 그리고 그 결정에 대하여는 불복할 수 없다고 본다.

(4) 참가행정청의 지위

법원의 참가결정이 있게 되면, 그 소송에 참가한 행정청에 대하여는 민사소송법 제76조(참가인의 소송행위)의 규정이 준용된다(법 제17조 제3항). 따라서 참가행정청은 소송에 관하여 공격 · 방어 · 이의 · 상소, 그 밖의 모든 소송행위를 할 수 있으나(민소법 제76조 제1항), 이러한 소송행위가 피참가인의 소송행위와 저촉되는 때에는 그 참가인의 소송행위는 효력을 상실하게 된다(동법 제76조 제2항).

4) 소송대리인

행정소송에 있어서도 민사소송에 있어서와 같이 소송대리인이 인정되는 것은 물론이다. 행정소송법에는 이에 관한 특별한 규정이 없으므로 민사소송법의 소송대리인에 관한 규정, 즉 소송대리인의 자격(동법 제87조), 소송대리권의 증명(동법 제89조), 소송대리권의 범위(동법 제90조) 등 소송대리인에 관한 규정이 행정소송에도 준용된다고 볼 것이다(행소법 제8조). 그러나 국가를 당사자 또는 참가인으로 하는 행정소송에 있어서는 법무부장관이 국가를 대표하며, 법무부장관은 법무부의 직원, 검사 또는 공익법무관을 지정하여 소송을 수행하게 할 수 있다(국가를 당사자로 하는 소송에 관한 법률 제1조 내지 제4조 등 참조).

4. 취소소송의 제기

1) 소송요건의 필요성

"소(訴) 없으면 재판 없다"라는 민사소송의 원칙은 모든 소송에 공통적인 것으로서, 취소소송에도 당연히 그대로 적용된다. 그런데 행정소송을 제기하여 청구에 관한 법원의 본안판결을 받기 위해서는 소송요건을 갖추어야 한다. 소송요건은 청구의 당부에 관한 법원의 본안판결을 구하기 위한 요건을 말하는데, 행정소송법은 취소소송을 제기하기 위하여 어떠한 요건을 구비하여야 하

91) 대판 2002.9.24, 99두1519.

는가에 관하여 여러 가지를 규정하고 있다. 취소소송이 제기된 경우라고 하더라도 소송요건의 전부 또는 일부가 결여되면 그 소는 부적법한 것으로 판단되어 법원은 본안의 판결에 들어가지 아니하고 이를 각하하는 판결을 한다. 따라서 취소소송을 제기하는 데 있어서는 반드시 소송요건을 갖추어야 할 필요성이 있다.

2) 취소소송의 소송요건

취소소송은 행정청의 위법한 처분 등의 취소 또는 변경을 구하는 소송이므로, 취소소송을 제기하기 위해서는 ① 행정청의 위법한 처분 등에 대하여, ② 그 취소·변경을 구할 법률상 이익이 있는 자가, ③ 처분 등을 행한 행정청을 피고로 하여, ④ 개별법에 특별한 규정이 있는 경우에는 행정심판을 거쳐, ⑤ 소제기기간 내에, ⑥ 소장을, ⑦ 관할법원에 제출하여야 한다.

위와 같은 소송요건 중에서 ①·②는 실질적 요건이고, ③부터 ⑦까지는 형식적 요건에 해당하는데, 다음에 그 내용을 나누어 설명한다.[92]

(1) 행정청의 위법한 처분 등이 존재할 것

취소소송은 행정청의 위법한 처분 등의 취소 또는 변경을 구하는 소송이기 때문에 취소소송을 제기하는 데 있어서는 취소의 대상이 되는 행정청의 위법한 처분 등이 존재하여야 한다.

(가) 행정청

'행정청'이란 국가 또는 공공단체 등 행정주체의 행정에 관한 의사를 결정하여 외부에 표시할 수 있는 권한을 가진 행정기관을 말한다. 국회나 법원의 기관으로서의 국회사무총장 또는 법원행정처장도 실질적 의미의 행정에 관한 처분인 소속직원의 임면, 법무사인가 등의 처분을 하는 경우에는 여기에서 말하는 행정청에 포함된다.

행정소송법의 행정청은 위에서 말한 본래의 의미의 행정청에만 한정되지 아니하고, 행정청에는 법령에 의하여 행정권한의 위임 또는 위탁을 받은 행정기관·공공단체 및 그 기관 또는 사인을 포함한다(법 제2조 제2항). 행정권한의 위임 또는 위탁을 받은 행정기관에는, 위임행정청의 하급행정기관이나 보조기관 또는 그 밖의 행정청이나 공공단체 및 그 기관이 포함되며(정부조직법 제6조 제1항), 사인에는 행정사무처리권한이 부여된 사법인 또는 자연인이 포함된다. 그런데 단순히 내부위임만이 있어 그 명의로는 처분을 할 권한이 없는 행정청이 자신의 명의로 처분을 한 경우에도 처분명의자인 행정청이 피고가 되어야 한다는 것이 판례의 입장이다.[93]

여기의 행정청은 처분 등을 행한 행정청을 말한다. 그러나 처분 등이 있은 뒤에 그 처분 등에

---

92) 김동희, 전게서, 739면.
93) 대판 1994.6.14, 94누1197.

관계되는 권한이 다른 행정청에 승계된 때에는 그 권한을 승계한 행정청이 처분청이 된다(법 제13조 제1항 단서).

(나) 처분 등의 존재

취소소송은 '처분 등'을 대상으로 한다(법 제19조). 따라서 취소소송을 제기하기 위해서는 처분 등이 존재하여야 하며, 이는 소송요건으로서 직권조사사항이다.[94] 한편, 처분 등 이외의 행정작용은 취소소송의 대상이 되지 않는다. 그러므로 그 처분 등이 어떠한 것이며, 행정작용 중 무엇이 그에 해당하는지를 검토할 필요가 있다.

① 처분의 개념 : 행정소송법은 항고소송의 대상인 '처분 등'이라 함은 「행정청이 행하는 구체적 사실에 관한 법집행으로서의 공권력의 행사 또는 그 거부와 그 밖에 이에 준하는 행정작용 및 행정심판에 대한 재결을 말한다」(법 제2조 제1항 제1호)고 개념을 정의하고 있다. 행정소송법이 이처럼 처분의 개념을 광의로 정의하고 있는 관계로 해석에 있어 다음과 같은 학설 · 판례가 대립되고 있다.[95]

i) 실체법상 개념설 : 이 견해는 행정소송의 대상으로서의 처분의 개념과 학문상 개념으로서의 행정행위와 동일한 것으로 보는 입장으로서 '일원설'이라고도 한다. 이 설은 취소소송을 행정행위의 공정력을 상실시키기 위한 재심절차로 보아 취소소송의 대상은 당연히 공정력을 가지는 행정행위에 한정하여 처분성을 인정하고 있는 것이다.

이러한 입장에서는 법적 성질이 상이한 행위유형을 항고소송의 대상으로 삼기 위하여 처분의 개념에 통일적으로 수용하려는 것은 문제가 있으며, 처분의 개념을 좁게 해석함으로써 오히려 행정작용의 유형에 상응하는 다양한 행정소송유형을 인정하는 것이 더욱 현실적이라고 한다. 우리나라에서 이 학설을 취하는 학자들은 특히 형식적 행정처분의 개념을 부인하고 있다.[96]

ii) 쟁송법상 개념설 : 이 견해는 오늘날의 행정에 있어서의 행정기능의 확대에 따르는 행정작용의 다양화와 더불어 이러한 작용에 대한 항고소송을 통한 권익구제기능을 중시하여 쟁송법상 처분의 개념을 실체법상 행정행위와는 별개의 개념으로 파악하는 입장으로서 '이원설'이라고도 한다.

이 설에서는 처분의 개념을 넓게 해석하여 항고소송의 대상인 처분은 행정행위에 한정되지 아니하고 그 외에도 권력적 사실행위도 이에 포함되며, 또한 공권력행사로서의 실체는 가지지 아니하지만, 실질적으로 국민에게 계속적으로 사실상의 지배력을 미치는 행정작용에 대하여도 일정한 한도에서 그 처분성을 인정할 수 있는 여지가 있다고 본다. 이 학설이 현재 우리나라의 다수설이다.[97]

---

94) 대판 1986.7.8, 84누653.

95) 김동희, 전게서, 741면.

96) 강구철, 「강의행정법」. 형설출판사, 1998, 872면; 김성수, 「일반행정법」. 법문사, 2002, 804면; 류지태, 전게서, 563면.

97) 김남진 · 김연태, 전게서, 783면; 김도창, 전게서, 751-752면; 김동희, 전게서, 742면; 김철용, 전게서, 604면; 박균

iii) 판례 : 판례의 기본적 입장을 보면,[98] 1984년 개정 이전의 행정소송법은 처분개념을 정의하고 있지 않았다. 이러한 구법시대의 판례는 취소소송 등의 대상인 처분에 대하여 "행정처분은 행정청의 공법상의 행위로서 특정한 사항에 대하여 법규에 의한 권리의 설정 또는 의무의 부담을 명하거나 기타 법률상의 효과를 발생케 하는 등의 국민의 권리의무에 직접관계가 있는 행위를 말한다."[99] 또한 "행정처분은 행정청의 공권력행사로서 행하는 처분 중 국민의 권리의무에 직접적으로 법률적 영향을 미치는 행위를 말한다"[100]고 판시하고 있었다. 이와 같이 구법시대의 판례는 처분개념을 원칙적으로 실체법상 개념으로 이해한 것으로 볼 수 있다.

현행 행정소송법은 '처분'을 넓게 정의하여 행정청의 공권력의 행사뿐만 아니라 이에 준하는 행정작용도 처분에 포함시키고 있다. 그러면 이러한 처분개념은 판례에도 당연히 반영되어야 옳을 것으로 판단되는데, 실제 판례는 그러하지 아니하고 구법시대의 판례를 견지하고 있는 것이 일반적인 입장인 것으로 보인다. 즉 "행정소송법상 취소소송의 대상이 되는 행정청의 처분이라 함은 행정청의 공법상의 행위로서 특정사항에 대하여 법규에 의한 권리의 설정 또는 의무의 부담을 명하거나 기타 법률상의 효과를 직접 발생하게 하는 행위를 말한다"[101]고 판시하고 있다.

그러나 이러한 전형적인 처분공식과는 달리 처분개념을 광의로 파악하고 있는 것으로 보이는 판결례도 있다. 즉 대법원은 "행정청의 어떤 행위를 행정처분으로 볼 것이냐의 문제는 추상적 · 일반적으로 결정할 수 없고, 구체적 사실에 관한 법집행으로서 국민의 권리의무에 직접 영향을 미치는 행위라는 점을 고려하고 행정처분이 그 주체 · 내용 · 형식에 있어서 어느 정도 성립 내지 효력요건을 충족하느냐에 따라 개별적으로 결정하여야 하며, 행정청의 어떤 행위가 법적 근거도 없이 객관적으로 국민에게 불이익을 주는 행정처분과 같은 외형을 갖추고 있고, 그 행위의 상대방이 이를 행정처분으로 인식할 정도라면 그로 인하여 파생되는 국민의 불이익 내지 불안감을 제거시켜 주기 위한 구제수단이 필요한 점에 비추어 볼 때 행정청의 행위로 인하여 그 상대방이 입는 불이익 내지 불안감이 있는지의 여부도 그 당시에 있어서의 법치행정의 정도와 국민의 권리의식 수준 등은 물론 행위에 관련한 당해 행정청의 태도 등도 고려하여 판단하여야 할 것"이라고 판시하였다.[102]

이상에서 처분개념에 관한 판례를 살펴본 바와 같이 항고소송의 대상이 되는 처분개념은 기본적으로는 실체법상 개념설에 입각하면서도 동시에 쟁송법상 개념상의 입장에 따라 실체법상 개념설에 따르는 한계를 극복하면서 항고소송에 의한 권리구제의 가능성을 확대하려고 하고 있다.

성, 전게서, 1014면; 박윤흔 · 정형근, 전게서, 804면; 이명구, 「신행정법원론」. 대명출판사, 1997, 696-697면; 한견우, 「현대행정법강의」. 신영사, 2007, 917면.

98) 김동희, 상게서, 744-746면.

99) 대판 1967.6.27, 67누44.

100) 대판 1982.9.14, 82누161.

101) 대판 1993.4.12, 93두2; 대판 1996.3.22, 96누433.

102) 대판 1993.12.10, 93누12619; 대판 2007.6.14, 2005두4397.

ⅳ) 결어 : 위에서 처분개념에 대한 학설 · 판례를 검토한 바 있는데, 실체법상 개념설은 기본적으로 다음의 두 가지 점에서 적절하지 않다고 본다.[103)]

첫째로, 연혁적으로 행정행위의 개념은 독일 · 프랑스 등에서 주로 항고소송의 대상성과 관련하여 정립된 것은 사실이다. 그러나 우리나라 행정소송법의 '처분'은 전적으로 이러한 행정행위의 개념에 따라 정의된 것이라고 할 수는 없다고 본다. 왜냐하면 행정소송법은 처분을 「행정청이 행하는 구체적 사실에 관한 법집행으로서의 공권력의 행사…와 그 밖에 이에 준하는 행정작용」(법 제2조 제1항 제1호)으로 정의하고 있기 때문이다. 이와 같이 행정소송법이 처분의 개념을 넓게 정의하고 있는 것은 기본적으로 항고소송에 의한 국민의 권리구제에 주안점을 둔 것이라고 본다.

둘째로, 실질적 관점에서 볼 때 독일과는 달리 행정행위 이외의 일정한 행정작용에 대하여는 취소소송 이외에 적절한 구제수단이 없다는 점이다.

따라서 우리 행정소송법의 처분개념을 행정행위에 한정하여 해석하는 것은 그 정의 자체에 반하여 부당하게 국민의 권익구제의 범위를 축소한다는 점에서, 실체법상 개념설은 우리나라 행정소송법의 처분개념의 해석으로서는 타당하지 않다고 본다.

② 처분 등의 범위 : 행정소송법 제2조 제1항 제1호의 규정에 비추에 볼 때 항고소송의 대상인 '처분 등'에는 행정청의 구체적 사실에 관한 법집행으로서의 ① 공권력의 행사, ② 공권력행사의 거부, ③ 공권력행사나 그 거부에 준하는 행정작용에 포함되어야 한다. 다양한 종류의 행정작용 중에서 개별적으로 어떠한 것이 그 '처분 등'에 해당하는가 여부는 이미 행정행위와 처분의 개념에 관하여 자세히 고찰한 바 있으므로, 여기에서는 행정소송(항고소송)과 관련하여 특별히 그 대상이 되는지에 대하여 문제되는 쟁점을 중심으로 살펴보고자 한다.

ⅰ) 권력적 사실행위 : 권력적 사실행위란 행정청의 일방적 의사결정에 의거하여 특정의 행정목적을 위해 국민의 신체 · 재산 등에 실력을 가하여 행정상 필요한 상태를 실현하고자 하는 권력적 행위를 말하는데, 이것이 취소소송의 대상이 되는지가 문제된다. 이러한 권력적 사실행위에 의하여 국민의 권익이 침해된 경우 그에 대한 적절한 구제수단이 없으므로 이와 같은 행정작용은 행정소송법의 '처분'에 해당하는 것으로 보아 취소소송의 대상으로 하는 것이 바람직하다. 권력적 사실행위가 행정소송법이 규정한 처분인 '공권력의 행사'에 해당한다는 점에 대하여는 해석상 별로 의문이 없다고 본다.

ⅱ) 형식적 행정행위 : 공권력행사로서의 실체는 갖고 있지 않지만 국민이 그에 의하여 계속적이며 실질적인 불이익을 받는 경우에 권리구제의 관점에서 그 처분성을 인정하여 취소소송의 제기를 허용하려는 견해가 있다. 이 경우에 당해 행정작용은 실체법상의 행정행위는 아니고 쟁송법상으로만 그 처분성을 인정하려는 것이므로 이를 형식적 행정행위라고 한다. 이러한 점에서 형식적 행정행위란 행정기관이나 그에 준하는 자의 행위가 공권력행사로서의 실체는 갖고 있지 않

103) 김동희, 전게서, 742면.

지만 그것이 행정목적의 실현을 위하여 국민의 법익에 계속적으로 사실상의 지배력을 미치는 경우에, 국민의 실효적인 권익구제라는 측면에서 쟁송법상 처분으로 파악되는 행위라고 정의할 수 있을 것이다. 이에 해당되는 행위로서는 공공시설의 설치행위, 행정지도 기타 일정 사실행위 또는 일정한 행정규칙도 이 관점에서 검토할 수 있을 것으로 본다.

현대의 행정활동형식의 다양성을 감안하면, 전통적 행정소송법이론의 부분적 수정으로서 이러한 형식적 행정행위의 개념을 법해석론상으로 도입하는 것은 그 자체로서 전적으로 무리한 것이라고 할 수는 없고, 또한 사안에 따라서는 이러한 해석론에 의하여 보다 적정한 결과를 도출할 수도 있다. 그리고 행정소송법은 '처분'의 개념을 '공권력의 행사와 그 밖에 이에 준하는 행정작용'이라는 표현으로 광의로 정의하고 있으므로 실정법상으로도 이러한 형식적 행정행위의 개념이 인정될 수 있는 소지도 있다고 본다.[104]

그러나 행정소송법의 '처분'은 '법집행으로서의 공권력의 행사'를 그 개념적 징표로 보고, 이른바 형식적 행정행위의 경우에는 '법집행으로서의 공권력의 행사'로서의 실체를 갖지 않으므로 행정소송법이 규정한 처분에 해당하지 않는다. 이러한 행정작용으로 인하여 국민이 받는 계속적인 불이익은 공법상의 당사자소송 또는 민사소송을 통해 구제받을 수 있다는 견해도 있다.[105]

iii) 거부처분: 취소소송의 대상이 되는 '처분'은 구체적 사실에 관한 법집행으로서의 공권력의 행사 또는 그 '거부처분'이다. 거부처분이란 행정청이 국민으로부터 공권력의 행사를 신청받고 요건의 불비를 이유로 그 신청을 각하하거나 이유가 없다고 하여 신청된 내용의 행위를 하지 아니할 의사를 표시하는 행위를 말한다. 이러한 거부처분은 신청을 받아들이지 아니하고 그 행위로 인하여 현재의 법 상태에 직접적인 변동을 초래하는 것은 아니라는 점에서 부작위와 같지만 적극적으로 거부의사를 표시했다는 점에서 그와 구별된다.

이와 같은 거부처분이 있다고 하더라도 그 전의 상태가 그대로 계속된다는 점에서 신청인의 법적 지위에 어떠한 변동을 가져오는 것이라고는 할 수 없으나, 신청인에게 법규상 또는 조리상 일정한 공권력의 행사를 청구할 권리가 있음에도 행정청이 이를 받아들이지 아니하는 것은 신청인의 권리 내지 법적 이익을 침해하는 것이므로 행정청의 거부처분은 취소소송의 대상이 되는 행정처분에 해당한다고 보아야 할 것이다.[106] 행정소송법도 '처분'의 개념에 '공권력의 행사의 거부'를 포섭하는 규정을 두고 있으므로 실정법상으로 보아도 이러한 거부처분은 취소소송의 대상이 되는 처분의 범주에 속하는 것으로 새겨야 한다고 생각한다.

iv) 행정입법: 일반적으로 법규명령이나 조례 등의 행정입법에 대하여는 그 일반성 · 추상성으로 인하여 처분성을 부인하여 취소소송의 대상이 되지 않는다.[107] 그리고 행정규칙은 행정기관

---

104) 김동희, 상게서, 744면; 박균성, 전게서, 1012면.

105) 김남진 · 김연태, 전게서, 786면; 류지태, 전게서, 563면.

106) 대판 1990.9.28, 89누8101; 대판 2006.6.30, 2004두701; 대판 2007.10.11, 2007두1316; 대판 2009.9.10, 2007두20638.

107) 대판 1991.8.27, 91누1738.

내부에서의 사무처리기준에 불과한 것이라고 보아 그 처분성을 부인하고 있다.[108] 그러나 행정입법이라도 개별적 행위를 매개하지 아니하고 그 자체가 직접적으로 개인의 법률상 이익을 침해할 경우에는 예외적으로 이른바 '처분적 명령'으로서 취소쟁송의 대상이 된다고 하겠다.[109]

v) 행정계획: 행정계획의 법적 성질은 매우 다양하기 때문에 일률적으로 그의 처분성을 인정할 수는 없다. 행정계획은 그것이 일반적 · 추상적 행위인 한 처분이 아니지만, 특정한 개인의 권리 · 이익을 규제하는 개별적이거나 구체적 행위일 때에는 처분이 된다. 따라서 대법원은 도시기본계획에 대하여는 구속력을 부인하고 있지만 도시관리계획에 대하여는 처분성을 인정하여 행정소송의 대상이 된다고 판시하고 있으며, 헌법재판소도 같은 입장을 취하고 있다.[110] 즉 하수도법에 의하여 수립한 하수도정비기본계획은 직접적 구속력이 없어서 처분이 아닌[111] 반면에, 특정한 개인의 권리 · 이익을 규제하는 개별적이거나 구체적 행위일 때에는 처분이 되는데, 고시된 도시관리계획결정,[112] 택지개발예정지구의 지정,[113] 도시개발법상의 관리처분계획[114] 등과 같은 구속적 행정계획이나 토지거래계약에 관한 허가구역의 지정,[115] 표준지공시지가의 결정[116] 등은 그에 의하여 침해되는 특정인의 권익침해가 구체적이라는 점에서 처분성을 인정하여 행정소송의 대상성을 긍정하였다. 여기에서 일반적 · 추상적 행위인가, 개별적 · 구체적 행위인가의 여부는 행위의 형식에 의해서가 아니라 실질에 의하여 판단된다.

vi) 경정처분: 행정청이 일정한 처분을 한 후에 그 처분을 확장 또는 감축하는 경우가 있다. 예컨대, 세무서장이 당초 2천만원의 과세처분을 하고, 그 후 3천만원으로 증액하거나 또는 1천만원으로 감액하는 과세처분을 한 경우이다. 이 경우 최초의 처분을 '당초처분'이라 하고, 뒤의 처분을 '경정처분'이라고 한다. 이러한 경우에 당초처분과 경정처분 중 어느 것이 취소소송의 대상이 되는지가 문제된다.

이에 관하여는 병존설(竝存說)과 흡수설(吸收說), 역흡수설 등의 견해가 나누어져 있다. 병존설은 당초처분과 경정처분은 독립된 처분으로 별개의 소송대상이라는 견해이고, 흡수설은 당초처분이 경정처분에 흡수되어 소멸되고 경정처분만이 효력을 가지며 소송의 대상이 된다는 견해이다. 그리고 역흡수설은 경정처분은 당초처분에 흡수되어 경정처분에 의하여 수정된 당초의 처분이 소송대상이라는 견해이다.

---

108) 대판 1975.7.23, 75누167; 대판 1994.9.10, 94두33; 헌재결 1997.7.16, 97헌마38.
109) 대판 1954.8.19, 4286行上37; 대판 1996.9.20, 95누8003; 대결 2003.10.9, 2003무23; 대판 2006.9.22, 2005두2526.
110) 헌재결 1991.6.3, 89헌마46; 헌재결 1991.7.22, 89헌마174.
111) 대판 2002.5.17, 2001두10578.
112) 대판 1982.3.9, 80누105.
113) 대판 1992.8.14, 91누11582.
114) 대판 1996.2.15, 94다31235.
115) 대판 2006.12.22, 2006두12883.
116) 대판 1994.3.8, 93누10828; 대판 1998.3.24, 96누6851.

판례는 이 문제에 대하여 감액경정처분과 증액경정처분의 경우를 구분하여 판단하고 있다. 감액경정처분은 당초처분의 일부의 효력을 취소하는 처분으로서, 이 경우 소송의 대상은 감액되고 남은 당초의 처분이 된다고 한다.[117] 이에 대하여 증액경정처분의 경우에 당초처분은 뒤의 경정처분의 일부로 흡수되어 독립한 존재가치를 상실하여 소멸하고 오직 증액결정처분만이 소송의 대상이 된다고 판시하고 있다.[118]

vii) 반복된 행위: 행정청의 동일한 내용의 처분이 반복하여 행하여지는 경우가 있다. 예컨대, 행정청이 제1차로 불법건축물의 철거 대집행의 계고처분을 한 후 자진철거를 기다렸지만 상대방이 이에 불응하여 다시 제2차, 제3차 계고서를 발송함으로써 일정한 기간까지의 자진철거를 촉구하고 불이행하면 대집행을 하겠다는 뜻을 고지하는 경우가 이에 해당된다. 이러한 경우, 판례는 상대방의 의무는 제1차 처분으로 발생하는 것이고, 제2차 · 제3차의 처분은 단지 이행촉구 내지 기한연기의 통보에 불과하므로 취소소송의 대상이 되는 처분이 아니라고 판시하였다.[119]

그러나 거부처분의 경우에는 국민이 신청할 수 있는 횟수 등을 제한하는 법규가 없는 한 동일한 내용을 수차 신청할 수 있고, 그에 따라 거부처분이 수회에 걸쳐 있을 수 있다. 이러한 거부처분은 각 독립적인 처분으로서 각각 항고소송의 대상이 된다는 것이 판례의 입장이다.[120]

viii) 예비결정 · 부분허가: 원자력발전소와 같이 장기간이 소요되는 대규모의 공사와 관련하여서는 그에 대한 인 · 허가가 포괄적인 1회의 결정에 의하여 발급되지 않는다. 따라서 예비결정과 부분허가는 그와 같은 다단계 행정절차에서 널리 행하여진다. 여기에서 예비결정 또는 사전결정이란 건축허가 또는 시설허가와 관련하여 허가를 받기 위하여 갖춰야 할 여러 가지 요건 중 하나 또는 일부에 대하여 우선적으로 내리는 결정으로서, 그에 대하여 종국적이고 구속력이 있는 결정으로서의 성질을 가지는 것이다. 그리고 부분허가란 당해 시설의 일부에 한정되지만 갖춰야 할 요건의 전부에 대한 최종결정을 말한다. 비록 한정된 사항이지만 법적 효과가 종국적으로 발생한다는 점에서, 위 양자는 행정행위로서의 성질을 갖는다. 원자력법 제11조 제3항의 '원자로부지사전승인'은 예비결정(사전결정)과 부분허가의 성질을 가진다.[121]

ix) 장부기재행위: 건축물대장 등 공적 장부에의 기재행위에 대하여는 그 처분성을 인정하는 경우도 있고, 부정하는 경우도 있다.[122] 종래의 판례는 건축물대장은 기본적으로 행정사무집행의 편의와 사실증명의 자료로 삼기 위한 것일 뿐이고, 그 등재나 변경등재로 인하여 당해 건축물에 대한 실체상의 권리관계에 어떠한 변동을 초래하는 것은 아니라는 이유에서, 원칙적으로 건

117) 대판 1986.7.8, 84누50; 대판 2007.4.27, 2004두9302.
118) 대판 1984.12.11, 84누225.
119) 대판 1991.1.25, 90누5962; 대판 1994.10.28, 94누5144.
120) 대판 1992.10.27, 92누1643; 대판 2002.3.29, 2000두6084.
121) 김남진 · 김연태, 전게서, 789면.
122) 김남진 · 김연태, 상게서, 791-792면.

축물대장의 용도란의 변경등재행위,[123] 기재사항의 정정신청거부,[124] 소유권에 관한 사항의 기재변경신청거부[125] 등을 모두 처분이 아니라고 하여 그 취소를 구하는 소를 각하하여 왔다.

그러나 지적공부상 토지분할신청의 거부행위는 분필이 되지 않을 경우 자기소유 토지의 일부에 대하여 소유권의 양도나 저당권의 설정 등 필요한 처분행위를 할 수 없다는 불이익이 발생한다는 이유로 처분성을 인정하였고,[126] 건축주명의변경신청의 거부행위에 대하여는 건축주는 건축법상의 각종 권리의무의 주체가 되고 보존등기 명의인이 되는 것이라는 이유에서 처분성을 인정하였으며,[127] 지적공부상 지목변경의 거부행위에 대하여 지목은 토지에 대한 공법상의 규제, 개발부담금의 부과대상, 지방세의 과세대상, 공시지가의 산정, 손실보상가액의 산정 등 토지행정의 기초로서 공법상의 법률관계에 영향을 미치고, 토지소유자는 지목을 토대로 토지의 사용 · 수익 · 처분에 일정한 제한을 받게 되는 점 등을 고려하면, 지목은 토지소유권을 제대로 행사하기 위한 전제요건으로서 토지소유자의 실체적 권리관계에 밀접하게 관련되어 있으므로 지적공부 소관청의 지목변경신청 반려행위는 국민의 권리관계에 영향을 미치는 것으로서 항고소송의 대상이 되는 행정처분에 해당한다고 판시하였다.[128] 최근에는 건축물대장의 작성은 건축물의 소유권을 제대로 행사하기 위한 전제조건으로서 건축물 소유자의 실체적 권리관계에 밀접하게 관련되어 있으므로 건축물대장 소관청의 작성신청 반려행위는 국민의 권리관계에 영향을 미치는 것으로서 항고소송의 대상이 되는 행정처분에 해당한다고 판시하였다.[129] 또한 행정청의 건축물대장 용도변경신청 거부행위도 행정처분에 해당한다.[130]

x) 내부적 행위: 행정기관의 결정이 그 내부적 사무처리절차에 그치는 경우에는 그 처분성이 부인된다. 그리고 행정기관 상호간에 행하는 협의나 동의 등의 행위도 원칙적으로 처분성이 인정되지 아니한다.[131]

xi) 사법행위: 사법행위(私法行爲)는 취소소송의 대상으로서의 처분성이 인정되지 아니한다. 판례는 국유잡종재산매각,[132] 국유광업권처분,[133] 국유림대부,[134] 전화가입관계[135] 등을 사법행

123) 대판 1985.3.12, 84누738.
124) 대판 1998.12.12, 89누5348.
125) 대판 1998.2.24, 96누5612.
126) 대판 1992.12.8, 92누7542; 대판 1993.3.23, 91누8968.
127) 대판 1992.3.31, 91누4911.
128) 대판 2004.4.22, 2003두9015.
129) 대판 2009.2.12, 2007두17359.
130) 대판 2009.1.30, 2007두7277.
131) 김동희, 전게서, 752면.
132) 대판 1974.7.14, 74두97.
133) 대판 1970.3.21, 69다2286.
134) 대판 1983.9.2, 83누292.
135) 대판 1978.9.12, 77누132.

위로 본다. 그러나 행정재산의 허가사용,[136] 특허사용[137]은 행정처분으로 인정하고 있다.

③ 행정심판에 대한 재결 : 행정소송법은 취소소송의 대상으로서의 '처분 등'은 '처분'과 행정심판에 대한 재결을 함께 규정하고 있는데(법 제2조 제1항 제1호), 처분에 관하여는 위에서 검토하였으므로 여기에서는 재결에 대하여 살펴보고자 한다. 여기에서 말하는 행정심판에 대한 재결이란 형식적으로는 행정심판법에 의한 재결을 의미하지만, 행정심판이라는 의미를 이와 같이 좁은 의미로 해석할 것은 아니며, 그 실질적 내용에 따라 널리 위법 · 부당한 처분으로 인하여 권익을 침해당한 자가 행정기관에 대하여 그 시정을 구하는 행정쟁송절차를 모두 포함하여 일컫는다. 따라서 재결에는 이러한 행정쟁송절차에 있어서의 결정도 포섭된다고 해석하는 것이 합리적이라고 생각한다.

ⅰ) 원처분주의 : 원처분과 재결이 모두 취소소송의 대상이 되는 경우 입법정책상으로 원처분주의(原處分主義)를 채택할 것인가 또는 재결주의를 취할 것인가는 문제된다. 원처분과 이에 대한 재결은 모두 행정청의 공권력행사로서 항고소송의 대상이 될 수 있을 것이다. 그러나 아무런 제한 없이 양자 전체를 소송의 대상으로 허용할 경우에는 판결저촉이나 소송경제에 반하는 문제가 발생하게 된다. 따라서 원칙적으로 원처분만을 소송의 대상으로 허용하든지 또는 재결에 대하여서만 소를 허용하는 등의 제한이 필요하게 되는데, 원처분주의와 재결주의가 바로 그것이다.

원처분주의란 원처분과 재결의 어떠한 것에 대하여도 소를 제기할 수 있으나, 원처분의 위법은 원처분취소소송에서만 주장할 수 있고, 재결취소소송에서는 원처분의 위법이 아닌 재결 자체의 고유한 위법에 대하여서만 주장할 수 있도록 하는 제도를 말한다. 이에 대하여 재결주의란 원처분에 대하여는 소송의 제기가 허용되지 아니하고 재결에 대하여서만 소송을 제기할 수 있도록 하되, 재결 자체의 위법뿐만 아니라 원처분의 위법도 재결취소소송에서 주장할 수 있도록 하는 제도를 말한다.

우리나라 행정소송법 제19조는「취소소송은 처분 등을 대상으로 한다. 다만, 재결취소소송의 경우에는 재결 자체에 고유한 위법이 있음을 이유로 하는 경우에 한한다」고 규정하여 이른바 '원처분주의'를 채택하고 있으므로 행정심판의 재결을 거쳐 취소소송을 제기하는 경우에 취소소송의 대상은 원칙적으로 재결이 아니라 원처분이다. 행정소송법이 이렇게 원처분주의를 취한 이유는, 하나의 처분의 위법성을 이유로 하여 원처분에 대한 취소소송과 재결에 대한 취소소송이 동시에 제기될 경우에는 판결의 상반성의 우려와 소송비경제 등의 문제가 예상되므로 이를 방지할 필요성에 따른 것이다. 또한 재결청의 재결에 위법성이 있는 경우라고 하더라도 원처분을 대상으로 취소소송을 제기하는 것이 간편하고도 직접적인 구제방법이 되기 때문에 원처분주의를 채택하였다고 볼 수 있다. 그러나 재결 자체에 고유한 위법이 있는 경우에는 예외이다.

---

136) 대판 1997.4.11, 96누17325.
137) 대판 1998.2.27, 97누1105.

ii) 취소소송의 대상이 되는 재결: 행정소송법이 원처분주의를 취하고 있는 관계로 재결에 대한 취소소송은 재결 자체에 고유한 위법이 있음을 이유로 하는 경우에만 제기할 수 있다. 여기에서 '재결 자체에 고유한 위법이 있는 경우'란 재결의 주체 · 내용 · 절차 · 형식 등에 관하여 위법사유가 있는 것을 말한다. 그러나 위법은 원처분에는 없고 재결에만 위법이 있는 경우이다. 판례는 행정소송법 제19조에서 말하는 '재결 자체에 고유한 위법'이란 원처분에는 없고 재결에만 있는 재결청의 권한 또는 구성의 위법, 재결의 절차나 형식의 위법, 내용의 위법 등을 뜻하고, 그 중 내용의 위법에는 위법 · 부당하게 인용재결을 한 경우가 해당한다고 한다.[138] 그리고 재결 자체에 고유한 위법이 있어야 한다는 것은 본안판단사항이고 소송요건은 아니다. 따라서 재결 고유의 위법을 주장하지 않고 제기한 재결취소소송은 각하대상이 아니라 기각대상이다.[139]

원처분이 재결에 의하여 수정된 경우에는 수정재결(修正裁決)을 새로운 처분으로 볼 여지가 있어 소송의 대상이 수정된 원처분으로 되는 것인가 또는 수정재결이 되는 것인가의 여부가 문제된다. 공무원에 대한 징계처분을 소청심사위원회에서 감경한 경우, 재결청이 원처분청과 다른 종류의 징계처분을 하더라도 이를 새로운 처분으로 볼 수는 없고 원처분이 여전히 감축된 형태로 존속하고 있다고 보아야 할 것이다. 따라서 수정재결의 경우 원처분청을 상대로 수정된 원처분을 소송의 대상으로 다투어야 한다.[140]

iii) 원처분주의의 예외: 위에서 설명한 바와 같이 행정소송법은 원처분주의를 채택하고 있다. 그러나 개별법에서 원처분주의에 대한 예외로서 재결을 취소소송의 대상으로 규정한 경우가 있는데, 이를 '재결주의'라 한다. 재결주의는 위법한 원처분을 다투는 것보다 재결을 다투어 그 효력을 배제하는 것이 효율적인 권리구제와 판결의 적정성을 담보하는 경우에 원처분에 대한 제소를 금지하고 재결에 대해서만 제소를 허용한다.[141]

판례에서 재결주의를 채택하고 있는 예로는 다음과 같은 것을 들 수 있다.[142]

첫째로, 중앙토지수용위원회의 이의재결에 대하여 제기하는 취소소송이다. (구)토지수용법은 지방토지수용위원회의 재결에 대하여 중앙토지수용위원회에 이의신청을 제기하도록 하고, 이의신청에 대한 중앙토지수용위원회의 재결에 대하여 불복이 있을 때에는 행정소송을 제기하도록 규정하고 있었다(동법 제75조의2 제1항). 대법원은 이 규정을 근거로, 지방토지수용위원회의 재결에 대하여는 직접 취소소송을 제기할 수 없고 이의재결이 행정소송의 대상이 되는 것으로 판시한 바 있다.[143] 그런데 현행 토지취득보상법은 「사업시행자 · 토지소유자 또는 관계인은 제34조

138) 대판 1997.9.12, 96누14661.

139) 대판 1994.1.25, 93누16901.

140) 대판 1993.8.24, 93누5673.

141) 헌재결 2001.6.28, 2000헌바77.

142) 김남진 · 김연태, 전게서, 794-796면.

143) 대판 1995.12.8, 95누5561; 대판 2001.5.8, 2001두1648.

에 따른 재결에 불복할 때에는 재결서를 받은 날부터 60일 이내에, 이의신청을 거쳤을 때에는 이의신청에 대한 재결서를 받은 날부터 30일 이내에 각각 행정소송을 제기할 수 있다」고 규정하고 있다(동법 제85조 제1항). 이의신청을 거치지 않고 수용재결에 대하여 행정소송을 제기하는 경우에 원처분이 소의 대상이 되는 것은 분명하지만, 이의신청을 거친 후 제기하는 행정소송에 있어서 그 대상에 대하여는 논란이 있을 수 있다. 생각건대, 행정소송법의 원처분주의에 비추어 볼 때 동 조항이 재결주의를 명시적으로 규정하고 있지 않기 때문에 이의신청을 거친 경우에도 수용재결을 행정소송의 대상으로 보는 것이 타당하다고 본다.

둘째로, 중앙노동위원회의 재심판정에 대하여 제기하는 취소소송이다. 「노동조합 및 노동관계조종법」 제82조는 근로자 또는 노동조합은 사용자의 부당노동행위에 대하여 지방노동위원회에 구제신청을 할 수 있게 하고, 동법 제85조 제1항은 이에 의하여 구제를 받지 못하면 중앙노동위원회에 그 재심을 신청하도록 하며, 동조 제2항은 중앙노동위원회의 재심판정에 대하여 행정소송을 제기할 수 있도록 규정하고 있다. 대법원은 노동위원회의 결정에 대한 행정소송은 원처분인 지방노동위원회의 결정이 아니라 중앙노동위원회의 재심판정을 대상으로 행정소송을 제기하여야 한다고 해석하여 이 경우에 재결주의를 취하고 있는 것으로 본다.[144] 노동위원회법은 중앙노동위원회의 재심처분에 대한 소는 중앙노동위원회위원장을 피고로 한다고 명시하여 재결주의를 취하고 있음을 명확히 하고 있다(동법 제27조 제1항).

셋째로, 감사원의 변상판정에 대한 감사원의 재심의판결에 대하여 제기하는 취소소송이다. 감사원법은 회계관계 직원에 대한 감사원의 변상판정에 대하여 감사원에 재심의를 청구할 수 있도록 하고(동법 제36조), 그 재심의판결에 대하여 감사원을 당사자로 하여 행정소송을 제기하도록 하고 있다(동법 제40조 제2항). 따라서 행정소송의 대상은 원처분인 변상판정에 대하여가 아니라 재심의판결이다. 대법원은 이를 재결주의를 취하고 있는 것으로 보고 있다.[145]

(다) 처분 등의 위법주장

처분 등이 취소소송의 대상이 되기 위해서는 그 처분 등이 '위법'하지 않으면 아니 된다. 처분 등이 위법하다는 것은 그 처분 등이 성문법으로서의 법률 · 명령 또는 평등원칙 · 비례원칙 등 불문법원리에 객관적으로 위반하였음을 의미한다. 재량행위에 있어서는 재량권의 한계내에서 어느 정도 재량을 그르친 경우에는 부당한 처분에 그치지만, 그 일탈 · 남용의 경우에는 위법한 처분이 된다. 다만, 소 제기의 단계에서는 위법의 가능성이 존재하는 것으로 족하며, 현실적으로 위법하다는 것이 요구되는 것은 아니다. 처분 등의 객관적 위법성 자체는 소송요건이 아니라 본안에서의 이유유무의 문제이다.

---

144) 대판 1991.2.12, 90누288; 대판 1995.9.15, 95누6724.

145) 대판 1984.4.10, 84누91.

어떠한 경우에 처분 등이 위법으로 되는가, 즉 위법의 원인, 위법과 부당의 구별, 위법의 효과로서의 무효 · 취소의 구별, 위법의 치유와 승계, 민사재판 · 형사재판 등의 선결문제로서 처분의 위법성심사의 가부 등 처분 등의 위법과 관련되는 문제가 많이 있는데, 취소소송은 이러한 의미의 처분 등의 위법을 주장하는 것이어야 한다.

(2) 원고는 처분 등의 취소 또는 변경을 구할 법률상 이익이 있는 자일 것

(가) 처분 등의 취소 또는 변경

취소소송은 위법한 처분 등의 취소 또는 변경을 구하는 것이어야 한다. 여기에서 말하는 취소는 처분 등의 성립상의 하자를 이유로 그 처분이 처음부터 위법이었음을 확정하고 그의 효력을 소급적으로 상실시키는 소극적 형성판결을 구하는 소송이라는 데에 이론이 없다. 그리고 '변경'의 의미에 대하여는, 처분의 일부취소라는 의미의 소극적 변경으로 해석하는 소극설과 법원이 행정청의 원처분에 갈음하여 새로운 처분을 행하는 적극적 변경을 의미한다고 보는 적극설이 대립하고 있다. 그런데 법원에 의한 대체처분의 의미를 가지는 변경판결은 권력분립원칙에 반한다고 보아야 할 것이며, 또한 현행 행정소송법에서는 의무이행소송이 인정되고 있지 않기 때문에 적극적 변경판결을 취소소송에 따른 판결로써 인정하는 데에는 무리가 있다고 보여지므로 소극설이 타당하다.[146] 이러한 견해가 종래의 통설 · 판례이다.

(나) 법률상 이익

취소소송은 행정청의 위법한 처분 등 취소 또는 변경을 구할 법률상 이익이 있는 자가 제기하여야 한다. 법률상 이익이 무엇을 의미하는가에 대하여는 이미 검토한 바와 같이 여러 견해가 대립하고 있으나, 법률상보호이익설(법률상이익구제설)이 통설 · 판례이다. 이러한 법률상 이익이 있는 자가 원고적격을 가진다.

(3) 처분 등을 행한 행정청을 피고로 하여 제기할 것

취소소송은 처분청 또는 위원회를 피고로 하여 제기하여야 한다. 피고적격의 문제에 대하여도 앞에서 이미 설명한 바 있다.

(4) 개별법에 특별한 규정이 있는 경우에는 행정심판절차를 거쳐야 할 것

(가) 행정심판의 임의적 전치제도의 채택

행정심판과 행정소송의 관계에 관하여, (구)행정소송법 제18조 제1항은 「취소소송은 법령의 규정에 의하여 당해 처분에 대한 행정심판을 제기할 수 있는 경우에는 이에 대한 재결을 거치지

146) 김동희, 전게서, 753면.

아니하면 이를 제기할 수 없다」고 규정하여 행정심판의 필요적 전치주의를 채택하고 있었다.

그러나 1994년 7월 27일 개정되어 1998년 3월 1일부터 시행되고 있는 현행 행정소송법 제18조 제1항은 「취소소송은 법령의 규정에 의하여 당해 처분에 대한 행정심판을 제기할 수 있는 경우에도 이를 거치지 아니하고 제기할 수 있다. 다만, 다른 법률에 당해 처분에 대한 행정심판의 재결을 거치지 아니하면 취소소송을 제기할 수 없다는 규정이 있는 때에는 그러하지 아니하다」고 규정하고 있다. 이는 종전의 행정심판전치주의가 행정심판은 행정기관이 스스로 심판관의 지위에 선다는 데 기본적 문제점이 있는 제도임에도 불구하고 행정심판을 원하지 않는 사람에게까지 필요적으로 행정심판을 강요할 만한 명분을 찾을 수 없어 법개정에 의하여 행정심판임의주의로 전환함으로써 제도개선을 한 것이다.

이와 같은 내용의 행정소송법 제18조 제1항의 개정에 의하여 취소소송을 제기하는 데 있어서 행정심판은 원칙적으로 임의절차로 되었고, 다만 개별법에서 명시적으로 행정심판전치주의를 규정하고 있는 경우에만 행정심판절차를 거쳐야 한다.

(나) 예외적 행정심판전치제도

① 필요적 전치주의 : 행정소송법은 제18조 제1항 본문에서 임의적 전치주의를 규정하여 행정심판을 거칠 것인지의 여부는 원고의 선택에 맡기고 있다. 그러나 동법 제18조 제1항 단서에는 「다른 법률에 당해 처분에 대한 행정심판의 재결을 거치지 아니하면 취소소송을 제기할 수 없다는 규정이 있는 때에는 그러하지 아니하다」고 규정하여 예외적으로 필요적 전치주의를 채택하고 있다.

현행법상 다른 개별법에서 행정심판임의주의에 대한 특례로서 필요적 전치를 규정하고 있는 예로는 국가공무원법(제16조 제2항), 교육공무원법(제53조 제1항), 지방공무원법(제20조의2), 국세기본법(제56조 제2항), 관세법(제120조 제2항), 노로교통법(제142조) 등이 있다.

② 행정심판전치의 요건 : 행정심판전치의 요건을 기술하면 다음과 같다.[147)]

i) 행정심판의 적법성 : 다른 법률이 예외적으로 필요적 전치주의를 채택하고 있어서 당해 처분에 대한 행정심판의 재결을 거치는 경우 그 행정심판은 적법한 것이어야 하며, 행정심판이 부적법하여 각하된 경우에는 전치의 요건을 충족하였다고 할 수 없다. 이와 같은 행정심판의 청구가 적법한지의 여부는 법원이 독자적으로 판단하는 것이므로 설사 부적법한 행정심판을 재결청이 적법한 것으로 오인하여 본안에 대하여 재결을 한 경우에도 전치의 요건을 충족하였다고 할 수 없다.[148)]

ii) 행정심판과 행정소송의 관련성 : 행정심판과 행정소송이 어느 정도 관련되어야 전치의

147) 김남진 · 김연태, 전게서, 777면; 김철용, 전게서, 627면.
148) 대판 1991.6.25, 90누6091.

요건을 충족하게 되는가의 문제이다.

㉠ 인적 관련성: 행정심판의 필요적 전치주의는 행정청에 처분에 대한 재심의 기회를 주어 스스로 위법·부당한 처분을 시정할 수 있도록 하기 위한 것이므로 특정한 처분에 대하여 행정심판이 제기되어 재결이 있었으면 전치요건을 충족시켰다고 보아야 하며, 행정심판의 청구인과 취소소송의 원고가 반드시 동일인(同一人)일 필요는 없다. 따라서 공동소송의 1인이 행정심판을 거쳤다면 다른 공동소송인은 행정심판의 청구인과 동일한 지위에 있는 경우나 그 지위를 실질적으로 승계하고 있는 경우도 원고 자신은 행정심판을 거치지 아니하고 행정소송을 제기할 수 있다.

㉡ 사물관련성: 행정심판의 대상인 처분과 취소소송의 대상인 처분은 동일하여야 한다. 따라서 처분이 다르면 따로 행정심판을 거쳐 행정소송을 제기하여야 한다. 다만, 서로 내용상 관련되는 처분 또는 같은 목적을 위하여 단계적으로 진행되는 처분 중 어느 하나가 이미 행정심판의 재결을 거친 때에는 행정심판을 제기하지 아니하고 바로 취소소송을 제기할 수 있다(법 제18조 제3항 제2호).

㉢ 주장사유의 공통성의 여부: 행정심판에서의 청구인의 주장사유와 행정소송에서 원고의 주장사유가 동일하여야 하는지의 여부가 문제된다. 행정심판과 행정소송의 청구원인이 기본적으로 동일하여야 한다는 견해와 반드시 동일할 필요는 없고 청구인이 행정심판에서 주장하지 않았던 위법사유를 행정소송에서 새로 주장할 수 있다는 견해로 나누어져 있다. 판례는 전심절차에 있어서의 주장과 행정소송에 있어서의 주장이 전혀 별개의 것이 아닌 한 반드시 일치하여야 하는 것은 아니므로 전심절차에서 주장하지 아니한 사항도 행정소송에서 주장할 수 있다고 판시하였다.[149]

iii) 전치요건충족의 시기: 행정심판전치는 소송요건이지만 소송성립요건은 아니다. 따라서 먼저 행정심판을 제기하여 재결이 있은 후에 행정소송을 제기하여야 하고 재결 전에 소송을 제기하면 부적법한 소로서 각하를 면할 수 없으나, 재결 전에 소송을 제기하였다고 하더라도 부적법한 소로서 각하되기 전에 재결이 있으면 전치요건은 충족된 것이 된다. 판례는 비록 제소 당시에는 전치요건을 구비하지 못한 위법이 있다고 하더라도 사실심변론종결 당시까지 그 전치요건을 갖추었다면 그 하자는 치유된다고 판시하였다.[150]

③ 행정심판전치주의의 적용범위: 개별법에서 행정심판임의주의에 대한 예외로서 동법상의 처분에 대한 취소소송의 제기에 있어서는 행정심판을 거치도록 하는 행정심판전치주의를 규정하고 있는 경우, 다음의 경우에도 그의 적용이 되는지의 여부가 문제된다.[151]

i) 무효선언을 구하는 의미의 취소소송: 형식적으로는 처분의 취소를 구하는 것이나 그 청구원인에 비추어 볼 때 무효선언을 구하는 의미로서 취소를 소구하고 있는 경우에도 행정심판전

149) 대판 1984.5.9, 84누116.

150) 대판 1987.4.28, 86누29.

151) 김동희, 전게서, 734면.

치주의가 적용되는가에 대하여는 견해가 나누어지고 있다. 긍정설은 행정행위의 취소사유와 무효사유의 구별은 상대적인 것으로 실체적 심리를 거쳐야 밝혀질 성질의 것인 데 대하여, 소송요건의 충족 여부는 실체적 심리를 하기 전에 판단되어야 하는 문제라는 점에서 이 경우에도 행정심판전치주의는 적용된다고 보고 있다. 이에 대하여 부정설은 이 소송이 비록 취소소송의 형식을 취하고는 있으나, 실질적으로는 무효확인소송과 다르지 않으므로 이 경우에 행정심판전치주의는 적용되지 않는다고 보는 견해이다. 판례는 긍정설을 취하고 있다.[152)]

ii) 2단계 이상의 행정심판절차가 규정되어 있는 경우 : 관계법령에 의하여 2단계 이상의 행정심판절차가 존재하고 있는 경우에 당해 절차를 모두 거쳐야 하는가의 문제가 제기된다. 이러한 경우 그러한 내용의 명문규정이 있는 때에는 그 절차를 모두 거쳐야 되겠지만, 그러한 명문규정이 없는 경우에도 당연히 당해 절차를 모두 거쳐야 하는가는 의문이다. 행정심판전치주의의 취지는 처분을 한 행정청에게 자율적 심사기회를 주는 동시에 사법재판에 비하여 간편한 쟁송절차에 의한 신속한 국민의 권익구제에 있는 것이므로, 그 절차를 전부 거치도록 한다는 것은 제도의 취지에 반하므로 그 절차의 하나만을 거친 경우에도 행정심판전치주의의 요건은 충족되는 것으로 보아야 할 것이다.

iii) 처분 등의 상대방이 아닌 제3자소송 : 복효적 행정행위의 경우, 그 상대방에 대한 수익적 처분으로 인하여 법률상 이익을 받은 제3자(예컨대, 기존업자 · 인근주민 등)가 취소소송을 제기하는 때에도 행정심판전치주의가 적용되는지의 여부가 문제된다. 행정소송법에 의하면, 이 경우의 행정심판전치주의는 취소소송의 제기를 위한 요건임은 물론이고, 행정심판전치주의가 적용되는 때에도 그 예외로서 행정심판은 제기하되 재결을 거칠 필요가 없는 경우와(법 제18조 제2항), 행정심판의 제기 자체를 요하지 않는 경우(동조 제3항)를 구분하여 규정하고 있다. 그런데 '정당한 사유가 있는 때'를 행정심판은 제기하고 재결을 거치지 않을 수 있는 경우로 한정하고 있는 점 및 처분 등의 상대방이 아닌 제3자로서 당해 처분 등이 있은 것을 안다는 것은 어려운 일이라는 점은 행정심판 제기의 경우나 행정소송 제기의 경우나 다를 것이 없는 점에 비추어 볼 때 제3자에 의한 취소소송에도 행정심판전치주의가 적용된다고 보는 견해와 달리 해석하기는 어려울 것 같다.[153)] 판례도 같은 견해를 보이고 있다.[154)]

④ 행정심판전치주의의 완화 : 행정심판은 행정기관이 스스로의 행위를 심판한다는 데에 문제점이 있으므로 국민의 신속한 재판을 받을 권리를 제한하는 부정적인 측면이 있다. 따라서 행정소송법은 행정심판의 이러한 측면을 감안하여 개별법에서 행정심판전치주의를 규정하고 있는 경우에도 다음과 같은 두 가지 유형의 예외를 인정하면서 그 요건을 완화(緩和)하고 있다.[155)] 그런

152) 대판 1976.2.24, 75누128; 대판 1987.6.9, 87누219.

153) 김동희, 전게서, 756면; 이상규, 전게서, 783면.

154) 대판 1989.5.9, 88누5150.

155) 국세기본법 제56조 제2항, 지방세기본법 제125조 제1항, 관세법 제126조에 의하면 행정심판전치주의를 취하고

데 행정심판전치주의를 완화하는 사유는 행정심판청구나 재결을 거치지 아니하고 취소소송을 제기하는 원고가 이를 소명하여야 한다(법 제18조 제4항).

i) 행정심판의 재결을 거치지 아니하고 제소할 수 있는 경우 : 개별법에 당해 처분에 대한 행정심판의 재결을 거치지 아니하면 취소소송을 제기할 수 없다는 규정이 있는 때에도 다음과 같은 사유가 있는 경우에는, 행정심판을 제기한 후 그 재결을 기다리지 아니하고 취소소송을 제기할 수 있다(법 제18조 제2항).

㉠ 행정심판청구가 있은 날로부터 60일이 지나도 재결이 없는 때 : 이 경우는 재결의 부당한 지연으로 인한 청구인의 불이익을 방지하기 위하여 심판청구를 한 후 60일이 지나도 재결이 없는 때에는 재결을 기다릴 필요 없이 바로 취소소송을 제기할 수 있도록 한 것이다.

㉡ 처분의 집행 또는 절차의 속행으로 생길 중대한 손해를 예방하여야 할 긴급한 필요가 있는 때 : 여기에서 어떠한 경우가 '중대한 손해를 예방하여야 할 긴급한 필요가 있는 때'에 해당하는가는 개별적 · 구체적으로 판단해야 할 불확정개념으로서 행정심판청구가 있은 날로부터 60일을 기다려서는 처분의 집행 등으로 청구의 목적을 달성하지 못하거나 현저히 곤란할 정도로 긴급성이 있는 경우를 말한다.[156] 이러한 경우까지 재결을 기다리도록 한다는 것은 행정구제제도로서의 행정소송의 목적에 맞지 아니하므로 재결을 기다릴 것 없이 바로 행정소송을 제기하도록 한 것이다.

㉢ 법령의 규정에 의한 행정심판기관이 의결 또는 재결을 하지 못할 사유가 있는 때 : 여기에 해당하는 경우로서는 행정심판위원회가 구성되지 않았거나 구성되었다고 하더라도 과반수 이상의 결원이 있음에도 가까운 시일 내에 보충될 가망이 없는 경우 등을 들 수 있을 것이다. 이와 같은 사유가 있어 행정심판기관이 의결 또는 재결을 하지 못할 사유가 있는 데도 불구하고 재결을 기다리도록 하는 것은 당사자에게 시간의 낭비를 초래할 뿐만 아니라 행정구제절차로서의 행정소송제도의 취지에도 적합하지 아니하므로 재결을 기다리지 아니하고 바로 행정소송을 제기하게 한 것이다.

㉣ 그 밖의 정당한 사유가 있는 때 : 여기서 말하는 '정당한 사유'란 불확정개념으로서, 시기 기타 사유로 인하여 행정심판을 거칠 경우에는 그 청구의 목적을 달성치 못하겠거나 또는 현저히 그 목적을 달성키 곤란한 경우를 말한다.[157]

ii) 행정심판을 거치지 아니하고 직접 제소할 수 있는 경우 : 개별법에 당해 처분에 대한 재결을 거치지 아니하면 취소소송을 제기할 수 없다는 규정이 있는 때에도 다음의 사유가 있는 경우에는, 행정심판을 제기함이 없이 직접 취소소송을 제기할 수 있다(법 제18조 제3항).

있는 과세처분의 경우에는 행정소송법 제18조 제1항 본문 · 제2항 및 제3항의 규정도 모두 그 적용이 배제되고 있으므로 행정소송법에 의한 행정심판전치주의의 완화제도는 이러한 처분에는 그대로 적용되지 아니한다.

156) 김철용, 전게서, 631면.

157) 대판 1953.4.15, 4285行上11.

㉠ 동종사건에 관하여 이미 행정심판의 기각재결이 있은 때 : 여기에서의 '동종사건'이란 동일한 사실에 대하여 동일한 법적 근거에서 대량으로 행하여지는 처분, 즉 당해 사건과 기본적인 점에서 동질성을 인정할 수 있는 다른 사건을 말한다.[158] 이러한 동종사건 중의 어느 하나의 사건에 대한 기각재결이 있었다면, 동종의 다른 사건에 대한 행정심판의 청구가 있더라도 인용재결은 기대할 수 없고 기각재결이 거의 확실하므로 거듭 행정심판을 거치도록 하는 것은 무의미하기 때문에 직접 취소소송을 제기할 수 있도록 하고 있다.

㉡ 서로 내용상 관련되는 처분 또는 같은 목적을 위하여 단계적으로 진행되는 처분 중 하나가 이미 행정심판의 재결을 거친 때 : 여기에서 말하는 '서로 내용상 관련되는 처분'이란 각각 별개의 처분이지만 내용적으로 일련의 상관관계가 있는 복수의 처분을 말한다.[159] 예컨대, 가산금 및 중가산금의 징수처분은 국세의 납부고지처분과 별개의 처분으로 볼 수 있다고 하더라도 여기의 서로 내용상 관련되는 처분에 해당한다. 그리고 '같은 목적을 위하여 단계적으로 진행되는 처분'이라 함은 하나의 행정목적을 실현하기 위하여 단계적으로 서로 연속되어 선후관계에 있는 처분을 말한다.[160] 예를 들면, 행정대집행에 있어서의 계고, 대집행영장의 통지 및 대집행 등이 이에 속한다.

㉢ 행정청이 사실심의 변론종결 후 소송의 대상인 처분을 변경하여 당해 변경된 처분에 관하여 소를 제기하는 때 : 이는 행정청이 사실심의 변론종결 후 소송의 대상인 처분을 변경하여 소의 변경을 할 수 없어서 변경된 처분을 대상으로 별소(別訴)를 제기하게 된 경우에 사실심의 변론종결 전에 처분을 변경한 경우(법 제22조)와의 균형을 도모하고, 또한 처분에 의한 소송지연 또는 남소를 방지하려는 데에 그 취지가 있다고 본다.

㉣ 처분을 행한 행정청이 행정심판을 거칠 필요가 없다고 잘못 알린 때 : 행정심판법은 행정청의 처분고지제도를 두고 있는데(동법 제58조), 행정청이 착오로 당해 처분에 대하여 행정심판을 거칠 필요가 없다고 잘못 알린 때에는 행정에 대한 국민의 신뢰를 보호하고 행정청의 성실한 고지를 도모하기 위하여 취소소송의 원고가 될 자가 그것이 잘못된 고지인지를 알았는지의 여부와 상관없이 행정심판절차를 거치지 아니하고 바로 취소소송을 제기할 수 있도록 하고 있다. 재결청이 잘못 알린 경우에도 같다.[161]

(5) 소제기기간 내에 제기할 것

(가) 제소기간의 제한

취소소송은 일정한 제소기간 내에 제기하여야 한다. 제소기간이란 소송의 제기가 허용되는 기

158) 대판 1988.2.23, 87누704; 대판 1992.11.24, 92누8972; 대판 2000.6.9, 98두2621.
159) 대판 1986.7.22, 85누297.
160) 대판 1979.7.24, 79누129.
161) 대판 1996.8.23, 96누4671.

간을 말한다. 행정소송법은 민사소송의 경우와는 달리 제소기간을 단기로 제한하는 규정을 두고 있다(법 제20조). 그것은 처분 등의 효력을 오랫동안 확정되지 아니한 상태로 방임하는 것은 공법관계의 조속한 안정을 위하여 바람직하지 못하기 때문이다. 그런데 (구)행정소송법에서는 이 기간이 지나치게 짧았으므로 국민이 권리구제의 기회를 상실하는 경우가 적지 않았기 때문에 현행 행정소송법은 이 제소기간을 어느 정도 연장하여 다음과 같다.

(나) 처분 등이 있음을 안 날부터 90일

취소소송은 처분 등이 있음을 안 날부터 90일 이내에 제기하여야 한다. 다만, 다른 법률에 당해 처분에 대한 행정심판의 재결을 거치지 아니하면 취소소송을 제기할 수 없다는 규정이 있는 경우와 그 밖에 행정심판청구를 할 수 있는 경우 또는 행정청이 행정심판청구를 할 수 있다고 잘못 알린 경우에 행정심판청구가 있은 때의 기간은 재결서의 정본을 송달받은 날부터 기산한다(법 제20조 제1항).

여기의 '처분이 있음을 안 날'이란 당해 처분이 있었다는 사실을 현실적으로 알게 된 날을 의미하고, 추상적으로 알 수 있었던 날을 의미하는 것은 아니다.[162] 처분 당시에는 취소소송의 제기가 법제상 허용되지 않아 소송을 제기할 수 없었지만, 위헌결정으로 인하여 비로소 취소소송을 제기할 수 있게 된 경우에는 객관적으로는 '위헌결정이 있은 날', 주관적으로는 '위헌결정이 있음을 안 날'에 비로소 취소소송을 제기할 수 있도록 되어 이때를 제소기간의 기산점으로 하여야 한다.[163] 그리고 이 기간은 불변기간이므로(법 제20조 제3항), 법원이 직권으로써 이를 신축할 수 없다.

이러한 제소기간이 도과하게 되면 처분 등의 효력을 더 이상 다툴 수 없게 되는 불가쟁력이 발생할 뿐이며, 위법한 처분 등이 적법한 것으로 되는 것은 아니다. 따라서 제소기간의 도과는 행정청의 직권에 의한 취소 · 변경에 영향을 미치지 않는다.[164]

(다) 처분 등이 있은 날부터 1년

취소소송은 처분 등이 있은 날부터 1년(동조 제1항 단서의 경우는 재결이 있은 날부터 1년)을 경과하면 이를 제기하지 못한다. 다만, 정당한 사유가 있을 때에는 그러하지 아니하다(법 제20조 제2항).

여기에서 '처분이 있은 날'이란 당해 처분이 대외적으로 표시되어 효력을 발생한 날을 말한다.[165] '정당한 사유'라 함은 불확정개념으로서 그 존부는 사안에 따라 개별적으로 판단하여야 하지만, 제소기간 내에 소를 제기하지 못함을 정당화할 만한 객관적인 사유를 의미한다. 그것은 민

162) 대판 1991.6.28, 90누6921; 대판 1998.2.24, 97누18226.

163) 대판 2008.2.1, 2007두20997.

164) 김남진 · 김연태, 전게서, 780면.

165) 대판 1990.7.13, 90누2284.

사소송법 제173조의 '당사자가 그 책임을 질 수 없는 사유'나 행정심판법 제27조 제2항의 '천재지변, 전쟁, 사변, 그 밖의 불가항력적인 사유'보다는 넓은 개념으로서, 제소기간 도과의 원인 등 여러 사정을 종합하여 지연된 제소를 허용하는 것이 사회통념상 상당하다고 할 수 있는가에 따라 판단되어야 할 것이다.[166] '정당한 사유'의 존재는 원고가 소명하여야 한다고 본다.

(라) 양자의 관계

위의 두 기간은 선택적인 것이 아니므로 처분 등이 있음을 안 날과 처분 등이 있은 날 중 어느 하나의 기간이 만료되면 제소기간은 종료된다. 양자가 모두 경과하여야 하는 것은 아니다. 그리고 제소기간의 도과 여부는 법원의 직권조사사항이다.

(6) 소장을 제출할 것

취소소송의 제기는 일정한 형식의 소장을 법원에 제출함으로써 한다(법 제8조 제2항, 민사소송법 제248조). 취소소송의 소장의 필요적 기재사항은 당사자 및 법정대리인의 표시, 청구의 취지, 청구의 원인이므로 반드시 이를 기재하여야 한다(민소법 제249조).

(7) 소장을 관할법원에 제출하여야 할 것

취소소송의 제1심 관할법원은 피고인 행정청의 소재지를 관할하는 행정법원이므로 여기에 소장을 제출하여야 한다(법 제9조 제1항 본문). 취소소송의 재판관할에 관하여는 이미 앞에서 고찰한 바 있다.

3) 소의 변경

(1) 의 의

(가) 개 념

소의 변경이란 소송의 계속 중에 사정의 변경으로 인하여 소송제기 당시의 당사자(피고), 청구취지, 청구원인 등에 관하여 전부 또는 일부를 변경하는 소송행위를 말한다. 소의 변경 후에도 변경 전의 절차가 그대로 유지되며, 거기에 나타난 소송자료가 승계되는 점에 의의가 있다. 소는 소송주체와 소송물로 구성되는데, 민사소송에서의 소의 변경은 소송물의 변경만을 말하지만, 행정소송법에서는 이미 앞에서 검토한 피고경정(법 제14조), 청구의 병합(법 제10조 제2항) 외에 소의 종류의 변경과 처분변경으로 인한 소의 변경을 포함하는 넓은 개념으로 사용하고 있다.

166) 대판 1991.6.28, 90누6521.

(나) 제도적 의의

소의 변경은 민사소송법에서 일정한 요건을 갖춘 경우에 소송물의 변경만이 인정되고 있는데(동법 제262조), 동법에서는 인정되지 않는 피고의 변경이 행정소송에서 인정되고 있는 점이 하나의 특색이다. 행정소송, 특히 항고소송은 행정청을 피고로 함이 원칙이므로(법 제13조, 제38조), 만일에 피고의 변경을 허용하지 않는다면 소의 변경이 허용되는 범위와 실익이 지나치게 좁아지게 될 것이다. 따라서 입법을 통하여 그러한 점을 명확히 하고, 당사자 쌍방 사이의 분쟁의 합리적 해결을 도모하며, 소송경제에 적합하도록 하는 데에 행정소송법상의 소의 변경에 관한 규정의 제도적 의의가 있다고 할 수 있다.

(2) 행정소송법상의 소의 변경의 유형

행정소송법은 소의 변경에 관하여는, 소의 종류의 변경(법 제21조)과 처분변경으로 인한 소의 변경(법 제22조) 등의 유형을 규정하고 있다.

(가) 소의 종류의 변경

① 개념:「법원은 취소소송을 당해 처분 등에 관계되는 사무가 귀속하는 국가 또는 공공단체에 대한 당사자소송 또는 취소소송 외의 항고소송으로 변경하는 것이 상당하다고 인정할 때에는 청구의 기초에 변경이 없는 한 사실심의 변론종결시까지 원고의 신청에 의하여 결정으로써 소의 변경을 허가할 수 있다」(법 제21조)고 규정하여 '소의 종류의 변경'을 허용하고 있다. 이러한 소의 변경은 피고의 변경을 수반하는 경우가 있다는 점에서 민사소송법에 의한 소의 변경에 대한 특례이며, 또한 교환적 변경에 한하고 추가적 변경은 인정되지 않은 것으로 해석된다. 추가적 변경은 관련청구소송의 병합적 제기의 방법(법 제10조 제2항 참조)에 의하는 것이 적절할 것이다.

② 요건: 소의 종류의 변경은 다음과 같은 요건을 갖추어야 한다.

i) 취소소송이 법원에 계속되고 있을 것: 취소소송이 적법하게 제기되어 사실심에 계속 중이고 변론종결 전이어야 한다.

ii) 취소소송을 당해 '처분 등에 관계되는 사무가 귀속하는 국가 또는 공공단체에 대한 당사자소송 또는 취소소송 외의 항고소송'으로 변경하는 것일 것: 여기에서 '사무가 귀속하는 국가 또는 공공단체'란 당해 처분 또는 재결을 취급한 행정청이 속하는 국가 또는 공공단체를 가리키는 것이 아니라 처분 또는 재결의 효과가 귀속하는 국가 또는 공공단체를 의미하는 것으로 보아야 할 것이다. 따라서 국가의 사무인 경우에는 국가가, 공공단체의 사무인 경우에는 공공단체가 피고가 된다. 지방자체단체가 행하는 국가위임사무인 경우에는 위임자인 국가가 이에 해당한다고 보는 것이 타당하다. 행정소송법이 정하고 있는 '신청구'는 당사자소송 또는 취소소송 외의 항고소송이다. 여기의 '항고소송'의 범위는 법정항고소송(무효등확인소송, 부작위위법확인소송) 이외에 이른바 법정외(무명)항고소송이 그 취소소송 외의 항고소송에 포함되는 것인지가 문제되는 것

이다.[167)]

iii) 청구의 기초에 변경이 없을 것 : 이 요건은 민사소송법 제262조의 규정과 같은 취지로 해석된다. 여기에 있어서의 청구의 기초라는 개념은 신 · 구청구 간의 관련성을 뜻하지만, 그 동일성이 무엇을 의미하는가에 관하여는 이익설 · 사실설 · 병용설의 대립이 있다. 그러나 '청구의 기초'는 종전의 취소소송에 의하여 달성하고자 한 권리 · 이익의 구제와 동일기반에 서는 다른 청구로의 변경을 의미하는 것으로 이해된다. 따라서 '청구의 기초에 변경이 없는 한'이란 재판을 통하여 원고가 회복하려는 법률상 이익에 변경이 없어야 함을 의미한다고 보아야 한다.[168)] 만일에 청구의 기초에 동일성이 없게 되면 부적법한 것으로서 각하되어야 할 것이나, 신소(新訴)의 피고가 동의하는 경우에는 그 하자는 치유된다고 판단하는 것이 타당하다.

iv) 소의 변경은 상당한 이유가 있어야 할 것 : 여기에서 '상당성'은 각 사건에서 구체적으로 판단할 것이나 소송자료의 이용가능성, 다른 구제수단의 존재 여부, 소송경제, 새로운 피고에게 입히는 불이익의 정도 등을 종합적으로 고려할 것이다.[169)]

③ 절차 : 소의 종류의 변경을 하려면 다음의 절차를 밟아야 한다.

i) 사실심의 변론종결시까지 원고의 신청이 있을 것 : 소송요건의 미비로 인하여 소송이 부적법한 경우에도 원고는 소가 각하되기까지는 법원에 소의 변경신청을 할 수 있다. 그러나 상고심은 사실심이 아닌 법률심이기 때문에 취소소송이 상고심에 계속되는 때에는 그 신청을 할 수 없다.

ii) 법원이 결정으로써 소의 변경을 허가할 것 : 민사소송법에서는 소송절차를 지연케 함이 현저하지 않는 한 소의 변경을 할 수 있도록 하고 있다(동법 제262조). 이에 대하여 행정소송법에서는 '상당하다고 인정될 때'에 한하여 법원의 허가사항으로 하고 있는 점이 다르다. '상당성'의 요건은 민사소송법 제262조 제1항 단서, 즉 「소송절차를 현저히 지연시키는 경우에는 그러하지 아니하다」의 요건을 대체하는 것은 아니며, 그것보다 넓은 의미를 가지는 것으로 해석된다. 구체적인 경우에 따라 소의 변경을 허가하는 것이 원고의 이익에 합치되는지의 여부를 고려하여 판단하여야 할 것이다.

iii) 소의 변경허가로 인하여 새로이 피고로 될 자의 의견을 들어야 할 것 : 법원은 소의 변경을 허가함으로써 피고를 달리하게 될 때에는 새로이 피고로 될 자의 의견을 들어야 한다(법 제21조 제2항). 의견을 듣는 방법에는 제한이 없으며, 구두나 서면의 어느 것도 무관하다. 그런데 의견의 진술은 법원에 대한 소송행위이며, 의견을 듣지 않고 행한 결정은 위법이 된다. 그러나 당사자가 이의를 제기하지 않는 한 그 하자는 치유된다고 보아도 될 것이다.

iv) 결정의 정본을 새로운 피고에게 송달하여야 할 것(법 제21조 제4항, 제14조 제2항)

④ 효과 : 소의 변경을 허가하는 결정으로 피고의 변경이 있는 경우 새로운 피고에 대한 소송은

167) 김남진 · 김연태, 전게서, 800면.
168) 홍정선, 전게서, 992면.
169) 홍정선, 상게서, 992면.

처음에 소를 제기한 때에 제기된 것으로 보며(법 제21조 4항, 제14조 제4항), 아울러 종전의 피고에 대한 소송은 취하된 것으로 본다(법 제21조 제4항, 제14조 제5항). 종전의 소와 관련하여 진행된 일련의 절차는 변경된 새로운 소에 그대로 유효하게 승계된다.

⑤ 불복방법 : 법원의 소변경의 허가결정에 대하여는 새로운 소의 피고 및 변경 전 구소(舊訴)의 피고는 즉시항고할 수 있다(법 제21조 제3항). 소변경의 불허가결정에 대하여는 행정소송법이 특별히 규정하고 있는 바가 없으므로 민사소송법에 의한 특별항고 또는 별소(別訴)의 제기가 가능하다고 본다.

(나) 처분변경으로 인한 소의 변경

① 개념 : 처분변경으로 인한 소의 변경이란 행정소송이 제기된 후 행정청이 당해 소송의 대상인 처분을 변경한 때에 원고가 법원의 허가를 받아 소를 변경하는 것을 말한다. 「법원은 행정청이 소송의 대상인 처분을 소가 제기된 후 변경한 때에는 원고의 신청에 의하여 결정으로써 청구의 취지 또는 원인의 변경을 허가할 수 있다」(법 제22조 제1항)라고 규정함으로써 '처분변경으로 인한 소의 변경'을 인정하고 있다. 행정청은 행정소송이 계속되고 있는 중에도 직권 또는 행정심판의 재결에 따라 행정소송의 대상이 된 처분을 변경할 수도 있는데, 이 경우에 행정청의 처분변경으로 인한 소의 변경을 허용한 제도이다. 예컨대, 영업허가취소처분의 취소소송의 계속 중에 행정청이 허가취소처분을 허가정지처분으로 변경한 경우에 원고가 전자에 대한 소를 후자에 대한 소로 변경하는 것과 같은 것이 이에 해당된다. 이러한 제도는 원고에게 책임 없는 사유로 인한 소의 각하나 새로운 소의 제기와 같은 무용한 절차의 반복을 피하여 원고로 하여금 간편하고 신속하게 권익구제를 받도록 하기 위한 것이다.

② 요건 : 처분변경으로 인한 소의 변경의 요건은 다음과 같다.

i) 행정청이 소송의 대상인 처분을 소가 제기된 후 변경한 경우일 것 : 당해 소송의 대상인 처분이 소의 제기 후에 행정청에 의하여 변경되어야 한다. 처분의 변경은 원처분에 대한 적극적 변경이거나 일부취소이거나를 묻지 않으며, 처분을 변경하는 행정청은 일반적으로 원처분청이지만 감독행정청인 경우도 포함한다.

ii) 소의 변경의 신청은 처분의 변경이 있음을 안 날로부터 60일 이내에 원고가 할 것(법 제22조 제2항).

iii) 변경될 소가 계속되고 사실심변론종결 전일 것 : 소의 변경의 일반적 요건으로서 변경될 소가 계속되고 사실심변론종결 전이어야 한다. 다만, 변경되는 청구가 필요적 행정심판전치의 대상이 되는 행위라 하더라도 행정심판을 거칠 필요는 없다(법 제22조 제3항).

iv) 법원의 변경허가결정이 있을 것

③ 절차 : 원고의 신청이 있어야 하며(법 제22조 제2항), 법원은 원고의 이 신청에 대하여 결정으로써 청구의 취지 또는 원인의 변경을 허가할 수 있다(동조 제1항).

④ 효과: 소의 변경을 허가하는 법원의 결정이 있으면, 당초의 소가 처음에 제기된 때에 변경한 내용의 새로운 소가 제기된 것으로 보며, 변경 전의 구소는 취하된 것으로 본다(법 제21조 제4항, 제14조 제4항 · 제5항).

(3) 민사소송법의 준용에 따른 소의 변경

행정소송법에서 인정되는 소변경의 형태는 민사소송법에 의한 소변경을 배척하는 취지가 아니며,[170] 따라서 행정소송의 원고는 청구의 기초에 변경이 없는 범위 안에서 사실심의 변론종결시까지 청구의 취지 또는 원인을 변경할 수 있다(법 제8조 제2항, 민소법 제262조 · 제263조).

민사소송법의 준용에 의한 소의 변경이 허용되기 위해서는, ① 청구기초의 변경이 없을 것, ② 소송절차를 현저히 지연시키지 않을 것, ③ 사실심이 계속되고 변론종결전일 것, ④ 소의 병합의 일반요건을 갖출 것(동종의 소송절차, 공통 관할) 등을 요한다. 그런데 ①, ②, ③의 요건은 크게 문제되지 않으나, ④의 요건과 관련하여 행정소송사건을 민사소송사건으로 변경하는 것도 허용될 것인가는 문제된다. 본래 행정사건과 민사사건은 동종의 소송절차가 아닐 뿐만 아니라 관할도 달리하고 있으므로 ④의 요건은 충족되지 않는 것으로 볼 수 있는 여지가 있다. 그런데 판례는 민사소송과 항고소송 간의 소변경을 허용하고 있는데,[171] 당사자의 권리구제 및 소송경제의 관점에서 타당한 해석이라고 판단된다.[172]

4) 처분사유의 추가 · 변경

(1) 의 의

행정청은 근거법상의 처분요건에 해당하는 사실을 인정하여 처분을 하므로 행정처분은 근거사실과 법률적 근거를 기초로 하여 행하며, 이 양자를 합하여 처분사유 또는 처분이유라 한다. 여기에서 처분사유의 추가란 당초의 처분사유는 그대로 두고 새로운 사유를 처분사유로서 추가하는 것을 말하고, 처분사유의 변경이란 당초의 처분사유에 대체하는 새로운 사유를 내세우는 이른바 교환적 변경을 말한다. 이와 관련하여 처분사유의 추가 · 변경의 문제는 행정청이 처분을 행하면서 일단 처분사유를 밝힌 후 이에 대한 취소소송이 제기된 경우에 심리과정에서 그 처분의 적법성을 유지하기 위하여 처분시에 객관적으로 존재하였지만 그 처분사유로 삼지 않았던 새로운 사유를 내세워 처분의 적법성을 주장할 수 있는가의 문제이다.

(2) 처분사유의 추가 · 변경의 허용 여부의 문제

처분사유의 추가 · 변경의 문제는 처분청이 취소소송의 심리과정에서 처분시에는 그 이유로 하

170) 대판 1999.11.26, 99두9407.
171) 대판 1999.11.26, 97다42250.
172) 김남진 · 김연태, 전게서, 803면.

지 않았던 새로운 사실상 · 법률상 근거를 내세워 당해 처분의 적법성을 주장하는 것이 허용될 수 있는가의 여부와 관련된다. 이 문제에 관하여는 다음과 같이 견해가 나누어져 있다.[173]

(가) 긍정설

이 견해는 취소소송의 소송물을 행정처분의 위법성일반으로 보는 입장에서 주장되는 것이다. 이러한 입장에서는 소송의 양 당사자는 처분의 적법성 또는 위법성의 이유(근거)로 될 수 있는 모든 법률상 · 사실상의 주장을 할 수 있다고 할 것이므로 소송에서의 처분사유의 추가 또는 변경은 원칙적으로 제한되지 아니한다고 본다.

이 학설에 대하여는 실질적 법치주의 및 처분의 상대방의 신뢰보호의 관점에서 문제점이 있다고 비판받고 있다. 또한 이 설은 이유제시제도와의 관련하여 문제점이 있다고 본다. 즉 행정청에는 처분시에 이유제기의무가 부과되어 있는 것으로서(행정절차법 제23조), 그것은 행정청의 신중한 고려와 국민의 공격 · 방어권을 보장하려는 데에 기본적 취지가 있는 것이다. 그런데 긍정설은 이러한 이유제시의 실질적 의의를 상실시키는 결과를 초래하게 될 우려가 있다.

(나) 부정설

이 견해는 취소소송의 소송물을 그 처분이유에서 특정된 처분의 위법성으로 보는 입장에서 주장하는 것이다. 이러한 견해에서는 당초의 이유를 다른 이유로 대체하는 것은 별개의 새로운 행정처분에 의하여 행해져야 할 것이므로 처분사유의 추가 또는 변경은 허용되지 아니한다고 본다.

긍정설의 입장에서 보면 이 설은 재판을 통한 분쟁의 일회적 해결요청에 반하고, 행정의 효율적 운영에 지장이 있다는 비판을 할 수 있다. 또한 이 설은 처분내용이 동일한 것임에도 수회에 걸쳐 재판이 반복될 수 있다는 점에서 소송경제의 관점에서도 문제점이 있다는 비난을 피하기가 쉽지 않을 것이다.

(다) 제한적 긍정설

기술한 바와 같이 긍정설은 실질적 법치주의, 상대방의 신뢰보호 및 이유부기의 법리와 관련하여 문제가 있으며, 부정설은 행정의 효율적 운영이나 소송경제의 관점에서 문제점이 있다는 지적을 무시할 수 없다.

따라서 이 견해는 위의 양설을 조정하는 관점에서, 처분이유의 기초가 되는 사실의 동일성을 해치지 아니하는 한도 내에서만 처분이유의 추가 또는 변경이 허용된다고 본다. 여기서 기본적 사실관계의 동일성 유무는 처분사유를 법률적으로 평가하기 이전의 구체적인 사실에 착안하여 그 기초가 되는 사회적 사실관계가 기본적인 점에서 동일한지의 여부에 따라 결정된다.[174] 그리

173) 김동희, 전게서, 764-765면.

174) 대판 1989.6.27, 88누6160; 대판 1999.3.9, 98두18565; 대판 2004.11.26, 2004두4482.

고 이러한 제한적 범위에서의 처분사유의 추가 · 변경도 사실심변론종결시까지만 허용된다.[175)]

5) 취소소송제기의 효과

(1) 법원 등에 대한 효과

취소소송이 제기되면 당해 사건은 법원에 계속되어 관할법원은 그 사건을 심리 · 판결하여야 하는 구속을 받고, 당사자는 동일한 사건에 대하여 다시 소를 제기하지 못하게 된다. 이를 '소제기의 주관적 효과'라고 한다.

(2) 처분에 대한 효과

취소소송의 제기가 계쟁처분 또는 재결에 대하여 어떠한 영향을 미치는가의 문제를 '소제기의 객관적 효과'라고 한다. 취소소송이 제기되면 소송의 대상이 된 처분의 집행의 정지 또는 집행의 부정지의 효과를 발생하게 할 수 있다. 소의 제기에 의하여 처분의 집행이 정지되는 것으로 할 경우에는 행정의 원활한 수행이 저해될 수 있고 남소의 우려도 있다. 반면에 집행이 정지되지 않는 것으로 할 때에는 궁극적으로 승소하더라도 권리회복이 사실상으로 불가능한 경우가 있을 수 있다. 이러한 문제는 결국 입법정책적으로 결정될 것으로서, 현행 행정소송법은 원칙적으로 집행부정지주의를 취하면서 예외적으로 집행정지를 인정하고 있다. 집행정지가 인정되는 범위 내에서는 행정소송상의 가구제가 인정되는 것이라고 할 수 있을 것이다.

6) 행정소송상의 가구제

(1) 가구제의 필요성

위법한 행정처분 등으로 권리 · 이익이 침해된 경우에 원고가 취소소송 등 행정소송을 제기하여 그 처분 등의 취소를 청구하더라도 그 판결이 확정되어 권익의 구제를 받으려면 오랜 시간이 소요된다. 그리하여 경우에 따라서는 원고가 승소할지라도 그 때에는 이미 회복할 수 없는 손해가 발생하여 원고의 승소판결에 의하여도 실질적인 권리구제를 받을 수 없게 되는 수가 있다. 이러한 불합리적인 사태를 방지하기 위해서는 판결이 확정될 때까지 잠정적으로 원고의 권리를 보전하여 승소판결이 원고의 권리보호를 담보하여 줄 수 있는 제도적 조치를 마련하여야 할 것이다. 이와 같은 요청에 부응하기 위하여 가구제(假救濟)의 제도가 필요하게 된다. 그런데 이 가구제를 '임시구제' 또는 '잠정구제'라고도 한다.

현재 우리나라에서는 가구제제도로서 행정소송법에 집행정지제도만을 규정하고 있으며, 가처분은 민사집행법이 정하고 있는 것으로서 행정소송법에는 이에 관한 명시적 규정이 없으므로 이

---

175) 대판 1997.5.16, 96누8796; 대판 2008.12.24, 2006두13497.

가구제방법이 행정소송에서도 인정될 수 있는지가 문제되고 있다. 다음에서는 집행정지제도와 가처분제도에 관하여 검토하고자 한다.

(2) 집행정지제도

(가) 집행부정지원칙

행정소송법 제23조 제1항은 「취소소송의 제기는 처분 등의 효력이나 그 집행 또는 절차의 속행에 영향을 주지 아니한다」고 규정하여 집행부정지원칙을 채택하고 있다.

집행부정지원칙을 채택한 근거에 관하여는, 처분에는 공정력이 있고 따라서 실체법적인 적법성의 추정을 받으므로 취소판결이 있기까지는 처분의 효력이 정지되지 않는 것은 당연한 것으로 볼 수도 있을 것이다. 그러나 집행부정지의 원칙은 행정행위의 공정력의 필연적 귀결은 아니고 입법정책적 고려의 결과에 지나지 않는다고 할 수 있다. 따라서 우리나라와 같이 집행부정지원칙을 채택할 수 있고 독일처럼 집행정지원칙을 취할 수도 있으나, 현행 행정소송법은 행정목적의 원활한 실현을 도모하고 남소를 방지하려는 정책적 배려에서 집행부정지원칙을 채택한 것이다.

(나) 집행정지

① 개념 : 행정소송법 제23조 제2항은, 「취소소송이 제기된 경우에 처분 등이나 그 집행 또는 절차의 속행으로 인하여 생길 회복하기 어려운 손해를 예방하기 위하여 긴급할 필요가 있다고 인정할 때에는 본안이 계속되고 있는 법원은 당사자의 신청 또는 직권에 의하여 처분 등의 효력이나 그 집행 또는 절차의 속행의 전부 또는 일부의 정지(이하 "집행정지"라 한다)를 결정할 수 있다. 다만, 처분의 효력정지는 처분 등의 집행 또는 절차의 속행을 정지함으로써 목적을 달성할 수 있는 경우에는 허용되지 아니한다」고 규정하여 집행부정지원칙에 대한 예외로서 '집행정지제도'를 인정하고 있다. 이러한 집행정지는 본안소송이 무효등확인소송인 경우에도 준용된다(법 제38조 제1항).

행정소송법이 집행부정지원칙을 택하면서 집행정지의 길을 열어 둔 것은 원활한 행정운영의 확보와 개인의 권리보호의 확보라는 요청을 조화시키기 위한 것이다.[176] 그러나 집행정지제도는 확정판결이 있을 때까지 원고의 권리를 보전하여 권리회복불능의 사태가 발생하는 것을 방지하려는 데에 그 주된 취지가 있다.

② 집행정지결정의 요건 : 행정소송법 제23조에 의하여 집행정지의 결정을 하기 위해서는 다음과 같은 요건을 구비하여야 한다.

i) 처분 등이 존재할 것 : 집행정지대상인 처분 등이 존재하여야 한다. 집행정지의 대상은 처분 등의 효력이나 그 집행 또는 절차의 속행이다(법 제23조 제1항). 따라서 집행정지는 처분

176) 대결 1992.6.8, 92두14.

전이나 부작위 또는 처분의 소멸 후에는 그 대상이 없으므로 허용되지 않는다. 그러므로 집행정지신청은 본안소송이 취소소송이나 무효등확인소송인 경우에만 허용되고, 부작위위법확인소송의 경우에는 인정되지 않는다. 또한 취소소송이라 하더라도 상대방의 신청에 대한 거부처분의 취소소송은 집행정지결정이 있어도 회복되는 원상이 없기 때문에 집행정지결정의 실익은 인정되지 않는다.[177)]

ii) 본안소송이 계속 중일 것: 행정처분의 집행정지결정을 하려면 이에 대한 본안소송이 법원에 제기되어 계속 중일 것을 요건으로 한다.[178)] 행정소송법 제23조 제2항이 '취소소송이 제기된 경우에' '본안이 계속되고 있는 법원'이라고 규정하고 있는 것도 이를 표현하고 있는 것이다. 이러한 점에서 본안소송의 제기 전에 신청이 가능한 민사소송의 가처분과는 차이가 있다. 그러나 본안소송의 제기와 동시에 신청하는 것은 가능하다고 새겨진다. 다만, 본안소송은 적법한 것이어야 한다.[179)] 그러므로 기간을 도과하였거나 피고를 잘못 정한 소송 등은 집행정지의 신청을 위법한 것으로 되게 한다.

iii) 회복하기 어려운 손해를 예방하기 위한 것일 것: 처분 등이나 그 집행 또는 절차의 속행으로 인하여 회복하기 어려운 손해가 발생할 우려가 있어야 한다. 여기에서 '회복하기 어려운 손해'란 특별한 사정이 없는 한 사회통념상 금전보상이나 원상회복이 불가능하다고 인정되는 손해를 의미하는데, 이는 금전보상이 불능인 경우뿐만 아니라 금전보상으로는 사회관념상 행정처분을 받은 당사자가 참고 견딜 수 없거나 또는 참고 견디기가 현저히 곤란한 경우의 유형·무형의 손해를 말한다.[180)] 그리고 기업의 경우에는 사업 자체를 계속할 수 없거나 중대한 경영상의 위기를 맞게 될 것으로 보이는 등의 사정이 존재하여야 한다.[181)]

iv) 긴급한 필요가 있을 것: 집행정지는 손해발생의 가능성이 절박하여 본안판결을 기다릴 만한 시간적 여유가 없는 경우에만 허용된다. 여기에서 '긴급한 필요'라 함은 집행정지의 필요성이 절박하다는 것, 다시 말하면 회복하기 어려운 손해가 발생할 가능성이 시간적으로 긴박하여 손해를 피하기 위하여 본안판결을 기다릴 여유가 없는 것을 말한다.[182)] 한편, '회복하기 어려운 손해의 예방'과 '긴급한 필요'는 각각 별개로서 판단할 것이 아니라 합일적으로 해석하여 앞의 요건이 충족되면 뒤의 요건도 구비된 것으로 해석할 필요가 있다.

위에서 살펴본 적극적 요건의 존재는 집행정지결정의 신청자가 소명하여야 한다(법 제23조 제4항).

---

177) 대결 1992.2.13, 91두47; 대결 1995.6.21, 95두26.

178) 대판 1980.4.30, 79두10.

179) 대판 1995.2.28, 94두36; 대결 2003.3.14, 2002무56; 대결 2010.11.26, 2010무137.

180) 대판 1987.6.23, 86누18; 대결 1991.3.2, 91두1; 대판 1992.4.29, 92두7; 대결 1992.8.7, 92두 30; 대결 2010.5.14, 2020무48.

181) 대결 2001.10.10, 2001무29; 대결 2003.4.25, 2003무2.

182) 대결 2010.5.14, 2010무48.

v) 공공복리에 중대한 영향을 미칠 우려가 없을 것: 집행정지는 공공복리에 중대한 영향을 미칠 우려가 있는 경우에는 허용되지 아니한다(법 제23조 제3항). 여기에서 '공공복리에 대한 중대한 영향'이란 단순히 공익목적의 실현에 지장이 있다는 정도가 아니라 개인에게 회복할 수 없는 손해가 발생하더라도 그것이 부득이한 것으로 인정될 수 있는 정도의 것이어야 한다.[183] 그리고 여기서 '공공복리에 중대한 영향을 미칠 우려'라 함은 일반적 · 추상적인 공익에 대한 침해의 가능성이 아니라 당해 처분의 집행과 관련된 구체적 · 개별적 공익에 대한 중대한 해를 입힐 개연성을 말하는 것으로서, 이러한 집행정지의 소극적 요건에 대한 주장 · 소명책임은 행정청에 있다.[184] 여기에서의 '공공복리'는 그 처분의 집행과 관련된 구체적이고도 개별적인 공익을 말한다.[185] 이러한 요건의 충족 여부는 집행정지가 공공에 미치는 영향과 처분의 집행이 신청인에게 가하는 손해를 비교형량하여 결정하여야 할 것이다.

vi) 본안청구의 이유 유무의 문제: 본안청구의 이유의 유무에 대하여는 행정소송법이 명시적으로 규정하고 있지 아니하므로 이것이 집행정지의 요건(적극적 요건 · 소극적 요건)이 될 수 있는가의 문제가 제기된다. 이러한 문제에 관하여는 학설이 나누어져 있으나, [186]판례는 본안에 관한 이유의 유무는 집행정지의 결정단계에서 판단될 것은 아니라고 하면서도 본안소송에서 처분의 취소가능성이 없음에도 불구하고 처분의 효력정지를 인정한다는 것은 제도의 취지에 반하므로 효력정지사건 자체에 의하여도 신청인의 본안청구가 이유 없음이 명백하지 않아야 한다는 것도 집행정지의 요건에 포함시켜야 할 것이라고 판시하고 있다.[187]

③ 집행정지의 절차: 집행정지는 본안이 계속되어 있는 법원이 당사자의 신청 또는 직권에 의하여 결정으로써 한다(법 제23조 제2항).

i) 당사자의 신청 또는 직권: 집행정지는 당사자의 신청 또는 법원의 직권에 의하여 행하여진다. 신청은 신청인적격을 가진 자가 하여야 하며, 본안소송을 보전하기에 적합한 상대방을 상대로 신청하지 않으면 아니 된다.

ii) 관할법원: 집행정지의 관할법원은 본안이 계속된 법원이다. 제1심뿐만 아니라 상소심도 이에 포함된다.

iii) 심리절차: 신청인은 그 신청의 이유에 대하여 소명하여야 한다(법 제23조 제4항). 이 경우 집행정지의 적극적 요건의 존재는 신청인이 소명하여야 하고, 집행정지로 인한 '공공복리에 중대한 영향을 미칠 우려의 존재 및 본안청구의 이유 없음'과 같은 소극적 요건은 그 성질상 피신청인인 행정청이 이를 소명하여야 할 것이다. 집행정지에 관한 결정은 변론을 거치지 아니하고

183) 대결 2010.5.14, 2010무48.

184) 대결 2004.5.17, 2004무6

185) 대결 1999.12.20, 99무42.

186) 김동희, 전게서, 771면.

187) 대결 1994.10.11, 94두23; 대결 1995.2.28, 94두36; 대결 1997.4.28, 96두75; 대결 1999.11.26, 99부3.

할 수 있으나 당사자를 심문할 수 있다(민소법 제134조 참조).

④ 집행정지의 결정 : 집행정지의 대상과 집행정지결정의 내용을 나누어 검토하기로 한다.[188)]

i) 집행정지의 대상 : 집행정지의 대상은 '처분 등의 효력', '처분 등의 집행' 또는 '절차의 속행' 등이다(법 제23조 제1항 참조). 한편, 모든 행정처분이 집행정지의 대상이 되는 것은 아니다. 주로 침익적 처분이 그의 대상이 되나, 복효적 행정행위의 경우에도 그 가능성을 부인할 수 없다. 특히 다음의 행정작용이 문제된다.[189)]

첫째로, 거부처분이 그의 대상이 되는가 하는 것이다. 이에 대하여는 부인하는 것이 일반적인 태도이다. 그러나 사안에 따라서는 거부처분의 집행정지가 인정되어야만 하는 경우가 있을 수 있다. 예컨대, 외국인의 체류기간 갱신허가의 거부처분의 경우 그 대상으로 인정하지 않으면 불법체류자로서 문책되므로 그에 해당될 수 있을 것이다. 생각건대, 거부처분의 집행정지에 의하여 거부처분이 행하여지지 아니한 상태로 복귀함에 따라 신청인에게 어떠한 법적 이익이 있다고 인정되는 경우에는 예외적으로 집행정지신청을 인정하여야 할 것이다.

둘째로, 행정행위의 부관 내지 가분적 처분이 집행정지의 대상이 되는가는 문제된다. 부담과 같은 부관은 그 자체가 독립한 행정행위로서의 성질을 갖는다는 이유로 일반적으로 긍정한다.

셋째로, 복효적 행정행위를 통하여 법률상 이익을 침해받는다고 생각하는 자가 행정소송법에 명문화되어 있는 집행정지제도를 통하여 가구제를 받을 수 있는가 하는 것이 문제된다. 이와 관련하여 집행정지와 연관된 처분 등을 반드시 침익적(부담적) 행정행위로 한정시킬 이유가 없고, 또한 집행정지결정에 제3자효를 인정하고 있는 것은(법 제29조 제2항) 일단 제3자효 행정행위에 대한 가구제를 염두에 둔 것으로 볼 수 있으므로 요건이 충족되는 한 제3자의 법률상 이익을 침해하는 수익적 행정행위의 집행정지를 생각해 볼 수 있다.

ii) 집행정지결정의 내용 : 집행정지는 처분 전의 상태를 유지시키는 소극적인 것으로서, 이를 변경시키는 적극적인 조치를 그 내용으로 하지 않는다. 따라서 집행정지결정은 본안소송이 종결될 때까지 처분 등의 효력이나 그 집행 또는 절차의 속행의 전부 또는 일부를 정지함을 그 내용으로 한다. 다만, '처분의 효력 정지'는 처분 등의 집행 또는 절차의 속행을 정지함으로써 목적을 달성할 수 있는 경우에는 허용되지 아니한다(법 제23조 제2항 참조). 그러나 처분의 효력이 정지된 경우에는 처분의 내용에 따르는 구속력 · 집행력 등을 잠정적으로 정지시킴으로써 장래에 향하여 처분 자체가 존재하지 않는 상태로 된다.

⑤ 집행정지결정의 효력 : 집행정지결정은 그 내용에 따라 처분의 효력, 처분의 집행 또는 절차의 속행의 전부 또는 일부를 정지시키는 효력을 발생한다.

i) 형성력 : 처분 등의 효력정지는 행정처분이 없었던 것과 같은 상태를 실현하는 것이므로

---

188) 김남진 · 김연태, 전게서, 809-811면.

189) 대판 1961.11.23, 4294行上3.

그 범위 안에서는 형성력을 발생한다. 따라서 집행정지결정에 위배되는 처분이나 재결은 무효로 된다. 그리고 집행정지의 효력은 특별한 경우를 제외하고는 장래에 향하여서만 발생한다. 그러므로 집행정지결정은 그 때까지 형성된 법률관계에 대하여는 영향을 미치지 않는다.

ii) 대인적 효력: 집행정지결정은 당사자인 신청인 및 피신청인 외에도 관계행정청에 대하여도 그 효력이 미친다. 당사자인 행정청과 그 밖의 관계행정청에 대한 기속력은 법에 명문의 규정을 두고 있다(법 제30조 제1항).

iii) 제3자에 대한 효력: 행정소송법은 집행정지결정 및 집행정지의 취소결정의 효력이 제3자에 대하여도 효력이 있음을 명문으로 규정하고 있다(법 제29조).

vi) 시간적 효력: 집행정지결정의 효력은 당해 결정의 주문에 정하여진 시기까지 존속한다. 그러나 그 주문에서 특별히 정하지 아니한 경우에는 본안소송에 관한 판결이 확정될 때까지 존속하는 것으로 보아야 할 것이다. 한편, 집행정지결정은 원칙적으로 장래에 향하여 효력을 발생하지만, 소급하는 경우도 있을 수 있다.[190]

⑥ 집행정지결정의 취소: 집행정지의 결정이 확정된 후 집행정지가 공공복리에 중대한 영향을 미치거나 그 정지사유가 없어진 때에는 당해 집행정지결정을 한 법원은 당사자의 신청 또는 직권에 의하여 결정으로써 집행정지의 결정을 취소할 수 있다(법 제24조 제1항). 당사자가 집행정지결정의 취소를 신청함에 있어서는 그 이유에 대한 소명이 있어야 한다(동조 제2항). 한편, 집행정지결정의 취소의 신청은 행정청이 할 것이다. 그러나 복효적 행정행위에 있어서 수익처분의 직접 상대방인 수익자의 경우는 동 규정을 유추적용하여 취소신청을 할 수 있다고 본다. 그리고 집행정지결정이 취소되면 발생된 집행정지결정의 효력은 소멸되고, 그 때부터 집행정지결정이 없었던 상태로 환원된다.[191]

⑦ 집행정지 등 결정에 대한 불복방법: 법원의 집행정지의 결정이나 집행정지신청기각의 결정 또는 집행정지결정의 취소결정에 대하여 당사자는 즉시항고할 수 있다. 다만, 즉시항고는 그 즉시항고의 대상인 결정의 집행을 정지하지 아니한다(법 제23조 제5항, 제24조 제2항 참조).

(3) 가처분제도

(가) 개 념

가처분이라고 함은 금전 이외의 특정한 급부를 목적으로 하는 청구권의 집행보전을 도모하거나 쟁의 있는 권리관계에 관하여 임시의 지위를 정함을 목적으로 하는 가구제제도로서의 보전처분을 말한다(민사집행법 제300조). 그런데 행정소송법에는 가구제제도로서 이러한 가처분에 관한 명시적 규정이 없고 위에서 검토한 바와 같은 집행정지에 관한 규정만 있다.

---

190) 처분의 효력의 정지의 경우가 이에 해당한다.

191) 김남진 · 김연태, 전게서, 813면.

따라서 민사집행법상의 가처분에 있어서는 광범위한 권리에 대하여 잠정적 보호가 가능한 데 대하여, 집행정지는 침익적 행정처분에 대한 보전처분으로서의 기능만을 수행하는 것이기 때문에 집행정지제도는 그 내용상 가구제제도로서는 일정한 한계가 있다. 말하자면 집행정지는 침익적 행정처분이 행해진 것을 전제로 그 효력을 정지시키는 소극적 형성력이 있을 뿐이므로, 적극적으로 수익적 처분을 행정청에 명하거나 명령한 것과 동일한 상태를 형성하는 기능이 없고 또한 처분이 행하여지기 전에는 그 처분을 정지시키는 적극적 기능을 수행할 수 없으므로 가처분의 문제가 논의될 수밖에 없다.

(나) 민사집행법상의 가처분규정의 준용 여부의 문제

우리나라 행정소송법은 가처분에 관하여 준용을 명문으로 배제하고 있는 일본의 행정사건소송법(동법 제44조)이나 가명령제도를 명시하고 있는 독일의 연방행정법원법(동법 제123조 제1항)과는 달리 명문의 규정을 두지 않고 있다. 다만, 행정소송법 제8조 제2항은 「행정소송에 관하여 이 법에 특별한 규정이 없는 사항에 대하여는 법원조직법과 민사소송법 및 민사집행법의 규정을 준용한다」고 규정하고 있을 뿐이다. 따라서 민사집행법이 규정하고 있는 가처분이 행정소송에 있어서 적용되는지의 여부에 대하여는 다음과 같이 견해가 대립되고 있다.

① 소극설(부정설) : 이 견해는 그 주된 논거를 권력분립원칙에서 오는 사법권의 한계와 처분 등의 집행정지에 관하여 규정하고 있는 행정소송법 제8조 제2항에서 찾고 있다. 먼저 권력분립원칙과 관련하여, 법원은 구체적인 사건에 대하여 법적용의 보장적 기능을 가지므로 행정처분의 적법 · 위법의 여부를 판단할 수는 있으나, 그 판단을 하기 전에 행정처분에 대한 가처분을 하는 것은 사법권의 범위를 벗어난 것이라고 한다. 또한 처분의 집행정지에 관하여 규정한 행정소송법 제23조 제2항은 민사집행법이 규정한 가처분에 대한 '특별규정'으로 해석되기 때문에 민사집행법의 가처분규정은 준용될 수 없다고 한다.[192] 판례는 이러한 부정설을 취하고 있다.[193]

② 적극설(긍정설) : 이 견해는 가처분 등의 가구제는 본안판결의 실효성을 확보하기 위한 것이므로 가구제조치를 취하여 개인의 권익구제를 도모하는 것은 당연히 사법권의 작용의 범주에 속하는 것으로 본다. 같은 취지에서 헌법 제27조 제1항이 보장하는 국민의 재판을 받을 권리는 형식적인 소권의 보장에 그치는 것이 아니라 권력분립이론을 실질적으로 이해하여 사법권의 수행으로써 국민의 권익구제기능을 실효적으로 보장하기 위하여 행정소송에 있어서의 민사집행법상 가처분의 타당성을 부정할 까닭이 없다고 한다. 또한 행정소송법은 가처분에 관한 아무런 규정도 두고 있지 않으므로 동법 제8조 제2항에 의하여 민사집행법상의 가처분규정을 준용할 수 있다고 본다.[194]

---

192) 박균성, 전게서, 1139면; 박윤흔 · 정형근, 전게서, 831면; 서원우, 전게서, 842면.

193) 대결 1961.11.20, 4292行上2; 대판 1973.3.13, 72다2621; 대결 1980.12.22, 80두5; 대판 1992.7.6, 92마54.

194) 이상규, 전게서, 860-861면; 한견우, 전게서, 947-948면.

③ 절충설(제한적 긍정설) : 이 견해는 행정소송법이 처분 등의 집행정지제도를 두고 있는 관계로 처분 등의 집행정지제도가 미치지 않는 범위 안에서만 가처분제도가 인정된다고 보는 주장이다. 이러한 입장에서는 행정소송에서도 민사집행법의 가처분제도를 긍정하면서도 그 적용의 범위 등에 일정한 제한을 두려고 한다. 여기에서 '적용범위의 일정한 제한'이란 행정처분의 집행정지제도를 인정하고 있는 취지에 비추어 보아 집행정지제도로써 소기의 목적을 달성할 수 있는 경우는 민사집행법상의 가처분에 관한 규정이 적용될 여지가 없다고 보는 견해가 다수설이다.[195]

④ 결어 : 행정소송법이 보전처분으로서 집행정지제도를 인정하고 있기 때문에 그 제도를 통하여 목적을 달성할 수 있는 한 민사집행법상의 보전조치에 관한 규정이 적용될 여지는 없다고 보는 것이 타당하다. 그러나 이러한 보전처분으로써는 목적을 달성할 수 없는 경우에는 가처분제도를 활용하여 행정처분에 따르는 불이익을 잠정적이나마 배제할 필요가 있다고 본다. 이렇게 해석하는 것이 헌법상 재판청구권의 보장 및 권리구제의 취지에도 부합하게 된다고 할 수 있다.[196]

입법론적으로는 긍정설의 입장을 명문화하는 것이 타당하다. 행정소송이나 이에 따르는 가구제가 우리 헌법상 사법권에 속하는 것은 당연하며 의무이행소송과 예방적 금지소송을 인정하는 경우 권리구제의 실효성을 확보하기 위하여 가처분을 인정하여야 한다. 따라서 행정소송법 개정안도 의무이행소송과 예방적 금지소송을 허용하고 가처분을 규정하고 있다.

5. 취소소송의 심리

1) 심리의 의의

소송의 심리라 함은 법원이 소에 대한 판결을 하기 위하여 그 판단의 기초가 되는 소송자료[197]를 수집하는 절차를 말하는데, 이는 소송절차에 있어서의 핵심적 위치를 차지하고 있다. 소송심리는 소송의 당사자가 사건에 관한 사실을 주장하고 증거를 제출하는 과정인 변론과 법원이 당사자가 주장한 사실과 제출한 증거를 조사·검토하여 주장사실의 진부를 판정하는 과정으로서의 두 부분으로 구성된다.

취소소송의 심리는 행정소송법에 특별한 규정이 없는 한 민사소송법이 정한 변론 및 증거조사 등에 관한 여러 원칙에 따른다. 따라서 행정소송에도 당사자주의가 기본적인 소송원칙으로 적용되는데, 행정소송은 공익과 관련이 있으므로 행정소송의 공익성에 비추어 직권주의가 민사소송에 비하여 보다 많이 적용되고 있다. 즉 행정소송법은 제26조에서 직권심리주의를 보충적인 소송원칙으로 인정하고 있다.

---

195) 김도창, 전게서, 794면; 김동희, 전게서, 774-776면; 김성수, 전게서, 830면; 김철용, 전게서, 634면; 류지태, 전게서, 575면; 석종현, 전게서, 875면; 홍정선, 전게서, 1004면.

196) 김남진·김연태, 전게서, 815면.

197) 소송자료는 주로 사실과 증거이다.

2) 심리의 내용

심리는 그 내용에 따라 요건심리와 본안심리로 나눌 수 있다.

(1) 요건심리

요건심리란 제기된 소가 적법하다는 취급을 받기 위하여 구비하지 않으면 아니되는 사항, 즉 소송요건을 갖추었는지의 여부를 심리하는 것이다. 요건심리의 결과 소송요건을 갖추지 못하고 보정이 불가능한 경우에는 그 소는 부적법한 소가 되어 각하판결을 받게 된다. 그런데 요건구비의 여부는 피고의 항변을 기다릴 필요도 없는 법원의 직권조사사항이다. 따라서 법원은 당사자의 주장이 없다 하더라도 직권으로 이를 조사하여야 하고, 또한 당사자가 이의를 하지 아니한다고 할지라도 그대로 본안판결을 하지 못한다.

소송요건의 존부는 변론종결시를 기준으로 한다. 따라서 소제기 당시 소송요건이 존재하지 않아도 변론종결시까지 이를 구비하면 된다. 그리고 제소시 소송요건을 충족하여도 변론종결시에는 소송요건을 결여하면 각하판결을 하여야 한다. 그러므로 소송요건은 반드시 본안심리를 하기 전에 조사를 종료해야 하는 것은 아니고, 1심이든지 상소심이든지 본안심리 중에 그 흠결이 나타나면 법원은 그 소를 각하하여야 한다. 또한 사실심에서 변론종결시까지 당사자가 주장하지 않던 직권조사사항에 해당하는 사항을 상고심에서 비로소 주장하는 경우, 그 직권조사사항에 해당하는 사항은 상고심의 심판범위에 해당한다.[198] 이러한 소송요건은 사실심변론종결시는 물론이고 상고심에서도 존속하여야 한다.[199]

(2) 본안심리

본안심리란 요건심리의 결과 당해 소송이 소송요건을 갖추어 적법한 것으로 인정되는 경우 사건의 본안, 즉 청구의 이유유무(취소소송에서의 처분의 위법성 여부)에 대하여 실체적 심사를 하는 것을 말한다. 이러한 본안심리의 결과 법원은 원고의 청구가 이유 있다고 판단되면 청구인용판결을, 청구가 이유 없다고 인정되면 청구기각판결을 한다.

3) 심리의 범위

(1) 불고불리의 원칙

취소소송의 경우에도 민사소송과 마찬가지로 불고불리(不告不理)의 원칙이 적용된다. 따라서 법원은 소송의 제기가 없으면 재판할 수 없으며, 소송의 제기가 있는 사건에 대하여도 당사자의 청구범위를 넘어서 심리 · 재판할 수 없음이 원칙이다.

---

198) 대판 2004.12.24, 2003두15195.

199) 대판 2007.4.12, 2004두7924.

그러나 행정소송법은 보충적으로 직권탐지주의를 가미함으로써 이 원칙에 대한 예외를 인정하고 있다 즉, 「법원은 필요하다고 인정할 때에는 …… 당사자가 주장하지 아니한 사실에 대하여도 판단할 수 있다」(법 제26조)고 규정하여 불고불리의 원칙에 대한 예외를 인정하고 있다. 다만, 이와 같은 규정은 법원이 청구범위를 초월하여 그 이상의 청구를 인용할 수 있다는 뜻이 아니라, 원고의 청구범위를 유지하면서 그 범위 안에서 공익상 필요에 따라 청구 이외의 사실에 대하여도 판단할 수 있는 것으로 해석하고 있다.[200]

(2) 법률문제 · 사실문제

법원은 취소소송의 심리에 있어서 당해 소송의 대상이 된 처분의 실체적 · 절차적 측면의 모든 법률문제 · 사실문제에 대한 심리 · 판단권을 가진다. 다만, 행정문제의 전문성 · 기술성을 이유로 법원의 심리범위를 법률문제에 한정시키고 사실문제에 대하여는 일정한 한도에서 제약하려는 법리가 있다. 이는 본래 미국에서 판례법으로 발전되어 현재는 행정절차법(APA 제766조 제2항 E호)에 성문화된 '실질적 증거의 법칙'(substantial evidence rule)이 그에 해당한다.[201]

(3) 재량행위의 심리

재량행위라 하더라도 재량권의 일탈 · 남용의 경우에는 위법한 처분이므로 이에 대하여 제소되면 다른 행정행위와 마찬가지로 본안심리를 거쳐 재량권의 일탈 · 남용이 있었는지의 여부를 판단하여야 한다. 법원은 심리의 결과 재량권의 일탈 · 남용이 있었다고 판단되는 때에는 당해 처분을 취소하여야 할 것이나(법 제27조), 단순히 부당한 처분에 그치는 것으로 판단될 때에는 청구를 기각하여야 한다.

4) 심리의 절차

(1) 심리에 관한 일반원칙

취소소송의 심리절차에 관하여 행정소송법에 특별한 규정이 없는 사항에 대하여는 법원조직법과 민사소송법 및 민사집행법의 규정을 준용한다(법 제8조 제2항). 따라서 민사소송사건의 심리와 마찬가지로 심리에 관한 일반원칙으로서 공개심리주의(헌법 제109조, 법원조직법 제57조), 쌍방심리주의, 구술심리주의, 변론주의(민소법 제134조) 등이 행정소송의 심리에도 적용된다.

그러나 행정소송의 심리에 있어서는 공익과 관련된 행정사건의 공정성 · 타당성을 보장하기 위하여 취소소송의 심리에만 적용되는 특수한 절차로서 처분권주의, 직권심리주의(법 제26조), 법원의 행정심판기록제출명령(법 제25조) 등이 있다.

200) 대판 1956.3.30, 4288行上18; 대판 1982.7.27, 81누394; 대판 1985.2.13, 84누467; 대판 1992.3.10, 91누6030.

201) 여기의 '실질적 증거의 법칙'이란 법원은 원칙적으로 법률문제만을 심리하며, 사실문제에 관하여는 행정청의 사실인정이 실질적 증거에 의하여 뒷받침되고 있는지의 여부에 대한 심사에 한정하는 것을 말한다.

(2) 처분권주의

처분권주의란 소송의 개시, 소송물의 특정(심판대상의 결정) 및 소송의 종료 등을 당사자(특히 원고)의 의사에 의하여 자유로이 결정할 수 있는 원칙을 말한다. 이러한 처분권주의는 이른바 '사적 자치원칙의 소송법적 반영'이라고도 할 수 있는데, 행정소송에서도 처분권주의가 지배한다고 할 수 있다. 따라서 취소소송의 개시, 소송물의 특정에 대하여는 당사자가 처분권을 가지나, 소송의 종료에 있어서는 약간의 제약이 있다. 즉 소송의 종료에 있어서는 민사소송에 있어서와는 달리 판결에 의한 경우를 제외하고 청구의 인낙(認諾)이나 화해가 허용되지 아니한다는 것이 종래의 지배적 견해이다.[202)]

처분권주의를 변론주의와 혼동할 우려도 있으나, 엄격히 말하면 처분권주의는 소송물에 대한 처분의 자유를 뜻하는 데 대하여, 변론주의는 소송자료의 수집책임을 당사자에게 부과시키는 것을 의미하므로 양자는 별개의 개념으로 보아야 할 것이다.[203)]

(3) 직권심리주의

(가) 변론주의에 대한 예외

취소소송의 심리에 있어서는 행정소송법이 민사소송법을 준용하고 있기에(법 제8조 제2항), 변론주의가 원칙적으로 적용된다고 말할 수 있다. 여기의 변론주의란 재판의 기초가 되는 사실과 증거 등 자료의 수집 · 제출을 당사자의 책임으로 하는 소송원칙을 말한다. 그러면서도 행정소송법은 「법원은 필요하다고 인정할 때에는 직권으로 증거조사를 할 수 있고, 당사자가 주장하지 아니한 사실에 대하여도 판단할 수 있다」(법 제26조)고 규정하여 변론주의에 대한 예외를 인정하고 있다.

행정소송은 재판에 의한 분쟁의 해결을 통한 국민의 권익보호와 행정의 적법성보장을 목적으로 하고, 그 결과는 공익과 밀접한 관련을 갖게 된다. 따라서 행정소송에 있어서는 적정한 재판을 확보하여야 할 필요성이 더욱 중요시되므로 행정소송법 제26조는 취소소송의 심리에 있어서 변론주의에 대한 예외로서 법원의 직권에 의한 증거조사 및 직권탐지를 보충적으로 인정하고 있다.

(나) 행정소송법 제26조의 성질

행정소송법 제26조는 직권심리주의를 규정하고 있는데, 이 규정의 해석에 있어서는 그 성질상 변론주의보충설과 직권탐지주의설의 견해가 대립하고 있다.[204)]

① 변론주의보충설 : 이 견해에 의하면, 본조는 변론주의를 원칙으로 하면서도 이를 보충하여 법원이 당사자가 제출한 사실과 증거에 관하여 충분한 심증을 형성할 수 없고 적정한 재판을 확

202) 김철용, 전게서, 664-665면; 이상규, 전게서, 894면.
203) 김남진 · 김연태, 전게서, 817면.
204) 김동희, 전게서, 780-781면.

보하기 위하여 필요한 경우에, 당사자가 주장한 사실에 관하여 직권으로 증거조사를 할 수 있음을 규정한 것에 불과하다고 본다.[205)]

② 직권탐지주의설 : 이 견해는 특히 본조 후단의 규정과 관련하여, 법원은 당사자가 제출한 사실에 관한 보충적 증거조사를 할 수 있는 데 그치지 않고 '당사자가 주장하지 아니한 사실에 대하여도' 직권으로 이를 탐지하여 재판의 자료로 할 수 있다고 본다.[206)]

③ 판례 : 대법원은 동조는 변론주의에 대한 예외로서 직권조사를 규정하고 있는 것으로 보고 있다. 즉 판례는 이에 대하여 "행정소송법 제26조가 법원은 필요하다고 인정할 때에는 직권으로 증거조사를 할 수 있고, 당사자가 주장하지 아니한 사실에 대하여도 판단할 수 있다고 규정하고 있지만, 이는 행정소송의 특수성에 연유하는 당사자주의, 변론주의에 대한 일부 예외규정일 뿐 법원이 아무런 제한 없이 당사자가 주장하지 아니한 사실을 판단할 수 있는 것은 아니고, 일건 기록에 현출되어 있는 사항에 관하여서만 직권으로 증거조사를 하고 이를 기초로 하여 판단할 따름이고, 그것도 법원이 필요하다고 인정할 때에 한하여 청구의 범위 내에서 증거조사를 하고 판단할 수 있을 뿐이다"라고 판시하고 있다.[207)]

④ 결어 : 행정소송이 수행하는 기능으로서의 행정의 적법성보장과 당사자의 권리보호를 위하여 불명확한 사실관계가 있는 경우에는 보충적인 차원에서 직권에 의한 사실조사나 증거조사의 필요성이 인정되며, 이를 위하여 직권심리주의가 적용되는 것이다. 따라서 행정소송법 제26조의 성질은 변론주의를 보충하는 의미로서 이해되어야 할 것이다.[208)] 그러나 행정소송은 국민의 권익구제뿐만 아니라 행정의 적법성보장이라는 기능도 함께 갖고 있으므로 앞으로 행정소송법 제26조 후단의 규정을 보다 더 적극적으로 해석하여 활용할 필요는 있다고 생각한다.

(4) 행정심판기록제출명령

취소소송에 있어서 원고의 주장과 입증을 용이하게 하기 위해서는 행정청에 대한 자료의 열람 및 복사청구권이 인정되어야 할 것이다. 그러나 행정소송법은 다만 행정심판기록제출명령제도를 채택하는 데 그치고 있을 뿐이다. 즉 「법원은 당사자의 신청이 있는 때에는 결정으로써 재결을 행한 행정청에 대하여 행정심판에 관한 기록의 제출을 명할 수 있다. 이러한 제출명령을 받은 행정청은 지체 없이 당해 행정심판에 관한 기록을 법원에 제출하여야 한다」(법 제25조)는 조항을

---

205) 김남진 · 김연태, 전게서, 818면; 김성수, 전게서, 833-834면; 김철용, 전게서, 658면; 박윤흔 · 정형근, 전게서, 845면; 이상규, 전게서, 867면.

206) 박균성, 전게서, 1149면; 석종현, 전게서, 887-888면; 홍정선, 전게서, 1006-1007면.

207) 대판 1979.12.26, 78누268; 대판 1985.2.1, 84누467; 대판 1987.1.20, 86누294; 대판 1988.4.27, 87누1182; 대판 1991.11.8, 91누2854; 대판 1992.3.10, 91누6030; 대판 1994.10.11, 94누4820; 대판 1995.2.14, 94누5069; 대판 1997.10.28, 96누14425; 대판 1999.5.25, 99두1052; 대판 2000.3.23, 98두2768; 대판 2006.9.22, 2006두7430; 대판 2010.2.11, 2009두18035.

208) 류지태, 전게서, 578-579면.

신설하여 행정소송법에서의 원고의 지위보장과 소송경제를 도모하고 있다. 여기에서의 '행정심판기록'이란 행정심판위원회에서의 심리를 위하여 제출된 모든 증거 기타의 자료를 포괄하는 것으로 새겨진다. 그러나 이와 같은 제도의 도입에 그칠 것이 아니라 더 나아가 증명방법을 확보할 수 있도록 행정청에 대한 '자료열람 및 복사청구권'을 인정하는 것이 요망된다.[209)]

5) 주장책임 · 입증책임

(1) 주장책임

(가) 의 의

주장책임이라 함은 소송의 당사자가 자기에게 유리한 주요사실을 변론에서 주장하지 않으면 마치 그 사실이 없는 것으로 취급되어 패소의 위험 또는 불이익을 받게 되는 바, 이러한 위험 또는 불이익을 면하기 위하여 당사자의 일방이 당해 사실을 주장하여야 하는 책임을 주장책임이라 한다.

주장책임은 변론주의를 원칙으로 하는 소송심리에 있어서 주요사실은 당사자가 주장하지 않으면 판결의 기초로 삼을 수 없다는 점으로 나타나며, 소송상 쟁점의 형성을 당사자에게 맡기는 데에서 연유한 문제이다. 주요사실의 존부에 관한 입증이 문제되기 이전에 먼저 주요사실의 주장이 있어야 한다는 점에서 주장책임은 입증책임과는 별개의 문제로서 독자적 의미를 갖는다.

(나) 주장책임의 소재

이러한 주장책임에도 어느 주요사실의 주장책임을 어느 쪽 당사자가 지는가라는 분배의 문제가 있다. 그런데 주장책임의 분배문제를 입증책임의 분배와 연계시켜 견해가 나누어져 있기는 하지만, 취소소송에 있어서는 그 특성을 고려하여 주장책임의 분배문제는 입증책임의 분배와는 별도로 결정되어야 할 것으로 본다. 우리나라의 다수설과 판례[210)]는 행정소송법 제26조의 규정은 변론주의에 대한 예외를 인정한 것으로 보는 이상 행정처분의 위법을 들어 그 취소를 구함에 있어서는 직권조사사항을 제외하고는 취소를 구하는 자가 위법한 구체적인 사항을 먼저 주장하여야 한다고 하고 있다.

(2) 입증책임

(가) 의 의

입증책임이라 함은 소송심리의 최종단계에 이르러서도 소송상 증명을 요하는 일정한 사실의 존부가 확정되지 않을 경우 당해 사실이 존재하지 않는 것으로 취급되어 불리한 법적 판단을 받

209) 김남진 · 김연태, 전게서, 818-819면.

210) 대판 1981.6.23, 80누518; 대판 1995.7.28, 94누12807; 대판 2000.5.30, 98두20162.

게 되는 당사자가 일방의 위험 또는 불이익한 부담을 말한다. 이는 '증명책임'이라고도 한다.[211)]

입증책임의 문제는 소송의 심리에 있어 변론주의와 직권탐지주의 중 어느 입장을 취하는가와 상관없이 어떤 사실의 존부가 명확하지 아니하여 사실인정을 할 수 없는 경우에 소송상 항상 제기될 수 있다. 비록 행정소송에 있어서는 법원이 당사자의 주장이나 증명에만 의존하지 아니하고 직권으로 증거조사 등을 할 수 있도록 하고 있음에도 불구하고(법 제26조), 어떤 사실의 존부가 분명치 않은 경우는 얼마든지 있을 수 있다. 그러한 경우에는 그 요건사실의 존부가 확정되지 않는 데에서 초래된 위험 또는 불이익을 누가 부담하여야 할 것인가가 결정되지 않으면 안 되는데, 민사소송에서와 마찬가지로 행정소송에 있어서도 입증책임이 문제되는 이유는 바로 이러한 점에 있다.

(나) 입증책임의 분배

취소소송에 있어서 원고와 피고 행정청 중에서 어느 쪽 당사자가 입증책임을 부담하는가 하는 입증책임의 분배문제에 대하여는 행정소송법에 명문의 규정이 없다. 따라서 행정소송에 있어서 입증책임을 어떠한 기준에 의하여 분배할 것인가에 관하여는 다음과 같이 여러 가지 학설이 나누어져 있다.

① 원고책임설 : 이 견해는 행정행위에는 공정력이 있고 적법성의 추정을 받고 있으므로 이를 근거로 하여 그 처분의 취소를 구하는 원고가 반대사실의 입증을 통해 당해 행정행위가 위법함을 증명하여야 한다고 한다. 일명 '적법성추정설'이라고도 한다.

그러나 이에 대하여는 행정행위의 공정력은 절차적 · 잠정적 통용력에 불과하고 실체법적인 적법성의 추정을 의미하는 것은 아니며, 소송법적으로 아무런 영향이 없는 것으로 입증책임의 소재문제와는 무관하다는 비판이 있다. 또한 입증책임을 항상 원고가 부담하도록 하는 것은 소송당사자간의 공평이념에 반하고, 분배원칙 자체를 부인하는 결과가 되어 부당한 학설이다.

② 피고책임설 : 이 견해는 법치행정의 원리에 비추어 볼 때, 행정행위의 적법성이 문제로 되는 경우에는 피고 행정청이 자신의 처분의 적법성을 보장하는 개개의 구체적 사실에 대한 입증책임을 져야 한다고 본다. 그러나 이 설은 법치행정의 원칙으로부터 입증책임의 구체적 기준을 도출하기는 곤란할 뿐만 아니라 법치행정의 원리가 바로 원고의 입증책임을 면책한다고 볼 수 없다는 비판을 받는다. 그리고 사실이 불분명한 경우의 위험을 당사자의 일방에게만 부담시키는 것은 소송의 공평이념에 위배된다는 비판도 가하여질 수 있다.

③ 입증책임분배설(법률요건분류설) : 이 견해는 행정소송에서도 민사소송에 있어서의 입증책임에 관한 원칙이 그대로 적용된다고 한다. 따라서 자신에게 유리한 법률효과를 주장하는 당사자가 그 효과를 발생시키는 요건사실의 존재를 스스로 입증할 책임이 있다고 한다. 이 설에 따르면 원고는 행정행위의 위법성에 관한 요건사실의 입증책임을, 피고인 행정청은 행정행위의 적법성에

211) 김남진 · 김연태, 전게서, 819면.

관하여 각각 그 입증책임을 부담하게 된다. 즉 권리를 주장하는 자는 그에게 유리한 권리근거규정에 해당하는 요건사실을 입증하여야 하고, 권리의 존재를 부정하는 자는 권리장애 · 권리소멸 · 권리저지규정에 해당하는 요건사실을 입증하여야 한다는 입장이다. 종래의 통설 · 판례이다.

④ 행정소송법독자분류설(특수성 인정설) : 이 견해는 행정소송에 있어서의 입증책임분배는 행정소송과 민사소송의 목적과 성질의 차이, 행위규범과 재판규범과의 차이 등을 이유로 독자적으로 정하여야 한다고 한다. 그리하여 행정소송의 특수성을 반영하여 당사자 간의 공평 · 사안의 성질 · 입증의 난이도 등에 의하여 구체적 사안에 따라 입증책임의 분배를 결정하여야 한다는 주장이다. 이에 따르면 당사자의 권리제한이나 의무부과를 하는 행위에 대하여는 피고 행정청이 적법성에 관한 입증책임을 지고, 당사자가 자신의 권리나 이익의 확장을 구하는 소송에서는 원고가 입증책임을 지며, 재량행위의 일탈이나 남용을 이유로 하는 취소소송의 경우는 재량행위의 예외적인 경우이므로 원고가 입증책임을 부담한다고 보게 된다. 그러나 이 설은 그 내용에 비추어 보면 위의 법률요건분류설과 실질적인 점에서는 차이를 가져오지 않으므로 별도로 논의할 실익은 없을 것으로 보인다.

⑤ 판례 : 우리나라 초기의 판례는 행정행위에는 공정력이 있음을 이유로 원고책임설을 취하고 있었다.[212] 그러나 대법원은 이후 행정행위의 공정력과 입증책임은 별개의 문제로 보아,[213] 행정소송에서의 입증책임에 대하여는 원칙적으로 민사소송의 일반원칙에 따라 법률요건분류설에 의하여 당사자간에 분배되어야 한다고 하겠지만 항고소송의 특성도 고려하여야 하는 것으로 판단하고 있다.[214]

⑥ 결어 : 행정소송에 있어서의 입증책임의 문제는 법률요건분류설을 원칙으로 하되, 행정소송의 특성을 고려하여 당사자에게 분배하는 방식이 타당하다고 본다. 현재의 다수설이고 판례의 입장이다.[215]

(다) 구체적 사례

상술한 학설 · 판례의 입장에 따라 취소소송에서의 몇 가지 개별적 사항에 대한 입증책임의 문제를 구체적으로 검토하면 다음과 같다.

① 소송요건 : 소송요건은 행정소송에 있어서도 직권조사사항이지만 그 존부가 불분명한 경우에는 원고의 불이익으로 판단받게 되므로 원고에게 입증책임이 있다.

② 권리행사규정의 요건사실 : 판례는 행정청이 원칙적으로 행정처분의 적법성에 관하여 입증책임을 지는 것으로 판시하고 있다.[216] 이는 행정처분의 근거법률은 통상 권한행사규정(' …… 한

---

212) 대판 1961.3.27, 4291行上45; 대판 1962.11.1, 62누157.
213) 대판 1964.5.26, 63누142; 대판 1966.10.18, 66누134.
214) 대판 1983.9.13, 83누288; 대판 1984.7.24, 84누124; 대판 2003.7.22, 2002두11066.
215) 홍정선, 전게서, 1011면.

경우에는 …… 한 처분을 한다'라는 형식의 규정)으로 규정되어 있고 이 경우에 권한행사규정의 요건사실에 대하여는 행정청이 입증책임을 진다는 것을 의미한다. 다만, 경험칙상 요건사실이 추정되는 경우 상대방이 경험칙 적용의 대상이 되지 아니하는 사정을 입증하여야 한다.[217]

③ 권한행사장애규정의 요건사실 : 과세대상이 된 토지가 비과세 혹은 면제대상이라는 점은 이를 주장하는 납세의무자에게 입증책임이 있는 것이라고 판시하고 있다.[218] 이러한 권한행사장애규정('…… 한 경우에는 …… 한 처분을 하지 아니한다'라는 형식의 권한불행사규정)으로 규정되어 있는 경우의 요건사실은 원고에게 입증책임이 있다.

④ 재량권의 일탈 · 남용 : 재량처분의 취소소송에 있어서 당해 처분이 재량권의 한계를 일탈 · 남용하였다는 점에 대한 입증책임은 원고에게 있다.

⑤ 처분의 절차 : 처분의 절차의 적법성에 관한 입증책임은 피고인 행정청에게 있다고 보는 것이 옳다.[219]

⑥ 신청의 각하 · 기각결정의 취소 : 사인의 허가 · 면허 등의 신청의 각하 또는 기각결정에 대한 취소소송에 있어서 신청대상인 허가 등의 요건을 충족하는 사실의 존재에 대한 입증책임은 원고가 진다고 할 것이다.[220]

6. 취소소송의 판결

1) 판결의 의의

취소소송의 판결이라 함은 취소소송사건에 대하여 법원이 소송의 목적인 구체적인 법률상 쟁송을 해결하기 위하여 소송절차를 거쳐 그에 대한 법적 판단을 선언하는 행위를 말한다. 법원의 심리가 종결하여 판결을 선고함으로써 행정소송은 보통 종료하게 된다. 그러나 행정소송은 통상적인 판결의 선고 이외에도 다른 사유, 즉 소의 취하, 청구의 포기 · 인낙, 재판상의 화해, 당사자의 소멸 등에 의하여도 종료될 수 있는가 하는 문제가 있다.

2) 판결의 종료

취소소송의 판결은 민사소송의 예에 따라 여러 가지로 구분할 수 있다. 즉 중간판결과 종국판결, 소송판결과 본안판결, 일부판결과 전부판결, 기각판결과 인용판결, 확인판결 · 형성판결 및 이행판결 등이 있다. 그리고 기각판결의 일종으로서 사정판결이 인정되는 것은 특이한 제도이다.

---

216) 대판 1996.4.26, 96누1627.
217) 대판 1992.7.10, 92누6761.
218) 대판 1996.4.26, 94누12708.
219) 대판 1986.10.28, 85누555.
220) 대판 2009.5.28, 2007두9303.

(1) 중간판결 · 종국판결

소송절차에 대한 관계에서 본 분류로서, 중간판결은 종국판결을 하기 전 소송의 진행 중에 생긴 쟁점을 해결하기 위한 확인적 성질의 판결을 말하고, 피고의 방소항변을 이유 없다는 판결이 그 예에 해당한다. 이에 대하여, 종국판결은 사건의 전부 또는 일부에 대하여 그 심급을 종료시키는 판결을 말하며, 소송판결과 본안판결, 기각판결과 인용판결 등이 이에 해당한다.

(2) 소송판결 · 본안판결

소송판결은 소송의 적부에 대한 판결로서, 요건심리의 결과 당해 소가 소송요건을 결여하고 있음을 이유로 그 취소소송을 부적법한 것으로 각하하는 판결을 말한다. 각하판결은 처분의 취소청구 그 자체에 대하여 판단하는 것은 아니므로 계쟁처분의 효과를 확정하는 효력은 없다. 본안판결은 청구의 당부에 대한 판결로서, 본안심리의 결과 청구의 전부 또는 일부를 기각하거나 인용하는 것을 그 내용으로 하는 판결이다. 이러한 본안판결에는 기각판결과 인용판결이 있다.

(3) 기각판결 · 인용판결

(가) 기각판결

기각판결은 본안심리의 결과 원고의 청구가 이유 없다고 하여 법원이 그 청구를 배척하는 판결이다. 소송의 대상이 된 처분이 위법하지 않거나 단순히 부당한 것인 때가 여기에 해당한다. 그러나 예외적으로 처분이 위법하여 원고의 청구가 이유 있다고 하더라도 공익적 견지에서 청구를 기각하는 '사정판결'이 있는데, 다음에서 별도로 설명하겠다.

(나) 인용판결

인용판결은 본안심리의 결과 원고의 청구가 이유 있다고 하여 법원이 그 청구의 전부 또는 일부를 받아들이는 판결이다. 취소소송의 인용판결은 위법한 처분 등의 '취소 또는 변경'을 내용으로 하는 판결이다(법 제4조 제1호). 여기에서 '변경'의 의미에 관하여는, 원처분을 새로운 처분으로 대체시키는 적극적 형성판결로 이해하는 입장과 이를 일부취소의 의미로 보는 소극적 입장이 대립하고 있으나, 권력분립원칙이나 행정청의 제1차적 판단권과의 관계에서 볼 때, 소극설이 타당하다는 것은 전술한 바와 같다(행정소송의 한계 참조).[221]

(4) 사정판결

(가) 의 의

사정판결이라 함은 취소소송에 있어서 본안심리의 결과 계쟁처분이 위법하면 이를 취소하는

221) 김남진 · 김연태, 전게서, 828면; 김동희, 전게서, 788면.

것이 원칙이지만, 원고의 청구가 이유 있다고 인정하는 경우에도 처분 등을 취소하는 것이 현저히 공공복리에 적합하지 아니하다고 인정하는 때에 법원이 원고의 청구를 기각하는 판결을 말한다(법 제28조 제1항). 예컨대, 대규모의 댐을 건설하기 위한 개인의 토지에 대한 수용재결이 위법한 것으로 판단되어도 댐시설에 의하여 구현되는 공공복리를 감안하여 그 재결의 취소청구를 기각하는 경우가 이에 해당한다.

사정판결은 원고의 청구가 이유 있다고 인정되는 데에도 불구하고 청구를 기각할 수 있는 제도인 점에 특징이 있다. 여기에서 '원고의 청구가 이유 있다'고 함은 쟁송의 대상인 처분 등이 위법함을 의미하는데, 이 점만 보게 되면 사정판결제도는 법치주의에 위법한 처분 등을 그대로 유지하도록 하는 것이기 때문에 법치행정의 원리 및 재판을 통한 개인의 권익보장이라는 헌법이념에 충실하지 못한 것이라는 비난을 면하기 어렵다고 비평받는다.[222]

그러나 사정판결제도는 공공복리를 이유로 하여 원고에게 일방적인 희생을 강요하는 제도가 아니고 위법한 처분 등으로 인하여 손해를 입은 사인에 대한 구제는 '처분 등의 취소'라고 하는 원고의 본래의 청구인용만으로 반드시 이루어질 수 있는 것은 아니고, 이에 갈음하여 손해배상 등 기타의 방법에 의한 실질적인 권리구제를 통해 공공복리에도 이바지하려는 제도라고 평할 수도 있다. 그렇게 볼 때 사정판결제도를 반드시 법치주의에 반한다든가 헌법이념에 충실치 못한 것으로 혹평할 것은 아닌 것으로 보인다.[223] 다만, 사정판결제도가 법치행정의 원리의 예외가 되는 것이므로 사정판결의 요건을 엄격하게 해석하여야 하고, 사정판결이 아닌 다른 방법에 의한 해결이 불가능한 경우에 보충적으로만 인정되어야 하며, 불가피하게 사정판결을 하는 경우에도 대상적(代償的) 사익구제조치가 반드시 병행되어야 한다는 점은 주의를 요한다.[224]

(나) 사정판결의 요건

사정판결의 요건은 '원고의 청구가 이유 있다고 인정하는 경우에도 처분 등을 취소하는 것이 현저히 공공복리에 적합하지 아니하다고 인정하는 때'이다(법 제28조 제1항). 이를 분설하면 다음과 같다.

① 처분 등에 관한 취소소송일 것 : 사정판결은 행정소송법 제28조 제1항의 규정에 명시된 바와 같이 취소소송에만 인정되고, 무효등확인소송 등 다른 항고소송에서는 인정되지 않는다.[225]

② 청구가 이유 있다고 인정되는 경우일 것 : 사정판결은 원고의 청구가 이유 있다고 인정되는 경우이어야 한다. 즉 처분 등이 위법하여야 한다. 이러한 경우에 예외적으로 법원이 청구를 기각하는 판결이 사정판결제도이므로 원고의 청구가 이유 없는 경우, 즉 처분등이 적법한 때에는 당

222) 이상규, 전게서, 878면.
223) 김남진 · 김연태, 전게서, 829-830면.
224) 김철용, 전게서, 669면.
225) 대판 1987.3.10, 84누158; 대판 1996.3.22, 95누5509.

연히 청구기각의 판결을 할 것이기 때문에 사정판결의 문제가 제기될 여지조차 없다.

③ 청구인용의 판결이 현저히 공공복리에 적합하지 아니할 것: 사정판결은 처분 등을 취소하는 것이 현저히 공공복리에 적합하지 않은 경우에 인정된다. 따라서 이 제도의 핵심적 요소는 공공복리라 하겠는데, 이는 매우 다의적이고 포괄적인 불확정개념인 관계로 명확한 정의를 정립하기는 대단히 어려운 것임은 물론이다. 그러나 여기에서는 '공공복리'란 국민전체 또는 특정사회구성원 전체의 이익으로 일단 정의하기로 한다. 이러한 의미의 공공복리의 개념은 공익의 개념과 대체로 같은 개념으로 보고 있다. 그리고 사정판결을 하는 데 있어서는 당연히 공익과 사익을 비교·교량하여야 하는 것인 바, 여기에서는 공익의 성질이나 내용 그 자체도 문제가 된다고 본다. 사정판결이 법치주의 등과의 관련에서 중대한 예외라는 점을 감안할 때, '현저히'라는 개념은 공익·사익의 비교형량에 있어서 뿐만 아니라 공익의 내용에 대한 기준으로서의 의미도 가진다고 해석하여야 할 것이다. 이러한 관점에서 사정판결은 중대한 공익을 보호·유지하기 위하여 극히 불가피한 경우에 한하여서만 인정된다고 본다.[226)]

판례는 "행정처분이 위법한 때에는 이를 취소함이 원칙이고 그 위법한 처분을 취소·변경함이 도리어 현저히 공공복리에 적합하지 않은 경우에 극히 예외적으로 위법한 행정처분의 취소를 허용하지 않는다는 사정판결을 할 수 있으므로 사정판결의 적용은 극히 엄격한 요건 아래 제한적으로 하여야 하고, 그 요건인 현저히 공공복리에 적합하지 아니한가의 여부를 판단함에 있어서는 위법·부당한 행정처분을 취소·변경하여야 할 필요와 그 취소·변경으로 인하여 발생할 수 있는 공공복리에 반하는 사태 등을 비교·교량하여 그 적용 여부를 판단하여야 한다"고 판시하고 있다.[227)]

이러한 점에 비추어 사정판결제도는 집행부정지원칙과 더불어 행정소송법상의 대표적인 공익조항에 해당한다고 할 수 있다. 행정소송법 제28조 제2항은 「법원이 사정판결을 함에 있어서는 미리 원고가 그로 인하여 입게 될 손해의 정도와 배상방법 그 밖의 사정을 조사하여야 한다」고 규정함으로써, 공공복리와 관련한 비교형량의 원칙을 잘 표현하고 있다.[228)] 또한 이 규정은 원고측에 대하여 청구의 병합제기를 유도하려는 의미도 있는 것으로 볼 수 있다.

(다) 위법판단의 기준시와 주장책임·입증책임

① 사정판결의 위법판단의 기준시: 사정판결에 있어서는 처분 후의 사정도 고려되어야 한다는 의미에서 판결시설(변론종결시설)을 주장하는 견해가 다수설이다.[229)] 그러나 위법판단의 기준시

226) 김동희, 전게서, 791면.

227) 대판 1992.2.14, 90누9032; 대판 1999.3.9, 98두18565; 대판 2000.2.11, 99두7210; 대판 2001.1.19, 99두9674; 대판 2001.8.24, 2000두7704; 대판 2005.12.8, 2003두10046; 대판 2006.9.22, 2005두2506; 대판 2006.12.21, 2005두16161; 대판 2009.1.30, 2008두19550·2008두19567(병합).

228) 김남진·김연태, 전게서, 831면.

229) 김남진·김연태, 상게서, 831면; 김철용, 전게서, 670면; 박균성, 전게서, 1198면; 박윤흔·정형근, 전게서, 856면; 석종현, 전게서, 899면.

의 문제는 당해 처분의 위법성의 판단시점의 문제이고 보면, 그것은 사정판결에 있어서도 다르지 않다고 할 것이며, 따라서 사정판결에 있어서도 위법판단의 기준시는 일반론에 따라 처분시로 결정되어야 할 것으로 보는 견해도 있다.[230] 그런데 사정판결의 입법취지에 비추어 보아 그러한 판결의 필요성은 성질상 처분 후의 사정이 고려되어야 할 것이므로 변론종결시를 기준으로 하는 판결시설이 타당하다.

② 사정판결의 주장책임 · 입증책임 : 명문규정은 없으나 사정판결은 공익과 사익의 신중한 형량을 위하여 피고 행정청의 신청에 의하여 그 허용 여부가 결정되도록 하는 것이 타당할 것이다. 따라서 사정판결의 필요성의 주장책임 · 입증책임은 피고인 행정청이 부담한다. 그런데 판례는 직권심리주의를 규정하고 있는 행정소송법 제26조를 논거로 하여 당사자의 신청 없이도 법원이 직권으로 사정판결의 여부를 결정할 수 있다고 한다.[231] 그러나 직권심리주의는 실체적인 적법성을 보장하기 위한 차원에서 인정되는 것이므로 행정소송법 제26조를 논거로 하여 법원이 직권으로 사정판결을 할 수 있다는 주장은 부당하다고 본다.

(라) 사정판결의 효과

① 청구기각 : 사정판결은 처분이 위법하여 원고의 청구가 이유 있다고 인정하는 경우에도 불구하고, 그 청구를 인용하면 현저히 공공복리에 적합하지 아니한다고 인정하여 법원이 청구의 기각판결을 하게 된 경우이다. 그러나 당해 처분 등은 그 위법성이 치유되어 적법하게 되는 것이 아니라 공공복리를 위하여 위법성을 가진 채로 그 효력을 지속하는 데 불과하다. 그런데 이러한 기각판결의 효과는 일반의 기각판결과 같다. 따라서 원고는 그 범위 내에서는 패소한 것이므로 사정판결에 대하여 원고가 항소 · 상고할 수 있다.

② 위법성의 선언 : 행정소송법 제28조 제1항 후단에는 「법원은 그 판결의 주문에서 그 처분 등이 위법함을 명시하여야 한다」고 규정하여 사정판결의 위법성을 선언하도록 하고 있다. 이와 같이 판결의 주문에서 처분 등이 위법함을 명시한 이상 판결이 확정되면 처분의 위법성에 대하여는 기판력이 발생하게 된다.

③ 원고의 권리구제조치 : 사정판결은 중대한 공공복리를 보호하기 위하여 계쟁처분에 대한 원고의 정당한 취소청구를 배척하고, 그 위법성에도 불구하고 당해 처분의 효력을 존속시키는 제도이다. 그로 인하여 원고에게 발생한 손해에 대하여는 적절한 구제수단이 제도적으로 당연히 마련되어야 할 것이다. 따라서 행정소송법 제28조 제3항에서 「원고는 피고인 행정청이 속하는 국가 또는 공공단체를 상대로 손해배상, 제해시설의 설치 그 밖에 적당한 구제방법의 청구를 당해 취소소송 등이 계속된 법원에 병합하여 제기할 수 있다」고 규정하고 있다. 이에 앞서 「법원이 사정

---

230) 김동희, 전게서, 791면.

231) 대판 1995.7.28, 95누4629.

판결을 함에 있어서는 미리 원고가 그로 인하여 입게 될 손해의 정도와 배상방법 그 밖의 사정을 조사하여야 한다」(법 제28조 제2항). 이는 법원이 부수조치를 하기 위한 심리이며 당사자에게는 사정판결에 대한 암시가 된다.[232]

④ 소송비용의 부담 : 사정판결에 있어서는 원고의 청구가 이유 있음에도 불구하고 공공복리를 위하여 원고의 청구를 기각하여 패소하는 결과가 될 경우이므로, 행정소송법은 사정판결에 있어서의 소송비용은 일반적인 소송비용부담의 예외는 달리 승소자인 피고가 부담하는 것으로 하고 있다(법 제32조).

(5) 확인판결 · 형성판결 · 이행판결

이는 청구인용판결의 내용 및 효력에 따른 분류이다.

(가) 확인판결

확인판결이란 특정한 권리관계의 존부를 확인하는 것을 내용으로 하는 판결이다. 이러한 확인판결은 당사자소송의 경우에 그 예가 많다. 항고소송 중에서 무효등확인소송과 부작위위법확인소송에서의 인용판결은 그 형식상 확인판결에 해당한다.

(나) 형성판결

형성판결이란 법률관계를 형성 · 변경 · 소멸시키는 것을 내용으로 하는 판결이다. 취소소송에서 처분 등의 취소 또는 변경의 판결이 이에 해당한다.

(다) 이행판결

이행판결이란 피고인 국가 또는 공공단체 기타 행정청에 대하여 일정한 행위를 할 것을 명하는 판결이다. 이는 당사자소송의 인용판결에서는 일반적으로 볼 수 있는 예이다. 그러나 항고소송에서는 법이 명시적으로 인정하는 경우를 제외하고는 직접적으로 이행판결은 인정될 수 없고, 판례도 이행판결을 부인하고 있다.[233] 행정소송법은 거부처분에 대한 취소판결 및 부작위법확인판결에 대하여 판결의 효력으로서 행정청의 재처분의무(법 제30조 제2항, 제38조 제2항)와 간접강제제도(법 제34조)를 인정하고 있는데, 이는 실질적으로 이행판결에 해당하는 것이라고 할 수 있다.

3) 위법판단의 기준시점

항고소송에 있어서 소송의 대상인 처분 등의 위법성을 어느 시점의 법규와 사실을 기준으로

232) 김철용, 전게서, 671면.
233) 대판 1989.5.23, 88누8 · 135.

판단할 것인지가 문제된다. 왜냐하면 처분 등이 행하여진 후에 당해 처분 등의 근거가 된 법령이 개폐되거나 법령상의 처분요건인 사실상태에 변동이 발생할 수 있기 때문이다. 이러한 경우에 법원은 어느 시점을 기준으로 판결을 위한 위법판단을 할 것인가에 대하여 학설은 처분시설과 판결시설이 대립되고 있다.

(1) 처분시설

이 견해는 항고소송에서 당해 계쟁처분 등의 위법 여부는 계쟁처분이 행하여진 당시(처분시)의 법령 및 사실상태를 기준으로 판단하여야 한다는 학설이다. 이 설의 논거로는 판결시설에 따라 법원이 처분 등 후의 변화된 사정을 참작하여 처분 등의 위법성을 판단하게 되면 법원이 행동감독적 기능을 수행하게 되며, 그것은 행정청의 제1차적 판단권을 침범하는 것이 되어 권력분립원칙에 반한다는 것이다. 이러한 입장이 통설이다.[234]

(2) 판결시설

이 견해는 항고소송에 있어서 당해 계쟁처분 등의 위법 여부는 판결시(변론종결시)의 법령 및 사실상태를 기준으로 하여 판단하여야 한다는 학설이다. 그 논거로서는 취소소송은 당해 계쟁처분 등의 효력이 현행법규에 비추어 유지될 수 있는가의 여부를 판단 · 선언하는 데 있다고 본다.

(3) 판 례

판례는 "일반적으로 항고소송에 있어서 행정처분의 위법 여부를 판단하는 기준시점에 대하여, 판결시가 아니라 처분시라고 하는 의미는 그 행정처분이 있을 때의 법령과 사실상태를 기준으로 하여 위법 여부를 판단할 것이며 처분이 있은 뒤에 생긴 법령의 개폐나 사실상태의 변동에 영향을 받지 않는다는 뜻이다"라고 판시함으로써 원칙적으로 처분시설에 입각하고 있는 것으로 보인다.[235]

(4) 결 어

판결시설에 의하면, 법원이 처분시 이후의 법령의 개폐 · 사실상태의 변동을 고려하여 위법성 여부를 판단하게 되어 법원이 행정감독적 기능을 수행하게 된다는 점, 처분시에 위법한 행위가 후일의 법령의 개폐에 의하여 적법하게 되거나 반대로 적법한 행위가 사후에 위법하게 될 수 있어 법치주의에 반한다는 점, 판결의 지연에 따라 불균형한 결과를 초래할 수 있다는 점 등의 문제점이 있으므로 원칙적으로 처분시설이 타당하다고 본다.[236]

---

234) 김남진 · 김연태, 전게서, 825-826면; 김도창, 전게서, 807면; 김동희, 전게서, 789면; 류지태, 전게서, 592면; 박윤흔 · 정형근, 전게서, 853면; 석종현, 전게서, 895면; 홍정선, 전게서, 1020면.

235) 대판 1993.5.27, 92누19033; 대판 2000.3.10, 97누13813; 대판 2002.7.9, 2001두10684; 대판 2007.5.11, 2007두1811.

4) 판결의 방식

판결은 변론을 거쳐 거기에 현출된 진술을 기초로 행하여나 하나(민사소송법 제 134조, 제204조 등 참조), 부적법한 소를 각하하는 경우에는 반드시 변론을 거칠 필요가 없다(동법 제219조).

판결의 내용은 판결서에 기재된다. 판결서에는 당사자와 법정대리인, 주문, 청구 및 상소의 취지 · 이유, 변론을 종결한 날자 또는 판결을 선고한 날자, 법원 등을 기재하고 판결한 법관이 서명 · 날인하여야 한다(동법 제208조).

판결은 선고로 그 효력이 발생한다. 판결을 선고하는 데 있어서는 재판장이 판결원본에 따라 주문을 읽어 선고하며, 필요한 때에는 이유를 간략히 설명할 수 있다(동법 제205조, 제206조).

5) 판결의 효력

행정소송법은 취소소송의 판결의 효력에 대하여 제3자에 대한 효력(법 제29조 제1항) 및 기속력(법 제30조)에 대하여서만 명시적으로 규정할 뿐이고, 이를 다른 행정소송의 유형에 준용하는 방식을 취하고 있다. 이러한 효력 이외의 자박력 · 확정력 · 형성력 등에 대하여는 규정하고 있지 않다. 그러나 행정소송도 재판인 이상 그러한 효력은 취소소송의 판결에도 당연히 인정된다고 보아야 마땅할 것이다. 그런데 행정소송의 판결효력의 내용은 여러 가지 기준에 의하여 분류할 수 있으나, 여기에서는 효력이 미치는 대상과 관련하여 논의하기로 한다.[237]

(1) 선고법원에 대한 효력(판결의 구속력 · 자박력)

판결의 구속력 또는 자박력(自縛力)이라 함은 행정소송에 있어서도 일단 판결이 선고되면 선고법원 자신도 이를 취소하거나 변경할 수 없는 기속을 받게 되는 효력을 말한다. 법원이 선고한 판결은 당해 문제된 법률관계의 분쟁에 관한 공권적 판단으로서의 성질을 갖는 것이므로 법원 스스로도 자신이 한 판결에 구속되도록 할 필요가 있다. 따라서 법원은 원칙적으로 자신의 판단내용을 임의로 변경하거나 그 효력을 상실시킬 수 없도록 한 것이다. 이러한 판결의 구속력은 행정소송에만 특유한 것이 아니라 판결이 갖는 일반적인 효력으로서 인정되는 것이기 때문에 행정소송법에 명문규정이 없더라도 인정될 수 있는 것이다. 그런데 이와 같은 구속력의 효력은 절대적인 것이 아니라 상대적인 것으로서 일정한 사유에 해당하는 때에는 이 효력이 배제될 수 있는데, 경정결정이 허용되는 한도에서는 판결의 구속력이 배제된다(민사소송법 제211조).[238]

236) 김남진 · 김연태, 전게서, 826면.
237) 류지태, 전게서, 592-603면 참조.
238) 대결 1999.12.23, 99그74.

(2) 당사자에 대한 효력(판결의 형식적 확정력)

판결의 형식적 확정력이라 함은 행정소송은 판결에 대하여 불복이 있는 자는 상소를 통하여 그의 효력을 다툴 수 있지만, 상소기간의 도과 기타의 사유로 상소할 수 없는 때에 판결이 불가쟁력을 발생하는 것을 말한다. 이 형식적 확정력은 판결내용과는 관계가 없으나 판결내용의 효력발생의 요건이 된다.

형식적 확정력은 당해 판결에 대하여 동일한 소송절차 내에서 상소의 수단으로써 다툴 수 있는가와 관련되는 문제이다. 즉 더 이상 당해 판결에 상소를 할 수 없는 경우(상고심판결의 경우 등) 또는 상소는 허용되나 여러 가지 이유에 의해 그 권한을 행사하지 않은 경우(상소기간의 경과나 상소권을 포기한 경우 등)에는 판결내용과 관련 없이 형식적인 이유로 판결이 확정력을 갖게 된다. 이에 관하여 행정소송법은 명문규정을 두고 있지 않으나 소송제기기간에 관한 소송법규정, 즉 행정소송의 제기기간에 관한 규정(법 제20조 제1항)이나 행정소송에도 준용되는 상소제기기간에 관한 민사소송법의 규정(동법 제396조 제1항, 제425조)과 재심제도에 관한 규정(민소법 제451조 이하)이 그 의미를 갖기 위해서는 판결의 형식적 확정력의 존재를 전제로 하므로 이 효력이 일반적으로 행정소송에도 인정된다고 본다.

그러나 이러한 형식적 확정력은 당사자가 책임질 수 없는 사유로 인하여 상소기간을 도과한 때에 상소의 추완이 인정되는 경우(민소법 제173조 제1항)와 재심사유에 해당하여 재심이 인정되는 경우(민소법 제451조)에는 배제된다.

(3) 법원과 양당사자에 대한 효력(판결의 실질적 확정력 · 기판력)

(가) 의 의

판결의 기판력(실질적 확정력)이라 함은 취소소송의 판결이 확정되면, 법원은 동일한 소송물을 대상으로 하는 후소(後訴)에서 종전의 판결에 모순 · 저촉되는 판단을 할 수 없으며, 소송의 당사자(승계인을 포함한다)는 이후 동일사항에 대하여 확정판결의 내용에 반하는 주장을 할 수 없는 효력을 말한다. 행정소송법에는 기판력에 관한 규정은 없다. 그러나 동법 제8조 제2항의 규정에 따라 민사소송법의 관련규정(동법 제216조, 제218조)이 준용되므로 행정소송판결에도 기판력이 인정되고 있다.

기판력은 소송절차의 반복과 모순 · 저촉된 재판의 방지라는 법적 안정성의 요청에 의하여 법치국가원리에 따라 일반적으로 인정되고 있다. 당사자의 일방이 기판사항에 관하여 다시 소를 제기한 경우에 그 상대방은 기판력을 바탕으로 한 항변에 의하여 각하를 청구할 수 있으며, 법원도 기판력에 따라 소를 각하하여야 한다.

(나) 기판력의 범위

위와 같은 판결의 기판력은 주관적 범위, 객관적 범위 및 시간적 범위의 관점에서 그 내용을 검토할 수 있다.

① 주관적 범위: 취소판결의 기판력은 당해 소송의 당사자 및 당사자와 동일시 할 수 있는 승계인에게만 미치고, 제3자에게는 미치지 않는 것이 원칙이다. 다만, 취소소송에 있어서의 피고는 권리주체가 아닌 행정청인 처분청이기 때문에 그 판결의 기판력은 당해 처분의 효력이 귀속하는 국가 또는 공공단체에 미친다.239)

② 객관적 범위: 기판력은 일반적으로 소송물에 관한 판단에만 미치고, 그에 이르기까지의 전제적 문제에 관한 판단에는 미치지 않는 것이 원칙이다(민소법 제216조 제1항). 따라서 취소소송의 소송물은 '처분의 위법성 일반'이므로, 처분이 적법하다는 것 또는 처분이 위법하다는 것에 대하여 기판력이 미친다. 그러므로 처분의 취소판결이 확정되면, 원고나 피고는 모두 처분이 유효하다는 주장을 할 수 없다.

기판력은 판결주문 중에 표시된 소송물에 관한 판단에 대하여서만 발생하는 것이 원칙이다. 그러므로 판결이유 중에서 설시(說示)된 사실인정, 선결적 법률관계, 항변 등에는 기판력이 미치지 않는다.240)

취소소송의 기판력과 관련하여 특히 문제가 되고 있는 것은, 취소소송판결과 국가배상청구소송과의 관계, 즉 취소소송판결의 기판력이 국가배상청구소송에 영향을 미치는지의 여부이다. 이는 취소소송에 있어서의 처분의 위법성과 국가배상책임의 성립요건으로서의 위법성의 관계를 어떻게 설정할 것인지와 관련이 있는데, 이와 관련하여서는 후소인 국가배상청구소송에서 원고가 처분의 위법을 주장할 수 있는가의 문제가 제기되며 이에 대하여는 소극설과 적극설로 견해가 대립되고 있다.

생각건대, 취소소송의 위법성과 국가배상청구소송에서의 위법성의 관념은 다른 것으로서, 후자에서의 위법성의 관념은 취소소송 등에서의 위법성의 관념보다는 넓다고 보아야 할 것이고 보면, 그러한 점에서는 적극설이 타당하다고 본다. 따라서 처분의 취소청구에 대한 기각판결의 기판력에 의하여 그 후의 국가배상청구사건에서 당해 처분의 위법주장이 반드시 차단되는 것은 아니라고 보아야 할 것이다.241)

③ 시간적 범위: 기판력은 사실심변론의 종결시를 기준으로 하여 발생한다. 당사자는 사실심의 변론종결시까지 소송자료를 제출할 수 있으며, 종국판결도 그 때까지 현출된 자료를 기초로 하여 행하여지기 때문에 그 시점을 기준으로 하여 기판력이 발생하는 것이다.

---

239) 대판 1998.7.24, 98다10854.

240) 대판 1987.6.9, 86다2756.

241) 김동희, 전게서, 794면.

(4) 행정청에 대한 효력(판결의 기속력)

(가) 의 의

판결의 기속력이란 소송당사자인 행정청과 그 밖의 관계행정청이 처분 등을 취소하는 확정판결의 내용에 따라 기속되어 일정한 행동을 하여야 하는 의무를 발생시키는 판결의 효력을 말한다. 행정소송법은 제30조 제1항에서 취소판결의 경우에 명시적으로 이를 인정하고 있으며, 이 규정은 그 밖의 행정소송인 무효등확인소송(법 제38조 제1항), 부작위위법확인소송(법 제38조 제2항), 당사자소송(법 제44조 제1항)에서 이를 준용하고 있다. 이 효력은 통상의 판결이 일정한 법률관계를 단순히 확정하는 데 그치고 행정청에게 적극적인 의무를 부과하지 않음에 반하여 판결의 실효성을 보장하기 위한 목적으로 행정청을 판결의 취지에 의하여 기속하도록 하기 위한 것이다.

(나) 기속력의 성질

기속력의 성질에 관하여는 기판력설과 특수효설이 나누어져 대립하고 있다.

① 기판력설 : 이 견해는 기속력은 기판력의 당연한 결과로서, 이 규정은 행정의 일체성 아래에서 당사자인 행정청 외의 관계행정청에도 기판력이 미친다는 것을 명시한 것이라고 본다.

② 특수효력설 : 이 견해는 현재의 일본 및 우리나라의 통설로서, 취소판결의 기속력을 취소판결의 실효성을 담보하기 위하여 실정법이 부여한 특수한 효력으로서 설명한다. 이와 같은 특수효력설이 타당시된다.[242] 판례도 이 설을 취하는 것으로 보인다.[243]

(다) 기속력의 내용

기속력의 내용은 소극적 효력과 적극적 효력으로 나눌 수 있다.

① 소극적 효력(동일내용의 처분금지의무 · 반복금지효) : 취소판결이 확정되면 행정청은 확정판결에 저촉되는 행위를 하여서는 아니 될 의무를 진다. 즉, 행정청은 동일한 사실관계 아래에서 동일한 당사자에 대하여 종전과 동일한 내용의 처분 등을 반복하여서는 안 된다. 이러한 반복금지효에 위반한 처분은 무효이다.[244] 그러나 기속력은 판결에 적시된 구체적 위법사유에 관하여 발생하는 것이므로, 절차상의 위법사유가 있는 경우에는 행정청이 이를 시정하고, 또한 실체적 위법사유가 있는 경우에도 그와는 다른 사유에 의하여 동일한 내용의 처분을 하는 것이 금지되는 것은 아니다.

행정소송법 제30조 제1항이 '처분 등을 취소하는 확정판결'이라 규정하여 기속력이 발생하는 판결의 범위를 '취소판결(인용판결)'로 명시하고 있으므로 반복금지효는 취소판결, 즉 청구인용판결에만 인정되며, 청구기각판결에는 인정되지 않는다. 기각판결의 경우에는 행정청이 직권으로

---

242) 김남진 · 김연태, 전게서, 837면.

243) 대판 1957.2.6, 4290行上23.

244) 대판 1990.12.11, 90누3560.

동일한 처분을 취소할 수 있으나, 이는 종전판결의 효력문제와는 무관하며 독자적인 직권취소사유의 충족 여부만을 기준으로 하는 것이다.

② 적극적 효력(행정청의 재처분의무 등) : 종래 기속력의 적극적 효과로서는 재처분의무만이 문제되고 있었으나, 최근에는 취소판결의 실효성확보의 차원에서 원상회복의무도 기속력의 내용으로서 거론하는 경향이다. 동일한 취지에서 간접강제제도도 여기에서 언급할 필요가 있다고 본다.

ⅰ) 행정청의 재처분의무 : 행정소송법 제 30조 제2항은 「판결에 의하여 취소되는 처분이 당사자의 신청을 거부하는 것을 내용으로 하는 경우에는 그 처분을 행한 행정청은 판결의 취지에 따라 다시 이전의 신청에 대한 처분을 하여야 한다」고 하여 재처분의무를 규정하고 있다.[245] 이것은 원래 신청을 요하는 처분에 대한 행정청의 거부처분이 판결에 의하여 취소된 경우에 있어서 행정청이 판결의 취지에 따라 다시 처분할 의무를 부담하는 것을 말한다. 이 경우 행정청은 판결의 취지를 존중하여 그것을 자신의 판단 및 조치의 기초로 하여야 하겠지만, 반드시 원고가 신청한 내용으로 재처분하여야 하는 것은 아니다. 따라서 신청을 인용하거나 당초의 거부처분과는 다른 이유로 다시 거부할 수도 있다고 해석할 수 있다. 당사자가 재처분을 받기 위하여 신청을 다시 할 필요는 없다.

또한 신청에 따른 처분, 즉 인용처분이 제3자의 제소에 의하여 절차에 위법이 있음을 이유로 취소되는 경우에는, 그 처분을 행한 행정청은 판결의 취지에 따른 적법한 절차에 의하여 다시 신청을 허용하는 재처분을 하여야 한다(법 제30조 제3항). 그러나 실체적 내용에 위법이 있음을 이유로 취소되는 경우에는 원신청자에게 재차 인용처분을 할 수는 없다고 할 것이다.

ⅱ) 원상회복의무 : 취소판결이 확정되면 행정청은 결과적으로 취소된 처분에 의하여 초래된 위법상태를 제거하여 원상회복할 의무를 진다(결과제거의무). 예컨대, 재산의 압류처분이 취소되면 행정청은 당해 압류재산을 반환하여야 할 의무를 진다. 또한 공무원의 파면처분이 취소되면 파면되었던 원고를 복직시켜야 한다. 그럼에도 불구하고 행정청이 그에 따른 의무를 이행하지 않을 경우에는 이른바 공법상의 결과제거청구권에 입각하여 압류재산의 반환을 청구할 수밖에 없을 것이다.

취소판결의 기속력에 원상회복의무가 당연히 포함되는가에 관하여는 견해의 대립이 있으나, 취소판결에 의한 국민의 권익구제기능과 취소판결의 실효성확보라는 관점에서 보아 긍정하는 것이 타당하다.

ⅲ) 간접강제 : 행정소송법 제34조 제1항은 「행정청이 취소판결의 취지에 따른 처분을 하지 아니하는 때에는 제1심 수소법원은 당사자의 신청에 의하여 결정으로써 처분을 하여야 할 상당한 기간을 정하고, 행정청이 그 기간 내에 처분을 하지 않는 때에는 그 지연기간에 따라 일정한 배상을 할 것을 명하거나 즉시 손해배상을 할 것을 명할 수 있다」고 규정하여 간접강제제도를 채택하

---

245) 대판 2005.1.14, 2003두13045.

고 있다. 이 경우 동법 제33조를 준용하여 배상명령의 효력이 피고인 행정청이 속하는 국가 또는 공공단체에 미치도록 하여 그 집행의 실효성을 보장하고, 또한 민사집행법 제262조를 준용하여 법원이 변론 없이 결정할 수 있도록 하고 있다(동조 제2항).

행정소송법은 거부처분의 취소판결에 따른 재처분의무의 실효성을 확보하기 위하여 민사소송에 준하는(민사집행법 제261조) 간접강제를 규정하고 있다. 이러한 간접강제제도는 부작위위법확인소송에도 준용되고 있다(법 제38조 제2항).

(라) 기속력의 범위

① 주관적 범위: 취소판결의 기속력은 당사자인 행정청과 그 밖의 관계행정청에도 미친다(법 제30조 제1항). 여기에서 '관계행정청'이란 취소된 처분 등을 기초로 하여 그와 관련되는 처분이나 부수되는 행위를 할 수 있는 행정청을 총칭하는 것이라 할 것이다.[246]

② 객관적 범위: 취소판결의 기속력은 판결주문 및 그 전제가 된 처분 등의 구체적 위법사유에 관한 이유 중의 판단에 대하여 인정되고,[247] 판결의 결론과는 직접 관련없는 방론(放論)이나 간접사실의 판단에는 미치지 않는다. 기속력은 기판력과는 달리 위법성 일반에 대하여 생기는 것이 아니라 판결에서 위법한 것으로 판단된 개개의 처분사유에 대하여서만 기속력이 생긴다.[248]

(마) 기속력위반의 효과

취소판결에 저촉되는 행정청의 처분의 효력에 관하여는 취소사유로 보는 견해도 있으나, 무효사유에 해당한다고 보는 것이 법의 취지에 합당하다고 판단되며,[249] 통설 · 판례[250]의 입장이다.

(5) 제3자에 대한 효력(판결의 형성력)

(가) 의 의

판결의 형성력이라 함은 판결이 확정되면 일반적으로 처분청의 별도의 행위가 없더라도 판결 그 자체의 내용에 따라 법률관계의 발생 · 변경 · 소멸을 가져오는 효력을 말한다. 그에 따라 처분의 취소판결이 있는 경우에는, 처분청의 특별한 행위를 기다릴 것 없이 처분의 효력이 소급하여 소멸한다. 예컨대, 행정청으로부터 자동차 운전면허취소처분을 받은 피고인이 행정쟁송절차에 의하여 나중에 그 행정처분 자체가 취소되었다면, 위 운전면허취소처분은 처분시에 소급하여 효력

246) 김동희, 전게서, 800면; 이상규, 전게서, 886면.
247) 대판 2001.3.23, 99두5238.
248) 대판 1991.8.9, 90누7326.
249) 김남진 · 김연태, 전게서, 840면.
250) 대판 1969.11.21, 64누39; 대판 1980.7.22, 80다839; 대판 1982.6.11, 80누104; 대판 1989.9.12, 89누985; 대판 1990.12.11, 90누3560; 대결 2002.12.11, 2002무22.

을 잃게 되고, 피고인은 위 운전면허취소처분에 복종할 의무가 원래부터 없었음이 후에 확정되었다고 보는 것이 타당할 것이다.[251] 물론, 영업허가정지처분의 취소 등과 같이 성질상 소급효를 발생하지 않는 것도 있다.

행정소송법은 취소판결의 형성력을 명시한 직접적 근거규정을 두고 있지는 않지만, 형성력은 판결의 당연한 효력으로 간주되고 '취소판결의 제3자효'에 관한 규정(법 제29조 제1항)은 이를 전제로 한 간접적 근거가 될 수 있을 것으로 본다.

(나) 형성력의 범위(취소판결의 제3자효 · 대세적 효력)

① 취소판결의 제3자효 : 취소판결의 형성력이 미치는 주관적 범위가 당해 소송의 당사자 뿐만 아니라 제3자에게도 미치는 것을 '취소판결의 제3자효' 또는 '대세적 효력'이라고 한다.

취소판결의 형성력이 제3자에게도 미치는가, 아니면 당사자 사이에서만 발생하는가에 대하여는 종래에는 다툼이 있었다. 이에 대하여 현재는 행정소송법 제29조 제1항이 「처분 등을 취소하는 확정판결은 제3자에 대하여도 효력이 있다」고 규정하여 취소판결의 제3자효를 명시적으로 인정하고 있다. 이러한 규정은 소송당사자와 제3자와의 관계에 있어서 취소판결의 효력이 달라지는 것을 방지하고, 형성판결의 내용에 따르는 법률관계나 권리관계 등을 통일적으로 규율하려는 데에 그 취지가 있는 것이다.

행정소송법은 이러한 내용의 형성력을 취소소송의 인용판결의 경우에 규정하고(법 제29조 제1항), 이를 무효등확인소송과 부작위위법확인소송의 인용판결의 경우에 준용하고 있다(법 제38조 제1항 · 제2항, 제29조 제1항).

② 제3자의 범위 : 취소소송에 있어서는 처분행정청이 피고가 되어 있으므로 취소판결의 효과를 실질적 상대방인 제3자에게 미치도록 할 필요가 있는 셈이다. 한편, 소송에 참가하여 자기의 이익을 방어하거나 주장할 기회를 가지지 아니한 제3자에 대하여 판결의 효력을 미치게 한다는 것은 소송의 원칙에 어긋나며, 자칫하면 국민의 재판청구권(헌법 제27조 제1항)을 침해할 우려도 없지 않다. 그리고 이러한 경우에는 소외의 제3자(복효적 행정처분의 상대방)의 권리가 부당하게 침해될 우려가 있으므로 행정소송법은 제3자의 소송참가(법 제16조) 및 제3자에 의한 재심청구(법 제31조)에 관하여 규정하고 있다.

그러나 이 경우 '제3자'의 범위를 어떻게 확정할 것인가에 대하여는 아직 명확한 기준이 제시되고 있지 않다. 따라서 그 범위에 관하여는 해석에 의하여 논의하여야 하는 바, 판결의 효력은 소송당사자를 대상으로 하는 상대효만을 갖는 것이 원칙이므로 그 범위를 넓혀서 모든 일반인까지 제3자의 범위에 포함시킬 수는 없으며 일정한 범위 내로 한정하여야 한다.

이에 따라 제3자의 범위는 당해 판결에 의하여 권리 또는 이익이 영향을 받게 되는 범위에 있

251) 대판 1999.2.5, 98도4239.

는 이해관계인에 한정하는 것이 타당하다고 본다. 그러나 이때에 고려해야 할 것은 소송에 보조참가를 한 경우(법 제16조)에는 공동소송적 보조참가가 되어 이들에 대하여는 판결의 형성력이 아닌 기판력이 미치게 되는 것이므로 판결의 기판력을 형성력과 구별하는 입장에 있는 한 이러한 자들은 제3자의 범위에서는 제외하여야 한다는 점이다. 따라서 소송에 보조참가를 한 이해관계인을 제외한 나머지 당해 형성판결의 이해관계인이 이러한 제3자의 범위에 해당한다고 생각한다.

이러한 결론은 다른 측면에서 볼 때 제3자의 재심청구를 자기에게 책임 없는 사유로 인하여 당해 소송에 참가하지 못한 제3자의 경우에만 한정하여 인정하고 있는 현행법규정(법 제31조)과의 체계적 해석에 의해서도 뒷받침될 수 있으리라고 생각한다.[252]

6) 취소판결에 따르는 기타사항

(1) 상소제도

제1심 법원(행정법원 · 지방법원본원)의 종국판결에 대하여는 상급법원에 항소할 수 있으며, 항소심의 종국판결에 대하여는 대법원에 상고할 수 있다(법 제8조 제2항). 민사소송법의 「항소는 제1심 법원이 선고한 종국판결에 대하여 할 수 있다」(동법 제390조 제1항). 그리고 「상고는 고등법원이 선고한 종국판결과 지방법원 합의부가 제2심으로서 선고한 종국판결에 대하여 할 수 있다」(동법 제422조)라는 규정에 의한 상소제도가 행정소송에도 적용된다.

다만, 행정소송에도 「상고심절차에 관한 특례법」이 적용되는 결과 대법원은 상고이유에 관한 주장이 동법 제4조 제1항 각 호의 어느 하나의 사유를 포함하지 아니한다고 인정하면 심리를 하지 아니하고(심리의 불속행), 판결로 상고를 기각한다(동법 제4조 제1항)는 데에 심각한 문제점이 있다. 이러한 심리의 불속행에 의한 기각판결은 헌법상 국민의 재판청구권과 3심제의 원칙에 위배되는 위헌의 소지가 충분히 있는 제도이다. 더 나아가 대법원은 동조항은 어느 하나의 사유에 명백히 해당한다고 보이는 사건까지도 소송기록에 대한 면밀한 검토도 없는 것처럼 임의적 · 자의적으로 판단하여 심리불속행에 의한 기각판결을 자행함으로써 사법부에 대한 고도의 불신을 자초하고 있다는 점을 국민은 개탄하고 있는 것 같다. 그러나 헌법재판소는 「상고심절차에 관한 특례법」 제4조의 심리불속행제도를 합헌으로 보았다.[253]

(2) 항고 · 재항고

행정소송에 있어서도 소송절차에 관한 신청을 기각한 결정이나 명령에 대하여 불복이 있으면 항고할 수 있으며(민소법 제439조), 항고법원 또는 항소법원의 결정 및 명령에 대하여 재판에 영향을 미친 헌법 · 법률 · 명령 또는 규칙의 위반이 있음을 이유로 재항고할 수 있다(동법 제442조).

252) 류지태, 전게서, 602-603면.

253) 헌재결 2002.6.27, 2002헌마18.

또한 법률에 규정이 있는 경우에는 즉시항고할 수 있는데, 재판의 고지가 있는 날부터 1주일 내에 하여야 하는 즉시항고에는 집행정지의 효력이 인정된다(동법 제444조, 제447조 참조).

(3) 재심제도

(가) 재심의 소

재심은 확정된 종국판결에 대하여 민사소송법 제451조 제1항 각 호의 어느 하나에 해당하는 재심사유가 있는 경우에 판결을 한 법원에 그 판결의 취소와 사건의 재심사를 구하는 재심의 소를 제기하여 소송절차를 거치는 것을 말한다(민소법 제451조 이하). 이러한 재심제도는 취소소송의 판결에 대하여서도 민사소송법이 정하는 바에 따라 재심 또는 준재심(결정 · 명령에 대한 재심)이 인정되고 있음은 말할 것도 없다.

(나) 제3자의 재심청구

행정소송법 제31조는 취소판결에 대한 '제3자의 재심청구'에 관하여 특별히 규정하고 있는데, 「처분 등을 취소하는 판결에 의하여 권리 또는 이익의 침해를 받은 제3자는 자기에게 책임 없는 사유로 소송에 참가하지 못함으로써 판결의 결과에 영향을 미칠 공격 또는 방어방법을 제출하지 못한 때에는 이를 이유로 확정된 종국판결에 대하여 재심의 청구를 할 수 있다」고 하는 규정이 이에 해당되는 것이다. 이러한 제도를 두는 취지는 '취소판결의 제3자효'로 인하여 권리가 부당하게 침해될 우려가 있는 제3자를 보호하기 위한 것이다.

(4) 명령 · 규칙의 위헌 · 위법판결의 공고

「행정소송에 대한 대법원판결에 의하여 명령 · 규칙이 헌법 또는 법률에 위반된다는 것이 확정된 경우에는 대법원은 지체 없이 그 사유를 행정안전부장관에게 통보하여야 하며(법 제6조 제1항), 통보를 받은 행정안전부장관은 지체 없이 이를 관보에 게재하여야 한다」(동조 제2항)고 규정하여 행정소송법은 명령 · 규칙에 대한 위헌 · 위법판결의 공고제도를 두고 있다.

그러나 이러한 공고는 판결의 내용을 관계행정청이나 이해관계인에게 주지시켜 앞으로는 위헌 또는 위법으로 판단된 명령이나 규칙을 관계행정청은 적용하지 않도록 하고, 이해관계인은 행정청이 그러한 명령이나 규칙을 적용하는 경우 위헌 · 위법을 주장하여 적용을 막도록 하려는 것이다. 그러나 형식적으로 당해 명령 · 규칙의 효력은 유효한 것으로 존속한다.

(5) 소송비용

(가) 원 칙

소송비용은 원칙적으로 패소자의 부담이다(민소법 제98조). 일부패소의 경우에는 당사자들이 부담할 소송비용은 법원이 정한다(동법 제101조).

(나) 예 외

취소청구가 사정판결에 의하여 기각되거나 행정청이 처분 등을 취소 또는 변경함으로 인하여 청구가 각하 또는 기각된 경우에는 소송비용은 피고의 부담으로 한다(행소법 제32조).

(다) 소송비용에 관한 재판의 효력

소송비용에 관한 재판이 확정된 때에는 피고 또는 참가인이었던 행정청이 소속하는 국가 또는 공공단체에 그 효력을 미친다(동법 제33조). 소송비용에 대한 재판은 독립하여 상소의 대상이 되지 아니한다(민소법 제391조).

7) 판결에 의하지 않는 취소소송의 종료

취소소송은 원칙적으로 법원의 종국판결에 의하여 종료된다. 그러나 원고의 소의 취하 등에 의하여 종료될 수도 있으며, 취소소송에 있어서 청구의 포기 · 인낙이나 재판상의 화해가 허용되는가에 관하여는 견해가 나누어져 있다.

(1) 소의 취하

소의 취하란 원고가 제기한 소의 전부 또는 일부를 철회하는 취지의 법원에 대한 일방적 의사표시를 말한다. 취소소송은 행정의 적법성 확보를 그 목적의 하나로 하기 때문에 그의 가능성 여부가 문제되기도 한다. 그러나 취소소송에서도 처분권주의에 따라 소의 취하로 취소소송이 종료되는 것은 당연하다.

소의 취하에 관하여는 민사소송법이 준용되며(법 제8조 제2항), 피고가 본안에 대하여 준비서면을 제출하거나 준비절차에서 진술하거나 변론을 한 후에는 소의 취하에 피고의 동의를 얻어야 한다. 또한 소의 취하는 서면으로 하는 것이 원칙이지만, 변론 또는 준비절차에서 구술로써 할 수도 있다(민소법 제266조 참조).

(2) 청구의 포기 · 인낙

(가) 의 의

청구의 포기란 변론 또는 준비절차에서 원고가 자기의 소송상의 청구가 이유 없음을 자인하는 법원에 대한 일방적 의사표시를 말하며, 청구의 인낙(認諾)이란 피고가 원고의 소송상의 청구가 있음을 자인하는 법원에 대한 일방적 의사표시를 말한다. 민사소송법은 당사자가 청구의 포기 또는 인낙을 조서에 기재한 때에는 당해 소송의 종료의 효과가 발생한다. 조서가 성립되면 포기조서는 청구기각의, 인낙조서는 청구인용의 확정판결과 동일한 효력이 있다(민소법 제220조). 이것은 통상의 민사소송에 있어서는 당사자에게 소송물인 권리관계를 자유로이 처분할 수 있는 권리가 인정되어 있기 때문이다.

(나) 청구의 포기·인낙의 허용여부의 문제

행정소송사건에 있어서도 위와 같은 청구의 포기·인낙을 인정할 것인가 하는 문제가 제기된다.

① 긍정설: 이 견해는 행정소송사건의 심리에 있어서도 변론주의와 처분권주의를 기본으로 하고 행정소송법 제26조(직권심리)는 예외적으로 적용되고, 행정소송법에 이를 배제하는 명시적 규정이 없으므로 행정소송법 제8조 제2항에 따라 민사소송법상의 청구의 포기·인낙에 관한 규정이 준용될 수 있다고 한다. 또한 청구의 포기·인낙은 법원의 최종판결을 기다리지 않고 일찍이 소송절차를 종료시키는 경우에 해당하기에 이를 인정하더라도 법치행정에 반하지 않고 오히려 소송경제에 유용하다는 점을 근거로 행정소송에서도 청구의 포기·인낙이 허용된다는 입장이다.[254]

② 부정설: 이 견해는 취소소송에서 행정청이나 개인은 소송물인 처분을 임의로 취소·변경할 수 없는 것이어서 청구의 포기·인낙에 대하여 민사소송의 확정판결과 동일한 효력을 인정하기는 어렵고, 민사소송의 처분권주의와 달리 행정소송에서의 처분권주의란 본안에 관한 처분의 자유를 포함하지 않으므로 원고가 청구를 포기한다고 하여도 당해 처분의 적법성이 확정되는 것은 아니며 또한 피고가 인낙할 권한을 갖지도 않는다고 보아야 한다는 점을 근거로 하여 행정소송에서는 청구의 포기·인낙이 인정되지 않는다는 입장이다.[255]

③ 결어: 법률에 의한 행정의 원칙과 행정소송의 특수성을 해하지 않는 범위 안에서 제한적으로 청구의 포기·인낙을 인정하는 것이 필요하다고 본다(제한적 긍정설).[256]

(3) 재판상의 화해

(가) 의 의

재판상의 화해란 당사자 쌍방이 소송계속 중에 소송물인 법률관계에 관한 주장을 서로 양보하여 소송을 종료시키기로 하는 변론기일에 있어서의 합의를 말한다. 당사자 쌍방의 이러한 화해의 진술이 있는 때에 그 내용을 조서에 기재하면 화해조서는 확정판결과 같은 효력이 있다(민소법 제220조).

(나) 재판상 화해의 허용 여부의 문제

행정소송법의 경우에는 이러한 재판상의 화해에 관하여 명문규정을 두고 있지 않으므로 동법

254) 류지태, 전게서, 608면.
255) 김남진·김연태, 전게서, 842-843면; 이상규, 전게서, 894면.
256) 홍정선, 「행정법특강」, 박영사, 2011, 768면.

제8조 제2항의 규정에 의하여 행정소송(취소소송)의 경우에도 민사소송법의 소송법상의 화해에 관한 규정이 준용될 것인지가 문제된다.

① 부정설 : 이 견해는 항고소송의 대상인 행정처분의 내용은 행정청이 법에 의한 일방적 행위로 정하여지는 것이므로 당사자와의 의사의 일치에 의하여 임의로 권리관계를 취소·변경할 수 없고, 항고소송의 심리에는 법원이 필요한 경우 직권탐지주의가 적용되며(법 제26조), 취소판결의 효력은 제3자에게도 미치기 때문에(법 제29조 제1항) 당사자 간의 합의만으로 대세적 효력을 인정하면 제3자에게 불측(不測)의 손해를 입힐 우려가 있으므로 당사자가 자유롭게 처분할 수 없다는 점 등을 논거로 하여 소극적으로 해석한다.[257)]

② 긍정설 : 이 견해는 행정소송법에 특별한 규정이 없어 국민의 권익, 소송경제, 분쟁의 신속한 해결 등을 위하여 민사소송법상의 화해규정을 준용하여 인정하는 것이 타당하고, 당사자의 처분권에 관하여 원고의 처분권은 계쟁처분이 원고의 권리·이익에 속하는 한 이를 인정할 수 있고 처분청은 직권취소·변경 등의 권한과 재량권을 소송행위의 형식으로 행사하는 것이므로 행정청의 처분권도 인정할 수 있다. 그리고 공법상 권리관계라고 하더라도 재량행위처럼 소송의 대상을 처분할 수 있는 경우에는 화해가 가능하며, 행정의 법률적합성은 행정소송에서 재판상 화해의 요건과 방식을 제한하는 것은 상관없지만 화해 자체를 부정하는 이유가 될 수 없다. 또한 취소판결의 효력이 제3자에게 미친다고 하더라도 화해로 인하여 권리를 침해받는 제3자가 이를 다툴 수 있는 소송법상의 방법을 마련하여 두면 되므로 화해 자체를 부정할 것은 아니라는 점 등을 논거로 한다.[258)]

대법원은 귀속재산처리사건에 관하여 화해를 인정한 예가 있다.[259)] 서울행정법원은 법원의 권고에 따라 피고가 처분을 취소 또는 변경하고 원고가 소를 취하하는 사실상 화해의 방식을 주로 사용하고 있다.

③ 결어 : 긍정설이 법률에 의한 행정의 원칙과 행정소송의 특수성을 해치지 않는 범위 안에서 재판상의 화해를 인정하는 입장이라고 볼 때, 긍정설이 타당하다.[260)]

(4) 당사자의 멸실

원고가 사망하고 또한 소송물의 권리관계의 성질상 승계가 허용되지 아니하는 소송관계에 있어서는 상대방이 없는 소송이 되어 그 소송은 종료하게 된다. 그러나 피고인 행정청이 없게 된 때에는 그 처분 등에 관한 사무가 귀속되는 국가 또는 공공단체가 피고로 되며(행소법 제13조 제2항). 이 경우에는 상대방이 없는 소송이 되지 않아 소송도 종료되지 않는다.

257) 이상규, 전게서, 895면.
258) 김남진·김연태, 전게서, 843면; 류지태, 전게서, 608면.
259) 대판 1955.9.2, 4287行上59.
260) 홍정선, 전게서, 769면.

Ⅱ. 무효등확인소송

1. 무효등확인소송의 의의

1) 개 념

무효등확인소송이란 「행정청의 처분 등의 효력 유무 또는 존재 여부를 확인하는 소송」을 말한다(법 제4조 제2호). 이러한 무효등확인소송에는 처분이나 재결의 무효확인소송·유효확인소송·존재확인소송·부존재확인소송 및 실효확인소송 등의 여러 가지 종류가 있으나, 행정소송법은 이와 같은 모든 소송을 포함하는 개념으로서 '무효등확인소송'이라고 규정하고 있다. 따라서 무효확인소송이 이에 관한 전형적인 형태라고 할 수 있다.

처분 등은 법률관계의 발생·변경·소멸을 가져오는 것이고, 그 자체가 법률관계는 아니다. 따라서 처분 등 존부확인소송은 '법률관계존부확인소송'과는 구별되어야 하며, 후자는 일종의 무명항고소송이다. 행정소송법은 항고소송으로서 법률관계존부확인소송은 명시적으로 인정하지 않고 있으며, 법률관계존부확인소송의 하나의 유형인 작위의무확인소송도 현행법은 명문으로 인정하지 않고 판례도 부인한다.[261] 또한 행정소송법상의 무효등확인소송은 추상적 규범통제수단이 아니기 때문에 법령무효확인의 소도 인정되지 않는다.

행정소송법은 취소소송에 관한 대부분의 규정을 이 무효등확인소송에 준용하도록 하고 있으나(법 제37조, 제38조 제1항), 행정심판전치주의(법 제18조)·제소기간(법 제20조)·사정판결(법 제28조) 등에 관한 규정은 준용하고 있지 않다.

2) 무효등확인소송의 제도적 의의

처분에 내재하는 하자가 중대하고 명백하여 무효이거나 행정행위라고 볼 수 있는 외형상의 존재 자체가 없는 부존재인 경우에는, 그 처분의 무효 또는 부존재를 존재로 하여 바로 현재의 법률관계에 관한 주장으로서의 소송을 하면 될 것이고, 구태여 그의 무효나 부존재를 확인받을 필요는 없지 않는가 하는 생각이 들 수 있다. 예컨대, 위법한 과세처분에 따라 납세한 자가 그 후 당해 처분이 무효로 판단된 때에는, 그 무효를 전제로 부당이득반환청구를 할 수 있다. 그러한 점에서는 무효처분과 관련하여 그 무효를 선결문제로 하는 민사소송 또는 공법상 당사자소송에 의하여 권리구제를 받을 수 있으므로 독자적 소송형태로서의 무효확인소송을 인정할 필요는 없다고 볼 수도 있다.

그러나 행정처분이 무효인가, 그렇지 않으면 취소할 수 있는 것인가를 구별하기는 쉬운 일이 아니므로 무효 또는 부존재인 처분 등도 처분청은 당해 처분이 유효한 것이라고 하여 이를 집행할 우려가 있다. 따라서 이러한 경우에는 당해 처분의 상대방은 행정소송을 제기하여 당해 처분

261) 대판 1990.11.23, 90누578; 대판 1990.11.23, 90누3553.

의 무효임을 공적으로 확인받을 필요가 있게 되며, 여기에 무효확인소송이라는 독립된 소송형태를 인정할 필요와 실익이 있다는 데에 제도적 의의가 있는 것이다.

2. 무효등확인소송의 성질

무효등확인소송의 성질에 관하여 (구)행정소송법은 무효등확인소송을 명시적으로 규정하지 않았기 때문에 확인소송설 · 항고소송설 · 준항고소송설 등의 견해가 대립하고 있었다. 그러나 현행 행정소송법은 무효등확인소송을 취소소송과 함께 항고소송의 일종으로 규정함으로써 이 문제를 입법적으로 해결하였다(법 제4조 제1호, 제2호). 다만, 같은 항고소송이라고 하더라도 취소소송은 처분 등의 효력을 소멸시키는 형성소송인 데 반하여, 무효등확인소송은 주관적 소송인 점은 같지만 당해 처분 등이 무효인 것을 확인 · 선언하는 데 그치는 것이므로 확인소송의 성질을 가진다. 그러나 기능상으로 본다면 무효확인판결의 효력은 취소판결의 경우와 같이 제3자에게도 미치는 까닭에 형성판결과 유사한 기능을 갖게 되므로 무효등확인소송은 내용적으로는 준항고소송의 성질을 갖는 것으로 보아야 할 것이다.

3. 무효등확인소송의 제기

1) 법원의 판단을 받기 위한 소송요건

"소 없으며 재판 없다"는 원칙은 무효등확인소송의 경우에도 당연히 적용된다. 따라서 처분 등에 무효등확인판결을 받으려면 원고가 관할법원에 무효등확인소송을 제기하여 법원의 심리절차를 거쳐야 한다. 그런데 법원으로부터 계쟁처분 등이 무효등이라는 판결을 받기 위하는 전제요건으로서의 소송조건을 갖추어야 한다.

무효등확인소송의 소송요건은 이 책의 전술한 내용과 중복된 부분이 상당히 많으므로 여기에서는 중요한 소송요건에 한정하여 간단히 논의하되, 이미 설명한 부분은 언급을 생략하기로 한다.

(1) 재판관할

무효등확인소송의 재판관할은 취소소송에 관한 규정이 준용되어 피고인 행정청의 소재지를 관할하는 행정법원이 제1심 관할법원이 된다(법 제9조, 제38조 제1항 참고). 이러한 소송이 관할권 없는 법원에 잘못 제기된 경우에는, 그것이 원고의 고의 · 과실에 기인한 것이 아니면 수소법원은 정당한 관할법원에 이송하여야 한다(법 제8조 제2항, 민소법 제34조).

(2) 소송의 대상

무효등확인소송도 취소소송과 마찬가지로 '처분 등', 즉 「행정청이 행하는 구체적 사실에 관한 법집행으로서의 공권력의 행사 또는 그 거부와 그 밖에 이에 준하는 행정작용 및 행정심판에 대한 재결」을 소송대상으로 한다(법 제19조, 제38조 제1항 참고). 그리고 무효등확인소송의 대상이 되기 위해서는 적어도 유효한 처분 등으로 오인될 만한 외견적 존재가 있어야 한다. 동시에 처분 등의 무효, 부존재 등이 명백할 때에는 일반적으로 권리보호의 필요(협의의 소익)가 부정된다고 보아야 할 것이다.[262] 재결의 무효등확인소송은 재결 자체에 고유한 위법이 있음을 이유로 하는 경우에만 가능하다(법 제19조 단서, 제38조 제1항 참조).

(3) 당사자

(가) 원고적격

무효등확인소송은 「처분 등의 효력의 유무 또는 존재 여부에 대한 확인을 구할 법률상 이익이 있는 자가 제기할 수 있다」(법 제35조). 그런데 여기에서 '확인을 구할 법률상 이익'이 무엇을 의미하는지에 대하여는 견해가 나누어져 있다.

① 즉시확정이익설 : 이 견해는 '확인을 구할 법률상 이익'을 민사소송에서의 확인의 이익과 같이 원고의 권리나 법률상 지위에 현존하는 불안이나 위험을 제거하기 위하여 확인판결을 받는 것이 유효 · 적절한 때와 같이 즉시확정의 법률상 이익으로 본다. 이 설의 논거는 확인소송의 보충성에 두고 있으며, 무효확인소송은 무효를 전제로 하는 현재의 법률관계에 관한 소송으로 구제되지 않을 때에만 보충적으로 인정된다고 보고 있다. 독일 · 일본의 입법례는 이에 따르고 있다.

② 법적 보호이익설 : 이 견해는 '확인을 구할 법률상 이익'을 취소소송의 그것과 동일하게 법률에 의하여 보호되는 이익으로 본다. 행정소송은 공익을 추구하는 행정작용에 대하여 특수한 취급을 하기 위하여 별도로 마련된 소송제도로서, 취소판결의 기속력을 무효확인소송에도 준용하고 있어서 무효확인판결 자체만으로 판결의 실효성을 확보할 수 있기에 민사소송과는 목적과 취지를 달리하므로 민사소송에서의 '확인의 이익'[263]이론이 행정소송에서는 그대로 타당할 수 없다는 점 등을 논거로 든다. 우리나라의 통설적 입장이다.[264]

③ 판례 : 종래 판례는 다른 구제수단에 의하여 분쟁이 해결되지 않는 경우에 한하여 무효확인소송이 보충적으로 인정된다고 하는 이른바 무효확인소송의 보충성을 요구하였다.[265] 그러나 대법원은 최근 전원합의체 판결에서 종래의 입장을 변경하여 무효확인소송에서도 취소소송의 경우와 같이 행정처분의 근거법률에 의하여 보호되는 직접적이고 구체적인 이익이 있는 경우에는 행정소송법 제35조에 규정된 '무효확인을 구할 법률상 이익'이 있다고 보아야 하고, 이와 별도로 무

262) 김남진 · 김연태, 전게서, 848면.

263) 여기의 '확인의 이익'이라 함은 확인소송의 보충성 및 즉시확정의 이익을 의미한다.

264) 김남진 · 김연태, 전게서, 850면; 김동희, 전게서, 805면; 박균성, 전게서, 1103면; 박윤흔 · 정형근, 전게서, 870면; 홍정선, 전게서, 774면.

265) 대판 1988.3.8, 87누133; 대판 1989.10.10, 89누3397; 대판 2001.9.18, 99두11752.

효확인소송의 보충성이 요구되는 것은 아니라는 입장을 취하고 있다.[266)]

④ 결어 : 생각건대, 무효확인소송은 항고소송의 일종이고, 행정소송은 민사소송과는 목적 · 취지 및 기능을 달리하며, 무효확인판결만으로도 실효성을 확보할 수 있다는 점 등을 종합하여 보면, 변경된 대법원의 입장과 같이 무효확인소송의 보충성을 요구하지 않는 것이 행정처분에 의하여 불이익을 받은 상대방에게 소송형태에 관한 선택권을 부여함으로써 국민의 권익구제를 강화할 수 있는 바람직한 해석이라고 본다. 따라서 무효확인소송의 소의 이익은 보충성 요건에 따라 판단할 것이 아니라 소의 이익에 관한 일반원칙에 따라 판단하여야 할 것이다.[267)]

(나) 피고적격

무효등확인소송은 처분 등을 행한 행정청을 피고로 하는데, 취소소송의 피고적격에 관한 규정이 이 소송에 준용되기 때문이다(법 제13조 제1항, 제38조 제1항). 처분 등이 있은 후에 그 권한이 다른 행정청에 승계된 때에는 이를 승계한 행정청이 피고로 된다(법 제13조 제1항 단서, 제38조 제1항). 피고의 경정에 관하여도 취소소송의 규정이 준용된다(법 제14조, 제38조 제1항).

(다) 기타 당사자 관련조항

공동소송(법 제15조), 제3자의 소송참가(법 제16조), 행정청의 소송참가(법 제17조) 등 취소소송의 당사자에 관한 다른 조항도 무효등확인소송에 준용된다(법 제38조 제1항).

(4) 행정심판전치주의의 적용의 배제

무효등확인소송의 경우에도 처분 등을 대상으로 하지만, 처분 등의 위법사유가 중대하고 명백하여 무효인 처분일 때에는 관계법에서 예외적으로 행정심판전치주의를 규정하고 있다고 하더라도 법원의 심사보다 먼저 행정청에 심리 · 판단을 하도록 할 필요가 없다고 할 것이다. 그러므로 무효등확인소송에 행정심판전치주의에 관한 규정은 준용되지 아니한다(법 제18조, 제38조 제1항 참조). 다만, 실질이 처분의 무효를 구하는 소송일지라도 취소소송의 형식을 취하는 이상, 행정심판의 예외적 전치주의의 적용이 있어야 할 것이다.[268)]

(5) 제소기간제한의 배척

무효등확인소송에는 취소소송에 관한 제소기간 제한에 관한 규정이 준용되지 아니한다(법 제20조, 제38조 제1항 참조). 무효 또는 부존재인 처분은 처음부터 효력이 없는 것이므로 법률관계의 조속한 확정이라는 요청에 의한 제소기간의 제한규정이 무효등확인소송에는 당연히 적용되지 않

266) 대판 2008.3.20, 2007두6342.
267) 김남진 · 김연태, 전게서, 850면.
268) 대판 1990.8.28, 90누1892.

는다. 따라서 무효등확인소송은 제소기간의 제한을 받지 않고 제기할 수 있다. 다만, 취소소송의 형식을 취하는 경우에는, 제소기간제한의 적용을 받게 되는 것은 행정심판에 있어서와 마찬가지이다.

2) 소송제기의 효과

(1) 집행정지의 문제

행정소송법은 취소소송이 제기된 경우 처분의 예외적 집행정지제도를 무효등확인소송에도 준용하고 있다(법 제23조, 제24조, 제38조 제1항). 무효인 처분은 이론상 처분으로서의 구속력이 없고 집행의 문제도 없는 것이지만, 무효인 처분도 처분으로서의 외관이 존재하고 무효원인인 하자와 취소원인인 하자의 구별이 명확하지 않아 상대적인 것이고 보면 무효인 처분도 집행될 우려가 전혀 없는 것은 아니므로 무효등확인소송에 집행정지제도를 준용하고 있다고 보여진다.

(2) 가처분

무효등확인소송에 있어서 가구제로서 가처분에 관한 민사집행법의 규정(동법 제200조)의 규정이 준용될 수 있는가에 대하여는 우리 행정소송법이 명문의 규정을 두고 있지 않기 때문에 소극설과 적극설이 대립하고 있다. 그런데 행정소송법이 보전처분으로서 집행정지제도를 인정하고 있기 때문에 그 제도를 통하여 목적을 달성할 수 있는 한 민사집행법상 보전조치에 관한 규정이 적용될 여지는 없다고 보는 것이 타당하다. 그러나 이러한 보전처분으로써는 목적을 달성할 수 없는 경우에는 가처분제도를 활용하여 행정처분에 따르는 불이익을 잠정적이지만 배제할 필요가 있다고 본다. 이렇게 해석하는 것이 헌법상 재판청구권의 보장 및 권리구제의 취지에도 부합하게 된다고 할 수 있다. 더욱이 무효인 행정처분은 그 하자가 중대 · 명백하여 처음부터 효력이 없는 것이라는 점을 감안하면, 무효등확인소송에 있어서는 민사집행법상의 가처분제도를 인정할 수 있는 소지가 있다고 할 것이다.

(3) 관련청구의 이송 · 병합 및 소의 변경

처분과 관련되는 분쟁을 동시에 해결함으로써 심리의 중복을 피하여 소송경제와 신속한 재판을 도모하고, 재판의 모순 · 저촉을 방지할 필요는 취소소송과 같이 무효등확인소송에서도 그대로 인정된다. 따라서 행정소송법상 관련청구소송의 이송 · 병합(법 제10조) 및 공동소송(법 제15조)에 관한 규정이 준용된다(법 제38조 제1항).

행정소송법상의 소의 변경에 관한 규정(법 제21조)은 무효등확인소송을 취소소송 또는 당사자소송으로 변경하는 경우에 준용한다(법 제37조). 즉 법원은 무효등확인소송을 취소소송 또는 당사자소송으로 변경하는 것이 상당하다고 인정할 때에는, 청구의 기초에 변경이 없는 한 사실심의 변론종결시까지 원고의 청구에 의하여 법원의 결정으로써 소의 변경을 허가할 수 있다. 그러나 취소소송에는 행정심판전치주의 및 단기제소기간에 의한 제한이 있기 때문에 무효등확인소송을 취소소송으로 변경하는 데 있어서는 실질적 제한을 받는다. 또한 법원은 행정청이 소송의 대상인 처분을 소가 제기된 후 변경한 때에도 소의 변경을 인정하고 있다(법 제22조). 이는 원고에게 책임 없는 사유로 인한 무용한 절차의 반복을 피하도록 하고, 간편 · 신속하게 당해 소송의 목적을 달성할 수 있도록 하는 것이 되므로 처분변경으로 인한 소의 변경에 관한 규정도 무효등확인소송에 준용된다(법 38조 제1항).

4. 무효등확인소송의 심리

1) 행정심판기록의 제출명령

법원은 당사자의 신청이 있는 때에는 결정으로써 재결을 행한 행정청에 대하여 행정심판에 관한 기록의 제출을 명할 수 있게 하였는데(법 제25조), 이러한 '행정심판기록의 제출명령'은 소송자료를 충분하게 하여 원고의 입증을 용이하게 하려는 제도로 무효등확인소송에도 준용된다(법 제38조 제1항).

2) 직권증거조사주의

행정소송법 제26조는 「법원은 필요하다고 인정할 때에는 직권으로 증거조사를 할 수 있고, 당사자가 주장하지 아니한 사실에 대하여도 판단할 수 있다」고 규정하여 직권증거조사주의를 채택하고 있다. 그런데 소송의 결과가 공공복리와 밀접한 관련이 있는 것은 무효등확인소송도 취소소송과 마찬가지이므로 직권조사에 관한 규정이 준용된다(법 제38조 제1항).

3) 주장책임 · 입증책임

(1) 주장책임

무효등확인소송에 있어서도 주요사실은 당사자가 주장하지 않으면 판결의 기초로 삼을 수 없다.

(2) 입증책임

무효등확인소송에 있어서 입증책임을 어떠한 기준에 의하여 당사자간에 분배할 것인가에 대하여는 다음과 같이 견해가 나누어져 있다.

(가) 취소소송의 경우와 동일하게 보는 설

무효사유의 주장은 권한행사규정에 있어서의 특정요건사실의 부존재를 주장하는 데 그치는 것으로서, 당해 사실의 부존재가 무효사유, 즉 중대하고 명백한 하자가 있는지의 여부는 법해석 또는 경험칙에 의하여 판단되어야 하는 것일 뿐 입증책임과는 무관하다는 점을 근거로 무효등확인소송에 있어서도 요건사실의 존부에 대하여는 취소소송의 경우와 동일하게 피고인 행정청이 입증책임을 부담하는 것으로 보아야 한다고 한다. 우리나라의 다수설이다.[269)]

(나) 원고입증책임설

이 견해는 무효등확인소송에 있어서는 처분 등의 무효원인사실에 대하여는 원고가 입증책임을 진다고 본다. 즉 이 설은 무효등확인소송은 취소소송에 비하여 특별한 구제절차로서, 이 소송에서 당해 처분의 하자가 중대·명백한 법규위반으로 무효로 되게 되는 처분의 예외적 무효원인사실에 대한 입증책임은 원고에게 있다고 한다. 판례는 "행정처분의 당연무효를 주장하여 그 무효확인을 구하는 소송에 있어서는 원고에게 그 행정처분이 무효인 사유를 주장, 입증할 책임이 있다"고 판시하고 있다.[270)]

(다) 결 어

생각건대, 행정소송법은 국민의 권익구제기능의 취지에서 무효등확인소송을 항고소송의 일종으로 규정하고 있으며, 처분 등의 적법성을 다투는 소송인 점에서 취소소송과 다를 것이 없기 때문에 무효등확인소송에 있어서도 처분 등의 적법성을 기초로 하는 요건사실에 대하여 피고인 행정청이 입증책임을 부담하는 것으로 해석하는 것이 타당하다고 본다. 그러나 판례의 입장인 원고입증책임설이 타당하다는 견해도 있다.[271)]

4) 선결문제

(1) 의 의

선결문제라 함은 민사소송에서의 본안에 대한 판단의 전제가 된 처분 등의 무효 여부 또는 존재 여부에 대한 다툼을 말한다(법 제11조). 예컨대, 토지소유권확인을 구하는 민사소송에서 토지수용의 무효를 주장하는 것 등이다. 이러한 선결문제는 공법상 당사자소송 또는 형사소송에서도 제기될 수 있으나, 행정소송법 제11조 제1항에서는 「처분 등의 효력 유무 또는 존재 여부가 민사소송의 선결문제로 되어」라고 정함으로써 민사소송에서의 선결문제에 관하여서만 규정하고 있으며, 그 심리절차에 관한 약간의 규정을 두고 있다.

(2) 선결문제에 대한 심판권의 소재

민사소송에서 행정행위의 효력문제가 선결문제로 된 경우 심리·판단권이 민사소송의 수소법

---

269) 김도창, 전게서, 828면; 김동희, 전게서, 808-809면; 김성수, 전게서, 862면; 김철용, 전게서, 686면; 석종현, 전게서, 915면; 이상규, 전게서, 874면; 홍정선, 전게서, 779면.

270) 대판 1984.2.28, 82누154; 대판 1992.3.10, 91누6030; 대판 2010.5.13, 2009두3460.

271) 박윤흔·정형근, 전게서, 873면.

원에 있는가, 아니면 별도의 항고소송의 관할법원에 있는가에 대하여는 견해가 갈리고 있으나, 당해 처분의 위법성의 정도에 따라 결정된다고 보는 것이 통설적 견해이다.[272)]

(가) 단순위법의 경우

처분의 위법성이 단순위법, 즉 취소사유에 그치는 경우에 당해 처분은 공정력이 있으므로 정당한 절차를 거쳐 권한 있는 기관이 이를 취소하기 전까지는 그 효력을 어떠한 사람도 부인할 수 없는 것이 원칙이다. 따라서 당해 처분이 취소소송에 의하여 취소되기 전에는 민사소송의 수소법원도 그 효력을 부인할 수 없다.[273)] 다만, 소송배상청구소송에서의 경우와 같이 효력의 부인에 이르지 않는 단순위법성의 판단은 가능하다.[274)]

(나) 위법성이 중대·명백한 경우

처분의 위법성이 중대·명백한 경우에는 무효인 만큼 당해 처분에는 공정력이 없고 처음부터 효력이 발생하지 않으므로 부과처분의 무효 여부가 선결문제로 된 때에는 당해 민사사건의 수소법원이 무효의 여부를 스스로 심리·판단할 수 있다.[275)]

(3) 심리절차

민사법원이 선결문제로서 행정처분의 무효 여부를 심리하는 경우에는, 그것은 사법상의 권리관계에 관한 민사소송의 일부를 이루는 것임은 물론이다. 그러나 이 경우 민사법원에 의한 당해 처분의 무효 여부의 심리·판단은 무효확인소송에서의 무효확인과 실질적으로 같은 의미를 가지는 것이므로 행정소송법 제11조는 무효등확인소송의 경우와 같이 취소소송에 관한 규정을 준용하도록 하고 있다.

민사법원에 의한 선결문제의 심리에 있어 준용되는 조항을 보면, 행정청의 소송참가(법 제17조)·행정심판기록의 제출명령(법 제25조)·직권심리(법 제26조) 및 소송비용에 관한 재판의 효력(법 제33조)에 관한 규정 등이다. 다만, 이 중에서 행정심판기록의 제출명령에 관한 규정이 적용될 가능성은 실제적으로 거의 없을 것이다. 이는 처분의 무효·부존재를 다투는 경우에는 행정심판전치주의가 적용되지 않으므로 대부분의 경우 이를 거치지 않을 것이기 때문이다.

민사소송의 수소법원이 처분 등의 효력 유무 또는 존재 여부의 선결문제를 심리·판단하는 경우에는, 그 처분 등을 행한 행정청에 선결문제로 된 사실을 통지하여야 한다(법 제11조 제2항).

---

272) 김동희, 전게서, 809면.

273) 대판 1973.7.10, 90다1439.

274) 대판 1974.3.12, 73다228.

275) 대판 1971.5.24, 71다744.

5) 기타 심리절차

그 밖에 처분권주의, 구술심리주의, 직권심리주의, 공개심리주의, 쌍방심리주의, 법관의 석명의무에 관한 원칙 등이 무효등확인소송에도 적용된다고 볼 것이다.

5. 무효등확인소송의 판결

1) 위법판단의 기준시점

무효등확인소송에 있어서도 취소소송의 경우와 마찬가지로 법원은 계쟁 중인 처분 등의 적법성 또는 위법성의 여부를 어떤 시점의 사실 및 법상태를 기준으로 할 것인가는 문제이다. 처분시설과 판결시설이 대립되고 있으나, 취소소송에 있어서와 마찬가지로 처분시를 기준으로 처분의 무효 등을 판단하여야 한다는 견해가 통설이라 할 수 있다.

2) 판결의 효력

무효등확인판결의 효력에 관하여는 취소판결의 효력 및 기속력에 관한 규정이 준용된다(법 제29조, 제30조, 제38조 제1항). 따라서 처분의 무효 등을 확인하는 확정판결은 제3자에 대하여도 효력이 있다. 집행정지의 결정, 그 집행정지결정의 취소결정도 제3자효를 가진다. 그리고 처분의 무효 등을 확인하는 확정판결은 그 사건에 관하여 당사자인 행정청과 그 밖의 관계행정청을 기속한다. 즉 판결은 제3자효와 기속력을 발생하게 된다.

3) 제3자의 소송참가 · 재심청구

무효등확인판결은 제3자에 대하여도 효력이 미치기 때문에 제3자의 권익을 보호하기 위하여 제3자의 소송참가(법 제16조), 제3자에 의한 재심청구(법 제31조)에 관한 규정은 이 소송에도 준용된다(법 제38조 제1항).

4) 소송비용에 관한 재판의 효력

소송비용에 관한 재판이 확정된 때에는 피고 또는 참가인이었던 행정청이 속하는 국가 또는 공공단체에 그 효력을 미친다(법 제33조).

5) 사정판결에 관한 규정의 적용 여부의 문제

무효 또는 부존재인 처분에 있어서는 처분의 효력이 처음부터 발생하지 않으므로 행정소송법은 무효등확인소송에 취소소송에 있어서의 사정판결에 관한 규정을 준용하지 않고 있다(법 제38

조 제1항 참조). 다수설과 판례[276]도 무효등확인소송에는 사정판결의 규정이 준용되지 않는 것을 당연시한다. 그러나 무효등확인소송의 경우에도 사정판결이 인정(유추적용)되어야 한다는 주장도 없지 않다.[277]

6) 간접강제에 관한 규정의 적용문제

거부처분의 무효확인판결이 있는 경우에 거부처분취소판결의 간접강제에 관한 규정(법 제34조)이 준용된다고 볼 것인지가 문제이다. 판례는 행정소송법 제34조가 무효확인판결에 준용된다는 규정이 없으므로 거부처분에 대하여 무효확인판결이 내려진 경우에 처분청은 이전의 신청에 대하여 판결의 취지에 따라 재처분할 의무가 인정될 뿐 그에 대하여 간접강제까지 허용되는 것은 아니라고 한다.[278]

그러나 거부처분의 무효확인판결에도 기속력이 인정되어 행정청은 판결의 취지에 따라 다시 이전의 신청에 대한 처분을 하여야 할 의무가 있고(법 제30조 제2항, 법 제38조 제1항), 그 의무를 이행하지 않을 경우 강제할 필요성이 있다는 점에서 취소판결과 다를 바가 없으므로 거부처분의 무효확인판결에도 간접강제가 가능하다고 해석할 필요가 있다.[279]

Ⅲ. 부작위위법확인소송

1. 부작위위법확인소송의 의의

1) 개 념

부작위위법확인소송이란 「행정청의 부작위가 위법하다는 것을 확인하는 소송」을 말한다(법 제4조 제3호). 즉 행정청이 상대방의 신청에 대하여 상당한 기간 내에 일정한 처분을 하여야 할 법률상 의무가 있음에도 불구하고 어떠한 처분도 하지 않고 이를 방치함으로써 국민의 권익을 침해한 경우에, 이러한 행정청의 부작위가 위법한 것임을 확인하는 항고소송의 일종이다.

2) 부작위위법확인소송의 제도적 의의

행정청의 위법한 처분으로 인하여 국민의 권리가 침해된 경우에는, 당해 처분의 취소를 구하는

---

276) 대판 1985.5.26, 84누380; 대판 1987.3.10, 84누158.
277) 서원우, “사정판결제도”, 「고시계」, 1983.3, 참조.
278) 대결 1998.12.24, 98무37.
279) 김남진 · 김연태, 전게서, 854면.

행정소송을 제기하여 구제를 받을 수 있다. 그러나 국민이 행정청에 대하여 일정한 처분을 할 것을 신청하였는데도 행정청이 아무런 처분도 하지 않고 이를 방치하고 있을 때에는, 취소소송이나 무효확인소송의 대상이 되지 않은 관계로 그러한 소송형식으로는 이를 다툴 수 없으므로 이러한 행정청의 부작위에 대하여는 다른 소송수단이 마련되어야 할 필요가 있다. 그에 따라서 행정소송법은 부작위위법확인소송을 채택하였다.

행정상의 이행소송의 유형으로서 독일의 행정법원법 제42조 제1항은 의무이행소송(Verpflichtungsklage)이 제도화되어 있고, 영 · 미에서는 직무집행명령소송(mandamus proceeding)이 인정되고 있다. 이러한 나라에서는 부작위위법확인소송은 인정할 필요도 없고 허용되지도 않는다고 본다.

우리 행정소송법이 이와 같은 이행소송을 도입하지 아니하고 국민권익구제기능에 미흡하지만 소극적이고도 우회적인 구제수단으로써의 부작위위법확인소송을 제도화한 이유는 권력분립원칙, 사법부의 부담경감 및 사법자제적 고려 등을 감안하여 일단 행정권에 대한 간섭의 정도가 가장 약한 부작위위법확인소송을 제도화하는 데 그친 것으로 보인다. 그러면서도 현행법은 부작위법 확인소송의 실효성확보를 위한 제도적 장치를 함으로써 의무이행소송이 채택된 것과 큰 차이가 없는 효과를 얻고자 재처분의무와 간접강제에 대한 규정을 순응하도록 배려한 규정을 찾을 수 있다. 그러나 긴 안목으로 볼 때에는 의무이행소송을 도입하여 제도화할 필요가 있다고 보며, 법무부의 행정소송법 개정안에도 이를 명시하고 있다.

3) 부작위위법확인소송에의 적용법규

부작위위법확인소송은 항고소송의 일종으로서 취소소송과 기본적 성격을 같이 하므로 취소소송에 관한 대부분의 규정이 준용된다. 그 내용을 보면 재판관할, 피고적격 · 피고경정, 관련청구소송의 병합 · 이송, 소의 변경, 공동소송, 제3자 및 행정청의 소송참가, 행정심판위의주의, 행정심판기록제출명령, 직권심리주의, 제3자의 재심청구, 취소판결 등의 효력 · 기속력, 소송비용에 관한 재판의 효력, 간접강제 등의 규정은 부작위위법확인소송에 준용된다.

그런데 부작위위법확인소송은 적극적인 처분이 존재하지 않기 때문에 취소소송에 관한 규정 중에서 제소기간제한(법 제20조 제2항), 처분변경으로 인한 소의 변경(법 제22조), 집행정지결정(법 제23조), 사정판결(법 제28조), 사정판결에 있어서 피고의 소송비용부담(법 제32조), 선결문제(법 제11조), 원고적격(법 제12조) 등에 관한 규정은 준용되지 않는다(법 제38조 제2항 참조).

2. 부작위위법확인소송의 성질

부작위위법확인소송은 내용상으로 볼 때에는 행정청의 소극적 태도, 즉 부작위에 의하여 형성된 위법한 법상태의 제거를 목적으로 하는 것이므로 항고소송의 일종이다. 따라서 행정소송법도 부작위위법확인소송을 항고소송의 하나로 규정하고 있다(법 제4조 제3호). 그리고 부작위위법확인소송은 의무이행소송이 법률관계의 변동을 적극적으로 초래하는 형성적 소송으로서의 성질을 갖는 데 반하여, 공권력의 불행사인 부작위가 단순히 위법하다는 확인을 할 뿐 행정청에게 일정한 행위의무를 부과하는 것은 아니므로 확인소송으로서의 성격을 갖는다.

3. 부작위위법확인소송의 제기

1) 소송제기를 위한 소송요건

행정청의 부작위가 위법하다는 확인의 판결을 받으려면 원고가 관할법원에 피고인 행정청의 부작위가 위법이라는 취지의 부작위위법확인소송의 소장을 접수시켜 법원의 심리절차를 거쳐야 한다. 그런데 법원으로부터 행정청의 부작위가 위법이라는 판결을 받기 위해서는 법이 정하는 일정한 소송요건을 구비하여야 한다. 만일 소송요건을 갖추지 못하면 부작위의 위법 여부에 대한 본안판결도 받지 못하고 그 소는 각하된다. 따라서 소송제기를 위한 소송요건은 대단히 중요하다. 이미 항고소송 중 취소소송의 소송요건에 대하여는 앞에서 자세히 설명하였고, 무효등확인소송은 위에서 필요한 한도 안에서 언급하였다. 여기에서는 가능하면 중복을 피하면서 부작위위법확인소송의 소송요건을 반드시 설명을 하여야 하는 범위로 한정하여 간단히 소개하고자 한다.

(1) 소송의 대상

부작위위법확인소송의 심판대상, 즉 소송물은 일반적으로 행정청의 '부작위의 위법성'이라고 한다. 이러한 점은 행정청의 부작위에 대한 다른 하나의 소송형태인 이른바 의무이행소송에 있어서는 행정청의 작위의무의 존재가 그 소송물인 것과는 다르다.

(가) 부작위의 의의

행정소송법상의 '부작위'라 함은 「행정청이 당사자의 신청에 대하여 상당한 기간 내에 일정한 처분을 하여야 할 법률상 의무가 있음에도 불구하고 이를 하지 아니하는 것을 말한다」고 개념을 정의하고 있다(법 제2조 제2호). 오늘날은 공권력의 적극적인 행사에 의해서 뿐만 아니라 불행사, 즉 부작위에 의해서도 권익침해가 발생하고 있는 실정을 고려하여, 행정청의 위법한 부작위를 행정소송의 대상으로 정하고 있는 것은 국민의 권익구제적 관점에서 보면 그 의미와 기능은 매우 중요하다고 본다.

(나) 부작위의 성립요건

부작위위법확인소송의 심판대상이 되는 부작위가 성립하기 위해서는 ① 당사자의 신청이 있어야 하고, ② 일정한 처분을 하여야 할 법률상 의무가 있음에도 불구하고, ③ 행정청이 상당한 기간 내에 그 처분을 하지 아니할 것 등의 요건이 충족되어야 한다. 이러한 요건이 충족되면, 그 부작위는 위법성을 띠게 되고 부작위위법확인소송의 대상이 되는 바, 이를 분설하면 다음과 같다.

① 당사자의 신청이 있을 것 : 부작위가 성립하기 위해서는 당사자의 신청이 있어야 한다. 신청의 내용은 질서행정상의 것이거나 복리행정상의 것이거나를 가리지 않는다. 신청은 자신에 대한 수익적 처분으로서의 인허가 및 특허 등의 발령에 관한 것일 수도 있고, 행정개입청구권의 형태로서 공해공장 등에 대한 행정청의 규제권 발동에 관한 것일 수도 있다.

부작위가 행정처분이 되기 위해서는 국민이 행정청에 대하여 그 신청에 따른 행정행위를 해줄 것을 요구할 수 있는 법규상 또는 조리상의 신청권이 있어야 한다.[280] 그리하여 신청권에 의하지 아니한 신청을 행정청이 받아들이지 아니한 것을 위법한 부작위로 보지 아니한다.[281] 이러한 의미의 신청은 법령에 그에 관한 명시적 규정이 있는 경우뿐만 아니라, 헌법이나 관계법령상 특정인에게 신청권이 있는 것으로 해석되는 경우도 포함된다. 그리고 여기의 신청권은 신청인이 신청에 따른 단순한 응답을 받을 권리를 넘어서 신청의 인용이라는 만족적 결과를 의미하는 것이 아니고, 신청권은 형식상의 단순한 응답요구권의 의미로 이해하면 될 것이다.

② 처분을 하여야 할 법률상 의무가 있을 것 : 상대방의 적법한 신청이 있는 경우 행정청에는 '일정한 처분을 하여야 할 법률상 의무'가 발생한다. 이러한 법률상의 처분의무가 있음에도 불구하고 행정청이 어떠한 처분도 하지 아니하고 방치한 경우에 위법한 부작위가 성립하게 된다. 여기의 '어떠한 처분'이란 행정소송법 제2조 제1항 제1호의 처분을 말하는 것이고,[282] '법률상 의무'에는 명문의 규정에 의하여 인정되는 경우뿐만 아니라 법령의 해석상 인정되는 경우도 포함한다.[283] 여기에서 말하는 처분에 행정입법은 해당하지 아니한다.[284] 따라서 신청권이 없는 자의 신청에 대하여는 이를 방치하여도 그것은 여기의 부작위에는 해당하지 않는다고 본다.

③ 행정청이 상당한 기간 내에 아무런 처분도 하지 않았을 것 : 당사자의 신청에 대하여 상당한 기간이 경과하도록 아무런 처분이 없을 때 부작위는 위법한 것이 된다.[285] 여기의 '상당한 기간'이란 사회통념상 신청에 따르는 처분을 하는 데 소요될 것으로 인정되는 기간을 말한다. 이에 대하여는 일률적으로 정의하기는 어렵지만, 상당한 기간의 판단에는 당해 처분의 성질 · 내용 · 동종사안에 대한 종래의 처리경험 등을 종합적으로 고려, 판단하여 구체적으로 결정하여야 할 것이나, 업무의 폭주, 인력의 미비와 같은 사정은 고려되어야 할 성질은 아니다.

허가 등의 신청에 대하여 개별법령에서 처리기간을 정하고 있는 경우에 그러한 규정은 보통 훈시규정으로 해석한다.[286] 행정절차법은 처분의 처리기간을 종류별로 미리 정하여 공표하여야

---

280) 대판 1990.5.25, 89누5768; 대판 1992.10.27, 92누5867.
281) 대판 1999.12.7, 97누17568.
282) 대판 1993.4.23, 92누17099.
283) 대판 1991.2.12, 90누5825.
284) 헌재결 1998.7.16, 96헌마246.
285) 대판 2009.7.23, 2008두10560
286) 대판 1996.8.20, 95누10877.

한다고 규정하고 있는데(동법 제19조 제1항), 이와 같이 사전에 공표된 처리기간은 상당한 기간의 경과 여부의 판단에 있어 중요한 참고기준이 될 수는 있으나, 행정절차법에 따라 공표된 처리기간은 주의적인 규정으로 이해되기 때문에 처리기간을 지키지 아니하였다고 하여 바로 상당한 기간이 경과하였다고 보기는 어렵다. 그 밖의 경우에는 「민원사무처리에 관한 법률」에 의거한 처리기간(동법 제20조 제1항 참조)이 기준이 될 수 있을 것이다.

부작위가 성립하려면 행정청이 일정한 처분을 하여야 할 법률상의 의무가 있음에도 불구하고, 행정청이 상대방의 신청에 대하여 아무런 처분을 하지 않고 있는 이상 행정청의 부작위는 그 자체로 위법하다 할 것이다.[287] 따라서 신청에 대하여 인용처분을 하거나 거부처분을 한 경우에는 당연히 부작위는 성립하지 아니하며, 무효 · 부존재인 경우에도 일단 처분이 있었으므로 부작위는 문제되지 않는다. 거부처분의 경우에는 취소소송을, 무효 · 부존재의 경우에는 무효등확인소송을 제기하여야 한다. 또한 법령이 일정기간 동안 아무런 처분이 없는 경우에 거부처분을 한 것으로 간주하는 이른바 '간주거부'의 경우에는 행정청이 아무런 처분을 하지 않았다고 하여도 거부처분 취소소송을 제기하여야 하며, 부작위위법확인소송은 제기하지 못한다.

(2) 재판관할

부작위위법확인소송의 재판관할도 취소소송의 경우와 같이 제1심 관할법원은 피고인 행정청의 소재지를 관할하는 행정법원으로 한다. 다만, 중앙행정기관 또는 그 장이 피고인 경우의 관할법원은 대법원 소재지의 행정법원으로 한다(법 제9조, 제38조 제2항 참조).

(3) 당사자

(가) 원고적격

「부작위위법확인소송은 처분의 신청을 한 자로서 부작위의 위법의 확인을 구할 법률상 이익이 있는 자가 제기할 수 있다」(법 제36조).

여기의 '처분의 신청을 한 자'의 의미에 대한 해석은 '현실적으로 처분을 신청한 자'이면 모두 포함된다는 견해[288]와, '법령 또는 조리에 의하여 신청권이 인정된 자'만이 해당한다는 견해[289]가 대립되고 있다. 그러나 부작위위법확인소송의 목적은 신청권을 가진 자의 불이익을 구제하기 위한 것으로서, 신청권의 유무는 행정청의 부작위가 위법인지의 여부를 판단하기 위한 전제가 되므로 법령 또는 조리에 근거하지 아니하고 신청을 한 자가 부작위에 대하여 소송을 제기하여도 결국 부작위가 성립할 여지가 없으며, 따라서 신청권이 없는 자는 원고적격이 없다고 본다.[290] 따라

287) 대판 2005.4.14, 2003두7590.

288) 김남진 · 김연태, 전게서, 860면; 김성수, 전게서, 866-867면; 석종현, 전게서, 920면; 이상규, 전게서, 828면.

289) 김동희, 전게서, 814면; 김철용, 전게서, 689면; 홍정선, 전게서, 787면.

290) 박윤흔 · 정형근, 전게서, 877-878면.

서 위 부작위의 성립요건에서 살펴본 바와 같이 후자의 견해가 타당하고, 판례도 같은 입장이다.[291)]

또한 부작위위법확인소송의 원고적격을 인정하기 위해서는 '부작위의 위법의 확인을 구할 법률상 이익'이 있어야 한다. 부작위위법확인소송의 원고적격에 관한 것으로서의 '법률상 이익'에 대하여 일부 견해는 여기서의 법률상 이익은 취소소송의 그것과 같은 것이라고 설명하고 있다. 그러나 취소소송은 소극적 방어소송으로서 침익적 처분의 배제를 목적으로 하는 것인 데 대하여, 부작위위법확인소송은 궁극적으로는 법령상의 처분의무의 이행의 확보를 목적으로 하는 것이라는 점에서는 부작위위법확인소송에서의 법률상 이익의 관념에 대하여 이를 단순하게 취소소송의 그것과 같은 것이라고 하는 것은 이 소송에서의 법률상 이익의 내용을 불분명하게 할 우려가 있다는 점에서 위의 견해에는 문제가 있다고 본다.

부작위위법확인소송에 있어서는 당해 처분의 발급을 구할 수 있는 권리가 없는 자의 신청의 경우는, 이 소송의 대상인 부작위 자체가 성립하지 아니하므로 이 소송에서는 관계법의 명시적 규정에 의하여 또는 그 해석에 의하여 당해 처분의 발급을 구할 수 있는 자만이 이 소송을 제기할 수 있는 법률상의 이익이 있다고 보아야 할 것이며, 그 이상으로 다시 법률상의 이익의 내용을 취소소송의 그것에 비추어 해석할 필요 내지 타당성은 없다 할 것이다.[292)]

그리고 부작위의 직접 상대방이 아닌 제3자라고 하더라도 당해 행정처분의 부작위위법확인을 구할 법률상의 이익이 있는 경우에는 원고적격이 인정된다고 본다.[293)]

한편, 소제기의 전후를 통하여 판결시까지 행정청이 그 신청에 대하여 적극적 또는 소극적 처분을 하게 되면 부작위상태가 해소되어 소의 이익은 상실하게 된다. 이로 인하여 이미 제기된 소는 각하를 면할 수 없게 된다.[294)]

(나) 피고적격

부작위위법확인소송도 부작위의 행정청이 피고가 된다(법 제13조, 제38조 제2항 참조). 이 소송도 취소소송과 마찬가지로 행정청의 처분의 적부를 다투는 것이므로 그 행위권한을 가진 행정청을 피고로 하는 것이 소송제기에 편리하고 적절한 방어방법을 강구하는 데에도 합목적적이기 때문에 부작위 행정청을 피고로 한 것이다. 그리고 피고경정에 관한 취소소송의 규정도 준용된다(법 제14조, 제38조 제2항 참조).

(다) 기타 소송당사자 관련조항

공동소송(법 제15조), 제3자의 소송참가(법 제16조), 행정청의 소송참가(법 제17조) 등 취소소

---

291) 대판 1995.9.15, 95누7345; 대판 2007.10.26, 2005두7853.

292) 김동희, 전게서, 814면, 주1) 참조.

293) 대판 1989.5.23, 88누8135.

294) 대판 1990.9.25, 89누4758.

송의 당사자에 관련된 조항도 부작위위법확인소송에 준용된다(법 제38조 제2항 참조).

(4) 행정심판과의 관계

부작위위법확인소송에는 행정심판에 관한 규정이 준용된다(법 제18조, 제38조 제2항 참조). 따라서 개별법에 '예외적 행정심판전치주의'가 규정되어 있는 경우에 한하여 행정심판을 거치면 된다. 그러므로 부작위위법확인소송을 제기하려면 먼저 의무이행심판을 거쳐야 한다. 의무이행심판은 이행쟁송이고 부작위위법확인소송은 확인쟁송이라는 점에서 부자연스러운 점이 없지 않지만, 양자가 모두 행정청의 부작위에 대한 쟁송수단이며 행정심판 형태로서는 부작위위법확인심판이 없다는 점에서, 의무이행심판을 전심절차로 규정한 것으로 보인다.

(5) 제소기간

행정소송법은 부작위위법확인소송에도 취소소송의 제소기간에 관한 규정을 준용하고 있다(법 제20조, 제38조 제2항 참조). 그런데 부작위상태는 일종의 상태로서 계속되므로 제소기간이 있을 수 없다. 다만, 각 개별법에서 '예외적 행정심판전치주의'를 채택하고 있는 관계로 먼저 행정심판을 거친 경우에는 부작위위법확인소송은 행정심판의 재결서의 정본을 송달받은 날부터 90일 내에 제기하여야 한다(법 제20조 제1항). 그러나 행정심판을 거치지 아니하고 부작위위법확인소송을 제기하는 경우에는 취소소송의 제기기간은 준용되지 않는다고 보아 부작위에 대한 의무이행심판(행정심판법 제27조 제7항)과 마찬가지로 제소기간의 제한이 없다고 볼 것이다.

2) 소송제기의 효과

(1) 실체법적 · 절차법적 효과의 발생

부작위위법확인소송이 제기되면 주관적 효과는 취소소송의 경우와 동일하나, 객관적 효과(집행정지)의 문제는 생기지 않는다. 그런데 여러 가지 절차법적 · 실체법적 효과가 발생하게 되는데, 취소소송에 있어서의 관련청구의 이송 · 병합규정(법 제10조), 공동소송규정(제15조), 제3자의 소송참가규정(법 제16조), 행정청의 소송참가규정(법 제17조), 소의 변경규정(법 제21조) 등이 준용된다(법 제38조 제2항 참조). 그러나 '처분변경으로 인한 소의 변경'에 관한 규정(법 제22조)은 부작위위법확인소송의 경우는 처분이 없으므로 준용되지 아니한다.

(2) 가구제의 문제

부작위위법확인소송에는 가구제제도로서의 집행정지결정 및 가처분이 인정되지 않는다. 행정소송법은 가구제로서 집행정지결정만을 규정하고 있는데(법 제23조, 제24조), 부작위위법확인소송의 경우에는 부작위상태에 대한 집행정지는 그 성질상 생각할 수 없으므로 이를 준용하지 않는다. 그리고 가처분은 본안소송 자체가 부작위가 위법임을 확인하는 데 지나지 않는다고 할 것이므로 당해 처분을 임시로 행할 것을 명할 수 있는 가처분은 허용하지 않는다.

4. 부작위위법확인소송의 심리

1) 행정심판기록의 제출명령

법원은 당사자의 신청이 있을 때에는 결정으로써 재결을 행한 행정청에 대하여 행정심판에 관한 기록의 제출명령을 할 수 있다(법 제25조, 제38조 제2항 참조). 실체적 진실발견을 위해서는 물론이고 소송자료를 충분히 현출시켜 원고의 입증을 용이하게 하려는 취지에서 부작위위법확인소송에도 준용하고 있다.

2) 직권증거조사주의

법원은 필요하다고 인정할 때에는 직권으로 증거조사를 할 수 있고, 당사자가 주장하지 아니한 사실에 대하여도 판단할 수 있음은 부작위위법확인소송의 경우도 취소소송에 있어서와 같다(법 제26조, 제38조 제2항 참조).

3) 입증책임

원고가 일정한 처분을 신청한 사실 및 원고에게 부작위의 위법확인을 구할 법률상 이익이 없다는 것 등은 원고에게 주장 · 입증책임이 있다. 그러나 처분을 신청한 후 '상당한 기간'을 경과하게 된 것을 정당화할 만한 특별한 사유가 존재하는 것에 대한 입증책임은 피고인 행정청에게 있다고 본다.[295)]

4) 재량처분이 위법성

행정소송법은 「행정청의 재량에 속하는 처분이라도 재량권의 한계를 넘거나 그 남용이 있는 때에는 법원은 이를 취소할 수 있다」고 정한 '재량처분의 취소'에 관한 규정(법 제27조)을 부작위위법확인소송에 준용하고 있다(법 제38조 제2항 참조). 그러나 재량권의 일탈 · 남용이 위법으로 되는 경우와 재량권의 해태 · 부작위가 위법이 되는 경우는 그 양상이 매우 다르다는 점은 고려되어야 할 것이다.

5) 심리권의 범위

부작위위법확인소송의 심리범위에 대하여는 법원이 단순히 행정청의 부작위의 위법 여부에 관한 절차적 심리에 그칠 것이 아니라 신청의 실체적 내용의 이유유무까지 심리할 수 있는가 하는

295) 김남진 · 김연태, 전게서, 862면; 김철용, 전게서, 693면.

문제가 제기된다. 이러한 문제에 관하여는 다음과 같이 견해의 대립이 있다.

(1) 소극설(절차적 심리설)

이 설은 부작위위법확인소송에 있어서 법원은 행정청의 부작위의 위법성 여부를 확인하는 데 그칠 뿐이며, 행정청이 행하여야 할 처분의 실체적 내용까지 심리·판단할 수는 없다고 보는 견해이다. 우리나라의 통설이다.[296)]

(2) 적극설(실체적 심리설)

이 설은 법원은 단순히 행정청의 부작위의 적부에 관한 절차적 심리에만 그칠 것이 아니라, 신청의 실체적 내용이 이유 있는 것인가의 여부도 심리하여 그에 대한 적정한 처리방향에 대한 법률적 판단을 하여야 한다는 견해이다. 이렇게 하게 되면, 행정청이 '판결의 취지'(법 제30조 제2항)에 따르는 처분의무를 이행하는 요건이 된다는 것이다.[297)]

(3) 판 례

우리나라의 판례는 부작위위법확인소송을 행정청의 부작위 내지 무응답이라고 하는 소극적인 위법상태를 제거하는 것을 목적으로 하는 소송으로 보고 있어 소극설(절차적 심리설)을 취하고 있다.[298)]

(4) 결 어

현행 행정소송법은 행정청의 부작위에 대하여 의무이행소송은 허용하지 않고 부작위위법확인소송만을 인정하고 있다. 적극설(실체적 심리설)은 의무이행소송이 인정되지 아니한 우리의 행정소송법에서 부작위위법확인소송을 기능상 실질적 의무이행소송으로 운영하고자 함으로써 국민의 권리구제의 관점에서는 바람직하지만, 부작위위법확인소송의 본질과 관련시켜 보면 문제점이 있다. 왜냐하면, 부작위위법확인소송은 의무이행소송과는 달리 행정청의 부작위가 위법한 것임을 확인하는 소송으로서, 그 소송물 또는 법원의 심판대상은 부작위의 위법성이기 때문이다. 따라서 법원으로서는 행정청의 부작위의 위법성 여부를 확인하는 데 그칠 것이며, 그 이상으로 행정청이 행하여야 할 실체적 처분의 내용까지 심리·판단할 수는 없다고 보아야 할 것이기 때문에 소극설(절차적 심리설)이 논리적이고 타당하다.

---

296) 김남진·김연태, 상게서, 861면; 김동희, 전게서, 816-817면; 박윤흔·정형근, 전게서, 881면; 석종현, 전게서, 925면; 한견우, 전게서, 987면; 홍정선, 전게서, 792면.

297) 김도창, 전게서, 836면; 김성수, 전게서, 873면.

298) 대판 1990.9.25, 89누4758; 대판 1992.6.9, 91누11278; 대판 1992.7.28, 91누7361; 대판 1992.9.14, 91누8807; 대판 1993.4.23, 92누17099; 대판 1995.9.15, 95누7345; 대판 2000.2.25, 99두11455; 대판 2000.3.23, 99두11851; 대판 2002.6.28, 2000두4750; 대판 2005.4.14, 2003두7590.

5. 부작위위법확인소송의 판결

1) 위법판단의 기준시점

항고소송에 있어서 위법판단의 기준시점을 어느 때로 볼 것인가에 대하여는, 처분시설과 판결시설이 대립하고 있다. 취소소송에 있어서는 처분시설이 통설적 견해인데, 부작위위법확인소송에 있어서는 엄격한 의미의 처분은 존재하지 아니하므로 위법판단의 기준시점은 판결시로 볼 수밖에 없다.

2) 판결의 제3자효

행정소송법의 부작위위법판결은 형식상으로 확인판결이지만, 그 위법확인의 효과는 취소소송의 형성적 효과에 준하는 것으로 볼 수 있다는 입장에서 그 확정판결은 제3자에 대한 효력을 인정하고 있다(법 제29조, 제38조 제2항 참조). 다만, 부작위위법확인판결은 판결시에 있어서 부작위상태의 위법을 확인하여 행정청에 대하여 일정한 처분을 할 의무를 부담시키는 것이므로 그 성질상 제3자에 대한 효력에 관한 규정인 이러한 규정의 준용은 실제로 없을 것으로 생각된다. 이에 따라 제3자를 보호하기 위하여 제3자의 소송참가(법 제16조)와 제3자에 의한 재심청구(법 제31조)를 인정하였다(법 제38조 제2항 참조).

3) 판결의 기속력과 재처분의무 · 간접강제

부작위위법확인소송의 판결에도 기판력과 기속력이 인정된다. 취소판결의 기속력에는 소극적 효력으로서 '반복금지효'와 적극적 효력으로서 '재처분의무'가 있는데, 행정소송법은 부작위위법확인소송의 판결에도 이러한 재처분의무(법 제30조 제2항) 및 간접강제(법 제34조)의 규정을 준용하고 있다(법 제38조 제2항 참조).

따라서 이 소송의 인용판결이 확정되면, 행정청은 '판결의 취지에 따라' 상대방의 신청에 대하여 일정한 처분을 하여야 한다. 그러나 부작위위법확인소송은 행정청의 부작위가 위법한 것임을 확인하는 데 그치는 것이므로 행정청은 '판결의 취지에 따라' 다만 어떠한 처분을 하기만 하면 되는 것이다. 그리하여 행정청은 신청의 대상이 기속행위인 경우에 거부처분을 하여도 판결의 기속력의 내용인 재처분의무를 이행하게 된 것이다. 이러한 거부처분에 대하여는 신청인이 그에 대한 취소소송을 제기하여 궁극적으로는 관계행정청에 의한 당해 처분의 발급의무의 이행을 확보할 수 있을 것이다.[299)]

그러나 행정청이 어떠한 처분도 하지 아니하는 때에는 법원은 '간접강제'의 규정에 의거하여 일정한 배상을 명할 수 있다(법 제34조).

---

299) 김동희, 전게서, 817면.

제5절 당사자소송

Ⅰ. 당사자소송의 의의

행정소송법은 「행정청의 처분 등을 원인으로 하는 법률관계에 관한 소송 그 밖에 공법상의 법률관계에 관한 소송으로서 그 법률관계의 한쪽 당사자를 피고로 하는 소송」을 당사자소송이라고 규정하고 있다(법 제3조 제2호). 따라서 당사자소송이란 공법상의 법률관계에 관하여 의문이나 다툼이 있는 경우에 그 법률관계의 당사자가 원고 또는 피고의 입장에서 그 법률관계에 관하여 다투는 소송을 말한다.

항고소송은 개인이 행정청을 상대로 공권력의 행사에 대하여 다투는 데 대하여, 당사자소송은 대립되는 권리주체가 그 법률관계에 대하여 다툰다. 즉 항고소송은 행정청의 적극적 또는 소극적 공권력행사를 직접 소송물로 하고 행정청을 피고로 하는 데 대하여, 당사자소송은 원고와 피고와의 관계가 대등한 지위에서 처분 등을 원인으로 하는 법률관계 및 공법상의 법률관계를 소송물로 한다는 점에서 양자는 다르다.

또한, 당사자소송과 민사소송은 대등한 당사자간에 행하여지는 소송이라는 점에서 유사한 점이 있다. 그러나 당사자소송이 공법상의 법률관계의 주장을 소송물로 하지만, 민사소송은 사법상의 법률관계의 주장을 소송물로 한다는 점에서는 양자가 구별된다. 그리하여 당사자소송에는 공법규정 및 공법원리가 적용되며, 민사소송에 대한 여러 가지 특례가 인정되고 있다. 공법상 당사자소송과 민사소송의 구별에 관하여, 판례는 소송물을 기준으로 하여 그것이 공법상의 권리이면 당사자소송이고, 사법상의 권리이면 민사소송이라고 구별하고 있으나, 통설은 소송물의 전제가 되는 법률관계를 기준으로 그것이 공법상 법률관계면 당사자소송이고, 사법상 법률관계이면 민사소송이라고 하여 구별한다.[300]

공법상 당사자소송에는 내용상 형식적 당사자소송과 실질적 당사자소송의 두 가지 종류가 있으나, 행정소송법상의 당사자소송은 주로 실질적 당사자소송을 의미한다.

300) 김남진 · 김연태, 전게서, 865면.

Ⅱ. 형식적 당사자소송

1. 형식적 당사자소송의 의의

1) 개 념

형식적 당사자소송이란 행정청의 처분이나 재결 등이 원인이 되어 형성된 법률관계에 관하여 다툼이 있는 경우, 그 원인이 되는 처분 또는 재결 등의 효력을 직접 다투는 것이 아니라 직접 그 처분 또는 재결 등에 의하여 형성된 법률관계에 대하여 그 법률관계의 한쪽 당사자를 피고로 하여 제기하는 소송을 말한다.

이러한 형식적 당사자소송은 처분·재결에 불복하여 그 효력을 다투는 것이 되어 실질적으로 항고소송으로서의 성질을 가지는 것이나, 법령의 규정에 의하여 권리주체 간의 당사자소송의 형식을 취하는 데에 그 특색이 있다고 할 수 있다. 토지취득보상법 제85조 제2항에 의거하여 토지수용위원회의 수용재결에 관하여 보상액에 관한 부분을 토지소유자 등과 사업시행자가 각각 원고·피고로 되어 다투는 소송이 전형적인 예이다. 여기에서의 보상금증감청구소송은 형식적으로는 법률관계의 당사자인 토지소유자 또는 관계인과 사업시행자 간의 보상금에 관한 소송이지만, 실질적으로는 토지소유자 또는 관계인이나 사업시행자가 토지수용위원회의 재결의 위법을 주장하는 소송이다. 따라서 형식적 당사자소송이다.

2) 형식적 당사자소송의 제도적 의의

토지수용에 대한 토지수용위원회의 재결과 관련하여 보상금액에 대하여서 불복이 있는 경우에 이러한 형식적 당사자소송을 허용하지 않는다면, 행정청인 토지수용위원회를 상대방으로 재결취소소송을 제기한 후 또는 그와 동시에 보상금증감에 관한 당사자소송을 제기하여 양자를 병합하는 등의 번잡함을 피할 수 없으며, 이해당사자 간의 재산상의 분쟁에 행정청이 피고가 되는 불합리한 점도 갖게 된다. 따라서 직접 이해관계자를 소송당사자로 하여 다투도록 하는 형식적 당사자소송은 위에서 지적한 불편과 불합리를 제거하게 되는 제도로서 소송진행이나 분쟁의 해결에 보다 적절하다는 데에 그 제도적 의의가 있다.

2. 형식적 당사자소송의 법적 근거에 관한 논의

형식적 당사자소송은 개별법의 근거는 별도로 요하지 아니하고 행정소송법의 규정(법 제3조 제2호, 제39조 이하)에만 근거하여 바로 제기할 수 있는가, 아니면 각 개별법에 근거규정이 있어야만 소송의 제기가 가능한가의 문제에 관한 논의는 긍정하는 견해와 부정하는 견해가 대립되고 있다.

1) 긍정설

이 견해는 행정소송법 제3조 제2호가 형식적 당사자소송의 일반적 근거가 된다는 것을 긍정하는 입장이다. 이 설에 의하면 행정소송법 제3조 제2호의 "행정청의 처분 등을 원인으로 하는 법률관계에 관한 소송으로서…그 법률관계의 한쪽 당사자를 피고로 하는 소송"에는 형식적 당사자소송도 포함된다고 본다. 또한 행정소송법이 민중소송 및 기관소송(법 제45조)에 있어서와 같이 "법률이 정한 경우에 법률에 정한 자에 한하여 제기할 수 있다"는 식의 제한규정을 두고 있지 않다는 점 등을 그 논거로 개별법의 근거가 없어도 형식적 당사자소송의 제기가 가능한 것으로 보고 있다.[301]

2) 부정설

이 견해는 형식적 당사자소송을 인정하는 명문규정이 없이는 행정소송법의 규정만을 근거로 이러한 소송을 일반적으로 인정될 수 없다는 입장이다. 이 설에 의하면 개별법의 규정이 없으면 형식적 당사자소송의 원고적격 · 피고적격 · 제소기간 등의 소송요건이 불분명하여 현실적으로 소송을 진행하기 어렵다는 점, 처분 · 재결의 공정력 및 구성요건이 불분명하여 효력은 그대로 두고 그 결과로서 발생한 당사자의 권리 · 의무만을 형식적 당사자소송의 판결로서 변경시키기 곤란하다는 점 등을 논거로 이러한 소송은 행정소송법의 규정에 의하여 일반적으로 허용되는 것은 아니고, 개별법상의 명시적 규정이 없을 경우에는 불가능한 것으로 본다. 우리나라의 다수설이다.[302]

3) 결 어

원인이 되는 처분 · 재결 등은 그대로 둔 채 당해 처분의 결과로서 형성된 법률관계에 관하여 소송을 제기한 데 대하여 법원이 심리 · 판단한다는 것은 행정행위의 공정력 및 구성요건적 효력에 반한다고 볼 수도 있다. 결국 형식적 당사자소송을 일반적으로 인정하기 위해서는, 행정소송법에 보다 구체적인 규정을 하여야만 가능하다고 하겠으며, 현행법상으로는 개별법에 별도의 규정이 있는 경우에 한하여 형식적 당사자소송을 제기할 수 있다고 해석된다. 일본의 행정사건소송법 제4조는 개별법에 근거가 있는 경우에 한하여 형식적 당사자소송을 제기할 수 있는 것으로 규정하고 있다.

---

301) 박균성, 전게서, 997면; 이상규, 전게서, 805면.

302) 김남진 · 김연태, 전게서, 869-870면; 김동희, 전게서, 819면; 김철용, 전게서, 578면; 류지태, 전게서, 535-536면; 박윤흔 · 정형근, 전게서, 889면; 석종현, 전게서, 934면; 홍정선, 전게서, 803면.

3. 형식적 당사자소송의 개별법상 근거규정의 예

1) 토지취득보상법

형식적 당사자소송의 예로 「공익사업을 위한 토지 등의 취득 및 보상에 관한 법률」(이하 "토지취득보상법"이라 한다)상의 보상금증감소송의 경우를 들 수 있다. 동법 제85조 제2항은 「제85조 제1항에 따라 제기하려는 행정소송이 보상금의 증감(增減)에 관한 소송인 경우 그 소송을 제기하는 자가 토지소유자 또는 관계인일 때에는 사업시행자를, 사업시행자일 때에는 토지소유자 또는 관계인을 각각 피고로 한다」고 '보상금증감소송'을 규정하고 있다. 즉 토지취득보상법은 보상금증감소송의 경우에 처분청인 토지수용위원회를 피고로부터 제외시키고, 대등한 당사자인 토지소유자 또는 관계인과 사업시행자를 당사자로 규정하여 형식적 관점에서 보상금증감소송은 당사자소송에 속한다. 그러나 보상금증감소송은 처분청(토지수용위원회)의 처분(재결)에 불복하여 다투는 의미도 갖는 것이므로 항고소송의 성질도 가진다. 따라서 여기의 보상금증감소송은 전체로서 형식적 당사자소송으로 볼 수 있는 대표적인 예가 되는 규정이다.

2) 특허법

특허법 제187조는 동법 제186조 제1항의 규정에 의한 소(심결 등에 대한 소)의 제기는 특허청장을 피고로 하여야 한다. 다만, 특허의 무효심판 등에 있어서는 그 청구인 또는 피청구인을 피고로 하여야 한다고 규정하고 있다. 동법 제191조는 보상금 또는 대가에 대한 불복의 소송을 제기하는 데 있어서는 보상금을 지급할 관서 또는 출석인 · 특허권자 등을 피고로 하여야 한다고 규정하고 있다.

3) 기타 개별법

형식적 당사자소송의 예는 그 외에 디자인보호법(제75조), 실용신안법(제33조) 등에서도 볼 수 있다.

4. 형식적 당사자소송의 법적 성질

형식적 당사자소송의 법적 성질에 관하여는 다음과 같이 견해가 갈리고 있다.[303]

1) 형성소송설

이 견해는 당해 소송은 토지수용재결의 보상액의 취소 · 변경(적극적 · 소극적 변경)을 구하는 항고소송으로 보는 설이다.

303) 김동희, 상게서, 820-821면.

2) 이행소송설

이 견해는 형식적 당사자소송에 있어서는 수용재결의 취소를 구할 필요는 없고, 이행소송에 의하여 보상액의 증감을 구할 수 있다고 보는 설이다. 그러나 이 설도 구체적 내용에 있어서는 다시 견해가 나누어지고 있는 바, 그 대표적인 것으로는 다음의 두 가지 설을 들 수 있다.

(1) 확인 · 급부소송설

이 설은 관계법이 정하는 보상금증액청구소송의 궁극적 목적은 정당보상액을 확인하거나 부족액의 급부를 구하는 급부소송이므로, 법원은 수용재결의 취소 · 변경과 같은 우회적 절차를 거칠 필요 없이 직접 확인 · 급부판단을 할 수 있다고 본다.

(2) 실질적 당사자소송설

이 설은 당해 소송은 처분 또는 재결에 관한 소송이기는 하나, 다툼의 대상은 처분 · 재결의 효력이 아니라 그 결과로 형성된 법률관계이므로 이 소송은 형식상은 물론 실질적으로도 당사자소송으로 본다. 이러한 견해는 소송에서는 법률관계 그 자체를 다투는 것이 원칙이고, 그 법률관계의 원인이 되는 처분을 다투는 것은 법률에 특별한 규정이 있는 경우에만 인정되는 예외적인 것이라는 사고를 배경으로 하고 있다.

3) 결 어

현행 토지취득보상법의 문언(文言)에 충실한 해석은 형성소송으로 보는 것이다. 그리고 동법 제85조의 규정이 소정의 기간 안에 소를 제기하지 아니하면 재결이 확정되도록 규정하고 있는 점, 재결은 취소소송의 배타적 관할의 구조에서 보아 공정력은 없지만 형성력을 갖는 것이고, 이를 다투는 소송은 형성력의 배제를 목적으로 하는 것이지 않으면 안 되는 점 등으로 미루어 볼 때, 형성소송설이 타당하다.[304]

Ⅲ. 실질적 당사자소송

1. 실질적 당사자소송의 의의

실질적 당사자소송이란 공법상의 법률관계에 관한 소송으로서 그 법률관계의 한쪽 당사자를 피고로 하는 소송을 말한다. 여기에서 '공법상의 법률관계에 관한 소송'이란 소송상의 청구의 대

---

304) 박평준 · 박창석, 「보상법규강의」. 289면; 박평준 · 박창석, 「보상행정법」. 리북스, 2012, 1163-1164면.

상이 되는 법률관계가 공법에 속하는 소송, 즉 공법법규의 적용을 통하여 해결될 수 있는 법률관계 그 자체를 대상으로 하는 소송을 의미한다. 행정소송법상의 당사자소송은 주로 이러한 실질적 당사자소송을 의미한다.

실질적 당사자소송은 대등당사자 사이의 공법상의 법률관계(권리관계)에 관한 소송으로서 통상의 당사자소송이 이에 해당한다. 당사자소송에서는 공권력 행사·불행사 그 자체가 소송물이 아니며, 다만 그러한 행사로 인하여 형성되는 공법상의 법률관계(권리관계) 그 자체가 소송물인 것이다.

그런데 당사자소송은 하나의 포괄적 개념이며, 행정소송 중에서 항고소송을 제외한 모든 소송을 가리키는 일종의 잔여개념이다. 즉 항고소송은 전형적 소송유형인 데 대하여, 당사자소송은 비정형적 소송유형이라 하겠다. 그리하여 당사자소송은 새로운 소송유형을 창출할 수 있는 시원적인 소송유형이라 할 것이다. 여기에서 정형적 소송유형인 항고소송에 의하여 처리될 수 없는 사건은 널리 당사자소송에 의하여 해결될 수 있으며, 더 나아가서는 항고소송사건도 당사자적인 법률관계로 환원될 수 있는 것이므로 두 소송형태 간의 선택도 인정될 수 있다고 할 것이다. 그런데 종래의 소송실무상으로는 당사자소송이 거의 인정되지 않았다.[305]

2. 실질적 당사자소송의 예

실질적 당사자소송에 해당하는 것을 예시하면 다음과 같다.[306]

1) 행정청의 처분 등을 원인으로 하는 법률관계에 관한 소송

처분 등이 원인이 되어 그 직접적인 결과로서 성립된 법률관계는 공법관계로 보아 이에 관한 소송을 당사자소송으로 하려는 취지에서 행정소송법 제3조 제2호에서는 '행정청의 처분 등을 원인으로 하는 법률관계에 관한 소송'을 당사자소송으로 예시규정하고 있다고 본다. 이러한 당사자소송으로서는, ① 처분 등의 무효를 전제로 하는 공법상의 부당이득반환청구소송(조세과오납금반환청구소송, 공무원보수과오지급반환청구소송 등), ② 공무원의 직무상 불법행위로 인한 국가배상청구소송 등을 들 수 있다. 그런데 이러한 소송들은 그 성질상으로는 당연히 당사자소송에 해당되는 것으로 보아야 할 것이지만, 종래 실무상으로는 민사소송으로 취급되어 왔다.

2) 공법상의 신분·지위 등의 확인소송

판례에 의하면, ① 공무원이나 국·공립학교 학생 또는 국가유공자 등의 신분이나 지위의 확인

305) 박윤흔·정형근, 전게서, 886면.

306) 김도창, 전게서, 840-841면; 김동희, 전게서, 821-824면; 박윤흔·정형근, 전게서, 884-886면 등 참조.

을 구하는 소를 당사자소송으로 본다.[307] ② 국가와 채용계약에 의하여 일정기간 연구업무에 종사하는 계약직공무원이 국가의 일방적 계약해지통지를 다투는 소송은 그 해지통지를 공권력적 작용으로 볼 수 없어 항고소송에 의할 수 없고 지위확인을 구하는 당사자소송에 의한다.[308] ③ 「도시 및 주거환경정비법」에 의한 재개발조합은 조합원에 대한 관계에서 조합원의 강제가입 등 공법상의 권리의무관계에 선다고 할 것이므로 조합원자격의 인정여부가 다투어지는 경우에 그 다툼은 당사자소송의 대상이 된다.[309]

3) 공법상 금전지급소송

(1) 손실보상금청구

손실보상금의 결정절차 및 불복방법에 관하여는 일반적인 규정은 없고 각 관계 법률에서 개별적으로 규정하고 있다. ① 토지취득보상법 제85조 제2항에 의한 보상금증감소송을 기술한 바와 같이 형식적 당사자소송이다. ② 보상금액을 행정청이 일방적으로 결정하도록 하고 그 불복방법에 대하여 특별한 규정을 두고 있지 아니한 경우(도로법 제79조, 수산업법 제79조 등), 판례는 보상액에 불복이 있는 때에는 취소 또는 무효확인에 의하여 이를 다툴 수 있다고 한다. 다만, 행정청에 의하여 결정된 보상금의 지급청구 자체는 당사자소송에 의한다. ③ 법령에서 전심절차를 거쳐 보상지급청구의 소를 제기하도록 규정하고 있는 경우에는, 당해 소송은 공법상 당사자소송이라는 것이 판례의 입장이다. ④ 이에 대하여 법령 자체의 규정에 의하여 직접 손실보상청구권이 발생하는 이른바 '입법적 수용'의 경우에는, 그 보상금은 곧바로 손실보상청구소송을 제기하여 이를 청구할 수 있을 것인데, 판례는 종래 이러한 경우의 손실보상청구권을 사권으로 보아 당해 소송은 민사소송이라는 입장을 견지하고 있었다.[310]

그러나 최근 대법원은 전원합의체 판결에서 종래의 판례를 변경하여 위와 같은 경우의 손실보상청구권은 공법상의 권리로 이와 관련한 쟁송은 공법상 법률관계에 관한 소송으로서의 당사자소송에 의할 것이라고 하였다.[311]

(2) 각종 사회보장급부청구

① 산업재해보장보험법 · 고용보험법 · 공무원연금법 · 군인연금법 · 「국가유공자예우 및 지원에 관한 법률」 등 각종 사회보장 관계법률에 정한 급여의 수급권은 당사자의 신청과 그에 대한 행정청의 인용결정이 있을 때에 비로소 구체적으로 발생하는 것이므로 곧바로 국가를 상대로 당사자

307) 대판 1990.10.23, 90누4440; 대판 1991.1.25, 90누3041; 대판 1991.9.24, 90누9292.

308) 대판 1993.9.14, 92누4611; 대판 1996.5.31, 95누10617.

309) 대판 1996.5.15, 94다31235.

310) 대판 1991.4.26, 90다8978; 대판 2003.5.13, 2003다2697.

311) 대판 2006.5.18, 2004다6207.

소송으로 권리의 확인이나 급여의 지급을 소구하는 것은 허용되지 아니한다.[312] ② 이에 대하여, 근거법령상 공법상 급부청구권이 행정청의 결정 없이 곧바로 발생하는 경우에는, 행정청의 인용결정을 기다릴 필요 없이 당사자소송으로 그 이행을 구할 수 있다. 석탄산업법에 의한 석탄가격안정지원금청구,[313] 토지취득보상법 시행규칙 제54조 제2항에 의한 세입자의 주거이전비청구,[314] 「광주민주화운동 관련자의 보상 등에 관한 법률」에 의한 보상청구[315] 등이 그 예이다.

그러나 대법원은 최근 민주화운동관련자불인정처분취소청구에 관한 판결에서 민주화운동관련자 명예회복 및 보상등에 관한 법률의 여러 관련 규정들의 취지와 내용에 비추어보면 이러한 규정만으로 바로 법상의 보상금 등의 지급대상자가 확정된다고 볼 수 없고, 민주화운동관련자 명예회복 및 보상심의위원회에서 심의 · 결정을 받아야만 지급대상자로 확정되는 것이므로 이 위원회의 보상금지급 기각결정에 대하여는 취소를 구하는 소송을 제기하여야 할 것이라고 하고 있다.[316]

4) 행정주체 상호간의 비용부담청구 등

법령에 의하여 관리주체와 비용부담주체가 달리 규정되어 있는 경우, 관리주체가 비용을 구하는 소나 비용부담주체가 과불금의 반환을 청구하는 소, 국가 · 지방자치단체 중 공무원을 선임 · 감독한 자와 비용부담자가 다른 경우에 어느 한쪽이 피해자에 대하여 배상을 하고 내부관계에서 그 손해를 배상할 책임이 있는 자에게 행사하는 구상금청구소송(국가배상법 제6조 제2항)은 당사자소송에 해당한다고 할 것이다. 그러나 소송물이 사법상의 권리이면 민사소송사항으로 보는 판례의 입장에 따르면, 이러한 소송은 모두 민사소송에 해당할 것이다.

5) 공법상 계약에 관한 소송

국가 · 지방자치단체 등의 행정주체 상호간 또는 행정주체와 사인 간에 체결되는 공법상 계약에 관련된 분쟁에 관한 소송은 당사자소송이다. 판례는 지방자치단체와의 계약에 의하여 임용된 전문직공무원의 해직통보[317] 또는 서울시립무용단원의 해촉에 관한 다툼[318]을 공법상 당사자소송으로 보고 있다.

---

312) 대판 1995.9.15, 93누18532.
313) 대판 1997.5.30, 95다28960.
314) 대판 2008.5.29, 2007다8129.
315) 대판 1992.12.24, 92누3335.
316) 대판 2008.4.17, 2005두16185.
317) 대판 1996.5.31, 95누10617.
318) 대판 1995.12.22, 95누4636.

Ⅳ. 당사자소송의 제기

1. 소송제기를 위한 소송요건

1) 원고적격

행정소송법에는 당사자소송의 원고적격에 관한 규정이 없다. 그런데 당사자소송은 민사소송에 유사하므로 민사소송법의 원고적격에 관한 규정이 준용된다고 보아야 할 것이다(법 제8조 제2항). 따라서 당사자소소송의 원고는 공법상 법률관계에 있어서 권리보호의 이익(법률상 이익)이 있는 자이다. 공동소송이 인정되는 것도 취소소송의 경우와 같다(법 제15조, 제44조 제1항).

2) 피고적격

당사자소송에 있어서는 항고소송의 경우에는 행정청을 피고로 하는 것과는 다르다. 당사자소송은 '국가 · 공공단체 그 밖의 권리주체'를 피고로 한다(법 제39조). 여기에서 '그 밖의 권리주체'로서는 공무수탁사인을 의미한다고 볼 수 있다. 피고경정에 관한 규정(법 제14조)이 준용된다(법 제44조 제1항).

3) 재판관할

당사자소송에 관한 재판관할에 대하여는 취소소송에 관한 규정이 준용된다(법 제44조). 따라서 피고의 소재지를 관할하는 행정법원이 제1심 관할법원이 된다. 다만, 국가 또는 공공단체가 피고인 경우에는 관계행정청의 소재지를 피고의 소재지로 본다(법 제40조). 여기에서의 '행정청'은 학문적 의미의 행정청 외에 관서 또는 청사의 뜻을 아울러 포함하는 것으로 새겨진다.[319]

4) 제소기간

당사자소송에 관하여 법령에 제소기간이 정하여져 있는 때에는 그에 의하며, 그 기간은 불변기간이다(법 제41조). 따라서 취소소송의 제소기간의 규정(법 제20조)은 당사자소송에는 적용되지 않는다. 위 규정은 관계법에서 형식적 당사자소송에 관하여 규정하고 있는 경우를 상정한 것으로 본다.

5) 행정심판임의주의

당사자소송은 시심적 소송이기 때문에 취소소송의 행정심판임의주의에 관한 규정(법 제18조

319) 김남진 · 김연태, 전게서, 871면.

제1항)은 준용되지 않는다. 그러나 손실보상청구소송과 관련하여 이의신청(토지취득보상법 제83조) 또는 재심절차(징발법 제24조의2), 국가배상심의회의 결정(국가배상법 제9조) 등 임의적 전치주의를 규정하고 있다.

6) 기타의 요건

소송요건 중 취소소송에 관한 규정 중 원고적격(법 제12조), 피고적격(법 제13조), 소송대상 등의 규정은 당사자소송에 준용되지 않는다.

2. 소송제기의 효과

당사자소송이 제기되면, 법원은 요건심리와 본안심리를 거쳐 청구의 인용 여부를 판단 · 선언하여야 한다. 그리고 취소소송에 있어서의 관련청구의 이송 · 병합(법 제10조, 제44조 제2항), 소의 변경(법 21조, 제37조, 제42조), 제3자의 소송참가(법 제16조), 행정청의 소송참가(법 제17조) 등이 당사자소송에도 준용된다(법 제44조 제1항). 그러나 취소소송의 가구제로서의 집행정지는 당사자소송에 준용되지 않는다.

Ⅴ. 당사자소송의 심리

1. 행정심판기록의 제출명령

법원은 당사자의 신청이 있는 때에는 결정으로써 재결을 행한 행정청에 대하여 행정심판에 관한 기록의 제출을 명할 수 있다. 제출명령을 받은 행정청은 지체 없이 당해 행정심판에 관한 기록을 법원에 제출하여야 한다(법 제25조, 제44조 제1항). 여기의 '행정심판'이란 행정심판법이 정한 그것만이 아니고, 다른 법률에 있어서의 당사자쟁송으로서의 행정심판(재결의 신청)까지 포함한다고 보아야 할 것이다.

2. 직권심리주의

법원은 필요하다고 인정할 때에는 직권으로 증거조사를 할 수 있고, 당사자가 주장하지 아니한 사실에 대하여도 판단할 수 있다(법 제26조, 제44조 제1항). 변론주의를 보충하는 한도에서 직권심리주의가 당사자소송에도 적용되는 것으로 해석하여야 할 것이다.

3. 입증책임

당사자소송에서의 입증책임은 민사소송의 일반원칙에 따라 분배된다고 보는 것이 일반적이다. 통설 · 판례는 원칙적으로 입증책임분배설(법률요건분배설)을 취하고 있다.

4. 기타 심리절차

그 밖에 처분권주의, 변론주의, 쌍방심문주의, 구술심리주의, 직접심리주의, 법관의 석명의무 등이 당사자소송에도 적용된다고 보아야 할 것이다.

Ⅵ. 당사자소송의 판결

1. 판결의 기판력과 구속력

당사자소송도 판결이 확정되면 그 후 당사자는 그에 모순된 주장을 할 수 없으며, 법원도 확정된 판결과 모순 · 저촉되는 판단을 할 수 없는 구속을 받는다는 의미의 기판력이 발생한다. 이러한 판결의 기판력은 판결의 주문에 포함된 사항에 한하여(기판력의 객관적 범위), 그 소송의 당사자 및 그의 승계인에 대하여서만(기판력의 주관적 범위), 변론종결시 확정된 법률관계에 한하여(기판력의 시간적 범위), 그 효력(구속력)을 발생시키는 것이 원칙이다(민사소송법 제202조, 제204조 등 참조).

취소소송에 있어서와 같은 판결의 제3자효(법 제29조 제1항)는 당사자소송에 준용되지 않는다. 그러나 「확정판결은 그 사건에 관하여 당사자인 행정청과 그 밖의 관계행정청을 기속한다」는 판결의 기속력조항(법 제30조 제1항)은 당사자소송에 준용된다(법 제44조 제1항 참조). 당사자소송에 있어서는 국가 · 공공단체 등 행정주체(권리 · 의무의 귀속주체)만이 당사자가 되는 것인데, 그 행정주체를 위하여 직접 행정권을 행사하는 것은 관계행정청이므로 판결의 기속력을 직접 그에게 미치도록 하여 판결의 실효성을 확보하려고 규정한 것이다.

2. 가집행선고

행정소송법 제43조는 「국가를 상대로 하는 당사자소송의 경우에는 가집행선고를 할 수 없다」고 규정하여 당사자소송의 경우 가집행선고를 제한하고 있다. 그러나 국가를 상대로 하는 재산권청구로서의 당사자소송에 대하여까지 가집행선고를 할 수 없도록 하는 것은 헌법 제11조 제1항의 평등원칙에 위반된 무효의 규정이라고 할 수 있다.[320] 따라서 국가를 상대로 하는 재산권의 청구

인 당사자소송의 경우에는 국가에 대한 가집행선고를 할 수 있다고 보아야 할 것이다.[321]

3. 소송비용

소송비용에 관한 행정소송법 제32조 및 제33조의 규정은 당사자소송에 준용된다(법 제44조 제1항). 즉 행정청이 처분 등을 취소 또는 변경함으로 인하여 청구가 각하 또는 기각된 경우에 소송비용은 피고의 부담으로 하며, 소송비용에 관한 재판이 확정된 때에는 피고 또는 참가인이었던 행정청이 소속하는 국가 또는 공공단체에 그 효력을 미친다.

320) 헌재결 1989.1.25, 88헌가7.
321) 석종현, 전게서, 939면.

제6절 객관적 소송

Ⅰ. 객관적 소송의 의의

객관적 소송이란 행정은 공익실현을 목적으로 하고 있으므로 이해관계인의 권리보호를 위한 다툼이 아니라 행정작용의 적법성보장 또는 공공이익의 보호를 직접목적으로 하는 행정소송이다. 이러한 객관적 소송은 개인의 권익보호를 위한 소송이 아니고, 행정법규의 적법성 · 타당성을 보장하기 위한 소송유형이므로, 이 소송은 법률에 특별한 규정이 있는 경우에만 직접적인 이해관계가 없는 일반국민 · 선거인 또는 행정기관도 제기할 수 있다. 따라서 객관적 소송의 원고적격은 법률에 의하여 특별히 규정하고 있다.

이와 같은 점에서 객관적 소송은 주관적 소송(항고소송 · 당사자소송)과 다르다. 즉 객관적 소송은 행정의 적법성보장과 공익실현을 목적으로 하는 데 대하여, 주관적 소송은 개인의 권리구제와 행정의 적법성보장을 목적으로 하는 점에 양자는 차이가 있다. 그 밖에도 제소의 가능 여부, 원 · 피고적격 등 소송요건, 효력 등 여러 가지 점이 다르다.

Ⅱ. 객관적 소송의 종류

객관적 소송으로서는 일반적으로 민중소송과 기관소송이 인정되고 있는데, 행정소송법은 이 두 가지의 유형에 관하여 규정하고 있다.

1. 민중소송

1) 의 의

민중소송이란 「국가 또는 공공단체의 기관이 법률에 위반되는 행위를 한 때에 직접 자기의 법률상 이익과 관계없이 그 시정을 구하기 위하여 제기하는 소송」을 말한다(법 제3조 제3호).

민중소송은 국가 또는 공공단체의 기관이 행정법규에 위반되는 행위를 한 경우에, 일반주민 ·

일반선거인 등이 직접 자기의 법률상 이익과는 상관없이 주민 또는 선거인의 지위에서 그 시정을 구하기 위하여 제기하는 소송이다. 이러한 민중소송은 당사자 사이의 구체적인 권리 · 의무에 관한 분쟁을 해결하는 데에 목적이 있는 것이 아니라, 선거행정 기타 행정의 적정성을 확보하기 위하여 제기하는 소송으로서 법률적 쟁송에는 속하지 않는다. 따라서 법률의 명시적 규정이 있는 때에만 제기할 수 있다(법 제45조).

2) 민중소송의 예

현행법상 인정되는 민중소송으로서는 공직선거법이 정한 선거무효소송 · 당선무효소송이 있고, 국민투표법이 정한 국민투표무효소송이 있으며, 지방자치법이 규정한 주민소송이 있다. 또한 주민투표법이 규정하고 있는 주민투표소송도 있다.[322]

(1) 공직선거법상의 선거소송

(가) 선고무효소송

① 대통령 · 국회의원선거에 관한 소송: 대통령선거 및 국회의원선거에 있어서 선거의 효력에 관하여 이의가 있는 선거인 · 정당 또는 후보자는 선거일부터 30일 이내에 당해 선거관리위원회 위원장을 피고로 하여 대법원에 제소할 수 있다(공직선거법 제222조 제1항).

② 지방의회의원 · 지방자치단체장의 선거에 관한 소송: 지방의회의원 및 지방자치단체의 장의 선거의 효력에 관하여 이의가 있는 선거인 · 정당 또는 후보자는 선거일부터 14일 이내에, 관할선거관리위원회에 소청한 후 그에 대한 결정서를 받은 날부터 10일 이내에, 시 · 도지사선거의 경우에는 대법원에, 지방의회의원 및 자치구 · 시 · 군의 장의 선거의 경우는 그 선거구를 관할하는 고등법원에 제소할 수 있다(동법 제219조 제1항, 제222조 제2항).

(나) 당선무효소송

대통령, 국회의원, 지방의회의원, 지방자치단체의 장의 선거에 있어서 선거의 효력은 인정하면서 개개 당선인의 당선을 다투는 쟁송이다. 무자격자가 당선되었거나 개표에 잘못이 있음을 이유로 한 경우가 이에 해당한다고 하겠다. 이와 같은 소송은 선거무효소송과는 달리 일반 선거인은 제소할 수 없고, 후보자와 후보자를 추천한 정당에 한하여 제기할 수 있다. 그러한 점에서 이 소송을 주관적 소송으로 보는 견해도 있다.

(2) 국민투표법상의 국민투표무효소송

국민투표의 효력에 관하여 이의가 있는 투표인은 투표인 10만인 이상의 찬성을 얻어 중앙선거

---

322) 김동희, 전게서, 827-828면.

관리위원회 위원장을 피고로 하여 투표일부터 20일 이내에 대법원에 제소할 수 있다(국민투표법 제92조).

(3) 지방자치법상의 주민소송

공금의 지출에 관한 사항, 재산의 취득 · 관리 · 처분에 관한 사항, 당해 지방자치단체를 당사자로 하는 매매 · 임차 · 도급계약이나 그 밖의 계약의 체결 · 이행에 관한 사항 또는 지방세 · 사용료 · 수수료 · 과태료 등 공금의 부과 · 징수를 게을리한 사항을 감사청구한 주민은 감사결과 등에 불복이 있는 경우, 감사청구한 사항과 관련이 있는 위법한 행위나 게을리한 사실에 대하여 당해 지방지치단체의 장을 상대방으로 하여 주민소송을 제기할 수 있다. 제소기간은 감사결과 등의 통지를 받은 날부터 90일 이내이다(지방자치법 제17조).

(4) 주민투표법상의 주민투표소송

주민투표의 효력에 관하여 이의가 있는 주민투표권자는 주민투표권자 총수의 100분의 1 이상의 서명으로 주민투표결과가 공포된 날부터 14일 이내에 소청을 할 수 있다(주민투표법 제25조 제1항). 이와 같은 소청에 대한 결정에 관하여 불복이 있는 소청인은 관할 선거관리위원회 위원장을 피고로 하여 결정서를 받은 날부터 10일 이내에 특별시 · 광역시 및 도에 있어서는 대법원에, 시 · 군 및 자치구에 있어서는 관할 고등법원에 제소할 수 있다(동조 제2항).

2. 기관소송

1) 의 의

기관소송이란 「국가 또는 공공단체의 기관 상호간에 있어서의 권한의 존부 또는 그 행사에 관한 다툼이 있을 때에 이에 대하여 제기하는 소송」을 말한다(법 제3조 제4호).

원래 국가 또는 공공단체의 기관 상호간의 권한쟁의는 당해 기관들의 공통의 상급기관이 보통 해결한다. 국가기관 상호간에 야기되는 권한쟁의는 최종적으로 '행정각부 간의 권한의 획정'(헌법 제89조 제10호)의 문제로서, 국무회의의 심의를 거쳐 대통령이 이를 해결한다. 따라서 행정기관 상호간의 권한쟁의를 행정소송에 의하여 해결하여야 하는 경우는 별로 없을 것으로 본다. 더욱이 헌법과 헌법재판소에 의하여 국가기관 상호간의 권한쟁의심판, 국가기관과 지방자치단체 간의 권한쟁의심판, 그리고 지방자치단체 상호간의 권한쟁의심판은 헌법재판소의 관장사항에 해당하며(헌법 제111조 제1항 제4호, 헌법재판소법 제61조 · 제62조), 이와 같은 국가기관 상호간의 기관소송은 행정소송으로서의 기관소송에서 제외된다 할 것이다(헌법재판소법 부칙 제8조 제2항 참조). 이러한 헌법재판소법 부칙에 따라 행정소송법은 제3조 제4호에 단서를 신설하여, 「헌법재판소법 제2조의 규정에 의하여 헌법재판소의 관장사항으로 되는 소송은 제외한다」고 규정하고 있다(법

제3조 제4호 단서). 그러나 기관의 독립성이 보장되어 당해 기관의 공통된 상급기관이 없는 경우에는 행정기관 상호간의 권한쟁의를 행정소송을 통하여 해결할 필요가 있는 때가 있다.

이러한 기관소송은 국민 등의 구체적인 권리구제를 위한 것이 아니라 행정법규의 적정한 적용의 확보를 위하여 인정되는 객관소송으로서 개별 법률에 특별한 규정이 있는 경우에 인정되고, 그 법률에 정한 자에 한하여 제소할 수 있다(법 제45조).

2) 기관소송의 예

현행법상 인정되고 있는 기관소송으로서는 지방자치법이 정한 기관소송이 있고, 「지방교육자치에 관한 법률」에서 규정한 기관소송이 있다.[323)]

(1) 지방자치법상의 기관소송

(가) 지방의회의 재의결에 대한 소송

① 지방자치단체의 장은 지방의회의 의결이 월권이나 법령에 위반되거나 공익을 현저히 해친다고 인정되면 그 의결사항을 이송 받은 날부터 20일 이내에 이유를 붙여 재의를 요구할 수 있으며(지방자치법 제107조 제1항), 확정된 재의결사항이 법령에 위반된다고 인정되면 지방자치단체의 장은 대법원에 제소를 할 수 있다(동조 제2항, 제3항). 이 경우에 필요하다고 인정되면 집행정지결정을 신청할 수 있다(동조 제3항 후단, 제172조 제3항).

② 지방의회에서 재의결된 조례안이 법령에 위반된다고 인정되는 경우에도 지방지치법 제26조(조례와 규칙의 제정절차 등)에 명문의 규정은 없으나, 지방자치법 제107조가 준용된다고 새겨진다.

③ 지방의회의 의결이 법령에 위반되거나 공익을 현저히 해친다고 판단되면 시 · 도에 대하여는 주무부장관이, 시 · 군 및 자치구에 대하여는 시 · 도지사가 재의를 요구하게 할 수 있다(동법 제172조 제1항). 지방의회에서 재의결된 사항이 법령에 위반된다고 판단되면 지방자치단체의 장은 재의결된 날부터 20일 이내에 대법원에 제소할 수 있다. 이 경우 필요하다고 인정되면 그 의결이 집행을 정지하게 하는 집행정지결정을 신청할 수 있다(동조 제2항, 제3항). 주무부장관이나 시 · 도지사는 지방의회에서 재의결된 사항이 법령에 위반된다고 판단됨에도 지방자치단체의 장이 제소하지 아니하는 때에는 그 지방자치단체의 장에게 제소를 지시하거나 직접 제소할 수 있다(동조 제4항).

(나) 감독청의 시정명령, 취소 · 정지처분에 대한 소송

지방자치단체의 사무에 관한 장의 명령이나 처분이 법령에 위반되거나 현저히 부당하여 공익을 해친다고 인정되면 시 · 도에 대하여는 주무장관이, 시 · 군 및 자치구에 대하여는 시 · 도지사

323) 김남진 · 김연태, 전게서, 875-876면.

가 기간을 정하여 서면으로 시정할 것을 명하고, 그 기간에 이행하지 아니하면 이를 취소하거나 정지할 수 있다. 이 경우 자치사무에 관한 명령이나 처분에 대하여는 법령에 위반하는 것에 한한다(법 제169조 제1항). 지방자치단체의 장은 자치사무에 관한 명령이나 처분의 취소 또는 정지에 대하여 이의가 있으면 그 취소처분 또는 정치처분을 통보받은 날부터 15일 이내에 대법원에 제소할 수 있다(동조 제2항).

다만, 이 경우의 소송이 기관소송의 성질을 가지는가에 대하여는 견해가 나누어져 있다. 즉 기관소송을 동일한 인격주체(국가 · 지방자치단체 등) 내의 기관 상호간의 소송으로 한정하는 입장(한정설)에서는 상기 소송을 항고소송의 유형으로 보는 데 대하여, 기관소송을 반드시 동일 인격주체 내부의 기관 상호간의 소송으로 한정할 필요가 없다는 입장(비한정설)에서는 이 경우의 소송도 기관소송으로 보게 된다.

(2) 지방교육자치에 관한 법률상의 기관소송

교육감은 교육위원회의 의결 또는 교육 · 학예에 관한 시 · 도의회의 의결이 법령에 위반되거나 공익을 현저히 저해한다고 판단될 때에는 그 의결사항을 이송받은 날부터 20일 이내에 이유를 붙여 재의를 요구할 수 있으며, 교육감이 교육과학기술부장관으로부터 재의요구를 하도록 요청받은 경우에는 교육위원회 또는 시 · 도의회에 재의를 요구하여야 한다(지방교육자치에관한법률 제28조 제1항). 위의 규정에 따른 재의요구가 있을 때에는 재의요구를 받은 교육위원회 또는 시 · 도의회는 재의에 붙이고 교육위원회 재적위원 또는 시 · 도의회 재적의원 과반수의 출석과 교육위원회 출석위원 또는 시 · 도의회 출석의원 3분의 2이상의 찬성으로 전과 같은 의결을 하면 그 의결사항은 확정된다(동조 제2항).

재의결된 사항이 법령에 위반된다고 판단될 때에는 교육감이 재의결된 날부터 20일 이내에 대법원에 제소할 수 있으며(동조 제3항), 교육감은 교육과학기술부장관으로부터 제소를 하도록 지시받은 경우에는 제소 지시를 받은 날부터 7일 이내에 대법원에 제소하여야 한다(동조 제5항). 이 때 교육감이 정해진 기간 내에 제소를 하지 않는 경우에는 교육과학기술부장관은 그 기간이 경과한 날부터 7일 이내에 직접 제소할 수 있다(동조 제6항).

Ⅲ. 객관적 소송의 소송절차

1. 당사자적격

1) 원고적격

민중소송 및 기관소송은 '법률에 정한 자'에 한하여 제기할 수 있다(법 제45조). 이러한 소송에 있어서도 관계법상 원고적격에 대한 일정한 제한은 있는 것이다. 그러나 위와 같은 소송은 주관적 소송과는 달리 자기의 '법률상 이익'이 침해된 자에게만 원고적격이 인정되는 것은 아니고, 널리 선거인 · 투표인 또는 주민의 지위에서 원고적격이 인정된다는 점을 볼 때 객관적 소송으로서의 성질을 가진다.

2) 피고적격

민중소송 및 기관소송의 피고적격도 각 개별법이 정하고 있다. 즉 대통령선거의 경우는 중앙선거관리위원회 위원장, 국회의원선거의 경우는 관할 지역구선거관리위원회 위원장, 지방의회의원선거의 경우는 당해 선거구선거관리위원회 위원장 등과 같이 각 개별 법률이 정하는 바에 따라 다르다(공직선거법 제222조).

2. 재판관할

민중소송 및 기관소송의 재판관할에 대하여도 각 개별법이 정하는 바에 따른다. 선거소송의 재판관할을 보면, 대통령선거와 국회의원선거 및 시 · 도지사 선거의 경우는 대법원, 자치구 · 시 · 군의 장선거 및 지방의회의원선거의 경우는 고등법원으로 하고 있다(동법 제222조).

3. 적용법규

민중소송 또는 기관소송으로서 처분 등의 취소를 구하는 소송에는 그 성질에 반하지 아니하는 한 취소소송에 관한 규정을 준용한다(법 제46조 제1항).

민중소송 또는 기관소송으로서 처분 등의 효력 유무 또는 존재 여부나 부작위의 위법의 확인을 구하는 소송에는 그 성질에 반하지 아니하는 한 각각 무효등확인소송 또는 부작위위법확인소송에 관한 규정을 준용한다(동조 제2항).

민중소송 또는 기관소송으로서의 위의 소송 외의 소송에는 그 성질에 반하지 아니하는 한 당사자소송에 관한 규정을 준용한다(동조 제3항).

참고문헌

강구철, 「강의 행정법Ⅰ」. 형설출판사, 1998.
구병삭, 「신헌법원론」. 박영사, 1988.
권영성, 「헌법학원론」. 법문사, 2009.
김경열, 「토지공법」. 경영문화원, 1993.
김남진 · 김연태, 「행정법Ⅰ」. 법문사, 2012.
김도창, 「일반행정법론(상)」. 청운사, 1993.
김동희, "행정상 손실보상의 근거", 박윤흔 편 「행정상 손실보상의 주요문제」. 박영사, 1997.
______, 「행정법Ⅰ」. 박영사, 2012.
______, 「행정법Ⅱ」. 박영사, 2012.
김성수, 「일반행정법」. 법문사, 2002.
김영삼, "토지수용에 대한 손실보상제도", 황명찬 편, 「토지정책론」. 경영문화원, 1985.
김재덕, 「토지소유권제한의 이론」. 경영문화원, 1983.
김철수, 「헌법학개론」. 박영사, 2003.
김철용, 「행정법Ⅰ」. 박영사, 2005.
류지태, 「행정법신론」. 신영사, 2008.
문홍주, 「한국헌법」. 해암사, 1987.
박균성, 「행정법론(상)」. 박영사, 2012.
박윤흔 · 정형근, 「최신 행정법강의(상)」. 박영사, 2009.
박평준, 「공용부담법연구」. 고시연구사, 2005.
______, 「공익사업용지취득보상법」. 고시연구사, 2005.
______, 「토지수용법론」. 고시연구사, 1999.
______, 「행정상손실보상법리연구」. 고시연구사, 2000.
박평준 · 박창석, 「보상법규강의」. 리북스, 2009.
____________, 「보상행정법」. 리북스, 2012.
____________, 「토지취득보상법」. 리북스, 2009.
____________, 「행정법강론Ⅰ」. 백산출판사, 2013.
변재옥, 「행정법강의(Ⅰ)」. 박영사, 1989.
서원우, 「현대행정법론(상)」. 박영사, 1983.

석종현, 「일반행정법(상)」. 삼영사, 2005.
손성태, 「감정평가 및 보상법규」. 박문각, 1999.
안용교, 「한국헌법」. 고시연구사, 1989.
유진오, 「헌법해의」. 일조각, 1959.
윤세창, 「행정법(상)」. 박영사, 1982.
이명구, 「신행정법원론」. 대명출판사, 1997.
이상규, 「신행정법론(상)」. 법문사, 1997.
이선영, 「토지수용과 보상법론」. 법원사, 1995.
정연주, "공용침해와 불가분조항," 「고시연구」. 1992.
한견우, 「현대행정법강의」. 신영사, 2007.
허 영, 「한국헌법론」. 박영사, 2005.
홍정선, 「행정법원론(상)」. 박영사, 2012.
______, 「행정법특강」. 박영사, 2011.
홍준형, 「행정구제법」. 한울아카데미, 1996.

사항색인

【ㅅ】

【ㅊ】

【ㅌ】

【ㅍ】

저자약력

박창석

- 한양대학교 법학박사(행정법 전공)
- 독일 Konstanz대학 초청연구원(독일정부 장학금)
- 행정고시 등 국가공무원시험 출제위원
- 공인중개사, 세무사, 행정사, 감정평가사,
  경비지도사 등 각종 국가자격증 출제위원
- 을지태극훈련 중앙평가반장(여성가족부, 보건복지부, 외교부)
- 공수처 검사선발 면접 출제위원

저자와의
합의하에
인지첩부
생략

행정구제법

2021년 8월 15일 초판 1쇄 인쇄
2021년 8월 20일 초판 1쇄 발행

지은이 박창석
펴낸이 진욱상
펴낸곳 백산출판사
교 정 편집부
본문디자인 편집부
표지디자인 오정은

등 록 1974년 1월 9일 제406-1974-000001호
주 소 경기도 파주시 회동길 370(백산빌딩 3층)
전 화 02-914-1621(代)
팩 스 031-955-9911
이메일 edit@ibaeksan.kr
홈페이지 www.ibaeksan.kr

ISBN 979-11-6639-172-9 93360
값 25,000원